权威·前沿·原创

皮书系列为
"十二五""十三五""十四五"时期国家重点出版物出版专项规划项目

B

BLUE BOOK

智库成果出版与传播平台

长三角蓝皮书

BLUE BOOK OF YANGTZE RIVER DELTA

长三角高质量一体化研究报告
（2023）

REPORT ON HIGH QUALITY INTEGRATION IN THE YANGTZE RIVER DELTA
(2023)

主　　编／王德忠
执行主编／杜文俊
副 主 编／陈　朋　袁顺波　吴海升

社会科学文献出版社
SOCIAL SCIENCES ACADEMIC PRESS（CHINA）

图书在版编目（CIP）数据

长三角高质量一体化研究报告.2023／王德忠主编
.--北京：社会科学文献出版社，2023.10
　（长三角蓝皮书）
　ISBN 978-7-5228-2730-8

Ⅰ.①长… Ⅱ.①王… Ⅲ.①长江三角洲-区域经济
发展-研究报告-2023 Ⅳ.①F127.5

中国国家版本馆 CIP 数据核字（2023）第 206643 号

长三角蓝皮书
长三角高质量一体化研究报告（2023）

主　　编／王德忠
执行主编／杜文俊
副 主 编／陈　朋　袁顺波　吴海升

出 版 人／冀祥德
组稿编辑／任文武
责任编辑／刘如东
责任印制／王京美

出　　版／社会科学文献出版社·城市和绿色发展分社（010）59367143
　　　　　地址：北京市北三环中路甲29号院华龙大厦　邮编：100029
　　　　　网址：www.ssap.com.cn
发　　行／社会科学文献出版社（010）59367028
印　　装／三河市东方印刷有限公司

规　　格／开　本：787mm×1092mm　1/16
　　　　　印　张：35.5　字　数：543千字
版　　次／2023年10月第1版　2023年10月第1次印刷
书　　号／ISBN 978-7-5228-2730-8
定　　价／168.00元

读者服务电话：4008918866

长三角蓝皮书编委会

主要编撰者简介

王德忠　研究员，博士生导师，现任上海社会科学院院长，国家高端智库首席专家。1997年毕业于华东师范大学西欧北美地理研究所，获理学博士学位。历任上海市政府研究室副主任，上海市委研究室副主任，上海市政府研究室主任、党组书记，上海市政府发展研究中心主任、党组书记。长期从事政府决策咨询工作，重点从事区域经济、制度经济以及发展战略、经济政策等领域研究。主持和参加多项国家、上海重大课题研究，发表多篇学术论文，独立和参与撰写出版多部著作，研究成果多次获得中国发展研究奖一等奖。

杜文俊　法学博士，日本广岛大学访问学者，研究员，博士生导师。现任上海社会科学院人事处处长、科研处处长。曾任上海社会科学院法学研究所副所长，兼任上海市法学会司法研究会副秘书长。2011~2013年挂职上海市闸北区人民检察院检察长。长期从事经济刑法、职务犯罪、财产犯罪、金融犯罪研究以及教学和决策咨询工作。发表论文60多篇，其中在法学类核心期刊发表论文20多篇，出版专著及编著6部。近5年主持国家社科基金项目2项，主持或参与国家和省部级项目10项。曾获上海社会科学院优秀教学奖、上海社会科学院张仲礼学术奖、上海市法学会第三届"上海市法学优秀成果奖"论文类二等奖等奖项。

陈　朋　现任江苏省社会科学院科研处处长，研究员，省人大代表。主要从事政党政治、基层治理方面的研究。先后获得中宣部宣传思想文化青年英才、江苏省有突出贡献的中青年专家、江苏省青年社科英才、江苏省"五个一批"人才、江苏省"333高层次人才工程"中青年科技带头人等人才称号。先后主持国家社科基金重大项目、重点项目及一般项目，中国博士后科学基金特别资助项目及面上项目，江苏省社科基金重大项目及重点项目等20余项国家及省部级课题。出版专著2部，参编著作多部。在《中国社会科学》《求是》《人民日报》《政治学研究》等报刊发表论文多篇。其中，多篇文章被《新华文摘》等二次文献转载。获全国高等学校科学研究优秀成果奖（人文社会科学）二等奖，上海市哲学社会科学优秀成果一等奖，江苏省哲学社会科学优秀成果奖二、三等奖等多项优秀成果奖。50余篇研究报告获领导肯定性批示。

吴海升 现任安徽省社会科学院科研组织处处长、副研究员。主要从事基础教育、职业教育研究，发表文章20余篇，著有《安徽教育》，参与著作撰写7部，主持或参与国家和省部级项目4项。

摘　要

　　"长三角蓝皮书"由沪苏浙皖三省一市社会科学院共同组织撰写,从宏观、中观视角反映三省一市年度经济和社会发展情况,至今已是第 17 部,已经成为三省一市科研合作高质量一体化的突出象征。2023 年,"长三角蓝皮书"的主题是"高质量一体化的长三角"。

　　五年前,习近平总书记在首届中国国际进口博览会上郑重宣布,支持长江三角洲区域一体化发展并上升为国家战略。2020 年 8 月,习近平总书记在合肥市召开的扎实推进长三角一体化发展座谈会上强调,要深刻认识长三角区域在国家经济社会发展中的地位和作用,结合长三角一体化发展面临的新形势、新要求,坚持目标导向、问题导向相统一,紧扣"一体化"和"高质量"两个关键词抓好重点工作,真抓实干、埋头苦干,推动长三角一体化发展不断取得成效。2022 年,在上海举行的长三角地区主要领导座谈会上提出,"以更高质量的一体化助力现代化建设的新实践,以一体化发展的确定性应对外部环境的不确定性,奋力谱写长三角一体化发展新篇章",拿出更有力的措施,展开更加务实的行动,坚定不移将长三角一体化发展引向深入。2023 年召开的长三角地区主要领导座谈会上再次强调,长三角一体化发展是一盘大棋,携手高质量一体化、奋进中国式现代化,三省一市有着共同的底色、共同的基因、共同的使命。

　　五年来大胆探索、艰苦奋斗,五年来不断突破、成果丰硕,体现出中国特色社会主义区域经济发展的特殊模式和先进理论。三省一市紧扣"一体化"和"高质量"两个关键词,不断推动"蓝图规划"变为"现实画卷",

长三角一体化高质量发展在制度创新、项目推进、民生感受等方面都取得了不俗成绩。但在一体化发展的过程中，因为外部环境变化和内在体制机制束缚，长三角一体化高质量发展仍然面临不少困难和挑战，比如经济高质量发展水平不高、科技创新协同不够、资源要素自由流动不畅等问题都亟待解决。

本年度蓝皮书围绕着"高质量一体化的长三角"主题，深入探讨和分析长三角地区高质量一体化发展的实践与理论。全书分为总报告、分报告和专题报告。总报告系统阐述了中国式现代化发展背景下长三角高质量一体化发展内涵与实践，把握理论逻辑、历史逻辑和实践逻辑三个视角，首先从理论逻辑出发，阐述中国式现代化与长三角高质量的新内涵，继而从历史逻辑的视角对中国式现代化背景下长三角高质量一体化发展进行梳理，从实践逻辑出发，对最近一年长三角地区推进一体化发展实践进行总结；提出未来要构建多维度区域产业分工体系，提升内生动力，实现"五化"协调，积极融入新发展格局等思路和建议。四个分报告基于高质量一体化发展的内涵和背景，分别聚焦科技创新区域布局和市场主体发展活力，长三角高质量一体化发展的江苏担当和浙江角色，并提出相应对策建议。专题报告主要从数字经济与产业高质量发展、开放型经济与外资外贸、农业科技与现代种业、区域协同发展与科技创新共同体、城镇化高质量发展、人居环境改善与碳中和路径、金融发展与数据要素市场化配置改革等方面进行具体分析。

本书对政府决策部门全面认识长三角一体化发展最新情况，正确把握长三角高质量一体化发展的趋势，科学制定长三角高质量一体化发展政策具有一定的参考价值。

关键词： 新发展格局　中国式现代化　长三角一体化　高质量发展

Abstract

"Blue Book of Yangtze River Delta" is a collaborative research achievement organized by the Social Science Academies of Shanghai, Jiangsu, Zhejiang, and Anhui. It reflects the annual economic and social development of these regions from a macro and mid-range perspective. The "Yangtze River Delta Blue Book" has reached its 18th edition and has become a prominent symbol of high-quality integrated research cooperation among these regions. In 2023, the theme of the "Yangtze River Delta Blue Book" is "High-Quality Integration in the Yangtze River Delta."

Five years ago, General Secretary Xi Jinping solemnly announced support for the integrated development of the Yangtze River Delta region and elevated it to a national strategic level during the first China International Import Expo. In August 2020, General Secretary Xi Jinping, during a symposium on advancing the integrated development of the Yangtze River Delta held in Hefei, emphasized the need to deeply understand the position and role of the Yangtze River Delta region in China's economic and social development. Considering the new circumstances and requirements facing the integrated development of the Yangtze River Delta, he stressed the importance of aligning goals and addressing issues. Focusing on the keywords "integration" and "high quality", the region embarked on key initiatives with determination and diligence, achieving significant progress in the integrated development of the Yangtze River Delta.

In 2022, during a leadership symposium for the Yangtze River Delta region held in Shanghai, it was emphasized that "higher quality integration should support the new practices of modernization and address the uncertainties in the external environment through integrated development". Strong measures and pragmatic actions were put forward to firmly push forward the integrated development of the Yangtze River Delta.

During the leadership symposium in 2023 for the Yangtze River Delta region, it was once again emphasized that the integrated development of the Yangtze River Delta is a grand strategy. Shanghai, Jiangsu, Zhejiang, and Anhui share a common foundation, common genes, and a common mission, working together towards high-quality integration and advancing China's modernization.

Over the past five years, there have been bold explorations and strenuous efforts, resulting in continuous breakthroughs and fruitful outcomes. This reflects a unique model and advanced theory of regional economic development under Chinese socialism with distinctive characteristics. While making substantial progress in various aspects of integrated development, the Yangtze River Delta still faces numerous challenges and difficulties due to changes in the external environment and internal systemic constraints, such as the need to improve the high-quality level of the economy, enhance synergies in technological innovation, and facilitate the free flow of resource elements.

This year's Blue Book, focusing on the theme of "High-Quality Integration in the Yangtze River Delta", delves into the practice and theory of high-quality integrated development in the region. The book is divided into a general report, sub-reports, and special reports. The general report systematically expounds on the connotations and practices of high-quality integration in the Yangtze River Delta under the background of China's modernization. It adopts three perspectives: theoretical logic, historical logic, and practical logic. It first starts from theoretical logic to elucidate the new connotations of Chinese modernity and high quality in the Yangtze River Delta, then reviews the development of the Yangtze River Delta under the background of Chinese modernization from the perspective of historical logic, and finally summarizes the recent practices in promoting integrated development in the Yangtze River Delta from the perspective of practical logic. It proposes future ideas and recommendations, such as building a multi-dimensional regional industrial division system, enhancing endogenous dynamics to achieve "five coordinated developments", and integrating the regional economy into the new development pattern.

The four sub-reports, based on the connotations and background of high-quality integration development, respectively focus on the regional layout of technological innovation zones and the development vitality of market entities, Jiangsu's role and Zhejiang's role in high-quality integration development in the Yangtze River Delta, and corresponding countermeasures and recommendations.

The special reports delve into specific topics such as digital economy and high-quality industrial development, open economy and foreign investment and foreign trade, agricultural technology and modern seed industry, regional collaborative development and technological innovation community, high-quality urbanization, improvement of living environment and carbon neutrality path, financial development, and market-oriented allocation reform of data elements.

This book has a certain reference value for government decision-makers to comprehensively understand the latest developments in the integrated development of the Yangtze River Delta, accurately grasp the trends of high-quality integrated development, and scientifically formulate policies for high-quality integrated development in the Yangtze River Delta.

Keywords: New Development Pattern; Chinese-style Modernization; Yangtze River Delta Integration; High-quality Development

目 录 ↘

Ⅰ 总报告

B.1 中国式现代化与长三角高质量一体化发展

.... 王德忠 汤蕴懿 宗传宏 康江江 / 001

Ⅱ 分报告

B.2 长三角创新驱动力空间分布研究................. 王 振 杨 凡 / 035

B.3 推动高质量长三角一体化的江苏担当与作为

.... 夏锦文 吕永刚 / 055

B.4 浙江协力"长三角"高质量一体化研究................. 徐剑锋 / 081

B.5 增强市场主体发展活力与推动高质量发展研究

.... 李 颖 孔令刚 / 095

Ⅲ 专题报告

B.6 长三角数字经济协同发展思路与对策研究...... 刘 亮 宋 月 / 129

B.7 双循环新格局下长三角发展更高层次开放型经济研究
…………………………………………………… 陈思萌 / 157

B.8 创新驱动、变革重塑，加快推进浙江现代种业高质量发展研究
…………………………………………………… 吴永华 / 177

B.9 安徽省农业科技发展障碍与策略选择研究……………… 许　红 / 196

B.10 高质量一体化背景下长三角外资外贸发展的新态势研究
……………………………………………… 赵蓓文　方　臣 / 210

B.11 推进长三角区域协调发展的路径与对策研究 ………… 关　枢 / 239

B.12 高质量一体化长三角进程下的杭州城市竞争力研究
…………………………………………………… 吴晓露 / 253

B.13 推进长三角科技创新共同体建设研究 ………………… 储昭斌 / 274

B.14 长三角数字经济及产业高质量发展研究 …… 胡晓鹏　闫　金 / 291

B.15 深度一体化背景下长三角城镇化高质量发展研究 …… 侯祥鹏 / 322

B.16 浙江省山区农村人居环境整治迭代升级研究 ………… 闻海燕 / 340

B.17 长三角能源供求协同的碳中和路径研究 …… 周伟铎　周冯琦 / 355

B.18 长三角金融发展对区域创新的促进机制研究 ………… 千慧雄 / 376

B.19 推进浙江数据要素市场化配置改革的路径研究 ……… 项　枫 / 393

B.20 基于软实力的全球城市社区应急治理经验及对上海的启示
…………………………………………………… 陶希东 / 410

B.21 共同富裕下长三角高质量一体化发展路径研究 ……… 林　斐 / 429

B.22 长三角文旅融合与一体化发展研究 …………………… 孙运宏 / 446

B.23 加快一体化协同创新推进中小企业高质量发展研究
——以浙江为例 ……………………………… 聂献忠 / 459

B.24 长三角青年发展现状与青年政策协同研究
……………………………………………… 程福财　张锡明 / 474

B.25 长三角营商法治环境一体化高质量发展的对策与建议

　　………………………………………………………… 徐　静 / 496

B.26 浙江省全域全品类农产品区域公用品牌建设研究

　　………………………………………………… 金　立　袁顺波 / 510

B.27 在更高水平上践行新发展理念展现安徽新作为的路径研究

　　…………………………… 程惠英　吴华明　臧世俊 / 525

皮书数据库阅读 **使用指南**

CONTENTS ↖↘

I   General Report

B.1   Chinese Path to Modernization and High-quality Integrated
Development in the Yangtze River Delta

Wang Dezhong, Tang Yunyi, Zong Chuanhong and Kang Jiangjiang / 001

II   Sub-Reports

B.2   Research on the Spatial Distribution of Innovation Driving
Forces in the Yangtze River Delta   *Wang Zhen, Yang Fan* / 035

B.3   Jiangsu's Responsibilities and Actions in Promoting High-quality
Yangtze River Delta integration   *Xia Jinwen, Lv Yonggang* / 055

B.4   Zhejiang Collaborates on High-quality Integration Research in the
Yangtze River Delta   *Xu Jianfeng* / 081

B.5   Research on Enhancing the Development Vitality of Market Entities
and Promoting High-quality Development   *Li Ying, Kong Linggang* / 095

CONTENTS

III Special Reports

B.6 Research on Ideas and Countermeasures for Collaborative
Development of Digital Economy in the Yangtze River Delta
Liu Liang, Song Yue / 129

B.7 Research on the Development of a Higher-level Open Economy
in the Yangtze River Delta under the New Dual Circulation Pattern
Chen Simeng / 157

B.8 Driven by Innovation, Reform and Reshaping, Accelerate the
High-quality Development of Zhejiang's Modern Seed Industry
Wu Yonghua / 177

B.9 Obstacles and Strategic Choices for Agricultural Science and
Technology Development in Anhui Province   *Xu Hong*/ 196

B.10 The New Trend of Foreign Investment and Foreign Trade
Development in the Yangtze River Delta under the Background of
High-quality Integration   *Zhao Beiwen, Fang Chen* / 210

B.11 Research on Paths and Countermeasures to Promote the
Coordinated Development of the Yangtze River Delta Region
Guan Shu / 239

B.12 Research on the Urban Competitiveness of Hangzhou under the
Process of High-quality Integrated Yangtze River Delta
Wu Xiaolu / 253

B.13 Research on Promoting the Construction of the Yangtze River
Delta Science and Technology Innovation Community
Chu Zhaobin / 274

B.14 Research on High-quality Development of Digital Economy
and Industries in the Yangtze River Delta   *Hu Xiaopeng, Yan Jin* / 291

B.15 Research on High-quality Development of Urbanization in the
Yangtze River Delta under Deep Integration   *Hou Xiangpeng* / 322

B.16 Research on Iterative Upgrading of Rural Residential Environment
Improvement in Mountainous Areas of Zhejiang Province
Wen Haiyan / 340

B.17 Research on the Carbon Neutral Path for Energy Supply and
Demand Coordination in the Yangtze River Delta
Zhou Weiduo, Zhou Fengqi / 355

B.18 Research on the Promotion Mechanism of Financial Development
in the Yangtze River Delta on Regional Innovation　*Qian Huixiong* / 376

B.19 Research on the Path to Promote the Market-oriented Allocation
Reform of Data Elements in Zhejiang　*Xiang Feng* / 393

B.20 Global Urban Community Emergency Governance Experience
Based on Soft Power and Its Implications for Shanghai　*Tao Xidong* / 410

B.21 Research on the High-quality Integrated Development Path
of the Yangtze River Delta under Common Prosperity　*Lin Fei* / 429

B.22 Research on the Integration and Integrated Development of
Culture and Tourism in the Yangtze River Delta　*Sun Yunhong* / 446

B.23 Accelerate Integrated Collaborative Innovation to Promote
High-quality Development of Small and Medium-sized Enterprises
—*Taking Zhejiang as an Example*　*Nie Xianzhong* / 459

B.24 Collaborative Research on the Current Situation of Youth
Development and Youth Policies in the Yangtze River Delta
Cheng Fucai, Zhang Ximing / 474

B.25 Countermeasures and Suggestions for the High-quality
Development of the Integrated Business Legal Environment
in the Yangtze River Delta　*Xu Jing* / 496

B.26 Research on the Construction of Regional Public Brands for
All Agricultural Products in Zhejiang Province　*Jinli, Yuan Shunbo* / 510

B.27 Research on the Path to Implement New Development Concepts
at a Higher Level and Demonstrate Anhui's New Achievements
Cheng Huiying, Wu Huaming and Zang Shijun / 525

总 报 告

General Report

B.1

中国式现代化与长三角高质量
一体化发展

王德忠　汤蕴懿　宗传宏　康江江 *

摘　要： 长三角更高质量一体化发展对于实现中国式现代化具有重要的引领作用。长三角一体化进程总体经历了一体化计划协调阶段、城市合作阶段、省级合作阶段、转型升级阶段和一体化发展新阶段。2021年长三角地区总体呈现经济总量高速增长、区域协调稳步提升以及经济安全稳定可靠，尤其是长三角在立足国内市场汇聚全球资源、以跨区域规划推动一体化发展、聚焦科创建设现代化经济体系以及塑造长三角一流营商环境等方面展开诸多实践并取得新进展。面向未来，长三角将以跨越"中期陷阱"，走一

---

* 王德忠，理学博士，上海社会科学院院长，研究员，博士生导师，国家高端智库首席专家，主要研究领域为区域经济、制度经济以及发展战略、经济政策等；汤蕴懿，管理学博士，上海社会科学院应用经济研究所副所长，研究员，博士生导师，研究方向为产业政策和公共政策；宗传宏，管理学博士，上海社会科学院城市与人口发展研究所副研究员，硕士生导师，研究方向为区域经济；康江江，理学博士，上海社会科学院应用经济研究所助理研究员，研究方向为城市地理与地方产业发展。

体化发展道路；突破非均衡格局，走共同富裕的发展模式；提升资源配置水平，走高质量发展道路；优化空间布局，走阶梯化发展模式；构建现代化产业体系，走"数字+"的发展新赛道；提高制度拟合度，走"双轮驱动"发展新路径；坚持对外开放，走国际分工的大循环道路。在这些新的内涵要求下，长三角需要发挥经济引擎和对外开放窗口的作用，多措并举推动更高质量的一体化发展。特别是需要进一步构建多维度区域产业分工体系，不断提升内生动力实现"五化"协调，积极融入新发展格局，进而在引领长江流域乃至全国走高质量发展的中国式现代化道路方面肩负更高的历史使命。

关键词： "五化"协调　新发展格局　中国式现代化　长三角一体化高质量发展

一　中国式现代化与长三角高质量发展的新内涵

党的二十大报告提出，以中国式现代化全面推进中华民族伟大复兴的使命任务，赋予新时代区域协调发展新的内涵和意蕴，需要牢牢把握中国式现代化人口规模巨大、实现共同富裕、物质文明和精神文明相协调、人与自然和谐共生、走和平发展道路等特点，走更高质量一体化发展道路。

长三角高质量一体化发展是中国式现代化的重要组成部分。长三角地区面积仅占全国国土面积的 3.7%，人口总量占全国的 1/6，经济总量占全国的 1/4，是我国经济发展最活跃、开放程度最高、现代化程度最高、中国式现代化建设要素最富集的区域之一。推动长三角更高质量一体化发展，对于实现中国式现代化具有引领作用。《长江三角洲区域一体化发展规划纲要》提出，长三角要建设成为率先基本实现现代化引领区。

党的十八大以来，党中央立足中国区域间发展不平衡的基本国情，先后提出了长三角一体化发展、京津冀协同发展、粤港澳大湾区建设等区域发展战略，旨在进一步缩小区域发展差距，推动区域协调与高质量发展。党的二十大报告提出，要深入实施区域协调发展战略、区域重大战略、主体功能区战略、新型城镇化战略，优化重大生产力布局，构建优势互补、高质量发展的区域经济布局和国土空间体系。未来五年是我国全面建设社会主义现代化国家开局的关键时期，区域协调发展是实现中国式现代化的重要目标和手段，促进区域协调发展是加快构建新发展格局、着力推动高质量发展的内在要求，是实现共同富裕的重要途径，深入推动区域一体化与高质量发展对中国式现代化目标的实现具有重要的现实意义。

未来长三角要不断做强全国强劲活跃增长极，建设全国高质量发展样板区、率先基本实现现代化引领区、区域一体化发展示范区，打造新时代改革开放新高地。先行探索中国式现代化的路径和规律，进一步缩小区域内部差距，重点推动后发展地区的现代化跨越，促进新型工业化、信息化、城镇化、农业现代化、绿色化"五化"协调发展，积极融入并服务新发展格局，以高质量一体化为全国现代化建设提供样板和动力，以率先基本实现现代化的生动实践向世界展示中国式现代化的光明前景。

一是跨越"中期陷阱"，走一体化发展道路。西方200多年的城市化历程中，都是受到"木桶原理"的约束，从而在城市化中期形成分化，既形成了发达城市群，也形成了浅城市化、半城市化、过度城市化、蔓延式城市化等模式。这种现象以"中等收入陷阱"现象尤为明显，突出的表现就是拉美地区和东南亚一些国家，经济进入中期水平，人均收入达到中等发达国家水平后，国家收入水平长期停滞不前，导致城市化质量停滞不前，并形成恶性循环。相反，日本和韩国实现了由低收入国家向高收入国家的转换后，即日本1984年人均国内生产总值突破1万美元，韩国1995年达到11469美元后，通过科技创新，引进、模仿和消化发达国家的先进技术，走上了自主创新道路，从而走上了高质量发展的道路。同期，日本和韩国城市化率已经分别达到80%和75%以上。

2022年，我国城镇化率达到64.7%，人均GDP达8.6万元，按年平均汇率折算，达 12741 美元，与世界银行划定的高收入经济体门槛（13205 美元）仅相差 464 美元，但距离 3 万~5 万美元的一般发达国家水平仍有相当大的距离。在城市化水平逐渐稳定增长的同时，要通过区域一体化，为经济发展提供更广泛的配置资源的平台，通过优化区域结构进一步优化产业结构，并且相互促进，形成良性循环的态势。这样才能不断突破经济社会发展的顶板，跨越"中等收入陷阱"，为我国实现中国式现代化提供区域支撑。具体来说，在我国城市化水平已超过 60%，正进入中期跨越关键时期，中国式现代化要求区域发展不能走先污染后治理或者边污染边治理的粗放型发展的老路，要走人口、资源、环境一体化协调发展，经济、社会、生态全面发展的中国式区域发展新道路。

二是突破非均衡格局，走共同富裕的发展道路。中国区域东、中、西部发展差异化明显，各区域内部也形成了高低差异显著的波峰、波谷地带，已经成为区域发展的新瓶颈。以往多年来，我国在区域发展探索中也在不断尝试非均衡发展的路径，特别在实施东北振兴、西部开发等区域战略中，要素资源的配置往往是均衡化的"撒胡椒面"形式，其作用大打折扣。全球区域实践经验和我国多年的区域探索表明，区域的区位、禀赋、经济基础等千差万别，不能一味地以固定的模式来套用。同时，与其他各国不同，我国人口众多而且分布不均衡，无法解决区域非均衡问题也就无法解决人口的非均衡问题。对此，党的二十大报告提出，推进京津冀协同发展、长江经济带发展、长三角一体化发展，推动黄河流域生态保护和高质量发展，就是基于多年的城镇化探索，在积累大量的经验和教训的基础上，提出的区域一体化的要求。因此，按照党的二十大精神，首先要通过区域一体化发展，打破区域内部的非均衡态。在提升区域整体实力水平的同时，要发挥好长三角、京津冀、大湾区等先发区域的龙头带动作用，突破传统的中心—外围、梯度理论等传统区域体系，通过资源要素的空间跨越交流，形成明确的区域分工体系，带动其他区域的发展，打破区域之间的非均衡态。比如，多年来，我国发达地区对口支援欠发达地区就是通过区域间的合作，提高欠发达地区"造血"能力。又如，自 2022 年开始，长三角按照国家发改委的方案要求，逐步组织沪苏浙与皖北 8 城结对，共建跨省（市）产业合作园区，实质上就是区域内发达地区"长板"拉动"短板"，提升欠发达地区发展水平的重要举措之一。

三是提升资源配置水平，走高质量发展道路。从资源配置的角度看，我国区域发展一般会经历计划配置—要素集聚—空间集聚—同城化—同域化—资源配置的阶段，这些阶段不是单一的和固定不变的，几个阶段可以共同存在，交叉运行。目前，我国发达区域已经基本到了资源配置的阶段。资源配置阶段发展一般经历集聚资源、配置资源、辐射资源、循环资源四个过程。因此，区域的资源配置能力与所处的阶段是相互影响的。资源配置能力是关键。西方发达国家以市场为主导配置资源较多，我国在区域发展初期，以集聚资源为主，"政府+市场"的模式较为普遍；资源配置成熟阶段，逐步形成循环资源模式，社会参与的紧密度逐步增加，体现在社会组织及各类平台加速成长。目前，长三角、京津冀、珠三角是资源配置水平较为突出的区域，特别是区域内的龙头城市呈现出高质量的平台作用。成渝、中原、长江中游等则处于同城化与同域化之间的状态，资源配置水平处于快速上升期。

四是优化空间布局，走阶梯化发展道路。从世界城市群发展规律看，要素资源的空间布局在不同阶段有不同的配置空间和效率要求，一般将经历点状布局、轴向布局、圈层布局和网络布局四个发展阶段，也被分别称为城市群空间一体化发展的 1.0、2.0、3.0 和 4.0 版。

1.0 版为点状布局阶段。区域形成初期符合"增长极"理论，美国硅谷、中国台湾新竹、日本筑波等创新要素都是从点上开始集聚的。点状布局阶段又分为两个子阶段：点状集聚阶段和块状辐射阶段。点状集聚就是资源要素的简单集聚，形成创新集聚区或创新园区；块状辐射是创新要素向周边区域的辐射，与周边城市融合，形成产城融合的格局。

2.0 版为轴向布局阶段。点状布局阶段基本完成后，资源要素需要在更大的空间寻求配置，以点为主的创新要素集聚地区依托交通要道并将之作为轴线向外扩张和扩展，如日本东京、美国波士顿 128 公路等创新要素沿轴线向周边扩展等。长三角 G60 创新走廊、虹桥国际开放枢纽等的建设也标志着长三角处于轴向布局的发展阶段。

3.0 版为圈层布局阶段。轴向布局阶段形成线性布局后，开始逐步形成圈层布局空间形态。这种形态是以中心—外围理论为基础，在区域中心城市或节点城市的整体功能从集聚向辐射，并逐步达到均衡的过程中产生的。中心城市或节点城市对外辐射的要素和功能呈现分层的情况：高端要素辐射到内层，低端要素辐射到外层，形成不同的圈层结构。

4.0 版为网络布局阶段。圈层布局后，资源要素的流动开始呈现多极化、综合化、交叉化的现象，单纯的圈层布局边界开始模糊，在区域一体化动力推动下，要素资源向均衡化发展。资源要素是在集聚和辐射，核心城市辐射和周边城市承接能力提高的双重作用下逐步趋于均衡布局。

我国区域往往在局部具有其中的几个阶段特征，总体处于不同阶段的区域，其发展路径需要阶梯状的渐进式发展。同时，可以在局部实现跨越式发展，为缩短下一阶段时限和高质量发展打下基础。

五是构建现代化产业体系，走"数字+"的发展新赛道。在数字技术推动下，区域现代化产业体系在城市群内部功能定位上形成了新的分工模式。其一，优势互补的分工模式。城市群内部各城市功能优势不同，通过优势互补形成分工。如纽约都市圈中，纽约专业化服务功能强，费城制造业发达，波士顿高科技产业和教育优势突出，华盛顿拥有全球性的金融机构。其二，以创新集群为核心的分工模式。巴黎大都市区创建了巴黎—萨克莱创新集群，将区域内的大学、科研中心、大型集团和中小型企业有机地捏合在一起，形成高等教育、公共以及私人研究一体化的研究平台。同时，在巴黎郊区设立众多基地，如金融、生物科技、医疗保健、航空和传统时装等，并通过快速地铁将其相互连接，形成有效的创新系统。其三，供需平衡的分工模式。如东京都市圈内城市内分工细化到研发、创新试验、中测以及创新产品展示等区域内合理分工，专业化更加明显，促进区域内各城市之间网络化合作。

"数字+"具有时代性特征，也是我国区域后发优势所在。在借鉴发达国家城市群产业体系布局的基础上，我国区域在提升创新水平的同时，逐步以"创新+"为底座，形成"数字+'产业、人才、制度、金融、区域……'"的发展模式。

六是提高制度拟合度，走"双轮驱动"发展新路径。从世界区域发展实践看，制度超前与滞后都不利于城市群高质量发展，这一现象仍在当前普遍存在。中国式区域现代化就是要通过制度创新和规划建设双轮互促的循环上升，形成高拟合度的发展模式，真正释放制度红利，形成制度对生产力的支持。具体而言，就是把握区域发展所处的历史阶段和未来趋势，把制度创新与区域规划建设紧密结合，形成"双轮驱动"，通过制度与生产力的联动、融合，延伸、创新制度，形成一系列操作性强的标准、规范、细则、流程等，构建较为完善的制度体系。同时，从点到点、从点到面，逐步形成可复制、可推广的制度，为更多区域高质量一体化发展提供支持。

七是坚持对外开放，走国际分工的大循环道路。与发达城市群相比，我国区域开放的水平远远没有释放，开放水平还是以项目合作的点对点模式为主。例如，按照国际惯例，国际大都市的外籍人口数量一般要超过5%，我国众多发达城市远远没有达到这一比例。因此，要以"一带一路"为引领，面向全球供应链和市场，提升资源配置水平，总结义乌、中欧班列等合作模式，克服当前的复杂国际环境，融入国际产业链发展的大格局。[①]

二 中国式现代化下长三角高质量一体化发展的历史探索

自古以来，长三角三省一市地缘相近、经济相融、血缘相亲、文化相通、机制相联。长三角一体化不是一蹴而就的，新中国成立前后就开始为区

---

① 《长三角观察》2019 年第 4 期"卷首语"。

域一体化打下基础。1945 年 9 月由山东分局和北上的华中局合并组成中共中央华东局，成为六大地方局之一，1949 年迁往上海，但其后被取消。1961 年 1 月 18 日，党的八届九中全会批准恢复中共中央华东局，1966 年，中共中央华东局再次被取消。可以说，新中国成立初期阶段长三角以华东局的合作为基础，逐步建立了有建制的行政管理主体。华东局的成立是为了适应当时的发展形势，对新中国成立初期国家治理地方起到了较大的作用，也为长三角政府间合作奠定了实践基础。经过几代人的努力，通过汲取国内外区域发展的经验，不断探索和创新形成当前的一体化形态。特别是在改革开放的大潮下，区域经济一体化的趋势日益明显，合作机制成为打破行政壁垒、推进经济一体化的关键环节之一。长三角一体化上升为国家战略后，经济社会全面一体化的趋势日益明显，合作机制的作用也日益显著，成为长三角实现高质量发展的重要支撑。因此，长三角一体化不仅是经济社会发展的积累，而且是历史文化的传承。

（一）第一阶段，一体化计划协调阶段

党的十一届三中全会以后，我国开始了改革开放的新征程。改革初期确立计划经济下市场经济的主体地位至关重要，于是以政府为主导，推进从农业经济向工业经济的历史转变成为当时的主要导向。一是全国市场化的政策取向。20 世纪 80 年代中后期，我国传统计划体制开始出现松动，"有计划的商品经济"逐步形成共识。同时，以承包制为主的国有企业改革增强了企业的自主权，以财政大包干为主的财政改革增强了地方政府的自主权，价格双轨制逐步实行。二是国家沿海开放政策的推动。1979 年党中央、国务院决定对广东和福建两省的对外经济活动实行特殊政策和优惠措施，1980 年设立深圳、珠海、汕头、厦门 4 个经济特区，标志着中国对外开放航船正式扬帆起航。20 世纪 80 年代中期至 90 年代初，对外开放的范围由特区逐步扩大到了沿海、沿江、沿边地区，初步形成了从沿海向内地推进的格局。长三角与全国其他地区一样，开始了以市场化为取向的全面探索。其中，江苏和浙江的路径又各不相同：江苏省以发展乡镇企

业为核心；浙江省开始构建以小商品市场和其他各类专业批发市场为核心的市场网络，促进产品经济向商品经济转变，明确了从内向型经济向外向型经济转变的方向。

在这一背景下，中央决定以派出机构的方式，对长三角区域进行规划协调，以中心城市和工业基地为依托，形成以协调为核心的体制机制。

1982年12月22日，国务院发布《关于成立上海经济区规划办公室和山西能源基地规划办公室的通知》。1983年正式成立"国务院上海经济区规划办公室"。国务院上海经济区规划办公室既是国务院的派出机构，又是上海经济区省市长会议的办事机关。国务院规定，其任务是"从国民经济发展的全局出发，统筹安排，制订经济区和基地内的经济、社会发展规划，协调经济区和基地内部门之间、地方之间和部门与地方之间的关系，促进生产力的发展，使经济区和基地同全国经济的发展紧密地结合起来"。因此，国务院上海经济区规划办公室是改革的试验，其职能主要是规划、联合和协调。国务院上海经济区规划办公室的成立，为上海经济区协调发展起到了不可替代的作用。但是，在当时计划经济条件下，由经济区与行政区不一致带来的种种矛盾超出了上海经济区规划办公室的职能范围，以及其他一些原因，1988年上海经济区停止运行。

虽然困难重重、步履艰难，但毕竟从无到有、从虚到实，上海经济区在合作过程中还是取得了显著的成绩。第一，经济区各成员在这些年的合作实践中，大小企业和各级政府达成了进一步深化联合的共识。第二，形成了区域内不同形式的经济联合组织。企业之间建立了数千个松散的、半紧密的或紧密的联合实体，组建了一批行业联会，成立了近十个卫星区域合作组织。第三，几年来区域合作组织成员之间发生了大量的资金技术转移，物资商品机构空间调整转移、资源基地共建、信息共享等方面市场活动，为加快区域市场发育准备了条件。第四，上海经济区办事机构做了大量的研究、规划、指导和组织、协调、服务工作。共主持召开了6次上海经济区省市长会议，编制了上海经济区发展战略规划和22项专项规划。

在协调组织的集资办电、开煤、修路、联港、治水以及联合发展对外经济贸易等方面，取得了成效，产生了影响，为区域经济发展积累了宏观操作的经验。[①]

（二）第二阶段，城市合作阶段

1990 年 9 月，浦东开发开放进入实质性启动阶段。浦东开发开放从区域上对长三角的引领作用非常明显。1988 年，中国经济开始出现过热现象，长三角工业增长速度也随之呈现出了经济过热，经济过热也直接反映出长三角经济高速发展，但计划经济和行政壁垒的双重障碍，阻碍了市场经济的良性发展，也减弱了城市的资源配置能力，长三角各城市亟须通过合作扩大资源配置的范围，合作发展的呼声一浪高过一浪，各城市积极融入长三角一体化发展的诉求也不断提高。在学界、企业和各地方政府的共同推动下，各城市按照市场诉求，自发倡议建立以经济为核心的合作机制，地方政府间通过平等磋商，以共赢为目的，自觉推动区域合作与发展。但由于经济社会发展的限制，特别是交通设施和信息通信条件的限制，以城市自发合作模式为主，城市间的交流多停留在理念的沟通、联谊性的往来，还缺少务实的工作抓手，城市间的合作内容也以招商引资、推进商贸往来为主。其中，由于旅游线路的设计，旅游资源共享方面的目标相对更能达成一致。因此，旅游产业合作成为长三角一体化合作中首先推进的领域。

（三）第三阶段，省级合作阶段

进入 21 世纪以来，国内外宏观环境发生了巨大的变化，经济全球化和区域一体化对经济社会发展的带动作用日益明显，长三角合作机制从城市间合作向省级合作发展，合作范围、协调力度、分工模式逐步与经济全球化、

---

① 左学金等：《世界城市空间转型与产业转型比较研究》（第 2 版），社会科学文献出版社，2017。

区域一体化的节奏一致。

一是国家宏观政策的推进。党的十四大明确提出"社会主义市场经济"、党的十四届三中全会作出《关于建立社会主义市场经济体制若干问题的决定》，社会主义市场经济是大势所趋。为了适应市场经济的发展，长三角根据党中央的决定，加速推进产业结构调整和市场化改革进程。

二是对外开放的倒逼。2001 年 12 月，中国加入世界贸易组织（WTO），区域性推进的对外开放转变为全方位的对外开放，中国的对外开放进入全新的发展阶段。在这一大背景下，面对国内国外两个市场，面对从沿海到内地、由南向北、自东向西、全方位对外开放的区域格局，长三角既有全面对外开放的机遇，也有面临国内国外两方面经济体的挑战，长三角原有的劳动力与资源密集型的粗放型发展道路必须转变，原有的国内市场体系必须深化改革，原有的传统制造业必须升级。

三是区域间的竞争。20 世纪 80 年代我国在福建和广东的改革开放试点取得较大成功，珠江三角洲经济获得长足发展。在这样的条件下，党中央决定继续扩大改革开放的空间与范围，上海成为改革开放的重点地区。正是由于珠三角的发展，推动了长三角的发展意愿，在上海龙头带动作用下，党的十四大做出了"以浦东开发开放为龙头，进一步开放长江沿岸城市，尽快把上海建设成国际经济、金融和贸易中心城市之一，带动长江三角洲和整个长江流域地区经济的新飞跃"的重大战略定位后，长三角的改革开放逐步成为全国的"前沿阵地"。

在长三角市场经济日益完善、经济高速发展的同时，也面临着转型升级的压力，为了从宏观层面更好地把握长三角经济社会发展的脉搏，2001 年，上海、江苏、浙江两省一市政府领导共同发起组织"沪苏浙经济合作与发展座谈会"（以下简称座谈会），座谈会由两省一市常务副省（市）长主持，分管秘书长、发改委主任、联络组和合作专题组负责人一起参加。在此基础上，2004 年，长三角启动了两省一市主要领导座谈会制度，标志着沪苏浙区域合作已被纳入两省一市最高决策层的视野，为推动长三角区域经济一体化向更深层次迈进注入了强大动力，长三角以自上而下和自下而上为特征的合作框架体系逐步形成。① 为了进一步将合作机制以制度的形式固化下来，成为长三角各省市遵循的共同纲领，2007年，由上海市发改委牵头，联合江苏省、浙江省发改委，委托上海社会科学院组织专家，在充分吸取欧盟、WTO、环渤海、泛珠三角、北部湾等国内外城市群合作机制经验的基础上，完成了《长江三角洲区域合作协调机制研究》，确立了由决策层、协调层、执行层组成的合作机制框架，经过十多年的运作，对推进各城市的合作起到了良好的作用，为最终形成当前一体化合作机制打下了坚实的基础（见图1）。

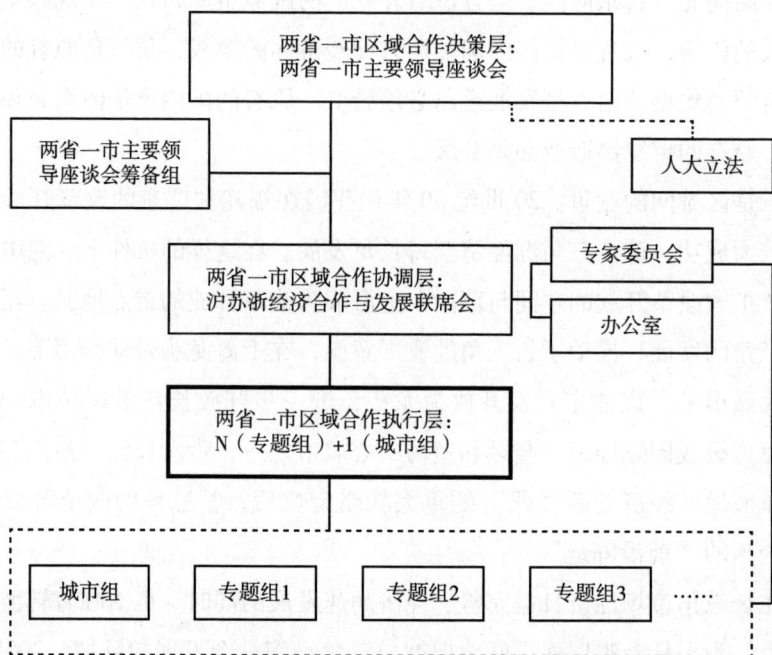

图1　2007年确立的长三角地区合作机制框架

该协调机制采取决策层领导下的协调层总负责制，决策层是该机制的最高决策机构，负责领导协调层和执行层，决策层通过建立形成"两省一市

---

① 王庆五、章寿荣主编《2015年新常态下深化一体化的长三角》，社会科学文献出版社，2015。

主要领导座谈会制度"来运行。决策层的主要职责是负责统筹整个长三角区域经济、社会、文化等发展中的重大事宜及布局建设，制定一体化的长期发展规划与战略目标；协调层须接受决策层的领导，在决策层的领导下直接领导执行层开展工作，协调层直接对决策层负责。执行层由多个专业执行机构构成，是具体的操作部门，主要职责是把各专业委员会的工作具体分到各个部门进行贯彻实施，执行层接受协调层的直接领导和决策层的间接领导，直接对协调层负责，同时又对决策层负责，负责具体的操作执行。长三角经济协调会专业委员会如表1所示。

表1 长三角经济协调会专业委员会

序号	名称	成立时间	牵头单位	参与共建城市
1	旅游专委会	2013年4月13日	南京市发改委、南京市旅游委	南京、镇江、扬州、淮安、盐城、泰州、芜湖、马鞍山、滁州、宣城和湖州等11个城市
2	新型城镇化	2014年3月30日	上海市合作交流办公室、同济大学	上海、杭州、无锡、苏州、嘉兴、舟山、绍兴、金华、宁波、衢州、台州、温州、湖州、常州、南通、泰州、盐城、淮安、宿迁、连云港、马鞍山、芜湖、镇江、南京、扬州、滁州、淮南、合肥等28个城市
3	品牌	2014年3月30日	上海市经济和信息化委员会、上海市政府合作交流办、上海社会科学院	上海、杭州、宁波、南京、合肥、苏州、无锡、马鞍山、嘉兴、丽水、徐州、连云港、常州、南通、泰州、金华、舟山和太仓等18个城市
4	会展	2014年3月30日	宁波市人民政府、浙江万里学院	杭州、南京、无锡、合肥、嘉兴等12个城市
5	健康	2015年3月30日	扬州市人民政府、上海朵云轩(集团)	上海、南京、杭州、宁波、合肥等20个城市共67个部门
6	创意经济产业	2016年3月26日	东华大学旭日工商管理学院	长三角30个成员城市

（四）第四阶段：转型升级阶段

随着全球金融危机的影响，苏南模式、温州模式、义乌模式等延续下来的传统粗放型发展模式已经难以为继，纷纷进行结构调整。[①] 一是依靠创新推动的经济发展方式的要求。长期以来，长三角依靠内外资的拉动效应逐步减弱，劳动密集型、粗放型的生产方式造成的产品和服务的附加值低，在全球经济危机中进一步压低了利润空间，同时，对能源消耗和生态环境造成了很大压力。依靠投资拉动的增长方式已经难以为继，以创新为动力的发展方式将成为发展趋势。二是资源环境要素的瓶颈制约日益突出。长三角土地资源紧缺，长三角16个城市核心区土地面积9441千公顷，不足全国的1%（为0.88%），人口约占全国的5.3%，人均土地面积0.133公顷，约为全国平均水平的1/6。多年来，长三角土地利用开发强度大，综合产出率高，约为全国平均强度的18倍；建设用地比重大，且扩展速度快，区域内各类建设用地比例达14.8%。例如，苏州可供工业开发的土地面积就从1990年的360.32千公顷下降到2007年的234.71千公顷，降幅达34.86%，制造业增量支撑能力明显降低。另外，随着长三角区域经济社会的快速发展，长三角能源短缺现象日益突出。能源的自给率很低，能源消费量快速增长，能源供需等矛盾不断加剧。[②]

面对日益严重的要素资源瓶颈，以长三角区域规划为标志，一系列国家区域发展战略不断出台，进一步推进长三角区域合作迈上新台阶。2007年5月，时任国务院总理温家宝在上海专门主持召开了长三角地区经济社会发展座谈会，对长三角地区的发展提出明确的指示。2008年以来，国家先后出台了长三角区域指导意见、长三角区域规划、上海自贸区建设、上海科创中心建设、"一带一路"倡议、长三角城市群规划、长江经济带规划等一系列

---

① 王庆五、章寿荣主编《2015年新常态下深化一体化的长三角》，社会科学文献出版社，2015。

② 左学金等：《世界城市空间转型与产业转型比较研究》（第2版），社会科学文献出版社，2017。

区域发展政策，长三角继续站在国家改革开放的前沿阵地，肩负起更大的历史使命，长三角合作机制处于转型升级时期，而且将是长期的创新发展阶段。在各类规划中，反映出一个重要的信号，即加快推进社会参与长三角合作进程已经刻不容缓。2008～2017年长三角区域合作机制框架如图2所示。

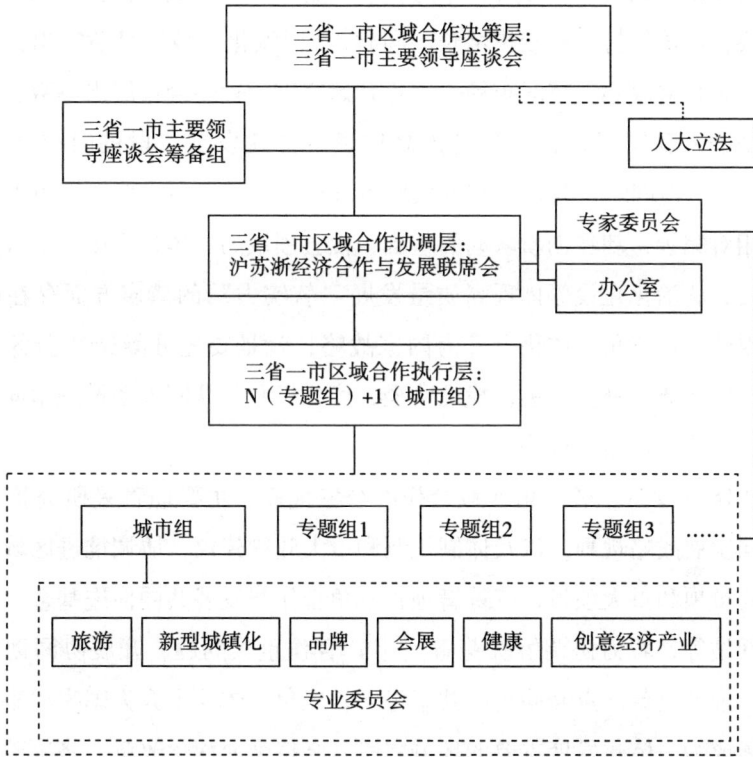

图 2 2008～2017 年长三角区域合作机制框架

（五）第五阶段，一体化发展阶段

2018 年 11 月，习近平总书记在首届中国国际进口博览会上宣布长三角一体化上升为国家战略。这是基于长三角、珠三角、京津冀、粤港澳大湾区等一系列发达城市群向高质量发展、集约化发展、可持续发展，中西部城市群逐步形成的基础上提出的区域发展方略，在引领国家区域发展中具有重大的战略意义。国家对长三角一体化发展寄予厚望，希望长三角通过高质量一体化发展进一步释放区域生产力，成为全国区域一体化发展的"领头雁"，带动我国区域从"量"到"质"的发展，推动新型城镇化走向更高阶段。长三角肩负国家使命，未来既发展可期，又任重道远。

近年来，面对全球经济新常态，长三角适时进行战略调整，加快新旧动能转换，经济保持平稳较快增长。同时，"同城化"效应日益突出，市场一体化机制日益成熟，空间布局一体化开始突破，社会合作层出不穷，政府合作机制进入新阶段，长三角进入高质量一体化发展阶段的时机已经成熟（见图3）。但同时，与世界前五大城市群相比，长三角虽然规模更大，基础设施相对完善，却在创新联动的基础、社会领域的一体化程度、次级城市群的发展、法治化建设等体现高质量发展"软实力"的诸多方面存在明显差距。因此，长三角一体化上升为国家战略，就是要充分凝聚社会各界的合力，聚焦优势，补齐短板，找准路径，优化机制，共同推动长三角向高质量一体化发展的道路迈进。①

2018年3月，长三角区域合作办公室成立，主要职责是研究拟订长三角协同发展战略规划，以及体制机制和重大政策建议，协调推进区域合作中的重要事项和重大项目，统筹管理长三角合作与发展共同促进基金、中国长三角网站等，着力协调解决跨省（市）合作重大问题，开展协同创新路径研究，推动改革试点经验复制共享等。长三角一体化上升为国家战略后，机制创新成为一体化发展重要的环节之一。坚持全面深化改革，坚决破除制约一体化发展的行政壁垒和体制机制障碍，建立统一规范的制度体系，形成要素自由流动的统一开放市场，为更高质量一体化发展提供强劲内生动力，成为长三角合作机制的主旋律。

按照《长江三角洲区域一体化发展规划纲要》要求，要在四个方面重点推进。一是健全政策制定协同机制。建立重点领域制度规则和重大政策沟通协调机制，提高政策制定统一性、规则一致性和执行协同性。全面实施全

---

① 《长三角观察》2019年第4期"卷首语"。

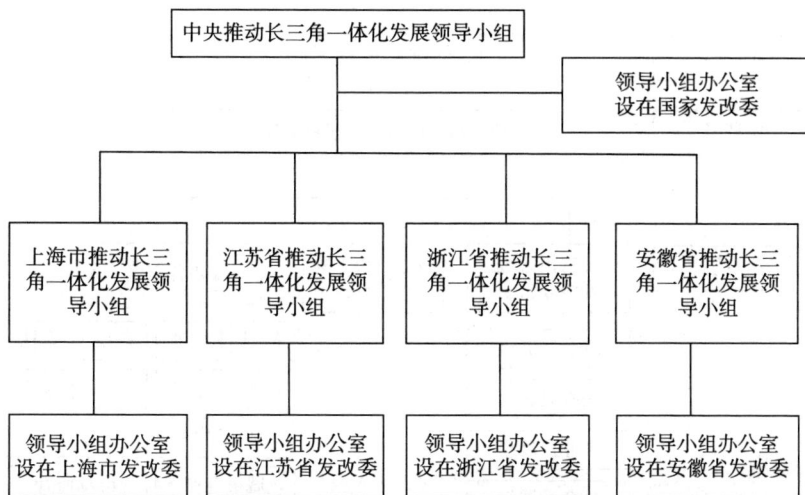

图3　长三角合作上下联动机制

国市场准入负面清单，实行统一的市场准入制度。二是建立标准统一管理制度。加强长三角标准领域合作，加快推进标准互认，按照建设全国统一大市场的要求探索建立区域一体化标准体系。协同建立长三角区域标准化联合组织，负责区域统一标准的立项、发布、实施、评价和监督。三是促进要素市场一体化，共建统一开放的人力资源市场。加强人力资源协作，推动人力资源、就业岗位信息共享和服务政策有机衔接、整合发布，联合开展就业洽谈会和专场招聘会，促进人力资源特别是高层次人才在区域间有效流动和优化配置。四是建立城乡统一的土地市场。推动土地要素市场化配置综合改革，提高资源要素配置效能和节约集约利用水平。深化城镇国有土地有偿使用制度改革，扩大土地有偿使用范围，完善城乡建设用地增减挂钩政策，建立健全城镇低效用地再开发激励约束机制和存量建设用地退出机制。① 长三角合作机制如图4所示，长三角区域合作机制历史沿革如表2所示。

---

① 中共中央、国务院：《长江三角洲区域一体化发展规划纲要》，《中华人民共和国国务院公报》2019年12月20日。

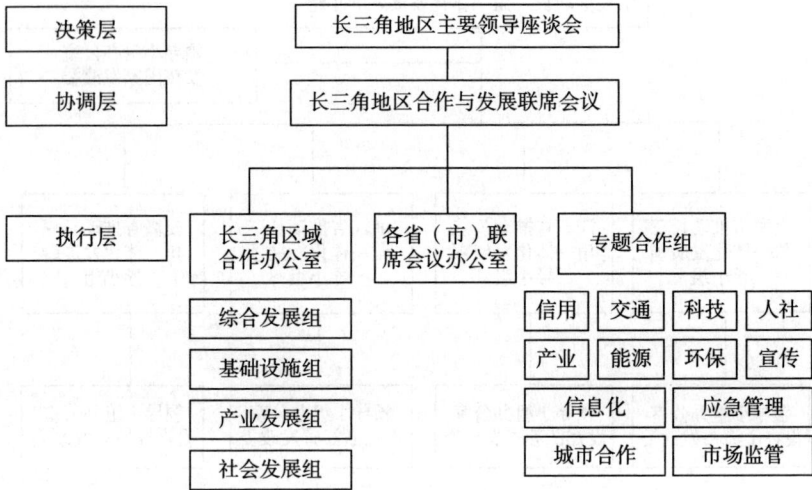

图4 长三角合作机制

表2 长三角区域合作机制历史沿革

阶段	节点	阶段特征	最高层会晤	组织形式	范围	备注
第一阶段：1982~1988年	1982年12月	计划经济	两省一市省市长会议制度	中央派出机构协调	上海、苏州、无锡、常州、南通、杭州、嘉兴、湖州、宁波、绍兴	
	1986年				上海、江苏、浙江、安徽、江西、福建	1988年6月撤销
第二阶段：1989~2000年	1992年	城市合作	长三角城市协作办主任联席会议	成员城市合作	上海、南京、苏州、无锡、常州、扬州、泰州、镇江、南通、杭州、嘉兴、湖州、宁波、绍兴、舟山	扬州拆为扬州和泰州,联席会议成员增至15个
	1996年					
	1997年4月		长三角城市经济协调会市长联席会议		上海、南京、苏州、无锡、常州、扬州、泰州、镇江、南通、杭州、嘉兴、湖州、宁波、绍兴、舟山	

阶段	节点	阶段特征	最高层会晤	组织形式	范围	备注
第三阶段：2001~2007年	2001年	省级合作	沪苏浙经济合作与发展座谈会	副省级会议	上海、江苏、浙江	
	2003年8月				上海、南京、苏州、无锡、常州、扬州、泰州、镇江、南通、杭州、嘉兴、湖州、宁波、绍兴、舟山、台州	
	2005年		沪苏浙主要领导会晤	省级会议	上海、江苏、浙江	
	2007年		沪苏浙皖主要领导会晤	决策层、协调层和执行层框架体系	上海、江苏、浙江、安徽	合肥市、盐城市、马鞍山市、金华市、淮安市、衢州市加入城市经济协调会
第四阶段：2008~2017年	2009年	转型升级	沪苏浙皖主要领导会晤		上海、江苏、浙江、安徽	芜湖、滁州、淮南、丽水、温州、徐州、宿迁、连云港加入城市经济协调会
	2013年					
第五阶段：2018年至今		一体化合作		上下联动、统分结合、三级运作、各负其责	沪苏浙皖	

资料来源：根据《长江三角洲区域合作协调机制研究》（上海社会科学院课题组，2008）以及相关材料整理。

三　2021~2022年长三角高质量发展的最新实践

（一）进展与成就

1.经济发展高效增长

（1）经济实力不断提升

2021年，长三角地区经济总量达27.61万亿元，约占全国经济总量的24.1%，拥有上海、苏州、杭州等8个万亿元GDP规模的城市。其中，江苏省GDP规模达到11.64万亿元，浙江省为7.35万亿元，上海市为4.32万亿元，安徽省为4.3万亿元。从增速来看，江苏、浙江、安徽三省的GDP增速均超过全国8.1%的平均增速，尤其是江苏省GDP增速达到8.6%，上海则与全国平均增速持平。从三次产业结构来看，三次产业结构比例为3.8∶40.6∶55.7。具体来看，制造业中电子信息制造业仍然是区域第一大主导产业，在整个制造业体系中占比达到12.8%；汽车制造业规模居于第三位，占比达到8.7%，电子信息制造业和汽车制造业两大重点产业的规模在全区的占比达到21.5%，地位非常突出。随着长三角地区产业发展水平和能级的不断提升，多个世界级产业集群在快速崛起并不断壮大。长三角集成电路产业规模占全国的近六成，生物医药和人工智能产业的规模约占全国的1/3，新能源汽车产量占全国的接近四成。此外，2021年长三角地区集成电路、生物医药、新能源汽车、人工智能四大重点产业成立了产业链联盟，更是推动了长三角重点产业协同发展，助力长三角在全球高端产业价值链中的地位抬升。

（2）资源配置能力进一步增强

人口集聚效应强，2021年长三角地区人口规模达到2.36亿人，约占全国人口的16.7%。城镇化水平不断提升，2021年城镇化率达到73.8%，高于全国近10个百分点。2021年长三角地区高新技术企业达到9.3万家，三年间增长了108%，全国占比2020年上升1.06个百分点，达到28.06%。

2022 年上海口岸进出口总额 10.4 万亿元，占全球的比重提高到约 3.6%，保持世界城市首位。上海港集装箱吞吐量 4730.3 万标箱，已连续 13 年居全球第一位。2021 年 5 月 10 日长三角自由贸易试验区联盟成立，将更好地发挥四地自贸试验区的发展优势，推动长三角一体化高质量发展。其中，2021年四地自由贸易试验区进出口总额超过 3 万亿元，实际使用外资 1042.6 亿元，均占到全国自由贸易试验区的近 50%。

（3）创新水平不断提升

2021 年长三角地区发明专利数为 18.2 万件，在全国占比达到 26%，研发经费投入在全国占比达到 29.8%。长三角三省一市科技创新共同体建设加快推进，科技部与三省一市建立了"4+1"工作机制，编制实施了《三省一市共建长三角科技创新共同体行动方案（2022~2025 年）》，提出到 2025年长三角科技创新共同体创新策源能力全面提升，若干优势产业加快迈向世界级产业集群。在《2022 年全球创新指数报告》中，上海—苏州、南京、杭州、合肥分别以第 6、第 13、第 14 和第 55 的位置被列入全球百强科技集群名单，在全球百强科技集群中占据一定的优势地位。目前，长三角地区拥有重大科学装置 23 个、国家级科研基地 315 个、大型科学仪器超 4 万台（套），2300 多个科技服务机构、2600 多个科研基地，汇集了沪苏浙皖多个"共享实验室"。2021 年三省一市间输出技术合同 2.1 万余项，交易额 877亿元，国家技术转移东部中心在长三角设立 19 个分中心，联动服务机构促成技术交易约 22 亿元，区域内五家国家级科技成果转移转化示范区结成联盟。

2. 区域协调稳步提升

（1）协调机制日益完善

推动长三角一体化发展是习近平总书记亲自谋划、亲自部署、亲自推动的重大国家战略。在各方面共同努力下，三省一市逐渐形成了以市委主要领导座谈会为决策层，以长三角地区合作与发展联席会议为协调层，以联席会议办公室、重点合作专题组、城市经济合作组为执行层的"三级运作"机制，主要研究解决长三角一体化过程中遇到的经济、生态、医疗以及城市治理等一系列问题。2022 年度长三角地区主要领导座谈会在上海举行，共同审议了《长三角区域一体化发展 2022 年度工作计划》和《长三角区域一体化发展 2022 年度重点合作事项清单》，重点聚焦经济社会高质量发展，推动产业协同发展和高科技领域的自立自强，在不断提升基础设施的保障供给水平等方面进行了深入研究与讨论，并明确未来共同推进长三角地区一体化高质量发展的重点任务和具体事项。

（2）地区经济差异不断缩小

2021 年长三角地区人均 GDP 为 12.36 万元，除安徽省人均 GDP 相对较低外，其余两省一市的人均 GDP 规模相对较高，尤其是上海市人均 GDP 已经达到 17.36 万元。同时，除了安徽省人均 GDP 低于全国平均水平外，上海、江苏和浙江三地的人均 GDP 显著高于全国平均水平。更进一步，利用变异系数测算长三角地区内部经济相对差异，发现 2010~2021 年长三角变异系数由 0.3946 下降至 0.3039，这也表明长三角三省一市内部的经济差距在不断缩小。从城乡收入差距来看，2021 年长三角地区城镇居民人均可支配收入为 62917 元，而农村居民人均可支配收入为 29732 元，城乡收入比为 2.1，同期全国城乡收入比为 2.5，说明长三角地区内部的城乡差异明显低于全国水平。同时，十年来长三角地区内部城乡收入差距也在进一步缩小，由 2010 年的 2.5 缩小至 2.1。例如，被赋予高质量发展建设共同富裕示范区的浙江，2021 年城乡居民收入比下降至 1.91，连续 9 年保持缩小态势。2021 年 12 月 8 日，《沪苏浙城市结对合作帮扶皖北城市实施方案》发布，沪苏浙与皖北 8 城结对，努力构建产业、技术、人才、资本、市场等相结合的结对合作帮扶工作格局，均衡、协调发展的长三角未来可期。

（3）区域分工体系不断深化

近年来，长三角地区一体化程度不断加深，地区内部的产业分工格局进一步完善，尤其是不同城市基于不同价值链环节优势已经形成了一定的分工格局。例如，在长三角地区电子信息制造业中，已经形成典型的"核心—外围"区域分工格局，即自上海到苏锡甬和杭宁合再到苏北、皖南皖北、浙西南之间存在较强的区域分工特征，核心地区主要从事价值链的中高端环节，而外围地区主要从事价值链的中低端环节，但是内部不同城市之间存在较强的产业价值链联系。进一步通过对比各个城市在电子信息制造业不同价值链环节上的产品分异及主要特点，来揭示长三角内部区域分工的深层特征，结果如表3所示。

表3　2021年长三角主要城市电子信息制造业上市企业细化产品类型与主要特点对比

城市	产品类型	主要特点
上海	芯片设计、芯片制造、集成电路封测、电镀、清洗设备、半导体材料、液晶显示、连接器、通信模组、结构件、PCB材料、通信周边、手机方案设计等众多环节	集中在高价值零部件，尤其是集成电路产业链完善，且控制组装代工
苏州	液晶显示、芯片设计、芯片封装、集成电路检测设备、半导体材料、PCB、连接器、滤波器、功能性防护器件、精密结构件等众多环节	集中在中高价值环节，液晶显示、精密结构件领域具备优势
宁波	摄像头模组、背光基模、光学基模、半导体材料、电池组件、连接器、手机品牌等诸多领域	集中在中高价值环节，光学器件、电池、品牌有优势
无锡	芯片设计、芯片封装、半导体材料、散热材料、结构件	以芯片设计、封装为主
杭州	芯片设计、集成电路专用设备、半导体材料、光学器件、PCB材料、机壳等诸多领域	集中在高价值环节，芯片设计领域具有一定优势
南京	液晶显示、PCB等	集中在高价值液晶显示领域
合肥	集成电路专用设备、通信保密设备、液晶显示、磁性材料	集中在高价值环节多个领域
南通	芯片设计、芯片封装、铝电容器、铝电子材料	在芯片设计、封装领域有一定优势
温州	精密电子连接器	集中在中等价值环节
常州	芯片设计、芯片封装、芯片设备、半导体材料、PCB等	在集成电路、PCB有优势
扬州	芯片制造+封装、PCB	切入高价值零部件某一环节
绍兴	集成电路封测设备	切入高价值零部件某一环节
镇江	芯片封装、液晶显示	切入高价值零部件某一环节
铜陵	集成电路封测设备、晶振、电容器	切入中高价值链多个环节

注：主要列举拥有多家电子信息制造业上市企业的部分重点城市，其余城市未包括。
资料来源：作者根据公开资料自制。

通过对比长三角主要城市上市企业的主营产品和特征后，发现长三角地区内部存在较强的价值链分工特征。上海和苏州两大城市在电子信息制造业中高价值环节实力最强，尤其是上海的集成电路产业链比较完善，主要优势在于芯片制造环节；苏州在液晶显示、精密结构件等领域优势突出，安洁科技、胜利精密、东山精密等多家企业嵌入苹果、三星等领先品牌的供应链；宁波和无锡也在区域分工中占据明显优势，无锡在芯片设计、封装、材料等领域具有一定优势；宁波则主要在光学器件、电池组件领域具有发展优势，同时拥有一家品牌企业波导股份，控制了中高价值链环节的某一领域和下游品牌环节。虽然杭州、南京、合肥三大省会城市价值链分工指数较低，但在集成电路、液晶显示等高价值环节具有一定优势。南通和常州等由于邻近核心城市也在细分领域有所发展，二者均在芯片环节有所发力。温州、扬州、绍兴、镇江等城市则主要切入价值链中某一环节，来参与整个地区的电子信息制造业价值链分工。最后，铜陵市虽城市规模较小但价值链区域分工指数却相对较高，且嵌入了中高价值链的多个环节。

（4）内部联系不断增强

交通联系不断增强，2021 年沪苏嘉城际铁路在上海的青浦区、江苏的吴江区以及浙江的嘉兴市三地开工，这是长三角地区首条跨两省一市的快速通勤铁路。绿色共建不断提升，江南圩田展示园、桑基鱼塘展示园等一批"水乡客厅"项目实现开工，环元荡岸线贯通示范段环境提升工程顺利开展。创新联系提高，青浦区西岑科创中心、吴江高铁科创新城、嘉善祥符荡创新中心等一批创新中心也在加快建设当中。围绕"数字长三角"建设，目前三省一市已经累计建成 5G 基站达 43 万个，约占全国的 1/4。政务协作水平不断提升，138 个政务服务事项在长三角地区 41 座城市跨省市通办，实现 37 类高频电子证照高效共享互认，进一步推动了四地跨省业务协同。

（5）生态协调治理不断向好

2021 年长三角水质优良断面比例较 2018 年上升 9.6 个百分点，达到 89.1%。长三角 $PM_{2.5}$ 平均浓度 2021 年为 31 微克/米^3，较 2018 年下降 26.2%。持续推进长江大保护和新一轮太湖水环境综合治理，编制了《太湖流域水环境综合治理总体方案》，继续联合开展长江"十年禁渔"，共同研究太湖流域跨省生态保护补偿机制，进一步完善长三角生态环境信息共享机制。2022 年上海、江苏以及长三角一体化示范区等地相继出台碳排放达峰目标与行动方案，合力推进长三角地区绿色低碳发展，持续推进长三角地区生态协调。

3. 经济安全稳定可靠

（1）区域韧性进一步增强

受疫情和外部国际环境的影响，我国面临需求收缩、供给冲击、预期转弱三重压力，对长三角地区也产生较强的影响。2022 年 4～6 月疫情导致城镇居民流动性和城镇经济活动受到大幅度影响。同年 10～12 月上海关区出口至美国的单月同比增长均为负，分别为 - 11.8%、-8.9% 和 -18.3%。然而，长三角地区在恢复性增长中表现出强劲的韧性。2022 年 6 月，沪苏浙皖工业经济都出现强劲反弹，特别是上海规模以上工业总产值大增 15.8%。上海制造业总体经历"平稳开局、深度下跌、快速恢复、加力巩固"四个阶段的"V 型"态势，在第三、第四季度分别增长 13.1% 和 0.2%。2023 年上半年，除第一产业外，上海主要产业指标均出现大幅增长（见表 4）。

表 4　2023 年上半年上海市生产总值及增长情况

单位：亿元，%

	总量	比上年同期增长
地区生产总值	21390.17	9.7
按产业分		
第一产业	35.12	1.5
第二产业	5082.60	15.1
第三产业	16272.45	8.2
按行业分		
工业	4778.43	14.5
建筑业	337.27	27.0
批发和零售业	2300.67	5.8
交通运输、仓储和邮政业	877.11	13.3
住宿和餐饮业	193.66	41.8
信息传输、软件和信息技术服务业	2051.84	10.7

续表

	总量	比上年同期增长
金融业	4256.79	5.6
房地产业	1813.07	9.2
租赁和商务服务业	1468.12	12.1

资料来源：上海市统计局网站。

在上海复工复产带动下，苏浙经济加速修复，安徽则保持稳定增长的态势。另外，据中国铁路上海局集团有限公司介绍，2022 年前 5 个月，长三角铁路共开行中欧班列 1135 列，同比增长 8.8%；发运 11.06 万标箱，同比增长 6.5%，班列开行总体呈现"稳中有升"的发展态势。这表明，长三角抗击风险冲击的能力日益增强。

（2）新经济新业态蓬勃发展

受疫情和外部局势影响，传统制造业和出口导向型产业受负面影响较大，而平台经济、数字经济、流量经济、元宇宙等新兴业态对地区经济增长的贡献越来越强，长三角地区已经进入产业发展新旧动能转化的加速阶段。在中国式现代化道路的引领下，正在积极构建现代化产业体系。其中，2022年上海集中出台数字经济、绿色低碳、元宇宙、智能终端四个"新赛道"行动方案，随后又提出发展未来健康产业、未来智能产业、未来能源产业、未来空间产业、未来材料产业五大未来产业集群，来塑造上海产业发展新优势和经济增长新动能。浙江省科学技术厅等 7 部门印发《关于推动创新链产业链融合发展的若干意见》，旨在通过推动创新链产业链融合发展来实现经济的高质量发展。浙江省还制定了《浙江省元宇宙产业发展行动计划（2023~2025 年）》，带动软件和信息服务业、电子信息制造业创新发展，构建未来产业发展体系。江苏省出台《关于加快推进车联网和智能网联汽车高质量发展的指导意见》，推动车联网和智能网联汽车新技术、新产品、新应用、新模式、新业态落地，培育形成发展新动能。安徽省则相继出台《安徽省"十四五"智能家电（居）产业发展规划》《安徽省支持新材料产业发展若干政策》《安徽省"十四五"软件和信息服务业发展规划》等政策，推动经济形成新增长动能。

（3）深度融入国内国际双循环新发展格局

2021年长三角实现社会消费品零售总额11.15万亿元，占全国社会消费品零售总额的1/4有余，达到25.3%。同时，长三角外贸复苏势头强劲，2022年，长三角三省一市进出口总值为15.07万亿元，同比增长6.9%，占全国进出口总值的近四成，是我国对外贸易的压舱石、稳定器。上海进出口值达4.19万亿元，同比增长3.2%。其中，出口1.71万亿元，同比增长9%，占全国出口总值的7.1%。上海新能源汽车和锂电池产品出口强劲，同比分别增长130%和360.8%。浙江进出口值为4.68万亿元，规模位居全国第三，出口值达到3.43万亿元，对全国增长的贡献率达到18.5%，居全国首位。江苏省外贸进出口总值5.45万亿元人民币，占同期全国进出口总值的12.9%。其中，手机和锂离子蓄电池出口强劲，同比分别增长70%和61.1%。安徽省进出口总值7530.6亿元，居全国第13位，占全国进出口总值的1.8%。未来长三角将会进一步优化营商环境，吸引外资进入和强化出口贸易，深入落实国内国际双循环发展战略。

（二）最新实践与推进

2020年以来，持续疫情影响深远，同时也为长三角一体化提供了安全运行的宝贵经验，即未来长三角坚定不移地走"区域一体化+对外开放"的道路。

1. 更高起点，立足国内市场汇聚全球资源

8月16日，2022年度长三角地区主要领导座谈会在上海举行。经过三年多先行先试、示范引领，长三角高质量一体化发展进入"快车道"，逐步成为全球产业链重要的枢纽和全球价值链重要的节点。对此，会议面向国际国内两种资源，立足改革开放，提出共同打造具有国际竞争力的战略性新兴产业集群和先进制造业集群；支持长三角企业积极参与全球物流体系建设；高水平共建虹桥国际开放枢纽，协同办好第五届中国国际进口博览会；依托

长三角自贸试验区联盟，深化制度创新、产业发展等方面合作等一系列思路和路径。长三角一体化是区域创新的"发动机"，也是配置全球优质资源的"助力器"。

2. 更深融合，以跨区域规划推动一体化发展

2022 年 9 月 15 日，沪苏浙两省一市政府联合发布第二批共 17 条政策措施，支持长三角生态绿色一体化发展示范区高质量发展。9 月 28 日，又联合发布《上海大都市圈空间协同规划》，这是全国首个跨区域、协商性的国土空间规划，旨在打造具有全球影响力的世界级城市群。长三角一体化走过三周年，在新一轮的发展中，改革需要在深水区中持续突破，创新需要在深度融合中寻求最佳，资源需要在更大范围内优化配置。协同规划和支持政策的出台，不仅为长三角一体化发展提供了"战略载体样本"，更是点明了协同创新的新方向、新思路和新着力点。

3. 更新动能，聚焦科创建设现代化经济体系

2022 年，在全球经济形势剧烈变化，国内国际双循环新发展格局日益形成的趋势下，传统产业升级、新兴领域崛起、区域价值链重构成为现阶段长三角高质量一体化的主要挑战。长三角以科技创新为核心，在持续集聚高质量要素资源的同时，努力打好"+"号牌。在科创实力方面，在国内外多个机构的科创类排行榜中，上海及长三角表现强势，发展潜力强劲。可以说，上海持续保持国内外两大地位，即在全球处于重要地位，在全国处于领先地位。更重要的是，长三角开始逐步将科创要素向各领域辐射和渗透，科创+"产业、人才、制度、金融、区域……"已经成为长三角各地发展的特色和"标配"。"科创+"的持续推进将为长三角高质量一体化提供新的"四梁八柱"。

4. 更好环境，塑造长三角一流营商环境

2021 年 10 月，国家发改委印发《长三角国际一流营商环境建设三年行动方案》，提出市场化、法治化、国际化的一流营商环境率先建成，营商环境国际竞争力跃居世界前列的总体目标。长三角一体化国家战略已实施四年，长三角积累了营商环境一体化的经验和成果。新一轮高起点、高标准、高质量持续推进一体化战略，夯实了全面跨越的底座。下一步，要发挥长三角对外开放排头兵的作用，进一步聚焦营商环境这一推动经济社会发展的新路径和新赛道，打造融入全球产业链的平台，实现对发达国际大都市的超越。

四　中国式现代化下长三角高质量一体化发展未来使命

中国式现代化的发展方式为未来长三角高质量一体化发展提出了更高的要求。长三角将勇立改革开放潮头，发挥经济引擎和对外开放窗口的作用，在引领长江流域乃至全国走高质量发展的中国式现代化道路方面肩负更高的历史使命。

（一）构建多维度区域产业分工体系

目前，长三角整体上已经走过了单一增长极式的空间布局阶段，未来将呈现多元化、多维度、多空间的产业布局形态，核心与外围产业的分工更加紧密，区域全产业链体系不断完善，区域价值链体系不断推进。

1. 把握大区域增长极态势，增强核心与外围间产业联系

一是把握增长极的大区域化态势，着力推进大区域内产业分工体系。长三角以城市为基本单元的单一增长极的规模和质量不断提升，上海、杭州、南京、合肥等中心城市的辐射范围不断提升，苏州、宁波、无锡等重要节点城市的辐射水平不断提升，昆山、江阴等经济发达县级市的极化水平仍将保持更高的水平。同时，未来长三角将更多地呈现出大区域性的增长极发展态势，如长三角生态绿色一体化发展示范区、嘉昆太等区域性的增长极，甚至五大都市圈内部的城市、区县等单元之间的一体化趋势更加明显，呈现出大区域增长极的态势（见表5）。微观层面，大区域内的产业联系以国家级开发区为依托，逐步形成多级微观增长极之间与外围产业分工，并形成区域性的产业链体系。

表 5 2020 年长三角五大都市圈数据

都市圈	土地面积 （平方公里）	常住人口 （万人）	生产总值 GNP （亿元）	人均 GDP （元）	生产总值 增长率 （%）	专利申请 授权数 （件）	国家级开 发区数量 （个）
上海都市圈	51491.5	7218.72	103909.82	143944.94	3.42	486008	66
南京都市圈	34506	3395.69	39691.27	116887.20	4.24	171422	17
合肥都市圈	14284	3048.96	24499.93	80355.04	4.70	84693	17
杭甬城市群	46454	3446.2	41291	119816.03	4.15	226126	22
苏锡常都市圈	17656	2549.32	40346.25	158262.79	4.83	240884	21

注：土地面积、常住人口、生产总值、专利申请授权数、国家级开发区数量均为加总数据，人均 GDP 为都市圈生产总值除以都市圈总人口，生产总值增长率是基于都市圈生产总值计算。

资料来源：安徽、浙江、江苏、上海 2021 年统计年鉴，中国国家开发区网。

二是优化城市核心功能，提升城乡产业分工水平。随着长三角空间持续开发，大多数城市仍然呈现单中心的城市布局形态，中心城区产业和人口密度过大，郊区则太小，"大城市病"现象严重，非核心功能向外转移仍然会长期持续。上海五大新城建设，就是在几轮中心非核心功能疏解的基础上，进一步促进上海空间布局的均衡化。资源环境承载力不足，商务成本高将成为长三角城市发展的共同难题。对此，各城市在非核心功能疏解的过程中，逐步向"研发在中心城区、生产在郊区"的格局演变。因此，各城市要从被动迁移非核心功能，向主动规划建设功能完备的郊区新城转变，通过市场化促进非核心功能向外转移。同时，在推进郊区新城建设方面逐步加大力度，优质的教育、医疗、文体等软性资源加快注入新城，吸引产业和人口向外转移。在此基础上，要立足整个长三角，借鉴国外发达城市群空间布局的成功经验，通过加大推进统筹布局的力度，将更多的城市之间的交界地带和"波谷"地带发展起来，做大各城市的"蛋糕"。

2. 聚焦全球价值链配置枢纽定位，加快形成区域价值链分工形态

目前，全球前五大城市群的产业基本已经上升到研发、金融等产业链高端，也不可避免地带来整个国家产业链的"上移"，全产业链、全价值链体系的完备性存在较大问题。长三角作为第六大城市群，整体上仍然处于重工

业与现代服务相互交替的阶段，产业链布局较为齐全，而且处于全产业链向全价值链发展的特殊时期。因此，近期要在打造世界级城市群的总体战略定位下，聚焦全球价值链配置枢纽的新时代定位，加快推进现代服务业与现代制造业的磨合和融合，形成"化学效应"，通过延伸产业链的深度，构建若干个产业领域的全产业链体系；拓展产业链的广度，构建新能源、大飞机、生物医药等重点领域的全价值链体系。同时，在重点领域全价值链体系逐步完善的基础上，全价值链模式向多产业领域辐射和延伸，推动全价值链平台不断升级。

3. 发挥制度创新优势，构建现代化产业体系

长期以来，长三角始终是国家改革开放的前沿阵地，长三角一体化战略是国家区域发展制度创新的重要平台和示范，是多项国家战略叠加的承载区，机制合作和制度创新已经成为长三角高质量一体化发展的主要优势之一，可复制、可推广的制度被越来越多的兄弟省市借鉴。同时，非核心功能转移、传统产业升级、四新产业发展等时刻在长三角区域发生，产业基础不断夯实，也对制度创新提出了更高、更新的要求。对此，长三角要继续发挥多项国家战略叠加的优势，优化合作机制，不断突破区域一体化发展的瓶颈，特别是产业分工体系中跨区域、跨领域、跨部门的"堵点"，形成跨市场体系、跨社会领域、跨区域空间的创新型制度体系，为长三角现代化产业体系的形成与发展提供"四梁八柱"。在此基础上，要把制度作为生产力来统筹考量，通过制度创新为产业体系赋能，推动区域现代化产业的自我更新和提升。

（二）提升内生动力实现"五化"协调

新型工业化、信息化、城镇化、农业现代化、绿色化"五化"协调是实现中国式现代化的重要路径之一。目前，在上海龙头的带动下，长三角在不断提高全球城市的对话能力。围绕高水平科技自立自强，深化区域创新协同攻坚，高水平共建长三角国家技术创新中心，国际视野更加聚焦进博会、自贸区、G60科创走廊、虹桥国际开放枢纽等国家战略。对此，长三角要抓

住契机，加快提升科技创新水平，完善产学研体系，推进国家科技公共服务平台建设。

1. 加大基础科学投入，提升科技创新能力

基础科学的投入日益成为区域科技创新持续发展的来源和动力。长三角已经具备了大规模和长期投入的基础和条件，未来长三角要进一步打破科技合作的壁垒，提升协同创新能力，切实加大基础科学的投入力度，提升科创软实力，构建长三角科创的区域品牌。通过加大科技创新力度，缩小与国际大都市科技创新的差距，特别是缩小优化配置科创资源能力的差距。

2. 凸显创新内生动力，加快推进区域转型升级

长三角各城市要以构建世界级城市群为总体目标，把科技创新作为发展主线，推动城市内生动力从投资驱动转向创新驱动，进一步集聚高端创新资源，建立健全符合创新规律的管理制度。同时，核心城市和节点城市要加快形成综合性开放型科技创新中心，周边城市形成产学研分工合作体系。核心城市要带动节点城市、周边城市共同向重大科学、原创技术、高新技术产业的重要策源地以及全球重要的创新型城市迈进。

3. 以战略一体化为抓手，提升城市建设标准

长三角各城市经济社会发展基础好，但在战略方面"属地化"的现象普遍存在。因此，要以打造世界级城市群为目标，以上海核心城市为龙头，统筹制定相应的战略，对标发达城市群城市建设标准，在城市交通建设上向立体、智能、绿色、便捷方向迈进；在城市地标建设上，彰显城市独特的文化元素、文化魅力和城市的影响力；在生态环境建设上，打造若干个全球知名的生态之城。

4. 落实国家安全观，推动城市现代治理升级

长三角要落实党的二十大精神，落实国家安全观，把城市安全治理放在极其重要的位置，把韧性城市和安全城市作为城市品质、城市魅力、城市竞争力的重要元素，促进城市管理精细化、社会治理现代化，不断推进城市治理迈向新台阶。

（三）积极融入新发展格局

面对国内外日益复杂的形势，长三角要把握契机，直面挑战，打通内部堵点，在提升内部循环效率的同时，要进一步融入国内国际双循环战略，立足国内国际两个市场，发挥对外开放的平台作用，优化国内外资源配置，成为全球价值链体系中的重要枢纽和环节。

1. 对标全球城市标准，提升上海"首位城市"功能

全球城市是城市发展的高级阶段和国际化的高端形态。纽约、伦敦、巴黎、东京等全球城市是全球资源配置中心，也是城市群首位城市，集聚了各类全球性的功能大平台，形成金融中心、航运枢纽、信息枢纽、投资贸易枢纽功能。上海依托长三角的分工合作体系，已经初步具备优化配置全球的人流、物流、资本流、技术流和信息流的基本功能。未来上海要进一步发挥首位城市的引领和带动作用，引领长三角区域聚焦提升资源配置功能，构建在全球、国家、区域以及城市网络体系统筹布局战略性资源、战略性产业和战略性通道等的能力。加快对外开放，吸引更多的国际优秀人才到上海和长三角，推进长三角成为国际要素的集散地和国际市场的配置地之一。

2. 发挥长三角的支点作用，深度融入"一带一路"

长三角是全国对外开放的桥头堡，是全国对外开放的重要门户。未来长三角城市群需要继续扩大对外开放，同时，更重要的是提升对外开放的质量。经过多年的推进，"一带一路"倡议的空间框架逐步完备，运行机制逐步形成。近年来，长三角在"一带一路"上的项目和产业也在不断增加，义新欧、大型基础设施、大型装备、大宗外贸等都活跃着长三角企业的身影。因此，坚持以"一带一路"倡议为引领，将为长三角提供更加精准的方向，加快提升长三角集聚国际资源的水平，加快长三角融入全球产业链体系，吸引国际优秀企业和优秀文化机构进入长三角，并让我国良好的要素资源"走出去"，在国际市场上竞争。寻求更广阔的战略边际和战略机遇，走更高质量对外开放的道路。

3. 发挥后发优势，深度接轨全球价值链体系

近年来，欧美发达国家已经形成了高端产业的固态格局，重新构建制造业体系的基础已经失去，其成本和代价将导致这个过程无法全面实现。因此，长三角要充分利用全产业链发展的后发优势，以提升配置资源的能力为核心，构建全国全产业链、全价值链体系，并带动全产业链融入全球产业链分工和竞争中，构建全球产业链的"命运共同体"。

分 报 告
Sub-Reports

B.2
长三角创新驱动力空间分布研究

王 振 杨 凡*

摘 要： 通过构建长三角城市科技创新驱动力指标评价体系，并基于
AHP-EVM 模型设置主客观综合指标权重，得到科技创新驱动力
综合指数，包含科技创新投入、科技创新载体、科技创新产出、
科技创新绩效 4 个专项指数以及 10 个二级指标得分，全面、系
统地评价了长三角 41 个城市的科技创新驱动力，并从创新雁阵
空间角度对城市进行了分类，同时进一步分析了长三角城市群
科技创新驱动力的进步率情况。结果表明，长三角科技创新驱
动力存在较大地区间差异，即使是头雁城市、支点城市与节点
城市之间，在创新投入、创新载体、创新产出三大维度上，也
存在比较明显的数值差，因此这些高等级城市具有突出的科技
创新驱动力优势且存在累积循环效应。为此，要发挥重点城市

---

* 王振，上海社会科学院副院长、信息研究所所长，长三角与长江经济带研究中心常务副主
任，研究员，主要研究方向为产业经济与区域经济；杨凡，理学博士，上海社会科学院信息
研究所助理研究员，主要研究方向为科技创新与区域发展。

的创新集聚优势，打造强劲活跃的创新雁阵和创新共同体。

关键词： 科技创新　创新驱动　长三角城市群

党的二十大报告提出，必须坚持"创新是第一动力"，"坚持创新在我国现代化建设全局中的核心地位"，"加快实施创新驱动发展战略"。长三角地区作为我国开放度最高、经济最活跃的地区之一，位于"一带一路"与长江经济带的交汇之地，规划范围包括上海市、江苏省、浙江省、安徽省全域，是我国加快实现高水平科技自立自强，加快建设世界重要人才中心和创新高地的主阵地和动力源。2016 年发布的《国家创新驱动发展战略纲要》，提出优化区域创新布局，打造区域经济增长极，长三角应注重提升区域科技创新能力，而龙头城市上海要加快建成具有全球影响力的科技创新中心。与此同时，长三角城市群规划通过，以改革创新推动长三角城市群协调发展。但近年来受新冠肺炎疫情影响，长三角地区各城市的科技创新表现受到较大冲击，但也展现出了强劲的发展韧性，区域创新进一步向均衡协调方向发展。在"十四五"发展阶段，长三角地区以上海、南京、杭州、合肥、苏州等为代表的核心城市高度聚焦科技创新资源，在增强自主创新能力、培育壮大新动能上纷纷采取创新举措，力争抢占创新驱动发展的制高点。其他中小城市也紧随其后，有力改善产业创新环境，积极参与区域协同创新，加快推进产业转型升级。

地区能否实现高质量的创新驱动发展，取决于其背后的科技创新驱动力，而这个动力，既要有驱动研发创新的动力，更要有驱动产业创新的动力。研究团队从 2016 年开始构建了基于城市对比和排名的科技创新驱动力评价指标体系（详见附录），具体来说，该指标体系包含科技创新投入、科技创新载体、科技创新产出、科技创新绩效 4 个专项（一级）指数以及 10 个二级指标。此外，研究对象紧随国家对长三角城市群的规划界定，从长三角城市群的 27 个核心城市，扩展至长三角全域 41 个地级及以上城市，通过构建 AHP-EVM 模型对其进行科技创新驱动力指数测算,定期形成年度报告。本报告内容与往年相比,还有一项重要的拓展是引入指数进步率评价,即以 2016 年为基期,测算 2021 年或者说是近 5 年来长三角科技创新驱动力的进步程度。

一　长三角41个城市科技创新驱动力综合评价

表 1 显示了 2021 年长三角 41 个城市的科技创新驱动力综合指数(以下简称"综合指数")测算结果及排名。综合指数排在前 20 位的城市是上海、南京、杭州、苏州、合肥、宁波、无锡、芜湖、南通、常州、徐州、扬州、嘉兴、镇江、温州、马鞍山、台州、湖州、绍兴、泰州。其中,除上海外,江苏有 9 个城市进入前 20 位,与上年基本相同,南京、苏州、无锡、南通、常州依然是江苏省内五强,其中南通上升 1 位。浙江城市数量也不变,为 7 个,杭州、宁波和嘉兴是浙江省内三强。安徽已经连续多年稳定有3 个城市进入前 20 位,其中芜湖的排名已稳定在前十位。在综合指数排在后 10 位的城市中,安徽城市仍占了 90%,安徽的整体科技创新驱动力与上海、江苏和浙江相比仍然偏弱,还处于集聚发展阶段。

表 1　2021 年长三角 41 个城市科技创新驱动力综合指数及排名

排序	城市	综合得分	排序	城市	综合得分
1	上海	0.786	11	徐州	0.221
2	南京	0.572	12	扬州	0.214
3	杭州	0.500	13	嘉兴	0.206
4	苏州	0.442	14	镇江	0.198
5	合肥	0.408	15	温州	0.171
6	宁波	0.282	16	马鞍山	0.165
7	无锡	0.274	17	台州	0.159
8	芜湖	0.267	18	湖州	0.155
9	南通	0.231	19	绍兴	0.154
10	常州	0.226	20	泰州	0.151

排序	城市	综合得分	排序	城市	综合得分
21	滁州	0.144	32	淮北	0.093
22	舟山	0.143	33	亳州	0.092
23	蚌埠	0.142	34	丽水	0.088
24	金华	0.131	35	安庆	0.088
25	盐城	0.131	36	阜阳	0.082
26	宣城	0.130	37	宿州	0.082
27	淮安	0.128	38	黄山	0.078
28	衢州	0.124	39	六安	0.074
29	铜陵	0.123	40	淮南	0.066
30	连云港	0.120	41	宿迁	0.061
31	池州	0.116			

资料来源：根据指标体系计算得到。

　　基于聚类分析方法，根据创新驱动力指数评价结果，我们可对城市进行分类（五类）：超强驱动力城市、强驱动力城市、较强驱动力城市、一般驱动力城市、较弱驱动力城市，不同等级城市的科技创新驱动力差异显著，具体如表2所示。从创新雁阵空间角度分类，可把超强驱动力城市定义为头雁城市，强驱动力城市定义为支点城市，较强驱动力城市定义为节点城市。具体来说，上海是长三角科技创新的头雁城市，科技创新驱动力综合指数排名第一，为0.786，远高于第二等级的支点城市，其中南京的科技创新驱动力综合得分也较高，达到0.572，杭州的综合指数为0.500。苏州、合肥的综合指数相近，都高于0.4。上述5个城市是长三角科技创新的领先城市，并且除苏州外，其他都是省会城市。支点城市主要得益于省会城市的优势以及紧邻上海的大都市圈优势，是长三角城市群创新驱动发展的中流砥柱，并对周边城市具有一定的辐射作用。宁波、无锡、芜湖、南通、常州、徐州、扬州、嘉兴的综合指数在0.2以上，分别排在第6~13位，是长三角科技创新的重点节点城市，与支点城市相比有一定差距，但明显强于其他城市，主要得益于在新兴产业集聚及在产业创新上的布局。镇江、温州、马鞍山、台州、湖州、绍兴、泰州、滁州、舟山、蚌埠、金华、盐城、宣城、衢州、铜陵、连云港、池州的综合指数在 0.1 以上，这些城市的科技创新驱动力与节点城市有一定差距，但差距并不算大，各城市都有自己的特色产业，但创新驱动能力还比较薄弱。淮北、亳州、丽水、安庆、阜阳、宿州、黄山、六安、淮南、宿迁则处于最低层级，科技创新驱动力偏弱，在产业结构上比较传统且能级较低，以农业、矿产采掘业和加工制造业为主，经济发展水平与长三角其他城市相比还有不小差距。

表 2　2021 年长三角城市科技创新驱动力综合指数分类

城市类型	组别（城市数量）	城市（测评值）
头雁城市	超强驱动力（1）	上海（0.786）
支点城市	强驱动力（4）	南京（0.572）、杭州（0.500）、苏州（0.442）、合肥（0.408）
节点城市	较强驱动力（8）	宁波（0.282）、无锡（0.274）、芜湖（0.267）、南通（0.231）、常州（0.226）、徐州（0.221）、扬州（0.214）、嘉兴（0.206）

资料来源：基于科技创新驱动力指数进行聚类分析得到。

二　长三角41个城市科技创新驱动力专项指数

（一）科技创新投入指数及城市排名

科技创新投入指数由 3 个二级指标构成，分别为科技研发投入、人才资源投入、创新基础投入。表3 显示了长三角科技创新投入指数及城市排名。排在前 10 位的城市分别是上海、南京、杭州、苏州、合肥、宁波、芜湖、无锡、常州和镇江。除上海外，江苏城市占据半数，浙江和安徽都只有 2 个城市进入。在未进入前 10 位的城市中，有些城市在个别指标上表现突出。例如，绍兴（排名第 12）的研发经费投入排名第 10 位，徐州（排名第 16）的人力资源投入得分排名第 10，南通（排名第 11）和舟山（排名第 21）的创新基础投入得分分别排名第 8 和第 9。可以发现，头雁城市和支点城市的投入指数都排在前列，节点城市中宁波、芜湖、无锡、常州的投入进入前10位，南通、嘉兴、扬州、徐州分别排在第11位、第13位、第14位、第16位，而镇江作为一般城市，科技创新投入表现较好，排在第10位。

表3　2021年长三角41个城市科技创新投入指数及排名

一级指标排序	城市	一级指标得分	二级指标		
			科技研发投入	人力资源投入	创新基础投入
1	上海	0.807	0.877（1）	0.651（2）	0.977（1）
2	南京	0.635	0.447（5）	0.878（1）	0.526（3）
3	杭州	0.504	0.508（3）	0.503（3）	0.497（4）
4	苏州	0.471	0.603（2）	0.307（6）	0.535（2）
5	合肥	0.399	0.491（4）	0.367（4）	0.277（13）
6	宁波	0.324	0.372（6）	0.224（8）	0.429（6）
7	芜湖	0.322	0.370（7）	0.317（5）	0.234（17）
8	无锡	0.320	0.364（8）	0.205（9）	0.462（5）
9	常州	0.260	0.307（9）	0.159（12）	0.366（7）
10	镇江	0.247	0.190（19）	0.270（7）	0.313（11）
11	南通	0.228	0.254（12）	0.141（13）	0.353（8）
12	绍兴	0.224	0.287（10）	0.124（15）	0.297（12）
13	嘉兴	0.223	0.285（11）	0.136（14）	0.275（14）
14	扬州	0.203	0.172（21）	0.176（11）	0.321（10）
15	湖州	0.187	0.236（14）	0.112（16）	0.237（16）
16	徐州	0.183	0.155（26）	0.201（10）	0.205（20）
17	泰州	0.170	0.205（15）	0.100（21）	0.241（15）
18	马鞍山	0.159	0.199（17）	0.107（18）	0.180（24）
19	盐城	0.157	0.170（22）	0.110（17）	0.227（19）
20	温州	0.151	0.180（20）	0.096（22）	0.203（21）
21	舟山	0.148	0.102（32）	0.101（20）	0.332（9）
22	台州	0.145	0.191（18）	0.073（28）	0.196（22）
23	铜陵	0.141	0.252（13）	0.034（34）	0.131（30）
24	蚌埠	0.134	0.202（16）	0.083（27）	0.099（33）
25	金华	0.133	0.168（23）	0.092（23）	0.143（28）
26	宣城	0.127	0.167（24）	0.104（19）	0.095（34）
27	连云港	0.127	0.160（25）	0.083（25）	0.147（27）
28	滁州	0.116	0.126（28）	0.089（24）	0.150（26）

续表

一级指标排序	城市	一级指标得分	二级指标		
			科技研发投入	人力资源投入	创新基础投入
29	淮安	0.112	0.107(30)	0.083(26)	0.180(25)
30	宿迁	0.106	0.130(27)	0.068(29)	0.132(29)
31	衢州	0.102	0.126(29)	0.032(35)	0.194(23)
32	丽水	0.099	0.105(31)	0.027(36)	0.231(18)
33	安庆	0.075	0.081(34)	0.044(32)	0.123(31)
34	六安	0.064	0.064(37)	0.059(30)	0.075(36)
35	淮北	0.051	0.070(35)	0.021(38)	0.075(37)
36	黄山	0.050	0.082(33)	0.001(40)	0.085(35)
37	淮南	0.049	0.050(38)	0.055(31)	0.037(39)
38	池州	0.047	0.068(36)	0.000(41)	0.099(32)
39	亳州	0.032	0.025(40)	0.043(33)	0.026(41)
40	阜阳	0.031	0.039(39)	0.024(37)	0.031(40)
41	宿州	0.013	0.007(41)	0.004(39)	0.042(38)

注：括号中为二级指标排名。

资料来源：作者根据指标体系计算所得。

（二）科技创新载体指数及城市排名

科技创新载体指数由 3 个二级指标构成，分别为科技研发载体、高新产业载体、创新培育载体。表 4 显示了长三角科技创新载体指数及城市排名。排在前 10 位的城市分别是上海、南京、合肥、苏州、杭州、南通、宁波、无锡、绍兴、泰州，其中，除上海外，江苏、浙江和安徽分别有 5 个、3 个、1 个城市进入。在未进入前 10 位的城市中，有些城市在个别指标上表现突出。例如，徐州（排名第 11）、芜湖（排名第 12）的科技研发载体得分分别排名第 7、第 9，同时温州、淮南和蚌埠也有较好表现，连云港（排名第 14）、宿迁（排名第 20）的高新产业载体得分分别排名第 8、第 9，盐城（排名第 13）和常州（排名第 17）的创新培育载体得分分别排名第 10、第 6，但常州的高新产业载体存在明显短板，导致载体指数排名未进入前10。可以发现，头雁城市上海在科技创新载体上的得分也远高于其他城市，在支点城市中，南京和合肥在科技创新载体上更有优势，在节点城市中，南通、宁波、无锡在载体上得分进入前 10 位，而徐州、嘉兴、常州、扬州在载体上略显不足，分别排在第 11 位、第 16 位、第 17 位、第 23 位，绍兴和泰州作为一般城市在科技创新载体支撑方面有一定优势，进入前 10 位。

表4 2020 年长三角 41 个城市科技创新载体指数及排名

一级指标排序	城市	一级指标得分	二级指标		
			科技研发载体	高新产业载体	创新培育载体
1	上海	0.766	0.888(1)	0.356(4)	1.000(1)
2	南京	0.482	0.554(3)	0.292(5)	0.492(4)
3	合肥	0.430	0.556(2)	0.185(7)	0.226(7)
4	苏州	0.342	0.087(6)	0.846(1)	0.745(2)
5	杭州	0.326	0.263(4)	0.377(3)	0.614(3)
6	南通	0.140	0.025(16)	0.415(2)	0.200(9)
7	宁波	0.116	0.102(5)	0.117(14)	0.205(8)
8	无锡	0.108	0.049(8)	0.160(10)	0.356(5)
9	绍兴	0.074	0.028(12)	0.199(6)	0.059(18)
10	泰州	0.073	0.034(10)	0.158(11)	0.110(16)
11	徐州	0.072	0.056(7)	0.078(21)	0.155(12)
12	芜湖	0.056	0.039(9)	0.102(16)	0.052(19)
13	盐城	0.054	0.016(23)	0.099(18)	0.185(10)
14	连云港	0.053	0.012(25)	0.169(8)	0.033(23)
15	金华	0.051	0.019(21)	0.142(12)	0.037(22)
16	嘉兴	0.050	0.023(18)	0.075(22)	0.158(11)
17	常州	0.049	0.024(17)	0.020(32)	0.285(6)
18	湖州	0.048	0.016(24)	0.100(17)	0.125(15)
19	温州	0.047	0.030(11)	0.069(23)	0.103(17)
20	宿迁	0.047	0.005(32)	0.167(9)	0.017(30)
21	镇江	0.045	0.026(15)	0.054(25)	0.142(14)
22	淮安	0.042	0.009(26)	0.131(13)	0.031(25)
23	扬州	0.041	0.017(22)	0.063(24)	0.143(13)
24	马鞍山	0.032	0.022(20)	0.054(26)	0.047(20)
25	安庆	0.031	0.005(34)	0.097(19)	0.032(24)
26	宣城	0.030	0.002(41)	0.111(15)	0.013(34)
27	池州	0.028	0.005(37)	0.094(20)	0.014(32)

一级指标排序	城市	一级指标得分	二级指标		
			科技研发载体	高新产业载体	创新培育载体
28	蚌埠	0.027	0.026(14)	0.028(30)	0.027(26)
29	淮南	0.022	0.027(13)	0.016(33)	0.002(39)
30	滁州	0.019	0.009(27)	0.042(27)	0.024(28)
31	台州	0.018	0.022(19)	0.000(36)	0.042(21)
32	铜陵	0.016	0.008(30)	0.033(28)	0.025(27)
33	衢州	0.013	0.006(31)	0.030(29)	0.015(31)
34	六安	0.010	0.005(36)	0.020(31)	0.013(33)
35	阜阳	0.006	0.009(28)	0.000(39)	0.002(38)
36	黄山	0.005	0.005(35)	0.000(38)	0.020(29)
37	淮北	0.005	0.008(29)	0.000(37)	0.001(41)
38	丽水	0.004	0.004(38)	0.005(34)	0.003(36)
39	舟山	0.004	0.005(33)	0.000(35)	0.003(37)
40	亳州	0.003	0.004(40)	0.000(41)	0.007(35)
41	宿州	0.003	0.004(39)	0.000(40)	0.002(40)

注：括号中为二级指标排名。
资料来源：作者根据指标体系计算所得。

（三）科技创新产出指数及城市排名

科技创新产出指数由2个二级指标构成，分别为科技研发成果、成果转化与产业化。表5显示了长三角科技创新载体指数及城市排名。排在前10位的城市分别是上海、杭州、苏州、南京、合肥、宁波、无锡、南通、徐州、嘉兴，其中，除上海外，江苏、浙江和安徽分别有5个、3个、1个城市进入。在未进入前10位的城市中，有些城市在个别指标上表现突出。例如，温州（排名第13）和台州（排名第15）的科技研发成果分别排名第6和第10。在节点城市中，南通、常州和扬州在科技研发成果方面表现相对不足，主要是高校和科研机构等科技资源相对缺乏，而由于高新技术产业比较发达，大量高等院校和科研院所的异地研究院在此布局，推动了本地成果转化与产业化，使之能够跻身长三角科技创新产出的核心城市行列。相反，嘉兴在成果转化和产业化方面的表现还有待提高。同样，头雁城市上海的科技创新产出能力遥遥领先于其他城市，在支点城市中，虽然南京和合肥在载体上领先，但杭州和苏州在产出上能力更强，

表5　2020年长三角41个城市科技创新产出指数及排名

一级指标排序	城市	一级指标得分	二级指标	
			科技研发成果	成果转化与产业化
1	上海	0.935	1.000(1)	0.869(1)
2	杭州	0.565	0.616(3)	0.514(3)
3	苏州	0.507	0.305(4)	0.709(2)
4	南京	0.492	0.624(2)	0.361(8)
5	合肥	0.356	0.271(5)	0.441(4)
6	宁波	0.290	0.161(7)	0.419(5)
7	无锡	0.252	0.137(8)	0.366(7)
8	南通	0.228	0.076(16)	0.381(6)
9	徐州	0.189	0.104(12)	0.274(9)
10	嘉兴	0.179	0.121(9)	0.236(12)
11	常州	0.170	0.083(14)	0.257(10)
12	芜湖	0.164	0.082(15)	0.246(11)
13	温州	0.157	0.213(6)	0.100(17)
14	扬州	0.122	0.056(18)	0.188(13)
15	台州	0.118	0.114(10)	0.122(16)
16	绍兴	0.111	0.092(13)	0.130(15)
17	金华	0.091	0.104(11)	0.079(22)
18	泰州	0.085	0.037(22)	0.132(14)
19	镇江	0.074	0.075(17)	0.074(23)
20	湖州	0.068	0.037(23)	0.100(18)
21	滁州	0.061	0.030(24)	0.092(19)
22	马鞍山	0.057	0.041(20)	0.074(24)
23	淮安	0.052	0.024(26)	0.079(21)
24	盐城	0.050	0.043(19)	0.056(25)
25	蚌埠	0.049	0.018(30)	0.080(20)
26	阜阳	0.036	0.039(21)	0.033(31)
27	舟山	0.033	0.023(27)	0.043(28)
28	宣城	0.032	0.017(32)	0.048(27)

一级指标排序	城市	一级指标得分	二级指标	
			科技研发成果	成果转化与产业化
29	连云港	0.028	0.017(31)	0.039(29)
30	铜陵	0.028	0.006(38)	0.049(26)
31	安庆	0.027	0.015(34)	0.039(30)
32	六安	0.019	0.019(29)	0.019(34)
33	宿州	0.019	0.025(25)	0.013(38)
34	亳州	0.018	0.020(28)	0.017(36)
35	衢州	0.018	0.016(33)	0.020(32)
36	宿迁	0.012	0.005(39)	0.020(33)
37	淮北	0.012	0.007(37)	0.016(37)
38	丽水	0.011	0.012(35)	0.010(39)
39	池州	0.009	0.000(41)	0.018(35)
40	淮南	0.007	0.011(36)	0.004(40)
41	黄山	0.003	0.003(40)	0.002(41)

注：括号中为二级指标排名。

资料来源：作者根据指标体系计算所得。

（四）科技创新绩效指数及城市排名

科技创新绩效指数由 2 个二级指标构成，分别为投入产出绩效、驱动转型绩效。表 6 显示了长三角科技创新绩效指数及城市排名。排在前 10 位的城市分别是南京、杭州、上海、芜湖、扬州、合肥、徐州、池州、马鞍山、镇江。其中，江苏城市最多，为 4 个，安徽和浙江分别有 4 个和 1 个。在未进入前 10 位的城市中，舟山（排名第 11）、亳州（排名第 19）、淮北（排名第 23）、宿州（排名第 24）、温州（排名第 27）、阜阳（排名第 32）、六安（排名第 38）在投入产出绩效方面表现优异，这些城市往往是产出不高，但投入相对更低，常州（排名第 12）的驱动转型绩效排名第 9。可以发现，在科技创新绩效方面，头雁城市上海只能排在第 3 位，尤其是在投入产出绩效方面表现较差，这也是其他头部城市的主要问题。在支点城市中，南京、杭州的表现较好，分别排在第 1 位、第 2 位，合肥排在第 6 位，苏州则仅排在第 16 位，在节点城市中，嘉兴、宁波、南通的绩效表现也不佳，常州、无锡也排在 10 位之外，但芜湖、扬州的绩效表现出色，分别排在第 4 位和第 5 位。作为一般城市，甚至是科技创新相对落后的池州和马鞍山的绩效排名也跻身前 10 位。

表 6   2020 年长三角 41 个城市科技创新绩效指数及排名

一级指标排序	城市	一级指标得分	二级指标	
			投入产出绩效	驱动转型绩效
1	南京	0.685	0.521(4)	0.794(1)
2	杭州	0.570	0.364(11)	0.707(3)
3	上海	0.553	0.198(33)	0.790(2)
4	芜湖	0.550	0.333(12)	0.694(4)
5	扬州	0.542	0.419(8)	0.624(5)
6	合肥	0.477	0.282(20)	0.607(7)
7	徐州	0.477	0.538(2)	0.437(22)
8	池州	0.468	0.300(16)	0.579(8)
9	马鞍山	0.466	0.249(27)	0.612(6)
10	镇江	0.466	0.314(15)	0.567(10)
11	舟山	0.442	0.484(5)	0.413(23)
12	常州	0.437	0.232(28)	0.574(9)
13	滁州	0.437	0.320(14)	0.514(14)
14	衢州	0.426	0.214(30)	0.567(11)
15	蚌埠	0.408	0.278(22)	0.495(15)
16	苏州	0.404	0.170(37)	0.560(12)
17	无锡	0.403	0.199(32)	0.538(13)
18	台州	0.385	0.285(18)	0.452(18)
19	亳州	0.383	0.523(3)	0.289(32)
20	宣城	0.381	0.293(17)	0.441(21)
21	嘉兴	0.380	0.270(24)	0.453(17)
22	宁波	0.373	0.206(31)	0.485(16)
23	淮北	0.363	0.427(7)	0.320(31)
24	宿州	0.359	0.645(1)	0.168(39)
25	淮安	0.354	0.330(13)	0.371(27)
26	铜陵	0.349	0.256(25)	0.410(24)
27	温州	0.344	0.467(6)	0.263(33)

一级指标排序	城市	一级指标得分	二级指标	
			投入产出绩效	驱动转型绩效
28	湖州	0.344	0.192(34)	0.445(20)
29	南通	0.329	0.281(21)	0.360(29)
30	连云港	0.313	0.111(39)	0.448(19)
31	黄山	0.305	0.220(29)	0.362(28)
32	阜阳	0.304	0.399(9)	0.241(36)
33	泰州	0.302	0.187(35)	0.378(26)
34	盐城	0.288	0.106(40)	0.409(25)
35	丽水	0.272	0.161(38)	0.346(30)
36	金华	0.269	0.283(19)	0.259(34)
37	安庆	0.254	0.273(23)	0.241(35)
38	六安	0.236	0.374(10)	0.144(40)
39	淮南	0.222	0.250(26)	0.203(37)
40	绍兴	0.196	0.186(36)	0.202(38)
41	宿迁	0.080	0.048(41)	0.102(41)

注：括号中为二级指标排名。

资料来源：作者根据指标体系计算所得。

三 长三角城市群科技创新驱动力的进步率

（一）科技创新驱动力综合指数进步率及城市排名

指数进步率的计算方法采用以 2016 年为基期，并通过将综合指数和专项指数进行标准化，使得 2021 年指数与其具有可比性。长三角 41 个城市中创新驱动力综合进步率指数如表 7 所示。排在前三位的是阜阳、舟山、宿州，都是综合指数相对落后的城市，但取得了较大的提升。上海排在第 11 位（17.3%）、南京排在第 8 位（17.9%），杭州排在第 9 位（17.7%），合肥排在第 13 位（16.9%），苏州排在 29 位（11.8%）。可以看出，头雁城市和支点城市的综合科技创新能力进步率总体表现良好，只有苏州的表现相对较差。此外，随着长三角一体化，安徽城市的科技创新能力进步幅度相对其他省市更大，如亳州、芜湖、滁州、马鞍山、安庆等，但也要看到黄山、铜陵、池州等相对落后城市的进步率相对滞后。在节点城市中，扬州、芜湖、宁波的进步幅度较大，常州进步幅度最为滞后，南通、嘉兴、徐州的表现也相对一般。

表7　2016~2021年长三角41个城市科技创新综合指数进步率及排名

单位：%

排名	城市	综合指数进步率
1	阜阳	24.9
2	舟山	23.5
3	宿州	23.1
4	亳州	22.7
5	淮安	21.1
6	镇江	20.8
7	扬州	19.0
8	南京	17.9
9	杭州	17.7
10	芜湖	17.6
11	上海	17.3
12	滁州	17.0
13	合肥	16.9
14	金华	16.9
15	宁波	16.6
16	马鞍山	16.3
17	安庆	16.1
18	徐州	16.0
19	淮南	16.0
20	宣城	15.4
21	台州	15.4
22	蚌埠	15.0
23	嘉兴	13.8
24	宿迁	13.7
25	温州	13.5

排名	城市	综合指数进步率
26	南通	13.3
27	六安	13.1
28	淮北	12.0
29	苏州	11.8
30	绍兴	11.2
31	无锡	11.0
32	池州	10.8
33	铜陵	10.2
34	常州	8.4
35	连云港	8.4
36	湖州	7.8
37	泰州	7.6
38	丽水	7.5
39	盐城	5.0
40	黄山	5.0
41	衢州	4.7

资料来源：作者根据 2016 年、2021 年综合指数计算所得。

（二）科技创新驱动力专项指数及城市排名

从科技创新驱动力投入指数的进步率看，南京、舟山、芜湖、杭州、合肥、安庆、上海、徐州、马鞍山、宁波分别排在第 1~10 位，头雁城市上海的投入在已经较大的同时仍然保持相对高速的增长，同时支点城市南京、杭州、合肥也位居前列，节点城市芜湖、徐州、宁波也进入前 10 位，说明在创新驱动发展阶段区位禀赋优势将会进一步放大，更多创新资源将呈现向头雁城市、支点城市、节点城市集聚的趋势。相反，嘉兴、南通、苏州在科技创新投入上的进步率相对较低。

从科技创新驱动力载体指数的进步率看，台州、合肥、常州、南京、泰州、盐城、上海、淮南、苏州、扬州分别排在第 1~10 位。台州近年来不断加强创新载体的引入，如浙江清华长三角研究院台州创新中心；合肥凭借科技创新高地建设，以及中国科学技术大学等高能级机构，进一步汇聚创新载体资源。同时，也可以看到淮南、盐城、泰州等一般城市也在加大引进载体力度。杭州、宁波、芜湖、无锡等支点和节点城市则有必要注意创新载体的发展进步，上海作为头雁城市，载体进步率依然位居前列。

从科技创新驱动力产出指数的进步率看，淮安、阜阳、亳州、宿州、镇江、舟山、嘉兴、滁州、宣城、扬州分别排在第1~10位。可以发现，在产出进步率排名较高的城市中，头雁、支点和节点城市不多，上海排在第25位，杭州、南京、苏州、合肥分别排在第16位、第30位、第33位、第31位，说明在大量投入和载体配置后，这些领军城市在科技创新产出上的提升幅度较小，这也直接导致其在绩效进步率上的表现不尽如人意，但也要看到节点城市嘉兴、扬州的产出有较大的进步。

从科技创新驱动力绩效指数的进步率看，宿州、淮南、亳州、阜阳、台州、丽水、铜陵、温州、滁州、黄山分别排在第1~10位，几乎都是科技创新驱动力较弱的城市。节点城市嘉兴、扬州、徐州的绩效进步率相对其他高等级城市而言排名较为靠前，但也在10名以外。常州、苏州的绩效甚至出现退步，头雁城市上海排在第20位，虽然表现不佳但相对可以接受，杭州、南京、合肥都排在30名以外（见表8）。

表8　2016~2021年长三角41个城市科技创新专项指数进步率及排名

单位：%

城市	投入指数进步率	载体指数进步率	产出指数进步率	绩效指数进步率
上　海	30.0(7)	8.7(7)	15.2(25)	9.9(20)
南　京	38.9(1)	9.9(4)	12.0(30)	3.2(35)
无　锡	22.5(18)	1.3(33)	10.1(32)	4.8(33)
徐　州	29.6(8)	-0.4(40)	15.8(22)	12.5(13)
常　州	20.5(21)	10.0(3)	1.5(38)	-0.8(41)
苏　州	25.6(15)	5.9(9)	9.9(33)	-0.1(40)
南　通	18.4(25)	3.9(14)	22.2(13)	1.8(38)
连云港	24.6(17)	4.7(11)	-2.0(40)	3.4(34)
淮　安	15.2(29)	1.7(28)	45.8(1)	12.5(14)

续表

城市	投入指数进步率	载体指数进步率	产出指数进步率	绩效指数进步率
盐 城	11.1(33)	8.8(6)	−6.4(41)	9.3(22)
扬 州	27.6(12)	4.8(10)	24.7(10)	11.9(16)
镇 江	28.3(11)	3.4(15)	36.7(5)	3.1(36)
泰 州	6.2(38)	9.1(5)	8.5(34)	6.8(30)
宿 迁	15.3(28)	3.1(16)	23.1(12)	7.8(26)
杭 州	32.5(4)	2.7(17)	21.1(16)	5.6(32)
宁 波	28.6(10)	0.6(36)	21.5(15)	7.4(29)
温 州	18.6(24)	2.3(21)	14.9(26)	15.0(8)
嘉 兴	5.5(39)	4.6(12)	29.4(7)	12.0(15)
湖 州	21.4(20)	1.9(27)	2.8(35)	1.0(39)
绍 兴	12.4(31)	2.3(22)	18.4(19)	7.6(28)
金 华	26.2(14)	1.0(35)	24.1(11)	7.8(27)
衢 州	10.0(36)	2.5(18)	−1.7(39)	8.2(24)
舟 山	35.7(2)	2.2(26)	35.2(6)	9.2(23)
台 州	7.3(37)	19.2(1)	18.8(18)	18.6(5)
丽 水	10.2(35)	2.2(25)	2.1(37)	16.7(6)
合 肥	32.5(5)	13.1(2)	10.7(31)	6.6(31)
芜 湖	35.5(3)	2.2(24)	16.4(21)	7.8(25)
蚌 埠	24.9(16)	4.3(13)	14.4(27)	11.9(17)
淮 南	19.8(23)	7.5(8)	13.5(28)	22.5(2)
马鞍山	29.2(9)	2.2(23)	15.3(24)	12.7(12)
淮 北	17.1(27)	−0.8(41)	16.9(20)	9.5(21)
铜 陵	3.2(41)	0.1(38)	20.4(17)	15.7(7)
安 庆	32.4(6)	1.0(34)	13.5(29)	10.9(18)
黄 山	4.3(40)	1.3(31)	2.6(36)	13.2(10)
滁 州	20.2(22)	−0.4(39)	27.2(8)	14.3(9)
阜 阳	27.1(13)	2.5(20)	41.8(2)	18.7(4)
宿 州	10.7(34)	1.6(30)	37.8(4)	41.1(1)
六 安	18.1(26)	2.5(19)	21.9(14)	2.8(37)
亳 州	22.3(19)	0.5(37)	39.5(3)	20.5(3)
池 州	12.2(32)	1.7(29)	15.5(23)	10.8(19)
宣 城	14.6(30)	1.3(32)	27.1(9)	13.0(11)

注：括号中为专项指数进步率排名。
资料来源：作者根据2016年、2021年专项指数计算所得。

长三角蓝皮书

附录　长三角科技创新驱动力指标体系

　　选取长三角城市群 41 个地级及以上城市为研究样本。从科技创新投入、科技创新载体、科技创新产出、科技创新绩效 4 个方面，建立与之对应的 35 个指标，构建城市科技创新驱动力指标体系。城市科技创新驱动力指数和相关指标的权重采用 D-S 证据合成理论，将主观性较强的 AHP 法和客观性较强的熵值法相结合确定综合权重。指标体系中采用的统计数据来源于中国城市统计年鉴、中国区域经济统计年鉴、各省市统计年鉴和统计公报、清科数据库、Web of Science 科技论文检索系统，以及科技部、各省科技厅、各市科技局等相关政府部门网站。

　　根据指标体系及测度模型得到综合指数和分系统指数。为消除数据量纲差异过大对测度结果的影响，在指数测度中采用极值法对原始数据进行标准化处理，使其取值范围为 0~1。然后，计算科技创新驱动力二级指数，即准则层中确定的各项指数，根据其包含的具体指标的综合权重计算得来，计算公式如下：

$$TNI_e = \sum_{i=1}^{n} X_i W_i \tag{1}$$

　　式中，X_i 为单项指标的标准化数值，n 为二级指数所包含的单项指标的个数，TNI_e 为二级指数。

　　根据二级指数，继续采用加权求和法可得到科技创新驱动力专项指数，即目标层中确定的各项指数，进一步根据专项指数最终得到科技创新驱动力综合指数，计算公式如下：

$$TNI_s = \sum_{i=1}^{n'} (TNI_e)_i W'_i \tag{2}$$

$$TNI = \sum_{i=1}^{n''} (TNI_s)_i W''_i \tag{3}$$

　　式中，$(TNI_e)_i$ 和 $(TNI_s)_i$ 分别为二级指数值和专项指数值，W' 和 W'' 分别为准则层和目标层各要素的权重，n' 和 n'' 分别为专项指数和综合指数所包含的单项指标的个数，TNI_s 和 TNI 分别为专项指数和综合指数。

科技创新驱动力指标体系

目标层	准则层	指标层	单位
科技创新投入	科技研发投入	研发经费	亿元
		研发强度	%
		科技经费占地方财政支出比重	%
	人力资源投入	研发人员数	人
		每万从业人口中研发人员数	人
		每十万城市人口中的在校研究生数量	人
	创新基础投入	人均GDP	元
		地方财政支出	亿元
		人均教育投入	元
		信息化水平	户/百人
科技创新载体	科技研发载体	高等院校	所
		国家工程技术中心、国家级企业技术中心	家
		国家级重点实验室	家
		国家重大科学装置	家
		规上工业企业中设立研发机构企业占比	%
		独角兽企业数	家
	高新产业载体	国家级园区面积	平方公里
		国家级大学科技园区	家
	创新培育载体	国家级科技企业孵化器	家
		国家级众创空间	家
		风险投资机构	家
科技创新产出	科技研发成果	国内授权发明专利总量	件
		每万人国内授权发明专利数	件
		科技论文发表总量	篇
		每万人科技论文发表量	篇
	成果转化与产业化	技术合同交易额总量	亿元
		人均技术合同交易额	元
		高新技术产业产值总量	亿元
		人均高新技术产业产值	元
科技创新绩效	投入产出绩效	每亿元研发投入产生的国内授权发明专利数	件
		每亿元研发投入形成的高新技术产业产值	亿元
		每亿元科技经费产生的科技论文数	篇

续表

目标层	准则层	指标层	单位
科技创新绩效	驱动转型绩效	高新技术产业产值占工业总产值比重	%
		从业人员人均规上工业增加值	万元
		服务业的经济占比	%

注：1. 研发强度等于研发经费占 GDP 的比重；

2. 信息化水平指标采用人均互联网宽带接入用户数衡量；

3. 高等院校数量指标采用 1 所一流大学和一流学科建设大学分别折算为 4 所和 2 所普通高校的统计方法；

4. 国家级重点实验室数量指标采用 1 家国家实验室折算为 3 家国家级重点实验室的统计方法；

5. 根据科技部发布的中国独角兽企业榜单整理；

6. 国家级园区包括国家级高新区和国家级经济技术开发区；

7. 科技论文根据 web of science 核心数据库，采用 SCI 和 SSCI 论文口径进行统计；

8. 服务业的经济占比为第三产业占 GDP 的比重。

B.3
推动高质量长三角一体化的
江苏担当与作为

摘　要： 江苏在落实长三角一体化发展国家战略进程中，紧扣"高质量"
和"一体化"两个关键词，扬江苏所长、展江苏所能，主动扛
起国家使命，不断以新进展、新成就诠释江苏担当与作为。江苏
积极推进长三角高水平科技自立自强，协力打造强劲活跃增长
极，以省域一体化助力区域一体化，持续打造绿色低碳发展引
擎，塑造更高层次的对外开放新优势。在中国式现代化征程上，
江苏将在科技自立自强、现代化产业体系、双向开放枢纽、新型
主体培育、优质空间建设、体制机制突破等重点领域持续发力，
以更新举措、更大力度，在高质量长三角一体化中展现更大江苏
担当与作为。

关键词： 高质量发展　区域一体化　长三角　江苏

　　从改革开放初期以上海为龙头建立长三角经济圈，到长三角城市群融合
互进，再到长三角一体化上升为国家战略，江苏始终是长三角一体化发展的
积极参与者、坚定推动者、自觉实践者。自长三角一体化发展上升为国家战
略以来，江苏紧扣"高质量"和"一体化"两个关键词，对照中央部署、

---

* 夏锦文，博士，江苏省社会科学院党委书记、院长，教授，研究方向为法学理论、现代化理
论与实践；吕永刚，博士，江苏省社会科学院经济研究所副所长，副研究员，研究方向为区
域经济、产业经济。

紧扣时代脉搏，扬江苏所长、展江苏所能，以国家战略为牵引，聚焦重点领域和关键环节强化协同、共锻长板，在推动高质量一体化进程中主动扛起国家使命，更好服务构建新发展格局，不断以新进展、新成就诠释江苏担当与作为。

一 江苏协同推动高质量长三角一体化的创新举措

（一）提高政治站位，落实中央部署更好服务国家发展大局

"为全国发展探路"是中央对江苏的一贯要求，"中央有要求，江苏有行动，落实见成效"是江苏的一贯作风。推动长三角一体化发展，是习近平总书记亲自谋划、亲自部署、亲自推动的"国之大者"，对于江苏来说，既是国家战略，也是重大机遇；既有中央要求，更有内生动力。江苏主动服务和支持上海发挥龙头带动作用，加强与浙皖协同联动，合力推动长三角一体化向更广范围、更深层次、更高水平拓展。① 2020 年 4 月，江苏省政府发布《〈长江三角洲区域一体化发展规划纲要〉江苏实施方案》，将"提高政治站位"作为紧抓长三角区域一体化发展国家战略重大机遇的首要要求，明确"在服务一体化中担当重大使命"。在战略谋划上，江苏紧扣"高质量"和"一体化"定位，深刻把握"高质量发展"与"区域一体化"的辩证关系，为高质量发展注入基于区域协同互进的创新提升、产业培强、市场扩展、资源配置优化等新动能，同时以塑造高质量发展之势带动更深层次一体化，实现"在融入一体化中拓展发展空间，在推动一体化中实现高质量发展"的双重目标，协同打造全国高质量一体化发展样本区。在战略研判上，江苏强调"进一步发展战略叠加优势，在落实重大国家战略上多作贡献"②，发挥江苏"一带一路"交汇点、江海联动以及产业、创新、开放

---

① 吴政隆：《展现江苏推动长三角一体化发展新作为》，《人民日报》2022 年 11 月 12 日。
② 信长星：《以新作为推动高质量发展取得新成效》，《新华日报》2023 年 1 月 14 日。

等优势，激发蕴藏在国家战略中的大市场、大产业、大空间、大机遇，在勇担国家使命中打开新空间、塑造新动能，在促进高质量长三角一体化的同时，"更好引领长江经济带发展，更好服务国家发展大局"。在战略目标上，江苏强调突出对标对表，不折不扣、保质保量把中央要求具体化为可衡量、可落地的目标任务，如锚定"成为全国重要创新策源地"目标，在基础创新、原始创新、前沿创新上展现更强江苏作为；对标"形成若干世界级产业集群"目标，推动新型电力和新能源装备、生物医药、海工装备等优势集群问鼎世界级先进制造业集群。在战略路径上，江苏强调重在深化转化，结合自身实际探索融入高质量长三角一体化的有效路径，如落实"发挥苏浙皖比较优势"要求，着力把制造业优势转化为实体经济胜势，增强产业链供应链韧性，为打造"链上的长三角"贡献江苏力量。

（二）完善顶层设计，构建推动高质量长三角一体化实施体系

国内外经验表明，高质量区域一体化离不开高水平的顶层设计与规划引领。江苏在推动长三角一体化发展进程中，坚持顶层设计与规划引领，逐步构建起体现中央要求、彰显江苏特点的战略实施体系。在省域层面，成立江苏省推进长三角一体化发展领导小组，制定《江苏省推进长三角一体化发展领导小组工作规则》，统筹领导全省高质量长三角一体化工作；在力量配置上，注重统筹安排，把涉及区域一体化的政府、市场、社会等各类力量协调起来，促进区域一体化近期、中期、远期目标的有序协同；围绕交通、信息、科技、环保、信用、人力社保、金融、商务、产业合作、能源、食品安全、城市合作、应急协同等涉及区域一体化的重点领域，设立13个省推进长三角一体化发展专题工作组，实现重点领域一体发力、集成推进的发展态势；在规划设计上，出台落实《〈长江三角洲区域一体化发展规划纲要〉江苏实施方案》，明确总体要求、发展目标、重点任务和组织保障，形成一体规划、一体推进、一体落实的协同发展格局；在具体路径上，出台贯彻落实《长江三角洲区域一体化发展规划纲要》年度工作要点，制定重点工作任务、重大平台项目、重要改革举措清单，实行工作项目化、项目清单化、清

单责任化，确保有实施路径、有平台支撑、有改革举措。在区域层面，江苏鼓励各地进行融入长三角一体化的创新性探索。例如，苏州市对照《上海大都市圈空间协同规划》"综合性全球城市"的新定位，把握全球城市内涵规律，积极放大与上海"同城效应"，高标准建设虹桥国际开放枢纽北向拓展带，借力上海国际化平台吸引更多国际资源，加大苏州产业与上海创新对接力度，不断提升上海大都市圈的产业创新高度。南通市突出紧邻上海的地利之便，全方位融入苏南、对接上海，积极打造长三角一体化沪苏通核心三角强支点城市。盐城市高起点规划建设长三角一体化产业发展基地和黄海新区两大战略空间，构建融入全省、对接长三角城市群的主阵地、南北合作新标杆，打造上海北向发展轴上的重要节点城市。

（三）创新体制机制，优化推进高质量长三角一体化制度环境

长期以来，行政壁垒、市场分割、要素流动受阻等是构成制约国内区域一体化的深层次原因。改革开放之初，长三角区域一体化即拉开序幕，江苏利用上海"星期六工程师"发展乡镇企业、呼应浦东开发开放实现开放型经济跃升，成为早期长三角一体化的重要推动者和受益者。在长期参与长三角一体化的进程中，江苏积极推进破除制约区域深度协同发展的体制壁垒和机制障碍，推动长三角区域跻身我国一体化水平最高的区域行列。在上升为国家战略之后，江苏继续主动作为，在创新区域一体化体制机制上积极落实中央部署，并主动开展富有探索性开创性的改革举措，营造与高质量一体化相适应的制度环境。在区域一体化规则构建方面，江苏积极落实国家关于建立区域一体化标准体系的重要部署，与沪浙皖协同探索，加强长三角区域标准化联合组织建设，如加强长三角区域在冷链物流标准制定方面的合作，推进冷链运输车辆设备、作业规范等标准对接，参与建立健全跨区域环境污染联防联治机制，推进长三角统一的信用监管制度和标准体系建设，实行失信行为标准互认；在区域统一大市场建设方面，协同构建长三角区域内户口不迁、关系不转、身份不变、双向选择、能出能进的人才互认共享、柔性流动机制，协同推进长三角区域股权市场创新，共设长三角一体化发展投资专项

资金，共建长三角产权交易共同市场；在区域重点领域合作方面，推动重点区域、重点领域跨区域立法研究，推动建立健全长三角一体化发展的指标体系、评价体系、统计体系和绩效考核体系；在市场主体协同联动机制方面，加强国资运营平台跨区域合作，鼓励支持民营经济跨区域并购重组和参与重大基础设施、民生工程建设，鼓励行业组织、商会、产学研联盟、行业领军企业等开展多领域跨区域合作；在区域间成本共担利益共享方面，探索建立跨区域产业转移、重大基础设施建设、园区合作的成本分担和利益共享机制、税收征管协调机制、利益争端处理机制，完善重大经济指标协调划分的政府内部考核制度。

（四）完善政策支持，优化推进高质量长三角一体化制度环境

《长江三角洲区域一体化发展规划纲要》提出建立"1+N"规划政策体系，成为江苏为高质量长三角一体化提供政策支持的重要依据。例如，在推动科创产业协同发展方面，江苏积极参与长三角地区国际人才政策协同沟通，推动长三角地区国际人才互认，推进构建长三角智能工厂等数字化转型的建设应用示范参考标准，开展智能化改造数字化转型的咨询诊断，推动区域制造业数字化转型要素共享、资源协同，举办中国·江苏国际产学研合作论坛暨跨国技术转移大会，形成长三角国际科创活动的组成部分；在基础设施互联互通方面，参与制定《长三角省际毗邻公交运营服务规范》，持续推进长三角城市间交通"同城待遇"工作，发行加载交通出行功能社保卡超千万张，苏皖船检一体化工作站成为全国首家由两省共同设立的营运船舶通检互认工作站，实现两省运营船舶通检互认；在生态环境共同保护方面，积极推进区域共保联治，共同实施细颗粒物和臭氧浓度"双控双减"，强化重点行业 VOCs 综合治理，建立固定源、移动源、面源精细化排放清单管理制度，建立长江、淮河等干流跨省联防联控机制，全面加强水污染治理协作，共同推进长江、京杭大运河、太湖、太浦河、淀山湖等重点跨界水体联保专项治理，开展废水循环利用和污染物集中处理，建立长江、淮河等干流跨省联防联控联治机制；在公共服务便利共享方面，江苏省人大常委会制定

《江苏省推进长三角区域社会保障卡居民服务一卡通规定》，明确长三角区域社会保障卡持卡人可以按照规定凭社会保障卡办理就业创业、劳动关系、人才人事等人力资源业务和养老保险、医疗保险、工伤保险、失业保险、生育保险等社会保障业务。江苏注重加强制度化法治化建设，及时将创新成果上升为法治、规则和政策，增强区域一体化的制度水平，以规则上的硬约束、硬支撑来形成保障和促进区域高质量一体化的制度环境。

（五）重视项目建设，以高水平项目带动高质量一体化行稳致远

江苏高度重视发挥项目建设在区域高质量一体化中的独特作用，通过项目来落实战略谋划、发展规划、行动方案，筑牢高质量一体化发展的现实根基。江苏把科技创新、先进制造业、重大基础设施等作为重点，积极谋划推进一批重大项目，共有303个重点项目被列入《长三角一体化发展"十四五"实施方案项目库（表）》，总投资近3万亿元。① 例如，在重大基础设施建设上，2022年沪苏嘉城际铁路开工建设，助力三市交通出行"同城化"；北沿江高铁、通苏嘉甬高铁江苏段开工建设，将大大缩短苏中、苏北与上海和苏南都市圈的时空距离；南沿江城际铁路实现全线铺轨，将带动句容、金坛、江阴等地深度融入沪宁1小时高铁圈。面向未来，江苏着力打通长三角普通国省道省际通道，打通长三角航运堵点，推动沿海港口更好融入长三角世界级港口群，强化南通港、连云港港、盐城港与上海港的战略合作。在新型基础设施建设上，江苏积极参与"数字长三角"建设，打造经济社会发展的信息"大动脉"，全国一体化算力网络长三角国家枢纽节点起步区（吴江）启动建设，长三角地区第一家通信运营商建设的数据中心——中国移动（苏州）云计算中心投入使用。在区域生态环境保护上，共同推进长江、太湖等跨界水体综合治理，完成长江保护年度重点治水工程500项，流域水质改善效应显著。在苏皖城市结对合作帮扶上，2022年滁

---

① 《我省加快实施166个长三角区域一体化发展重大合作项目》，《新华日报》2023年1月12日。

州、淮北、阜阳等城市承接江苏结对城市产业转移、直接投资或达成合作意向项目 66 个，总投资规模超 220 亿元。

二 江苏协同推动高质量长三角一体化的实践进展

《长江三角洲区域一体化发展规划纲要》提出，长三角地区要建设全国高质量发展样板区，率先实现质量变革、效率变革、动力变革，在全国发展版图上不断增添高质量发展板块。党的二十大报告作出"高质量发展是全面建设社会主义现代化国家的首要任务"的重大论断，在现代化征程上，长三角地区必须在高质量发展上走在前列，打造标杆。2023 年全国两会期间，习近平总书记在参加江苏代表团审议时，寄望"江苏继续真抓实干、奋发进取，在高质量发展上继续走在前列，为谱写'强富美高'新江苏现代化建设新篇章实现良好开局，为全国大局作出新的更大贡献"①。江苏在推进长三角一体化进程中，紧扣"高质量"主题主线，主动担当作为，为高质量长三角一体化贡献江苏力量。

（一）深化区域协同创新，推进高水平科技自立自强

2020 年 8 月，习近平总书记在扎实推进长三角一体化发展座谈会上明确要求，长三角地区要"勇当我国科技和产业创新的开路先锋"②。江苏科技资源富集、创新底蕴深厚，积极融入长三角科技创新进程，在加快实现高水平科技自立自强中更好贡献江苏力量。

1. 深度融入长三角战略科技力量布局

战略科技力量是科技自立自强的关键支撑，是抢占科技制高点和产业制高点的制胜密码。长三角地区是我国战略科技力量布局的重点区域。江苏聚

---

① 《习近平在参加江苏代表团审议时强调　牢牢把握高质量发展这个首要任务》，《人民日报》2023 年 3 月 6 日。

② 《习近平在扎实推进长三角一体化发展座谈会上强调　紧扣一体化和高质量　抓好重点工作　推动长三角一体化发展不断取得成效》，《人民日报》2020 年 8 月 23 日。

焦自身优势领域和产业发展需求，加强战略科技力量布局，成为长三角创新高地建设的重要力量，到 2022 年全省建有省级以上科技创新平台超 500 家，其中国家级科技创新平台超 90 家。苏州实验室获批，重点开展材料领域重大科技任务攻关，"超导量子芯片核心材料及器件工艺"项目实现相干时间 30 微秒的 10 比特超导量子芯片批量化制造，为信息通信、物联网、集成电路、新型显示等产业创新贡献"可用之材"。网络通信与安全紫金山实验室牵头承担国家 6G 总体技术研究任务、实现无线传输通信试验系统前沿突破，发布全球首个云原生算网操作系统，高效低碳燃气轮机大科学装置竣工，首台套满负荷运行。中科院苏州纳米所"纳米真空互联实验站"二期建设项目顺利通过总验收，标志着我国初步建成国际先进的真空互联综合实验装置。深海技术科学太湖实验室初步建成世界集成规模最大的船舶与海洋装备总体性能试验设施群。量子科技长三角产业创新中心在量子芯片设计制造、超导量子计算机、量子算力网络等重点领域持续发力。江苏高水平技术创新中心、科创平台持续涌现，国家生物药技术创新中心、国家第三代半导体技术创新中心成功获批，省部共建电子与信息显示国家重点实验室成功获批，预研建设作物表型组学研究设施、纳米真空互联实验装置、信息高铁综合试验设施、土壤碳中和与气候变化应对试验设施，同时围绕深地空间探测、脑空间成像等方面预研建设重大科研设施。依托战略科技力量，江苏瞄准世界科技前沿、国家战略需要和自身发展需求，在 2018~2022 年累计实施 1000 多项产业前瞻及关键核心技术研发项目，形成一批原创成果，有力提升了江苏创新与产业高度。[①]

2. 协同建设长三角科技创新共同体

江苏鼓励支持在苏高校、科研机构和企业联合开展国际科技合作，立足长三角积极开展跨国技术创新合作。在以色列特拉维夫成立"以色列江苏创新中心"，重点支持长三角区域机构开展离岸孵化、离岸研发和离岸金融

---

① 张宣、程晓琳、蔡姝雯：《江苏推进实施重点研发技术项目指南为产业前瞻》，《新华日报》2023 年 3 月 23 日。

等业务。江苏以省产业技术研究院为基础，紧扣"为产业转型升级提供高水平科技供给"的核心定位，聚焦江苏和长三角产业所需、市场急需，发挥产业院实力雄厚、机制灵活、拥有成熟经验等优势，设立"一套机制、一个团队、一体化管理"运行机制，高效集聚海内外创新资源，构建"江苏产研院组织—集成创新平台承担—研究所、企业、高校参与"的协同攻关机制，创新"团队控股"、"项目经理制"引进团队、"拨投结合"培育企业等机制，促进技术与产业的高效对接，在高水平建设长三角国际技术创新中心上奋发作为。到2023年初，累计转移转化成果近9000项，其中在长三角落地转移转化成果近6500项。①

3. 共筑长三角科技产业创新主体之基

企业是市场经济的微观主体，企业创新力在很大程度上决定科技和产业创新水平。江苏积极构建"企业主体、市场主导"的技术创新体系，鼓励企业加大研发投入力度，成为产学研用深度融合主力军，形成规模宏大的高新技术企业集群，到2022年底全省高新技术企业总数达4.4万家，位列全国第二；科技型中小企业数量达到8.7万家，成为全国首个突破8万家的地区，总数居于全国首位；鼓励引导在苏企业深耕长三角市场，把握长三角共建具有全球影响力的科技创新共同体重大机遇，深度融入长三角集成电路、生物医药、新能源汽车、人工智能产业联盟以及G60科创走廊等区域协同创新战略载体建设进程，获享长三角一体化的市场红利、政策红利、创新红利。到2022年，全省80%以上的专利申请授权、研发人员和研发投入由企业完成，约80%的省科技成果转化项目和60%的省重点研发计划项目交由高新技术企业来承担，通过项目支持助力企业跨越"科研成果"到"创新产品"的"死亡之谷"。科技企业群体式、爆发式发展带动全省企业质态显著优化，成为江苏在长三角协同创新中发挥重要作用的可靠依托。

（二）勇挑经济大梁，协力打造强劲活跃增长极

2022年，面对超预期风险挑战，中央要求经济大省要勇挑大梁，成为

---

① 刘庆：《大力推动区域协同创新》，《新华日报》2023年3月6日。

全国经济稳健发展的可靠支撑。作为经济大省，江苏自觉发挥全国宏观经济大盘重要"压舱石"的作用，以发展之稳、转型之进，推进长三角共同打造强劲活跃增长极，成为全国发展可依赖的战略力量。

1. 为稳住全国宏观经济大盘贡献更多长三角力量

江苏经济体量居于长三角地区首位，2022年，全省经济总量达12.3万亿元，连续五年迈过四个万亿级台阶。巨大的经济体量得益于供给能力之强，而完整的产业配套力、庞大的居民消费力，让江苏在供需两端相互激荡，成为虹吸优质要素和吸引各类投资的强磁场。江苏所在的长三角地区是全国经济总量最大、最发达的区域之一，进一步放大江苏供需协同优势和双向开放优势，产生迭代进化的强劲外推力与内驱力。特别是江苏成为涵养多元动力的创新创业热土。从城市群、都市圈、中心城市，到产业园区、科创平台，再到城乡融合区、县域经济体、乡村田园，江苏拥有结构多元、差异互补的产业空间，巨大经济体量背后蕴藏着丰富多元、富有弹性的结构效应，形成可适应不同环境的要素、产业的互动空间，在遭遇外部风险挑战的情况下，这种多元动力格局可产生巨大的风险对冲效应。江苏一方面加速出清低端落后产能，转型升级的包袱逐步缩小；另一方面高新技术产业和战略性新兴产业等新产业、新业态加速涌现，并逐步形成规模优势，成为支撑新增长的重要动能，有力保障了江苏经济实现稳健增长，成为长三角为稳住全国宏观经济大盘多作贡献的重要力量。

2. 协力共建长三角世界级先进制造业集群

党的十九大报告提出培育若干世界级先进制造业集群的战略目标。党的二十大报告进一步对建设现代化产业体系作出部署，提出推动战略性新兴产业融合集群发展。根据《长江三角洲区域一体化发展规划纲要》，长三角地区围绕电子信息、生物医药、航空航天、高端装备、新材料、节能环保、汽车、绿色化工、纺织服装、智能家电等十大领域，强化区域优势产业协作，推动传统产业升级改造，建设一批国家级战略性新兴产业基地，形成若干世界级制造业集群。江苏产业深度嵌入长三角产业分工体系，于2018年在全国率先出台《关于加快培育先进制造业集群的指导意见》，推出"产业强链"行动计划,构建"领导挂钩+强链专班"机制,着力打造"搬不走、拆不散、压不垮"的产业航空母舰,在长三角共建世界级先进制造业集群的实践中主动作为、率先突破;于2023年7月出台《加快建设制造强省行动方案》,以集群和产业链培育建设为总抓手,加快建设质量效益领先、具有国际竞争力的制造强省。江苏制造业规模、产业配套完整性全国领先,叠加政策先发效应,让江苏制造业逐步摆脱"低、散、小"状态,集中度、竞争力快速攀升,16个先进制造业集群占规上工业比重达70%,全省共有国家先进制造业集群10个、省级先进制造业集群16个,制造业增加值占地区生产总值的比重达37.3%。在区域布局上,苏南整体进入创新驱动发展阶段,将更多创新因子融入制造业发展,推动传统制造业集群向创新集群迈进。南京市聚焦万亿级产业地标和千亿级产业集群培育,加快培育具有国际竞争力的创新产业集群。苏州市聚焦电子信息、装备制造、生物医药、先进材料四大主导产业,推动制造业集群向创新集群升级。苏中苏北加速补齐创新与产业短板,先进制造业集群建设从力量积蓄阶段进入能量释放阶段。徐州市工程机械集群成为中国工程机械产业千亿俱乐部的两大集群之一。沿海地区经济快速隆起,连云港徐圩新区、盐城黄海新区、南通大通州湾等战略板块进入大规模项目集聚与开发建设阶段,连云港世界一流石化产业基地强势崛起,盐城新能源产业集群形成规模,江苏产业融入长三角一体化发展的战略新空间业已打开。

3. 协力打造来自长三角地区的"大国重器"

"大国重器",牵涉国脉国运,关系民族盛衰。在我国大国重器谱系中,从"东方红卫星"到"神舟飞天""嫦娥奔月",再到"远望"测量、火星探测器升空、国产航母下水,都不乏来自长三角和江苏的贡献。例如,在C919大飞机研制中,南航科研团队承担完成C919大型客机安全性、C919大型客机适航审定规章规范性文件研究和型号研制项目;中航雷华柯林斯(无锡)航空电子设备有限公司为C919提供综合监视系统,帮助大飞机探知600公里以外的情况,为大飞机飞行提供安全保障;C919大型客机的燃油液压系统在南京航鹏航空系统装备有限公司的车间出炉;江苏美龙航空部件有限公司承担了 C919 主货舱内饰及分舱板的工作包任务；航天海鹰（镇江）特种材料有限公司承担了后机身后段、前段、副翼和垂尾复合材料零件的研制任务，占 C919 客机复合材料用量的近 50%。一批江苏研制的"大国重器"代表着长三角的科创及产业高度。国家超算无锡中心拥有的"神威·太湖之光"是世界上首台峰值运算性能超过每秒十亿亿次浮点运算能力的超级计算机，连续四年占据世界超级计算机榜首；基于"神威·太湖之光"的"千万核可扩展全球大气动力学全隐式模拟"应用，实现了我国在世界高性能计算应用领域这一最高奖项上的"零的突破"。由中国科学院紫金山天文台暗物质与空间天文研究部参与研制的悟空号探测卫星是迄今为止观测能段范围最宽、能量分辨率最优的高能伽马射线、电子宇宙射线空间探测器，科学载荷技术指标达到国际先进水平，其发射成功标志着我国的空间科学进入全面探索阶段。从诞生新中国第一台汽车起重机、蒸汽压路机，到制造出世界第一的 4000 吨级履带式起重机、1600 吨全地面起重机和中国最大的 700 吨级矿用挖掘机、全球首次应用的无人集群道路机械，徐工集团不断突破液压系统等关键技术，打破国际超大吨位装载机技术垄断。江苏科研机构和企业还培育了打破国外技术垄断的高端数字信号处理 DSP 芯片、M40J 高强模碳纤维、首个获得美国 FDA 批准上市的国产抗癌新药等一批战略产品，不断丰富着我国自主前沿创新产品体系。

4. 融入"数字长三角"打造"数实融合第一省"

江苏坚持把做强做优做大数字经济作为转型发展的关键增量，积极融入"数字长三角"建设进程，与沪浙皖加强制度、政策、要素、平台集群，重点推进数字化和制造业深度融合，形成了一批具有鲜明标识度的数字产业集群，南京软件和信息服务、智能电网入选首批国家先进制造业集群，电子信息产业是苏州首个万亿级地标产业，"物联网看无锡"品牌效应彰显。江苏全面推进制造业智能化改造和数字化转型三年行动计划，为 2.2 万家企业开展免费诊断，实施改造项目 2.7 万个，完成 1.3 万个。入选国家级智能制造标准应用试点项目 6 个，居全国首位，新增国家级智能制造示范工厂 3 家、"数字领航"企业 3 家，两化融合水平连续 8 年位居全国第一，2022 年全年电子信息制造业营业收入达 4.2 万亿元,数字经济核心产业增加值占 GDP 比重达 11% 左右。工业互联网应用发展位列全国第一方阵,苏州着力打造"工业互联网看苏州"品牌,常州以"智能电网+特高压电网+清洁能源"为特色打造能源互联网产业体系已形成优势,南京积极建设全国工业互联网在基础支撑、融合应用、产业生态等方面的创新先导区和产业示范区,徐工信息汉云、苏州紫光工业互联网平台入选国际级双创平台,工业互联网标识注册量、解析量、接入企业数等主要指标约占全国的 50%;数字产业能级位居全国前列,全省软件和信息服务业收入超万亿元,物联网、人工智能、云计算等新兴产业规模和增速领跑全国。数字科技与实体经济深度融合,正有力提升江苏在战略前沿的创新能级。

(三)推动全域一体联动,以省域一体化助力区域一体化

《长江三角洲区域一体化发展规划纲要》提出,着眼于一盘棋整体谋划,进一步发挥上海龙头带动作用,苏浙皖各扬所长,推动城乡区域融合发展和跨界区域合作,提升区域整体竞争力,形成分工合理、优势互补、各具特色的协调发展格局。江苏较早参与长三角一体化进程,特别是苏南地区依托紧邻上海的便利,成为长三角一体化的深度参与者;同时,江苏积极推进南北协调发展,从 2006 年起,苏北地区经济增速开始超过全省和全国平均水平,在全省经济总量的占比逐步提升,全省区域发展均衡度显著提升。近年来,江苏以省内全域一体化发展为重要抓手,重大交通基础设施先行,推动区域互补、跨江融合、南北联动走深走实,成为纵深推进高质量长三角一体化的重要驱动力。

1. 依托都市圈提升区域一体化高度

近年来,江苏省内重要都市圈能级显著提升,基本形成了都市圈、城市群、城市组团等多种类型的空间一体化形态,促进了资源要素的自由流动和优化配置。南京都市圈一体化程度持续提高,已具备培育形成现代化都市圈的基础条件,以南京为中心的通勤圈、产业圈、生活圈正在形成,产业人口梯度分布、优势互补、协同发展的空间结构更加清晰,城乡发展协调性稳步

提高。依托"顶山—汉河"跨界一体化基地，南京和滁州在轨道交通、生物医药、电子信息等领域开展全方位合作。"浦口—南谯""江宁—博望"等苏皖毗邻区，已成为集聚项目、要素的发展热土。苏锡常都市圈加速成型，区域科技创新力快速提升，产业转型升级深度推进，正携手打造具有国家功能和重要影响的大都市区。江苏都市圈建设快速推进，已成为长三角共建世界级城市群的重要推动力和全省区域城乡协调发展的引导力量，通过集聚效应的发挥与经济韧性的强化，成为带动区域城乡协调发展的战略性空间载体。

2. 持续推进南北共建共融

改革开放以来，江苏经济社会持续快速发展，综合经济实力不断增强，但区域之间发展不平衡现象比较突出。省委省政府高度重视加快苏北振兴促进区域共同发展，采取了一系列重大举措，取得了积极进展。苏北地区资源优势日益凸显，发展潜力很大；苏南地区经过多年的发展，土地资源、环境承载力、劳动力成本与经济发展的矛盾越来越突出，产业优化升级已经到了十分关键的时期。通过实施苏南苏北挂钩合作和开展共建，带动苏北地区振兴发展，成为苏北地区摆脱贫困、实现小康的重要途径。园区共建是南北共建的重要形式，苏北五市基本实现苏北地区及苏中苏北接合部经济薄弱地区省级以上开发区全覆盖，南北共建园区主要经济指标增速均超过当地平均水平，成为当地经济发展的强力引擎。在政策举措上，江苏逐步跳出"对口支援、挂钩扶贫"的制度框架，探索多种形式、多元主体的一体化治理模式。其中，南北合作是江苏区域协调的重要手段，从单向扶贫到项目合作，从"四项转移"到共建园区，从南北挂钩到"城市联盟"，通过不断探索和创新南北合作的方式，有力促进了区域协调发展水平的全面提升。

3. 高水平推进城乡融合发展

江苏按照"以人为本、公平共享，四化同步、统筹城乡，优化布局、集约高效，生态文明、绿色低碳，文化传承、彰显特色，市场主导、政府引导，统筹规划、分类指导"的基本原则，积极推进城乡一体化发展。农业转移人口市民化成效明显。江苏在推进城乡融合发展上，高度注重改革赋能。例如，苏州城乡融合发展水平全国领先，近年来持续深化城乡一体化综合改革试点，先后推出"三集中"（把集体资产所有权、土地承包经营权、宅基地及住房置换成股份合作社股权、城镇保障和住房）、"三置换"（推动工业企业向园区集中、农业用地向规模经营集中、农民居住向新型社区集中）、"三大合作"（土地股份合作社、社区股份合作社和农民专业合作社）、"三大并轨"（城乡低保并轨、城乡养老并轨和城乡居民医疗保险并轨）、"强镇扩权"等一系列改革举措，创造了多项全省乃至全国第一，全市范围内建立了城乡统一的户口登记制度和与居住证挂钩的基本公共服务提供机制，义务教育、医疗卫生、技能培训、社会保障等基本公共服务依规覆盖全市常住人口，城乡一体化走向高质量发展轨道，城乡居民收入比控制在2∶1之内。国家城乡融合发展试验区（江苏宁锡常接合片区）以建立集体经营性建设用地入市机制、科技成果入乡转化机制、城乡产业协同平台、生态价值实现机制和农民持续增收机制为试验重点，加快构建城乡生产要素双向自由流动新机制，率先建立起城乡融合发展体制机制和政策体系，进展态势积极。

（四）持续推进绿色共保，持续打造绿色低碳发展引擎

《长江三角洲区域一体化发展规划纲要》提出，长三角地区要推进生态环境共保联治，形成绿色低碳的生产生活方式，共同打造绿色发展底色。江苏是江、河、湖、海等多类型交汇的典型平原水乡，是全国地势最为平坦、平原占地比重最高的省份，类型相对单一，生态环境承载压力大。江苏牢固树立"绿水青山就是金山银山"理念，坚定走生产发展、生活富裕、生态良好的文明发展道路，以优化空间布局为基础，以改善生态环境为重点，以绿色可持续发展为支撑，以美丽宜居城市和美丽田园乡村建设为主抓手，统筹山水林田湖草一体化保护和修复，建设美丽江苏，共创幸福家园，充分彰显自然生态之美、水韵人文之美、"新鱼米之乡"的绿色发展之美，让美丽江苏美得有形态、有韵味、有温度、有质感，成为"强富美高"最直接最可感的展现。

1. 加强生态空间系统共同保护

江苏制定《江苏省国土空间规划（2021～2035年）》《关于建立全省国

土空间规划体系并监督实施的意见》，切实以国土空间规划为依据，严格落实生态保护红线管控要求，严格落实城镇开发边界管控措施，共同建设绿色美丽长三角。江苏积极建设沿海、长江、淮河、京杭大运河、太湖、洪泽湖等江河湖岸防护林体系，实施黄河故道造林绿化工程，建设高标准农田林网，开展丘陵岗地森林植被恢复；推进长江生态廊道建设，提升生态系统连通性，打通动物迁徙和鱼类洄游通道，促进物种迁徙和基因交流；推进淮河—洪泽湖生态廊道建设，重点实施洪泽区洪泽湖大堤生态廊道建设工程、盱眙县淮河干流生态廊道建设工程、洪泽湖南部出口生态修复工程等生态修复示范工程，重点推动退圩还湖、环湖区域造林绿化、湿地保护生态修复以及入湖河道生态廊道建设，持续提升洪泽湖周边环境；推进京杭大运河等生态廊道建设，实施"一河一策"行动计划，常态化开展遥感监测，加快推进南水北调东线工程清水廊道、江淮生态大走廊等重大项目建设；探索生态安全缓冲区建设，通过打造人工湿地等方式，对污水处理厂的尾水进行自然净化，建成一批环境效益、生态效益、经济效益、社会效益实现多赢的生态安全缓冲区；实施重要水源地保护工程、水土保持生态清洁型小流域治理工程、长江流域露天矿山和尾矿复绿工程、淮河行蓄洪区安全建设工程；在全国率先推出"绿岛"项目，新建一批针对废气、废水及固体废物处置的共享治污基础设施。

2. 加强区域环境协同治理

江苏大力实施太湖流域水环境综合治理，实现对 5 大湖区、15 条主要入湖河流、124 个重点断面、跨界重要河流断面"全覆盖"，全面推进饮用水安全保障、污染防治、蓝藻防控、生态修复等工作，入湖污染物总量大幅削减，水环境质量稳中有升，到 2022 年连续 14 年实现"两个确保"目标（确保饮用水安全、确保不发生大面积水质黑臭）；共同推进长江、京杭大运河、太湖、太浦河、淀山湖等重点跨界水体联保专项治理，太浦河跨省界断面水质连续三年年均值达到 II 类以上，淀山湖、元荡等重点跨界湖库已经提前达到 2025 年水质功能目标；协同推进大气污染防治，强化减污降碳协同、$PM_{2.5}$ 和臭氧防治协同、区域联防联控协同"三大协同"，推动大气主要污染物排放总量持续下降；加强固废危废污染联防联治，出台《江苏省全域"无废城市"建设工作方案》，建立跨区域危险废物联防联控和执法机制，联合打击固体废物非法跨界转移、倾倒等违法犯罪活动，加强联防联治，落实危险废物产生申报、规范贮存、转移、利用、处置的一体化标准和管理制度，严格防范工业企业搬迁关停中的二次污染和次生环境风险；健全区域环境治理联动机制，实施区域统一的重污染天气应急启动标准，开展区域应急联动；加强排放标准、产品标准、环保规范和执法规范对接，联合发布统一的区域环境治理政策法规及标准规范，积极开展联动执法，创新跨区域联合监管模式；参与建立重点区域环境风险应急统一管理平台，建设江阴沿江危险化学品应急救援基地，提高环境突发事件处理能力。

3. 合力种好一体化示范区改革"试验田"

江苏坚持改革集成，着力推进长三角生态绿色一体化发展示范区建设。创造性落实《长三角生态绿色一体化发展示范区碳达峰实施方案》《长三角生态绿色一体化发展示范区建立健全生态产品价值实现机制实施方案》等文件，持续推进制度创新探索，形成一批可复制、可推广的制度创新举措。吴江区长三角一体化战略下生态与发展"双优势"转化入选"中国改革2022年度地方全面深化改革典型案例"名单；加强区域联动，创新"联合河湖长制"，开展"长三角示范区（吴江片区）高质量发展建设用地规模周转池"试点，开展一体化示范区水资源管理集成创新试点、水资源刚性约束"四定"试点，连片打造"魅力大运河"和"美丽湖泊群"特色田园乡村组团，高水平推进城市产业双优融合更新，率先探索将生态优势转化为经济社会发展优势。

（五）打造高水平开放平台，塑造更高层次的对外开放新优势

《长江三角洲区域一体化发展规划纲要》提出，打造高水平开放平台，构建互惠互利、求同存异、合作共赢的开放发展新体制。江苏是开放型经济大省，积极融入长三角开放格局，建设具有世界聚合力的双向开放枢纽。

1. 自贸区建设引领制度型开放

江苏制定《中国（江苏）自由贸易试验区条例》，深耕改革"试验

田",形成一批全国首创的改革举措。重点领域改革方面,系统谋划、大力推进生物医药全产业链开放创新,省级层面 21 项支持政策落地过半,研发(测试)用未注册医疗器械分类分级管理、生物医药国际执业资格比照认定国内职称等政策先后落地,自贸试验区生物医药产值保持高速增长,人才、资本等创新资源加速集聚。"'生态眼'助力长江大保护""搭建生物医药集中监管和公共服务平台"等多个制度创新成果在全国复制推广。长三角联动方面,与上海、浙江、安徽共同发起成立长三角自贸试验区联盟,共同发布长三角自贸试验区十大制度创新案例,推动政策互鉴、产业互促、平台共建、资源共享。南京片区建设多组学科技创新技术服务平台,推动长三角地区生物医药产业融合发展;苏州片区积极融入虹桥国际开放枢纽,探索长三角高新技术货物布控查验协同试点;连云港片区推动连云港港与上海洋山港开展战略合作。

2. 加强国际合作园区建设

苏州工业园区汇聚各类外商投资企业近 5000 家,一批跨国公司设立地区总部和研发、结算、贸易中心等功能性机构,建成外资总部经济集聚区,带动全区从单一生产基地实现向生产+总部、生产+研发的转变。中韩(盐城)产业园成功获批国家跨境电商综试区、国家外贸转型升级基地、全省首批国际合作园区、首批中日韩(江苏)产业合作示范园区、中国(江苏)自由贸易试验区联动创新发展区,已成为中韩地方经济合作和高端产业合作新高地。中德(太仓)合作创新园形成高端装备制造、汽车核心零部件等主导产业,推动建设中德创新园生命科学园、太仓港对德合作中心等产业载体,运作德国中小企业(太仓)孵化中心、柏林(太仓)创新中心等海内外孵化、创新平台,加快中德智能制造联合创新中心升级改造。中以(常州)创新园汇集机器人及智能制造、生命健康、新一代信息技术等专业技术新平台,构建江苏省中以产业技术研究院、以色列江苏创新中心、中以创新园(常州)发展有限公司等市场化平台,集聚一批"高科技、国际化、犹太+"项目。江苏持续推进中阿(联酋)产能合作示范园、中柬(埔寨)西哈努克特区等合作园区建设,引导企业科学合理建设境外园区,促进国际产业双向合作，打造一批高水平国际研究机构和海外产业创新服务综合体。

3. 持续优化国际化营商环境

2022 年 2 月，江苏省委省政府制定《江苏省优化营商环境行动计划》，提出紧紧跟进国家营商环境创新试点改革举措，坚持对标先进、深化改革、协同联动、法治保障，以综合更优的政策环境、公平有序的市场环境、高效便利的政务环境、公正透明的法治环境、亲商安商的人文环境，全面提升市场主体满意度和获得感，建设市场化、法治化、国际化的一流营商环境，努力将江苏打造成为具有全球吸引力和竞争力的投资目的地。各设区市主动对标国际国内一流营商环境，大胆探索、积极创新。营商环境的持续优化，推动江苏成为吸引各类资本的"强磁场"，2012~2021 年，全省累计吸收外资超 2700 亿美元，约占全国的 18%，世界 500 强企业中已有约 400 家投资落户江苏，外商投资结构中高新技术产业吸收外商投资占比稳步提升。

三 江苏协同推动高质量长三角一体化的问题挑战

面对新形势、新要求，江苏需要遵循规律、顺应大势，直面深层次问题挑战，增强闯关夺隘、向上攀登的决心与信心。受到发展基础、合作水平、体制机制等复杂因素影响，目前长三角一体化仍面临不少问题，特别是一些相对容易突破的领域取得显著进展，但一些难以突破的深层次问题矛盾仍然存在，集中表现在以下四个方面。

（一）城市群和区域中心城市综合能级与竞争力不强，与世界级城市群存在较大差距

江苏是长三角共建世界级城市群的重要板块，拥有多个发展水平较高的城市群和区域中心城市。世界级城市群均以高能级经济体量和高水平前沿创新能力见长。与世界级城市群的发展标准相比，目前江苏城市群和都市圈发展水平仍有很大的提升空间。以发展水平最高的南京都市圈和苏锡常都市圈为例，总体上仍处于要素集聚阶段，中心首位度不高，对周边区域的辐射带

动力有限；作为创新策源地的基础创新、前沿创新能力不强，其中科技成果转化率不高是突出短板。南京作为全国重要的科教中心，长期存在科技创新与产业发展脱节现象，近年来科技成果产业化水平虽有提升，但科技成果"沉睡"在实验室的问题仍较普遍；苏锡常都市圈持续加码高校和大院大所的引进，但由于基础薄弱，前沿创新水平不高，不仅影响都市圈发展质量，也制约了高水平参与区域一体化的能力。

（二）地区重点产业集群特色不明晰、区域协同性不高，尚未形成分工有序的区域产业格局

能否形成分工有序、特色鲜明的区域产业格局，是检验区域一体化水平的核心指标。实践证明，在一些新兴产业发展过程中，在投资潮涌的情况下，难免会出现"过热"现象，再经过一段时间的市场竞争，区域间会逐步形成更为清晰的差异化分工格局。但在区域一体化发展中，不能放任产业同质化竞争，需要加强规划引导，否则，不仅会造成资源的浪费，也会迟滞区域一体化进展，影响区域一体化的整体质量。整体而言，目前江苏区域内部以及与长三角其他城市之间，各地重点发展产业的相似度仍然较高，存在优势产业重合度高的问题。特别是在激烈的招商引资竞争中，各地均有较强动力招引具有较好行业前景的产业项目，拉高了产业同质化水平。比如，近年来，江苏多地加大对新能源、新材料、集成电路、生物医药、高端装备等产业项目的招引力度，在一定程度上加剧了本已存在的产业同质化现象，影响区域整体产业竞争力和效率。

（三）区域一体化标准不统一、政策不兼容等问题突出，影响一体化政策成效的发挥

长三角地区地理相邻、产业相连，在区域环境治理、产业联动布局、双向开放合作等领域面临共同的改革发展任务，同时需要加强协同与合作，形成制度与政策合力。在区域实践中，面对共同的改革发展任务，各地在政策实施过程中存在协调性不强、不高的问题。例如，为加强生态环境保护，长

三角各地出台"三线一单"（生态保护红线、环境质量底线、资源利用上线和生态环境准入清单），为加强生态环境治理提供政策支持，但是在具体的执行标准上各地不尽一致，增大了协调难度，影响了政策实际效果。究其原因，既与包括江苏在内的各地生态基底、开发强度等状况有关，也与跨省协同机制不畅等相关，需要深化一体化区域联动机制构建，为跨界区域对接与合作提供体制机制支撑。

（四）区域一体化深层次体制机制障碍仍然难以突破，成为制约高质量一体化的硬约束

目前，长三角一体化区域突出进展的领域，比较集中在交通、旅游等区域间利益交集较多的领域，参与方均有较强的动力，推进起来相对容易。长三角生态绿色一体化发展示范区等重点板块由于获得国家支持，且有省级层面的强力推动，在深层次体制机制合作上具有较强推动力。比较而言，在一些缺乏上级强力推动、利益关系较为复杂的领域，深层次改革推进难度较大。例如，在省级横向生态补偿机制的构建上，实际操作面临多重障碍，生态产品购买、水权排污权交易等市场化合作方式缺乏，政府间协商与市场化驱动的配合度有待提升。在医疗、养老、社会保障等跨省级协同上，在深层次领域的一体化政策难以推进。在省级跨界园区等飞地经济合作上，发展水平不一，存在行政强制推动但合作内生动力不强的问题，影响跨界合作的深度和可持续性。

四 江苏协同推进高质量长三角一体化的未来展望

党的二十大报告提出，深入实施区域协调发展战略，优化重大生产力布局，构建优势互补、高质量发展的区域经济布局和国土空间体系。其中，长三角一体化是促进区域协调发展的重要抓手。对照中央要求和国际一流标准，目前江苏推动高质量长三角一体化面临科创动能、产业引擎、区域市场、制度建设等诸多问题短板，在全面建设社会主义现代化国家征程上，需

更加注重把"高质量"放在中国式现代化全局中审视,"悉心落实深化合作的各项任务,携手推动长三角更高质量一体化发展走深走实"①;围绕实现高水平科技自立自强、构建新发展格局、推进农业现代化、强化基层治理和民生保障等方面,以更新举措、更大力度,在高质量长三角一体化中展现更大江苏担当与作为。

(一)聚焦科技自立自强,持续提升江苏参与长三角协同创新能力水平

把握科技自立自强是中国式现代化核心支撑的本质要求,深刻认识长三角在国家推进科技自立自强中的关键地位,坚持从国家急迫需要和长远需求出发,突出江苏最有基础、最有优势的领域,谋划融入长三角科技协同创新整体布局,更好发挥战略科技力量引领作用。坚持全省"一盘棋",强化苏南国家自主创新示范区引领带动作用,推动以苏州实验室为引领探索建设"基础研究特区",支持紫金山实验室、太湖实验室和钟山实验室等在自主作为、承担国家任务上取得更多核心突破;充分发挥全省高等院校、科研院所的集聚优势,聚焦基础创新、前沿创新,坚决打好关键核心技术攻坚战,加快把江苏打造成原始创新的策源地、新高地,成为长三角协同创新的重要组成部分。重点部署以应用为导向的基础研究,结合 531 产业链递进培育工程实施,加快突破关键核心技术瓶颈制约,建立先进适用、自主可控、开放兼容的先进制造业集群,抢占未来科技和产业发展的制高点。围绕制造业集群重点领域和关键环节,探索更加贴近产业与市场需求的科技组织方式,促进制造业集群自主可控能力持续提升。继续发展科技、人才等核心优势,遵循创新规律,发挥企业在科技创新中的主体作用,加快构建创新联合体,推进科技成果转化和产业化,不断营造更好创新生态,充分激发全社会创新活力,在长三角协同创新体系中贡献更多江苏力量。

---

① 《江苏省党政代表团到沪浙皖学习考察:共担新使命共谋新合作共创新未来 携手推动长三角更高质量一体化发展走深走实》,《新华日报》2023 年 3 月 24 日。

（二）聚焦现代化产业体系，为增强长三角产业竞争力作出江苏更大贡献

紧扣打造具有国际竞争力的先进制造业基地目标定位，大力推进全国制造业高质量发展示范区建设，强化技术、设计、产业、品牌、服务系统优势，塑造集群优势、国际化竞争优势，持续提高江苏制造业的全球份额和特色竞争力。坚持质量导向的新型工业化，促进优势制造业聚链成群，在供需两端拓展增长动能、提升全要素生产率。大力发展服务传统制造业转型升级和先进制造业所需的生产性服务业，并赋予创新、生态、智能化等新内容，不断提升江苏制造在全球产业分工体系中的地位。引导制造业企业立足创新、追求卓越，实施壮企强企工程，强化质量意识，瞄准国际竞争对手持续提升产品质量，在练好内功基础上加强品牌运作。以深度融入长三角高质量一体化发展为引领，增强沿沪宁线经济轴带对于创新资源的汇聚与支配作用，增强大运河沿线等新兴发展轴的聚合能力，深入推动扬子江城市群联动发展，推进经济能量的空间传导，形成渐进、高效的区域开发模式。坚持省域统筹、区域协同，协同发展科技创新发展带，建设全国制造业高质量发展示范区，成为长三角协同达到世界级先进制造业集群的核心功能区。

（三）聚焦双向开放枢纽，推动江苏更高水平融入长三角全面开放进程

把握长三角在国家新一轮开放布局中的战略地位，不断增强江苏在构建双循环新发展格局中的独特作用。更大力度集聚全球高级要素，越是面临逆全球化风险，越是遭遇霸权国极限施压，越是要发挥长三角地区吸引外资基础好、配套能力强、发展空间大等的优势，在扩大开放上积极作为，打造吸引外资强磁场、引力场，推动江苏产业和企业在更大的开放空间中汲取创新能量，经受竞争考验，锻造制胜未来的国际竞争力。更大力度推进开放创新，深化拓展产业创新全球合作伙伴关系，加强海外人才离岸创新创业基地建设，构建多层次的离岸基地创新生态，促进海外人才、资金、技术等创新

资源的流动与有机联系。发挥科创、产业、市场、人才等优势，在培养、锻造世界级顶级本土跨国公司上勠力同心、共同拼搏，锻造一批世界级本土跨国公司。统筹推进现代化基础设施体系和高标准市场体系建设，依托自贸区、进博会等战略平台，争取率先探索，代表国家在参与制定、完善国际通行规则的过程中发挥积极作用，通过向制度型开放转变，形成更加稳定、更具可预期性的开放秩序、开放环境，打造开放型经济新动能、新空间，塑造江苏制度型开放新优势，以高水平建设具有世界聚合力的双向开放枢纽助推长三角对外开放再攀新高。

（四）聚焦新型主体培育，增强江苏参与高质量长三角一体化的内生动力

与国内外发达地区相比，江苏在推动高质量发展进程中新型主体短板明显，集中体现为头部平台企业匮乏，平台企业"小、散、弱"格局尚未根本扭转。受发展惯性影响，江苏多数企业长于嵌入产业链而弱于整合供应链，习惯专注于产业链的特定环节，这是江苏不乏行业隐形冠军但缺少终端产品知名企业的深层次原因。新形势下，头部平台企业的缺乏，进一步限制了江苏企业获享庞大市场红利的机会，在客观上导致了增长空间的窄化。为此，江苏要大力发展头部平台，聚焦工业互联网这一关键赛道，强化政策集成，构建多层次、系统化平台发展体系，强化城乡多元场景赋能，围绕先进制造、现代农业等现代产业所需，打造一批"杀手锏"级工业 App、垂直行业平台，积极发展"一超多专"的工业互联网平台体系，深挖"数实融合"增长动能；发力"专精特新"，推动有条件的"专精特新"企业可以尝试拓展产业链，生产直接面向市场的终端产品，筑牢江苏参与高质量长三角一体化的微观基础。

（五）聚焦优质空间建设，打造高质量长三角一体化的战略功能区

与国际一流城市群和都市圈相比，江苏中心城市综合承载力偏低，城市高端功能上仍处于"补课"与提质阶段；特别是苏中苏北区域中心城市在本区域的"首位度"不足，集聚力强过辐射力，虹吸效应大于扩散效应。为此，要进一步强化中心城市集聚辐射力与引领力。以建设南京、苏锡常、徐州三大现代化都市圈为引领，推进中心城市扩容提质、拓展功能，科学提高中心城区人口、产业、基础设施与公共服务集聚程度，推动优质教育、医疗等公共服务资源的合理布局。促进中心城区与周边城乡同城化发展。硬软并重强化基础设施网络，既要注重高铁基础设施、设备更新等硬件建设，也要注重对服务功能拓展、供应链延伸的系统谋划，提升区域枢纽专业性、增值性。聚焦高质量发展所需，强化集成改革攻坚，下决心破解产业空间碎片化、开发低效难题，有效破解大项目缺乏连片产业空间载体的强约束，打造推动长三角产业协同发展的重大动力源。

（六）聚焦体制机制突破，推动区域统一市场成为涵养高质量发展强引擎

深入实施《长三角国际一流营商环境建设三年行动方案》《长三角地区市场体系一体化建设合作备忘录》等跨区域政策，把握全国统一大市场建设大势，主动作为、创新路径，建立政府间协商机制，推动人才资源互认共享，促进人力资源优化配置，推动长三角产权交易共同市场建设，积极探索长三角区域统一市场建设的最佳落地方案。把握数据要素流动的规律，促进信息技术和数据要素在城乡间高效配置，破除制约城乡融合的制度壁垒。强化区域协同，统筹推进城乡公共文化体育普惠共享，推动城市优质教育医疗文体资源向县域和镇村下沉，推进城镇基本公共服务向常住人口全覆盖；聚焦人的全生命周期需求普遍得到更高水平满足，围绕幼有所育、学有优教、病有良医、老有颐养、行有体验、劳有所得、残有所助、娱有所乐等核心功能，建立健全与人口规模、村庄分布等相适应的公共服务核心功能标准化体系，实现项目化建设向标准化建设转变。与长三角其他区域共建全国城乡公共服务均等化示范区。优化城乡高质量融合的空间结构，以高水平城乡公共服务水平丰富拓展长三角区域市场一体化内涵，打开长三角高质量发展广阔空间。

参考文献

习近平：《高举中国特色社会主义伟大旗帜　为全面建设社会主义现代化国家而团结奋斗——在中国共产党第二十次全国代表大会上的报告》，人民出版社，2022。

《习近平在扎实推进长三角一体化发展座谈会上强调　紧扣一体化和高质量　抓好重点工作　推动长三角一体化发展不断取得成效》，《人民日报》2020年8月23日。

《长江三角洲区域一体化发展规划纲要》，新华网，2019年12月1日。

《〈长江三角洲区域一体化发展规划纲要〉江苏实施方案》，中国江苏网，2020年4月1日。

《江苏举行长三角区域一体化发展规划纲要江苏实施方案发布会》，江苏省人民政府新闻办公室网站，2020年4月2日。

《长三角一体化发展上升为国家战略三周年江苏新闻发布会》，江苏省人民政府网站，2021年12月3日。

浙江协力"长三角"高质量一体化研究

徐剑锋*

摘　要： 浙江充分发挥自身优势，聚焦重点领域、重点区域、重点项目、重大平台，以长三角生态绿色一体化发展示范区和自由贸易试验区为重点，系统化推进长三角高质量一体化，取得了显著成效。但也存在着体制机制有待改革创新、标杆性示范性成果不多等短板，未来浙江需要锚定"高质量一体化"，加强体制机制创新、开放发展、标杆示范、"四港"联动、政企联动。

关键词： 高质量一体化　生态绿色一体化　长三角

近年来，长三角高质量一体化不断推进，浙江作为长三角南翼，锚定"一体化"和"高质量"，发挥"浙之所长"，以长三角生态绿色一体化发展示范区为突破口，加快体制机制改革，聚焦重点领域、重点区域、重点项目、重大平台，全省域参与、全方位融入、系统化推进，长三角一体化发展成效显著。

一　以示范区为突破口，推进高质量一体化

长三角生态绿色一体化发展示范区是实施长三角一体化发展战略的突破口。自 2019 年 11 月示范区成立以来，浙江与上海、江苏一道，紧扣"一体化"和"高质量"两个关键词，携手推动长三角一体化示范区在制度创新、

---

* 徐剑锋，浙江省社会科学院经济研究所所长，研究员。

生态绿色、科创产业、共同富裕等方面取得一批标志性成果。2020年、2021年嘉善片区GDP和规上工业增加值两年平均增速分别为9.1%、19.5%，均位列浙江第3；2022年1~9月，GDP增长4.5%，增速位列嘉兴第1、示范区第1。浙江的长三角生态绿色一体化示范区建设主要从推动科创产业协同创新、促进基础设施互联互通等五方面重点推进。

（一）共同编制示范区规划

浙江协同上海与江苏共同编制全国首个跨省域的示范区国土空间总体规划，浙江先行启动区规划和水乡客厅城市设计方案。系统性重塑县域空间，嘉善片区的"一城一谷三区"平台格局正加速形成，示范区承载能级进一步提升。两省一市共同出台"39条"支持示范区高质量发展政策。浙江积极构建嘉善片区"1+1+N"规划体系，率先出台"19"条高含金量政策，支持嘉善片区新增国家试点27项、省级试点144项，推动数字化改革、要素市场化等改革举措集成创新。

（二）推动科创产业协同创新

一是突出"全链协作"强产业。嘉善片区立足青吴嘉三地产业特色，实施示范区产业链强链补链行动。大力引进重点高科技企业，实现产业链跨省域合作链接，到2022年底，半导体产业链已集聚从芯片设计、装备制造到封装检测的全链条企业80多家。二是突出"跨域共建"强平台。聚合长三角高端创新资源打造祥符荡创新中心，积极引进一批新型研发机构和企业研发中心，在重大科技创新方面取得了进展。三是突出"生态创新"强龙头。实施"基金+股权+项目"的招商"生态循环"新模式，获批浙江省首个外商投资股权投资企业（QFLP）试点，组建产业基金20多支，3年累计招引高质量产业项目超400个，总投资超2100亿元，有力支持了科技成果的产业化。

（三）促进基础设施互联互通

嘉善片区开通8条示范区跨省公交专线，累计发送13.62万班次、乘客

202.1万人次。共同建设"轨道上的示范区",打通姚杨公路等一批省际断头路,建成首条城市高架平黎快速路。建设嘉善至西塘城际铁路等4条铁路和兴善大道等3条高(快)速路,加快实现县域15分钟直达、与沪杭苏甬半小时通勤。

(四)生态环境共保联治

协同推进示范区生态环保"三统一"制度、联合河湖长制等。实施跨界水体"五联机制""碧水行动";探索低碳绿色发展路径,共同制定实施示范区碳达峰碳中和工作指导意见、碳达峰实施方案;创新农田尾水零直排模式,建成祥符荡"水下森林",打造国内首个"零碳"科创聚落竹小汇;推进区域生物多样性建设。携手打造世界级湖区"蓝色珠链"景观体系,共同探索示范区生态产品价值实现机制。

(五)打造长三角共同富裕样板

以长三角公共服务高质量一体化示范为抓手,实施公共服务扩面提质与跨区域便利共享。浙江、江苏、上海两省一市共同推动"示范区"政务服务一网通办,打造"线下窗口+线上平台+自助终端"立体式服务矩阵,"跨省通办"综合受理窗口通办事项达1300多项。"示范区"共同发布45项示范区公共服务项目清单,涵盖教育、卫生、医疗、文化旅游等领域,覆盖"示范区"常住人口340余万人。浙江牵头搭建全国首个跨区域区块链平台"区域协同万事通",打造全国首张"示范区"政务服务地图。到2022年底,嘉善片区异地就医直接结算累计超过1万人次,实现118类电子证照跨区域自动关联调用。嘉善还与长三角名校、知名医院合作,建设附属学校、医共体和5G智慧健康屋。开发长三角"敬老通"应用,与上海青浦、江苏吴江共享老年福利政策。

二 全方位融入长三角

近年来,浙江充分发挥自身优势,从产业协同与科技创新,从区域开放到对外开放,从设施互联到政务共享,积极助力长三角高质量一体化,加快融入长三角。

(一)加强产业协同发展与科技协同创新

1. 推进重点产业协同发展

为了促进重点产业链的协同发展,长三角三省一市联合建立制造业协同发展规划落实协调机制,加强重点产业链联盟建设,建立了产业链风险清单。一批世界级产业集群正在长三角加速崛起。目前长三角集成电路产业规模占全国的近60%,生物医药和人工智能产业规模约占全国的1/3,新能源汽车产量占38%。长三角首批燃料电池汽车示范应用城市群加快推进。

在重要产业协同发展中,浙江牵头长三角新能源汽车产业链完成了研究。浙江通过三省一市协力,成功绘制了长三角新能源汽车产业链地图,为长三角新能源汽车产业的专业化分工协作与产业链优化提升打下了良好的基础。浙江稳步推进跨省产业合作园区建设以促进长三角产业协同发展。省内多个一体化合作先行区建设加快推进,上海漕河泾开发区海宁分区被授予"长三角共建省际产业合作示范园",中新嘉善现代产业园入选首批浙江省"万亩千亿"新产业平台培育名单;在制造业发展规划中,浙江将力争到2025年形成一批具有产业链主导力的战略性技术产品,培育100家左右世界级龙头企业和单项冠军企业,打造4个世界级先进制造业集群、3个万亿级产业链、2个5000亿级产业链和5个千亿级产业链,十大标志性产业链年总产值突破6万亿元。近五年浙江全社会研发投入基本实现翻番、战略性新兴产业规模实现倍增,关键核心技术(产品)断链断供风险点有1/3以上可以在长三角地区实现备份。

2. 强化创新协同

产业的高质量发展需要高科技支撑。长三角力求构建一个集创新资源、研发载体、产业需求于一体的产业技术创新体系和创新生态,为长三角区域以及全国高质量发展提供技术支撑。多年来,长三角三省一市积极推进科技自立自强和产业协同发展,实施长三角科创联合攻关计划,加强产业链关键核心技术（产品）互补合作。长三角三省一市形成了以上海为龙头，协同创新体制机制进一步健全，科技创新共同体建设加快推进的局面。

浙江的基础研究资源相对薄弱，在长三角协同创新中，浙江积极推进科研机构和企业与沪苏皖的协同创新。近年来，浙江联动推进科创共同体和G60科创走廊建设，推动"国之大者"在浙江落地生根，科技研发能力不断增强，为打造具有国际竞争力的世界级产业集群注入了新能量。2021年浙江省高校、科研院所、企业牵头共同承担国家重大科技项目43项，与沪苏皖跨区域合同交易金额超398亿元，之江实验室被纳入国家实验室体系，超重力离心模拟与实验、超高灵敏极弱磁场和惯性测量2个大科学装置获批建设实现新突破。到2022年，浙江聚齐了之江实验室、白马湖实验室、东海实验室等十大省实验室，为高质量发展提供科技支撑。关键核心技术领域取得一批进口替代成果，部分关键核心技术（产品）断链断供风险点实现长三角地区备份。

与此同时，浙江各地大力推进科创飞地建设，以吸纳长三角科研资源富裕地区的科技创新成果，再转化为新的生产力。到2022年上半年浙江各地设立的科创飞地累计达到136个，其中在省外有60个，主要分布在上海、南京、合肥、无锡等地。这些科创飞地在一定程度上利用在地的科研人才资源，弥补了地方科技资源的不足，对推进产业升级起到了积极作用。

（二）以"数字长三角"赋能高质量一体化

三省一市提出打造"数字长三角"，加快长三角数据信息枢纽港等标志性项目建设，探索数据基础制度体系，加快全国一体化算力网络长三角国家枢纽节点建设，数字长三角不断加力加速。

浙江加快推进数字长三角建设，为长三角一体化赋能。浙江数字技术与数字经济在全国居于领先地位，在数字化治理、数字产业化、产业数字化领域优势突出，其中消费互联网和工业互联网领域的产业竞争力居于国内第一梯队。在"数字长三角"建设中，浙江牵头编制出台《数字长三角建设方案》；浙江协同建立长三角一体化发展数字平台，对省内长三角一体化重点任务和重大项目建立定期调度分析和跟踪服务机制。为数字化改革首批 11 个跨部门场景化多业务协同应用之一的"浙冷链",已走出浙江,落户长三角。"乌镇之光"等一批数字化重点项目投入运行,助力"数字长三角"建设。

(三)全面提升制度型开放水平

浙江通过推进"四港联动"、打造区域开放新平台、浙沪港口航运合作、高质量建设自由贸易区,加快开放发展。

1.加快自由贸易试验区联动发展与制度创新

在长三角自贸试验区联盟成立的一年多时间里,浙江自贸区四个片区在加强联动发展的基础上,结合特色优势,与其他长三角自贸试验区开展了一系列务实合作,推进联动发展。舟山片区积极推动长三角期货现货一体化油气交易市场建设,浙江国际油气交易中心与上海期货交易所开展战略合作,实现仓单的互联互通,构建首个以国内期货市场价格为定价基础的保税燃料油价格指数。宁波片区持续推动浙皖港航合作,与合肥经开区合资运营综合物流园区;在制度创新方面,加快推进自由贸易试验区五大功能建设,实现自贸区赋权扩区。各片区逐步建立联动工作机制,出台实施方案,推广复制经验,提升平台能级。三年来浙江自贸区形成特色制度创新成果和实践案例 200 多项,其中很多是全国首创,不少得以在全国复制推广。浙江加快建设自贸区油气全产业链。浙沪跨港区供油实现零的突破后得以常态化推进。加快建设长三角期现一体化油气交易市场,浙江天然气交易市场正式揭牌运行,形成首个以国内期货市场价格为定价基础的人民币报价机制。

2.加快推进港口一体化

深水良港是浙江的优势,港口也成为浙江协力长三角高质量一体化的发力点。

一是深化浙沪洋山合作开发,制定沪浙洋山区域合作开发方案,与上海签署新一轮省际交通互联互通合作协议。加快推进小洋山北侧集装箱支线码头工程、上海 LNG 站线扩建项目,继续深化沪舟甬跨海通道研究。甬舟一体化方面，加快开展北仑与梅山—佛渡—六横联动发展思路研究；加快推动大宗商品储运基地建设，油气储运基地累计形成油气库容 3663.5 万立方米，舟山粮食产业园华康股份 200 万吨玉米深加工健康配料项目落地。

二是提升江海联运、海铁联运服务。实施义甬舟大通道西扩战略，积极拓展宁波—舟山港与安徽、江苏的江河—陆路—港口联运，开辟江海联运直达运输航线 5 条，实现江海联运直达船队的常态化，"江海联运在线"物流数据服务覆盖长江沿江主要港口。金华义乌片区"海铁联运"发展升级，"中欧+海铁+海运"多式联运转口贸易业务成功开展，带动金义片区海铁联运标箱量大幅增长；海铁联运班列延伸至中亚、北亚及东欧国家。集装箱海铁联运、内河港口吞吐量双双突破百万标箱。长三角港口联动发展稳固了宁波舟山港国际航运中心十强的地位。宁波舟山港世界一流强港的硬核力量更加凸显，年货物吞吐量连续 12 年蝉联世界首位，成为全球首个"11 亿吨"大港。

三是共建区域开放新平台。义甬舟开放大通道西延拓展。中欧班列（义新欧）开行数逐步增加，开行线路增至近 20 条，成为中欧班列全国第四城；创新义乌、金华"双平台"运营体制，形成全省"义新欧"单一品牌统一使用；积极主动参与虹桥国际开放大平台建设，与上海共建虹桥国际开放枢纽；设立长三角（湖州）产业合作区、宁波前湾浙沪合作区，积极与省外、海外科研机构、高科技企业开展研发合作、产业合作，这些合作区成为浙江融入长三角一体化发展的重要平台；与此同时，浙江在毗邻沪苏皖地区建立多个省际毗邻合作园区，探索省际毗邻区域合作机制，进一步提高政策的协同性、产业的互动性。

（四）推进基础设施互联互通

1. 加快建立长三角现代化综合交通运输体系

杭州与上海、南京、合肥之间实现高频次"1 小时交通圈"。嘉兴机场、开化通用机场获批，杭州萧山国际机场三期、台州机场加快建设；浙北集装箱运输通道工程全面开工建设，建成宁波舟山港虾峙门口外 30 万吨级航道；

沪苏嘉城际铁路在上海青浦、江苏吴江、浙江嘉善三地同步开工建设；沪苏湖铁路、甬舟铁路、甬舟高速复线加快建设，金台铁路、杭台高铁、杭海城际、杭绍城际建成通车，浙江累计建成轨道交通里程超 4500 公里；共建长三角智慧高速公路网，沪杭甬高速 10 公里试点路段试运营。

2. 推进海港、陆港、空港、信息港"四港"联动发展

全面推进"四港"联动示范城市联动建设，加快建设多式联运基础设施。推进宁波—舟山港、温州港、台州港、乍浦港等港口联动发展，建设义乌陆港与多个综合性陆地交通物流枢纽，加快建设杭州、宁波、温州、台州等空港枢纽，推进海港、陆港、空港互联互通。全面启动"信息港"建设，编制《"四港"联动智慧物流云平台建设方案》，智慧物流云平台上线运行，实现海陆空数据互联。宁波舟山港口一体化2.0版全面深化，港口数字化转型加快推进，畅通铁路进港入园"最后一公里"。公路、铁路、海运、航空互联互通水平显著提升，货物多式联运"一单制"和旅客联程运输基本实现；成立"四港"联盟并开展实体化运作，四港联盟成员总数突破 40 家。快递出海、中欧班列集货疏运等合作项目得以落实。一体化通关协作制度全面推进，浙江省海港集团与义乌市政府开展义乌海关一体化监管深度合作，创新建立"义乌—舟山"一体化通关模式。

（五）促进长三角公共服务便利共享

近年来，长三角共推出户口迁移不再需要两地跑、异地购房提取公积金"零材料"网上办等 138 项跨省通办政务服务事项或场景应用。浙江为此积极落实协同政策。浙江省大数据发展管理局会同浙江省人力社保厅，协同省文化旅游厅、省卫生健康委、省医保局等十余个部门，为长三角区域的居民初步构建了基于"浙里办"的居民服务"一卡通"专区。近年来"一卡通"持续扩面，三省一市已基本实现人力社保全领域通用，超 1300 个文旅场所支持社保卡通用；140 个政务服务场景在"一网通办"平台上线；浙江与沪苏皖的医保卡互通全面推进，2021 年浙江在沪苏皖就诊结算人次增幅为 108%。

三 一体化协同中存在的短板

浙江在协力推进长三角高质量一体化建设中取得了较丰硕的成果，为长三角融合发展作出了重要贡献。但从国家对长三角高质量一体化的要求来看，还存在着一些短板。

（一）标志性重大项目有待增加

长三角一体化的重点领域、重点区域、重点项目、重大平台的数量还不够多，长三角一体化国家战略标志性成果还偏少，重大项目中具有乘数效应的战略性项目较少，缺乏具有引领性标杆性的龙头企业项目。自贸试验区、开发区、保税区等重大开放平台的辐射带动能力还不够强劲。"万亩千亿"新产业平台培育需要提质提速，部分平台产业主攻方向不明。一些标志性项目受资源要素制约影响推进缓慢。土地要素成为浙江推进长三角生态绿色一体化发展示范区建设、舟山片区自由贸易试验区建设的重要制约瓶颈。

（二）全方位推进长三角一体化有待加强

浙江省从产业与创新协同、"数字长三角"、对内对外开放、基础设施互通互联、政务开放共享、"美丽长三角"和长三角生态绿色一体化发展示范区建设全方位推进长三角一体化。但从实际成效看，在一些领域浙江还存在着短板。浙江的基础科学人才相对不足，研究力量偏弱，这对浙江科技创新会形成长远的制约；区域合作与开放的互动不够。在长三角一体化建设中，与其他区域的创新联动性有待提高；对外开放的层级不高，制度性创新有待加强，自贸试验区辐射带动能力不够强劲。浙沪港口航运协作仍处于起步阶段；长三角生态绿色一体化发展示范区的体量过小，对全省融入长三角的示范带动作用不够强。

（三）全域长三角一体化进度差异大

一方面，受区位条件与产业基础等因素制约，浙江各地在推进长三角一体化中有着较大差异，杭州、宁波作为长三角南翼中心城市，在长三角一体化中居于重要的地位，嘉兴、舟山与湖州则因地理区位邻近上海、江苏与安徽，具有"近水楼台先得月"的优势。而浙西南地区，尤其是经济发展相对较薄弱的山区县，与上海、江苏交通时距较长，产业发展基础相对较弱，参与长三角一体化发展的载体抓手不够丰富，人才与资本难引进、货物难输出，"绿水青山"转化为"金山银山"难度大，融入长三角相对迟缓，长三角一体化带来的红利不显著。

另一方面，浙江与长三角的部分地区联动不够。浙江与上海、苏南的区域合作与联动发展较为密切，但与江苏北部、安徽大部分地区的区域合作较弱。从浙商对省外长三角区域的直接投资接收地看，超过一半的投资集中在上海，另有 20% 左右集中在苏南地区，再次是与浙江交邻的皖南、合肥与苏中地区。其他地区与浙江的投资与贸易合作较弱，浙皖省际、地方市县的联动有待提升，政企之间的互动协作还很微弱，制约了长三角一体化的全域推进。

（四）协同体制机制有待完善创新

浙江推进长三角高质量一体化的体制机制仍需要适合新形势、新要求不断创新。长三角区域一体化推进机制需进一步完善，阻碍技术、人才、资金等要素自由流动和市场充分竞争的壁垒依然存在，省际、市县联动有待提升。浙江港口与长三角其他地区的港口合作，尤其是宁波—舟山港与上海港口的一体化机制深层次改革还需要不断探索。"一港两海事、一港两关、一港两政"的思路、举措和操作路径，还有待深入研究探索。宁波—舟山国际航运的航运服务功能有待提升（2020 年航运服务指标全球排名第 16，航运金融与保险服务全球排名第 21）。

推进经济双循环的机制需要加大改革创新。利用两种资源、两个市场的能力需进一步提升，内外贸一体化发展有待破题，流通效率有待进一步提高；外资与内资的良性互动不够、浙商对沪苏皖的投资仍远远大于沪苏皖来浙投资，政府与企业协同不足，政府利用市场机制与企业力量来推进区域经济合作的内在动力还比较弱；数字贸易顶层设计亟待优化。对知识产权保护、数字贸易统计、数字贸易壁垒、贸易争端解决机制、新型数字贸易规则影响等问题的研究亟须加快推进；商务、海关、税务、外管等部门的合力联动机制需进一步创新。

（五）高质量一体化的基础设施需进一步完善

服务于长三角高质量一体化的浙江物流网络有待提升。"四港"联运方面各种运输方式仍未实现无缝衔接，"最后一公里"还未有效打通，多式联运总体比重依然偏低，海铁联运占港口集装箱吞吐量的3.5%，远低于世界主要海铁联运大港20%~30%的平均水平。铁路建设"重客轻货"，货运枢纽建设滞后，进港入园支线和专用线偏少。内河高等级航道网络不够完善，浙北水网碍航桥梁多、航道等级偏低，关键瓶颈亟待突破，都市区枢纽和环线建设还需要加快。高等级公路占比仍有较大提升空间，高等级公路占比相较于上海、江苏还有差距。区域骨干通道网络有待进一步提升。相比粤港澳大湾区规划的三大主要通道，浙江跨海跨湾主干通道偏少，特别是浙沪间还没有快速直达的跨湾通道。同时，浙北与上海、苏南等地区高速公路长期处于超设计标准的拥挤状态。杭宁、沪杭、杭州绕城及甬台温等高速公路年均日交通量在7万辆以上，长期处于超设计标准的拥挤状态。

四 浙江协力"长三角"高质量一体化的对策措施

2023年是长三角一体化发展上升为国家战略5周年。目前国际国内经济环境复杂多变，长三角需要担当起全国科技创新与产业高端化、安全化的先锋队重任。长三角一体化需要锚定"高质量"。浙江在协力一体化建设中，需要发挥自身优势，"锻长板、补短板"，为长三角高质量发展作出更大的贡献。

（一）加快一体化体制机制改革创新

一方面，以长三角生态绿色一体化发展示范区为高质量一体化的体制机制改革创新"麻雀",重点在利益分配机制、地方部门协同机制、政府与企业联动机制、产业协作分工机制、科技创新机制、基础设施共建共通机制、公共服务互通共享机制等方面进行深入研究,同时,示范区宜加快永久基本农田调整试点,推动更多项目纳入国家相关规划;集成打造改革新标识。争取开展外商投资股权投资企业试点(QFLP),健全"要素跟着项目走"的保障机制。争取嘉善更多改革纳入省级试点,在体制机制改革创新方面争取走在前列,从而促进长三角产业链供应链共同体和科创共同体建设与长三角现代交通网络体系建设。

另一方面,要重视示范区的示范作用,对相关行之有效的体制机制、政策措施,向全省区域逐步推行,发挥市场机制作用,促进示范区与省内其他区域的经济、社会联系,提高示范区的辐射带动作用。加快与上海、江苏等地重要港口的分工协作机制,加强政策联动,共建长三角世界级港口群;不断推进要素市场化改革,扫清行政性障碍,协力共建长三角一体化大市场。

(二)以自由贸易试验区为重点推进融合开放

以自由贸易试验区为区域开放国际开放的体制机制试验田,加强自由贸易区的制度性创新与政策创新、方法创新,促进自由贸易片区的协同创新与发展。近期宜推进油气储备体制改革、新型国际贸易监管、通关一体化改革等系统集成化改革,积极争取赋予四个片区更大的改革自主权,形成"赛马效应";强化浙江自由贸易区与上海自由贸易区的体制机制协同与政策联动,探索舟山与上海共建全国自由贸易港的可行性;紧抓重大项目建设,全力招引世界500强企业落地,着力推进绿色石化基地二期、国际油气贸易交易和结算中心、进口贸易促进创新示范区等重点项目建设,推动四个片区联动创新和差异化探索、特色化发展;实现联动创新区全覆盖,推进自贸试验区与联动创新区协同发展;加强长三角自贸试验区协同联动,推进跨港区供油、期现一体化油气交易中心建设。

（三）加强标志性、标杆性成果建设

加快打造长三角高质量发展增长极。充分发挥浙江企业家与民间资本充裕、海洋资源丰富、数字经济发达、营商环境良好等优势，以新能源汽车、健康医药、数字经济为重点领域，以大湾区为重点区域，规划高通级重大战略平台、落实重大项目，打造长三角以至全国数字贸易中心、世界级新兴产业集群；加快建设长三角世界级城市群金南翼，提升杭州、宁波等大都市区能级，提升未来社区、城市大脑建设水平，带动省域一体化、现代化先行；加快建设大花园，打通绿水青山就是金山银山转化通道，找到山区融入长三角一体化、实现跨越发展的发力点；突出义甬舟开放大通道建设，提升辐射能力，带动其他地区融入长三角；完善与拓展长三角民生"一卡通"等公共服务共享项目，取得一体化标志性成果。

（四）优化"四港联动"

以打造"一带一路"重要枢纽为目标，加强海港、陆港、空港、信息港"四港"融合发展。以义甬舟大通道为重点平台，大力推进宁波舟山港与义乌陆港一体化，深化联盟项目合作，联合义乌打造第六港区，扩展单一窗口口岸和物流等功能。同时，推进义甬舟大通道西延北扩，联通杭州、湖州、衢州地区与江苏、安徽、江西地区，形成以高速公路、铁路、长江为主的江河港口、空港、义乌陆港与宁波舟山海港的四港联运。

充分发挥浙江数字产业优势，加快陆港、空港、海港的数字化融合，推进三港的智慧化管理经营，提高物流效能。同时，通过数字化融合，实现各类型港口与各地区港口的信息共享，加快数字长三角建设，促进长三角高质量一体化。

与此同时，加快"四港联动"的基础设施建设。推进杭州空公铁联运、宁波海铁联运、温州综合联运等枢纽建设，加快浙北集装箱运输通道、浙西公铁联运物流园区铁路支线等项目建设，重点打通"四港联动"的最后一公里。

此外，要优化"四港"运营模式，推进运营商联合会的实体化运作，鼓励更多的省内与沪苏皖陆空海港经营实体单位加入"四港"联合体，以政府联动支持、经营实体市场化运作，促进长三角全区域的"四港"联动，助力长三角高质量一体化。

（五）发挥市场主体作用，加强政企联动

民营经济与浙商是浙江的一大优势。20 世纪 80 年代中期以来，浙商发挥"四千精神"，抢抓市场机遇，大力发展区际贸易与海外贸易，大量输入资源与劳动力，输出商品与资本。20 世纪末以来，浙商对省外直接投资迅猛增长，在省外经营创业的浙商人数突破 800 万人，在海外投资经营的浙商超过 100 万人，一直是全国对省外投资最大源地。浙商对省外直接投资超过一半集中在上海与苏南、皖南，是推动长三角一体化的主力军。但浙商的跨区域投资大多只重视眼前的市场机遇，缺乏长远战略眼光，在经营中也遭遇到不少困难。而十多年来，沪苏皖的企业与居民来浙投资也不断增加，但长期以来，浙商与投资源地和接受地的政府缺乏联动，尤其是浙江各地政府对本地的浙商对外投资引导不足，制约了浙商在长三角一体化中作用的更好发挥。未来浙江各地政府宜强化与浙商的沟通联系，主动与浙商、外地来浙投资企业家建立起"清亲"的新型政商关系，为区际投资经营企业提供政策咨询、风险评估、窗口指导，加强投资源地与投资接收地政府的联系，为跨区投资发展的企业与经营者排忧解难，解决他们的实际困难；同时，更好地发挥在外浙江商会协会与外地在浙商会协会的作用，强化在外企业的抱团发展、分工合作、市场协调、信息传递、政策沟通、利益维护的功能，使商会更好发挥政企桥梁的中介作用。

B.5
增强市场主体发展活力与推动
高质量发展研究*

李 颖 孔令刚**

摘 要: 市场主体活力直接关系经济发展质量。近年来,安徽不断激发市场主体活力,优化营商环境,为市场主体纾困解难,促进市场主体在科技创新和对外开放中发挥更大作用,市场主体呈现出行业、区域集中和数量快速增长态势。但与长三角地区相比较,还存在生存期较短、民营市场主体生存压力大、结构不平衡、企业家精神较为匮乏、应对新型市场主体不足等问题。通过借鉴国内外增强市场主体发展活力经验,建议安徽开展市场主体综合帮扶,构建更具感知度的营商环境,着力提升市场主体造血功能,开展具有安徽特色的企业家精神培育,推动市场主体向高质量发展主体转变。

关键词: 营商环境 市场主体 市场感知度 企业家精神

习近平总书记强调:"市场主体是经济的力量载体,保市场主体就是保社会生产力。"2020年以来中央出台了系列稳经济、稳市场主体政策,对经营出现困难的行业、中小微企业和个体工商户实施一揽子纾困帮扶政策。安

---

* 基金项目:安徽省哲学社会科学规划重大项目"长三角更高质量一体化发展安徽的机遇与优势研究"(AHSKZD2019D01)。
** 李颖,博士,安徽省社会科学院城乡经济研究所助理研究员;孔令刚,安徽省社会科学院城乡经济研究所所长,研究员,博士生导师。

徽省委省政府贯彻落实中央决策部署，陆续出台稳住经济一揽子政策措施实施方案，部署开展"优环境、稳经济"活动新一轮现场集中办公，以新"攻势"推动助企纾困各项政策措施落地见效，帮助企业解决实际困难。市场主体是推动发展的主力军，增强市场主体发展活力对于推动安徽高质量发展具有重要意义。

一　市场主体健康发展与高质量发展

市场主体是市场经济的基本细胞和力量载体，是高质量发展的根基所在与潜力所在。2020年以来，党中央、国务院把保就业、保民生、保市场主体作为宏观经济的政策取向，在税收、金融、就业、社保等方面出台一揽子扶持措施，积极营造公平竞争的市场环境。中央经济工作会议明确提出，实施新的减税降费政策，强化对中小微企业、个体工商户、制造业、风险化解等的支持力度，采取直面市场主体的宏观调控政策，有助于防止政策的"跑冒滴漏"。2022年的《政府工作报告》中提出"微观政策要持续激发市场主体活力"，并强调"更大激发市场活力和发展内生动力"。通过实施新的组合式税费支持政策、实施龙头企业保链稳链工程、着力培育"专精特新"企业等一系列举措，激发市场主体更多创造力。市场主体稳定发展，也夯实了经济行稳致远的基石。同时，市场主体也在不断优化产业结构，为经济社会的持续健康发展提供动力，有利于发挥我国超大规模市场优势，有利于为稳定产业链供应链提供支撑，有利于为人民美好生活需要提供保障，为实现"十四五"期间各项发展目标和赢得长远稳定发展奠定了坚实基础。

（一）全国及安徽市场主体基本情况

根据市场监管总局发布的数据，截至2021年底，全国登记在册的市场主体达到1.54亿户，同比增长11.1%，其中，企业4842.3万户，个体工商户1.03亿户，企业中99%以上的是中小微企业。2021年，我国新设市场主体（新增注册市场主体）2887.2 万户，同比增长 15.4%。其中，企业 904.0 万户，同比增长 12.5%；个体工商户 1970.1 万户，同比增长 17.2%。2021 年日均新增市场主体 7.9 万余户，其中日均新增企业近 2.5 万户，日均新增个体工商户 5.4 万余户。每千人拥有市场主体约为 111 户，每千人拥有新增市场主体 20.44 户，党的十八大以来，我国市场主体总量已经比 2012 年底的 5494.9 万户增长了 1.8 倍，年均增长达到 12.1%。其中企业年均增长 15.1%，个体工商户年均增长 10.9%。全国日均新设企业由 2021 年的 0.7 万户持续增长到 2021 年的 2.5 万户。各类市场主体保持着稳定增长态势，为全国经济长期向好、行稳致远打下了重要基础。[①]

2020 年以来，安徽全面开展营商环境优化行动，市场主体迸发新活力。根据安徽省市场监管局发布的数据，2021 年安徽省全年新登记各类市场主体 113.62 万户，同比增长 8.46%；其中，企业 40.15 万户，同比增长 14.77%。截至 2021 年 12 月底，全省实有各类市场主体 660.87 万户，同比增长 12.43%；其中，企业 192.77 万户，同比增长 14.49%。[②] 2022 年 2 月，安徽发布《关于进一步创优营商环境发展壮大市场主体的若干措施》，明晰 30 条真招实措，聚焦各类市场主体全生命周期中的焦点、痛点、难点和堵点，既解决眼下各类市场主体遇到的临时的急难愁盼问题，也解决新形势下各类新业态市场主体不断涌现后出现的新问题。[③] 市场主体的发展壮大，为全省促发展、稳就业、保民生奠定了坚实基础。

（二）市场主体健康发展对经济社会的作用

市场主体是市场经济的基本细胞和力量单元，各类市场主体已成为稳定宏观经济大盘的关键力量、就业机会的主要提供者和技术创新的主

---

① 余颖：《1.5 亿市场主体支撑经济行稳致远》，《经济日报》2022 年 4 月 1 日。

② 《2021 年安徽省登记各类市场主体 113.62 万户》，《安徽商报》2022 年 1 月 22 日

③ 《安徽省出台 30 条举措创优营商环境壮大市场主体》，《安徽日报》2022 年 2 月 16 日。

要推动者。培育和保护市场主体，激发市场主体活力，为经济发展积蓄基本力量。

1. 市场主体是市场经济的基本细胞

市场主体是社会经济活动的微观主体和市场经济运行的基础"细胞"，是市场经济活动的主要参加者和推动经济社会发展的主体力量。在当前复杂的环境背景下，市场主体承载着数亿人就业创业的希望，是落实"六保"任务的"压舱石"。稳住市场主体才能稳住就业、稳住经济。因此可以说，市场主体的数量、结构、活力以及健康程度是衡量区域经济发展水平的重要标志。

2. 市场主体是全社会财富的主要贡献者

市场主体的主要形态是各类企业。企业是整合各类生产要素的组织，是从事生产、流通或服务性活动的独立核算经济单位。企业作为经济活动的第一线参与者，能够最大限度有效配置资源。一方面，企业通过内部分工协作，有效发挥生产要素价值，提升生产效率，推动企业在激烈的市场竞争中不断前进；另一方面，以企业为主要形态的各类市场主体在公平竞争的市场环境中分工协作，更有效地推动新技术研发和落后技术的退出，也能使新技术产业化应用的步伐加快。同时，市场的优胜劣汰的竞争机制，形成"一池活水"，一边将不能适应激烈竞争的市场主体淘汰出局，一边又引入大批新的市场主体不断加入，推动市场主体在竞争中不断成长，成为社会财富的主要来源和推动经济发展的动力源。

3. 市场主体是社会经济活动的力量载体

市场主体是创造产品、提供服务和开发市场等经济活动的主体力量。一方面，市场主体稳定发展是稳就业保民生的关键；另一方面，市场主体健康发展，市场才能有活力，经济才能健康发展，形成良性循环关系。正如习近平总书记在企业家座谈会上所指出，市场主体是社会经济活动的主要参与者、就业机会的主要提供者、技术进步的主要推动者，在国家发展中发挥着十分重要的作用。市场主体有活力，市场经济就有动力。[①]

---

① 习近平：《在企业家座谈会上的讲话》，《人民日报》2020 年 7 月 21 日。

4. 市场主体实践推动市场经济体制逐步成熟完善

市场主体是市场经济活动的主要参加者。改革开放以来，特别是党的十八大以来，我国经济社会发展取得了举世瞩目的成就，这与数以亿计市场主体的努力密不可分。发展和完善社会主义市场经济体制离不开市场主体，市场化改革成果很重要的是市场主体发展壮大。市场主体的生动实践不断丰富并推动社会主义市场经济走向成熟完善，为经济高质量发展提供了源源不断的内生动力，成为构建新发展格局的强劲动力。

二 安徽增强市场主体活力的做法及成效

长期以来，安徽高度重视保护和激发市场主体活力工作，市场主体快速增长，有力稳固了经济基本盘。截至 2022 年 3 月底，全省实有市场主体 678 万户，同比增长 12.2%。其中，企业已达 199 万户，同比增长 14.86%；个体工商户 468 万户，同比增长 11.68%。①

（一）为激发市场主体活力营造良好发展环境

1. 不断优化营商环境激发市场主体活力

安徽出台了《关于进一步创优营商环境发展壮大市场主体的若干措施》，从五个方面提出 30 条具体举措，不断推进商事制度改革，便捷市场主体进入，开展僵尸企业强制注销和"除名制"改革试点，加快无效低效市场主体退出，为市场主体精准帮扶，增强生存能力，建设公平公正市场环境，提升监管效能，提升市场主体活力。

2021 年，安徽"证照分离"改革实现全覆盖，对中央及地方层面 528 项涉企经营许可事项分类实施改革，有效破解了"准营难"。推行市场主体住所登记"申报承诺+清单管理登记"，试行商事主体登记确认制改革，22

---

① 《安徽省一季度新增各类市场主体超 27 万多户》，腾讯网，https://xw.qq.com//cmsid/20220415A09NBP00。

个事项实现"跨省通办"或长三角"一网通办",政务服务的群众满意率达100%。部门联合"双随机一公开"监管深入实施,联合抽查事项占比达36%,企业对监管措施和现场检查的满意度达99.4%。信用风险分类监管全面推开,差异化抽查应用率达67.1%。在全国率先出台"互联网+监管"风险预警信息处置办法,"智慧化+信用化+网格化"监管试点有序推进,"三位一体"闭环管理模式初见成效。建立省级扶持个体工商户发展部门联席会议制度,制定促进平台经济、民营经济发展举措,联合开展"贷动小生意、服务大民生"金融支持个体工商户发展专项活动,帮助个体工商户纾困解难。① 建立"小个专"党建工作指导站1203个,省、市、县三级"小个专"综合党委实现全覆盖。信用监管经验做法被国务院办公厅简报专刊介绍。省局连续三年在省"四送一服"考核中获得优秀。截至2021年底,新登记各类市场主体113.62万户,同比增长8.46%;其中,企业40.15万户,同比增长14.77%。全省实有各类市场主体660.87万户,同比增长12.43%;其中,企业192.77万户,同比增长14.49%。

2. 促进市场主体在更高水平对外开放中增强活力

构建以国内大循环为主体、国内国际相关促进的双循环新发展格局,以更高的效率和积极性参与国际竞争,提升市场主体在更高水平对外开放中的竞争活力是发展重点。2021年,安徽聚焦打造改革开放新高地,进出口突破1000亿美元,达到1071亿美元,同比增长36.1%,增速居长三角第一位。

大力实施外贸主体培育壮大工程。第一季度安徽自贸试验区利用外资(FDI)6687万美元,同比增长7.4倍,高于全省平均增幅,其中合肥片区第一季度共签约入驻亿元以上项目63个,新增市场主体3096家;全省进出口实绩企业超1万家,进出口过亿美元企业129家,净增33家。

把自贸区建设作为促进外贸市场主体建设的重要抓手。为市场主体打通

---

① 《突破660万户!安徽市场主体快速增长!》,安徽财经网,http://www.ahcaijing.com//html/2022/anhui_0123/286736.html。

"合肥—宁波—美国"跨境电商海上通道、"合肥—（德国）威廉港"陆上新线路，开辟全新"合肥—伦敦"国际货运航线等 3 个出口通道，实现跨境电商的海、陆、空国际物流通道全面贯通；开通 4 种业务模式，开辟从出口主导到进出口并重的双向通道，开通跨境电商直购进口（9610）正常运营，跨境电商 B2C 出口（9610）爆发式增长，全省首单跨境电商 B2B 出口（9710）和 B2B 出口海外仓（9810）清单模式均已试单成功；"长三角 G60 环境科技跨区域产业链集成创新机制"项作为案例入选"长三角自贸试验区十大制度创新案例"。①

3. 推动市场主体在科技创新中发挥更大作用

近年来，安徽坚持"四个面向"，围绕为市场主体和创新主体营造良好发展环境，打造具有重要影响力的科技创新策源地，开展了一系列制度创新。2021 年，安徽区域创新能力继续居全国第 8 位，连续 10 年保持全国前 10 位，其中企业研发投入指标上升 1 位，排名第 4，全省财政科技支出突破 400 亿元，达到 415.5 亿元，较上年增长 12.3%。推行"人才团队+科技成果+政府参股+股权激励"引才模式，累计扶持 320 家高层次科技人才团队在皖领办创办企业，其中 1 家成功登陆科创板，2 家上市在审，190 家被认定为高新技术企业，14 家入选"中国隐形独角兽 500 强榜单"。全省高新技术企业净增 2500 多家，总数超过 1.1 万家。②

到 2025 年，安徽将组建 30 个创新联合体、制造业创新中心、产业创新中心，实现十大新兴产业全覆盖。提升科技型中小企业科技成果转化能力。目前高企数为 11368 家，2021 年净增 2809 家。2020 年规上工业企业有研发活动的占比 37.5%。2021 年"专精特新"企业，省级 3218 家、国家级 229 家。到 2025 年，高企数将超过 1.7 万家，规上工业企业 50% 以上的有研发活动。国家级专精特新"小巨人"企业超过 500 家。

---

① 许霞：《国家级合肥蜀山经济技术开发区：瞄准"百强"再出发》，《国际商报》2022 年 3 月 9 日。

② 金珊珊：《我省科技成果转化应用体系建设取得阶段性进展》，《江淮时报》2022 年 3 月 1 日。

4. 为市场主体纾困解难

2022 年以来，新冠肺炎疫情反复多发，给安徽的市场主体特别是服务业市场主体发展带来困难，安徽 1 年内注吊销和停业的市场主体 50259 家，占全国的 3%，其中，从事批发零售和餐饮住宿的市场主体占全部注吊销和停业的市场主体总量的 77.74%（见图 1）。为支持市场主体克服困难、恢复发展，安徽出台了《进一步支持市场主体纾困发展的若干政策和举措》，从降本减负、金融支持、援企稳岗、支持困难行业、保持生产生活平稳有序等方面，出台 23 条具体政策和举措，并通过业务标准化和数据比对，最大限度实现惠企政策"免申即享"。

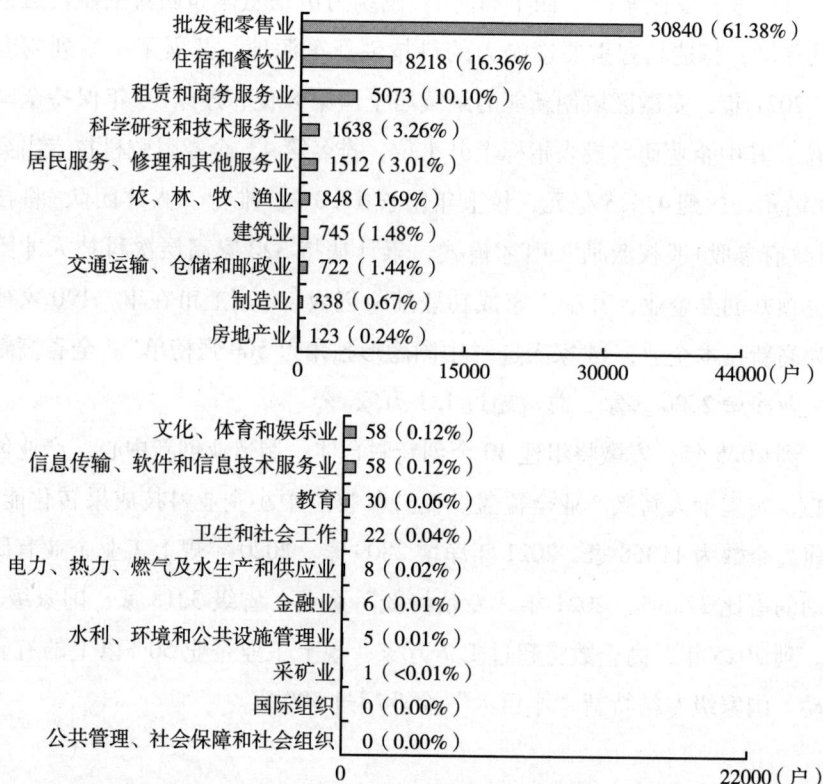

图 1 2022 年注吊销和停业的市场主体结构

资料来源：天眼查专业版。

2022 年 4 月 29 日，安徽省扶持个体工商户发展部门联席会议召开了 2022 年第一次全体会议，参会的省市场监督管理局、省发改委等 13 部门提出要对市场主体加强政策扶持、降本减负落实"六税两费"减免、优化服务增强市场主体信心等措施帮助市场主体渡过难关。针对工业企业，支持企业发展，专门出台《安徽省促进工业经济平稳增长行动方案》，一方面加大财税支持力度，另一方面加强引入金融活水，强化保供稳价解决工业经济堵点、卡点。针对服务业，出台了《安徽省促进服务业领域困难行业恢复发展若干政策措施》，省商务厅推出助力商贸流通市场主体纾困解难促进消费的措施，分普惠措施和餐饮、零售、旅游等重点领域支持提出了 46 条办法帮助服务业市场主体。截至 2022 年 3 月末，全省各级行政事业单位通过免收、退付、抵免等多种形式落实免租政策，全年预计减费超过 5 亿元。全省新增政银担业务281.57 亿元，服务小微企业、"三农"等各类主体 1.7 万户，平均担保费率降至 0.84%，聚力支持小微企业和"三农"融资发展。支持设立产业引导基金，全省累计兑现贴息资金 1.2 亿元，较上年增长 1.4 倍。推动全省合作银行安排不少于 4000 亿元专项信贷资金等，帮助各类市场主体渡过难关。

（二）市场主体发展活力情况分析

1. 全省市场主体活跃状况分析

安徽的市场主体新注册较为活跃，一年内新成立市场主体 1046087 户，其中，批发和零售业占比 58.91%，对比 5 年内设立的市场主体存在以下变化。

一是市场主体设立的行业更加集中。从天眼查的数据库中可以发现，1 年内设立的市场主体主要从事批发和零售、租赁和商务服务、住宿和餐饮行业，上述 3 个行业占全部 1 年内设立的市场主体的 78.66%，从事批发和零售业的市场主体大幅上升，由占全部市场主体的 46.29% 上升到 58.91%，上升了 12.62 个百分点；5 年内设立的市场主体占比前 3 位的行业仍是上述三个行业，但是占全部市场主体的比例下降了 12.84 个百分点，显示出 1 年内设立的市场主体在向批发和零售业集中。该指标的变动与全国变动一致，全国1年内和5年内设立市场主体同样集中于上述三个行业，但不同的是，全国1年内和5年内设立从事批发和零售行业的市场主体占比由51.04%上升至56.02%，仅上升了约5个百分点。

二是服务业逐渐向现代服务业转移拓展。相比5年内设立的市场主体，1年内设立的市场主体中科学研究和技术服务业占比上升了1.83个百分点，租赁和商务服务业占比上升了1.79个百分点，而传统服务业中比例较大的住宿和餐饮业占比呈现下降趋势，由10.70%下降到9.13%，下降了1.57个百分点（见图2、图3）。

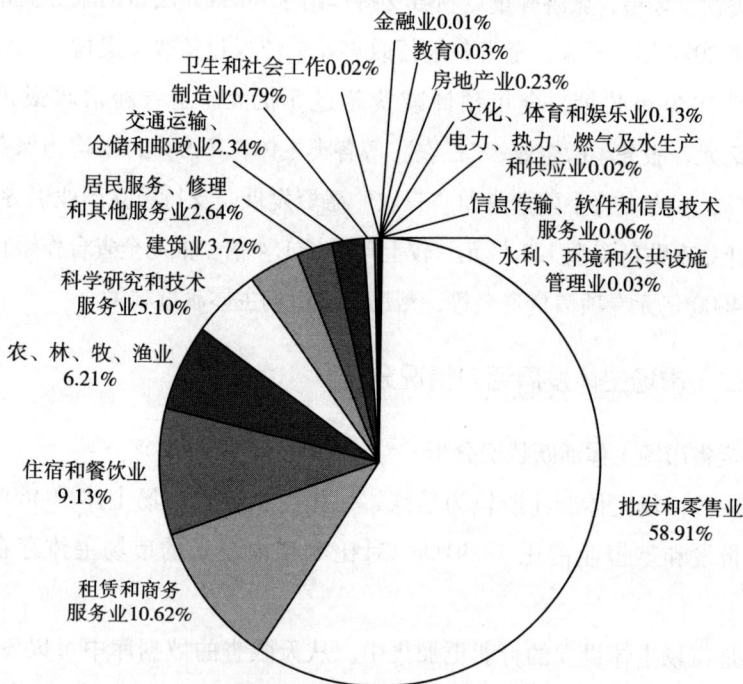

图2 1年内注册市场主体结构

资料来源：天眼查数据库专业版。

三是区域上更加向省会城市集中。合肥1年内注册的市场主体303865户，占全省1年内注册的市场主体的28.66%，较5年内注册的市场主体占比上升了6.51个百分点，显示出合肥市对省内市场主体的吸引力正在增加，

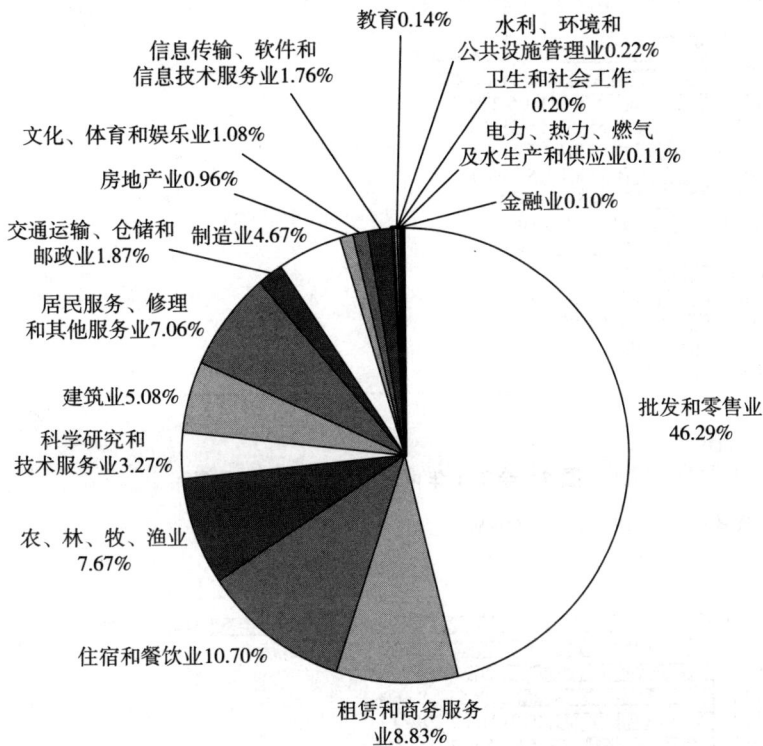

教育0.14%
信息传输、软件和
信息技术服务业1.76%
水利、环境和
公共设施管理业0.22%
卫生和社会工作
0.20%
文化、体育和娱乐业1.08%
电力、热力、燃气
及水生产和供应业0.11%
房地产业0.96%
金融业0.10%
交通运输、仓储和
邮政业1.87%
制造业4.67%
居民服务、修理
和其他服务业7.06%
建筑业5.08%
科学研究和
技术服务业3.27%
批发和零售业
46.29%
农、林、牧、渔业
7.67%
住宿和餐饮业10.70%
租赁和商务服务
业8.83%

图3　5年内注册市场主体结构

资料来源：天眼查数据库专业版。

由此带来的效应是对于全省其他地市的虹吸效应增强，如阜阳市5年内与1年内注册市场主体占比相较下降了2.09个百分点，芜湖市下降了2.39个百分点（见图4、图5）。

安徽退出市场主体呈现以下特征。

从企业类型看，1年内退出的市场主体结构变化较为明显。退出的市场主体以个体工商户为主，但受疫情影响，1年内退出的个体工商户占比大幅增加，较5年内退出的个体工商户占比增加了12.78个百分点。相比较而言，浙江1年内退出的个体工商户与5年内退出的该项指标在保持平稳的基础上还上升了1.01个百分点，分别占比68.74%和69.75%。由于企业注销

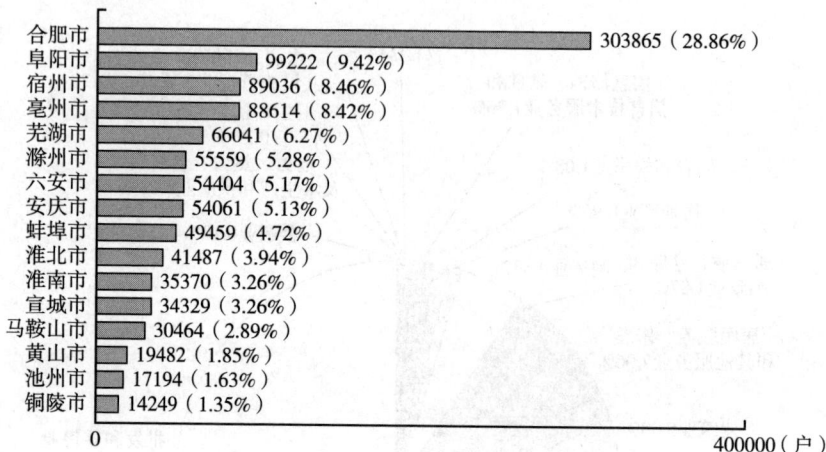

图4　全省 1 年内注册的市场主体数量

资料来源：天眼查数据库专业版。

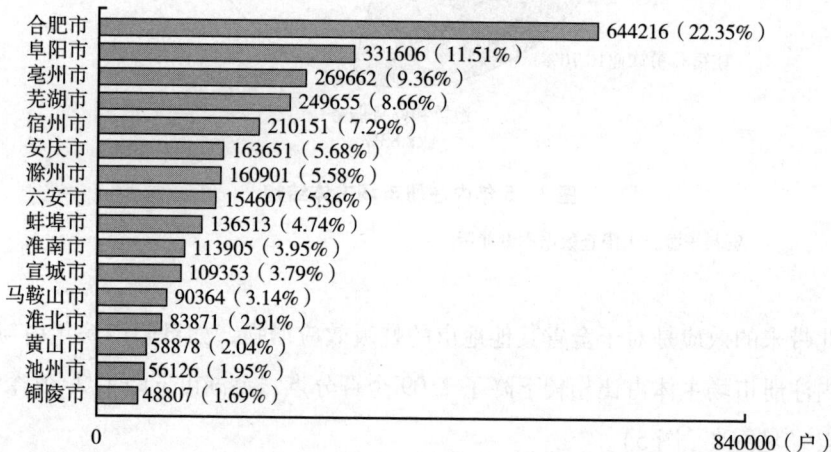

图5　全省 5 年内注册的市场主体数量

资料来源：天眼查数据库专业版。

相对个体工商户较为复杂，安徽有限责任公司退出的占比下降了 13.26 个百分点，但随着企业注册时间的增加，有限责任公司注吊销的占比保持平稳，大体保持在全部市场主体的 36% 左右（见图6、图7）。

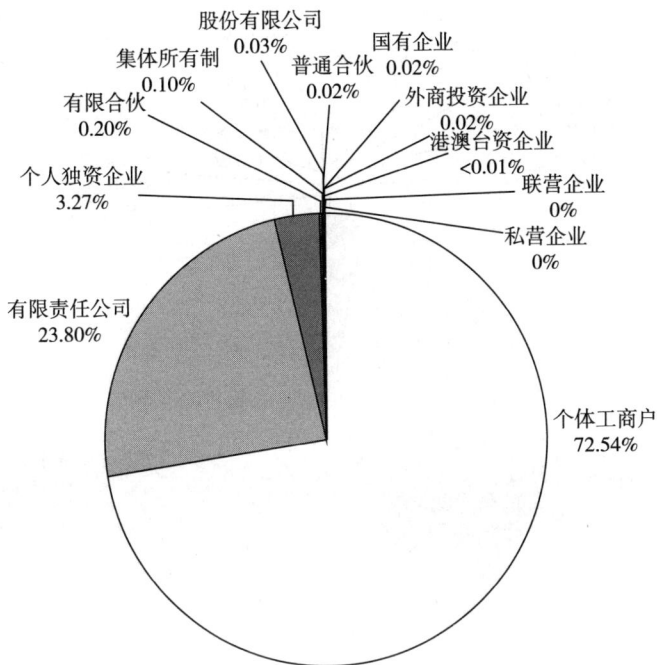

图 6　全省 1 年内退出的市场主体结构

资料来源：天眼查数据库专业版。

　　从行业看，1 年内退出的市场主体主要向批发零售业、餐饮住宿业集中。其中，1 年内退出的批发和零售业市场主体占全部退出的 60.18%，比 5 年内退出的该类型市场主体增加了 14.23 个百分点，1 年内退出的住宿和餐饮业市场主体占比 17.25%，较 5 年内退出的该类型市场主体增加了 1.79 个百分点（见图 8、图 9）。

　　2. 分地区各地市场主体分析

　　合肥市市场主体活跃度最高。截至 2022 年 4 月底，合肥市有市场主体 141.5 万户，占全省的 20.8%，其中，企业 60.1 万户，占全部市场主体的 42.35%，市场主体中企业占比较高，高于全省 13 个百分点。1 年内新注册市场主体 30.3 万户，1 年内注销市场主体 1.56 万户，分别占全部市场主体数的 15.03% 和 0.78%（见图 10）。每千人市场主体 212.96 户，高出全省平

图7　全省5年内退出的市场主体结构

资料来源：天眼查数据库专业版。

均水平35户。规模以上工业企业利润563.27亿元，同比增长41.8%，上述指标全部居全省首位。从中反映出，一是合肥市的营商环境较为宽松，市场主体的进入和退出都处于较为活跃的状态；二是合肥市的创业投资环境较

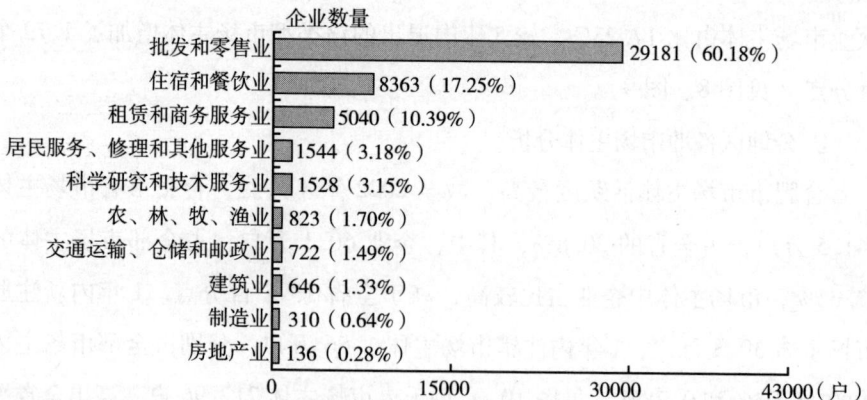

企业数量

文化、体育和娱乐业　　　83（0.17%）
教育　　　39（0.08%）
信息传输、软件和信息技术服务业　　　37（0.08%）
卫生和社会工作　　　24（0.05%）
电力、热力、燃气及水生产和供应业　　　7（0.01%）
国标行业　　　4（0.01%）
水利、环境和公共设施管理业　　　4（0.01%）
国际组织　　　0（0.00%）
公共管理、社会保障和社会组织　　　0（0.00%）
采矿业　　　0（0.00%）

0　　　22000（户）

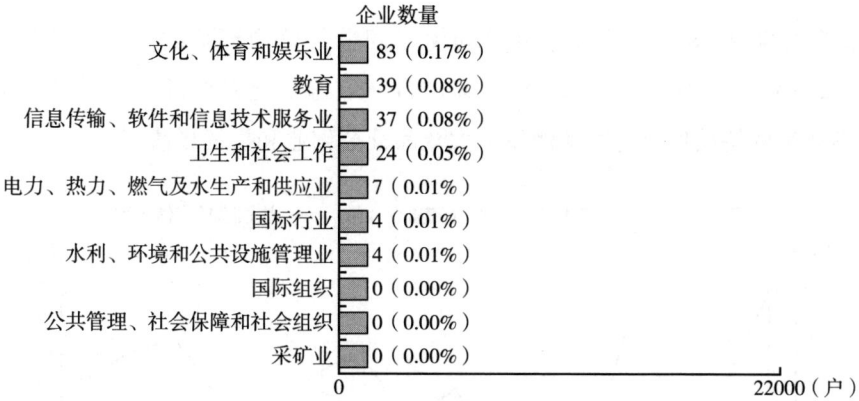

图8　1年内退出的市场主体行业分布

资料来源：天眼查数据库专业版。

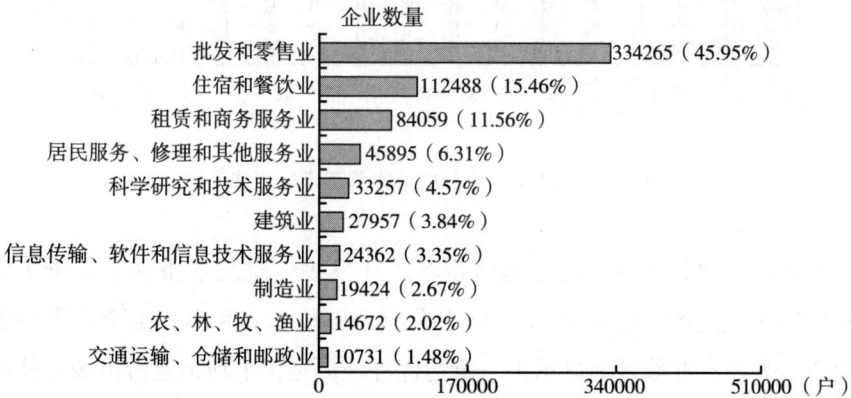

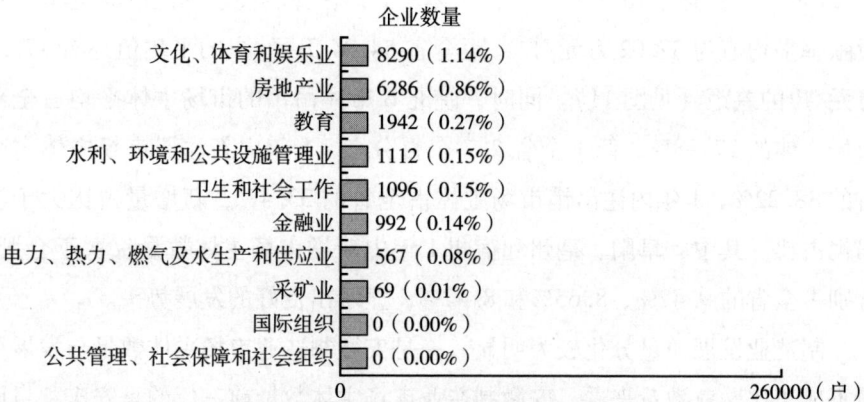

企业数量

批发和零售业　　　334265（45.95%）
住宿和餐饮业　　　112488（15.46%）
租赁和商务服务业　　　84059（11.56%）
居民服务、修理和其他服务业　　　45895（6.31%）
科学研究和技术服务业　　　33257（4.57%）
建筑业　　　27957（3.84%）
信息传输、软件和信息技术服务业　　　24362（3.35%）
制造业　　　19424（2.67%）
农、林、牧、渔业　　　14672（2.02%）
交通运输、仓储和邮政业　　　10731（1.48%）

0　　　170000　　　340000　　　510000（户）

企业数量

文化、体育和娱乐业　　　8290（1.14%）
房地产业　　　6286（0.86%）
教育　　　1942（0.27%）
水利、环境和公共设施管理业　　　1112（0.15%）
卫生和社会工作　　　1096（0.15%）
金融业　　　992（0.14%）
电力、热力、燃气及水生产和供应业　　　567（0.08%）
采矿业　　　69（0.01%）
国际组织　　　0（0.00%）
公共管理、社会保障和社会组织　　　0（0.00%）

0　　　260000（户）

图9　5年内退出的市场主体行业分布

资料来源：天眼查数据库专业版。

好，特别是 2018 年合肥市出台《创优"四最"营商环境的实施意见》以来，2020 年、2021 年、2022 年连续出台《实施优化营商环境行动方案》，营商环境的持续优化有力地激发了大众和社会创业和投资热情。

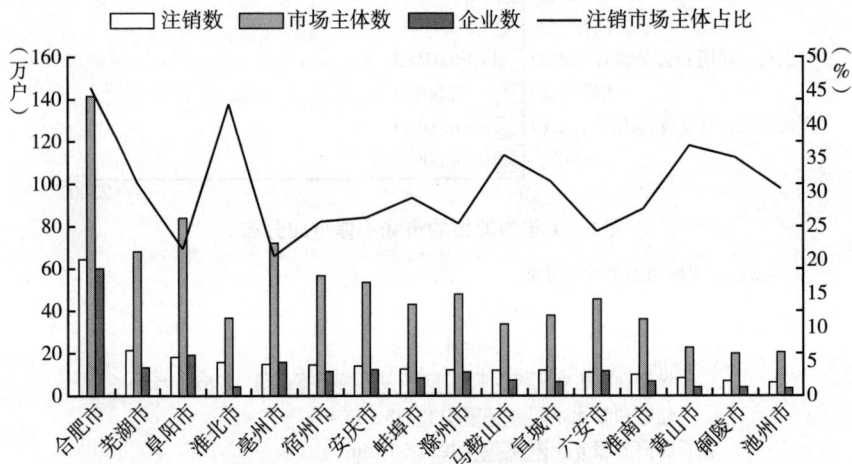

图 10　截至 2022 年 4 月底安徽各市市场主体情况

皖北振兴明显推动了皖北地区市场主体发展。皖北 6 市共有市场主体 328.5 万户，占全省的 48.45%，每千人市场主体 131.8 户，比全省平均值高出 20.88 户，在数量上显示出一定的优势。但是，平均企业占市场主体的 19.21%，低于全省 10 个百分点，个体工商户占比较高。单位市场主体 GDP 贡献率平均值为 37.02 万元/户，距全省 54.34 万元/户的平均值还有 17.32 万元/户的差距（见图 11）。同时，皖北 6 市注吊销的市场主体平均占全部市场主体的 27.98%，低于全省 2.7 个百分点，1 年内新注册市场主体占全省的 38.22%，1 年内注吊销市场主体占全省的 33.4%，新增量占比大于注吊销占比。其中，阜阳、亳州和宿州 1 年内新增市场主体数量仅次于合肥，分别占全省的 9.42%、8.65% 和 8.47%，显示出良好的发展势头。

制造业发展质量分化较为明显。一是安徽制造业市场主体数量与发展质量不成正比。就数量来看，安徽制造业市场主体数量前三位的是安庆、阜阳和合肥，分别为 36441 户、31897 户和 28274 户，规上工业企业数量分别为

图 11　皖北地区市场主体概况

1722 户、1707 户和 2219 户，规上工业企业占制造业市场主体比重分别居全省第 15 位、第 13 位、第 7 位，显示出这些地区的制造业集中度还不高（见图 12）。二是皖北地区规上工业企业发展质量不高。2021 年，安徽规模以上工业企业实现利润总额 2669.9 亿元，比上年增长 13.6%，呈现良好的发展势头。但是，皖北地区规模以上工业企业利润同比总体下降，且部分地区下降幅度较大，其中，淮南下降 40.7%，蚌埠下降 32.6%，亳州下降 17.9%，

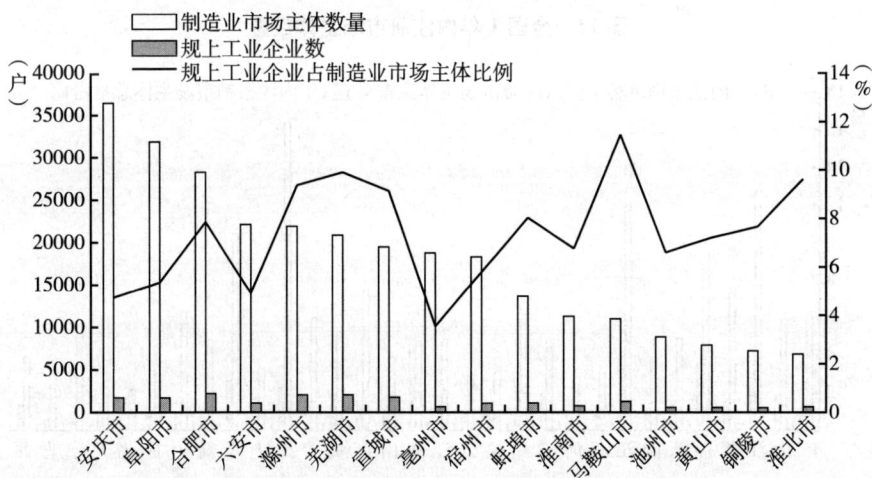

图 12　安徽各市制造业市场主体概况

阜阳下降 15.5%，宿州下降 2.8%，淮北为皖北地区唯一的规模以上工业企业利润正增长的地区，增长 4.7%。三是皖西南地区发展较快。

3. 横向市场主体活跃度比较

近年来，安徽的市场主体快速增长，2021 年新登记各类市场主体 113.62 万户，同比增长 8.46%；其中，企业 40.15 万户，同比增长 14.77%。且新注册的市场主体增速远高于退出的市场主体增速，1 年期市场主体的退出率（1 年内注吊销的市场主体数量/1 年内注册的市场主体数量）为 4.78%，低于全国水平 1.19 个百分点，有力地稳固了安徽的经济基本盘（见图 13、图 14）。

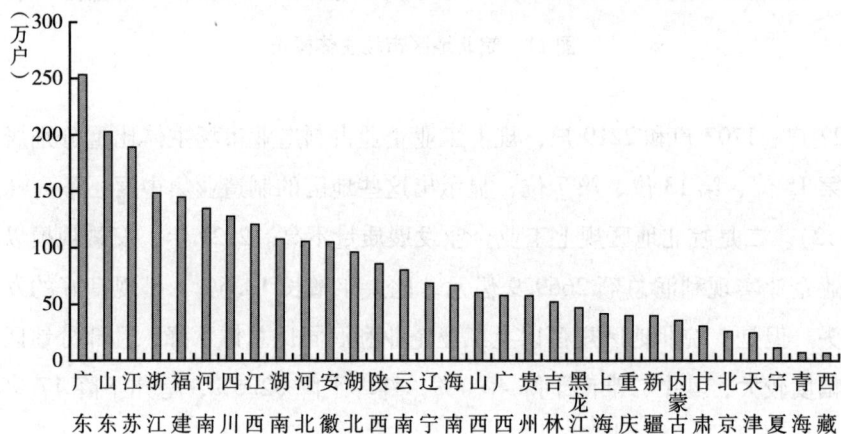

图 13　全国 1 年内注册市场主体数量

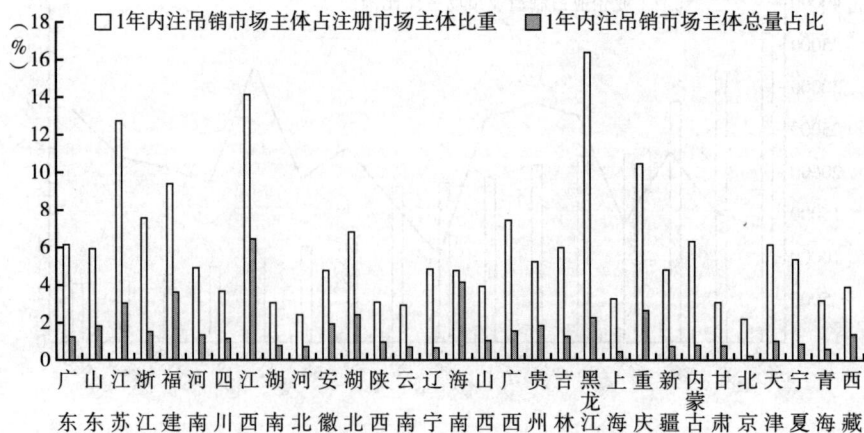

图 14　全国 1 年内注吊销市场主体概况

　　相比沪苏浙，安徽的市场主体相对较为脆弱。就注吊销的市场主体存活时间来看，安徽呈现出与沪苏浙的结构性差异，安徽退出的市场主体成立时间大多在 5 年及以内，占全部退出市场主体数量的 55%，存活时间不超过 3 年的市场主体约占 43%。而沪苏浙的市场主体退出大多在 15 年以上，浙江退出的市场主体存活时间 10 年以上的占比 44%，江苏该项指标为 38%，都远高于安徽的 16%（见图 15、图 16）。

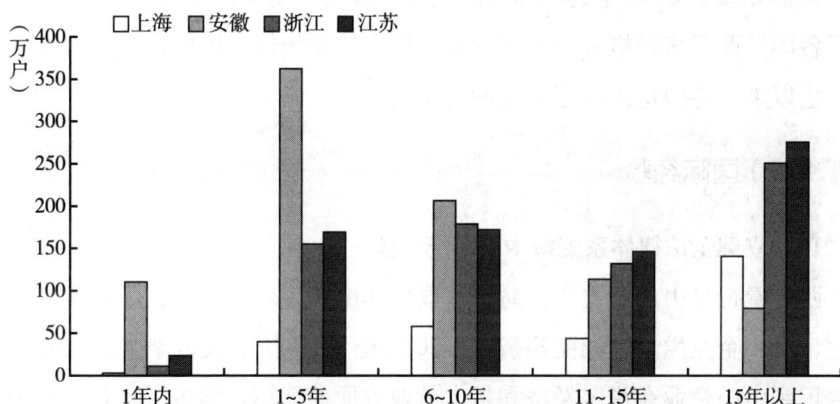

图 15　长三角地区注吊销企业成立时长比较

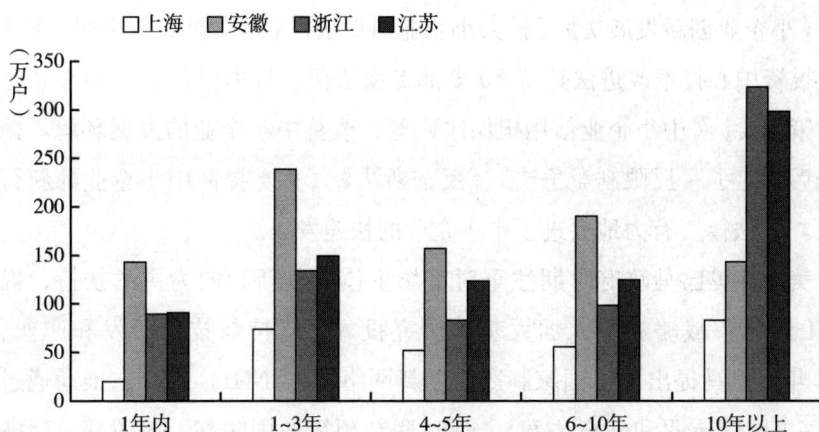

图 16　长三角地区注吊销企业存活时间比较

三 国内外促进市场主体健康发展的做法

自 20 世纪 80 年代国际上推行撒切尔—里根的新盎格鲁—撒克逊模式以来（即新自由主义经济模式），把政府干预这只看得见的手收起来，让市场发挥更大作用，但由于市场失灵的存在，自由市场主义暴露出了内在的缺陷，直接导致了 2008 年的国际金融危机，大量市场主体倒闭、破产。自此，世界各国采取了多种措施保护和激发市场主体积极性。国内，在新冠肺炎疫情发生以来，各地也出台了大量的支持政策。

（一）国际经验

1. 建立健全法律体系支持中小市场主体

西方奉行自由市场主义，对于市场主体的管理较为粗放，大量垄断资本产生，中小企业生存空间受到挤压。20 世纪 30 年代的大萧条之后，西方国家意识到中小企业在稳定经济和扩大就业方面的作用，出台了大量支持中小微企业的扶持政策。美国颁布了《小企业法》，此后，不断优化市场主体的外部环境，陆续颁布了《机会均等法》《联邦政府采购法》《小企业投资法》《小企业创新发展法》《扩大小企业出口法》《小企业贷款增加法》《小企业投资中心技术改进法》等 50 多部专项法律。日本出台了《中小企业振兴对策纲要》《中小企业信用担保法》等，改善中小企业的发展环境。德国也先后制定了《反限制竞争法》《反垄断法》《关于提高中小企业的新行动纲领》等法律，有力地促进了中小企业的快速发展。

美国在奥巴马政府时期注重对市场主体以创新导向为主的扶持，提出"再工业化"战略布局，加大基础研究投入，支持新技术研发和产业化，2012 年奥巴马提出了"国家制造业创新网络"（NNMI）计划，推动通过了《振兴美国制造业和创新法案》，通过联邦预算向国防部、能源部、商务部等部门投入约 20 亿美元，用于对企业研发的支持。特朗普政府时期，针对美国制造业的空心化和劳动阶层大量失业的情况，提出要将"流向海外的就业机会重新带回美国本土"，更加重视中小企业对就业、出口的重要作用，以大幅度降低税负和加强招商引资来吸引本土外的企业回归美国。拜登政府上台后面对新冠肺炎疫情，出台了《美国救援计划法案》，签署1.9万亿美元的美国救助计划，通过投资美国基础设施、加大研发投资力度、振兴制造业、人才培训等提振市场主体信心。

2. 建立了专职的支持市场主体管理机构

对于市场主体来说，政府出台了大量的政策，但是完善的公共服务体系能够更好地将政策落实下去，为了协调市场主体在发展中遇到的困难和问题，各国建立了专职的市场主体管理机构，用来统筹支持市场主体的政策享受、信息共享等。较为典型的是隶属于美国联邦政府的小企业管理局（SBA）模式，SBA成立于1953年，是相当于正部级的机构，局长由总统任命，下设灾难援助、商务拓展、融资支持、企业家精神等11个办公室，在全国设立10个分局和68个办事处，总共4000多名员工，重点围绕帮助市场主体渡过难关、促进市场主体收入增长、创造有利于市场主体成长的生态环境和提升自身服务能力四大战略任务开展工作（见图17）。

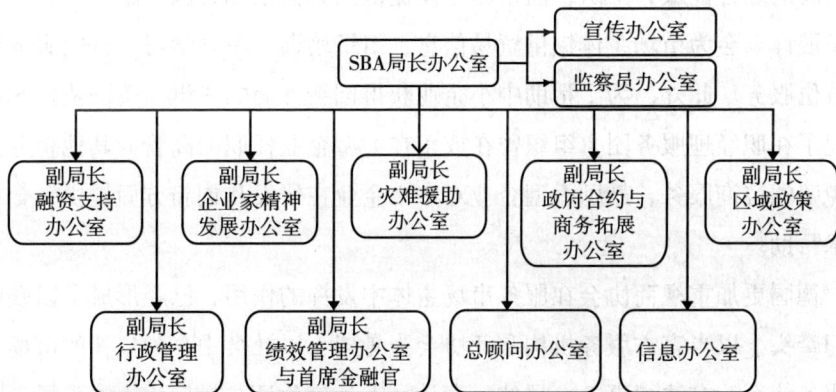

图17　美国中小企业局管理组织架构

德国更注重专业化和精细化管理，政府各部门和一些指定银行（如德国复兴信贷银行和清算银行）都设有专业的市场主体服务部门，德国政府经济部下专设中小企业局，联邦财政部下设市场主体研究机构，欧盟和驻外使团处设有市场主体促进机构，进出口委员会设立有专门收集外贸信息的经济信息服务处等。为了提高管理效率，政府还设立了专门的市场主体监督委员会，负责收集批评和建议，提出改进建议并监督落实。设立的官方机构主要职能是为市场主体提供信息、扩大宣传、促进创新、提供资金支持等。

日本建立了专业服务市场主体的经济产业省中小企业厅，主要围绕金融支持、促进国际贸易、开展培训和对企业主动服务四个方面开展工作，日本的管理非常精细，以日本贸易振兴机构 JETRO（对外贸易组织）为例，它在国内有 36 个办事机构，在国外有 73 个代表处，主要任务是为中小企业海外投资提供支援，每年它对中小企业海外支援的资产总额可达近 200 亿日元。

3. 建立健全市场主体主动服务体系

主动将政策送到市场主体手上是西方发达经济体普遍的做法，美国为了保护中小企业，规定将 25% 的联邦政府订单提供给中小企业；为了促进出口，美国出口援助中心（USEAC）会组建由政府、银行、商务部门专业人士组成的综合性服务团队，向市场主体提供国际营销和跨国金融服务；州贸易扩展计划会为市场主体提供贸易信息、组织培训、考察学习、营销服务等多方位服务。此外，为了帮助中小企业获得创新方面的资讯，美国依托 SBA 组建了在职经理服务团，组织曾在或正在大型企业任职的高管为其他企业提供免费的咨询服务，鼓励大型企业对中小企业在研发和创新方面提供资金和技术帮助。

德国更加重视商协会在服务市场主体中发挥的作用，已经形成了以政府部门牵头、以半官方服务机构和商协会为骨架、以社会中介为依托的市场主体服务体系，在法律事务、评估、会计、审计、公证、招标、人才市场、人员培训、企业咨询等方面为中小企业提供全面服务。在制定政策时会邀请商协会参与，政策实施后会协助政府监督各项计划和政策的实行落地，出现问题后会代表市场主体与政府有关部门对话，提交改进意见。德国有 150 多个不同的商会、协会，针对中小企业的不同需求，开展各类业务活动，为市场主体的发展起到了重要的促进作用。

日本建立了全国性的"企业支援机构",中央层面建立"独立行政法人中小企业基盘准备机构",建立了多达 3400 名成员的专家库,为市场主体提供咨询、金融投资、培训学习等方面的服务,从 2012 年至今,每年完成近 7 万个市场主体的服务项目。在地方层面,建立了由 25000 多个"认定经营革新支援机构"实体联合组成的市场主体服务体系,该体系覆盖了从各都道府县到村,在城市的支援中心配备 10~15 名专家,并设有可接受窗口服务并派遣专家服务,在村一级也会配备 1 名专职"经营指导员"和 2 名兼职"经营指导员"提供市场主体在经营等方面的服务。日本的"伞状"市场主体支援体系庞大,职能丰富,相互之间合作频繁,发挥了网络化的服务作用。

4. 提供较为完善的市场化金融服务系列产品

金融支持是服务市场主体的重要手段,美国在金融服务市场主体方面发展得较为成熟,政策的主要出发点是调动市场化金融机构的积极性,为市场主体提供融资服务。以 SBA 为例,它为市场主体提供了价值超过 850 亿美元的工商贷款、贷款担保和风险资本等各种投资组合,其中包括 100 亿美元赈灾贷款组合,对贷款予以一定比例的保障,这些资金全额由联邦政府预算拨付,并且建立了以 SBA 为核心的全国性、地方性、社区性三级担保体系,为市场主体和金融机构建立了风险分担机制。在遇到突发状况时,政府为大型企业直接提供包括企业债券、问题资产收购、提升保险额度、推进企业重组在内的一系列市场主体救援方案,如在 2008 年金融危机中,美国财政部就收购了超过 1940 亿美元的问题资产。针对中小市场主体,美国设立了小企业贷款基金(SBLF)和国家小企业信贷计划(SSBCI)用于补充金融机构不愿进入的领域。为了鼓励中小市场主体在研发方面加大投入,美国设立了"中小企业创业研究基金",要求国家社基和国家研究经费的 10% 应拨给小企业,并且规定研发投入大于 1 亿美元的政府部门必须提供 0.45%~3.2% 的研发经费用于参与到中小企业创新研究计划(SBIR)中,通过这一规定,包括国防部、商业部、农业部和国家科学基金会等众多的政府部门都参与到支持中小企业创新中。

德国为了支持市场主体融资，政府建立了以政府政策性担保为主的信用体系，目前已经设立了国家和地方担保银行（类似于我国的政策性担保公司）体系，已经建立了 20 家担保银行，包括 2 家联邦政府担保银行、13 个州立担保银行，每个州至少有一家担保银行。联邦政府和州政府通常会承担总贷款风险的 48%~64%。在支持创新方面，政府通过中小企业创新核心项目（ZIM）、高科技创业基金（High-Tech Start Up Fund）、欧洲复兴计划启动基金（ERP Start Fund）、欧洲复兴计划创新项目（ERP Innovation Program）等对市场主体提供 1700 多个项目的支持，地方政府也会对创新和产业引导建立支持基金，如巴伐利亚州制订了总额度达 20 亿欧元的"中小企业扶持计划"和"巴州突破计划"，用来支持和引导本州市场主体向航空航天、信息技术、能源等领域集聚。

（二）国内借鉴

1. 聚焦优化营商环境

营商环境已经成为各地激发市场主体活力的重要抓手，各地为进一步深入推进"放管服"改革，打造市场化、法治化、国际化营商环境，相继出台了有关政策条例，营商环境已经成为地方竞争的重要"抓手"。2021 年11 月，国务院印发《关于开展营商环境创新试点工作的意见》，北京、上海、重庆、杭州、广州、深圳入选首批 6 个试点城市。

上海颁布了《上海市优化营商环境条例》，将营商环境优化上升到地方法规高度，对标世界银行和国家营商环境评价体系，瞄准新加坡等营商环境评价领先的经济体，着力强化"一网通办"，提升上海在世行和两个营商环境评价中的表现，正研究推进上海优化营商环境改革 4.0 版，并将在自贸试验区、临港新片区、虹桥商务区等区域打造营商环境新高地。浙江以"最多跑一次"改革为牵引，以人民群众和市场主体的诉求作为切入点，充分运用互联网和大数据技术，着力打造服务型政府、"数字政府"和"清廉浙江"。江苏以实施优化营商环境的"江苏方案"为抓手，以降低企业运营成本为主线，着力形成一批具有江苏特色的目标任务，针对"堵点""痛点"寻找突破点。山西省《优化营商环境条例》已于3月正式实施，以"一枚印章管审批"改革突出优化审批制度改革，明确了容错机制，为改革创新撑腰鼓劲。山东省出台了《优化营商环境条例（草案）》，单设"监督保障"一章，明确了权力机关对政府优化营商环境工作的监督主体地位，确立了包括社会信用体系、亲清新型政商关系、企业投诉处理、舆论监督在内的监督机制。湖南省出台《关于优化营商环境促进市场主体高质量发展的意见》，并将市场主体倍增工程作为省政府2022年"3个支撑8项重点"的首位工作。广东省以"一流"和"国际化"为主要目标，以数字化为主要手段提升营商环境。深圳明确提出营商环境优化工作的具体目标是"力争达到相当于世界银行发布的全球经济体营商环境排名前30名水平"。

2. 促进市场主体提质增量

促进市场主体提升数量和质量，是壮大经济社会发展的重要举措，2020年以来，全国各地出台了大量的培育壮大市场主体的政策措施。上海出台了《关于发展壮大市场主体的若干措施》，市场主体登记时限将从一个工作日压缩至半个工作日，企业名称一次核准率将提高到90%以上，将在全国率先探索企业变更、注销全程网办。江苏将在全省范围实施"一照多址"改革，深化"不见面"审批，开展住所在线核验试点，全面推行涉企证照电子化，变更、备案、注销等企业登记全过程"一网通办"，实施市场监管"免罚轻罚规定"，为广大市场主体营造宽松的发展环境。

全国除新疆和西藏外各地都已出台了支持壮大市场主体的专项政策或三年行动计划，并都提出了具体的目标，其中山西将2022年作为推进市场主体倍增工程暨开展市场主体建设年，河南提出到2022年底要力争突破1000万户目标，江西提出三年市场主体数量年均增长16%。各地一方面通过深化商事制度改革，提高市场准入准营效率，扩大市场主体数量，为经济社会夯实发展基础；另一方面通过减税降费、加大财政奖励补贴力度、强化要素保障等方面帮助市场主体提升质量。

3. 不断激发市场主体内生动力

2022 年的《政府工作报告》提出，要坚定不移深化改革，更大激发市场活力和发展内生动力。各地围绕市场主体发展的实际困难、政策堵点和发展诉求，着眼市场主体在不同发展阶段、不同发展环节和领域，在包括市场主体全周期服务、深化质量技术精准赋能、加大知识产权保护力度、强化市场秩序公平公正等方面提出了更多细化的政策。如浙江省市场监管局印发了《关于持续激发市场主体活力政策举措二十条的通知》，2022 年还将深入推进小微企业信贷"增氧计划"和金融服务"滴灌工程"，提升企业融资可获得性和便利度。山东省印发《轻微违法行为不予处罚和一般违法行为减轻处罚事项清单（2021 年版）》，动态调整"不罚""轻罚"清单，共涵盖 29 个行政执法领域，涉及 374 项违法行为，比 2020 年增加 88 项，为市场主体减负。《广东省外商投资权益保护条例》自 2022 年 3 月 1 日起施行，这是全国首个地方版外商投资权益保护条例，为稳定和吸引境外市场主体投资、持续扩大改革开放提供法治支撑。

2022 年 4 月 8 日深圳市人民政府发布了《关于加快培育壮大市场主体的实施意见》（以下简称《意见》）并召开新闻发布会解读相关措施。《意见》主要包括"1 个总体要求+6 大关键环节+7 条保障措施"，通过 30 条培育壮大市场主体"实招"，持续激发市场主体的发展活力、竞争活力、创新活力。聚焦解决市场主体升级壮大过程中普遍需要的融资支持、创新支撑、人才需求等突出问题，进一步创新政策、优化服务，推动有效市场和有为政府紧密结合，促进市场主体转型发展、创新发展、跨越发展。针对"个转企""小升规""规做精""优上市""国家级高新技术企业""独角兽企业"六类不同市场主体发展的特性需求，构建国家、省、市三级"专精特新"企业培育梯队，依托"星耀鹏城"上市服务平台，打造全链条上市培育体系，制定深圳市独角兽企业遴选发现指标体系，建立独角兽企业培育库。[1] 提出提高商标注册、

---

[1] 许懿、黄思华、崔璨：《深圳出 30 条"实招"壮大市场主体》，《南方日报》2022 年 4 月 9 日。

运用、管理和保护能力，支持龙头企业建设工业互联网平台赋能中小企业等7条优化发展环境的措施。

4. 为市场主体纾困解难

2022年以来，新冠肺炎疫情频发，对市场主体特别是服务业市场主体的发展和生存带来较大的挑战。2月18日国家发改委等14部门印发了《关于促进工业经济平稳增长的若干政策》和《关于促进服务业领域困难行业恢复发展的若干政策》，从财政税费、金融信贷、保供稳价等5个方面促进工业企业平稳发展，对困难企业从普惠性和针对性扶持纾困以及精准实施疫情防控三方面提出了43项具体措施。5月9日，国务院促进中小企业发展工作领导小组办公室印发了《加力帮扶中小微企业纾困解难若干措施》，从加大资金支持力度、缓解融资难回款难、推动降成本扩需求和加强服务保障4方面提出了10条具体举措。财政部、国资委、人民银行等部门先后出台了相关政策举措，进一步加大助企纾困力度。5月23日国务院常务会议决定实施6方面33条稳经济一揽子措施帮助市场主体渡过难关。

江苏、广东、湖南、浙江、上海、安徽、天津、四川、甘肃等地出台了保市场、稳经济纾困政策。针对受疫情冲击较大的行业，如餐饮、批发零售、文体旅游、交通运输及物流、工业制造、外贸等，出台纾困政策措施。各地的政策呈现以下六个特点。

一是在帮助企业纾解困难的同时，创新性地把保护与发展结合起来。如深圳提出鼓励发展餐饮新场景新业态，打造网红特色街区；杭州通过统筹专项资金用于打造"百县千碗"特色美食品牌；无锡放开夜间非高峰期占用停车，打造"烟火气"的消费氛围。

二是加大政府购买力度，直接扶持困难行业。如杭州、苏州、深圳、无锡等地提出鼓励企事业单位委托旅行社代为安排党建、公务活动等，天津提出200万元以下的货物和服务政府采购、400万元以下的工程类政府采购应专门向中小企业采购，鼓励政府加快支付中小企业款项。

三是支持企业数字化转型，如无锡对"智改数转"企业给予免费诊断、培训、奖励，苏州、烟台等地引导外贸企业开展新模式新业态"触电"转型，杭州推动餐饮业数字化转型。

四是帮助市场主体降低税费、五险一金等经营成本，对小规模纳税人等符合条件的市场主体免征增值税，如四川、江苏等地扩大减税范围，扩大"六税两费"适用主体，增值税小规模纳税人扩展至小型微利企业和个体工商户，对困难市场主体缓缴养老、失业和工伤三项社会保险费，实施普惠性失业保险稳岗返还政策等。

五是政策更着眼于长远，稳住就业。多地提出下调失业保险费率或稳岗返还、下调工伤保险费率等措施。如南京实行缓缴养老、失业和工伤三项社会保险费最长 6 个月，合肥对企业之间通过"共享用工"模式输送员工，连续工作满 1 个月的，按 700 元/人的标准给予送工企业一次性补助。

六是金融支持保障更具精准性。对零售、交通运输等受疫情影响比较大的企业给予贷款贴息，鼓励银行增加对小微企业的首贷、信用贷、无还本续贷，对受疫情影响较为严重的市场主体不惜贷、断贷、压贷；推动金融机构降低服务收费，引导金融机构优化授信尽职免责机制，提高不良贷款容忍度。

四　增强市场主体活力推动经济高质量发展的建议

中央经济工作会议提出要"持续激发市场主体活力"。增强市场主体活力就是要为市场主体营造良好的发展环境，以有效市场与有为政府更好结合，为其纾困解忧，推动市场主体转型升级、自我发展，向推动技术和市场创新的主体、诚信守法的表率、成为建设现代化经济体系和推动经济高质量发展的生力军转变。

（一）存在的问题

近年来，安徽围绕"保、增、活、强"市场主体活力，从工作机制上做到顶格推动、系统落实，出台了"1+2+N"的政策体系和工作机制，在降低门槛、减轻负担、深化改革方面取得了一定的成效，但仍存在一定的短板，重点表现为以下五个方面。

1. 民营市场主体的生存压力加大

在投融资、招投标、政府采购、基础设施建设等领域，对民营企业还带着"有色眼镜"，对民营企业设置"弹簧门、玻璃门"，认为让国有企业承担项目就可以免责、少责的思想还存在；民营企业要面临供应链、国际环境变化的压力，特别是在一些高科技行业缺少芯片和关键零部件、设计软件受控的情况越来越多；中小民营企业要面临产业转型升级压力，对于新技术新设备"不上是等死，上了是快死"，处于两难境地。此外，民营市场主体主要集中在旅游、餐饮娱乐、交通运输等行业，疫情对服务业的影响较为明显，2022年1~4月，全省规上服务业营业收入1760.9亿元，同比增长7%，比第一季度回落3.5个百分点。其中，交通运输、仓储和邮政业增长0.5%，回落6个百分点，下拉规上服务业增速2.5个百分点；文化、体育和娱乐业由第一季度增长0.7%转为下降7.3%，下拉0.1个百分点。[①]

2. 灵活应对新型市场主体形式不够

疫情冲击带来了更多的"灵活就业市场主体""兼职型市场主体"等，国家信息中心测算，我国共享经济供给方和需求方总计参与者数量巨大，约为8.3亿人，其中共享服务提供者约为8400万人，同比增长约7.7%；美团、滴滴等共享平台企业员工数约631万人，同比增长约1.3%。安徽新型市场主体发展迅速，以网约车为例，截至2020年底，全省合规的网约车平台267家、车辆约3.5万台、驾驶员约14.9万人。[②] 安徽虽出台了《关于支持多渠道灵活就业的实施意见》，在应对这些新型的市场主体时还缺乏关注，新型市场主体在权益维护方面还面临众多障碍，突出问题就是从业人员的五险等保障问题，对兼职型的市场主体还缺乏应有的公共服务平台，在获得生产许可时还存在一定的难度。相比较如温州探索更大限度放宽新型市场

---

① 《受疫情影响安徽规上服务业增速回落　新兴行业继续保持较好增势》，百家号，https://baijiahao.baidu.com/s?id=1735102836515043553&wfr=spider&for=pc。

② 《安徽省"十三五"交通运输发展成就》，安徽省人民政府网，https://www.ah.gov.cn/zmhd/xwfbhx/553922901.html。

主体经营限制，试点"免登记经营试点商户""无固定场所经营区""个体转让试点商家"，有效促进了小微市场主体创业就业。

3. 市场主体结构化不平衡

长期以来，安徽发展不平衡问题较为突出，市场主体建设领域同样存在发展不平衡。

一是区域分布不平衡。安徽市场主体主要集中于合肥和阜亳宿地区，人均地区生产总值较高的芜湖、滁州、马鞍山等地的市场主体总量不高，发展得还不够快，1年内新注册市场主体数量分别占全省的6.14%、5.45%和2.85%，与GDP占全省总量比重分别存在4.1个、2.78个和3.04个百分点的差距。

二是市场主体规模不平衡。就市场主体对经济增长的贡献度来看，合肥、芜湖、马鞍山等人均地区生产总值较高的地区市场主体明显好于皖北地区（合肥单位市场主体GDP贡献率为80.64万元/户，芜湖为63.18万元/户，马鞍山为72.26万元/户；皖北地区平均单位市场主体GDP贡献率为37.02万元/户）。

三是生产性服务业市场主体分布不平衡。随着合肥国家科学中心建设的加快，安徽的生产性服务业更加向合肥集中。以科学和技术服务业和信息传输、软件和信息技术服务业为例，合肥分别占全省的44.88%和29.74%，分别是第二位芜湖的6.33倍和2.06倍，并且合肥的占比仍在扩大，1年内注册的科学和技术服务业和信息传输、软件和信息技术服务业市场主体占全省的比例分别为45.18%和32.14%。

4. 营商环境建设仍需加强

当前，安徽的营商环境评价还是基于世界银行的评价标准，评价的出发点是自由市场、提升审批效率和促进公平，其价值取向深受西方新自由主义影响，但忽视了有为政府在营商环境建设中的积极作用和缺乏对于市场主体感受的评价，在全国工商联《2021年"万家民营企业评价营商环境"报告》、中国社科院《中国城市竞争力报告（No.19）》、中科院《中国营商环境指数蓝皮书（2021）》等对外发布的营商环境评价中安徽表现不佳。

营商环境的最佳评价者应是市场主体，基于市场主体感受的政策才是好的政策。

市场主体包括在所有制结构、规模、发展阶段等方面差异巨大，在制定政策时不宜"用一把尺子"衡量，比如市场主体在发展的不同阶段需求不同，在初创期，急需的可能是破除行业壁垒和政府各类型的扶持；在成长期，可能需要的是转型升级的方向指引和技术、资金支持；在成熟期，可能缺乏的是创新能力和管理优化等。因此，应细化政策，做到政策精准滴灌。安徽市场主体的生存周期大多在5年以下，特别是有43%的市场主体可能于注册后的3年内退出市场，相比发达地区，安徽的市场主体退出的时间过早，安徽应有针对性地加大对注册3年内的市场主体的扶持力度。

5. 企业家精神培育较为匮乏

党和政府高度重视企业家作用，尤其是党的十八大以来，习近平总书记多次强调要保护和激发企业家精神，指出"市场活力来自于人，特别是来自于企业家，来自于企业家精神"，"要弘扬企业家精神"。安徽于2019年出台了《关于营造企业家健康成长环境弘扬优秀企业家精神更好发挥企业家作用的实施意见》，2021年在《关于进一步激发民营企业创业热情成就企业家创意创新创造推进民营经济高质量发展的若干意见》中提出要厚待企业家、加强企业家队伍建设等措施。但从结果来看，2021年中国民营企业500强里，沪苏浙分别有15家、92家、96家上榜，而安徽仅有5家，全国排名第20，与安徽经济总量在全国的位势不符，差距非常明显。安徽对于主动培育激发企业家精神的环境还有待优化，社会、政府对具有安徽地域文化的企业家精神宣传重视程度不够，对于安徽籍的企业家精神还缺乏系统的梳理与研究；企业家应对国内外经济形势变化的能力培养还不足，企业家精神的培育还是靠自发形成，全社会还没有形成推崇创新创业的企业家精神氛围，企业家精神对于经济社会的巨大助推作用尚未充分发挥。

（二）政策建议

在经济发展面临"需求收缩、供给冲击、预期转弱"三重压力下，增强市场主体活力对于安徽经济高质量发展具有重要意义。为此，提出以下建议。

1. 开展市场主体综合帮扶

组织开展企业受困原因摸底，特别要开展俄乌冲突后可能会造成的国际供应链短缺对安徽的化肥进口、汽车芯片、能源供给等方面影响开展研究，寻找应对策略。设置"企业诊所"，对企业发展转型中遇到的管理或技术困境给予免费问诊服务，组织商业协会与智库合作开展"企业困境会诊"。大力发展产业配套设施建设，健全公共性、平台性产业配套设施以及技术研发转化设施，发展共性技术研发平台和科研成果中试基地，健全仓储集散回收设施，完善电子商务硬件设施及软件系统，惠及更多市场主体。借助大数据技术，将市场主体按照股东结构、实缴资本、创始人背景、所从事行业、业务范围等不同标准划分不同类型，打通市场监管、税务、公共事业缴费、社保、公积金、人员招聘、专利申请等数据，建立全省统一的市场主体活跃度监测系统，针对不同类型市场主体，制定差异化、前置性的帮扶政策。支持市场主体数字化改造，积极推动市场主体借助"羚羊"、云采购等平台提升采、供、销等各环节的衔接度，提升市场主体运营效率，降低成本。

2. 着力构建更具感知度的营商环境

着力构建更公平更具感知度的营商环境，充分发挥营商环境评价是营商环境建设的指挥棒作用，在总体评价、政府效能、行政审批、市场监管、法治环境、信用环境、金融环境、人力资源环境、社会环境、基础设施环境、文化软环境等方面设置一定指标，以提升市场主体满意度为导向开展营商环境评价。强化公平竞争审查制度刚性约束，加快清理与企业性质挂钩的行业准入、资质标准、产业补贴等规定。重点围绕平台经济加大反垄断执法力度和知识产权保护执法力度。对新型市场主体采取更加人性化的准入措施，进一步放开民营企业市场准入。充分发挥政府采购对市场主体的示范效应和经济效应。比如，江苏省级部门年度采购预算总额中，要求专门面向中小微民营企业的比例力争不低于40%，不仅为民营企业产品打开了销路，更重要的是提供了企业实力展示的窗口；又如，山西实施深化住所登记改革，有效降低了市场主体登记成本。

3. 推动市场主体向高质量发展主体转变

坚持梯度化培育、创新化驱动、数字化赋能、资本化运作、市场化配置、专业化服务"六化联动"，加快"创新型中小企业→省'专精特新'企业→国家级'小巨人'企业→国家级重点'小巨人'企业→国家级单项冠军""五企共育"，催生更多高质量的市场主体。着力构建科技企业"微成长、小升高、高壮大"的梯次培育体系，壮大创新主体队伍，建立科技型企业、高新技术企业和创新型领军企业三张梯次培育清单，"一企一策一专班"，全过程跟踪服务、全流程培育扶持。强化新型研发机构、商协会平台赋能作用，走访调研企业，收集技术需求，为中小企业创新发展提供全链条服务。加大创新需求侧政策扶持力度，出台政策引导数据、资金、高精尖人才等要素加速向市场主体汇聚，发挥创投资本对于促进市场主体创新的催化作用。

4. 着力提升市场主体造血能力

充分利用市场的逻辑、资本的力量推动市场主体发展。加大对基础设施建设、规划编制、公共服务体系完善和人才培养等方面的支持力度，利用财政贴息方式对市场主体的研发投入、市场开拓、经营成本、项目扩张等给予支持。支持市场主体通过政府和社会资本合作（PPP）模式参与政府投资、建设和运营的项目。支持银行、证券、基金、保险、融资租赁等金融机构发展创新金融产品和服务，降低小微企业、个体工商户的借贷成本，开发消费信贷产品，开展特许经营权、知识产权抵押等方式融资，发展项目资产证券化产品，支持优秀企业在主板、中小板、创业板、新三板上市，积极构建金融服务矩阵。谋划设立多层次发展引导基金，支持市县构建基金体系，招引各类风投创投基金落户安徽，为市场主体发展和"四化同步"建设厚植资本链。

5. 开展具有安徽特色的企业家精神培育

加速建设企业家精神培育的制度环境，习近平总书记强调"法治是最好的营商环境"，强化保护企业家的财产所有权、自主经营权、创新收益权以及知识产权的落实落地，营造公平、竞争、诚信经营的法治环境。打造企业家精神培育的市场环境，全面排查、系统清理各类显性和隐性壁垒，全面

落实放宽民营企业市场准入的政策措施和"两张清单",鼓励民营企业参与
5G 网络、工业互联网等新型基础设施建设,与政府投资项目享受同等待遇。
着重打造具有安徽特色的企业家精神,要积极打造有利于企业家创新和再创
业的社会舆论环境,建立优秀企业家"红榜"制度,提倡向优秀企业家学
习;要积极建立支持企业家创新的制度环境,鼓励天使投资、风险投资向多
次创业的企业家加大支持力度,改变"成王败寇"的传统观念,鼓励"连
续创业";要为企业家解除后顾之忧,鼓励建立企业家直通热线,为企业家
子女上学、医疗保障等提供最优服务;要建立企业家参政议政、民主监督制
度,鼓励企业家参与到政策制定、执行监督过程中;要充分关爱企业家,鼓
励政府组织企业家协会、企业家研修班,构建创客学院、政策短训班等多种
形式的企业家沟通培训机制。

参考文献

张三保、康璧成、张志学:《中国省份营商环境评价:指标体系与量化分析》,《经济管理》2020 年第 4 期。

吴汉洪、张崇圣:《营商环境与产业生态:激发市场主体活力的重要着力点》,《学习与探索》2021 年第 3 期。

李松龄:《增强市场微观主体活力的理论逻辑与制度创新》,《江汉论坛》2022 年第 4 期。

王瑞萍、庞桂婵、张树海、刘卫东:《构建企业活跃度监测指标体系的思考》,《理论探究》2019 年第 10 期。

韩家平:《基于大数据的我国市场主体发展活力研究》,《征信》2021 年第 11 期。

罗晓芃、齐佳音、傅湘玲:《面向大数据监管的企业活跃度评价方法研究》,《公共管理》2008 年第 7 期。

对外经济贸易大学课题组:《大数据环境下企业活跃度评估体系的思考》,《中国工商管理研究》2015 年第 11 期。

赵德森、窦垚、张建民:《营商环境与绿色经济增长——基于企业家精神的中介效应与遮掩效应》,《经济问题探索》2021 年第 2 期。

李媛媛:《"十四五"时期优化营商环境路径研究》,《重庆理工大学学报》(社会科学)2022 年第 1 期。

专题报告

Special Reports

B.6

长三角数字经济协同发展思路
与对策研究

刘亮 宋月*

摘 要: 数字经济是我国当前与未来重点发展的产业方向之一,长三角在
我国数字经济发展中地位举足轻重,近年来,长三角地区的数字
经济发展迅速,数字产业处于领先水平,基础设施不断完善,信
息产业和软件产业稳步发展,但目前长三角三省一市在一体化发展
思路方面仍然存在较大差异,发展目标和方向选择的侧重点不太相
同,在支持和监管举措上仍然差异明显,一体化发展的压力较大,
因此需要通过加强顶层设计和政策协同推动数字经济的一体化发展。

关键词: 数字经济 一体化发展 长三角

---

* 刘亮,上海社会科学院应用经济研究所研究员;宋月,上海社会科学院应用经济研究所硕士
研究生。

数字经济作为我国当前与未来重点发展的产业方向之一，在长三角的产业发展中也具有举足轻重的重要地位。中国信息通信研究院（简称"中国信通院"）发布的研究报告显示，2021 年，中国数字经济规模达到 45.5 万亿元，占 GDP 比重达到 39.8%，其中，长三角的数字经济规模占全国的 30% 以上，数字经济占长三角地区 GDP 比重超过 40%，且上海该比重超过了 50%。此外，江苏数字经济核心产业增加值占 GDP 比重为 10.3%[①]，浙江数字经济占其 GDP 比重达到 48.6%[②]，安徽省数字经济占 GDP 比重约为 30.6%[③]。

一　长三角三省一市数字经济发展整体情况

近年来，长三角地区的数字经济发展迅速，并呈现出以下特征。

（一）长三角三省一市在全国数字产业中处于领先水平

国家工信安全中心《全国数字经济发展指数（2021）》的数据显示，长三角地区在全国数字经济发展中处于领先地位，沪苏浙三地综合发展指数分别达到 185.0、199.5、189.9，分别居全国第 5 位、第 3 位、第 4 位，仅落后于广东（201.9）和北京（200.5）。其中浙江、江苏分别在产业数字化方面居全国前两位，上海在数字化治理方面居全国首位（见图 1）。

（二）长三角三省一市的基础设施不断完善

数字基础设施是数字经济发展的基础，近几年长三角地区的数字基础设施和网络设施建设不断得到推进，为数字经济发展提供了良好的条件。表 1

---

① 《数字经济赋能江苏高质量发展》，《新华日报》2022 年 8 月 30 日。
② 《浙江省数字经济发展白皮书（2022 年）》。
③ 《数字经济加快发展，安徽如何布棋落子？》，《新华财经》2022 年 9 月 19 日。

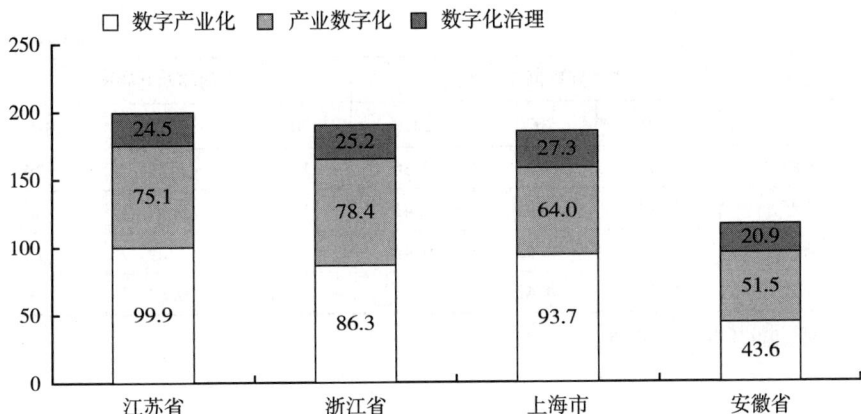

图 1　2021 年长三角地区数字经济发展指数

资料来源：国家工信安全中心《全国数字经济发展指数（2021）》。

是 2019~2021 年长三角三省一市的互联网宽带接入用户及移动互联网用户情况，从中可以看出，2021 年长三角地区的互联网宽带接入用户数占全国的 19.63%，三年内总量增幅为 15.36%，移动互联网用户数占全国的 17.75%，三年内总量增幅为 6.99%。考虑到 2021 年长三角地区人口总量占全国的 16.74%，则长三角的互联网宽带接入和移动互联网接入水平仍超全国平均水平。

表 1　2019~2021 年长三角互联网基础设施情况

地区	互联网宽带接入用户（万户）			移动互联网用户（万户）		
年份	2021	2020	2019	2021	2020	2019
上海	995.4	919	890.1	3616.6	3365.7	3197.4
江苏	4071.6	3756.8	3585.7	8753.6	8428.7	8452.6
浙江	3117	2938.8	2778.9	7483.4	7041.1	7047
安徽	2335.8	2093	1864.7	5276.6	5010.5	4790.8
长三角合计	10519.8	9707.6	9119.4	25130.2	23845.9	23487.8
全国合计	53578.7	48355.0	44927.9	141564.9	134851.9	131852.6
长三角占全国比例（%）	19.63	20.08	20.30	17.75	17.68	17.81

续表

地区	平均互联网宽带接入			平均移动互联网		
年份	2021	2020	2019	2021	2020	2019
上海	0.40	0.27	0.36	1.45	1.35	1.29
江苏	0.48	0.45	0.42	1.03	0.99	1.00
浙江	0.48	0.42	0.44	1.14	1.09	1.11
安徽	0.38	0.42	0.31	0.86	0.82	0.79

资料来源：《中国统计年鉴》。

按照人口平均，长三角地区近三年的平均互联网宽带接入及平均移动互联网逐步递增，数字基础设施覆盖面逐步扩大。从长三角内部来看，截至2021年，江苏省和浙江省的平均互联网宽带接入最高，达0.48；安徽省最低，为0.38；平均移动互联网则上海市最高，达1.45；安徽省最低，仅为0.86（见表1）。可见尽管长三角总体的互联网设施在全国领先，但其内部各个地区各有不同特点。上海的移动互联网设施优势突出，江苏和浙江的互联网宽带接入更为完善。

（三）长三角三省一市的信息产业稳步发展

在过去两年，长三角地区的电子信息产业总体上仍保持增长态势，2022年部分电子信息产业产量有所下降，各省市之间的产业发展情况各有其特点。

2022年，上海市全年规模以上工业企业实现利润总额2788.19亿元，比上年下降11.7%；规模以上工业企业亏损面为25.3%。其中，服务器产量为37.68万台，较上年下降21%。[1]

2022年，江苏省先进制造业增势良好。规模以上高技术制造业增加值比上年增长10.8%，对规上工业增加值增长的贡献率为48.6%，占规上工业比重为24.0%，比上年提高1.5个百分点。新一代信息技术相关产品产量

---

[1] 《2022年上海市国民经济和社会发展统计公报》。

较快增长，其中工业机器人、智能手机、服务器产量分别增长 11.3%、49.5% 和 114.3%。不过，微型电子计算机产量有所下降，较上年下降 39.1%。①

2022 年，浙江省数字经济核心产业制造业增加值 3532 亿元，占比 16.1%，对规模以上工业增加值增长的贡献率为 40.3%。高技术、战略性新兴产业制造业增加值对规模以上工业增长的贡献率分别为 44.9% 和 73.1%。② 微型计算机设备、集成电路、智能手机、3D 打印设备、光电子器件等产品产量分别下降 33.2%、6.6%、18.1%、91.7%、13.2%。

2022 年，安徽省计算机、通信和其他电子设备制造业增长 8.7%，工业产品中，工业机器人产量较上年增长 8.7%，移动通信手持机、微型计算机设备产量分别下降 1.9%、20.2%（见表 2）。

表2　2021~2022 年长三角电子信息产业主要产品产量/产值及增长速度

地区	产品名称	单位	2022 年产量/产值	2022 比上年增长（%）	2021 年产量/产值	2021 比上年增长（%）
上海	智能手机	万台	3203.99	10.8	2892.24	-24.1
	服务器	万台	37.68	-21.0	34.99	27.7
	笔记本计算机	万台	1994.18	2.1	1949.96	31.9
	工业机器人	万套	7.67	7.1	7.17	34.6
	集成电路圆片	万片	981.32	5.5	364.95	19.8
江苏	微型电子计算机	万台	3330.5	-39.1	5472.2	10.4
	光纤	万千米	17944.0	27.5	14074.1	6.8
	智能手机	万台	5090.5	49.5	3406.2	-30.1
	集成电路	亿块	1004.4	-15.3	1186.1	39.1
	智能电视	万台	490.2	8.9	450	-3.5
浙江	微型计算机设备	万台	129.6	-33.2	190.7	38.4
	集成电路	亿块	194.1	-6.6	229.7	43.6
	电子元件	亿只	1574.6	4.2	1607.9	45
	智能手机	万台	2405.6	-18.1	2936.1	-13

① 《2022 年江苏省国民经济和社会发展统计公报》。
② 《2022 年浙江省国民经济和社会发展统计公报》。

续表

地区	产品名称	单位	2022年产量/产值	2022比上年增长（%）	2021年产量/产值	2021比上年增长（%）
浙江	工业机器人	套	26956.0	1.8	23363	29.6
	3D打印设备	台	160.0	-91.7	1898	258.8
	光电子器件	亿只	554.9	-13.2	655.8	14.8
安徽	移动通信手持机	万台	92.3	-1.9	96.6	5.7
	工业机器人	套	11450	8.7	12906	-4
	微型计算机设备	万台	2950.2	-20.2	3694.8	19.1

资料来源：三省一市统计年鉴或统计公报。

（四）长三角三省一市的软件产业发展迅速

根据我国工业和信息化部的统计数据，2020~2022年长三角地区软件产业发展迅速，尤其在2022年增长较快。从总量上看，江苏省的软件业务收入最高，而安徽省最低。从业务收入增长情况来看，2022年上海、江苏、浙江和安徽的软件收入较2020年分别增长33.71%、17.76%、27.06%、57.07%（见图2）。

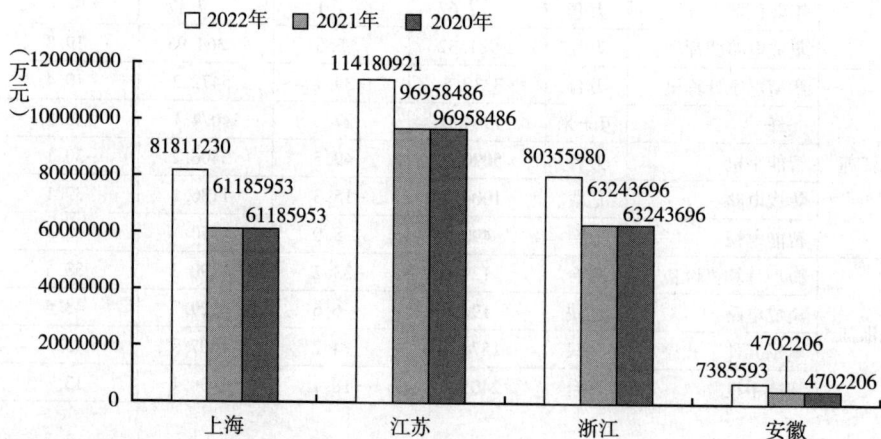

图2　2020~2022年1~11月长三角地区软件业务收入

资料来源：工业和信息化部。

二 长三角三省一市数字产业发展思路对比分析

对比长三角三省一市在数字产业发展的思路上，存在以下几个方面的差异。

（一）发展总体思路上存在的差异

根据三省一市的"十四五"数字经济建设规划，各省市之间的总体发展思路存在差异。

上海市按照整体性转变、全方位赋能、革命性重塑的总体要求，将推进城市数字化转型作为推动高质量发展、创造高品质生活、实现高效能治理的重要抓手，加快数字化转型与强化"四大功能"、深化"五个中心"建设深度融合，与提升城市能级和核心竞争力、提升城市软实力紧密衔接，从"城市是生命体、有机体"的全局出发，统筹推进城市经济、生活、治理全面数字化转型，聚焦"数智赋能"的基础底座构建、"跨界融合"的数字经济跃升、"以人为本"的数字生活体验、"高效协同"的数字治理变革，率先探索符合时代特征、上海特色的城市数字化转型新路子和新经验，加快建设具有世界影响力的社会主义现代化国际大都市。

江苏省以推动数字技术与实体经济深度融合为主线，突出创新引领，强化数据赋能，夯实数字设施，聚焦数字产业化、产业数字化、数字化治理，全面实施数字经济强省战略。全力打造"四个高地"，即具有世界影响力的数字技术创新高地、具有国际竞争力的数字产业发展高地、具有未来引领力的数字社会建设高地、具有全球吸引力的数字开放合作高地。

浙江省以推动高质量发展为主题，以深化供给侧结构性改革为主线，以改革创新为根本动力，忠实践行"八八战略"，奋力打造"重要窗口"，深入实施数字经济"一号工程"，坚持发展和规范并重，加快推进数字产业化、产业数字化、治理数字化、数据价值化协同发展，着力完善数字经济发展生态和数字基础设施，加快形成以数字化改革为引领的"三区三中心"

发展格局，努力建成全球数字变革高地，为高质量发展建设共同富裕示范区、建设社会主义现代化先行省作出更大贡献。

安徽省大力实施创新引领、数据驱动战略，围绕产业链部署创新链，围绕创新链布局产业链，统筹推进设施新型化、数字产业化、产业数字化、治理精细化、区域协同化。加快5G、物联网、人工智能、工业互联网等新型基础设施建设，推进数据要素市场化配置，发展数字经济、线上经济，加快释放新兴消费潜力，建设数字政府和数字社会，全面提升治理体系和治理能力现代化水平，切实保障和改善民生，为加快建设现代化五大发展美好安徽提供有力支撑（见表3）。

表3 长三角三省一市数字经济发展思路

	文件	发展思路
上海	《上海市数字经济发展"十四五"规划》	坚持全球视野，坚持创新引领，坚持市场主导，坚持赛道思维
江苏	《江苏省"十四五"数字经济发展规划》	坚持创新引领，坚持融合发展，坚持市场主导，坚持安全有序
浙江	《浙江省数字经济发展"十四五"规划》	坚持以习近平新时代中国特色社会主义思想为指导，坚持系统观念，坚持发展和规范并重
安徽	《"数字江淮"建设总体规划（2020～2025年）》	政府引导，市场主导；创新引领，数据驱动；夯实基础，安全可控；需求导向，惠及民生

资料来源：三省一市"十四五"数字经济建设规划。

（二）发展目标上三省一市的侧重点不同

一是在科技创新方面，只有浙江提出了明确的科技创新目标。在《浙江省数字经济发展"十四五"规划》中明确提出到2025年，浙江将建成具有全球影响力的数字科技创新中心。聚焦"互联网+"科创高地建设，形成较为完备的数字科技创新体系，人工智能、未来网络、智能感知等领域自主创新取得重大突破，数字经济领域有效发明专利达到 8 万件。同时，对规上数字经济核心产业研究与试验发展（R&D）经费支出占增加值比重和数字经济国家高新技术企业数也提出了明确要求。

二是在数字产业化方面，三省一市存在明显差异。对于数字经济规模占GDP 的比重，到 2025 年底，上海市增加值力争达到 3 万亿元，占全市生产总值比重大于 60%。安徽省预期到 2025 年将超过 40%，到 2030 年将全面步入数字时代，数字新基建水平进入全国第一方阵，数字经济规模占 GDP 比重超过50%。① 从 2025 年预期达到的指标来看，上海市从微观角度出发，着重对企业数字化转型的相关指标制定预期性目标；浙江对总体的数字产业化发展提出预期；江苏和安徽对数字化细分产业提出了具体的预期目标（见表4）。

表 4　长三角三省一市数字经济提出的产值指标

指标名称（2025 年）	单位	上海	浙江	江苏	安徽
数字经济核心产业增加值占地区生产总值比重	%	15 左右	15	>10	—
数字经济规模占 GDP 比重	%	>60	—	—	>40
规模以上制造业企业数字化转型比例	%	80 左右	—	—	—
工业互联网标识注册量	亿个	100 左右	—	—	—
标杆性智能工厂	家	200 左右		50	—
普惠金融服务中小微企业覆盖率	%	15 左右	—	—	—
规上数字经济核心产业营业收入	万亿元	—	3.5	—	—
软件和信息技术服务业业务收入	亿元	15000 左右	12000	16000	3000
物联网产业业务收入	亿元	—	—	18000	—
电子信息制造业业务收入	亿元	—	—	40000	5000

三是在数字化场景应用方面，上海更注重生活的数字化场景应用，而苏浙皖更注重产业数字化。上海市强调打造融合普惠的数字生活应用场景，加快形成需求精准响应、服务均衡惠及、潜能有效激发、价值充分实现的数字

———————

① 安徽省《"数字江淮"建设总体规划（2020-2025 年）》。

生活新图景，对于生活数字化场景数、数字化转型示范医院和学校、智能取物柜数等作预期性目标要求。浙江预期建成多元数据融合应用的"产业大脑"，实现百亿元以上产业集群"产业大脑"应用和工业互联网平台全覆盖，产业数字化水平领跑全国。到2025年，全社会全员劳动生产率达22万元/人，建成未来工厂、智能工厂（数字化车间）1000家（个），数字贸易进出口总额达1万亿元。江苏致力于打造一批国家和省级重点双跨工业互联网平台，服务业数字化、智能化蓬勃发展，农业生产经营数字化取得明显成效。到2025年，新建省级智能制造示范工厂50个，新建省级数字农业基地100个，全省网络零售额年均增长率超过12%。安徽省预期到2025年底，民生服务领域智慧化水平与沪苏浙大体相当，智慧A级旅游景区达标率达100%，智慧学校（校园）建设覆盖率在2022年达到100%的目标基础上智慧化水平持续提升（见表5）。

表5　长三角三省一市数字经济提出的数字化转型指标

	指标名称（2025年）	单位	上海	浙江	江苏	安徽
生活数字化转型	生活数字化转型标杆场景	个	100左右	—	—	—
	数字化转型示范医院	个	50左右	—	—	—
	培育信息化标杆校	个	200左右	—	—	—
	新建智能取物柜数	组	1.5万左右	—	—	—
产业数字化转型	全社会全员劳动生产率	万元/人	—	22		
	未来工厂、智能工厂（数字化车间）	家（个）		1000		
	关键业务环节全面数字化的规上企业比例	%		80		
	网络零售额	万亿元		3.2		>0.5
	网络零售额年均增长率	%	—	—	>12	—
	新建省级数字农业基地	个			100	
	数字贸易进出口总额	亿元		10000		
	智慧A级旅游景区达标率	%				100
	智慧学校（校园）建设覆盖率	%				智慧化水平持续提升

　　四是在数字化治理方面，上海更注重效率，而苏浙皖更注重开放度。到2025年，上海将强化精细高效的数字治理综合能力。"一网通办"实现从"好用"向"爱用""常用"转变，全方位服务体系基本建成。"一网统管"聚焦"一屏观天下，一网管全城"，推动态势全面感知、趋势智能预判、资源统筹调度、行动人机协同。浙江将建成全国数字经济体制机制创新先导区。多元协同、高效善治的数字化治理体系初步形成，公共数据开放、政企数据融合共享、数据资源创新应用水平全国领先，构建高效协同的数字经济系统，形成一批数字化改革创新成果。江苏与数字经济发展相适应、包容审慎的监管体系基本形成，"不见面审批"进一步升级，新型智慧城市和乡村数字化建设走在全国前列。到2025年，应办事项推办率达到80%，"一网通办"率达到90%。安徽社会信用体系将进一步完善，数字公共服务能力大幅提升（见表6）。

表6　长三角三省一市数字经济提出的数字化治理指标

指标名称（2025年）	单位	上海	浙江	江苏	安徽
"一网通办"平台实际办件网办比例	%	80左右	>90	90	—
"高效办成一件事"标杆场景数量	个	50左右	—	—	—
"高效处置一件事"标杆场景数量	个	35左右	—	—	—
"掌上办公"比例	%	—	80	—	—
网络安全等级保护落实率	%	—	90	—	—
公共数据开放率	%	—	30	100	—
公共数据使用率	%	—	—	60	—
应办事项推办率	%	—	—	80	—
政府资源挂接率	%	—	—	—	质量持续优化
政务数据资源目录编制率	%	—	—	—	质量持续优化
政务系统上云率	%	—	—	—	应上尽上
政务服务事项全程网办率	%	—	—	—	应办尽办
"安康码"申领率	%	—	—	—	应领尽领
社保卡常住人口覆盖率	%	—	—	—	应发尽发

　　五是在数字基础设施建设方面，上海更注重质量提升，而苏浙皖更注重数量增加。到2025年，上海市预期固定宽带平均可用下载速率大于

120Mbps，5G 网络移动宽带平均下载速率达到 500Mbps 左右，物联感知终端数超过 1 亿个，公共数据开放规模达到 15 亿条。浙江省提出到 2025 年互联放普及率将预期达到 85%，5G 基站数量和数据中心总机架数将分别建成 20 万个、45 万个。江苏省预计双千兆宽带网络接入能力大幅提升，布局合理、云边协同、算网融合、绿色节能的算力基础设施基本形成。到 2025 年，5G 基站数达到 25.5 万座，大数据中心标准机架数达到 70 万个。安徽将建成高速、移动、安全、泛在的新一代信息技术基础设施，5G 网络建设步入全国前列，IPv6、工业互联网平台大规模部署，数据中心规模、计算能力、服务能力全国领先（见表 7）。

表 7　长三角三省一市数字经济提出的基础设施建设指标

指标名称（2025 年）	单位	上海	浙江	江苏	安徽
固定宽带平均可用下载速率	Mbps	≥120	—	—	—
5G 网络移动宽带平均下载速率	Mbps	500 左右	—	—	—
物联感知终端数	万个	≥1 万	—	—	—
公共数据开放规模	亿条	15 左右	—	—	—
互联网普及率	%	—	85	—	—
5G 基站数量	万个	—	20	25.5	≥6
数据中心总机架数	万个	—	45	70	—
DCMM 贯标企业数	个	—	—	200	—
数据资源流通交易机构	个	—	—	2~3	—
光纤宽带用户占比	%	—	—	—	95
移动宽带用户占比	%	—	—	—	90
固定宽带家庭普及率	%	—	—	—	85
城镇家庭宽带接入速率	Mbs	—	—	—	>200
农村家庭宽带接入速率	Mbs	—	—	—	>150

（三）三省一市在数字化重点方向选择上的差异

一是在科技创新方面，上海市在基础软件、工业软件、新兴技术软件、信息安全软件等重点领域，研究实施市级科技重大专项，加快突破数字关键核心技术。支持企业建设工业软件开放云平台，由点到面实现全流程工业软件突破。试点采用先自发组建、后择优支持的竞争性机制，聚焦重点领域培育若干数字经济市级工程研究中心等创新平台。

浙江省强调提升数字科技创新策源能力。致力于加快建设数字科技创新中心。到 2025 年，在数字经济领域争创国家技术创新中心 1~2 家，建成大科学装置 2 个，新建省级重点实验室 20 家，新型研发机构达到 50 家。同时，加强数字科技基础研究和关键核心技术攻关，聚焦智能计算、新一代通信与智能网络、新一代智能芯片、量子科技等重大科学问题和人工智能、集成电路、智能计算、区块链等关键核心技术，深入实施基础研究专项和产业关键核心技术攻坚工程。此外，还强调打造创业创新最优生态，实施"产学研用金、才政介美云"十联动，推动省级产业创新服务综合体数字化服务全覆盖，集聚 400 家以上创新服务机构开展资源与服务共享，完善技术创新服务体系；完善成果转化激励机制，依托网上技术市场 3.0，开展科技创新成果交易；做大做强国家级区域大众创业万众创新示范基地，打造一批省级以上孵化器和众创空间。

江苏省强调强化数字科技创新引领，围绕数字经济发展重点领域、关键环节，着力提升核心技术研发能力，系统布局高水平创新载体，完善创新成果转化机制，构建具有国际竞争力的创新生态，建设具有世界影响力的数字技术创新高地。

安徽省强调凝聚科技创新新动能，将构建高水平创新体系作为首要任务，瞄准前沿关键核心技术，促进科技成果交易转化落地，着力打通制约科技创新的痛点、堵点，营造创新创业氛围，赋能安徽科技创新发展（见表8）。

二是在数字产业化方面，上海市强调培育数据新要素，释放城市海量数据价值，统筹推进数据产业各环节布局，激发数据要素乘数效应，健全数据要素产业生态；大力发展数字内容产业新业态新模式，推动数字内容与社交平台的耦合联动；对标国际自由贸易规则，做强做大数字贸易，培育数字贸易新亮点；着力提升数字设计支撑能力，强化科技成果、信息技术和绿色设计应用，驱动设计产业创新发展，打造全球数字设计城市典范；加快安全技术创新突破，推动安全产品和服务的快速迭代和应用，做大做强安全产业。

表8　长三角三省一市数字经济提出的科技创新目标

	上海市	浙江省	江苏省	安徽省
科技创新	1. 全面激活数字产业化引擎动力； 2. 全面激发产业数字加创新活力； 3. 全面提升经济数字化转型生态承载力； 4. 全面激发产业数字化创新活力	1. 加快建设数字科技创新中心； 2. 加强数字科技基础研究和关键核心技术攻关； 3. 打造创业创新最优生态	1. 加快关键核心数字技术攻关； 2. 统筹布局数字科技创新载体； 3. 促进数字科技创新成果转化； 4. 强化数字人才队伍建设	1. 构建高水平创新体系； 2. 突破关键核心技术； 3. 推进科技成果交易转化； 4. 营造创新创业生态

浙江强调提升数字产业规模能级，同时提升发展融合型新产业。一方面，基础产业发展重点为数字安防、高端软件、集成电路、网络通信、智能计算、新型显示、智能光伏、新型电子材料及元器件；新兴产业发展重点为云计算、大数据、人工智能、物联网、区块链、虚拟现实等新兴产业；未来产业重点为积极发展量子通信，谋划发展量子精密传感测量、量子计算、量子芯片等产业。另一方面，培育智能网联汽车、智能家居、智能机器人（无人机、船）、智能医疗装备、智能装备等智能融合产品，实施文化产业数字化战略，发展数字视听、动漫游戏、电竞产业、网络文学、数字演艺等新业态新模式，推动杭州国际动漫之都建设，培育具有国际竞争力的文化IP和品牌。

江苏强调提升数字产业发展能级。把握数字技术发展趋势，坚持锻长板、补短板，推动基础优势产业向价值链中高端迈进，壮大新兴数字产业规模和能级，积极培育未来产业，充分激发企业活力，打造具有国际竞争力的数字产业集群。

安徽强调数字产业能级提升。重点方向在于强化产业基础，推动产业链升级，大力发展电子信息制造业，加快发展软件和信息服务业以及支持数字产业集群发展（见表9）。

表9　长三角三省一市数字经济提出的数字产业化目标

	上海市	浙江省	江苏省	安徽省
数字产业化	1. 培育数据新要素； 2. 发展数字内容产业新业态新模式； 3. 培育数字贸易新亮点； 4. 提升数字设计支撑能力； 5. 加快安全技术创新突破	（一）提升数字产业规模能级 1. 做强基础产业； 2. 做优新兴产业； 3. 布局未来产业。 （二）提升发展融合型新产业 1. 培育智能融合产品； 2. 培育数字文化产业	1. 提升数字产业竞争力； 2. 壮大数字产业企业主体； 3. 推进数字产业集群化发展	1. 强化产业基础； 2. 推动产业链升级； 3. 大力发展电子信息制造业； 4. 加快发展软件和信息服务业； 5. 支持数字产业集群发展

三是在产业数字化方面，上海强调推动经济数字化转型，助力高质量发展。聚焦"五个中心"建设，激活数字产业化引擎动力，激发产业数字化创新活力，推进科技、金融、商贸、航运、制造、农业等领域深层次数字化转型，推动发展方式整体转变，加快质量变革、效率变革、动力变革。

浙江强调产业数字化推动实体经济高质量发展。新智造推进方向为"产业大脑"建设、工业互联网创新发展、培育未来工厂引领的新智造企业群体以及推动中小企业数字化转型。同时，全面推动服务业数字化转型，着力发展智慧农业。

江苏强调促进产业数字化深度融合。以"上云用数赋智"行动为牵引，以制造业为主战场，打造数据驱动的创新应用场景，加快制造业、服务业、农业数字化转型升级，培育新业态新模式，构筑实体经济发展新优势，不断提升江苏在全球产业链、供应链、价值链中的位势和能级。

安徽强调打造产业升级新引擎。通过数字产业化培育新动能，利用产业数字化孕育新动力，以数据为关键要素、以制造业为主战场，打造产业升级新引擎，推动安徽迈入制造业强省、数字经济大省行列（见表10）。

表10　长三角三省一市数字经济提出的产业数字化目标

	上海市	浙江省	江苏省	安徽省
产业数字化	1. 打造科创新生态； 2. 促进金融新科技； 3. 发展商务新业态； 4. 打造航运新枢纽； 5. 培育在线新经济； 6. 深化制造新模式； 7. 塑造农业新面貌	（一）大力推进新智造 1. 推进"产业大脑"建设； 2. 推进工业互联网创新发展； 3. 培育未来工厂引领的新智造企业群体； 4. 推动中小企业数字化转型。 （二）全面推动服务业数字化转型 1. 打造全球数字贸易中心； 2. 加快建设新兴金融中心； 3. 大力发展数字生活新服务； 4. 推动生产性服务业数字化转型。 （三）着力发展智慧农业 1. 推进生产经营数字化转型； 2. 完善网络化流通体系； 3. 推动农文旅数字融合发展	1. 加快制造业数字化转型； 2. 推动服务业数字化升级； 3. 促进农业数字化发展； 4. 大力发展新业态新模式	1. 壮大新一代信息技术产业规模； 2. 提升制造业数字化发展水平； 3. 加快服务业数字化升级； 4. 推动农业数字化转型

四是在治理数字化方面，上海市强调推动治理数字化转型，实现高效能治理。充分依托"一网通办""一网统管"融合创新的发展优势，聚焦治理的各个领域、各个方面，进一步推动治理手段、模式、理念创新，把制度优势转化为治理效能，不断提高社会主义现代化国际大都市治理能力和治理水平。

浙江突出数字化改革引领，提升治理数字化水平。注重提升高效善治的数字化治理能力、构建包容审慎的数字治理体系以及打造合作共赢的开放发展格局。

江苏强调提升数字化治理能力。适应数字技术全面融入社会治理新趋势，构建包容审慎的数字经济治理和监管机制，创新公共服务和社会治理方式，协同推进新型智慧城市、数字乡村建设，助力省域治理体系和治理能力现代化。

安徽强调构建电子政务新模式，探索社会治理新实践。依托"皖事通办"平台，为企业和群众提供全量政务服务，支撑政府服务管理数字化运行，辅助政府科学决策，做强"皖事通办"，实现"皖（万）事如意"，努力建设人民满意的服务型政府。同时，以人民为中心，发挥数字化、智能化、智慧化在资源整合、部门协同、模式创新等方面的核心优势，提高社会治理能力水平，推动经济和社会发展（见表11）。

表11　长三角三省一市数字经济提出的数字化治理目标

	上海市	浙江省	江苏省	安徽省
治理数字化	1. 构建政务服务新体系； 2. 强化城市运行新韧性； 3. 提高经济监管新能效； 4. 提升社会治理新成效； 5. 深化智慧政法新应用	（一）提升高效善治的数字化治理能力 1. 推进整体智治提升服务效能； 2. 建设数字经济系统提升政企协同能力； 3. 开发多跨应用场景激发创新活力。 （二）构建包容审慎的数字治理体系 1. 创新数字经济监管机制； 2. 建立多元共治体系； 3. 强化数字治理中数字技术的应用。 （三）打造合作共赢的开放发展格局 1. 推进数字长三角建设； 2. 扩大"一带一路"数字经济国际合作； 3. 强化全省区域协调发展	1. 健全数字经济治理体系； 2. 加快数字社会布局优化	1. 构建电子政务新模式：办公运行更高效、辅助决策更科学、政务服务更便捷、政府监管更透明； 2. 探索社会治理新实践：应急管理、市场监管、社会治安、生态环保、智慧交通； 3. 激发公共服务新活力：推广智慧养老、推进"互联网+医疗健康"、增加智慧教育供给、提升智慧社保水平、发展数字文旅产业

五是在数字化基础设施方面，上海强调提升数字新基建，建设数字新载体。其中，数字新基建的重点方向主要是软件与算法、云原生与智能计算、新一代网络、区块链、元宇宙；数字新载体的建设主要包括中环数字产业创新带、五个新城、长三角生态绿色一体化发展示范区。

浙江强调建设数字基础设施，夯实数字经济发展基石。重点方向为全面升级网络基础设施、部署领先的算力和新技术基础设施以及建设融合型智能化基础设施。

江苏强调夯实新型基础设施。发挥数字基础设施"头雁效应"，提档升级网络基础设施，建设完善算力和新技术基础设施，加快推动传统基础设施智能化升级，高标准构建新网络、新算力、新技术、新融合一体化发展的新型基础设施体系，为数字经济发展提供有力支撑。

安徽强调打牢数字基础新支撑。以数字基础设施建设为抓手，以数据资源体系为核心，以信息安全防护体系为保障，打牢数字基础支撑，奠定"数字江淮"发展基础（见表12）。

表12　长三角三省一市数字经济提出的数字化基础设施建设目标

	上海市	浙江省	江苏省	安徽省
数字化基础设施	1. 提升数字新基建：软件与算法、云原生与智能计算、新一代网络、区块链、元宇宙。 2. 建设数字新载体：中环数字产业创新带、五个新城、长三角生态绿色一体化发展示范区	（一）全面升级网络基础设施 1. 高水平建设5G网络； 2. 高标准提升互联网能级； 3. 布局泛在物联网络。 （二）部署领先的算力及新技术基础设施 1. 构建云边协同的算力设施； 2. 建设自主可控的云计算服务平台； 3. 打造全国领先的人工智能、区块链服务平台。 （三）建设融合型智能化基础设施 1. 构建新型智慧城市数字底座； 2. 打造智能网联的车路协同基础设施； 3. 推动能源设施智能化升级； 4. 加快生态环境海洋设施智能化升级	1. 优先布局新型数字基础设施； 2. 加快传统基础设施智慧升级	1. 强化新型基础设施建设； 2. 完善数据资源体系； 3. 建立信息安全防护体系

六是在数据价值提升方面，江苏强调加速数据要素价值释放。突出数据的战略资源和核心要素地位，加大数据资源共享开放，深化数据应用创新，探索数据资源流通交易，加强数据和个人信息安全保护，加速数据资源化、资产化、资本化进程，释放数据要素价值，为数字经济发展提供动力。安徽通过数据价值提升、探索政府数据授权运营、加快数据要素市场化交易流通提升数据价值。

七是在生活数字化方面，上海市更注重面向各类人群全周期、多层次的生活服务需求，以数字化提升市民服务体验为切入口，围绕基本民生、质量民生、底线民生三大板块，聚焦实施优化健康新服务、探索成长新空间、打造居住新家园、培育出行新方式、引领文旅新风尚、丰富消费新体验、构建扶助新模式、营造数字无障碍新环境等八大任务，不断提升各类民生服务的精准性、充分性和均衡性。

（四）三省一市在数字保障措施方面的差异

一是在组织协调方面，上海实施的是"双头"领导机制①，即市数字化转型工作领导小组和市战略性新兴产业领导小组双重领导，浙江是在省数字经济发展领导小组统一领导下，江苏则是建立了数字经济发展工作联席会议制度，安徽也是成立了专门的加快建设"数字江淮"工作领导小组（见表13）。

表13　长三角三省一市数字经济的组织机构

	上海市	浙江省	江苏省	安徽省
组织协调	在市数字化转型工作领导小组和市战略性新兴产业领导小组的统筹领导下，更好发挥市战略性新兴产业领导小组办公室的协调机制作用，建立由市领导主抓，市发展改革委牵头，各有关部门和单位协同推进的工作机制。各区和有关重点区域建立健全工作推进机制，完善本区域规划布局和空间载体建设，加强企业引育和产业项目招商引资，研究出台特色支持举措，形成全市"上下协同、比学赶超"的良好氛围	发挥省数字经济发展领导小组统筹协调作用，优化工作推进机制，做好重大决策、工作部署和指导督促。加强数字经济高质量发展督查，压实各级政府和省级有关部门责任。开展规划实施年度监测分析、中期评估和总结评估。构建数字经济智库体系，加强领导干部、工作人员数字素养培养，强化舆论宣传引导，营造良好发展环境	完善江苏省数字经济发展工作联席会议制度，强化数字经济发展协同推进机制。各设区市建立完善符合本地区实际的数字经济发展工作机制，科学编制和组织实施数字经济高质量发展的专项规划、行动计划	在省加快建设"数字江淮"工作领导小组的统一领导下，建立健全各级各部门联动协调机制，鼓励各市参照省级模式建立相应工作机制，在规划制定、系统设计、项目实施等过程中加强沟通协调。各市和省有关部门作为相关区域和专项领域推动"数字江淮"建设的责任主体，应依据本规划，结合各自实际，深入研究本区域和本领域信息化发展规划和具体实施方案，细化工作措施，把规划确定的各项任务落到实处。统筹推进"数字江淮"建设重点领域试点示范，积极探索可在全省复制推广的经验和模式

① 事实上，上海也感觉到了这种"双头"模式的弊端，因此，在2023年成立了上海市城市数字化转型工作领导小组，并由市委书记陈吉宁、市长龚正同时兼任上海城市数字化转型工作领导小组组长，从而加强了统筹与协调。

二是在体制机制方面，上海和安徽提出了体制机制建设的内容，苏浙两省则没有提出具体措施。其中上海主要是加强了市区和各部门之间的协调，在区级层面上建立了"一区一赛道"的布局机制，而在部门间则建立"一赛道一方案"机制。安徽则主要从政企合作、法律法规和标准等方面完善体制机制（见表14）。

表14　上海市和安徽省提出的数字化体制机制方面的举措

	上海市	安徽省
体制机制	发挥各区和有关重点区域主力军作用，原则上建立"一区一赛道"的布局机制。各有关部门和单位按照"一赛道一方案"的要求，加快制订相关行动方案或计划，并指导各区和有关重点区域开展数字经济产业布局。研究推进数字经济产业链图谱建设，探索数字化稳链强链工作。进一步加强和完善数字经济统计	创新政企合作模式，探索设立市场化运营主体，建立长效运营机制。建立完善数据资源管理、数字新基建运营、网络安全保障等相关标准及政策法规体系。成立"数字江淮"专家委员会，对"数字江淮"建设工作的顶层设计、重大问题等提供咨询和建议。鼓励企业、高校、科研院所联合成立"数字江淮"相关研究咨询机构，为政府部门提供方案论证、技术指导、安全测评、成果评价、标准制定等方面的咨询服务和技术支撑。创新体制机制，建立线上"政务数据大厅"，不断完善与"数字江淮"建设工作需求相适应的信息化项目、资金、数据、人员管理模式

三是在专项扶持方面，三省一市都提出了明确的专项扶持政策举措，但在具体措施上也存在差异，其中上海主要通过专项资金补助补贴等资金方式进行支持，苏浙皖除转向资金外，浙江则主要通过项目引导和案例的方式进行支持，江苏则从用地、用能、环境容量等方面进行支持，安徽则设立了一系列针对特定方向的专项资金。此外，上海还围绕重点领域实施若干示范工程，支持有条件的龙头单位建设一体化数字平台和行业大数据基础设施。建立数字服务商和解决方案清单，鼓励企业研发更适合中小微企业防疫和稳产需求的数字化产品和工具。将数字经济优秀产品纳入本市创新产品推荐目录，引导优先采购。鼓励有条件的服务商探索先用后付、按照收益分成的"合约式"服务模式，参与城市数字化转型应用场景建设（见表15）。

表15　长三角三省一市提出的数字化专项扶持政策

	上海市	浙江省	江苏省	安徽省
专项扶持	发挥市战略性新兴产业、产业高质量发展以及临港、张江等专项资金作用，综合利用投资补助、贴息等支持手段，研究实施"数字经济新赛道培育工程"，支持数字关键核心技术研发和科技成果转化。改革原有专项资金支持模式，以"先投后股"方式，支持引育和壮大一批具有发展潜力的高成长型企业	加大财政支持力度，统筹优化工业与信息化、科技等专项资金。争取数字经济领域国家级试点示范和重大项目部署，集聚创新资源。发挥数字化改革引领撬动作用，分领域分行业推进"产业大脑"、未来工厂、未来产业先导区、数字贸易等试点建设，探索形成与之相适应的理论和制度体系，总结推广最佳案例、最佳实践，发挥示范引领和辐射带动作用。强化人才、能耗、土地等要素保障，支持数字经济发展	发挥省级财政专项资金作用。积极推动国家各类创新试点在江苏布局，争取国家数字经济领域更多资源支持。加强数字经济领域用地、用能、环境容量等要素资源优化配置和重点保障	各级政府应统筹整合信息化、电子政务等财政资金，加大投入力度，支持"数字江淮"各领域重点工程建设。发挥"三重一创"、科技创新、制造强省、技工大省、"中国声谷"等专项资金带动作用，引导相关创新及产业发展专项资金向"数字江淮"建设倾斜，支持"城市大脑"建设。研究设立大数据中心专项资金

　　四是在金融支持方面，上海充分发挥其在金融方面的优势，苏浙皖主要以政府投资基金的模式对数字产业进行支持，而上海除了政府引导基金外，更是发挥了其金融市场优势，通过"信易贷"综合服务平台、大数据普惠金融平台和"银税互动"等，推动银行设立特色融资产品等方式支持数字产业发展（见表16）。

　　五是在人才支持方面，三省一市均有所涉及，但上海和安徽着墨较多，凸显两地对人才的重视。其中上海除重视基础研发人才和团队建设外，也关注应届毕业生和留学生进沪就业以及外籍人才永久居留。安徽除加强产学研合作外，则是从人才激励机制方面进行支持（见表17）。

表 16　长三角三省一市提出的金融支持政策

	上海市	浙江省	江苏省	安徽省
金融支持	研究设立"数字经济新赛道培育基金",引导企业、创投机构和相关区共同投入,投向具有潜力的初创期数字经济企业。继续实施本市新型基础设施和相关重点产业优惠利率信贷专项政策,引导社会资金加大对数字经济和数字化基础设施及终端的投入力度。依托上海"信易贷"综合服务平台、大数据普惠金融平台和"银税互动"等,推动银行设立特色融资产品,为数字经济企业提供多元化融资渠道	发挥好省产业基金引领作用,对接国家集成电路、制造业转型升级等基金,用足用好高端软件和集成电路、高新技术及小微企业等税收优惠和金融服务政策	发挥政府投资基金的引导作用,强化金融政策支持	积极探索政府和社会资本合作,引导各类社会资本参与"数字江淮"建设和运营,鼓励天使基金、创投基金、产业基金等各类投资机构参与"数字江淮"建设

表 17　上海市、浙江省和安徽省提出的人才支持政策

	上海市	浙江省	安徽省
人才支持	落实本市集成电路和软件产业研发设计人员奖励政策,支持和鼓励基础软件、工业软件、新型技术软件、信息安全软件等企业研发设计人员在沪发展。用好应届毕业生和留学生进沪就业以及外籍人才永久居留等相关便利服务政策,加大力度引进数字经济领军和青年人才。依托"基础研究特区"试点,进行稳定集中科研支持,在高校和科研院所培育一批数字经济优秀人才团队	强化人才、能耗、土地等要素保障,支持数字经济发展	探索信息化人才培养机制,鼓励高校设立大数据相关专业,培育应用型、技能型人才。支持高校、科研机构、企事业单位联合设立研究机构,培养既懂政府业务又懂互联网技术的复合型人才。发挥各类重点人才工程的引领作用,引进、培养一批信息化领域高水平技术人才和管理人才。完善人才激励机制,健全人才保障机制,落实人才引进相关政策,支持相关企业采用期权、股权等激励方式吸引高级管理人才和技术骨干来皖参与"数字江淮"建设

　　六是在数据治理和数字化环境建设方面,上海强调落实《上海市数据条例》,加快出台市公共数据授权运营管理办法等配套文件,试点开展公共数据授权运营服务。出台上海数据要素市场制度体系建设相关政策,促进数据要素市场流通。加快建设上海数据交易所,鼓励市场主体探索数据资产定价机制,建立健全数据资产评估、登记结算、交易撮合、争议仲裁等市场运

营体系。积极争取国家试点示范，在数据要素市场化配置制度建设上开展先行先试。江苏加快推动数字经济相关地方立法工作，推动出台《江苏省公共数据管理办法》。探索研究数据确权、流通、交易、定价、保护等规则体系和地方立法。加快完善数字经济领域地方技术标准体系，深化国家技术标准创新基地等技术标准服务平台建设。同时，江苏还建立了数字经济统计指标、监测方法和评估评价机制，强化数字经济发展动态跟踪。加强规划实施情况动态监测，完善规划动态调整和修订机制，增强规划实施效果。江苏省着重强化全民数字教育，强化主流媒体宣传。强化就业服务创新，研究制定适应数字经济发展特点的社会保险经办服务方式。安徽强调明确任务分工，制订工作计划，对各市和省有关部门的落实情况进行跟踪分析和督促检查。研究建立"数字江淮"相关领域统计体系和评估体系，监测分析整体发展情况和变化态势。建立健全考核机制，将各级各部门"数字江淮"建设相关工作推进情况纳入党委政府目标管理绩效考核内容，加大督办力度。建立健全"城市大脑"评估评价体系，开展动态评估，建立有效激励机制。通过信息化手段采集绩效考核和效能监督数据，加强审计监督。

三 推动长三角数字经济区域一体化发展的对策建议

近年来，长三角的数字经济有了长足发展，呈现出新的发展面貌，这为长三角在数字经济方面的合作奠定了基础。目前长三角的集成电路产业规模占全国的 60%，生物医药和人工智能产业规模均占全国的 1/3，新能源汽车产量约占全国的 38%。① 与此同时，数字经济发展要求打破新政区划的限制，加强跨区域的协调与合作。因此，近年来，长三角地区在数字经济方面的合作步伐明显加快。2019 年中共中央和国务院印发的《长江三角洲区域

---

① 《数字化新亮点频现 长三角迈向更高质量一体化》，新华网，http://www.news.cn/2022-08/18/c_1128924771.htm。

一体化发展规划纲要》明确提出"共同打造数字长三角"的目标。随后的《长三角生态绿色一体化发展示范区总体方案》进一步落实到加快培育数字化新业态，规划建设长三角数据中心，打造区域信息枢纽港，推进科技创新资源开放共享等具体方面。2021年《长三角区域一体化发展信息化专题组三年行动计划（2021~2023年）》，进一步提出要通过三年努力，使长三角区域新一代数字基础设施建设水平领先全球。此外，浙江与江苏、安徽共同谋划建设长三角数据中心等一批战略性数字基础设施，共同培育云计算、数字安防等世界级产业集群，联手打造全球数字经济创新高地。长三角数字一体化发展的不断推进，是长三角地区迈向更高质量一体化发展的重要举措之一，长三角要发挥三省一市在数字经济领域的各自优势，实现优势互补，打造全国数字经济发展高地。

（一）继续加强长三角区域内数字化发展政策上的区域协调

近几年，数字化转型几乎成为一个趋势。长三角各地积极推动数字化转型，进而推动经济高质量发展。上海在2020年底公布了《关于全面推进上海城市数字化转型的意见》，提出要坚持整体性转变，推动"经济、生活、治理"全面数字化转型。2022年7月上海出台《上海市培育"元宇宙"新赛道行动方案（2022~2025年）》，提出培育10家以上具有国际竞争力的创新型头部企业和"链主"企业，打造100家以上掌握核心技术、高能级高成长的"专精特新"企业。企业数字化转型努力接轨数字经济最前沿。2022年1月，江苏出台的《制造业智能化改造和数字化转型三年行动计划》，提出要实现制造业数字化、网络化、智能化水平显著提升，制造业综合实力显著增强，率先建成全国制造业高质量发展示范区的目标。与此同时，将实施数字核心产业加速、制造业数字化转型、数字政府加速建设等7个专项行动。浙江省则出台了《浙江省人民政府关于深化数字政府建设的实施意见》，提出全面推进政府数字化履职能力体系建设的6个方面举措24项具体任务，以推动数字政府建设。安徽则计划加快建成合肥国家级互联网骨干直联点，加快5G网络建设，力争每万人拥有5G基站超过19个，同时加快全国一体化算力网络长三角国家枢纽节点芜湖数据中心集群建设，推进合肥先进计算中心二期建设等，为数字化转型做好全面保障。① 随着各地政府加大对数字经济发展的支持力度，跨区域的政策协调将进一步加强。

（二）继续加强长三角地区数字基础设施建设和互联互通

早在 2021 年 8 月，《长三角区域一体化发展信息化专题组三年行动计划（2021~2023 年）》出台，明确提出长三角在数字基础设施方面的建设和互联互通目标，即"合力构建形成数字基础设施共建共享、数字产业联动互补、数字智治高效协同的'数字长三角'发展新格局"。2022 年 2 月，《长三角数字干线发展规划纲要》出台，为共同推进生活数字化、治理数字化，协同打造一流新型基础设施的数字创新发展带做出规范，并且提出"完善信息基础设施，加强智能基础设施建设，打造数字新基建现代化建设新高地"的目标。近年来，长三角不断联合推进数字基础设施建设，在 5G 网络覆盖的基础上，三省一市联合启动建设了长三角算力枢纽节点，包括在长三角生态绿色一体化发展示范区和安徽芜湖设立国家数据中心集群。截至 2022 年 7 月，长三角三省一市累计建成 5G 基站 44.53 万个，约占全国的1/4，投资超过 2000 亿元。同时，推进 5G 创新应用项目超 5000 个，组织实施"5G+工业互联网"融合应用项目 1352 个；培育了 177 个省（市）级工业互联网重点平台；工信部新一代信息技术与制造业融合发展示范项目 51个，占全国的 26.3%；工业互联网平台创新领航应用案例 49 个，占全国的35%。与此同时，为推动国家算力枢纽长三角节点的建设，上海超算中心、无锡超算中心、昆山超算中心、乌镇之光（桐乡）超算中心及合肥先进计算中心等相继建成。② 目前，长三角三省一市以数字经济带动整体经济社会快速发展的态势已经形成，经过多年发展，以上海为区域中心城市，以南

---

① 徐丽梅：《长三角地区数字经济：发展与展望》，载王振、刘亮主编《长三角地区经济发展报告（2021~2022）》，社会科学文献出版社，2023。

② 《完善基础设施体系 打造数字经济高地——长三角携手迈向"数三角"》，浙江省人民政府网，https://www.zj.gov.cn/art/2022/8/10/art_1229278448_59737083.html。

京、杭州、合肥等省会城市，以及苏州、无锡、常州、宁波等经济强市作为副中心的"一主多副"结构逐渐发挥辐射带动作用，引领长三角城市群数字经济发展水平逐年稳步提升。① 未来，长三角地区需要围绕基础设施的互联互通建设，按照适度超前、建用结合、以建促用建设数字基础设施原则，加大数字信息基础设施的建设力度，对于5G基站、数据中心和云计算中心等关键基础设施，进一步夯实数字经济发展底座。

（三）稳步推进长三角数字产业一体化发展

目前，长三角在产业发展方面增强了一体化互动。如在工业互联网领域，三省一市通信管理局联合发起成立"长三角工业互联网标识一体化建设专班"，合力推进长三角工业互联网一体化建设。人工智能方面，成立了长三角人工智能党建联盟，旨在以跨区域合作破解人工智能技术创新和应用中的难题，长三角人工智能产业链联盟也在合肥成立。智能制造方面，长三角智能制造协同发展论坛连续三年在嘉兴举办，已促成一大批智能制造项目合作，苏州也在积极推动长三角地区与日本在智能制造方面的合作，成立了长三角中日智能制造创新联盟。

未来，长三角需要充分利用好各自在产业领域的比较优势，加强产业链协调，实现优势互补。重点把握数字经济的产业协同，例如集成电路、芯片、机器人、智能汽车等核心产业在长三角地区进行产业生态布局，建立核心产业的数字化生态体系。上海大力发展高端制造、智能制造，积极发展现代服务业，诞生了一批生活服务类数字经济头部企业，服务业增加值占GDP比重较高。苏州、宁波、无锡等地产业数字化转型需求迫切，数字技术助力产业转型发展，特别是苏州已于2021年规上工业总产值超越深圳和上海，成为全球第一大工业城市，宁波先行先试"产业大脑+未来工厂"，无锡则建设"456"现代产业体系。常州市加快信息技术在农业领域全产

---

① 国家工业信息安全发展研究中心：《2022长三角数字经济发展报告》，搜狐网，https：//www.sohu.com/a/664134056_121124372。

业、全链条覆盖应用，数字农业农村水平达70%。盐城全市新建或提升建设数字农业农村基地103个，农产品电商销售额突破百亿元。

同时，要深化5G在15个重点领域的融合应用，打造和推广一批"5G+"示范应用范例，遴选一批优秀工业互联网应用解决方案，形成一批可复制、可推广的典型模式和应用场景；长三角还将联合推进省、市数据交易机构合作，建立合规高效的数据要素流通和交易制度；联合开展"长三角信息消费示范城市行"活动，扩大和提升信息消费。在高质量一体化发展的背景下，长三角数字一体化也在不断深入发展。此外，还应构建长三角数字经济大平台，这不仅是数据交换联通的大平台，更是产业赋能的大平台，形成数字经济联合体。

（四）推动长三角数字治理一体化发展，优化长三角数字化发展生态环境

目前，长三角地区在数字化社会治理方面的合作日趋紧密，杭州最早提出"城市大脑"构想并付诸实践，从信息化到智能化再到智慧化，跨区域应用场景逐一破解城市管理难点和民生痛点，并在长三角乃至全国提供可推广经验。目前已在上海、南京、苏州、无锡、台州、温州、合肥等长三角城市落地，推动城市治理数字化智能化发展。而借助数字经济发展推动长三角公共资源的一体化发展在长三角成效显著：医疗方面，城市医院协同发展联盟成员已覆盖长三角内超过100家三甲医院，养老服务协商协作机制初步形成；教育方面，长三角地区签署了《长三角一体化教育协同发展三年行动计划（2021~2023年）》；交通方面，签署了《长三角跨省市交通基础设施快联快通建设实施合作协议（2022~2025）》；政务方面，2022年8月全国首张长三角一体化示范区政务服务地图上线，整合了示范区内57个线下办事大厅、215个综合自助终端和49个银证合作网点，实现了"一图尽览、一键预约"。

目前，长三角的数字化环境进一步优化。如上海市于2022年出台了《上海市培育"元宇宙"新赛道行动方案（2022~2025年）》，强化在元宇

宙这一新赛道上的布局，培育壮大发展新动能。江苏数字经济发展环境不断完善，2022年7月出台了《江苏省数字经济促进条例》，依法健全机制完善政策，加强数据资源利用和保护，推动制造业数字化。此外，江苏还分别在2022年1月和4月出台了《江苏省制造业智能化改造和数字化转型三年行动计划》和《关于全面提升江苏数字经济发展水平的指导意见》，提出要全面推进经济社会数字化转型，培育数字经济新优势。安徽省也不甘落后，发布了《加快发展数字经济行动方案（2022~2024年）》，提出了数字经济发展目标，并推出如数字科创行动、产业数字化转型行动、数字产业能级提升行动、数字基础设施建设行动和数据价值提升行动等一系列支持经济发展的重大举措。长三角地区的数字经济发展环境进一步完善和优化。

此外，长三角数字化人才培养环境也进一步优化，三省一市按照自身产业发展对人才的定位和需求，加快数字化应用拓展，培养个人和企业数字素养。强化数字经济发展新知识，推广数字化应用新技能，积极培育个人的数字素养与应用能力，推进个人数字化应用，鼓励各行各业将互联网、云计算等新一代信息技术、工具、资源与生产深度融合，将数字化应用到各个部门，加快企业传统运营模式的转型升级，推动新业态的发展，支持企业建立优质网络平台，鼓励从业人员熟悉数字化业务，充分发挥人才优势，强化组织协调。

B.7
双循环新格局下长三角发展更高层次开放型经济研究

陈思萌*

摘　要： 改革开放几十年来，长三角地区充分利用历史积淀和区位优势，成功发展了开放型经济，成为中国最耀眼的经济极之一。然而随着国际国内形势发展的变化，原先的开放型经济发展模式还存在一些局限，不仅对外向型经济存在较大依赖、引进外资方式单一、产业结构趋同，同时长三角区域内部经济发展也存在较大差异。构建双循环新发展格局是长三角突破原有发展模式、发展更高层次开放型经济的契机，长三角三省一市纷纷进行探索与实践，包括推进制度型开放、推广政策成果、建设境外开放平台、升级各类开放平台、共建"一带一路"等主要方面。接下来，长三角可以通过以下几方面持续发展高水平开放型经济：一是发挥上海龙头作用，集聚核心功能；二是建设协同创新产业体系，共建世界级产业集群；三是提升交通网络互联互通水平，强化区域一体化保障；四是破除一体化行政壁垒和制度障碍，建设统一市场体系。

关键词： 开放型经济　区域一体化　长三角

---

* 陈思萌，博士，江苏省社会科学院世界经济研究所助理研究员，研究方向为国际贸易、开放型经济。

党的十八大以来，长三角在"一带一路"、自贸区战略以及自贸试验区建设等国家重大开放战略引领下，大胆破除体制机制障碍，不断推出扩大开放政策举措，以开放倒逼改革，步入了新时代全面开放的历史阶段。随着国内国际双循环新格局的建立和发展，长三角区域需要发展更高层次的开放型经济。

一 长三角开放型经济的发展成绩

（一）对外贸易

尽管受到中美贸易摩擦、新冠肺炎疫情等多方面影响，长三角对外贸易仍然呈现出较强的增长韧性，贸易结构也持续优化。从贸易方式看，上海从2013年开始一般贸易的比重多年来都维持在50%以上。江苏一般贸易的比重从2013年的42.3%提高到2021年的57.4%，8年间增长了约15个百分点。浙江一般贸易由于其比重常年在70%以上，变化幅度较小，从77.3%小幅提升至79.0%。由于承接长三角地区大量产业转移，这一时期安徽一般贸易的比重则呈现下降趋势，从76.2%降至71.7%。但整体而言，长三角地区加工贸易所占比重逐年下降，一般贸易的比重持续提升仍是发展态势。从主要出口产品看，这一时期长三角区域高技术含量、高附加值产品出口额不断增长，占出口总额的比重稳步提升。据统计，2020年，上海机电产品、高新技术产品出口额分别为9477.6亿元、5782.1亿元，占出口总额的比重分别达到69.1%、42.1%；江苏同类产品出口额分别为18342.8亿元、10222.9亿元，占比分别为66.8%、37.2%；浙江与安徽机电产品和高新技术产品出口额占比分别为45.1%、8.1%和59.1%、28.1%。

（二）利用外资

在国际环境发生改变的背景下，长三角利用外资增速大幅放缓，但利用外资质量整体上不断提升。表1反映了2013~2021年上海市总部经济发展情况。从表1可以看出，2013年上海市累计引进跨国公司地区总部达到455家，外商投资性公司283家，外资研发中心366家；到2021年，上海市累计引进跨国公司地区总部增至831家，研发中心506家，其中由世界500强企业设立的地区总部超过120家，占比约为15%，包括沃尔玛、苹果、采埃孚、圣戈班、通用等；大中华区及以上级别的地区总部也超过150家，占比约为18%，如诺基亚贝尔、苹果设立大中华区总部，霍尼韦尔、汉高、福特汽车、沃尔沃建筑设备等设立亚太区总部。① 在各项政策的带动下，江苏外资总部经济也在快速发展。据统计，截至2019年10月，江苏省累计认定跨国企业地区总部与功能性机构258家，包括地区总部153家、功能性机构105家，其中46家是世界500强企业投资。② 这些事实表明，随着经济发展水平和对外开放程度的不断提高，长三角已经越来越成为跨国公司全球战略布局的重点区域，长三角利用外资进入高质量发展阶段。

表1　2013~2021年上海总部经济情况

单位：家

指标	2013年	2014年	2015年	2016年	2017年	2018年	2019年	2020年	2021年
跨国公司地区总部	445	490	535	580	625	670	720	771	831
外商投资性公司	283	297	312	330	345	360	—	—	—
外资研发中心	366	381	396	411	426	441	461	481	506

资料来源：历年《上海国民经济和社会发展统计公报》。

（三）对外投资与合作

随着"一带一路"建设的深入，长三角对外投资目的地得到进一步

① 吴卫群：《数量增加能级提高，"总部经济"动力强》，《解放日报》2021年12月29日。
② 《外资"总部经济"在江苏落地深耕　数据凸显"磁吸力"》，中国新闻网，https://www.chinanews.com.cn/cj/2019/10-21/8985451.shtml。

拓展,在对外投资总体规模下降的背景下,对沿线国家的投资保持较高水平的增长。例如,2020年上海对"一带一路"沿线国家和地区备案中方投资额7.50亿美元,同比增长91.3%,占全市总额的9.1%。① 2019年,浙江对"一带一路"沿线国家开展境外投资项目累计金额为81.3亿美元,同比增长约71%。② 尽管制造业、批发零售业和商务服务业等依然是长三角对外投资的主要流入行业,信息传输、软件和信息技术服务业,科学研究和技术服务业等行业投资比重也明显上升,长三角对外投资行业结构在不断优化。此外,民营企业仍是长三角对外直接投资的主力军。例如,2018年,上海民营企业对外投资额为105.33亿美元,占上海企业对外投资总额的62.43%,同比增长18.22%。③ 2020年,江苏对外投资项目中,民营企业实施项目数量占比78%以上,投资金额占比近75%。浙江的对外投资主体更是以民营企业为主,民营企业投资额占全省投资总额的比重达95%以上。④

(四)自贸区

长三角以自贸试验区为主要抓手,积极推动体制机制改革与创新,不断优化营商环境,全面实行准入前国民待遇和负面清单管理制度,不仅在吸引外资规模方面稳步提升,而且在引导优质外资集聚、优化投资结构方面也取得了显著成效。2020年江苏自贸试验区实际利用外资22.9亿美元,同比增长33.2%,占全省的9.7%。⑤ 2021年,浙江自贸试验区内实际利用外资超

---

① 《2020年7月上海对外投资合作情况》,新浪财经,http://finance.sina.com.cn/roll/2020-09-01/doc-iivhvpwy4310057.shtml。
② 《浙江商务年鉴2020》,浙江人民出版社,2020。
③ 《上海对外投资合作(2019)年度发展报告-上海市企业对外投资发展现状概览》,"走出去"导航网,https://www.investgo.cn/article/yw/tzyj/201906/452841.html。
④ 何泠瑶:《浙江对外投资额9成来自民企 近一半投向"一带一路"沿线国家》,百度网,https://baijiahao.baidu.com/s?id=1697739840821270893&wfr=spider&for=pc。
⑤ 《深耕江苏自贸"试验田"服务高水平开放"新高地"——南京海关支持江苏自贸试验区建设两周年》,江苏一带一路网,http://ydyl.jiangsu.gov.cn/art/2021/9/7/art_76281_10005193.html。

25 亿美元，同比增长 73%；① 安徽自贸试验区实际利用外资 8.7 亿美元，占全省的 47.4%。② 此外，RCEP 的签署也为长三角对外投资带来新的机遇。例如，2021 年 1~2 月，浙江省在 RCEP 国家投资项目 28 个，对外直接投资备案额 2.58 亿美元；江苏省对 RCEP 国家投资同比大幅增长 635.3%，占全省对外投资的比重达到 37.3%。③ 2022 年 1~2 月，江苏对 RCEP 其他成员国进出口 3065.9 亿元，其中利用 RCEP 享受优惠进出口 42.9 亿元，预计享受关税优惠 5299.6 万元④；浙江对 RCEP 其他成员国进出口 1656.5 亿元，同比增长 14.5%⑤；安徽对 RCEP 其他成员国进出口 280 亿元，同比增长 14.6%⑥；上海对 RCEP 其他成员国的进出口 3978.7 亿元，同比增长 18.4%⑦。

二　长三角现有开放型经济的局限之处

开放经济极大地提升了长三角区域的经济社会发展水平，但不可避免地存在一些局限之处。凭借要素集聚、成本竞争和城市密集等比较优势，在功能开放的环境下实现高经济增长，正是长三角区域一体化受益于上一轮经济全球化并逐渐深化的主要原因。当外部条件和内在需求都出现重大变化时，原先的一体化模式和路径的边际扩展空间就愈发有限了。

---

① 《人民网：浙江自贸试验区挂牌 5 周年，他们这样说……》，中国（浙江）自由贸易试验区舟山片区官网，http://china－zsftz.zhoushan.gov.cn/art/2022/4/1/art_1228974568_58896147.html。

② 《1540.7 亿元　安徽自贸试验区建设实现"开门红"》，中国（安徽）自由贸易试验区官网，http://ftz.ah.gov.cn/ywdt/146486371.html。

③ 《江苏高质量推动 RCEP 落地实施》，百家号，https://baijiahao.baidu.com/s? id = 17297 78550906029847&wfr=spider&for=pc。

④ 《江苏高质量推动 RCEP 落地实施》，百家号，https://baijiahao.baidu.com/s? id = 17297 78550906029847&wfr=spider&for=pc。

⑤ 《浙江抢抓 RCEP 机遇　前 2 月享受关税减让超 2600 万元》，百家号，https://baijiahao.baidu.com/s? id=1728915688835459473&wfr=spider&for=pc。

⑥ 《安徽前两月对 RCEP 其他成员国进出口增长 14.6%》，合肥海关，http://hefei.customs.gov.cn/hefei_customs/479573/479574/4273253/index.html。

⑦ 根据上海海关官网月度数据整理计算得到。

（一）对外向型经济存在较大依赖

在改革开放初期，中国以引进外资为主推动外向型经济发展，对外贸易多年来持续提升国民经济增长率。作为对外开放的排头兵，长三角地区的外贸依存度平均达到55%[①]，外资依存度也是如此，每年累计吸收的外商直接投资占 GDP 比重都较高[②]。由于外商直接投资企业主要承接国际订单，且利用国内低廉的劳动力进行简单加工操作，发展初期的本土制造企业往往处在全球价值链的低端环节，依附于跨国公司总部或海外进出口商，加工贸易行业对中上游产业的带动作用不大。此外，原先外向型发展模式还导致对国外原材料和先进设备进口的高度依赖。为满足出口订单和国内竞争的需要，出口企业必须不断进行产品升级，而国内生产设备技术水平仍不及欧美等先进发达国家的大型生产设备和流水线，导致对国外先进设备的高度依赖，长三角地区出口比重较高的企业通常也具有较高的中间品进口比重。

（二）引进外资方式单一

20 世纪 90 年代以来，长三角凭借较为完备的制造业基础、相对雄厚的科技资源、丰富的劳动力等优势，吸引了大量国际资本，积极有效地实现了国际产业转移的承接，开放型经济发展规模不断扩大。然而，长三角的外资引进结构单一，在一定程度上影响了外资利用效率。从投资方式看，FDI 多采用绿地投资形式，独资新建企业，外资鲜少以并购重组的方式进入本土企业。从吸引外资的行业看，长三角引进外资主要集中在制造业领域，服务业领域吸收外资的比例不高，可见，外资进入方式和产业领域都较为单一。

（三）产业结构趋同

受条块分割的影响，长三角区域内产业发展缺乏统筹和分工，产业结构

---

① 采用（Import+Export）/GDP 公式计算外贸依存度，数据来源于 1993~2006 年相关统计年鉴。
② 根据相关数据计算 FDI/GDP。

趋同现象较为严重。研究表明，上海与浙江产业同构性相似系数达 0.76，上海与江苏同构系数达 0.82，江苏与浙江同构系数高达 0.97。① 从长三角地区重点城市的主要产业集群看，地区间低水平同质化竞争仍很激烈（见表 2），这意味着长三角各地产业同构导致的竞争内耗过大，造成资源和优势的浪费，直接影响长三角参与国际经济竞争的整体实力。

表 2　长三角地区重点城市的主要产业集群

地区	代表性行业
上海	光通信、汽车制造、电子信息、精密化工等
南京	电子产品、电脑组件、电脑外围设备
苏州园区、新区	电器、电子信息、软件、精细化工、汽车零部件
昆山	电子产品、笔记本电脑、通信设备、集成电路
温州	机械、塑料、印刷、包装、日用电子、仪表仪器
吴江	半导体
宁波	电器、铝制品、摩托车、内衣等
无锡	家电、集成电器、液晶显示屏、汽车零部件
南通	化工、新材料、芯片、针织服装等

资料来源：根据三省一市《政府工作报告》等相关材料整理。

（四）经济发展不均衡及地区间壁垒仍然存在

长三角虽地处我国经济最发达的东南沿海地区，但区域内部经济发展却不均衡。上海、苏南、浙北地区经济发展较快，综合实力较强，苏北、浙西等地区经济发展则相对缓慢。以 2017 年上半年为例，长三角 15 个中心城市共创造 GDP 10338 亿元，占全国 GDP 的 20.7%，GDP 最高的是上海，为 2825.70 亿元，最低的舟山为 69.98 亿元。同年，长三角共实现工业增加值 5107.6 亿元，占全国总量 18373 亿元的 27.8%，居首位的上海达 1324.47 亿元，舟山以 21.58 亿元居末位。此外，尽管长三角区域基本实现了商品自

① 按照国际惯例，国家间产业结构相似系数上限为 0.85，国内地区间相似系数上限为 0.90。

由流动，但是生产要素市场仍然存在区域间流动的障碍，从长期发展看，这种资源流动壁垒的设置会极大地阻碍长三角区域的协同发展。

三　双循环新格局长三角发展更高层次开放型经济的新要求

双循环新格局的建设，是我国重塑国际合作竞争新优势，发展更高层次开放型经济的契机。对于走在前列的长三角地区而言，需要在下述三个方面尽快实现突破。

（一）消除产业链梗阻，构建创新供给体系

当前，新一轮科技产业革命、发达国家再工业化以及中美贸易摩擦升级正推动全球产业链和供应链进行新一轮的战略调整，中美科技关系开始逐渐从合作转向战略博弈，美国着力剥离科技领域的中国要素，通过各种方式施压科技龙头企业，剥离中国科技产业市场，限制两国科技数据、科技资本、科技人才的自由流动。因此，中国必须加大对基础研究和应用基础研究的投入保障力度，构建多元化投入机制，布局建设重大科技基础设施、基础研究和应用基础研究机构及跨学科前沿交叉研究平台，引导企业积极开展基础研究和应用基础研究，实现前瞻性基础研究和引导性原创成果的重大突破。

（二）对内加快改革，推进区域协调发展

国内大循环要求进一步促进国内各要素与资源的有效流通。追求经济效益最大化，就要立足扩大内需这个战略基点，引导市场经济运行中各个环节对国内需求的适配性，形成国内需求与国内供给的更高水平动态平衡。通过合理优化财政转移支付、土地管理、生态补偿等制度，进一步优化基础设施、公共服务均等化机制，建立政府负责、社会协同、公众参与、法治保障的区域协调治理体系。协调人口、产业、资源分布的空间平衡，实现区域一体化与市场一体化。

（三）坚持对外开放，推动制度型开放发展

当前，世界经济进入更高层次的合作和竞争新阶段：从强调要素流动到强调规则升级，从强调硬件竞争到强调营商环境等软环境竞争，从强调边境措施向强调劳工标准、环境标准、竞争政策等边境内措施延伸。[①] 作为我国对外开放的主阵地，长三角地区应主动追求制度型开放，通过国际普遍接受的贸易与投资规则更深层次地融入全球价值链演化，以市场化和法治化手段推进高水平的对外开放，从而进一步促进商品和要素的自由流动。

四 长三角区域发展更高层次开放型经济的 探索与实践

立足新发展阶段，长三角区域以新发展理念为指引，以构建新发展格局、推动高质量发展为目标，在推动制度型开放、建设对外开放平台、高质量共建"一带一路"以及推进区域一体化等方面进行了诸多探索与实践，这不仅为其自身发展更高层次开放型经济积累了宝贵经验，也为全国各地区发展更高层次开放型经济提供了重要启示。

（一）加快推进制度型开放

长三角作为我国对外开放的重要前沿阵地，近年来积极对标国际高标准经贸规则，在规则规制、管理标准等方面持续推出一系列法律法规和政策举措，不断提升区域制度型开放水平。2019 年 7 月，上海浦东首创了市场准入"一业一证"改革，这一举措通过大幅压减审批环节和时限，更大程度激发了市场主体发展活力。2022 年 3 月，上海正式立法，将市场主体登记行为从行政"许可"转变为行政"确认"，还推出包括"一网通办"、简化

---

① 迟福林：《以扩大内需为基本导向的高水平开放》，《经济参考报》2020 年 12 月 8 日。

登记材料等优化服务的若干举措，持续提升登记便利化水平。① 江苏作为全国利用外资大省，也在提升外商投资便利化水平方面进行了诸多实践。2022年江苏推动开展《江苏省外商投资条例》立法工作，试图通过法律形式进一步优化外商投资环境，增强全球优质资源要素吸引力。浙江以自贸试验区为平台，持续落地一批国家级改革试点，制度型开放成效显著。2022 年 1月，宁波片区获批开展跨境贸易投资高水平开放试点，杭州片区滨江区块上线知识产权区块链公共存证平台。② 安徽方面，一方面着力推动营商环境优化、投资自由化便利化、贸易高质量发展、金融对外开放和科技金融创新，加快跨境电商综试区和省级跨境电商产业园建设；另一方面聚焦消费品国内外标准接轨工作，引导食品、农产品、一般消费品、工业品企业入驻"三同"公共信息服务平台，加入出口产品内外销"三同"促进联盟，以及在消费品领域积极推行高端品质认证等。③

（二）积极推广政策成果

上海自贸试验区作为我国第一个自贸试验区，自设立之初便坚持以制度创新为核心，对标国际最高标准，在贸易投资自由化便利化、政府职能转变、金融开放创新、事中事后监管等领域大胆创新、先行先试。截至 2020年底，上海自贸试验区已为全国贡献了 300 多项可复制可推广的制度创新成果。其中，外商投资准入前国民待遇加负面清单管理制度、国际贸易"单一窗口""证照分离"改革、自由贸易账户等作为上海自贸试验区制度创新的代表性成果，已经在全国得到推广。④ 浙江自贸试验区自设立以来，通过

---

① 《深化商事制度改革　上海浦东"引领区"制度型开放再出重招》，中国新闻网，http：//www.chinanews.com.cn/cj/2022/03-15/9702281.shtml。
② 《浙江自贸区下一步怎么走？》，新浪网，http：//k.sina.com.cn/article_7517400647_1c0126e4705903gura.html。
③ 《安徽省建设高标准市场体系行动实施方案发布》，安徽省人民政府网，https://www.ah.gov.cn/zwyw/ztzl/ssyfsqgc/zcjd/xz/554093671.html。
④ 《上海自贸区：7 年多来贡献 300 多项制度创新成果》，百家号，https：//baijiahao.baidu.com/s？id=1695105695281595325&wfr=spider&for=pc。

结合当地经济发展特点积极创新，累计形成335项制度创新成果，其中113项为全国首创，31项复制推广到了全国。① 例如，浙江自贸试验区金义片区创新建立小商品自由贸易管理服务平台，实现小商品贸易全流程数据上链、全流程验证交易，为政府管理、各主体交易提供了便利与支持。江苏自贸试验区自2019年设立以来，对标国内一流国际公认自贸试验区定位，深化制度创新。截至2021年底，江苏自贸试验区共形成制度创新成果196项，其中8项在全国复制推广，72项在省内复制推广。② 其中，江苏自贸试验区南京片区"'生态眼'助力长江大保护"案例入选自贸试验区第四批"最佳实践案例"。③ 此外，创新生物医药集中监管与公共服务模式、进口研发（测试）用未注册医疗器械分级管理、中欧班列"保税+出口"等经验，不仅实施成效明显，而且得到国家有关部门的认可。④ 安徽自贸试验区设立相对较晚，在积极对标国际高标准，借鉴沪苏浙经验的基础上，紧密围绕主导产业，形成了一系列制度创新成果。为提升贸易便利化水平，合肥片区开展中欧班列进口货物"分段计税"运费机制改革；为进一步优化营商环境，蚌埠片区开通"96388"营商环境监督专线，建立涉企投诉件办理"绿色通道"，以及开展不动产查解封司法服务线上办等。⑤

（三）加紧建设境外开放平台

长三角三省一市在推进境外园区建设，提升对外开放水平方面的做法各有特色。其中，江苏立足自身丰富的园区经济建设经验，一方面探索组建境

---

① 《浙江自贸试验区加码制度创新：五年全国首创达113项》，百家号，https：//baijiahao. baidu. com/s? id=1729545982043756086&wfr=spider&for=pc。

② 《江苏自贸试验区已形成196项制度创新成果》，人民网，http：//js. people. cn/n2/2022/0613/c360301-35311727. html。

③ 《江苏自贸试验区制度创新成果入选全国自贸试验区"最佳实践案例"》，搜狐网，https：//www. sohu. com/a/476206236_ 121081476。

④ 《30条新政再度赋能江苏自贸试验区　赋权示范，打造最高水平开放平台》，百家号，https：//baijiahao. baidu. com/s? id=1675405054392452174&wfr=spider&for=pc。

⑤ 《安徽自贸试验区：建设成果持续涌现》，百家号，https：//baijiahao. baidu. com/s? id=1731318538630487714&wfr=spider&for=pc。

外园区开发投资公司，以企业为主导对园区进行规划设计、招商引资以及建设运营等，比如中阿（联酋）产能合作示范园；另一方面探索组建境外园区管理服务公司，不直接开展园区投资建设，而是为入园企业提供优质服务，以柬埔寨西哈努克港经济特区①为典型。浙江省工商联从搭建专业化服务平台、建立"浙商国际连线"协调服务机制、搭建数字化服务平台等方面实施一系列具体措施，服务民营企业高质量"走出去"，为全省形成境外经贸合作区新格局贡献了重要力量。② 上海对外投资主要以上汽、宝钢、中国远洋等大型国企为主，向海外输出煤化工、电解铝、钢铁、电厂、水泥、基建、码头等产业的优势产能，并为国内产业升级腾出更大空间，助力国内经济转型。③ 安徽对外投资的规模数量和相关平台均相对滞后，但经过多年实践，安徽先后成立了莫桑比克贝拉经贸合作区、省农垦津巴布韦经贸合作区、奇瑞巴西工业园等境外经贸合作区，把境外合作区建成全省优势产业的海外生产基地，发展成为省内富余产能向外转移的重要载体和中小企业抱团"走出去"的海外发展平台。④

（四）主动升级各类开放平台

长三角各区域纷纷通过各类举措不断推进国家级新区、综合保税区和开发区等对外开放平台能级提升。例如，上海在2020年5月印发《关于推进本市国家级经济技术开发区创新提升打造开放型经济新高地的实施意见》，就进一步扩大对外开放、赋予更大改革自主权、推动产业高质量发展、加强要素保障和资源集约利用以及发挥对内对外合作平台功能等方面列出详细支撑条件。江苏也在2020年10月发布了《关于推进全省经济开发区创新提升

---

① 贺广华、王伟健：《江苏：深度融入一带一路》，《人民日报》2017年8月17日。
② 《浙江：构建境外经贸合作新格局 创新思路载体 搭建服务平台》，《中华工商时报》2021年8月23日。
③ 《中民投携龙头民企投资50亿美元共建印尼产业园》，人民网，http：//finance. people. com. cn/GB/n1/2017/0509/c412408-29264262. html。
④ 《"走出去"战略 省首批境外经贸合作区正式挂牌》，徽商网，https：//www. ah. cn/display. asp？id=10381。

打造改革开放新高地的实施意见》，从优化利用外资结构、强化投资促进工作、提升对外贸易质量、加强对外合作交流等方面给出高水平推进开放合作的具体措施。浙江在 2021 年 5 月出台了《关于加快推进高新技术产业开发区（园区）高质量发展的实施意见》，其中涉及高新区更高水平开放的主要包括进一步放宽国外高端人才引进限制、精准招商、加快融入全球创新体系等内容。安徽一方面发挥合芜蚌国家自主创新示范区、合芜蚌国家科技成果转移转化示范区、皖江城市带承接产业转移示范区、皖南国际文化旅游示范区、皖北承接产业转移集聚区等跨区域平台的作用，提高产业创新、产业转移和产业集聚力度；另一方面复制推广发达省市自贸试验区和国家级自主创新示范区的试点经验，加强与沪苏浙开发区的有机链接。①

（五）高质量共建"一带一路"

上海充分发挥自身的功能优势、平台优势和服务优势，积极参与共建"一带一路"，在"五通"领域进行了一系列探索与实践。② 在政策沟通方面，发挥自身国际联络广泛的优势，持续加强与沿线国家地方层面的政策沟通；在设施联通方面，发挥海港、空港、数字港枢纽优势，推进海上、空中和数字丝绸之路建设；在贸易畅通方面，发挥国际贸易中心优势，不断扩大双向贸易投资规模；在资金融通方面，发挥国际金融中心功能优势，持续深化资金融通服务；在民心相通方面，发挥城市软实力建设优势，加强与沿线国家多领域交流互鉴。江苏深刻把握"一带一路"交汇点的战略定位③，高质量推进国际综合交通体系拓展计划，包括首创中欧班列"保税+出口"货物集装箱混拼模式、开辟更多运行国际集装箱航线、组建江苏国际货运班列

---

① 《推进更高水平对外开放》，安徽新闻网，http：//www.ahnews.com.cn/pinglun/pc/con/ 2022-01/11/564_ 495598.html。

② 《地方参与共建"一带一路"实践之一：上海积极推进"一带一路"桥头堡建设》，国家发改委官网，https：//www.ndrc.gov.cn/fggz/qykf/xxjc/202112/t20211222_ 1308898_ ext.html。

③ 《地方参与共建"一带一路"实践之七：江苏深入推进"一带一路"交汇点建设走深走实》，国家发改委官网，https：//www.ndrc.gov.cn/fggz/qykf/xxjc/202112/t20211230_ 1310978. html？code＝&state＝123。

公司等；高质量推进国际产能合作深化计划，培育形成红豆集团、徐工集团等一批龙头企业，搭建江苏"一带一路"创新合作与技术转移联盟等一批合作平台；高质量推进重点合作园区提升计划，提升中外合作园区建设水平，输出苏州工业园区、昆山开发区园区开发经验；高质量推进丝路贸易促进计划，通过一批优质展会，促进对沿线国家跨境电商进出口；依托南京软件谷国家数字服务出口基地、无锡国家文化出口基地等促进与沿线国家服务贸易发展；高质量推进人文交流品牌塑造计划。浙江立足"一带一路"重要枢纽战略定位，聚焦数字创新、贸易物流、产能合作、人文交流四大领域，深度融入高质量共建"一带一路"。[1] 比如，加快全球数字贸易中心建设，上线跨境电商综试区线上数字化综合服务平台、市场采购贸易联网平台；以宁波保税区为中心加快打造世界商品"进口超市"，加快义甬舟开放大通道建设，围绕"四化一体"持续推进境外投资高质量发展。安徽充分发挥沿江近海、居中靠东区位优势，深化与共建"一带一路"国家和地区务实合作，通过优化提升开放通道、大力推进境外投资、提升国际贸易水平、做好外商投资招引以及加强海外人文交流，推动"一带一路"高质量发展。[2]

五　长三角以高层次开放助推高质量一体化发展的战略担当

（一）发挥上海龙头作用，集聚核心功能

随着经济全球化进程的不断深化，国际产业分工体系加快构建完善，城

---

① 《地方参与共建"一带一路"实践之八：浙江高质量打造"一带一路"重要枢纽》，国家发改委官网，https：//www.ndrc.gov.cn/fggz/qykf/xxjc/202112/t20211230_1310980.html? code = &state = 123。

② 《地方参与共建"一带一路"实践之十四：安徽省多措并举积极融入共建"一带一路"》，国家发改委网站，https：//www.ndrc.gov.cn/fggz/qykf/xxjc/202112/t20211230_1311104.html? code = &state = 123。

市群在发挥区域协调发展平台功能、支撑全国经济增长、参与国际竞争合作等方面的重要性日趋凸显，长三角地区应该进一步强化分工，拉长长板，构建区域一体化的整体优势。特别是在开放经济体系中，区域经济的长板一般决定发展地位，而短板可以通过合作分工由外部补齐，因此区域经济合作首先要拉长长板，才能获得发展。上海作为长三角世界级城市群的核心城市，要进一步提高城市能级和核心竞争力，立足自身实际，放眼长三角发展需求，发挥服务辐射功能，夯实区域一体化的龙头作用。

1. 提升要素链上的资源配置功能

重点提升金融要素市场对长三角地区资源配置功能和服务辐射能力，由于上海积聚了股票、债券、货币、外汇、黄金、期货等各类金融要素市场，部分金融市场的规模甚至超越了中国香港、新加坡等国际重要金融中心。因此，上海应充分发挥金融长板优势，将体系完整、功能完备等金融要素优势与长三角产业升级需求紧密结合，推进跨区域多形式产融结合，形成金融服务与实体经济良性互动发展，撬动长三角先进制造集群的快速发展。

2. 提升供应链上的管理枢纽功能

上海集聚了众多物流公司总部、跨国公司亚太分拨配送中心、供应链管理企业、大宗商品交易市场、供应链金融等主体，拥有世界级枢纽地位的航空港和海港，在长三角供应链中扮演着核心节点的角色。上海应进一步发挥服务辐射长三角、链接联通国际的门户枢纽功能，推动长三角地区供应链服务一体化高质量发展，成为长三角融入全球供应链的枢纽供应链管理中心。

3. 提升产业链上的总部基地功能

上海总部经济集群优势明显，特别是在跨国公司总部集聚上有较强优势。截至 2018 年底，在上海落户的跨国公司地区总部累计达 670 家，数量继续保持全国第一。因此，上海要充分发挥企业总部集聚地的节点作用，成为长三角企业拓展全球布局、优化国内布局、组织区域生产的重要枢纽。

4. 提升价值链上的高端服务功能

上海高端服务业集聚度较高，在推动长三角价值链升级中应处于引领作用。从全球视角看，上海在高端生产性服务业全球关联网络中的排名不断上升，GaWC 排名从 2000 年的第 36 位上升到 2018 年的第 6 位，远高于杭州（第 75 位）、南京（第 94 位）。从区域格局看，上海金融服务、科技服务、信息服务等生产性服务业集聚度较高，在长三角乃至全国处于领先地位。上海要继续加大高端服务业和全球价值链高附加值服务环节的集聚力度，支撑长三角制造业转型升级，推动长三角产业链水平向中高端迈进。

5. 提升创新链上的科技策源功能

长三角逐步形成以上海、杭州、南京、合肥四大城市为核心节点的科技创新合作网络，上海"首位城市"地位明显。上海在链接全球创新网络、基础前沿研究、研发咨询机构集聚、科技创新服务等方面明显高于苏浙皖三地，已经形成以 G60 创新主走廊、G42 创新主走廊、"上海—合肥"次级创新走廊等为主的区域创新网络布局。上海要发挥创新策源地的引领作用，推动长三角创新一体化发展。

（二）建设协同创新产业体系，共建世界级产业集群

构建协同创新产业体系是长三角地区肩负的一项国家战略使命，既是我国产业影响力与竞争力提升的重要力量，也是长三角肩负国家使命和参与全球竞争的重要担当。长三角协同创新体系建设要促进创新链和产业链的深度融合，以科技创新为引领，打造产业升级和实体经济发展高地，不断提升在全球价值链中的位势，为高质量发展注入强劲动力。

1. 建设有全球影响力的产业链体系和创新链体系

首先，以中心城市为核心，深化三省一市分工合作，形成合作创新的分工体系。具体而言，一是在各中心城市特别是上海全球科创中心的引领下，开放、共享各大平台的大科学装置、大型仪器设备，共建共享包括技术交易市场、技术转移服务平台、产业创新中心在内的各类科技创新公共服务平台。二是发挥各自优势合作攻坚高水平研究机构，充分发挥上海的人才、资金与综合配套优势。三是各大平台机构与各个产业集聚地共建高水平技术创新中心，如科学院系统、各重点大学在各地都已布局了一批研究院、研究中心，将在科技创新成果的中试、孵化上产生积极效应。

其次，要聚焦重点产业领域强化分工合作。具体而言，一是发挥各地比较优势形成更有竞争力的产业链空间分工，利用中小城市突出的商务成本优势，以及一体化的立体交通建设和公共服务一网通等优化区位条件，为促进中心城市疏解部分产业，支持中小城市承接产业转移，提供积极的推动力。二是在产业链与创新链趋于空间分离的驱使下，构建两者深度融合的区域合作体系。

2. 联合形成更高水平科技供给

集合长三角科技力量，聚焦集成电路、生物医药、人工智能等重点领域和关键环节，联合攻关一批关键领域"卡脖子"技术，形成一批填补国内外空白的重大技术突破和创新成果。加快建设长三角国家技术创新中心，共同争取国家级平台优先布局，推进优势力量和资源协同。提升长三角科技资源的共享服务平台功能，打通科技创新与成果转化服务资源。同时加快培育科技型中小企业和创新型企业，深化科研院所改革，发挥国际技术转移东部中心等成果转化平台功能。

3. 提升产业链供应链协同水平

重点围绕高端制造和创新产业，联合三省从协同创新、制造模式、基础设施、品牌质量、开放合作、治理体系等各方面协同合作，研究深化区域产业链补链固链强链机制，促进区域产业优势互补、紧密协作、联动发展，共同培育和打造先进制造业集群和产业高地。以企业为主体，更好发挥区域内龙头企业的作用，围绕产业链加强大中小企业协作，加快国产替代，建立自主可控产业链和供应链。

4. 尊重市场在资源配置中的决定性作用

加强协同联动，着力消除各类市场封锁和地方保护主义壁垒，推动市场要素自由顺畅流动。落实市场准入负面清单制度，统一市场准入条件和流程，统一企业经营许可、各类资质认定，执行统一规范的行政许可审批事项目录。同时依托政策性银行，加强对产业金融的支持，特别要创新针对中小微企业的融资信贷产品，大力发展政府性融资担保机构，降低企业融资成本、降低企业金融成本和用工成本。要加快转变政府职能，进一步简政放权、正税清费，最大限度地降低企业制度性交易成本。

（三）提升交通网络互联互通水平，强化区域一体化保障

交通是经济社会发展、空间优化布局的重要支撑和推力，国家近年来还专门编制了《长江三角洲地区交通运输更高质量一体化发展规划》《长江三角洲地区多层次轨道交通规划》等综合性规划和专业规划，为长三角综合交通网络互联互通提供了更为完善、更与时俱进的指引。长三角世界级城市群建设需要形成安全、便捷、高效、绿色经济的现代化综合交通体系，才能更好地服务国家发展大局。

1. 构建完善的交通枢纽体系

全面提升省际公路运输能力，持续推进高速公路、省际普通国省道建设及改建工程，构筑长三角便捷通达公路网络，逐步实现相邻城市间高速公路直连。并且打通沿海、沿江和省际高速铁路，提升沿线城镇与长三角城市直连直通水平。提升上海国际航运中心集装箱枢纽和洋山深水港区的资源配置效能，推进以江海联运、河海联运、铁海联运为核心的多式联运体系建设。

2. 推进区域交通运输服务一体化

推进城际空铁、空陆、空海等旅客联程运输服务，推进城际客运枢纽多种交通方式间的安检互认，提升运营效率。鼓励开展物流一体化运输，促进高铁运输与快递物流融合，推动多式联运设施与装备技术标准化。

3. 创新交通基础设施资源要素保障机制

持续完善区域交通设施投融资机制，积极吸引政府、社会资金，充分发挥地方、社会积极性，构建多元化的区域交通基础设施投融资体制。

（四）破除一体化行政壁垒和制度障碍，建设统一市场体系

三省一市应锚定改革开放新高地目标，共同推进更大范围、更宽领域、更高层次的区域对外开放，构筑长三角大市场，带动区域消费升级，提升区域金融服务能级，深化区域社会体系建设，以有效支撑长三角健康有序发展。

1. 共筑对外开放大平台

首先，要合力打造开放发展平台。三省一市要加快协力打造高能级开放平台，如中国国际进口博览会、虹桥海外贸易中心等；推动长三角地区自贸试验区联动发展，支持国家级经开区、高新区、新区等开展自贸试验区相关改革试点工作，在有条件的区域开展先行先试。其次，要合力推动对外贸易发展，可以"一带一路"沿线等新兴市场为重点，充分利用各自境外客商资源、平台渠道、营销网络等优势，在境外合作举办出口商品博览会，探索共建海外仓等平台，合力拓展多元化国际市场。此外，还要合力促进对外投资合作，发挥长三角对外投资合作发展联盟作用，共同推进境外合作园区建设，促进国际产能和装备制造合作。

2. 共营区域一体化大市场

深化重点领域的标准体系建设，建立国内领先的长三角区域标准体系，同时畅通长三角市场网络，聚焦从集成电路、人工智能、生物医药等重点领域的联合检验检测实验室。开展长三角质量提升示范试点，将更多跨国、跨省经营的优势供应链核心企业纳入试点范围。发挥长三角三省一市促消费联动机制，联合举办具有国际国内重大影响力的品牌活动，培育更多的新型消费增长点。促进长三角特色商业街区交流，开展长三角电子商务一体化发展示范行动，在网络、物流、支付、数据等领域实现深度融合和跨地区合作，完善有利于消费者权益保护的商品服务质量保障机制，并成立区域消费维权联盟。

3. 共建营商环境新高地

合力打造统一规范的标准体系，积极将区域内的先进标准转化为长三角区域标准，发挥标准化对产业发展的引领作用。同时，提升标准创新能力，发挥长三角地区国际标准化工作优势，加强国际标准化人才培养，提升区域国际标准化参与水平。此外，还应合力打造一体化的市场准入环境，实现证照管理一体化，推进服务方式一体化，拓展长三角"一网通办"深度和广度，实现长三角地区企业登记无差别"全域通办"。

4.共树金融市场新标杆

引导区域内金融机构各展所长，围绕长三角区域一体化的基础设施建设、重大产业项目、公共服务等，利用货币信贷政策不断加大信贷投放，推动跨区域金融服务的便利化。充分发挥上海作为国家金融创新策源地的辐射带动作用，发挥上交所资本市场服务基地作用，为科创企业对接资本市场提供一站式、个性化服务。协作推进区域金融创新开放发展，提升综合金融服务平台应用效率和征信服务能力，实现区域内金融综合服务的信息共享和互联互通。同时，还要强化区域金融风险联防联控，建立长三角金融风险联防联控机制，推动各地现有的金融风险监测系统互联互通、信息共享，确保区域金融稳定。

参考文献

常黎、胡鞍钢：《中国制造业贸易的要素含量研究》，《财贸经济》2011 年第 1 期。

戴金平：《全球不平衡发展模式：困境与出路》，厦门大学出版社，2012。

戴翔、张二震：《要素分工与国际贸易理论新发展》，人民出版社，2017。

黄奇帆：《如何以国内大循环为主体构建双循环新格局》，《瞭望》2020 年第 29 期。

金碚：《关于"高质量发展"的经济学研究》，《中国工业经济》2018 年第 4 期。

江小涓：《新中国对外开放 70 年：赋能增长与改革》，《管理世界》2019 年第 12 期。

李安方：《逆势图强：国际贸易中心建设与上海开放型经济发展新格局》，社会科学文献出版社，2010。

刘志彪、郑江淮等：《价值链上的中国：长三角选择性开放新战略》，中国人民大学出版社，2012。

张二震、戴翔：《构建"双循环"新发展格局的世界意义》，《江苏师范大学学报》（哲学社会科学版）2021 年第 1 期。

Antràs P., Chor D., Fally T., Hillberry R., "Measuring the Upstreamness of Production and Trade Flows," *The American Economic Review: Papers and Proceedings*, 2012, 102（3）：412-416.

Xu Bin, "The Sophistication of Exports: Is China Special?" *China Economic Review*, 2010, Vol.（21）：482-493.

B.8

创新驱动、变革重塑，加快推进浙江
现代种业高质量发展研究

吴永华*

摘　要： 种业是国家战略性、基础性核心产业，是实现农业高质量发展、保障粮食安全及重要农产品供给的基石。浙江作为全国唯一的高质量发展建设共同富裕示范区省份，在支撑引领长三角高质量发展中有着特殊而光荣的使命。长三角一体化发展背景下，加快推进现代种业高质量发展，浙江既有良好的发展基础，又有体制机制等方面优势，理应发挥先行先试、示范引领作用。本研究全面分析了浙江现代种业发展现状、特色优势和存在的主要问题，对浙江现代种业面临的国内外新形势进行分析研判，并积极借鉴国内先进经验，系统提出高水平打造种业创新体系、种业产业体系、条件保障体系、政策制度体系4个方面的12条对策建议，以期通过创新驱动、变革重塑，系统化构建现代种业高质量发展先行探索的浙江方案，为加快推进长三角现代种业高质量发展贡献浙江智慧。

关键词： 现代种业　种业企业　粮食安全　浙江

现代种业发展关乎乡村产业振兴、关系国家粮食及重要农产品供给安全，是产业振兴的基础、粮食安全保障的基石。习近平总书记反复强调，中国人

---

* 吴永华，浙江省农业科学院农村发展研究所所长，编审、副研究员，研究方向为农业农村发展。

的饭碗任何时候都要牢牢端在自己手上,我们的饭碗应该主要装中国粮;要下决心把民族种业搞上去,抓紧培育具有自主知识产权的优良品种,从源头上保障国家粮食安全。党中央、国务院一直高度重视种业发展,持续出台了一系列关于加快推进现代种业发展的政策和举措。2011年,首次把农作物种业提升到"国家战略性、基础性核心产业"的高度,对推进现代农作物种业发展作出了全面部署。2013年,首次提出"建设种业强国"。2021年,中央一号文件提出"打好种业翻身仗",接着又出台了《种业振兴行动方案》,强调振兴民族种业是把握粮食安全主动权、筑牢农业现代化根基的重要战略。

浙江省委省政府一直高度重视现代种业高质量发展。近几年来,浙江紧紧围绕"重要窗口"的新目标新定位和高质量发展建设共同富裕示范区的光荣任务,以加快建设现代种业强省为目标,不断深化种业体制机制改革,加大育种专项财政投入力度,大力推进科技创新,积极培育现代种业主体,加快构建完善产学研结合、育繁推一体化的现代种业体系,着力提升种质资源开发利用能力、品种自主创新能力、制种供种保障能力、企业市场竞争能力,助力实现农业高质量发展,现代种业发展取得长足发展,呈现良好发展态势。与此同时,从整体上看,还存在种质资源鉴定评价滞后、育繁种技术水平不高、种业企业核心竞争力不强、生产经营基础设施薄弱等短板与不足,这与浙江争创农业农村现代化先行省、打造种业强省的目标要求还有不小差距。因此,需要进一步推进创新驱动、变革重塑,系统化推动现代种业体制机制改革,完善现代种业创新体系和产业体系,提升浙江种业自主创新能力和自我发展能力,推动构建产业主导、企业主体、公益性科技支撑的产学研一体化种业发展新格局,加快推进浙江现代种业高质量发展。

一 浙江现代种业现状分析及面临的新形势

(一)现代种业产业体系基本构建

近几年来,浙江省深入实施育繁推一体化种业企业培育工程,分类推进企业特色化改造，引导科技型企业向育繁推一体化方向发展，初步形成综合型、特色型、区域保障型种业企业差异化发展格局。截至 2020 年，全省共有种业企业 1170 家，种子种苗年销售额达 50 亿元，其中农作物种业企业 95 家、畜禽企业 173 家、水产企业 902 家。种业企业特色优势明显，部分企业在全国具有较强的竞争力，宁波种业、宁波微萌种业分别列全国水稻种企第 7 位和蔬菜种企第 4 位，浙江勿忘农种业股份有限公司居全国种业企业综合排名前 40。先后培育了浙江青莲食品股份有限公司等一批以特色畜禽种业为基础的国家级龙头企业，以及杭州千岛湖鲟龙科技股份有限公司、浙江清溪鳖业股份有限公司和浙江南太湖淡水水产种业股份有限公司等十余家在国内同行业中拥有较高知名度的水产种业企业。

深入实施种子种苗工程，全省良种繁育体系不断完善，优质种子种苗产能持续提升。截至 2020 年，在省内建有水稻、油菜等农作物种子生产基地 18 万亩，在海南建立南繁基地 2000 亩，水稻种子年产量 3500 万公斤；建有种畜禽场 173 个，省级及以上水产原良种场 42 家，规模化水产繁育基地 100 余家，常规鱼虾苗种能满足省内养殖和放流需求，罗氏沼虾、中华鳖、海水贝类和鲟鱼等还能为周边省份提供充足的优质苗种供应。率先建立省、市、县三级水稻、小麦、油菜、蔬菜等农作物种子储备体系。建有完善的推广体系，有覆盖全省的新品种展示示范基地（点）125 个，其中嵊州水稻、东阳鲜食玉米和萧山瓜菜被列入国家级农作物品种展示评价基地。举办中国浙江瓜菜种业博览会（已连续 12 届）、长江下游水稻新品种大会（已连续 3 届）、全国鲜食玉米品种大会等展示展销和观摩活动，有效引导广大农户种植优势品种，提高主导品种集聚度，加快优良新品种推广应用。2020 年主要农作物和重要畜禽良种覆盖率达 96% 以上，水产优质种苗覆盖率在 85% 以上。

（二）种业科技创新综合能力稳步提升

从"六五"开始，浙江先后设立"8812""9410""0406"计划和农业新品种选育重大科技专项，开展育种技术创新、育种材料创制和新品种选育推广联合攻关，育种"硬核"实力不断增强。"十三五"期间，育种专项累计育成并通过国家、省审（认）定登记新品种 388 个，获新品种权保护 184 个。目前，浙江水稻育种处于国际领先水平，茶树、浙系长毛兔、浙江浆蜂等特色品种育种，以及部分蔬菜、中药材、食用菌、优质肉鸡、蛋鸭、湖羊、中华鳖、罗氏沼虾、滩涂贝类等育种处于国内领先和先进水平，已实现水稻自主品种全覆盖，西兰花、小番茄、菜用大豆等自主品种已打破国外种子垄断局面，育种创新能力走在国内前列，在籼粳杂交水稻、常规早晚稻、特色果蔬和水产等方面已形成一大批优势特色品种。

（三）浙江主要农业品种特色优势分析

粮油作物方面，浙江优势物种主要包括早稻、晚稻、杂交稻、油菜、薯类、大豆、玉米和小麦等 8 类作物。水稻育种处于国际领先水平，油菜处于国内先进水平，鲜食大豆处于国内领先水平，鲜食玉米国内中等偏上。粮油种子省内品种占有率在 85% 左右，其中，水稻在 98% 以上、油菜在 90% 以上。

蔬菜瓜果方面，浙江蔬菜瓜果种业的优势物种主要包括花椰菜、叶菜、豆类、茄果类、瓜类和水生蔬菜等品种。西兰花、花椰菜、西瓜、番茄、大白菜、瓠瓜等育种水平国内先进；甘蓝、丝瓜、豌豆等有较好基础。特色蔬菜产业种类丰富，番茄、瓠瓜、芦笋等设施蔬菜，榨菜、雪菜、花椰菜、西兰花等加工出口型蔬菜，茭白、莲藕等水生蔬菜，以及西甜瓜、草莓等在全国均具有重要地位。

水果方面，浙江自然资源禀赋适宜多种水果生长，主栽有柑橘、杨梅、葡萄、桃、梨、枇杷、猕猴桃等。梨、杨梅、枇杷等育种水平国内领先；葡萄、柑橘育种有较好基础，柑橘已被列入全国柑橘优势产业带；杨梅是浙江最具特色的优势农产品之一，面积、产量、产值均稳居全国首位；早熟梨栽培优势明显，品种和栽培技术居全国领先水平，其中"翠冠"梨是我国南方梨的第一大主栽品种，占全国梨树种植总面积的 7% 以上、浙江梨树种植面积的近 60%。

茶叶方面，浙江是茶树最适生产区之一，茶叶生产历史悠久，是我国重要的茶叶主产区，面积、产量和效益一直位居全国前列。浙江茶树遗传育种研究的整体水平一直处于全国领先，拥有国家级种质圃和省级种质资源圃，茶树圃保存资源居世界第一位。常年无性系良种出圃苗数约 10 亿株，完全能满足省内种苗需求，并销往全国各地。浙江省茶树品种登记品种数全国占比超 1/3，品种权品种数全国占比超过 1/2。

蚕桑方面，浙江蚕桑种业、种养技术以及茧丝绸出口在全国处于领先地位。家蚕育种水平国际领先，专养雄蚕技术和全龄工厂化养蚕技术整体处于世界领先水平，全国首创的雄蚕品种实现了专养雄蚕的产业化，使我国成为世界上唯一能够大规模生产雄蚕丝的国家。桑树品种选育在全国优势明显，育成的"农桑系列""强桑系列"桑树品种占全国桑园总面积的 60% 左右。浙江省内主育成品种占比，桑品种达 90% 以上，蚕品种在 50% 以上。桑树实生苗完全能满足供应，并销往全国各地。

食用菌方面，浙江是食用菌生产、出口大省。香菇和灰树花规模化栽培、生产水平、市场竞争力均处于全国领先水平。浙江食用菌种业的优势物种主要包括蘑菇、金针菇、香菇、黑木耳等。食用菌育种水平处于国内先进水平，其中，香菇在国内领先，桑黄、灰树花居国内前列，蘑菇、黑木耳、金针菇、秀珍菇、灵芝育种有较好基础。拥有省级种质资源圃 1 个，能够满足市场供应，多数品种的省内品种占有率较高。

中药材方面，浙江素有"东南药用植物宝库"之称，是全国中药材重点产区之一，资源总量和道地药材种数均居全国第 3 位。浙江中药材种业的优势物种主要有老浙八味、新浙八味、桑黄等。中药材育种水平整体较高，铁皮石斛、灵芝、杭白菊、浙贝母国内领先，其他品种育种有基础。拥有省级种质资源圃 1 个，省内品种占有率高达 99% 以上。

畜禽方面，浙江特色畜禽品种丰富，金华猪、湖羊、浙系长毛兔、蜜蜂等在国内外享有盛誉，蜜蜂养殖位居全国前列，并拥有嘉兴黑猪、仙居鸡、浙东白鹅、温州水牛等地方特色畜禽遗传资源品种。畜禽优势品种主要包括生猪、黄羽肉鸡、水禽、家兔、羊、蜜蜂、奶牛等。畜禽育种水平较高，其中，长毛兔育种水平处于国际领先地位，生猪繁育和优质肉鸡育种处于国内先进水平，水禽、羊和蜜蜂育种处于国内领先水平。畜禽种苗省内供给基本保障，兔、水禽、羊和蜜蜂基本为省内品种，并对省外供种。

水产方面，浙江海域广阔，江河湖库众多，渔业资源丰富，龟鳖、青蟹、珍珠、梭子蟹养殖规模和产量均位居全国前列。水产优势物种主要包括虾、蟹、贝、藻、海水鱼、淡水鱼、龟鳖等。水产育种水平居国内领先水平，其中罗氏沼虾居国际领先水平，淡水鱼、海水鱼、鳖、贝居国内领先水平。常规鱼虾苗种能满足省内养殖和放流需求，部分品种可对省外供种。部分水产种业在全国具有较高的市场占有率，罗氏沼虾苗种全国市场占有率为60%，文蛤、缢蛏等全国市场占有率为40%左右。

（四）制约浙江种业高质量发展的主要问题

在肯定浙江现代种业发展取得长足发展的同时，我们也应清醒地看到仍然存在着不少制约现代种业高质量发展的短板和弱项。一是种质资源鉴定评价滞后。种质资源收集数量虽多，但资源精准鉴定不足，鉴定比例远低于美国等发达国家。种质资源开发利用滞后，具有自主知识产权的优异种质资源偏少，应用于育种创新的资源比例低、深度不够、育种利用效率不高。二是先进育种技术研究应用整体水平不高。基因编辑育种、全基因组育种、分子设计育种等前沿技术应用亟待加强，种业数字化、信息化程度仍然偏低。育成品种同质化现象突出，部分品种对国外依赖度高。三是企业核心竞争能力整体上还不够强。种业企业自主创新能力总体偏弱，高层次人才缺乏，研发投入不足。领军型种业企业少，规模偏小，与科研院校合作育种不够，人才集聚度和贡献度不高。四是制繁种技术、良种生产加工等基础设施薄弱。良种良法不配套现象比较突出，机械化制种技术总体滞后于发达国家。缺乏大型现代化成套加工生产线和配套的烘干设备，良种生产加工能力不足、水平不高。种子生产基地设施水平也有待提升，基地种子加工、仓储和晒场严重不足。五是种业知识产权保护有待加强。种业知识产权保护制度亟待完善，执法不够有力。

上述问题的形成，既有体制机制的原因，也有市场环境、政策保障等方面因素，主要有以下几个方面。

一是种业企业作为种业创新主体地位尚未树立起来。长期以来国有高校院所是我国育种研发的主力军，而本应作为商业化育种主体的种子企业大多只具备代繁和经销功能，创新投入不足，创新能力相对低下，整体上育繁推一体化水平不高，市场竞争能力不强。

二是对商业化育种基础性和公益性认识不足。通常认为，商业化育种是育种研发和投入都以企业为主体的育种模式，但由于农业品种的特殊性，商业化育种过程中也会存在市场失灵的现象。例如，茶叶、果品、桑树、花卉等适合无性繁殖的作物品种选育，由于知识产权保护难，品种很容易溢出和被动扩散，这就造成了产业发展虽然良好，但市场化育种研发缺位。商业化育种中基础性、公益性的研发问题往往会被人忽视，在一定程度上影响了品种的商业化进程。

三是种业创新创业激励机制亟待完善。种业工作环境艰苦、抗风险能力弱、进入门槛高，对人才创新创业的吸引力相对较弱。尽管近年来各级政府陆续出台了如种业科研成果权益改革试点、科研人员离岗创新创业等一系列政策，但受长期以来科技人才评价"四唯"现象及科技成果转化政策落实难等制约，人才合理流动不够，创新创业动能尚未充分激发。

四是种业市场还普遍存在知识产权保护意识不强、市场规范性不够的情况。套牌、私繁滥制等现象在一定程度上影响了企业选育品种的积极性。此外，一些地方在种子销售中的地方保护主义，也阻碍了品种的商业化进程。

五是种业保障体系有待完善。总体上宏观政策较多，专门针对种业企业的扶持政策较少，对种子企业在用地、信贷融资、财政资金奖补以及制种保险等方面的扶持力度不大，还需进一步完善，以保障种业产业健康发展。

（五）浙江现代种业面临的国内外新发展态势

双循环新发展格局下，我国现代种业发展总体会呈现以下新发展态势。一是在品种方面，培育高产优质抗逆良种仍是重点发展方向，同时健康产业将引领未来现代农业产业发展，种业品种创新将更趋向于与健康产业相融合。二是在技术方面，高科技是未来种业发展的强劲动力，而生物分子育种技术应是未来育种的主导技术。三是在品牌方面，培育自有品牌将成为种业企业的核心竞争力。四是在体系方面，育繁推一体化全产业链发展将成为种业企业的重点培育方向。五是市场方面，我国种业仍有较大的进步空间，种业国际化发展将成为我国种业发展的必由之路。具体来说主要体现在以下几个方面。

第一，高产优质抗逆良种仍是重点发展方向。优良品种的选择已经成为我国农产品竞争的主导，拥有品种优良的种子相当于拥有了市场。为满足农产品产量需求，并适应自然灾害频发、环境污染加剧以及资源短缺等资源环境影响，加大高产、优质、抗病、耐贫瘠、节水抗旱型品种选育和推广，已成为种业不可避免的发展趋势。

第二，高科技是未来种业发展的强劲动力。以分子设计育种、分子标记辅助选择育种和转基因育种为代表的现代分子育种技术，架起了种质基因资源信息衔接庞大数据的桥梁，为现代种业发展增加了新动能。

第三，种业创新更趋向于与健康产业相融合。随着大气、水、土壤等环境污染加剧以及人们健康意识的不断增强，人们更趋向于保健型、功能型农产品消费。未来种业企业科技创新更趋向于与健康产业相融合，培育推广具有保健功能的粮食、蔬菜、肉蛋奶等制品新品种，迎合新时期、新环境下市场消费需求。

第四，培育转基因品种具有较大的市场潜力。将转基因技术与传统育种技术相结合，能培育多抗、优质、高产、高效新品种，可有效降低农药、肥料投入，在缓解资源约束、保障粮食安全、保护生态环境、拓展农业功能等方面潜力巨大。随着全球饲料、粮食、燃料和纤维需求不断增加，需要持续开发转基因作物以提高作物产量。转基因作物作为我国战略需要，伴随转基因品种的进一步审慎培育和监管，未来具有较大的市场潜力。

第五，自主品牌将成为种业的核心竞争力。随着农业现代化发展步伐的加快，对品种的绿色化、机械化、优质化提出了更高要求。深入开展良种联合攻关，加快培育一批符合绿色兴农、质量兴农、效益优先的有重大应用前景和自主知识产权的突破性自主品牌优良品种，是种业未来发展的必然选择。

第六，全产业链发展是现代种业大势所趋。种业企业的发展方向将以"育繁推一体化"、跨界融合为代表，通过产学研用深度融合，构建形成种业全产业链，实现种业关联企业强强联合、优势互补、资源集聚，形成布局合理、各具特色的种业企业集群，推进产业链关联企业共同发展。

第七，种业国际化是中国种业的必由之路。种业国际化已经成为世界种业发展的主流和趋势，在国家"一带一路"倡议和实施农业"走出去"重大战略背景下，我国种子企业可以充分利用"两种资源、两个市场"，面临重大发展机遇。尤其是在"一带一路"倡议下，东南亚等国逐步放开对种业的限制，我国种子企业开展本土化品种选育和种子生产，为当地农民提供全程社会化服务等工作将成为可能。

（六）推进科企深度合作是现代种业实现高质量发展的必由之路

由于我国国情特点，长期以来种业创新资源集聚于国有高校院所，而企业作为现代种业创新主体和市场主体，在科技人才、创新平台等方面呈现明显短板，严重制约了我国现代种业做强做大。推进科企深度合作，成为推进现代种业实现高质量发展的必由之路。为此，从2011年开始，国家相继出台系列文件，下决心推动深化种业体制改革，充分发挥市场在种业资源配置中的决定性作用，突出以种子企业为主体，推动育种人才、技术、资源依法向企业流动，充分调动科研人员积极性，保护科研人员发明创造的合法权益，促进产学研结合，提高企业自主创新能力。从近十年来各地现代种业科企合作的探索实践来看，主要有以下六种模式。

一是科企股份合作制模式。科研机构、科技人员和企业三方联合，建立以市场为导向、以企业为主体、产学研相结合、育繁推一体化的股份合作制企业，探索科研机构与科研人员以品种、技术等无形资产资本化入股的制度路径，推动基础研究和商业化育种脱钩，充分调动科研人员积极性。科研机构依托企业建立成果转化渠道，紧密跟踪市场和科技前沿。企业拥有成果的优先购买权，推动种质资源、科研人才等要素向企业流动。科研机构代表国有股权，以技术和品种权等无形资产出资入股，种子企业则以现金出资入股；科研机构对高效繁种、制种技术等非专利技术评估作价，将一定比例奖励给科技骨干作为技术股权，并吸引其他科技人员以现金方式入股。

二是科企金融股份合作制模式。由科研机构、金融资本、种业企业三方组建股份合作制公司。科研机构负责成果研发，企业负责资金、试验基地和拓展市场，引入现代种业基金，发挥科技金融的第三方协调监督及财政资金的政策导向作用，实现技术与市场的优势互补、知识与金融的深度结合，体现科技创新的价值。

三是科企联合体模式。以拓展品种区域试验渠道、提高新品种市场占有率为目标，科研机构与企业以"品种转让+技术服务"方式组建育繁推一体化联合体。科研机构以独家授权或多方授权方式转让品种经营权，负责授权品种的繁育、技术改良和人才培训；企业向科研机构支付品种经营权费用，提供需求和试验示范基地，负责品种推广和产业化经营。科研机构具有技术垄断优势，在成果研究和开发方面掌握一定话语权。

四是内部股份合作制模式。科研事业单位内部通过成果、资产和人员重新组合组建合作制企业。这种在资源、人才、成果等几近完全垄断的情况下，科研机构实行的以育种家为核心内部股份合作制改革，较好地实现了科研人员与市场营销人员的有机分离。科研机构建立以科技人员出资为主的产权结构，制定品种权创收收益提成奖励办法，提高了职工对企业发展的关切度；在制度上明确科研人员保留原有科研事业单位的身份和在企业兼职持股；公司由职工股东大会选举产生理事会和监事会，较好地平衡了企业、育种家和科研机构的利益关系。

五是科企共建研发平台模式。科企双方以工作站、试验基地或服务站为研发平台，建立长期联系，以"一事一议"、合力攻关、成果产业化等方式开展合作。科研机构负责人才团队管理、新品种新技术研发和配套技术服务；企业负责基础设施配套、研发资金和新品种推广。通过合作，科研机构对市场需求有更深了解，技术创新、产品更新更具有针对性；企业借助专家技术优势，进行产品熟化、成果示范推广和产业化。

六是科企战略合作模式。科研机构与企业签订战略合作协议，围绕企业发展需要，双方以项目经费、一次性购买、收益分成、成果再开发等方式开展合作。企业是推动科企合作的"主体"，面向市场从事应用性技术研发。科研机构是合作"次主体"，以基础性、上游应用技术研究为主，围绕企业需求开展研发和服务。

（七）省域现代种业高质量发展经验借鉴

随着国家种业体制改革向纵深不断推进，各地立足自身农业产业特色和种业创新资源优势，加强顶层设计和规划引领，不断创新区域现代种业发展新模式、新机制，着力推进现代种业高质量发展。从省域层面看，湖南省的做法值得学习借鉴。近几年来，该省在全国率先建立了以企业为主体的商业化育种新机制，推动品种研发主体由科研院所向企业转变，农作物品种培育能力大幅提升。以隆平高科技园为主平台，坚持将生物育种及相关产业作为最大的特色产业，以打造"中国隆平种业硅谷"为目标，在培育自主品种、打造民族品牌、推进种业产业链发展、提升园区软硬实力等方面持续用力，种业质量效益和竞争力显著提升，形成了多重发展优势。

一是突出平台集聚，强化科技引领。以隆平高科技园为主平台，着力打造种业品牌和创新优势，强化种业创新引领能力。园区集聚了包括院士、国家级及省级人才工程入选者等在内的国内外一大批知名专家学者，领域涉及超级杂交水稻、油菜遗传育种、蔬菜种子育种、分子育种研发、水稻和玉米分子育种等，是目前中国生物育种尖端人才最密集的区域。拥有湖南省农业科学院等高等院校、科研院所40多家，联合多家种业企业成立了"长沙生物育种产业技术创新战略联盟"，成为中国乃至世界生物育种研究院所最密集的区域。继国家杂交水稻工程技术研究中心之后，培育了湖南省作物种质创新与资源利用国家重点实验室培育基地等数十个各类科研创新平台，建立了全国首个"中国种业技术交易平台"。还在全国率先成立企业自主创办的农作物育种机构——湖南亚华种业科学研究院，带动了一大批种业企业成立种业科研机构，自主创新能力显著增强。

二是突出企业主体，强化科企融合。围绕种业全产业链发展，推动种业企业集聚发展，促进科企融合发展、协同创新，提升种业企业创新主体能力。在隆平高科技园内，拥有生物育种产业链上中下游企业120多家，注册资金规模亿元以上的生物育种企业有5家，已成为中国生物育种企业最密集的区域之一。隆平高科是国内综合实力最强的种业企业，连续三届被评为"中国种业信用明星企业"（排名第一），具有很强的品牌优势和行业影响力，在杂交水稻、基因组测序和分析等领域的科研成果世界领先。同时，华智水稻生物科技公司获批国家水稻分子育种平台，另有国家级农业产业化龙头企业13家，为湖南建设种业强省和长沙建设"中国隆平种业硅谷"提供了有力支撑。

三是突出规划引领，强化主动设计。邀请国内顶级设计咨询机构和美国SWA公司对隆平高科技园进行新一轮规划与发展定位，完成了"隆平新区"概念性规划设计，连续举办了两届"隆平论坛"，建成隆平水稻博物馆、隆平国际会展中心，国家水稻分子育种平台等重大项目加快建设，并规划了隆平国际种业交易中心。隆平高科技园大力扶持产业发展，以种业为主体的现代农业企业加速集聚，产学研合作和成果转化不断加强。以园区为主导、以企业为主体、以院校为支撑，围绕种业开展了大量技术交流与合作，"种业硅谷"的品牌效应正逐步形成。

二　系统化推进变革重塑，加快推进浙江现代种业高质量发展

（一）聚焦种源卡脖子关键问题，高水平打造种业创新体系

1. 发挥院校"国家队"作用，突出公益性基础研究功能

省部属院所高校具有体制、人才等突出优势，一直是种业创新的中坚力

量和主力军。要充分发挥好重要院所高校"国家队"作用，强化种业基础性、公益性研究对种业发展的引领和支撑作用，筑牢种业创新发展的基础，推动科研力量优化配置和资源共享。加快建设农业领域省实验室、技术创新中心和新型研发机构，建设高能级科技创新平台，提升种业前瞻性基础研究能力。发挥浙江早稻、籼粳杂交稻和常规晚粳稻育种优势，以及油菜、旱粮育种优势，整合相关科研院所优势资源和人才，打造具有全国竞争力的农作物育种创新平台。持续实施省农业新品种选育重大科技专项，开展种源"卡脖子"技术攻关，加强农业生物组学、新一代生物育种等领域的前瞻性技术研究，推动育种方向向生命健康、新材料等领域拓展，突破一批关键核心技术。

2. 强化企业创新主体地位，增强龙头企业自主创新能力

培育具有竞争力的领军种业企业，提升商业化育种水平。一是通过建立行业性种业科技创新平台，强化应用性、商业化、集成式创新，针对种质资源、功能基因、关键技术等进行组装集成，创制突破性育种材料，有效支撑重大新品种培育。二是坚持扶优扶强，重大种业创新项目、创新研发平台与创新布局等，要重点向种业领军企业及其构建的创新联合体倾斜，鼓励种业龙头企业参与省农业新品种重大育种专项课题研究；强化应用型研究创新的科研项目由有实力的领军企业组织，引导富有活力的科研资金分配模式，推动院所高校主动与领军企业深度融合发展，围绕产业需求构建创新链。三是加大对企业创新型人才的支持力度，支持种业企业人才在重大项目中担当重要角色，鼓励企业与院士专家等高端人才建立紧密合作关系，积极发展由企业联合发起的产业创新研究机构。

3. 加强种质资源保护利用，筑牢种业创新物质基础

高标准建设和运行好浙江省农作物种质资源库，建成集农作物种质资源收集保存、鉴定评价、创新利用于一体，服务全省的公共资源共享平台。以优势科研院所、高等院校为依托，搭建专业化、智能化资源鉴定评价与基因发掘平台，建立全省统筹、分工协作的农业种质资源鉴定评价体系。持续推进种质资源数据库建设，谋划搭建育种数字化公共服务平台和智慧种业实验室，开发完善育种管理与数据分析系统、生物信息学数据分析系统等。建立

健全系统完整、科学高效的农业种质资源保护与利用体系，加强珍稀、濒危、特有资源收集和保护，提升资源深度鉴定评价和综合开发利用水平。建立浙江省种质资源大数据平台，提升种质资源数字化利用水平。全面整合全省种质数据资源，建立完善浙江省种质资源数据库，对政府资助产生的种质资源成果按类型实行分级管理，进一步推进种质资源的系统评价和开放共享，为挖掘种质资源价值、联合研发大品种奠定资源基础。

4. 加强种业人才体系建设，推动种业人才优化配置

加强种业人才队伍的培养和建设，鼓励种业企业与高校、科研院所建立联合培养基地、联合实验室、创新创业基地等，共同制定培养目标、培养方案，实现双赢的技术人才培养模式。完善种企人才管理制度，将人才资源与种业企业的育种思路、育种材料和育种网络相联系，与企业的营销、运营和发展相结合，探索创新吸引人才、留住人才，充分发挥人才的主动性、积极性、创造性的方法和制度，保障种企人才队伍的稳定，实现人才资源的优化配置。加快招才引智，支持种业企业与科研院所合作，大力引进国内外种业高层次人才和行业领军人物；鼓励海内外人才、专家创新团队携带拥有自主知识产权的科研成果来浙江实施转化。加大继续教育和培训力度，支持种业企业选派人员到高等院校进修和培训，邀请科研院所专家，定期对种子企业科研、生产、检验、营销、管理人员及制种农民等进行培训，提高种业企业的人才储备水平。鼓励科研院所人才"走出去"，到种业企业兼职、挂职、参与科技研发，或从事种业创新创业。加大支持力度，引导高校和科研机构主动加强相关专业人才培养。逐步将生物育种纳入"国家关键领域急需高层次人才培养专项计划"支持范围，同步推进培养规模扩大、模式创新和质量提高。

（二）推进种业高质量集群发展，高水平打造种业产业体系

1. 加快培育一批重点种业企业，提升龙头企业的支撑引领能力

按照"扶强、促优、强合作"的思路，加快构建现代种业企业培育体系，着力打造科企融合发展联合体，推进育繁推一体化发展，全面提升种业企业

核心竞争力。充分发挥资本市场作用，支持种业企业上市融资，重点扶持培育在国内有影响力的综合性龙头种业企业，加强种业企业资源整合、兼并重组，加快建设浙江种业集团，支持宁波种业、浙江青莲、浙江水产种业等综合性种业龙头企业做大做强，努力培育种业上市公司。培育一批年销售收入达到亿元以上的优势特色型种业企业。遴选一批创新能力强、带动作用大的特色型种业企业，推进技术、人才、资金等要素向企业集聚，着力打造育种能力强、生产加工技术先进、市场营销网络健全、技术服务到位、育繁推一体化的浙江省现代种业发展的龙头力量。提升一批区域保障型种业企业。加快建立现代企业管理制度，完善企业治理结构，将经销型供种企业逐步培育成区域保障型种业企业，全面提升种业企业竞争能力和供种保障能力。

2. 着力培育一批种业产业集群，提升浙江种业的市场竞争能力

根据资源分布和技术优势，培育一批重点种业企业，形成优势种业核心区，推进种业企业规模化、集群化发展。一是推进建设种业创新要素集聚区。坚持以创新为引领，以种业科研院所、种业企业、种业人才为主体，积极探索科企深度合作的新模式、新机制，支持科企股份合作制、科企联合体、科企共建研发平台等合作新模式；聚焦种业重大基础研究与关键核心技术创新，推动自主创新与开放创新相结合、产学研相结合、公益性研究与商业化育种相结合，发展具有源头性领先优势的现代种业创新链，推动创新资源要素聚集，促进创新成果转化，打造长三角种业要素集聚区、种业人才和种业企业孵化器。二是推进种业企业兼并重组，撤销或合并"小、散、弱"企业，实现种业企业向规模化、国际化发展，增强中国种业在国际种业贸易中的实力和竞争力。三是大力发展经销供种企业，筛选扶持一批经销型供种企业发展成为区域供种保障型企业，重点解决生产、加工、仓储等基础设施设备建设，提高其生产供应能力，做实做稳做细。

（三）围绕种业补短板重点环节，高水平打造条件保障体系

1. 高水平打造数字化平台，数字赋能种业转型发展

以种业大数据平台建设为提升种业治理体系和治理能力的新抓手，增强

大数据驱动种业体制机制创新的新动力,全面提高种业数字化、信息化水平,提升种业核心竞争力。以数字种业建设为引领,建立种业信息公开发布机制,开发升级种业大数据平台,构建集种质资源、区试审定、品种推广、种子供需、种子质量、种业管理功能于一体的数字化管理系统。对大数据平台相应业务子系统进行跟进优化,深化信息技术在种质资源数据信息系统、市场跟踪与行情分析系统、好品种展示示范系统、品种布局区域数据分析、农技服务综合解决方案、种业安全监测预警等多方面的应用。一是建设育种数字化公共服务平台,推进数字化育种。引导科研育种单位和种子企业深化育种软件的应用与开发,提升育种创新信息化、数字化、智能化水平;加快现代生物技术、大数据与人工智能等前沿技术与育种研发的跨界融合,支持育种主体开展分子设计育种、智能育种,推动浙江育种技术从"经验育种"到"精确育种"转变。二是推进种业生产智能化信息化。推进种子生产、加工、市场流通等种业全产业链建设与信息化、数字化技术相结合,重点推进种业生产基地智能化、种子加工数字化、经营流通网络化。三是推广种业二维码追溯管理系统。利用二维码追溯管理系统进一步规范种子管理流程,提高种子管理效率,减轻种子管理工作强度。建立种子生产信息和销售信息数据库,运用信息化技术实时监控种子库存信息,严格生产经营备案和档案管理,逐步建立企业生产经营质量信用体系,引导种业企业优化产品品质,推动产业良性竞争,助力实现种业高质量发展。四是发展种业电子商务。加快"互联网+"种业发展,不断提升种子市场流通的信息服务能力和运作效率,引导种业企业建立电子商务平台,开展主要经营产品和服务的网上销售业务,实现精准推广,形成线上线下互相促进、并行发展的新格局。

2. 支持建设高水平良种繁育基地,夯实种业做强做大基础条件

围绕农作物、畜禽、水产三大种业,立足浙江种业特色优势,采取土地流转、优先与建设用地增减挂钩等办法,在省内外农业优势产区建设一批高标准良种繁育基地。进一步优化良种生产优势区域布局,建设一批相对集中、长期稳定的标准化、机械化、规模化良种生产基地,配套完善种子加工、营销体系建设,实现种子全产业链开发。一是建设一批高标准农作物良

种生产基地。重点建设形成浙江东部沿海和浙江中南部杂交水稻优势种子生产基地、浙南浙中地区早籼稻优势种子生产基地、浙北浙中常规晚粳稻优势种子生产基地，浙江东南部优势特色瓜菜种子生产基地。加大与制繁种大省合作，在辽宁、吉林、甘肃、新疆等建设一批大豆、玉米、瓜菜等良种生产基地。二是建设一批标准化种畜禽场。以县域为单位创建一批生猪、优质家禽、湖羊等具有高质量核心群的种源基地，新建一批高代次的种畜禽场，重点形成萧山、富阳、嵊州、江山等地种猪场，建德、诸暨、仙居、温岭等地种鸡场，诸暨、柯桥、缙云等地种鸭场，长兴、南浔、桐乡等地种羊场。三是建设一批水产规模化繁育基地。对原良种繁育体系进一步完善，"育繁推一体化"模式进一步深化，重点形成沿海及岛屿的海水贝类、东海土著鱼、海水蟹类、海洋经济藻类等海水渔业规模化繁育基地，环杭州湾的中华鳖、罗氏沼虾、特色淡水鱼等淡水渔业规模化繁育基地。

（四）消除种业体制性瓶颈障碍，高水平打造政策制度体系

1. 深化科技管理体制改革，激发种业创新内生动力

进一步破除制约种业科技创新的体制障碍，深化种业科研人才与科研成果权益改革，完善人才流动机制、利益分配机制，深化细化对科研人员到种业企业兼职兼酬、持有股权、离岗创业、科企合作等政策制度改革，强化政策制度系统性、可操作性，消除人才流动和成果转化中的后顾之忧，促进科企深度融合发展。完善院所高校种业科研人员和科研成果分类考核与评价体系，对承担重大科技攻关任务或培育出突破性品种的科研人员采取灵活的薪酬制度和评价奖励措施。探索与从事基础性公益性研究、种质资源保护利用工作相适应的科研人员考核评价、职称评聘、绩效奖励等制度，促进从事种质资源保护利用等基础性工作的人员安心工作、潜心研究。制定完善后补助、成果奖励、人才流动、科技型企业奖励补贴等激励性政策，鼓励科技资源向企业流动，支持引导金融资本、社会资本、科技人员参与种业创新创业。

2.加强财政金融引导支持，促进形成多元投入体系

充分认识种业产业的战略性、基础性、先导性、长期性、公益性等特点，加大财政对现代种业的投入。围绕浙江种业创新重大需求、重点领域和重点任务，聚焦新品种选育重大攻关专项、育种创新平台、种质资源库、主体培育和数字化转型等重点项目，整合相关财政资金，持续加大财政资金投入力度。大力实施现代种业提升工程，设立省级现代种业专项资金，加大对种质资源保护、品种创新、良种繁育推广、企业主体培育、种业监管服务等的支持力度。积极引导社会资本参与现代种业自主创新能力提升，加强种质资源保存与利用、育种创新、良种繁育、市场营销等能力建设，加快培育现代种业市场竞争主体。鼓励社会资本投资畜禽保种场（保护区）、育种场、品种测定站建设，提升畜禽种业发展水平。加大金融支持力度，发展种业科技创新基金，支持政府引导基金联合产业资本、金融资本和科技团队共同发起"生物种业科技创新基金"。构建种业科技创新基金与重大项目在投资决策、项目遴选、主体遴选、过程监管、成果考核等方面的协同机制，围绕浙江种业产业发展战略需要，在颠覆性、战略性、引领性核心技术攻关及产业化等方面进行重点投资、长期投资和持续投资。加大金融支持力度，以财政资金为杠杆，撬动金融资本、社会资本联合成立现代种业发展基金，长期支持具有高成长性的育繁推一体化企业和拥有原创性突破性技术的科研院所，加快推进现代种业育繁推一体化发展。

3.探索法治智治结合机制，加强种业知识产权保护

加强相关法律法规宣传教育，增强科研机构和种业企业的知识产权保护意识，克服以往"重成果、轻保护"的思想，采取切实可行的保护措施，防止种质资源流失和自主知识产权丧失。严厉打击套牌侵权、侵犯品种权等行为，切实维护公平竞争的市场秩序。加大品种权保护力度，明确品种权保护对象不受繁育方式限制，将品种权保护范围扩展到许诺销售行为以及为他人侵权提供收购、存储、运输、加工处理等帮助侵权环节，形成对侵权行为的全链条打击。进一步规范审定、登记、保护品种命名及标准样品管理，加强对绿色通道试验、联合体试验的指导检查，推进各渠道试验标准化、规范化和信息化。加快构建登记作物品种 DNA 指纹库，探索登记品种符合性验证技术。推进种业信息化建设，建立和完善种业直报系统、农作物品种审定平台、好品种展示示范平台，实现信息共享。加强对种子的质量安全监督管理，建立和完善种子供应链追溯系统，通过数据信息的录入和采集，实现种子生产、仓储、流通全程的追溯记录，提高种子产品的市场价值，让真正高品质的种子被识别，防止种业"劣币驱逐良币"现象发生。健全标准样品数据库，倒逼种业经营主体增强质量意识和守法意识。开展重点作物重点品种维权试点，加强种子、司法等部门维权合作，探索植物新品种权保护的有效方式。

4. 推进种业管理机制改革，促进种业治理体系现代化

强化种子管理机构建设，加强省、市、县三级种子管理机构和人员队伍建设，明确各级种子管理机构工作职能，实行定编定岗，争取经费保障，厘清各级事权，形成联系紧密、上下贯通的高效工作新体制、新机制，增强依法行政和公共服务能力。健全省、市、县三级种业管理体系，加强种业管理队伍建设，确保种业人员的业务水平和依法行政能力。充分发挥种子行业协会的协调、服务、维权、自律作用，规范企业行为，加强行业服务。建立健全种质资源和公共研究成果共享机制，完善人才流动机制、利益分配机制，推动种质资源与公共研究成果交流共享。健全风险保障机制，构建种业信息监测网络，建立省级救灾备荒种子储备制度，探索建立因自然灾害等不可抗力因素影响猪、禽等核心种群的维持和保护制度。建立种业市场评价与监督机制，构建地方种业发展评价体系及监督体系，实现地方种业动态评价及有效监管。加快完善农业种质资源保护与利用、非主要农作物品种认定和品种审定标准等政策法规。加快行政许可改革，按照"最多跑一次"改革要求，在生产经营许可证核发、进出口审批、经营者备案、种质资源采集等方面进一步下放权力，简化流程，实现就地就近办理和网上办理，为推进浙江现代种业发展创造良好环境。

B.9
安徽省农业科技发展障碍
与策略选择研究

许 红*

摘　要： 党中央一直高度重视农业科技创新问题，强调要增强农业科技能力，强化现代农业科技支撑，推进农业农村现代化建设。安徽省是农业大省，一直以来主要农产品总产量位于全国前列，但农业技术整体实力不强，农业科技发展中出现了诸多亟待解决的困难和问题。本研究在实地调研的基础上，梳理了安徽省农业技术发展取得的成绩，分析了目前农业技术发展中存在的问题与障碍，并从增强农业技术创新能力、成果转化、绿色发展、品牌建设、社会化服务等方面提出了相应的策略。

关键词： 农业科技　科技强农　数字农业　绿色农业

　　科技创新是推进农业农村现代化的重要动力。习近平总书记高度重视农业农村科技创新问题，多次强调要把发展农业科技放在更加突出的位置，大力推进农业机械化、智能化，给农业现代化插上科技的翅膀。近年来的中央一号文件中也多次提出增强农业科技能力。当前全国多个省市已经把增强农业科技研发作为推进农业农村现代化建设的重要内容。2022年安徽省委一

---

* 许红，安徽省社会科学院城乡经济研究所副研究员，主要研究方向为农业经济、产业经济。

号文件提出实施科技强农、机械强农、促进农民增收"两强一增"行动，大力推进数字乡村建设，以提高农业科技进步贡献率、农业劳动生产率和亩均产出率，从而推进农业高质量发展。在科技创新与农业发展规划的指引下，安徽省提出的科技强农行动，成为提升农业综合效益和竞争力，促进绿色发展，提高农民收入的重要措施。

一 安徽省农业科技发展取得显著成绩

（一）农业科技不断进步，农业综合生产能力提高

农业科技水平逐步提升。2021年，安徽省农业科技进步贡献率为66%，超过我国农业平均科技进步贡献率，比2012年提高10个百分点。农作物耕种收综合机械化水平为82.1%，比2012年提高17.5个百分点。2020年，全省主要农作物良种覆盖率达到98%以上，主要粮食作物自主选育品种在全国推广面积超过8000万亩。

农业综合生产能力不断提升。一是主要农产品产量不断提高。2015~2021年，安徽省粮食总产量从4077.2万吨增加到4087万吨，增长了0.2%；水果从301.8万吨增加到383.5万吨，增长了27%；水产品从230.4万吨增加到236.5万吨，增长了2.6%；肉类从415万吨增加到456.3万吨，增长了10%。二是农业劳动生产率快速提高。2015~2021年，安徽省平均每个农业劳动力生产的粮食由2920.2公斤增加到5247.2公斤，增长了79.7%，年均增长8.7%；平均每个农业劳动力生产的蔬菜、水果分别由1943.9公斤增加到3139.0公斤、216.2公斤增加到492.3公斤，分别增长了61.5%、27.1%，年均分别增长7.1%、3.5%；平均每个农业劳动力生产肉类、水产品分别由297.2公斤增加到585.8公斤、149.9公斤增加到303.6公斤，分别增长了97.1%、102.5%，年均分别增长10%、10.6%（见表1）。

表1 2015~2021年安徽省平均每个农业劳动力生产量

单位：公斤

年份	粮食	蔬菜	水果	肉类	水产品
2015	2920.2	1943.9	216.2	297.2	149.9
2017	2948.5	2121.4	232.2	304.5	159.9
2018	2960.4	1564.9	240.8	311.6	166.2
2019	3009.9	1643.5	260.1	299.1	171.8
2020	4931.6	2860.0	451.3	485.9	285.2
2021	5247.2	3139.0	492.3	585.8	303.6

注：因统计年鉴中2016年数据没有进行修订和修正，与其他年份数据相差较大，故没有采用该年份数据。

资料来源：《安徽统计年鉴》（2016~2022年）。

（二）科技创新平台建设推进，农业科技创新能力增强

建设农业科技创新平台。安徽省大力推进农业等传统优势产业领域创新平台建设，打造省级和国家级创新平台。2015年以来，建立了围绕现代农业装备技术创新、农作物育种与减灾工程技术、农业生态大数据技术等方向的国家级工程实验室和研究中心，建立了省工程研究中心和实验室12个。"茶树生物学与资源利用国家重点实验室""中国—哥斯达黎加果蔬生物育种及智能化技术'一带一路'联合实验室"等国家级平台获批建设。截至2022年底，全省农业领域拥有省级以上农业科技创新平台125家，其中，国家级15家、省"一室一中心"4家。截至2021年底，全省研发经费100万元及以上的农业领域科研机构达到137家。大力推进农业科技园区建设，带动相关农业产业快速发展，全省建设国家农业科技园区18个、省级农业科技园区45个。农业科技创新平台的不断推进夯实了农业科技发展的基础，提升了农业科技创新供给能力。

推进农业科技协同创新发展。整合不同专业领域科技力量，推进科技创新与技术推广一体化，形成跨学科、跨部门、跨区域的农业科技创新团队，

初步建立了新型高效农科教、产学研协作新机制，实现省市县三级农业科技大联合。安徽省农科院、安徽农业大学等科研院校会同太和县、庐江县与临泉县、凤阳县、定远县、天长市、无为市开展试点，推进县域农业科技协同创新发展。岳西县成立了蚕蜂联合研究中心，泾县组建了蚕蜂产业复合型科技特派团，构建了省市县贯通的蜂业科技创新体系。

农业科技创新能力不断增强。从科技产出主要指标看，安徽省农业科学研究与开发机构的发表论文数、出版科技著作数、专利申请数、国家级发明专利数量都出现了较大幅度增长。如农机装备体系获批省部级及以上项目60余项，授权国家级发明专利70余项，国外发表科技论文100余篇，获国家科学技术进步奖2项。

（三）农业生产条件不断改善，农业绿色发展有力推进

农业生产条件不断改善。大力开展标准农田改造和水利设施建设，为农业生产提供坚实的基础条件和环境。截至2021年，安徽省已建成高标准农田5510万亩，占全省耕地面积的66.22%。注重农田水利建设，逐步完善水利设施，有效灌溉面积逐渐增加。2015~2020年，全省有效灌溉面积从4400.34千公顷增加到4608.83千公顷，增加了4.7%，有效改善了农业生产水利条件。

农业绿色发展进一步推进。一方面，推进耕地土壤污染防治，加强农产品产地环境管理。2021年，全省落实安全利用和严格管控措施，在全省污染较重的县（市、区）建立耕地土壤改良与安全利用集中推进示范展示基地，有效提升耕地质量。另一方面，大力推广绿色高效技术生产模式和农药化肥减量化技术，以控肥控药为重点，不断改善农业生产环境。2015~2020年，农用化肥施用量从338.7万吨下降到289.9万吨，下降了14.4%；农药使用量从11.1万吨下降到8.3万吨，下降了25.2%。

（四）实施科技创新工程，加强农产品品牌建设

实施农业科技创新工程。开展农业竞争力提升科技行动，提升种业科技

创新能力。按照科技创新、技术集成、示范培训、推广应用、科企合作的方式，研发了一批新品种、新技术、新模式，推广应用一批动植物新品种，对接一批服务新型农业经营主体。开展"百校联百县兴千村"行动，组织中国科技大学、合肥工业大学等高校加入全国乡村级内设高新联盟，并同金寨县、灵璧县等14个县区合作，建设实践基地，推动技术联合，提高县域农业科技水平。

强化农产品品牌建设。推进优质农产品工程建设，开展"皖美农品"产品遴选活动，截至2022年9月底，遴选出"皖美农品"区域公用品牌33个、企业品牌35个、产品品牌159个。加强特色品牌培育，围绕区域农业特色产业，支持培育"公司+商标+基地+农户"新模式。安徽省中药材产业培育农业区域公用品牌18个、国家地理标志10个、中国驰名商标3个，入选全国名特优新农产品2个、安徽省著名商标品牌3个、安徽省名牌产品5个。加大"皖美粮油"等品牌宣传力度，培育了一批名优特新品牌，全省品牌农产品市场占有率和知名度不断提高。

（五）基础设施建设平稳推进，数字赋能农业规模扩大

推进农村基础设施建设。一是农村公路建设加速，2015~2021年，安徽省县道从2.4万公里增加到3.3万公里，增长了37.5%；乡道从3.65万公里增加到4.27万公里，增长了17%；三级公路从1.9万公里增加到2.2万公里，增长了15.8%；四级公路从14.6万公里增加到19.1万公里，增长了30.8%（见表2）。二是农业生产设施建设投资增加。2021年安徽省农业固定资产增长35.9%，其中，新增固定资产增长85.9%。三是农村人居环境基础设施不断改善。2015~2021年，农村自来水普及率从72%提高到89.2%，太阳能热水器的使用量从568.58万平方米增加到599.59万平方米。农村生产设施和人居环境基础设施的不断完善，为农业数字化信息化建设提供了设施基础。

表2　2015~2021年安徽省农村公路线路长度

单位：公里

年份	县道	乡道	三级公路	四级公路
2015	24253	36498	18920	145875
2016	23604	36541	20332	154701
2017	23636	36600	20897	160482
2018	13546	34438	19939	166708
2019	20374	36249	22111	173750
2020	32571	42769	20884	191675
2021	32980	42747	21606	190590

资料来源：《安徽统计年鉴》（2016~2022年）。

数字赋能农业规模不断发展扩大。一是农业生产管理中引入智能化农机技术装备，采用无人机进行农药喷洒、山林巡逻、早稻机播种等多项信息技术，推动智慧农业发展。如凤台县智慧农业园组建了设施蔬菜育种、智能化设施栽培以及病虫综合防治等多个实验室和监测中心，全程采用高标准生态种植、智能管理等现代农业科技技术，实现园区管理的智能化和物联网。农产品质量管理引入数字信息化技术，构建了安徽省农产品质量安全追溯体系，进行农产品生产、运输、销售动态监测，实现全程质量安全高效监管。二是实施农村电商巩固提升、优化升级和提质增效等年度专项行动，着力培育电商经营主体。截至2022年9月底，全省累计培育农村电商经营主体4.5万余个，培育农村产品上行网络销售额超1000万元电商企业551家，上行超100万元品牌436个。推进示范村镇创建，全省有48个县（市、区）被纳入国家电子商务进农村综合示范县。全省农村产品网络销售规模快速扩大，2017~2021年，全省农村产品上行网销额从257亿元增长到850亿元，年均增长34.9%。

（六）科技人才队伍建设加强，科技社会化服务取得进展

加强农业科技人才队伍建设。强化科技人才培育，通过"百校联百县

兴千村""雨露计划+"就业促进等行动，广泛开展乡村建设职业培训，提升农业职业技能。开展基层农业技术人员培训，切实提升基层农技推广服务能力。推进职业农民培育，加强高素质农民培育，建立了以农广校、涉农院校、农业推广机构为主体，农业科研院所、农业企业、农民合作社及社会培训机构等广泛参与的多元化培训体系。推进科技特派团"一县多团、一团一业"精准帮扶省级乡村振兴重点帮扶县，已成立96个科技特派团共1100多人，对20个重点县开展精准帮扶。

强化农业科技社会化服务。一方面，搭建科技服务平台，支持农民参加多种形式的展览展示、创新创业创意大赛等，支持农民抱团发展，全省农民自发成立百余个协会、联盟等合作组织；另一方面，促进农业科技帮扶，通过科技特派员开展科技帮扶服务，指导农户生产经营，培育经营主体，推动农业发展。

二　安徽省农业科技发展存在的问题与障碍

（一）农业科技整体实力不强，创新成果不足

农业科技整体实力不强。安徽省粮食单产低于长三角地区平均水平。2020年，安徽省粮食单产为367.6公斤/亩，分别较上海、江苏、浙江低165.7公斤/亩、92.3公斤/亩、38.9公斤/亩；其中，安徽省稻谷单产414.13公斤/亩，分别较上海、江苏、浙江单产低128.8公斤/亩、180.8公斤/亩、73.4公斤/亩（见表3）。此外，在全省（市）自育品种占比、水稻种植机械化率等方面，安徽省也低于长三角平均水平。其主要原因是农业生产条件较为薄弱，机械化生产技术应用不彻底，机械化水平偏低；新技术、新机具发展缓慢，科研开发配套系统建设落后；农业生产技术落后于农业生产发展，防灾减灾技术研发滞后等。农业科技创新成果总体不足，科技需求不能得到满足。部分农产品育成品种同质化严重，突破性品种较少。

表3　2020年长三角三省一市粮食及主要粮食产品单产量

单位：公斤/亩

地区	粮食	稻谷	小麦	玉米
安徽	367.6	414.13	394.48	358.10
上海	533.3	542.9	466.84	460.49
江苏	459.9	594.93	380.20	403.20
浙江	406.5	487.53	489.33	272.93

资料来源：《中国农村统计年鉴（2021）》。

（二）农业科技创新平台待强化，成果转化应用不高

农业科技创新平台有待加强。一是总体投入不足。经费投入不足，与长三角地区相比较，安徽省科技经费投入力度较低；政策扶持力度不足，与山东、河南等农业省份相比，安徽省如家禽产业政策扶持力度相对较弱，且在重点区域、主导品种等方面投入没有明显的差异性，不利于重点品种及主导产业的培育；设施建设投入不足，现有种质资源保护设施普遍容量小、标准低、设备陈旧、覆盖面窄，种质资源保护利用条件有待改善。二是农业科技研发人员总体不足，尤其是高层次人才比较缺乏。2021年，安徽省农业行业研究人员中博士占比为11.4%，比全省平均研究人员中博士占比（17.4%）低6个百分点。三是科技创新服务平台建设滞后。当前科技创新服务平台主要依托农业技术推广部门，由于受到人员编制、激励措施、创新意识、技术水平等内外因素的影响，难以适应当前农村产业发展对创新技术的迫切需求。

农业科技创新成果转化率不高。农业技术成交合同数量和金额比重较低，农业科技创新成果转化应用水平不高。其主要原因，一是参与机制不健全，科技创新多是由政府主导、科研机构参与，而企业、农业新型经营主体参与科技创新活动较少，致使产研结合不紧密。二是科技成果与市场需求不匹配，农业科技成果与产业发展需求存在脱节现象，加上有的地方品种保护与利用技术不适应，致使一些科研成果难以转化应用。

（三）技术研发推广不足，农业绿色发展有待提升

一是农业绿色发展的技术措施和模式的推广应用未完全实现。虽然秸秆还田及资源化技术、稻田生态种养等技术取得显著成效，但由于政策、资金、技术力量等现实原因，普及绿色农业生产技术和发展模式仍任重道远。如目前安徽省稻渔种业发展面临着种业体系建设滞后于稻渔发展需求的问题，适宜稻渔系统的水稻品种和水产良种欠缺，特别是标准化、规范化的小龙虾良种场建设亟须加强。二是农业基础设施建设相对滞后。部分农田水利设施相对落后，调水控水能力和抗旱排涝能力低，农业综合开发和土地整理面积小、规模小，农家肥和生物有机肥施用面积小，农肥积造和无害化处理设施不足。三是发展绿色农业需要大量的资金和人力投入，但部分市县经济实力不强，农业的自我积累和发展能力较差，地方财政支持力度不够，加上政策扶持力度不足，社会资金投入少，农业投入满足不了绿色农业发展的需求。

（四）名优农产品不多，品牌影响力低

安徽省农产品众多，但是全国范围内质量好、知名度高、竞争力强的产品不多。主要原因是，当前农产品市场存在"优品不优价"现象，消费者对无公害、绿色产品难以识别，对优质绿色农产品不放心、不认可。对于多数产品，除了口感品质外，农户对追求无公害、绿色环保农产品的积极性不高。农产品优质率不高，加上对品牌农产品的培育开发和宣传不够，产品的品牌难以提升，品牌影响力较低。表现为"小、多、杂"，品牌商业价值低，溢价能力不高，叫得响的领军性品牌和影响力强的区域公共品牌较少。2020年中国小麦粉加工企业50强，安徽省排名最高的安徽正宇面粉有限公司仅排名榜单第23位，品牌知名度、影响力还存在很大差距。省内如符离集烧鸡、无为板鸭等地方传统禽产品则由于生产标准和产品质量不稳定，市场占有率不高、品牌影响力低。

（五）网络基础设施不完备，数字农业水平待提升

数字农业发展对于网络和电力等基础设施依赖程度较高，而在安徽省一些农村地区网络基础条件还较为落后。部分农村地区存在网络基础设施差、网络信号差、上网资费贵的现象，制约了数字技术的应用普及。数字农业发展水平有待提升，一是涉农数字化和新技术创新能力不足，目前的人工智能等数字技术，基本还处于试验示范阶段；同时在数字技术应用的产业配套和服务缺失，数字化产品进行市场化推广还较少。数字农业发展对农村产业生产、采摘、保鲜、加工、运输都有较高要求，具有统一的标准。但在现有的技术条件下，由于技术成熟度不高、农产品差异较大，难以用统一的模式推进农业发展，影响数字农业的发展。如鲜食玉米生产销售融合不够，直接影响电商直销。二是农产品电商销售额有待提高。2021 年，安徽农产品网络销售额为850 亿元；而同期江苏农村网络零售额达 3064 亿元，且居全国第二位。安徽省在农产品网络销售、技术支持、网络基础设施等方面与先进省份相差较大。

（六）农业人才流失严重，农业科技社会化服务欠缺

一方面，农业技术人才流失严重，人才数量不足。农村大量能工巧匠和专业技术人才离开农村，同时，农村发展所需要的专业技能型人才"招不来、留不下"。另一方面，农村技术服务体系滞后。农业科技推广体系是农业推广服务的主要部门和技术力量，目前普遍存在人员年龄结构失衡、知识老化更新不足、技术提升跟不上农业发展需要的状况。现有的农业科技服务主要集中在种植养殖环节，而在智能化应用、产业链延伸、品牌打造、市场营销等方面服务欠缺，远不能满足农村产业发展需求。

三　促进安徽农业科技发展的策略选择

（一）加大技术创新，提高农业科技水平

加强关键核心技术攻坚突破，提高农业科技创新水平。围绕制约安徽省

农业高质量发展的技术瓶颈，以生物种业、绿色食品、智慧农业、现代农机装备等领域为重点，采取定向委托、"揭榜挂帅"、"赛马"等方式，建立创新联合体联合攻关机制，解决产业协同创新难题。加大农业科技投入，完善农业科技投入管理体制。到2025年，农业科技创新能力和服务能力显著提升，全省农业科技整体水平和对经济的社会驱动力明显提高，政府引导、市场驱动、部门协同、上下联动的农业科技创新创业体系进一步形成，农业科技进步贡献率得到提升。农业科技创新创业支持政策体系进一步优化，农业科技服务领域进一步拓展，在解决种业等农业科技"卡脖子"技术，以及应对农业疫情和防范重大风险技术等方面取得明显进展。

（二）加大创新平台建设，推动科技成果转化应用

一是争取国家级创新平台的建设，扩大国家级创新平台的覆盖范围，培育创建国家农业高新技术产业示范区，推动国家和省级农业科技园区提质增效。二是推进省级农业科技创新中心建立。以农业科技创新中心建设为引领，推进农业区域科技创新发展。充分利用省内地方自然条件、资源特色、区位优势和目标导向，建立以农业科技创新与地方经济发展一体化为目标的区域带动型中心，形成一批特色产业创新生态圈，推进特色种养业提质增效。三是支持农业科技交叉领域的农业重大科技研究，打造一流农业科技创新中心集群。重视重大农业科技创新中心的区域均衡、重点集群的空间布局，充分考虑地区农业经济的空间差异和产业匹配度，加快农业科技创新中心区域层面的优化布局，形成相对集聚区。

（三）提升机械装备水平，推进绿色农业发展

加快农业机械装备研发。按照"一行业一中心"的方式，聚焦关键共性技术需求，支持农机装备企业创建省级制造业创新中心，建设一批省企业技术中心，推进农机装备企业产业结构优化升级，引领产业向中高端发展；按照"关键核心技术自主化，主导装备产品智能化，薄弱环节机械化"的发展思路，进行薄弱环节机械化产品研发。支持农业装备和农产品加工等领

域的领先企业加大技术创新力度，掌握发展的核心技术并拥有自主知识产权，创建技术创新示范企业。支持农业装备和农产品加工企业开展重要技术标准的研究制定，形成一批具有自主知识产权的先进标准。加大绿色农业技术创新与应用力度，加强农业能效提高技术、精准农业技术、生态循环农业技术等关键技术的研发和创新。制定绿色农业技术规范，提高绿色农业建设的标准化、规范化水平。推动生态绿色一体化，加大环境保护力度，为农产品生产、加工提供优势的生态支撑。打破区域界限，全面推进绿色农产品质量管理体系建设。

（四）提升深加工技术研发能力，加强农产品品牌建设

提高农产品精深加工能力，推动农产品及加工副产物综合利用。开展秸秆、稻壳、虾壳、果蔬皮渣等副产品梯次加工和全值高值利用，坚持可循环发展，符合循环利用要求和加工标准；鼓励多元化产品研发，开发功能性及特殊人群膳食，加强与健康、养生、养老、旅游等产业融合对接。推动农产品企业标准化生产，加快生产与加工标准和技术规程的制定，狠抓标准执行与落实，实施精品战略，提高产品优质率。整合区域农产品加工企业，引导品牌资源拓展和延伸，推进产业结构调整，联合同行业、同产业链企业共同打造品牌，努力打造全国知名的农产品。通过与大型商超对接、"互联网+"等多种渠道，加大安徽农产品品牌宣传力度，扩大品牌的知名度和影响力。

（五）加大基础设施建设，推进数字农业发展

健全完善农村路、水、电、气、物流、通信网络，加快推动城镇基础设施向农村延伸。推进农村信息基础设施建设，提高农村基础设施数字化水平，推进信息进村入户工程，加快完成农村电网改造升级。探索建立农业农村大数据中心，设立农业农村特色农产品大数据平台。提升数字农业发展水平，引入数字设备，引进气象信息采集站、土壤墒情信息采集站、农情检测设备、温室控制器、物联网监控终端等先进的数字农业设备。推进数字素质培育，开展数字化技术基础和各行业数字农业设备操作的培训，开展电商基

础普及和技能培训，培育一批专业化农业电商企业，提升数字农业的认知水平。提高数字技术的应用，特别是要加大核心关键农业数字技术的研发应用力度，推进种植业、畜牧业、渔业、农产品加工业、林业等生产过程数字化转型升级，实现环境自动监控、水肥药精准使用等技术应用，推进人工智能技术、虚拟现实技术在数字农业领域的应用，加大移动互联网技术、大数据技术等在农业信息服务领域的广泛应用。

（六）加强科技人才队伍建设，加大农业科技社会化服务建设

加强农业科技人才队伍建设，一是培育农业科技人才，加大培育职业农民、科技特派员团队和农业科研人员队伍。二是激励农业人才科技创新，深化农业专技人才体制机制改革。优化农业高校毕业生创新创业环境，支持基层科技人才队伍建设，支持农业高层次人才科技创新。三是优化农业人才发展环境，加快推进"一站式"安徽省人才服务平台建设，推动跨部门、跨地区农业人才服务信息互通互享。推进江淮卡优待服务，提升农业高端人才创新创业环境。

建立农业科技社会化服务体系，一是构建利益共同体，支持农业科技人员采用技术入股、资金入股等形式，与合作社和农业企业结成"风险共担、收益共享"利益共同体。二是强化金融支持，推动金融机构对农村科技创新创业项目信贷支持，开展授信业务和小额贷款业务；鼓励和支持金融机构对创办领办经济实体、建立利益共同体等创业项目，开展"科创贷""乡村振兴贷"等金融服务，缓解资金短缺难题。三是强化宣传引导，营造全社会关注、支持农村科技发展的良好氛围，有效释放农村科技创新带头人的示范带动效应。

参考文献

李青芮：《乡村振兴背景下数字农业的发展策略》，《农业经济》2022 年第 10 期。

周新德、周扬：《数字经济赋能乡村产业振兴的机理、障碍与路径研究》，《粮食科技与经济》2021年第5期。

毛长青、许鹤瀛、韩喜平：《推进种业振兴行动的意义、挑战与对策》，《农业经济问题》2021年第12期。

吴立峰：《浅析我国农业科技成果转化存在的问题及对策措施》，《上海农村经济》2022年第10期。

魏后凯、杜志雄主编《中国农村发展报告——聚焦"十四五"时期中国的农村发展》，中国社会科学出版社，2020。

B.10
高质量一体化背景下长三角外资
外贸发展的新态势研究

赵蓓文 方臣*

摘 要： 本研究分析了长三角、长三角城市群、长三角国家级新区引进外资的总体趋势和特点、地区分布和投资方式，并对新形势下长三角外贸发展的趋势和特点进行研究，得出长三角地区实际利用外资来源地高度集中、产业分布以第三产业为主、独资化倾向日益显著，以及长三角外贸发展增速有所放缓但向好趋势不变、民营企业贡献过半和外资企业贡献突出、长三角城市群增速迅猛但区域差异显现等结论，进而提出长三角地区以高质量一体化打造改革开放新高地的新任务：在顶层设计方面，制度创新助推构建"双循环"新发展格局；在协同发展方面，长三角一体化打造高质量发展新引擎。

关键词： 高质量一体化 外资 外贸 长三角

2019 年 12 月，中共中央、国务院印发了《长江三角洲区域一体化发展规划纲要》，提出"长江三角洲地区高质量一体化发展，有利于提高经济集聚度、区域连接性和政策协同效率，引领全国高质量发展，推进更高起点的深化改革和更高层次的对外开放，建设现代化经济体系"。2022 年，党的二十大报告进一步强调，"促进区域协调发展。深入实施区域协调发展战略、区域重大战略、主体功能区战略、新型城镇化战略，优化重大生产力布局，构建优

---

* 赵蓓文，经济学博士，上海社会科学院世界经济研究所副所长，研究员，博士生导师，研究方向为世界经济、国际投资、国际贸易、国际金融以及中国对外开放战略；方臣，上海社会科学院世界经济研究所博士研究生，研究方向为国际投资。

势互补、高质量发展的区域经济布局和国土空间体系。……推进京津冀协同发展、长江经济带发展、长三角一体化发展，推动黄河流域生态保护和高质量发展"。党的二十大报告为长三角地区实施高质量一体化发展提供了根本遵循，长三角地区外资外贸在高质量一体化发展的背景下出现了一系列新态势。

一　长三角实际利用外资的趋势和特点

近年来，中国新设外商直接投资企业持续增长，为推动中国经济高质量发展，为巩固、增强、提升产业链供应链韧性，为构建国内国际双循环的新发展格局，贡献了重要的动力源。以上海为核心的长三角地区是中国经济发展最活跃、开放程度最高、创新能力最强的区域之一，吸引外资规模逐年稳步提升，吸收外资质量也日益提高。

（一）长三角地区实际利用外资规模与项目数量

图 1 显示，2013~2022 年，长三角地区与全国实际利用外资规模呈现稳步提升的态势。进一步研究发现，一方面，长三角地区在全国吸引外资中占有重要地位，2021 年之前，为全国贡献了超过半数的外商直接投资，2022 年仍然贡献了超过 40% 的外商投资，为中国吸引外商直接投资发挥了重要作用；另一方面，长三角地区吸引外资贡献度也在持续下降，2022 年首次低于半数，仅有 40.14%，为近 10 年来最低水平。说明长三角地区吸引外资也面临周边省市的竞争，在全国的地位受到一定挑战。

图 2 显示，2013~2022 年，全国外商投资项目波动幅度较大，整体呈上升趋势，长三角地区略有波动，但总体趋势与全国一致，也呈现上升态势。需要关注的是，长三角地区外商投资项目年度增长规模低于全国水平，占全国比例近年来已跌破 40%，2022 年仅占全国的 28.68%。

另外，长三角地区基本上以不足全国 40% 的外商投资项目，实际利用了超过全国 50% 的外商投资金额，长三角外商投资项目平均资金规模高于全国水平，相对于全国而言，大项目居多，实际利用外资的质量较高。

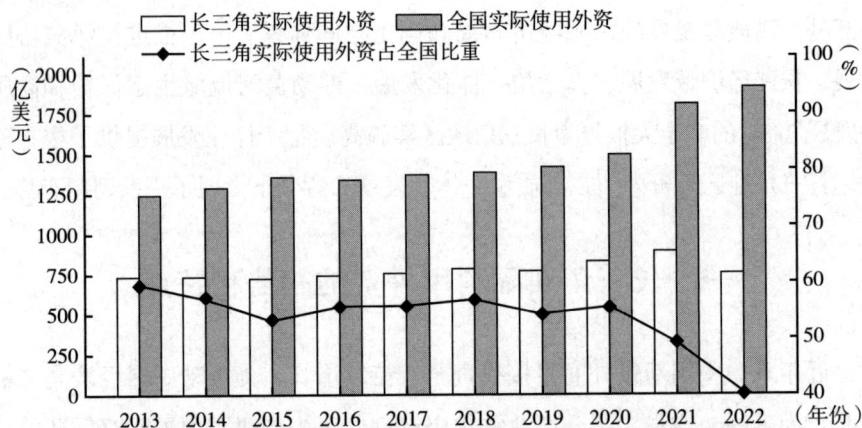

图1 2013~2022年长三角地区实际利用外资规模占全国比重

注：长三角地区实际利用外资为上海市、江苏省、浙江省、安徽省实际利用外资总和。以下相关图表皆同。

资料来源：历年《中国统计年鉴》、《上海统计年鉴》、《江苏统计年鉴》、《浙江统计年鉴》、《安徽统计年鉴》、上海市统计局以及2022年江苏省和安徽省《国民经济和社会发展统计公报》。

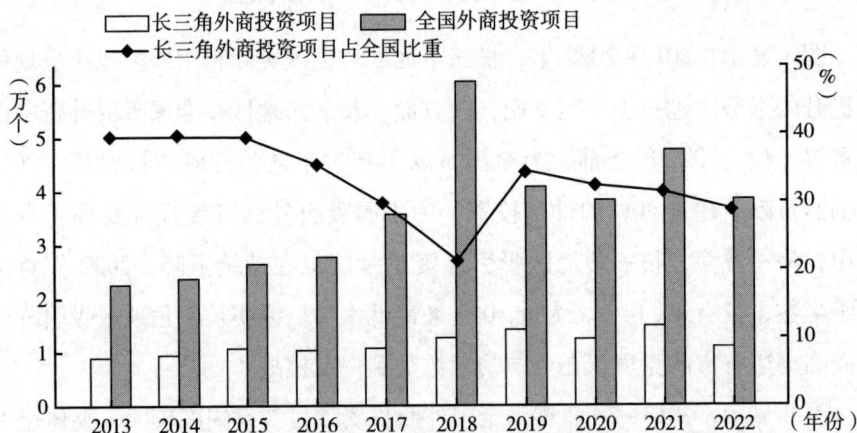

图2 2013~2022年长三角地区外商投资项目占全国比重

资料来源：历年《中国统计年鉴》、《上海统计年鉴》、《江苏统计年鉴》、《浙江统计年鉴》、《安徽统计年鉴》、上海市统计局网站以及2022年江苏省和安徽省《国民经济和社会发展统计公报》。

（二）长三角地区实际利用外资的三次产业分布

图3（a）显示，2017~2021年长三角各省市实际利用外资规模总体分

布相对均衡，江苏省的比例相对偏高，占据整个长三角地区的1/3左右，浙江省实际利用外资占比有下降趋势。2022年各省市实际利用外资分布相对失衡，江苏省占比突破40%，安徽省仅有2.8%。图3（b~d）显示，不同地区在三次产业的侧重上有所不同，安徽省在第一产业实际利用外资方面占据首位，上海市在第三产业实际利用外资方面占据首位，江苏省三次产业实际利用外资占比相对比较均衡。这也显示出了长三角不同省市的引资特点。

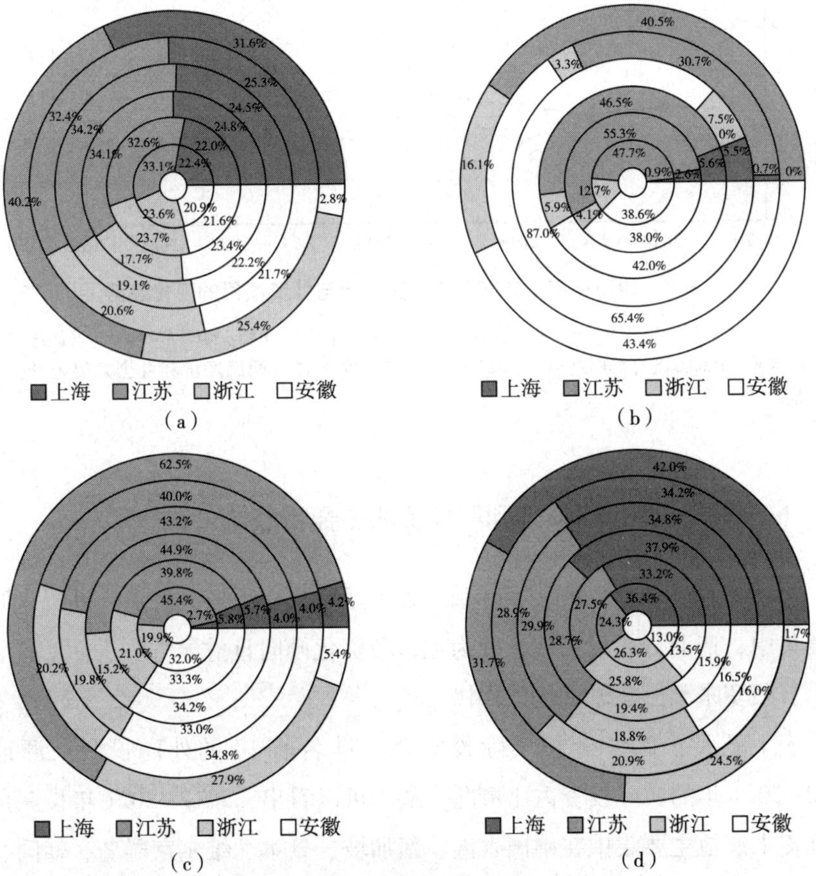

图3　2017~2022年长三角实际利用外资的地区分布

注：图（a）到图（d）依次为长三角三省一市实际利用外资总体分布、第一产业分布、第二产业分布、第三产业分布；各环形图从内到外依次为2017年到2022年。

资料来源：历年《上海统计年鉴》《江苏统计年鉴》《浙江统计年鉴》《安徽统计年鉴》。

图 4 显示，2013~2022 年长三角地区实际利用外资规模与外商投资项目数整体呈现波动上升趋势，外商投资项目数的波动幅度高于实际利用外资规模。

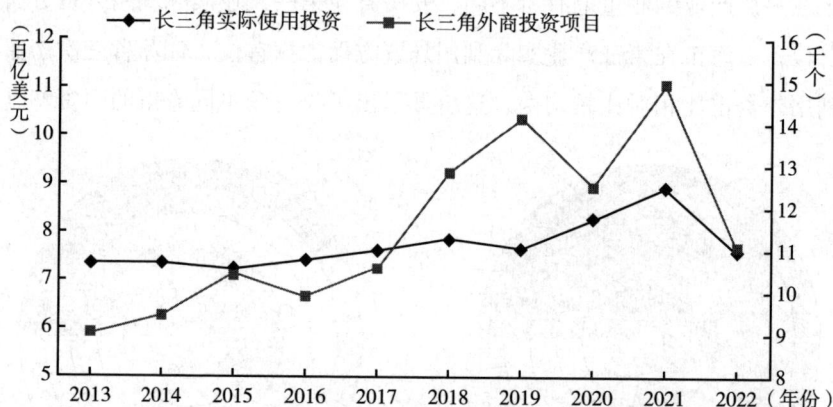

图 4　2013~2022 年长三角外资规模与外资项目的变化趋势

资料来源：历年《上海统计年鉴》、《江苏统计年鉴》、《浙江统计年鉴》、《安徽统计年鉴》、上海市统计局网站以及 2022 年江苏省和安徽省《国民经济和社会发展统计公报》。

（三）长三角地区实际利用外资的主要特点

总体来看，长三角地区实际利用外资呈现出以下三大特点：外资来源地高度集中，产业分布以第三产业为主，独资化倾向日益显著。

1. 投资来源：来源地高度集中

表 1 显示了 2021 年按实际投资金额排名前 10 的外商投资来源地在 2012~2021 年的实际投资占比情况，从中可以看出，2012~2021 年长三角地区外资来源地主要集中在中国香港、新加坡、日本、维尔京群岛、韩国、美国、中国台湾、德国、英国、法国等国家和地区，外资来源地高度集中。其中，中国香港始终是长三角地区最主要的外资来源地，份额一直高居 50%以上，并且保持整体提升态势，2021 年来自中国香港的投资份额突破了 70%。

表1　2012~2021年长三角实际利用外资来源地变化情况

单位：%

来源地	2012	2013	2014	2015	2016	2017	2018	2019	2020	2021
中国香港	51.48	56.62	63.6	59.92	60.54	60.61	60.43	63.01	68.68	74.04
新加坡	5.38	5.61	3.33	4.52	3.88	2.98	3.78	5.06	5.7	5.95
日本	7.62	6.77	4.3	3.28	3.29	3.62	2.77	3.19	3.11	2.68
维尔京群岛	1.98	1.57	1.86	2.1	2.72	1.67	2.36	1.91	2	2.33
韩国	2.03	1.58	1.5	1.41	1.84	2.14	1.86	2.34	1.98	1.74
美国	3.35	3.9	3.3	3.74	3.26	2.32	1.93	3.11	2.63	1.73
中国台湾	3.62	2.2	3.15	1.75	2.56	2.3	2.71	3.11	1.48	1.49
德国	1.68	1.86	1.53	2.66	2.01	1.29	3.54	1.39	1.29	1.03
英国	0.4	0.52	0.77	1.11	0.64	1.04	1.15	1	1.15	0.68
法国	0.81	1.27	0.52	1.43	0.93	1.32	1.28	0.87	0.52	0.63

资料来源：根据历年《上海统计年鉴》《江苏统计年鉴》《浙江统计年鉴》《安徽统计年鉴》整理计算。

图5显示，长三角地区外商实际投资金额与项目数始终保持高度集中的状态，外商资金集中度呈上升趋势，2021年已经接近90%；外资项目数虽然同样保持高度集中，但份额呈现缩减态势，近10年来已从占比70%以上跌至70%以下。外资主要来源地的项目数量呈持续减少趋势，资金规模却呈持续扩大趋势，表明长三角地区利用外资趋向于吸收大项目，而跨国公司也更为青睐将大项目投资于长三角地区。单个项目投资金额大已经成为长三角地区吸收外资的一大特色。

2.产业分布：第三产业发挥主导作用

表2和表3显示，2017~2022年，第三产业始终是实际利用外资的主体部门，并且份额持续显著提升，已从2017年的58.46%上升至2022年的72.29%，是长三角地区吸引外资的主要增长点，开始主导长三角地区的外资利用结构。第二产业份额持续减小，2020年、2021年缩减幅度巨大，已从2017年的40.70%缩减到2021年的28.78%，2022年持续小幅下降。第一产业份额微弱，总体上也呈缩小趋势。

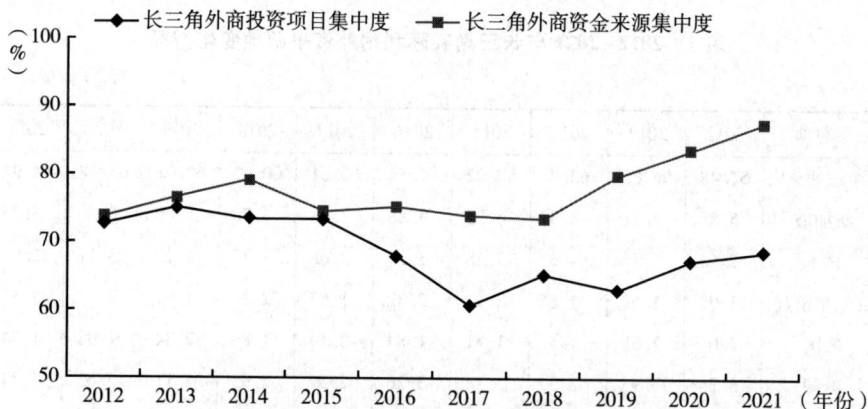

图5　2012~2021年长三角地区外资来源地集中度变化趋势

注：外资来源地集中度为中国香港、新加坡、日本、美国、中国台湾、韩国资金占全部资金的比重。

资料来源：历年《上海统计年鉴》《江苏统计年鉴》《浙江统计年鉴》《安徽统计年鉴》。

表2　2017~2022年长三角地区实际利用外资产业分布

单位：亿美元

项目	2017	2018	2019	2020	2021	2022
总计	759.42	785.65	766.81	825.70	890.43	759.11
第一产业	6.38	5.40	3.21	2.36	4.43	2.22
第二产业	309.07	314.57	307.88	274.20	256.30	208.13
第三产业	443.97	465.68	455.72	549.14	629.70	548.76

资料来源：根据历年《上海统计年鉴》《江苏统计年鉴》《浙江统计年鉴》《安徽统计年鉴》以及安徽省和江苏省商务厅、《国民经济和社会发展统计公报》数据整理计算。《江苏统计年鉴》与《安徽统计年鉴》未公布三次产业实际使用外资，根据公布的国民经济行业数据加总到三次产业，并将三次产业加总为总额，与统计年鉴公布的总额略有差异。表3~表5同。

表3　2017~2022年长三角地区实际利用外资产业分布

单位：%

项目	2017	2018	2019	2020	2021	2022
总计	100	100	100	100	100	100
第一产业	0.84	0.69	0.42	0.29	0.50	0.29
第二产业	40.70	40.04	40.15	33.21	28.78	27.42
第三产业	58.46	59.27	59.43	66.51	70.72	72.29

资料来源：根据历年《上海统计年鉴》《江苏统计年鉴》《浙江统计年鉴》《安徽统计年鉴》以及安徽省和江苏省商务厅、《国民经济和社会发展统计公报》数据整理计算。

表 4 和表 5 显示，上海市与浙江省第三产业成为吸引外商投资的主导产业，安徽省与江苏省第二产业与第三产业吸引外商投资相对均衡，并且明显呈现向第三产业倾斜的趋势，2020 年江苏省第三产业吸引外资首次超过 50%，2021 年安徽省第三产业吸引外资首次超过 50%。

表 4　2016~2021 年长三角三省一市实际利用外资产业分布

单位：亿美元

省市	项目	2016	2017	2018	2019	2020	2021
上海市	总计	185.14	170.08	173.00	190.48	202.33	225.51
	第一产业	0.25	0.06	0.14	0.18	0.13	0.03
	第二产业	21.54	8.49	18.31	17.44	11.08	10.18
	第三产业	163.35	161.53	154.55	172.86	191.12	215.30
江苏省	总计	245.43	251.35	256.31	261.37	282.47	288.56
	第一产业	4.80	3.04	2.99	1.49	0.00	1.36
	第二产业	126.00	140.38	125.20	138.29	118.38	105.16
	第三产业	114.63	107.93	128.13	121.58	164.09	182.04
浙江省	总计	175.77	179.02	186.39	135.59	157.85	183.39
	第一产业	1.29	0.81	0.22	0.19	0.18	0.14
	第二产业	71.56	61.40	66.19	46.81	54.22	51.74
	第三产业	102.93	116.81	119.98	88.60	103.45	131.50
安徽省	总计	147.67	158.97	169.96	179.37	183.05	192.97
	第一产业	2.67	2.47	2.06	1.35	2.06	2.90
	第二产业	101.25	98.80	104.88	105.34	90.52	89.22
	第三产业	43.75	57.70	63.02	72.68	90.48	100.85

资料来源：根据历年《上海统计年鉴》《江苏统计年鉴》《浙江统计年鉴》《安徽统计年鉴》以及安徽省和江苏省商务厅、《国民经济和社会发展统计公报》数据整理计算。

表 5　2016~2021 年长三角三省一市实际利用外资产业分布比例

单位：%

省市	项目	2016 年	2017 年	2018 年	2019 年	2020 年	2021 年
上海市	总计	100	100	100	100	100	100
	第一产业	0.14	0.04	0.08	0.09	0.06	0.01
	第二产业	11.63	4.99	10.58	9.16	5.48	4.51
	第三产业	88.23	94.97	89.34	90.75	94.46	95.47
江苏省	总计	100	100	100	100	100	100
	第一产业	1.96	1.21	1.16	0.57	0	0.47
	第二产业	51.34	55.85	48.85	52.91	41.91	36.44
	第三产业	46.70	42.94	49.99	46.52	58.09	63.09

续表

省市	项目	2016 年	2017 年	2018 年	2019 年	2020 年	2021 年
浙江省	总计	100	100	100	100	100	100
	第一产业	0.73	0.45	0.12	0.14	0.11	0.08
	第二产业	40.71	34.3	35.51	34.52	34.35	28.21
	第三产业	58.56	65.25	64.37	65.34	65.54	71.71
安徽省	总计	100	100	100	100	100	100
	第一产业	1.81	1.55	1.21	0.75	1.12	1.50
	第二产业	68.57	62.15	61.71	58.73	49.45	46.24
	第三产业	29.62	36.30	37.08	40.52	49.43	52.26

资料来源：根据历年《上海统计年鉴》《江苏统计年鉴》《浙江统计年鉴》《安徽统计年鉴》整理计算。

3. 投资方式：外商独资经营占据主流

表6和表7显示，2015~2021 年，长三角地区利用外资方式以外商独资为主，其次是中外合资，中外合作以及外商股份制也占据了微小份额。从目前情况来看，外商独资企业的主导地位长期保持稳定，2021 年，外商独资企业已经占据全部外商投资企业的 70.9%。

表6　2015~2021 年长三角地区按登记注册类型分的外资企业数量

单位：个

年份	总计	合作经营	合资经营	独资经营	股份制
2015	94223	1801	26294	62697	1634
2016	93546	1675	25564	63321	1651
2017	101885	1598	27024	69480	1647
2018	75782	900	20007	51246	1128
2019	88556	922	23135	61050	1106
2020	93170	940	23187	65277	1238
2021	98517	980	23407	69853	1421

注：总计包含其他港澳台商和外商投资企业，因此四种登记注册类型企业之和与总计可能不等。表7~表9同。

资料来源：根据历年《中国基本单位统计年鉴》、《2018 年中国经济普查年鉴》归纳整理。合作经营为港澳台合作经营与外商合作经营之和，合资经营为港澳台商合资经营与外商合资经营之和，独资经营为港澳台商独资经营与外商独资经营之和，外商股份制为港澳台股份制经营与外商股份制经营之和。

表 7　2015~2021 年长三角地区按登记注册类型分的外资企业占比

单位：%

年份	总计	合作经营	合资经营	独资经营	股份制
2015	100	1.91	27.91	66.54	1.73
2016	100	1.79	27.33	67.69	1.76
2017	100	1.57	26.52	68.19	1.62
2018	100	1.19	26.4	67.62	1.49
2019	100	1.04	26.12	68.94	1.25
2020	100	1.01	24.89	70.06	1.33
2021	100	0.99	23.76	70.9	1.44

资料来源：根据表 6 数据计算。

表 8 和表 9 显示，从长三角地区内部数据来看，2015~2021 年，上海市和江苏省的外商独资企业均占据外商投资企业数量的 60% 以上。就外商独资企业份额而言，上海市常年保持在 80% 左右的水平，江苏省常年保持在 60% 以上的水平，安徽省常年保持在 50% 左右的水平；就发展趋势而言，浙江省外商独资企业占据的份额上升较快，从 2015 年的 47.49% 上升到 2021 年的 63.70%。

表 8　2015~2021 年长三角三省一市按投资方式分的外资企业数量

单位：个

	项目	2015	2016	2017	2018	2019	2020	2021
上海市	总计	34607	34889	35590	28615	30539	32524	33734
	合作经营	790	778	762	465	505	502	504
	合资经营	5252	5273	5430	4826	5043	5388	5638
	独资经营	28137	28354	28873	22594	24216	25840	26774
	股份制	267	303	307	328	352	348	388
江苏省	总计	33627	33857	37797	27745	31233	31889	34788
	合作经营	493	479	442	259	259	227	232
	合资经营	9877	9874	10760	8158	9015	8816	9037
	独资经营	22078	22302	25458	18411	20944	21762	24112
	股份制	773	775	689	424	467	440	504

续表

	项目	2015	2016	2017	2018	2019	2020	2021
浙江省	总计	23584	22288	25573	17812	24874	26606	27529
	合作经营	467	370	341	155	129	187	224
	合资经营	10228	9444	9710	6335	8297	8156	7923
	独资经营	11271	11397	13703	9498	14937	16555	17536
	股份制	490	465	466	315	220	352	401
安徽省	总计	2405	2512	2925	1610	1910	2151	2466
	合作经营	51	48	53	21	29	24	20
	合资经营	937	973	1124	688	780	827	809
	独资经营	1211	1268	1446	743	953	1120	1431
	股份制	104	108	185	61	67	98	128

资料来源：根据历年中国基本单位统计年鉴、中国经济普查年鉴整理计算。

表9 2015~2021年长三角三省一市按投资方式分的外资企业占比

单位：%

		2015	2016	2017	2018	2019	2020	2021
上海市	总计	100	100	100	100	100	100	100
	合作经营	2.28	2.23	2.14	1.63	1.65	1.54	1.49
	合资经营	15.18	15.11	15.26	16.87	16.51	16.57	16.71
	独资经营	81.3	81.27	81.13	78.96	79.3	79.45	79.37
	股份制	0.77	0.87	0.86	1.15	1.15	1.07	1.15
江苏省	总计	100	100	100	100	100	100	100
	合作经营	1.47	1.41	1.17	0.93	0.83	0.71	0.67
	合资经营	29.37	29.16	28.47	29.4	28.86	27.65	25.98
	独资经营	65.66	65.87	67.35	66.36	67.06	68.24	69.31
	股份制	2.3	2.29	1.82	1.53	1.5	1.38	1.45
浙江省	总计	100	100	100	100	100	100	100
	合作经营	1.98	1.66	1.33	0.87	0.52	0.7	0.81
	合资经营	43.37	42.37	37.97	35.57	33.36	30.65	28.78
	独资经营	47.79	51.14	53.58	53.32	60.05	62.22	63.70
	股份制	2.08	2.09	1.82	1.77	0.88	1.32	1.46

	项目	2015	2016	2017	2018	2019	2020	2021
安徽省	总计	100	100	100	100	100	100	100
	合作经营	2.12	1.91	1.81	1.3	1.52	1.12	0.81
	合资经营	38.96	38.73	38.43	42.73	40.84	38.45	32.81
	独资经营	50.35	50.48	49.44	46.15	49.9	52.07	58.03
	股份制	4.32	4.3	6.32	3.79	3.51	4.56	5.19

资料来源：根据表8数据计算。

（四）长三角三省一市2022年1~12月利用外资情况

2022年，中国经济恢复的基础尚不牢固，需求收缩、供给冲击、预期转弱三重压力仍然较大，外部环境动荡不安，给中国经济带来的影响加深。长三角地区实际利用外资依然展现了韧性强、潜力大、活力足的特点，上海市、江苏省、浙江省和安徽省实际利用外资额分别同比增长0.4%、5.7%、5.2%、17.8%。其中，江苏省实际利用外资规模最大，为305亿美元，安徽省实际利用外资增速最快，为17.8%（见表10、表11、表12、表13）。

表10　2022年1~12月上海市实际利用外资情况

单位：亿美元，%

指标名称	1~12月	同比增长
实际使用外资	239.56	0.4
按投资方式分		
中外合资	21.41	-44.9
中外合作	0.52	-53.2
外商独资	214.03	18.3
股份制	0.03	-99.3
按产业分		
第一产业	0	-100.0
第二产业	8.84	-12.5
工业	8.75	-10.4
第三产业	230.73	1.0

资料来源：上海市统计局网站。

表 11　2022 年 1~12 月江苏省实际利用外资情况

单位：亿美元，%

指标名称	1~12 月	同比增长
实际使用外资	305	5.7

资料来源：2023 年江苏省《政府工作报告》。

表 12　2022 年 1~12 月浙江省实际利用外资情况

指标	1~12 月	同比增长（%）
企业数量（个）	2910	−18.0
合同外资金额（万美元）	4339798	12.7
实际使用外资金额（万美元）	1929978	5.2

资料来源：浙江省商务厅网站。

表 13　2022 年 1~12 月安徽省实际利用外资情况

单位：亿美元，%

指标名称	1~12 月	同比增长
实际使用外资	21.6	17.8

资料来源：安徽省商务厅网站。

（五）长三角城市群与国家级新区利用外资的总体情况与特点

长三角城市群是长三角高质量一体化发展的重要载体。长三角城市群通过龙头城市、核心城市的带动作用，对标高标准国际经贸规则，集聚了创新、开放等诸多要素，并进一步辐射到整个长三角地区，逐步形成了与国际通行规则相适应的投资、贸易制度[①]，在长三角地区吸引外资的核心地位日益凸显。

---

① 《长江三角洲城市群发展规划》。

1. 长三角城市群核心地位日益凸显

表 14 和表 15 显示，2013~2021 年，长三角城市群① 26 个城市实际利用外资始终保持增长态势，2022 年实际利用外资有所降低。2013~2022 年，长三角城市群在长三角地区实际利用外资份额中始终占据绝对主导对位，体现了长三角城市群作为长三角地区核心区域的功能和地位。图 6 和图 7 显示，长三角城市群、长三角地区与全国实际利用外资均保持同步增长，长三角城市群、长三角地区外资项目增长相对稳定，全国波动较大；长三角城市群、长三角地区与全国实际利用外资增长率基本保持同步状态，在 2021 年，长三角城市群实际利用外资同比增长可观，更加凸显其吸引外资的核心地位。2022 年，长三角城市群、长三角地区以及全国外商投资项目呈现同步下降趋势。

表 14 2013~2022 年长三角城市群、长三角地区及全国实际利用外资情况

单位：个、亿美元

年份	长三角城市群		长三角地区		全国	
	项目数量	实际利用外资	项目数量	实际利用外资	项目数量	实际利用外资
2013	8664	673.26	9113	748.86	22819	1239.1
2014	8857	662.18	9534	744.77	23794	1285
2015	10187	665.78	10654	733.13	26584	1355.8
2016	9654	682.13	10424	754.02	27908	1337.1
2017	9891	669.18	10572	759.42	35662	1363.2
2018	12123	691.56	12853	785.33	60560	1383.1
2019	13502	704.19	14138	766.68	40910	1412.2
2020	11812	709.97	12538	827.07	38578	1493.4
2021	14216	821.26	14967	890.40	47647	1809.6
2022	10308	744	11040	759.11	38497	1891.3

资料来源：根据《中国统计年鉴（2022）》、安徽省商务厅数据和相关城市《国民经济和社会发展统计公报》以及历年《上海统计年鉴》《江苏统计年鉴》《浙江统计年鉴》《安徽统计年鉴》整理计算。其中，南通市为 3000 万美元以上项目，表 22 同。

---

① 根据《长江三角洲城市群发展规划》，长江三角洲城市群包括上海市，江苏省的南京、苏州、无锡、南通、泰州、扬州、盐城、镇江、常州，浙江省的杭州、湖州、嘉兴、宁波、舟山、绍兴、金华、台州，安徽省的合肥、芜湖、马鞍山、铜陵、安庆、池州、滁州、宣城，总数为 26 个地级市。

表15　2013~2022年长三角城市群与长三角地区、全国实际利用外资情况对比

单位：%

年份	长三角城市群占长三角地区比重		长三角城市群占全国比重	
	外资项目	实际利用外资	外资项目	实际利用外资
2013	95.07	89.9	37.97	54.33
2014	92.9	88.91	37.22	51.53
2015	95.62	90.81	38.32	49.11
2016	92.61	90.47	34.59	51.02
2017	93.56	88.12	27.74	49.09
2018	94.32	88.06	20.02	50
2019	95.5	91.85	33	49.86
2020	94.21	85.84	30.62	47.54
2021	94.98	92.23	29.84	45.38
2022	93.37	98.01	26.78	39.34

资料来源：根据表14数据计算。

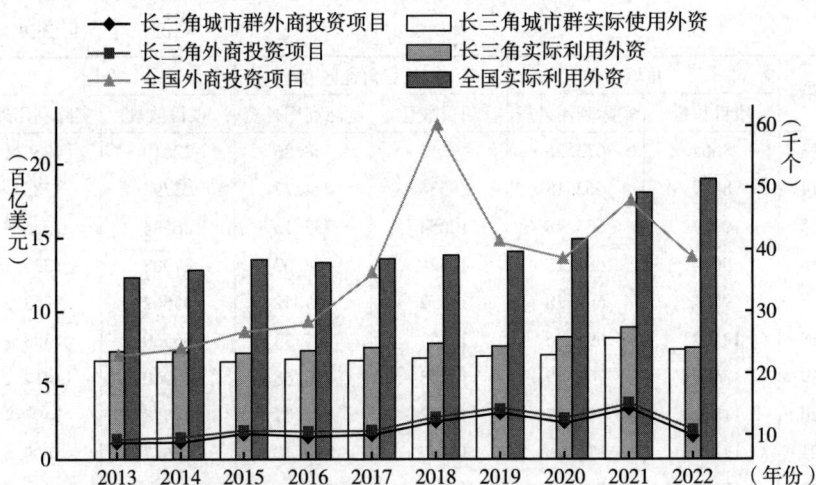

图6　2013~2022年长三角城市群、长三角地区及全国实际利用外资情况

资料来源：根据表14数据绘制。

2.长三角国家级新区利用外资持续保持增长活力

国家级新片区在吸引外资方面处于关键地位，长三角地区规模体量最大的两个国家级新区是上海浦东新区和浙江舟山群岛新区。从全国范围来看，国家级新区中上海浦东新区、天津滨海新区在吸引外资方面优势明显。图8

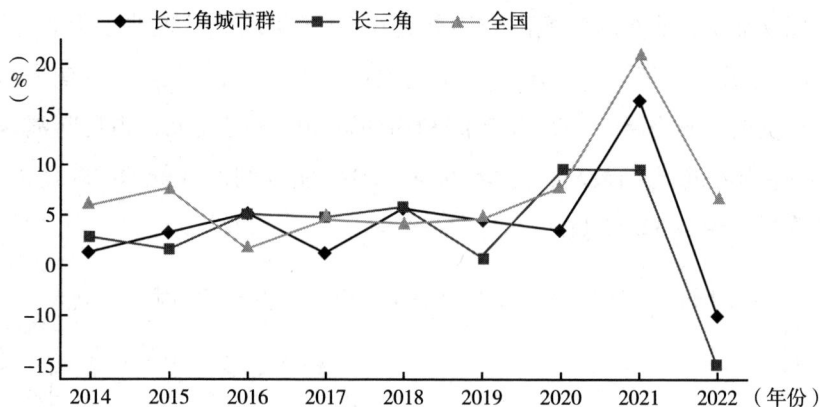

图 7　2014~2022 年长三角城市群、长三角地区及全国实际利用外资增长情况

资料来源：根据表 14 数据绘制。

显示，上海浦东新区与天津滨海新区实际利用外资体量较大，上海浦东新区保持增长态势；天津滨海新区实际利用外资一度绝对领先于上海浦东新区，但 2018 年实际利用外资规模近乎"腰斩"，至今已不足上海浦东新区的50%；浙江舟山群岛新区实际利用外资规模体量小，但仍然保持增长态势，2022 年有所降低。

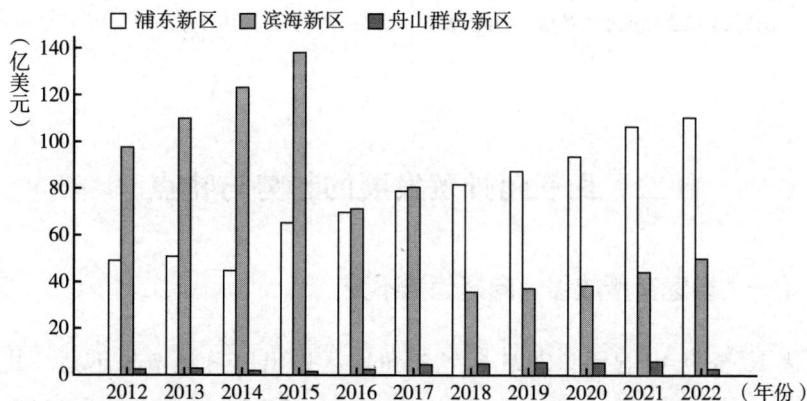

图 8　2012~2022 年浦东新区、滨海新区及舟山群岛新区实际利用外资规模

资料来源：《浦东新区统计年鉴》《滨海新区统计年鉴》《舟山统计年鉴》以及浦东新区统计局和滨海新区与舟山市《2022 年国民经济和社会发展统计公报》，舟山群岛新区数据为舟山市数据。

图 9 显示，浦东新区实际利用外资在 2015 年以前呈现波动上升趋势，从 2015 年开始逐年稳步上升。上海自贸区自成立以后，逐步成为浦东新区吸引外资的主导力量，2021 年实际利用外资 107.3 亿美元，占历年浦东新区实际使用外资比例最高，为 96.65%，2022 实际利用外资 58.08 亿美元，占比降低，仅为 52.51%。

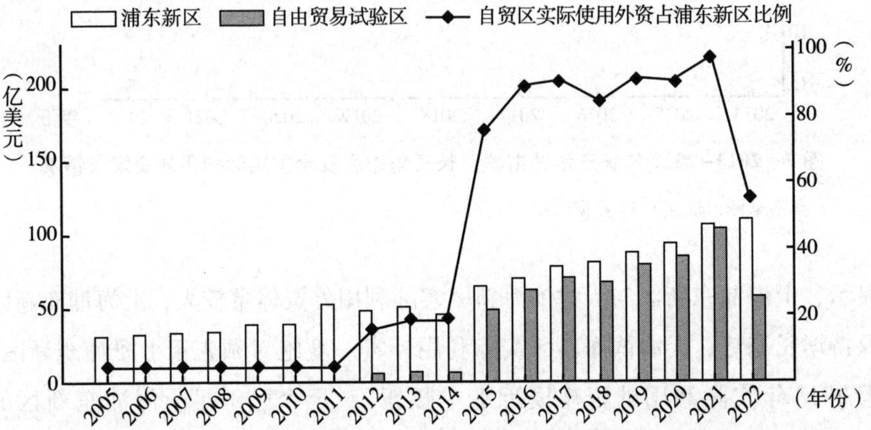

图 9　2005~2022 年浦东新区和上海自贸区实际利用外资情况

资料来源：《浦东统计年鉴》《上海统计年鉴》《2022 年浦东新区国民经济和社会发展统计公报》。根据浦东新区统计局网站数据，到 2022 年底，上海自贸区累计实到外资 586 亿美元，用该数值减去之前年份数值，得到 2022 年上海自贸区实际使用外资。

二　长三角外贸发展的趋势与特点

（一）增速有所放缓，向好趋势不变

表 16 至表 19 显示，2021 年长三角地区进出口总额增长迅猛。其中，上海市、江苏省高速增长，分别同比增长 16.45% 和 17.20%；浙江省，安徽省超速增长，分别增长 22.40% 和 26.9%。在上海市和江苏省，外商投资企业在进出口总额中的贡献度居于首位，在浙江省、安徽省，民营企业在进出口总额中的贡献度居于首位。2022 年，面临内外部增长压力，长三角地

区进出口总额增速放缓。其中，上海市、江苏省保持中低速增长，分别同比增长 3.20%、4.80%；浙江省、安徽省保持中高速增长，分别同比增长 13.08%、8.8%。2022 年，不同类型企业都表现出进出口动力衰减迹象，上海市、安徽省国有企业进出口总额缩减明显，江苏省集体经济进出口总额有所减少，浙江省三资企业的进出口总额具有较大幅度的下降。

表 16　2021 年、2022 年上海市进出口情况

单位：亿元，%

指标名称	2021 年	同比增长	2022 年	同比增长
上海关区进出口总额	75742.70	17.27	77152.32	1.88
进口总额	32059.73	18.63	31625.05	−1.37
出口总额	43682.96	16.29	45527.27	4.27
上海市进出口总额	40610.35	16.45	41902.75	3.20
进口总额	24891.68	17.68	24768.53	−0.49
出口总额	15718.67	14.56	17134.21	9.04
上海市进口总额	24891.68	17.68	24768.53	−0.49
国有企业	2813.38	19.52	2483.38	−11.97
外商投资企业	15922.46	11.65	16198.98	1.76
私营企业	6089.03	35.97	6039.75	−0.74
一般贸易	15368.92	24.31	15341.84	−0.18
加工贸易	2416.27	3.44	2320.80	−3.95
机电产品	11210.37	7.31	10895.84	−2.79
高新技术产品	7434.12	7.32	7446.64	0.15
上海市出口总额	15718.67	14.56	17134.21	9.04
国有企业	1691.87	3.74	1467.75	−13.24
外商投资企业	9111.30	10.40	9385.41	3.02
私营企业	4784.94	29.40	6182.60	29.33
一般贸易	7904.81	23.70	9277.09	17.44
加工贸易	4818.52	2.63	4674.54	−2.98
机电产品	10800.46	13.97	11735.75	8.67
高新技术产品	6051.82	4.67	6234.50	3.02

资料来源：根据历年《上海统计年鉴》、上海市统计局、上海海关数据归纳整理。

表17 2021年、2022年江苏省进出口情况

单位：亿元，%

指标名称	2021年	同比增长	2022年	同比增长
进出口总额	521305.90	17.20	54454.92	4.80
一般贸易	293283.18	23.40	312570.62	7.10
加工贸易	164584.29	4.70	169080.37	2.70
国有企业	4674.12	22.90	5011.62	7.20
外商投资企业	27393.56	9.60	27357.35	0.00
集体企业	651.31	13.90	615.96	−3.80
私营企业	19384.90	28.60	21446.82	11.50
其他	6.05	−75.30	3.11	−48.60
民营	20056.87	28.00	22082.84	11.00
出口总额	32532.33	18.60	34815.68	7.50
一般贸易	188694.88	24.60	204646.66	9.20
加工贸易	100055.38	1.80	108751.23	8.70
国有企业	2532.85	22.40	2781.36	9.80
外商投资企业	15602.33	11.40	16035.66	2.90
集体企业	290.76	0.80	336.80	15.80
私营企业	14085.02	27.70	15641.89	12.20
其他	2.78	−86.20	0.85	−69.50
民营	14394.36	27.00	15997.82	12.30
机电产品	21595.39	17.70	23045.77	7.10
高新技术产品	11285.93	10.40	12073.97	7.20
进口总额	19598.26	14.90	196392.34	0.40
一般贸易	104588.30	21.20	107923.96	3.40
加工贸易	64528.91	9.60	60329.14	−6.50
国有企业	2141.26	23.60	2230.26	4.20
外商投资企业	11791.23	7.30	11321.69	−3.90
集体企业	360.55	27.20	279.16	−20.20
私营企业	5299.88	30.90	5804.94	9.70
其他	3.27	−24.60	2.26	−30.70
民营	5662.50	30.60	6085.02	7.80
机电产品	11074.61	10.20	10826.91	−2.10
高新技术产品	7959.45	9.60	7823.39	−1.60

资料来源：南京市海关网站。

表18　2021年、2022年浙江省进出口情况

单位：亿元，%

指标名称	2021年	同比增长	2022年	同比增长
进出口总额	41429.00	22.40	46836.56	13.08
一般贸易	32555.64	21.76	36982.47	13.63
加工贸易	2992.54	16.00	3194.51	6.80
国有企业	3365.25	23.03	3427.39	2.05
外商投资企业	6623.18	21.91	6693.73	1.02
中外合作企业	21.63	4.86	18.64	-13.83
中外合资企业	2989.37	23.55	2962.62	-0.97
外商独资企业	3612.17	20.70	3712.47	2.76
集体企业	931.03	31.04	957.55	2.94
私营企业	30441.91	22.27	35703.73	17.31
个体工商户	31.11	-1.53	28.10	-9.64
其他	36.57	-10.91	26.03	-28.83
出口总额	30121.25	19.67	34325.37	13.97
一般贸易	23685.30	19.30	26927.63	13.70
加工贸易	2089.31	17.2	2239.44	7.10
国有企业	1427.41	30.40	1692.45	-12.36
外商投资企业	4076.88	20.90	2483.97	-2.56
集体企业	601.81	31.18	318.32	-3.07
私营企业	23958.61	18.71	8007.22	23.59
个体工商户	30.06	-0.51	1.09	4.14
其他	26.43	-13.22	8.14	-19.70
机电产品	13793.28	21.48	15326.47	11.12
高新技术产品	2720.15	34.33	3453.63	26.84
进口总额	11307.83	30.29	12511.20	10.73
一般贸易	8870.35	28.84	10054.83	13.44
加工贸易	903.22	13.3	955.08	5.70
机电产品	1800.31	23.65	1891.66	5.07
高新技术产品	1231.77	34.80	1163.30	-5.65
国有企业	1937.84	18.11	1734.94	21.55
外商投资企业	2546.29	23.57	4209.76	3.26
集体企业	329.22	30.79	639.23	6.22
私营企业	6483.30	37.53	27696.51	15.61
个体工商户	1.04	-23.97	27.01	-10.12
其他	10.14	-4.26	17.89	-32.33

资料来源：杭州海关网站。

表19　2021年、2022年安徽省进出口情况

单位：亿元，%

指标名称	2021年金额	同比增长	2022年金额	同比增长
进出口总额	6920.2	26.9	7530.6	8.8
一般贸易	5043.06	28.9	5492.9	9
加工贸易	1263.9	15.7	1219.3	-3.6
国有企业	1621	43.3	1619.2	-0.1
民营企业	3535.3	27.8	4087.9	15.7
外商投资企业	1760.4	13.5	1822.5	3.8
出口				
机电产品	2526.8	35.5	2994.9	18.5
高新技术产品	1218.2	37.5	1339.7	10
进口				
机电产品	1046.6	17.8	1079.9	3.2
高新技术产品	915.8	21.9	941.2	2.7

资料来源：合肥海关网站。

（二）民营企业贡献过半，外资企业贡献突出

表20、表21和图10显示，长三角地区外商投资企业和民营企业对进出口的贡献较大，而且贡献力度相对均衡。2018~2022年，外商投资企业进出口总额比重持续降低，从2018年的50.59%跌至2022年的40.78%，民营企业比重持续升高，从2018年的37.64%上升至2022年的49.91%，进出口的重心已逐渐由外商投资企业转移至民营企业。其中，上海市和江苏省与长三角地区总体趋势一致，外商投资企业份额逐年减少，民营企业份额逐年上升，而在2018-2022年，外商投资企业贡献了超过半数的进出口份额。浙江省和安徽省的进出口份额由民营企业占据主导地位，浙江省民营企业始终贡献了超过70%的进出口份额，安徽省民营企业进出口份额在2020年首次突破50%。在安徽省和浙江省的进出口份额中，外商投资企业占比较低，但仍然呈现逐年下降的态势。

表20 2018~2022年长三角不同类型企业进出口总额情况

单位：亿元

地区	项目	2018年	2019年	2020年	2021年	2022年
长三角	进出口总额	110474.7	113002	118573.6	141079.9	150702.2
	国有企业	12892.98	11891.19	11605	14158.75	14003.8
	外商投资企业	55893.99	54742.21	54447.6	60813.58	61452.43
	民营企业	41582.16	42744.01	52447.9	66060.9	75212.49
上海市	进出口总额	34009.93	34046.82	34828.47	40610.35	41902.75
	国有企业	5126.87	4546.23	3965.53	4505.25	3951.13
	外商投资企业	21941.61	21837.93	22482.11	25033.75	25584.39
	民营企业	6856.23	7491.08	8335.9	11034.27	12337.84
江苏省	进出口总额	43802.37	43379.73	44500.47	52130.59	54454.92
	国有企业	4325.72	3815	3799.65	4674.12	5011.62
	外商投资企业	26935.28	25867.73	25000.95	27393.56	27357.35
	民营企业	12520.96	10249.1	15675.39	20056.87	22082.84
浙江省	进出口总额	28511.56	30838.15	33838.28	41418.73	46813.95
	国有企业	2345.99	2469.46	2732.73	3358.39	3421.84
	外商投资企业	5733.29	5687.85	5431.44	6625.87	6688.19
	民营企业	20432.27	22680.83	25674.11	31434.47	36703.91
安徽省	进出口总额	4150.8	4737.3	5406.4	6920.2	7530.6
	国有企业	1094.4	1060.5	1107.1	1621	1619.2
	外商投资企业	1283.8	1348.7	1533.1	1760.4	1822.5
	民营企业	1772.7	2323	2762.5	3535.3	4087.9

资料来源：《上海统计年鉴》《江苏统计年鉴》《浙江统计年鉴》《安徽统计年鉴》以及上海市统计局、南京海关、合肥海关。江苏海关与《江苏统计年鉴》未公布2018~2019年民营企业进出口数据，将集体企业、私营企业和其他类型企业数据加总为民营企业进出口数据。《浙江统计年鉴》未直接公布民营企业外贸数据，将集体企业、私营企业和其他类型企业外贸数据加总为民营企业进出口数据。本表浙江省数据来自《浙江统计年鉴》，与表18的杭州海关数据略有差异。

表21 2018~2022年长三角不同类型企业进出口比例情况

单位：%

地区	项目	2018年	2019年	2020年	2021年	2022年
长三角	进出口总额	100	100	100	100	100
	国有企业	11.67	10.52	9.79	10.04	9.29
	外商投资企业	50.59	48.44	45.92	43.11	40.78
	民营企业	37.64	37.83	44.23	46.83	49.91

续表

地区	项目	2018年	2019年	2020年	2021年	2022年
上海市	进出口总额	100	100	100	100	100
	国有企业	15.07	13.35	11.39	11.09	9.43
	外商投资企业	64.52	64.14	64.55	61.64	61.06
	民营企业	20.16	22	23.93	27.17	29.44
江苏省	进出口总额	100	100	100	100	100
	国有企业	9.88	8.79	8.54	8.97	9.2
	外商投资企业	61.49	59.63	56.18	52.55	50.24
	民营企业	28.59	23.63	35.23	38.47	40.55
浙江省	进出口总额	100	100	100	100	100
	国有企业	8.23	8.01	8.08	8.11	7.31
	外商投资企业	20.11	18.44	16.05	16	14.29
	民营企业	71.66	73.55	75.87	75.89	78.4
安徽省	进出口总额	100	100	100	100	100
	国有企业	26.37	22.39	20.48	23.42	21.5
	外商投资企业	30.93	28.47	28.36	25.44	24.2
	民营企业	42.71	49.04	51.1	51.09	54.28

资料来源：根据表20数据计算。

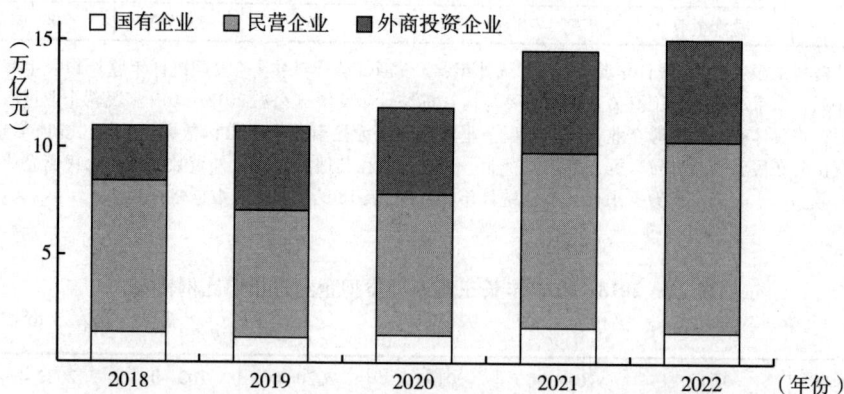

图10 2018~2022年长三角地区不同类型企业进出口总额对比情况

资料来源：根据表21数据绘制。

（三）长三角城市群增速迅猛，区域差异显现

表 22 显示，2022 年长三角城市群 26 个城市中，除马鞍山市、铜陵市进出口总额有所下降外，其余 24 个城市均实现了进出口总额的增长，增幅超过 10% 的有 12 个城市，增幅达到 20% 的有 8 个城市，增幅达到 30% 的有 2 个城市，安庆市以 62.96% 的增速位居第一，舟山市以 43.61% 的增速位居第二。相对于 2021 年，长三角城市群 2022 年进出口总额迅猛增长，但是分地区来看，不同地区外贸增速出现分化且差异较大，马鞍山市和铜陵市甚至出现下降迹象。

表 22　2022 年长三角城市群各市进出口总额与实际利用外资情况

长三角城市群	进出口总额（亿元）	同比增长（%）	出口总额（亿元）	同比增长（%）	实际利用外资额（亿美元）	同比增长（%）	生产总值（亿元）	同比增长（%）
上海市	41902.75	3.2	17134.21	9	239.56	6.23	44652.8	-0.2
南京市	6292.13	0.3	3827.91	-1.8	48.5	-3.29	16908	2.1
无锡市	7373.07	8	4852.64	15	76.72	101.52	14851	3
常州市	3228.45	7.5	2507.37	14.7	28.3	-7.85	9550	3.5
苏州市	25721.11	1.6	15475.04	4	74.18	6.09	23958	2
南通市	3665.25	8.1	2350.38	4.5	29.5	-5.48	11380	2.1
盐城市	1372.38	23.3	926.05	33.8	11.8	-6.36	7080	4.6
扬州市	1101.19	13.9	870.82	22.3	15.3	-11.56	7105	4.3
镇江市	1038.82	24.5	774.61	30	5.36	-33.73	5017	2.9
泰州市	1307.33	8.2	895.82	4.9	11.39	-37.68	6402	4.4
杭州市	7564.81	2.66	5140.65	10.62	78.12	-4.39	18753	3.56
宁波市	12671.26	6.25	8230.59	7.95	37.27	13.81	15704	7.6
嘉兴市	4400	16.28	3213.08	14.72	31.57	198.20	6739	6.04
湖州市	1629.57	9.3	1500.13	10.61	15.77	-48.17	3850	5.62
绍兴市	3691.94	23.35	3408.98	23.66	10.18	34.04	7351	8.18
金华市	6838.74	16.3	5956.57	11.83	4.68	9.23	5562	3.87
舟山市	3381.78	43.61	1155.5	49.31	4.63	11.72	1951	14.5
台州市	2771.84	15.52	2526.69	15	2.41	-49.97	6041	4.41

续表

长三角城市群	进出口总额（亿元）	同比增长（%）	出口总额（亿元）	同比增长（%）	实际利用外资额（亿美元）	同比增长（%）	生产总值（亿元）	同比增长（%）
合肥市	3610.95	8.62	2301.84	13.45	12.05	-67.85	12013.1	3.5
芜湖市	906.97	21.78	632.28	29.09	2.39	-92.52	4502.13	4.1
马鞍山市	444.22	-5.36	210.66	5.52	1.44	-95.10	2520.96	4.6
铜陵市	653.84	-6.43	74.27	6.77	0.09	-98.13	1209.9	2.9
安庆市	263.66	62.96	208.02	74.39	0.4	-89.48	2767.46	2.9
滁州市	417.11	7.34	345.77	7.6	1.63	-90.48	3610	5.5
宣城市	222.09	21.54	204.04	21.21	0.61	-95.62	1914.4	4.2
池州市	115.05	23.72	32.99	48.68	0.15	-96.87	1078.5	5.4

资料来源：上海海关、南京海关、杭州海关、合肥海关、《上海统计年鉴》、《江苏统计年鉴》、《浙江统计年鉴》、《安徽统计年鉴》、江苏省和安徽省各地市统计局、商务局网站以及《国民经济和社会发展公报》。浙江省生产总值增速、进出口增速和三省一市实际使用外资增速根据相关数据自行计算，公式为：同比增长＝（当前-前期）/前期，其他增速从官方统计表中获取。

三 新任务：高质量一体化打造改革开放新高地

推进长江三角洲地区高质量一体化深入发展，对于促进长三角地区外贸与外资的相互促进与协调发展具有重要意义，对于中国加快构建双循环新发展格局具有重要推动作用。

（一）顶层设计：制度创新助推构建双循环新发展格局

2021年以来，国家先后推出了一系列政策措施，加快构建国内国际相互促进的双循环新发展格局。其中，与长三角地区高质量一体化发展有关的包括《中华人民共和国海事局关于在长三角部分地区试点海船转籍登记"不停航办证"服务的公告》（中华人民共和国海事局，2021年）、《国家医疗保障局办公室关于联通京津冀、长三角、西南五省普通门诊费用跨省直接结算服务的通知》（国家医疗保障局办公室，2021 年）等。

为了进一步推动长三角地区的高质量一体化，长三角地区也通过一系列制度创新，对标高标准国际经贸规则，进一步扩大对外开放。例如，中国银保监会安徽监管局就推出了《中国银保监会安徽监管局办公室关于印发金融支持长三角一体化发展监测评价办法（试行）的通知》（中国银保监会安徽监管局办公室，2021 年），南京市科学技术局也出台了《关于促进长三角（南京都市圈）科技合作实施办法》（南京市科学技术局，2021年），浙江省也出台了《浙江省人民政府关于同意设立长三角（湖州）产业合作区的批复》（浙江省人民政府，2021年）。长三角地区通过顶层设计，着力于构建"以内促外""内外协同"的长三角一体化产业合作区、长三角一体化都市圈和长三角一体化城市群，进一步推动长三角地区的共同发展。

（二）协同发展：长三角一体化打造高质量发展新引擎

高质量一体化发展背景下，长三角地区无论是在产业合作、生态建设、轨道交通、研发创新还是在市场监管方面，都逐渐体现出越来越浓厚的一体化色彩。尤其突出的是体制机制建设，随着长三角三省一市联合发布的政策性文件日益增加，长三角地区致力于通过开放创新的协同发展来加强要素在国内国际的"双循环"流动，进一步打造高质量一体化发展的新引擎。

2021 年以来，国家发改委、长三角三省一市陆续出台了一系列文件，包括水利、交通、生态、大气等涉及长三角高质量一体化协同发展的公共资源产品，以及数据、标准、科技创新、电子证照互认等新业态的发展。另外，还出台了一系列关于进一步完善长三角地区一体化示范试点的政策指南、预算投资管理办法、法制保障报告和案例等其他方面的文件（详见表 23），通过加快体制机制建设为长三角高质量一体化发展提供政策保障。

表23 2021~2022年长三角地区颁布的与高质量一体化发展有关的文件

文件	年份	颁布机构
国家发展改革委关于印发《长江三角洲地区多层次轨道交通规划》的通知	2021	国家发展改革委
国家发展改革委关于印发《粤港澳大湾区建设、长江三角洲区域一体化发展中央预算内投资专项管理办法》的通知	2021	国家发展改革委
上海市市场监督管理局、江苏省市场监督管理局、浙江省市场监督管理局、安徽省市场监督管理局关于批准发布《大气超级站质控质保体系技术规范》等2项长江三角洲区域地方标准的公告	2021	上海市市场监督管理局、江苏省市场监督管理局、浙江省市场监督管理局、安徽省市场监督管理局
上海市科学技术委员会、江苏省科学技术厅、浙江省科学技术厅、安徽省科学技术厅、长三角生态绿色一体化发展示范区执行委员会关于开展长三角科技创新券通用通兑试点的通知	2021	上海市科学技术委员会、江苏省科学技术厅、浙江省科学技术厅、安徽省科学技术厅、长三角生态绿色一体化发展示范区执行委员会
上海市市场监督管理局、江苏省市场监督管理局、浙江省市场监督管理局、长三角生态绿色一体化发展示范区执行委员会关于支持共建长三角生态绿色一体化发展示范区的若干意见	2021	上海市市场监督管理局、江苏省市场监督管理局、浙江省市场监督管理局、长三角生态绿色一体化发展示范区执行委员会
国家发展改革委办公厅关于支持长三角生态绿色一体化发展示范区建设投资项目在线审批监管平台的复函	2021	国家发展改革委办公厅
江苏省市场监管局、上海市市场监管局、浙江省市场监管局、安徽省市场监管局关于印发《长三角有机产品认证"五统一"监督检查工作实施方案》的通知	2021	江苏省市场监管局、上海市市场监管局、浙江省市场监管局、安徽省市场监管局
上海市卫生健康委员会、上海市中医药管理局、江苏省卫生健康委员会、江苏省中医药管理局、浙江省卫生健康委员会、浙江省中医药管理局、安徽省卫生健康委员会、安徽省中医药管理局关于印发协同推进长三角中医药一体化高质量发展行动方案的通知	2021	上海市卫生健康委员会、上海市中医药管理局、江苏省卫生健康委员会、江苏省中医药管理局、浙江省卫生健康委员会、浙江省中医药管理局、安徽省卫生健康委员会、安徽省中医药管理局
上海市市场监管局、江苏省市场监管局、浙江省市场监管局、安徽省市场监管局、江西省市场监管局关于印发《长三角质量提升示范试点建设评估指南（试行）》的通知	2021	上海市市场监管局、江苏省市场监管局、浙江省市场监管局、安徽省市场监管局、江西省市场监管局

文件	年份	颁布机构
人民法院服务和保障长三角一体化发展司法报告	2021	最高人民法院
上海市市场监督管理局、江苏省市场监督管理局、浙江省市场监督管理局、安徽省市场监督管理局关于印发《长三角绿色认证一体化发展实施方案》的通知	2021	上海市市场监督管理局、江苏省市场监督管理局、浙江省市场监督管理局、安徽省市场监督管理局
安徽省司法厅、安徽省市场监督管理局、安徽省数据资源管理局等关于长三角地区律师执业证电子证照应用互认的通知	2021	安徽省司法厅、安徽省市场监督管理局、安徽省数据资源管理局、上海市司法局、上海市市场监督管理局、上海市大数据中心、江苏省司法厅、江苏省市场监督管理局、江苏省政务服务管理办公室、浙江省司法厅、浙江省市场监督管理局、浙江省大数据发展管理局
上海市财政局关于下达2021年重大区域发展战略建设(长三角一体化发展方向)中央基建投资预算(拨款)的通知	2021	上海市财政局
交通运输部关于交通运输部海事局开展长三角"陆海空天"一体化海事监管体系建设等交通强国建设试点工作的意见	2021	交通运输部
浙江省发展改革委、浙江省水利厅关于印发《长三角生态绿色一体化发展示范区嘉善片区水利规划》的通知	2021	浙江省发展改革委、浙江省水利厅
浙江省交通运输厅、上海市交通委员会、江苏省交通运输厅、安徽省交通运输厅关于印发《长三角地区道路运输从业人员从业资格证(普通货物)核发(新申请)办事指引》的通知	2021	浙江省交通运输厅、上海市交通委员会、江苏省交通运输厅、安徽省交通运输厅
国家发展改革委关于推动长江三角洲区域公共资源交易一体化发展的意见	2022	国家发展改革委
上海市规划和自然资源局、江苏省自然资源厅、浙江省自然资源厅、长三角生态绿色一体化发展示范区执行委员会关于印发《长三角生态绿色一体化发展示范区基础地理信息数据标准》的通知	2022	上海市规划和自然资源局、江苏省自然资源厅、浙江省自然资源厅、长三角生态绿色一体化发展示范区执行委员会
上海市科学技术委员会、江苏省科学技术厅、浙江省科学技术厅、安徽省科学技术厅关于印发《三省一市共建长三角科技创新共同体行动方案(2022~2025年)》的通知	2022	上海市科学技术委员会、江苏省科学技术厅、浙江省科学技术厅、安徽省科学技术厅

续表

文件	年份	颁布机构
科技部、上海市人民政府、江苏省人民政府、浙江省人民政府、安徽省人民政府关于印发《长三角科技创新共同体联合攻关合作机制》的通知	2022	科技部、上海市人民政府、江苏省人民政府、浙江省人民政府、安徽省人民政府
上海市人民政府、江苏省人民政府、浙江省人民政府印发《关于进一步支持长三角生态绿色一体化发展示范区高质量发展的若干政策措施》的通知	2022	上海市人民政府、江苏省人民政府、浙江省人民政府
上海市科学技术委员会、江苏省科学技术厅、浙江省科学技术厅、安徽省科学技术厅关于印发《关于促进长三角科技创新券发展的实施意见》的通知	2022	上海市科学技术委员会、江苏省科学技术厅、浙江省科学技术厅、安徽省科学技术厅

资料来源：作者根据公开资料归纳整理。

B.11
推进长三角区域协调发展的
路径与对策研究

关　枢*

摘　要： 长三角区域作为我国重要的经济增长极、科创高地和进出口门户，区域一体化协调发展对实现全面的、均衡的社会主义现代化有着重要的意义，长三角三省一市长期以来深入贯彻新发展理念，区域高质量协调发展持续推进，不断探索新路径、创造新成果，但发展中仍然面临不少老问题、新难点。本研究梳理了近两年长三角一体化协调发展的最新进展，基于泰尔指数对长三角区域经济发展协调程度进行测算，探讨了长三角区域协调发展中面临的四个重点问题，并提出四点建议：以基础设施互联互通为重点强化长三角区域间的时空链接，以长三角协同创新为引领推动区域分工体系优化，以城乡融合、新型城镇化建设为抓手促进长三角共同富裕，以生态环境共保联治为举措促进人与自然和谐共生。

关键词： 区域经济　区域一体化　协调发展　长三角

　　党的二十大报告就促进区域协调发展作出了重大部署。长三角城市群是我国三大城市群之一，是世界第六大城市群，落实好长三角一体化发展等重大战略，打造世界级城市群，促进城市群内部各个城市间的协同发展，将为全国区域协调发展体制机制创新提供重要经验。

---

* 关枢，博士，江苏省社会科学院社会政策研究所助理研究员，研究方向为区域经济。

一　长三角区域协调发展最新进展

（一）上海协调发展的成效

城乡协调发展水平保持前列。2021年上海城镇化率为89.3%，超高的城镇化率背后体现了不再新登记农业户口后，乡村人口有序有效融入城市。上海持续推动农民集中居住和农村人居环境升级。2022年实现5万户农民相对集中居住，越来越多乡村的居住环境质量得到彻底改善。2022年城乡居民可支配收入比为2.1：1，① 居民养老保险、医疗保险、低保等保障制度实现城乡统一，部分乡村实现了通过地铁连接城区，城乡居民生活水平越来越接近。

上海大都市圈协同发展迈入新阶段。2022年9月，《上海大都市圈空间协同规划》由苏浙沪两省一市政府联合发布，范围包括上海、无锡、常州、苏州、南通、宁波、湖州、嘉兴、舟山的市域行政区域。规划聚焦产业、交通、生态、文化等方面，对未来共塑全球领先的产业体系、共建现代高效的交通体系、共保共治共享的绿色生态体系、文化繁荣文明兴盛的文化体系，促进长三角一体化高质量发展具有深远的意义。

（二）江苏协调发展的成效

区域发展格局不断优化。江苏大力实施国家重大区域战略，区域互补、跨江融合、南北联动不断取得新突破。2022年，苏南、苏中、苏北三大区域占全省地区生产总值的比重分别为56.9%、20.1%和23.0%，与2012年相比差距有所缩小。沿海地区生产总值占全省的比重从2012年的17.1%提高到2022年的18.5%。交通基础设施建设是推动区域协调发展的重要支撑。近年来江苏加快补齐高铁、过江通道等突出短板，沿江两岸现有过江通道

---

① 《龚正市长在上海市第十六届人民代表大会第一次会议的政府工作报告（2023年）》，上海市人民政府网，https：//www.shanghai.gov.cn/nw12336/20230117/b511b08dd4e54a13bc592fed41ce2510.html。

17 条，在建 10 条。① 优化南北结对帮扶，园区共建取得显著成效。全省共有 45 个共建园区，在缩小南北经济、技术乃至人民生活水平的差距方面起到了显著作用。"1+3"重点功能区战略深入实施，城市群建设持续推进，形成了"一群两轴三圈"的城镇化空间格局。扬子江城市群引领带动作用明显，沿江 8 市创造了江苏省 GDP 的 80%、长三角 GDP 的 1/3、全国 GDP 的 8.07%。宁镇扬三市的产业、交通、生态、城乡等方面协同发展不断取得新的突破，以"医联体"等形式不断推动公共服务共建共享。苏锡常以占江苏 16% 的国土面积和 27% 的人口，创造了全省约 40% 的 GDP；以长三角 8.3% 的土地面积，创造了 18.9% 的 GDP。

城乡发展更加协调。江苏在推动城乡融合上，持续拓宽城乡要素双向流动制度性通道，逐步探索建立城乡要素自由流动、公平交换、合理配置的体制机制，持续提升城乡公共服务一体化水平，乡镇文娱、教育、医疗、养老等公共服务基本覆盖，农村人居环境极大改善，农村社区的公共服务功能不断扩大。城乡居民收入差距不断缩小，2022 年，江苏城乡居民人均收入比为 2.11∶1，低于全国平均水平的 2.45∶1。

长三角一体化高质量发展扎实推进。江苏围绕基础设施、产业创新、绿色发展、公共服务等多个领域一体化取得实效。交通方面，北沿江高铁、通苏嘉甬铁路、沪苏嘉城际等项目加速推进，长三角轨道交通建设逐步完善，省际断头路全力畅通，第一批 11 条中的 6 条已建成通车。创新方面，2022 年《沿沪宁产业创新带建设方案》获批，长三角国家技术创新中心正式揭牌，在关键核心技术攻关重大项目上取得 18 项重大成果。绿色发展方面，2022 年《宁杭生态经济带建设方案》印发实施，长三角生态绿色一体化发展示范区制度创新成果丰硕，水乡客厅、吴江高铁科创新城等标志性项目有序推进，太浦河共保联治示范段完成 22 公里绿廊建设。②

---

① 刘兆权等：《江苏：苏南苏北共繁荣》，《瞭望》2022 年 11 月 29 日。

② 《江苏举行"奋进新江苏 建功新时代"系列主题新闻发布会区域协调发展专场》，国务院新闻办公室网站，http://www.scio.gov.cn/xwfb/dfxwfb/gssfbh/js_ 13835/202209/t20220916_ 329719.html。

（三）浙江协调发展的成效

全面打造城乡区域协调发展引领区。一是乡村产业体系不断完善。浙江连续四年农业农村数字化发展水平居全国首位。积极开发富民产业带动富民增收，累计建成单条产值超 10 亿元农业全产业链 82 条，培育网络零售额超千万元的电商专业村 2444 个，2022 年浙江城乡居民可支配收入比为 1.9∶1。二是乡村公共服务提档升级。2022 年，浙江新改建农村公路 1884 公里，基本实现山区乡镇和 3A 景区通三级路，城乡规模化供水覆盖率超 90%。三是乡村环境显著改善。2022 年，浙江深入推进美丽乡村建设，农村生活垃圾分类、生活污水处理设施、无害化卫生厕所实现行政村基本覆盖。建成美丽乡村示范县 14 个、示范带 22 条。依托数字赋能，迭代升级"浙江乡村大脑2.0"，累计建成省级未来乡村 275 个、"一老一小"服务场景 550 个。[①]

着力缩小省内区域差距。一是"山海协作"持续深化。截至 2022 年上半年，浙江首批 11 个先进地区开发区和山区 26 县开放平台达成合作，已有新材料、清洁能源等 21 个项目落地。[②] 二是稳步推进都市圈区域高质量协同发展。浙江四大都市圈分别立足浙北、浙东、浙南、浙中，都市圈的高质量发展能极大地促进区域协调发展。2022 年前三季度杭州都市圈生产总值达 28494 亿元，在共同富裕、数字变革、绿色低碳等领域全国领先，先进制造业发展势头强劲，杭州、嘉兴、绍兴和衢州数字经济核心产业制造业分别增长 9.3%、14.6%、11.9% 和 25.5%，战略性新兴产业增加值分别增长8.6%、11.2%、16.1% 和 14.2%。[③] 宁波都市圈持续推进在空间优化布局、产业联动发展、基础设施共建、公共服务共享、生态环境共治等方面的协同发展，不断凸显海洋区位优势，海洋生产总值占全省的 60%。温州都市圈

[①] 《农业强 农村美 农民富 浙江奋力谱写新时代乡村振兴锦绣华章》，浙江在线，http：//cs.zjol.com.cn/kzl/202302/t20230202_25374613.shtml。

[②] 杨益波：《浙江：山海协作加快缩小区域差距》，《中国经济时报》2022 年 8 月 24 日。

[③] 《前三季度杭州都市圈先进制造业有力支撑》，杭州市统计局网站，http：//tjj.hangzhou.gov.cn/art/2022/11/16/art_1229279240_4102876.html。

和金义都市圈产业基础稳健，民营经济、商贸物流、跨境电子商务特色优势显著，2022年交通基础设施互联互通建设进展明显，为都市圈一体化发展创造了更好条件。

纵深推进长三角合作发展。一是产业链创新链融合进一步深化。浙江以重大项目推动长三角一体化合作，2021年实施113项，实际完成投资超900亿元。2021年长三角国家科技成果转移转化示范区联盟由浙江牵头联合承担国家重大科技项目43项，与沪苏皖跨区域合同交易金额超398亿元。二是扎实推进数字长三角一体化建设。浙江充分发挥数字经济优势，牵头编制出台《数字长三角建设方案》，推进工业互联网平台集群的统一标准共享资源等。三是进一步促进民生服务便利共享。浙江省大数据发展管理局等相关部门不断改版升级"浙里办"App，在"一网通办"平台上线140个政务服务场景，长三角居民服务"一卡通"专区支持社保卡在超1300个文旅场所通用。浙江长三角异地就医门诊费用直接结算覆盖长三角全部41个城市和近1万家医疗机构，浙江在沪苏皖就诊结算人次2021年增长108%。[①]

（四）安徽协调发展的成效

深入推进城乡协调发展。一是农村基础设施条件得到极大改善。截至2020年底，农村危房改造实现动态清零，全省31个脱贫县公路总里程达11.6万公里，全省农村集中供水率达95%。[②] 二是城乡三次产业高质量协同发展。"十三五"期间，全省建设了70多个产值超10亿元的特色产业镇（乡）和150多个超1亿元的特色产业村。创建国家优势特色产业集群2个、国家特色农产品优势区10个，创建国家现代农业产业园5个。[③] 三是城乡居民生活水平差距逐步缩小。2022年城乡居民可支配收入比为2.3∶1，城

---

① 郑亚丽：《浙江扎实推进长三角高质量一体化发展》，《浙江日报》2022年8月16日。

② 《安徽协调发展知多少？》，安徽省人民政府网，https：//www. ah. gov. cn/public/1681/554056881. html。

③ 《安徽省乡村产业发展规划（2021～2025年）》，安徽省农业农村厅官网，http：//nync. ah. gov. cn/public/7021/56096271. html。

乡收入差距进一步缩小。全省常住人口城镇化率突破60%。

"一圈五区"协同发展取得新突破。2021年，合肥都市圈地区生产总值27305.5亿元，同比增长8.6%。① 合芜蚌国家自主创新示范区涌现出世界首条量子保密通信干线"京沪干线"、量子科学实验卫星"墨子号"等标志性成果。皖北承接产业转移集聚区2022年前三季度在建亿元以上省外投资项目1260个，比上年同期增加90个，为推动皖北新型工业化不断注入新动能。② 皖江城市带承接产业转移示范区引进京东方、蔚来等一批国内外领军企业，逐渐形成了"龙头企业—重大项目—产业链—产业集群"的产业发展路径。皖西大别山革命老区地区生产总值不断增长，城乡居民可支配收入增速高于全省平均水平。③ 皖南国际文化旅游示范区旅游投资规模持续增长，皖南旅游在建项目854个，总投资4772亿元，分别占全省总量的55%和63%。④

扎实推进长三角一体化。一是以五个"区块链接"为重要抓手，强化与长三角地区链接。例如，2022年1月，合杭梦想小镇入选2021年度安徽省微型产业集聚区创建和试验名单。2021年7月，淮北市与上海市嘉定区分别签署文化旅游共建协议、农业合作协议。⑤ 二是沪苏浙城市结对合作帮扶皖北城市深入推进。甬蚌、宁滁、松六、徐淮等省际产业合作园区挂牌成立。2022年1~10月，皖北八市利用沪苏浙资金在建亿元以上项目1589个，到位资金3486.48亿元，皖北8市共派出近200名干部人才赴沪苏浙有关单位交流学习。⑥ 三是交通基础设施更加畅通。2022年，黄千、宁宣杭等4条

① 《安徽省2021年国民经济和社会发展统计公报》，安徽省人民政府网，https://www.ah.gov.cn/zfsj/tjgblmdz/sjtjgb/554176981.html。

② 王弘毅：《下好下活"共进安徽"一盘棋》，《安徽日报》2023年1月3日。

③ 《"老区新貌"系列报道之十：完善机制 突出重点 安徽大别山老区振兴发展取得显著进展》，国家发展和改革委员会网站，https://www.ndrc.gov.cn/fggz/dqzx/gglqzxfz/202205/t20220510_1324437_ext.html。

④ 袁华：《依托"大黄山"资源禀赋 建设皖南国际文化旅游示范区》，《中国旅游报》2022年7月12日。

⑤ 《淮北市与上海市嘉定区签署文旅和农业合作协议》，安徽省发展和改革委员会网站，https://fzggw.ah.gov.cn/jgsz/jgcs/zsjqyythfzc/wgqklj/145948121.html。

⑥ 王弘毅：《下好下活"共进安徽"一盘棋》，《安徽日报》2023年1月3日。

省级高速全面贯通，合宁高速改扩建工程滁河大桥建成通车，合宁高速实现全线八车道通行，G104 汊河大桥实现双幅通行，S101 徐淮快速通道南段建成通车。新增省级毗邻公交线路 6 条，累计达到 27 条。①

二 基于泰尔指数的长三角区域经济发展差异测度

区域经济发展差异是衡量区域协调发展程度的重要标准。泰尔指数经常被用于衡量地区间经济差异，泰尔指数值越大，区域差异越明显；反之，区域差距越小。本小节以长三角地区 41 个城市为样本，选取 2012~2021 年的地区生产总值和人口两个变量，数据来源于 2013~2022 年《上海统计年鉴》《江苏统计年鉴》《浙江统计年鉴》《安徽统计年鉴》。图 1 展示了近 10 年来长三角区域内部差异与省份之间差异的演变趋势。

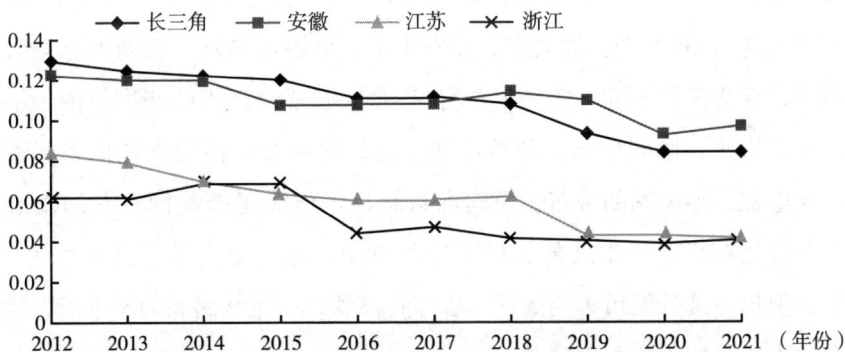

图 1 2012~2021 年长三角地区泰尔指数变化

整体来看，长三角地区的泰尔指数呈现明显的下降趋势，说明了长三角的区域差距是逐渐缩小的趋势。以省为单位来看，江苏和浙江的泰尔指数比较接近，且数值相对较小；安徽的泰尔指数相对较高，但近两年下降较为明显，说明省内经济发展差距在逐渐缩小。

---

① 王弘毅：《提速一体化，安徽这么干》，《安徽日报》2023 年 2 月 9 日。

三 长三角区域协调发展需要突破的主要障碍

（一）区域基础设施规划衔接机制有待完善

基础设施一体化是区域一体化协调发展的重要支撑。交通方面，省际断头路还需加快互联互通。截至 2022 年 8 月，被纳入《长三角地区打通省际断头路合作框架协议》的 17 个省际断头路项目建成通车 8 条、在建 9 条，尚有众多断头路由于道路标准、审批流程等原因未被纳入合作框架。海陆空一体交通有待协同。长三角地区沿海沿江港口众多，港口集散网络、航线布局、错位发展等有待进一步协同。通江达海的干线航道网络有待进一步完善。沪甬、沪舟甬两大跨海通道尚未动工。长三角世界级机场群建设还存在空域资源紧张、区域利益较难平衡等问题。新基建方面，长三角各地 5G 基站布局累计约 50 万个，但大多分布在上海、江苏和浙江，安徽的基站数相对较少，仅为江苏和浙江的一半左右。① 数字长三角建设的制度供给仍不充分，分工协作、协同创新、利益协调、监督约束等一体化推进机制不够完善。充电桩、换电站的分布、规模和数量还不能满足新能源汽车的发展需求，车桩比有待进一步改善。2022 年长三角地区新增高铁运营总里程 130公里，但仍有部分城市未通高铁，也存在高铁载客量线路间的不平衡、建设运营成本与收益不匹配等问题。

（二）产业同构化仍然较为突出

产业协作是激发区域一体化协调发展的内生动力。长三角地区工业增加值约占全国的 1/4，集成电路产业规模占全国的 60%，生物医药和人工智能产业规模均占全国的 1/3，新能源汽车产量占全国的 38%，制造业优

---

① 宋薇萍等：《新基建赋能新发展格局"数字中国"长三角样板加速崛起》，《上海证券报》2022 年 12 月 16 日。

势明显，但同质化竞争严重等问题较突出。通过梳理长三角三省一市"十四五"规划中的产业发展相关内容发现各省（市）的重点方向大同小异，区域内大部分重点产业重叠，尤其在高端装备、电子信息、新材料、新能源汽车、生物医药等领域，各城市都存在不同程度的"大而全""小而全"的布局倾向（见表1）。虽然相似的产业发展重点领域有利于形成强大的区域产业集群，但合作共赢的制度尚未有效建立，各地政府对产业引导方向的趋同可能引致招商压力巨大、引进技术和人才难上加难等问题，不利于经济活动展开。此外，产业链专业化分工不足，上中下游分工合作和功能互补缺乏统一的顶层设计，产业链的上下游协作和产业分工体系尚不完善，创新资源未能得到高效的组合效应，也导致区域整体合力稍显不足，高质量协同发展产业体系不健全，甚至存在无序竞争、产能过剩等情况。例如，苏锡常在先进制造业、现代服务业和战略性新兴产业的发展等方面纷纷加大力度，瞄准高端化目标着力提升本地产业价值链地位，似乎出现新一轮区域竞争态势，而并未形成有序竞争、布局合理的产业分工格局。

表1　长三角三省一市"十四五"规划中重点产业或产业集群布局情况

地区	重点产业或重点产业集群
上海	电子信息、生命健康、汽车、高端装备、新材料、现代消费品
江苏	高端装备制造、集成电路、生物医药、人工智能、移动通信、量子科技、航空、软件、新材料
浙江	生命健康、新材料、新一代信息技术、生物技术、高端装备、新能源及智能汽车、绿色环保、航空航天、海洋装备、第三代半导体、类脑芯片、柔性电子、量子信息、物联网等
安徽	新型显示、集成电路、新能源汽车和智能网联汽车、人工智能、智能家电、新一代信息技术、新材料等

（三）地区间、城乡间发展仍不平衡，共同富裕水平有待提升

由于长三角各地资源禀赋和发展基础不同，经济社会发展存在一定差异是合理的，地区发展不平衡反映了长三角一体化协调发展中存在一些短板。

经济发展和民富水平相差较大。从一些人均指标上看，2022 年，上海、江苏、浙江、安徽的人均 GDP 分别为 17.9 万元、14.4 万元、11.9 万元和 7.4 万元，最高值与最低值差距很大；居民人均可支配收入最高的是上海，为 79610 元，最低的是安徽，为 32745 元，收入差距比达到了 2.43∶1。2022 年，上海、江苏、浙江、安徽的城乡居民收入比分别为 2.12、2.11、1.90 和 2.31，虽然城乡居民收入逐年提升，但距离实现共同富裕仍任重道远。都市圈内部发展不充分不平衡。以南京都市圈为例，经济上呈现明显的东强西弱的局面。都市圈一体化加快了生产要素和各类资源的流动，但短期内不可避免地产生了核心城市对周围城市的虹吸效应，而核心城市的涓流效应作用是一个长期的过程。最明显的是都市圈核心城市对于周边城市人口的吸纳，这在人口老龄化背景下对非核心城市的可持续发展带来了巨大压力。根据第七次人口普查数据，江苏外来人口总规模为 1031 万人，占常住人口的 12.2%，而这些人口一半以上来自临近省份的安徽、河南，流入了苏州、南京等核心城市。

（四）区域和城市间合作协调机制有待完善

区域协调发展机制是推动区域协调发展的必要条件和重要保障。产业发展、区域公共服务、生态环保等方面的跨区域共建共享共担机制不够健全。长三角区域各城市的合作意愿强烈，各省（市）政府部门制定了一系列的促进互联互通的政策措施，签署了众多跨区域多领域的合作协议，但涉及具体的规划、产业、项目落地，具体的道路、网络、运输联通，具体的金融、贸易结算，具体的入学、看病、科研等资源共享，都存在实践上的难点，导致了通过"挂牌""宣告"等方式进行表面一体化、实则单独发展等问题。飞地、共建园区等形式的跨区域合作的援建方和帮扶对象双方的运营管理和利益协调机制尚不完善。跨区域合作常以政府为主导，这就导致了政策依赖性较强，如果在财税分享机制、统计机制、土地、资金、环境、人才等要素保障机制和市场监管机制等方面不能满足双方利益，就很难保证合作的高质量和持续性。生态绿色是长三角地区一体化发展的基底，但生态环境政策和标准不同，区域之间成本共担、利益共享机制仍在磨合，目前的生态补偿机制仅停留在各类协议层面，尚未建立长效的生态补偿机制，还未在法律法规层面出台具体的生态补偿条例。

四　推进长三角区域协调发展的路径与对策

党的二十大报告明确提出要推进城乡融合和区域协调发展，并把"协调"摆在区域发展突出位置，根据《长江三角洲区域一体化发展规划纲要》《长江三角洲地区交通运输更高质量一体化发展规划》《三省一市共建长三角科技创新共同体行动方案（2022～2025 年）》等战略规划与政策文件，新形势下长三角区域协调发展的战略思路和重点任务应围绕基础设施一体化、产业分工体系优化、共同富裕、生态治理等维度，对标世界级城市群加强协调发展。

（一）以基础设施互联互通为重点强化长三角区域间的时空链接

一是加快交通基础设施互联互通。加快打通省际待贯通公路、"断头路"，规划更多地理距离接近且人口产业相对密集的跨行政区域公交线路，深入调研合理开发城际铁路，全面强化陆路交通。世界级机场群建设是一个需要占用大量资金、土地、人力等要素，花费大量时间的长期项目，要将整个长三角地区及其辐射的腹地作为一个整体，从选址、机场功能、货流、客流等全方面系统地科学地谋划世界级机场群建设。完善海河联运、江海联运、海铁联运等多种联运体系建设，加强港口协调合作，推动长三角世界级港口群建设。

二是推动新型基础设施集约共建。加强顶层设计，将长三角作为一个整体进行统筹集约布局新型基础设施，从规划建设的初期着手避免出现重复建设、投资过热、投入产出比低等问题。由于新型基础设施投入资金较大，土地空间要求高，要统筹考虑长三角区域治理和产业发展需求，探索跨区域的全局化、系统化、阶段化的共建共享，更好赋能转型发展，不断丰富拓展应用场景，提升经济社会产出。

三是着力提高现有基础设施的利用率。充分利用现有的高铁、机场、港口等交通基础设施，优化路线与间隔，促进区域间生产要素和人力资源的快速流动。进一步发挥数据中心、超导光纤、5G 基站等新型基础设施的应用潜力，提高区域间通信效率。利用提前现场勘查、数据分析等技术手段对现有公共基础设施进行维护、检修，防止发生由公共设施损坏而导致的事故，探索城市基础设施的循环再利用。

（二）以长三角协同创新为引领推动区域分工体系优化

一是打造跨区域产业创新带，提升创新链与产业链的融合对接。上海发挥龙头作用，协同打造沪宁合产业创新带建设，利用强大的创新链提升产业链附加值，在产业链重要节点形成一批专精特新"小巨人"企业，推动产业发展高级化。由国家层面统筹协调产业空间布局，通过整合跨区域同质化产业链条，推进产业链上下游在区域间更加合理地布局。根据地区资源禀赋和比较优势，统筹布局同质化产业，在若干重点固定区域内培育形成优势互补、分工合理、优质高效的世界级先进产业集群。推进产学研创新来合作攻关和共同开发"卡脖子"关键核心技术和共性技术，加快科技成果转化。在发展重点产业、主导产业的同时推动长三角现代产业体系之间的协同发展。

二是进一步深化合作帮扶、对口支援等推动产业协同发展。制定合作帮扶政策，完善利益协调机制，细化帮扶措施和合作项目，大力推动落实。深入开展城市间对口支援，鼓励总部、研发、生产分离模式，促进上中下游城市协同发展与合作共赢。以总部经济、共建园区、飞地经济、联合招商等合作模式赋能基地建设，壮大特色产业链激发各地区经济协调发展的内生动力。按照《沪苏浙城市结对合作帮扶皖北城市实施方案》的要求优化地区间、产业间互动互补发展，延长、补齐特色产业链条。例如，推动皖西大别山革命老区等相对落后地区通过发挥自然资源禀赋打造长三角绿色农产品生产加工供应基地、高品质红色旅游示范基地和康养基地等形式支持当地产业发展。广泛开展帮扶双方人才交流，学习借鉴先进理念、技术、信息、经验等要素，加快推动区域协调发展。

（三）以城乡融合、新型城镇化建设为抓手促进长三角共同富裕

一是探索新型城镇化发展模式，健全城乡融合发展体制机制。探索乡村产业发展新模式，促进城乡要素自由流动，促进城乡产业有机衔接。例如，安徽聚焦智能家电、半导体、新材料等主导产业招引更多优质项目。支持一批条件较好的县城重点发展，培育发展县域经济。分类探索区域协作方式，引导县域经济发展主动融入区域发展格局。保障农村集体经济组织运营和发展壮大，鼓励多种形式盘活利用集体资源资产，推动农村集体经济转型升级。精准、有效地使用税收、社保、转移支付等调节手段增强农村发展实力，拓宽农民收入渠道，创新增加农民收入体制机制，缩小城乡区域发展差距和居民生活水平差距。

二是发挥发达区域和中心城市带动作用。优化城镇空间布局，进一步推动区域互补、跨江融合、海陆统筹、山海协作。例如，加快南通打造上海配套功能拓展区和非大都市功能疏解承载地，加快打造长三角世界级港口群等。重视都市群协同改革，特别是以长三角生态一体化高质量发展示范区、上海大都市圈、南京都市圈、合肥都市圈、杭州都市圈等为依托，构建大中小城市和小城镇协调发展的格局。完善先进地区与落后地区的合作帮扶机制。以产业园区合作建设为抓手助力欠发达地区发展，促进长三角高质量一体化发展。

三是推动长三角地区基本公共服务均等化建设。聚焦长三角政务服务"一网通办"、居民服务"一卡通"等办事平台，推动实现"同城服务""同城待遇"。拓展跨省通办事项与应用场景，全方位、多领域、深层次地推进长三角地区基本公共服务均等化。

（四）以生态环境共保联治为举措促进人与自然和谐共生

一是建立共保联治的生态环境补偿长效机制。持续打好污染防治攻坚战，健全区域生态环境保护联动机制，加强制度创新，积极探索降碳领域协

作。健全多元化生态补偿和生态损害赔偿机制，探索设立由生态共治受益各方共同出资的专项资金或基金会，制定并执行生态环境损害赔偿金管理使用办法，促进各方互惠互利、协同发展。以重点项目和难点项目为抓手探索解决非上下游关系流域的生态补偿模式，如加快推动建立太湖流域生态保护补偿机制。

二是提升生态环境共保联治能力。充分发挥长三角区域生态环境保护协作小组的作用，协调推进跨领域、跨部门、跨省界联防联控和生态共保。探索区域协同立法，加快出台长三角生态补偿条例，加强环境资源领域行政执法与刑事司法衔接，建立维护生态环境安全的司法屏障，推动生态共治常态化、法制化。推进生态环境领域综合改革，加强事中事后环境监管，积极调动政府、企业、群众等多方多元主体参与，进一步筑牢生态环境安全底线。

三是充分发挥示范区的示范引领作用。深入总结长三角示范区生态环境一体化保护典型案例的经验指导进一步实践，拓宽生态环保共治项目的类型和区域。按照党的二十大报告对建立生态产品价值实现机制的要求，根据《长三角生态绿色一体化发展示范区建立健全生态产品价值实现机制实施方案》开展生态系统服务价值核算，打造一批生态产品价值实现标杆项目，推动生态产品价值实现。支持碳普惠平台建设，科学建立碳减排量的统计与核算体系，设置合适的碳普惠应用场景，推动长三角碳普惠机制联建工作在示范区先行先试。

B.12
高质量一体化长三角进程下的
杭州城市竞争力研究

吴晓露*

摘　要： 都市圈、城市群的中心城市、副中心城市的能级不仅关乎自身的竞争力，更直接影响其所在区域的能级提升与可持续发展。本研究在从综合经济竞争力和可持续竞争力两大维度对长三角地区的上海、杭州、南京、合肥及苏州五个中心城市、副中心城市和经济强市的城市竞争力做出系统评价和比较分析的基础上，提出了高质量一体化长三角进程下提升杭州市城市品质和综合竞争力的政策建议：化解风险、稳定预期，提振市场信心；挖掘潜力、提升能力，培育壮大经济新动能；补齐短板、改善服务，破解制约城市竞争力提升的堵点难点。

关键词： 长三角一体化　城市竞争力　中心城市

　　高质量发展是中国在新发展阶段，以中国式现代化全面建设社会主义现代化国家和全面推进中华民族伟大复兴的首要任务和重要手段。城市群作为城市发展到成熟阶段的最高空间组织形式，业已成为区域发展的主要空间载体和经济发展的重要参与者，是推进经济社会高质量发展的重要增长极。长三角地区是中国综合经济竞争力排名全国首位、经济最具活力、开放程度最高、创新能力最强的区域，以占全国1/26的国土面积集聚了全国1/6的人

＊ 吴晓露，经济学博士，浙江省社会科学院经济研究所研究员，研究方向为区域经济学。

口，创造了全国近 1/4 的经济总量；2022 年，地区生产总值达 29.03 万亿元，占全国 GDP 的 24%，高于全国 GDP 增速 2.1 个百分点；自贸试验区货物进出口总额和实际利用外资总额分别为 4712.7 亿美元和 147 亿美元，占全国自贸试验区货物进出口总额和实际利用外资总额的比重分别为 41.8% 和 43.0%；因而，其不仅能代表中国参与全球竞争，还在国内大循环中也扮演着至关重要的角色。尤其是长三角一体化上升为国家战略后，如何加快培育和建设世界级城市群、中心城市、重点城市，更好地发挥龙头引领作用，推进长三角乃至全国的高质量发展，成为当前发展的首要目标，具有深远的战略意义。[①] 中心城市作为实现城市群高质量发展的动力引擎，核心作用不仅局限于自身的区域影响力——其与城市群内与其他城市间在资金流动、人口就业、产业布局、信息共享等领域的作用、方向和强度，经济辐射是集聚还是扩散，产业分工是协同还是竞争；更直接影响其所引领的城市群内其他城市的经济增长模式、规模与质量，因而是决定城市群发展方向，造成区域整体发展差异的关键要素。只有明确中心城市的竞争力，了解其优势与短板，才能为中心城市的高质量发展扫清障碍、铺设未来，才能成功推进城市群的高质量发展和区域的协同共进。

近年来，中国高度重视城市群、都市圈中心城市的高质量发展。2019 年的中央经济工作会议及《国家发改委关于培育发展现代化都市圈的指导意见》均明确提出，在推进高质量发展过程中要加快落实以中心城市为中心的城市群为承载发展要素主要空间形式的区域发展战略，并强调进一步凸显中心城市的辐射带动作用；同年 12 月出台的《长江三角洲区域一体化发展规划纲要》更明确提出，中心城市需要引领和承担辐射带动长三角地区实现经济结构优化、产业转型升级，进而迈向高质量发展的职责。浙江省作

---

① 长三角城市群不仅是世界公认的六大城市群之一，也是中国最大的城市群，综合经济竞争力居全国首位，早在《长三角地区一体化发展三年行动计划（2018~2020 年）》中，就被定位为"全国贯彻新发展理念的引领示范区，全球资源配置的亚太门户，具有全球竞争力的世界级城市群"；同时，也是"一带一路"与长江经济带的重要交汇地，因而，长三角地区能否成功把握战略机遇、应对风险挑战、实现高质量发展，关乎国运。

为长三角地区三省一市的重要成员，经济总量和常住人口在区域内仅次于江苏省；2022 年，全省 GDP 和常住人口分别为 77715 亿元和 6577 万人，同比分别增长 3.1% 和 0.57%，分别占全区 GDP 和人口总量的 26.77% 和 27.76%，两者的增速分别居于区域内第二位（仅次于安徽的 3.5%）和首位（见图 1）。同时，长三角一体化亦是浙江省加快融入国内国际双循环、参与国际竞争的重要平台。因而，近年来，浙江省加快了在省域参与、全方位融入、系统化推进等领域扎实推进长三角一体化高质量发展的步伐。

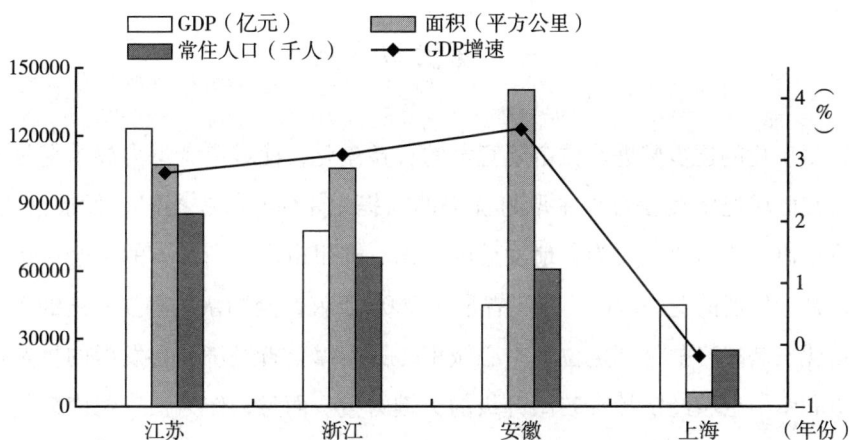

图 1　2022 年长三角三省一市的 GDP 与人口

资料来源：2022 年长三角三省一市统计公报。

杭州市作为长三角城市群的副中心城市和重要节点城市，本就被国家赋予做好中心城市竞争力提升以带动区域协同发展的职能；同时，作为浙江省的省会城市和杭州都市圈的龙头城市，亦要承担引领全省经济高质量的职责。尤其是中国进入城市化中后期后，城市群不断向纵深发展，城市群间及城市群内部的竞争不断加剧，杭州市如何有效提升自身能级，增强创新发展动力和核心竞争力，进而更好地发挥中心城市在各类要素高效集聚和合理流动中的引领作用，助力全省加快构筑结构合理、要素充裕、产业配套完整、基础设施完备、营商环境和谐的国际化城市群，推动全省经济社会高质量发展和共同富裕示范区建设，是当前杭州市与浙江省面临的重要课题。因而，在新发展格局下，尤其在长三角一体化高质量发展的新要求下，有必要从城市竞争力切入，对长三角区域的中心城市（上海市），及杭州市、南京市、合肥市三大副中心城市做比较研究，在找出杭州市提升城市竞争力，加快融入长三角，引领全省经济社会高质量发展和共同富裕示范区建设进程中的优势、潜力与短板的基础上，有针对性地扬长补短，为全面提升杭州市的综合能级和城市品质，建设有国际影响力和竞争力的中国式现代化城市提出相应的政策建议。

一　现状与优势

城市化的逐步推进及城市间竞争的日益激化，使城市竞争力成为衡量其能否在区域经济竞争合作中取得优势的前提，如何有效挖掘城市发展潜力、提升城市竞争力业已成为各地发展的共识。杭州市作为浙江省的省会城市及经济社会发展的龙头城市，浙江省早在 2006 年就在全国率先确立实施的新型城市化发展战略中将其定位为中心城市——支撑全省经济社会发展的重要增长极和牵引全域经济社会转型升级的关键力量。而且，作为长三角南翼的重要节点城市，杭州市历来强调主动接轨上海，积极融入长三角；尤其是"长三角区域一体化发展"上升为国家战略后，更为杭州市在新一轮发展中全方位融入长三角、共谋高质量创造了新机遇。近年来，杭州市通过服务借力大上海、深度融入长三角、做强做大都市区，加快了全面提升城市综合能级和核心竞争力的步伐，城市竞争力、区域辐射能力和全球影响力稳步提升。

（一）经济综合实力稳居长三角城市群第一方阵，大部分核心指标和解释指标排名区域前列且发展较为均衡

城市的综合经济竞争力是城市发展的基石，尤其对区域中心城市而言，较高的城市综合经济竞争力不仅表明其具有较强的经济发展空间和经济发展活力，更决定其能否顺利发挥资源要素配置上的聚散功能及对所在地区的辐射带动作用。近年来，杭州市以建设"数字经济第一城"为抓手，以 8 大万

亿产业为经济增长新引擎，通过工业化和信息化的深度融合重塑传统产业，以深化"放管服"改革优化营商环境，成功实现了全市经济的持续健康发展，经济综合实力进入长三角区域第一方阵。2021 年，杭州市的综合经济竞争力指数为 0.688，在长三角 41 个城市中排名第 4，除上海外，仅次于苏州、南京和无锡，在 3 个副中心城市中排名居中，优于合肥，弱于南京，与 2018 年相比，前移了 1 位，超越了常州；核心指标——综合经济增量竞争力和综合经济密度竞争力——分别在区域内排名第 2 和第 8，前者仅次于上海，后者除上海外，仍弱于无锡、苏州、南京、常州、宁波及镇江 6 市，与 2018 年相比，两者均上升了 2 位，分别超越了苏州、南京和舟山、嘉兴。[①]

1. 经济总量稳居区域前三，保持较强竞争优势

2022 年，虽受新冠肺炎疫情影响，杭州市仍呈现出较强的抗风险性，创造了 18753 亿元地区生产总值，同比增长 1.5%，经济总量继续保持长三角 41 个城市中仅次于上海和苏州的第 3 位，在三个副中心城市中排名首位的竞争优势。固定资产投资、货物进出口总额、实际利用外资总额及社会消费品零售总额分别增长 6.0%、2.7%、14.2% 和 5.8%；全市城乡居民人均可支配收入分别为 77043 元和 45183 元，分别比上年增长 3.1% 和 5.8%，城乡居民收入比缩小至 1.71，是长三角乃至全国城乡收入差距最小的城市之一。从图 2 可以看出，自长三角一体化以来，杭州市的经济总量平均增速整体稍快于区域内排名首位的中心城市——上海，两者间的经济总量差距从 2018 年的 60.28% 缩小到 2022 年的 59%；与另一个排名在前的城市——苏州的经济总量增速基本持平，两者间的经济总量差别虽一度从 21.66% 缩小到 2020 年的 19.69% 后又扩大到 21.73%。与排名其后的另外两个副中心城市相比，与紧跟其后的南京的差别虽然较小，但两者间的差距呈小幅扩大趋势，从 2018 年的 1.10 倍缓慢扩大到 2022 年的 1.11 倍；而与合肥的差距虽在缓慢收窄，从 1.66 倍持续缩小至 1.56 倍，但经济总量的差距仍然较大（2022 年，两市间的 GDP 仍相差 5205 亿元）。

---

① 中国社会科学院城市与竞争力指数库。

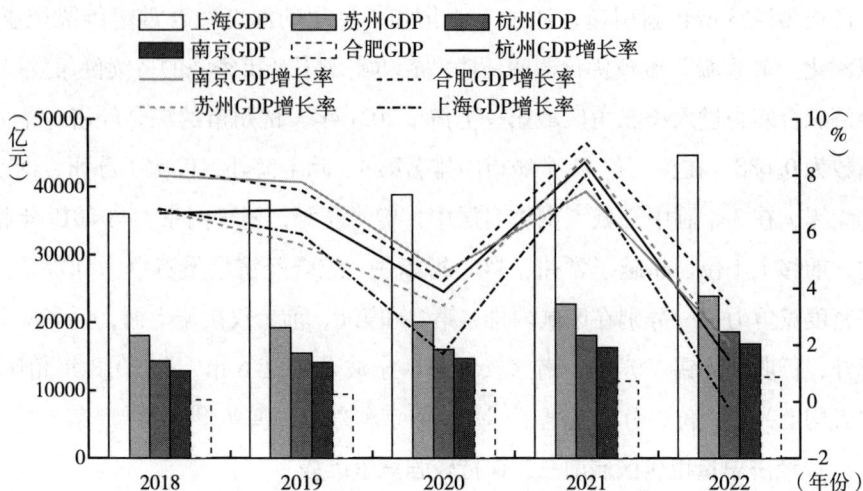

图2　2018~2022年长三角中心城市的经济情况

资料来源：中国社会科学院城市与竞争力指数库。①

2.经济高质量发展步伐加快，综合经济增量竞争力优势明显

近年来，杭州市加快实施创新驱动发展战略，科技创新助力产业升级取得重大进展；不仅数字经济持续快速发展，而且积极推进数字赋能传统产业改造提升，在产业结构逐渐优化的基础上，加快构建支撑高质量发展的现代化产业体系，实现了发展动能和发展质量的双提升。

首先，数字经济成为高质量发展主引擎。2022年，杭州市围绕"1248"计划，启动建设中国视谷，持续推动数字经济和实体经济的加速融合发展。数字经济核心产业增加值5076亿元，占全市GDP的27.1%，比上年增长2.8%，高于同期GDP增速1.3个百分点；其中，数字经济核心产业制造业增加值1180亿元，增长4.4%，占规模以上工业的28.1%，与"北上广深"同居全国数字经济第一方阵。拥有千亿级企业2家、百亿级企业2家、规上工业企业1013家和规上服务业企业1438家。电商平台交易额全国第一，阿

① 虽然本研究是基于长三角中心城市（上海）和三个副中心城市（杭州、南京及合肥）的比较分析，但因为苏州经济总量在长三角地区一直高于三个副中心城市而仅次于上海，故就杭州市在长三角城市群的竞争力分析中，有必要把苏州纳入其中。

里云市场份额亚太第一，数字安防市场份额全球第一，并成功入选国家先进制造业集群。数字制造、数字贸易、数字金融、数字内容等产业发展迅速。

其次，创新发展动能不断增强。2022年，杭州市以新产业、新业态、新模式为主要特征的"三新"经济增加值占GDP增加值的39%，比上年提升3.5个百分点；规模以上工业中，高新技术产业、战略性新兴产业、装备制造业增加值分别增长1.2%、4.2%和0.4%，分别占规模以上工业的70.5%、44.6%和50.1%。

再次，企业转型增效显著。通过持续加大科研创新投入、加强科技承接转化、优化产业布局、推动数字赋能，多措并举助力企业转型升级、提质增效。2022年，杭州市全员劳动生产率为24.6万元/人，其中，规模以上工业全员劳动生产率39.3万元/人，分别比上年提高12.32%和13.49%。全市工业增加值为4922亿元，同比增长0.4%；其中，规上工业企业增加值、销售产值和出口交货值分别为4198亿元、17822亿元和2621亿元，同比分别增长0.3%、2.4%和7.9%。新产品产值率和工业产品产销率分别为41.2%和98.2%，一直保持在较高水平。尤其是随着"鲲鹏计划""凤凰行动""雄鹰行动""雏鹰行动"等产业政策及科技企业"双倍增"计划的持续推进，全年新增境内外上市公司27家，总数达283家，总家数和总市值均居全国第四；上榜中国民营企业500强41家，已连续20年位居全国第一；现有国家高新技术企业和省科技型中小企业分别约为1.27万家和2.3万家；分别培育专精特新"小巨人"企业、"独角兽"企业和"准独角兽"企业208家、39家和317家。

最后，产业结构持续优化。2022年，杭州市三大产业增加值分别为346亿元、5620亿元和12787亿元，同比分别增长1.8%、0.4%和2.0%，三次产业结构调整为1.8∶30.0∶68.2，产业结构日趋合理。分行业看，其一，医药制造业、仪器仪表制造业、计算机通信和其他电子设备制造业等重点行业增加值分别增长15.1%、12.7%和2.1%；8大高耗能行业实现增加值814亿元，比上年下降5.6%；17个传统制造业增加值下降4.1%，有效推进了工业结构的优化。其二，服务业恢复稳健，金融、科技服务等高端服务业提供有力支持。全年创造服务业增加值12787亿元，比上年增长2.0%；其中，金融业与批发和零售业增加值分别增长7.5%与4.1%，住宿餐饮业增加值下降2.7%，但降幅明显收窄；1~11月，规模以上服务业（不含批发零售业、住宿餐饮业、金融业和房地产开发业）创造的14901亿元营业收入中，租赁和商务服务业、科学研究和技术服务业营业收入分别为1786亿元和1083亿元，同比分别增长7.4%和9.3%。其三，乡村产业提质增效加快，优势特色产业产值占比89.7%。

经济的稳进提质，不仅为杭州市的高质量发展夯实了基础，也为其综合经济竞争力的核心指标——综合经济增量竞争力提供了有力支撑，自2018年进入全国10强后，一直保持上升趋势，2021年上升至全国第8位、长三角地区第2位，仅次于上海，排名三大副中心城市之首。

3.经济竞争力各项解释指标在长三角区域内全部排名前列、发展均衡，尤其是营商软环境、全球联系竞争力优势明显

从图3中的5个解释指标看，杭州市综合竞争力各方面基本实现了均衡发展，全部进入长三角41市的前5名。营商软环境与全球联系竞争力表现尤其突出，居除上海外的40个城市榜首；当地要素和生活环境排名均为第3，除上海外，分别仅次于南京和苏州；营商硬环境相对较弱，居于上海、苏州、无锡与舟山之后的第5位。其主要原因在于以下几个方面。

首先，多年来，杭州市相继以"最多跑一次""数字化改革"等为抓手，加快推进营商软环境建设；尤其是2019年10月成为中国境内世界银行营商环境评估备选样本城市，及2021年9月成为全国营商环境创新试点城市后，更高度重视营商环境建设，持续将优化营商环境作为高质量建设共同富裕示范区、扎实推进"两个先行"的重要抓手；强调精准对标国际一流营商环境建设标准，突出营商环境的"全方位"优化，加快推进优化营商环境的体制机制改革；不仅成功补上了长期制约全市经济社会发展的营商软环境短板，更一举将杭州推进全国最优营商软环境城市行列，营商软环境竞争力从2018年的全国第214位快速上升至2021年的长三角地区第2位（仅次于上海）、全国第5位（仅次于北京、香港、上海和台北），是全国营商

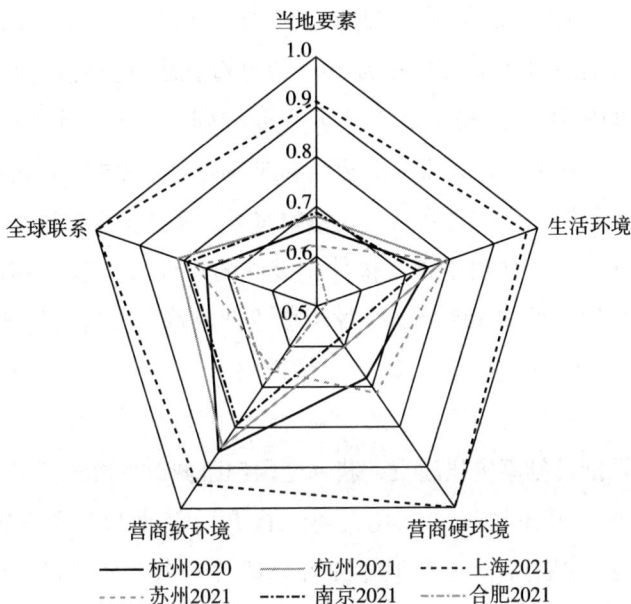

当地要素
1.0
0.9
0.8
0.7
全球联系
生活环境
0.6
0.5
营商软环境
营商硬环境

| —— 杭州2020 | ——杭州2021 | ---- 上海2021 |
| ---- 苏州2021 | —·—南京2021 | —— 合肥2021 |

图3　长三角中心城市综合经济竞争力解释指标

资料来源：中国社会科学院城市与竞争力指数库。

软环境上升最快的城市。同时，围绕国际性大都市的建设目标，持续扩大对内对外开放，充分利用中国（浙江）自由贸易试验区杭州片区获批、举办G20峰会、筹办亚运会等契机，加快构建全方位开放新格局，全球联系竞争力稳步提升，从2018年的全国排名第9升至2021年的第7，在长三角地区41个城市中排名第2，仅次于上海。

其次，作为全国改革开放先发区浙江省的省会城市，杭州市的经济多样性和外向度一直走在全国前列，民营经济极为发达。2022年，全市民营经济增加值和出口总额分别为11439亿元和3689亿元，分别占全市GDP和出口总额的61.0%和71.8%；民间投资占固定资产投资总额的50.7%，比上年提高1.1个百分点。劳动力、资金、土地等要素市场创新同样一直走在全国前列，大大降低了经济社会发展所需要的各种成本和费用。遍布全球的浙商成功将"走出去"与"引进来"有机结合，能更好地利用国内国际市场，配置全球资源。因而，杭州市的当地要素竞争力不仅在长三角地区排名第

3，仅次于上海与南京，在全国也颇具竞争性，2021 年，当地要素竞争力的指数和全国排名分别为 0.680 和第 10。为打造宜居宜业的营商环境，加强对各类人才的吸引力，杭州市亦从多方面加强了对传统短板——生活环境——的整治。一方面，以筹办亚运会和亚残运会为契机，在运动场馆、国家版本馆杭州分馆、南宋德寿宫遗址博物馆等一系列重大工程和文化新地标精彩亮相的基础上，加快推进文体休闲设施的建设与共享。2022 年，新增群众身边体育健身设施 308 处，开放免费或低收费全民健身场地 11933 片；新建 15 分钟品质文化生活圈 862 个、城市书房 33 个、文化驿站 18 个。另一方面，以打好疫情防控硬仗，最大限度降低疫情对经济社会发展的影响为抓手，高水平推进健康杭州建设，获评全国健康城市建设样板市和健康中国年度标志城市，城乡居民"三免三惠三提升"健康行动全面铺开。截至 2022 年末，全市拥有各类医疗卫生机构 5818 个、各类医疗机构床位 9.3 万张和各类专业卫生技术人员 15.0 万人。因而，杭州市的生活环境竞争力表现也颇为亮眼，在长三角地区排名第 3，仅次于上海与苏州。

（二）可持续竞争力稳中有升，核心指标和大部分解释指标整体保持较高水平，部分指标间的不均衡性大幅改善

1. 可持续竞争力表现良好，尤其是综合人口增量竞争力表现突出

杭州市的可持续竞争力位列长三角 41 个城市中的第一方阵，排名第 5，仅次于上海、苏州、南京与无锡，优于另一个副中心城市合肥；且因核心指标综合人口增量竞争力优势突出（排名全国第 7、长三角地区第 2，区域内仅次于上海），持续助力可持续竞争力和另一个核心指标综合人口密度竞争力稳步提升。从图 4 可以看出，2021 年，虽然中国已开始步入城市化的中后期，长三角地区也是全国城市化步伐最快的区域，但上海、杭州、南京等中心城市和副中心城市的可持续竞争力核心指标——综合人口增量竞争力——仍高于可持续竞争力本身及另一个核心指标综合人口密度竞争力，城市化进程仍在继续。杭州市在综合人口增量竞争力的优势尤其突出，不仅自身在 2020 年排名全国第 7 的基础上又前移了 2 位，更成功助力可持续竞争

力和综合人口密度竞争力分别从全国第 17 和第 25 上升至全国第 12 和第 25，在长三角区域内的排名虽未改变，但与排名居前的南京、无锡等城市间的差距有所收窄。

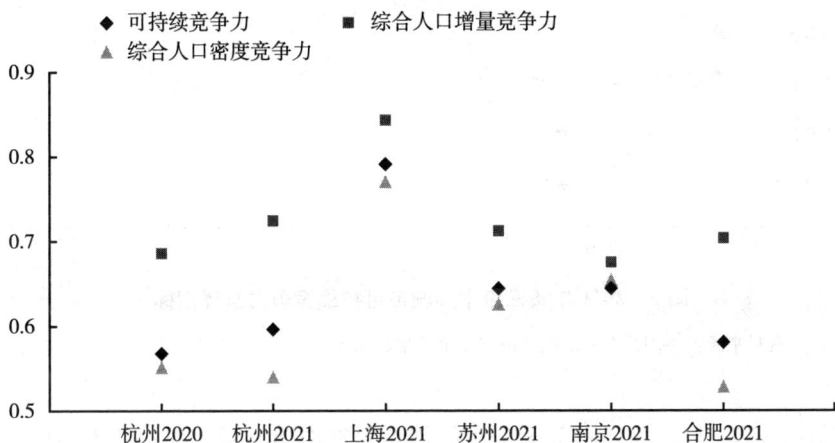

图 4　长三角中心城市的可持续竞争力

资料来源：中国社会科学院城市与竞争力指数库。

2. 科技创新优势突出，社会和谐、全球联系和经济活力表现优越

从图 5 可以看出，杭州市可持续竞争力的五个解释指标，除城市环境韧性外，其他 4 个指标都保持了较强的竞争力。

首先，科技创新继续保持领先优势。杭州市的科技创新竞争力不仅在长三角地区仅次于上海，在全国也颇具竞争力，2021 年，继续保持了全国排名第 5 的领先地位。在近年来持续加强研发与创新投入基础上，2022 年，杭州市的社会研发支出占 GDP 的比重升至 3.75%，比上年提高 0.09 个百分点；财政一般公共预算支出中科技支出 207.7 亿元，占一般公共预算支出的 8.2%。全年新增发明专利授权量、PCT 国际专利申请量和年末有效发明专利拥有量分别为 3.0 万件、2305 件和 12.3 万件，分别比上年增长 31.2%、11.8% 和 29.0%。而且，随着飞机复合材料等 3 个技术创新中心启动建设，国家（杭州）新型互联网交换中心建成启用，联合国大数据全球平台中国

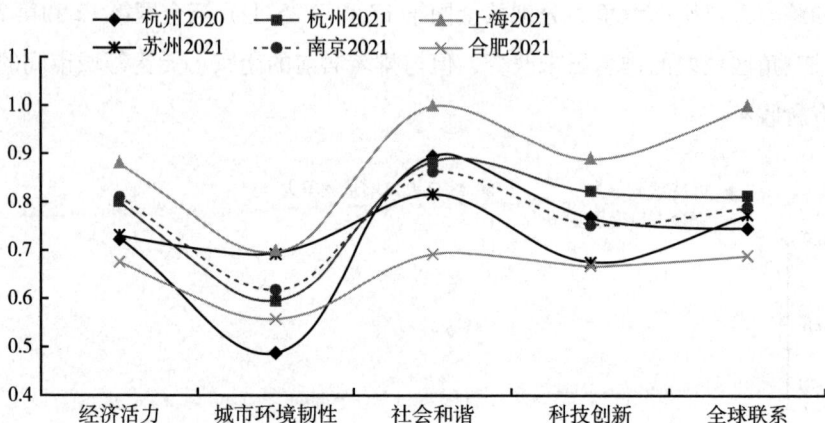

图5　2021年长三角中心城市可持续竞争力解释指标

资料来源：中国社会科学院城市与竞争力指数库。

区域中心落户等，城西科创大走廊的创新引擎作用不断增强；浙大脑机智能实验室、之江实验室、西湖实验室相继被纳入国家实验室建设序列等科技红利持续释放。全市新增市级以上企业技术中心、科技企业孵化器和众创空间分别为68家、31家和1家；其中，新增国家级企业技术中心、省级科技企业孵化器及国家级众创空间分别为3家、15家和68家。全年累计签订技术合同16307项、520.3亿元，分别比上年增长4.5%和3.8%。

其次，社会和谐竞争力优势进一步凸显。2021年，杭州市社会和谐竞争力的全国排名从上年的第8上升到第7，长三角地区继续排名第2，仅次于上海。近年来，杭州加快了提升文化软实力的步伐，不仅历史文化名城的金字招牌越擦越亮，而且新时代精神文明建设也取得新进展。在大力弘扬红船精神、浙江精神和杭州人文精神，巩固提升礼让斑马线、孝心车位、红十字"救"在身边等品牌的同时，千年文脉传承保护也取得了新成效，钱塘江古海塘、新登古城墙、天目窑遗址三大世界文化遗产的保护和申遗工作顺利推进，宋韵文化传世工程、南宋皇城遗址考古工作取得重大突破，以西湖龙井、径山茶宴为代表的"中国传统制茶技艺及其相关习俗"成功入选联合国人类非遗代表作名录等，不仅成功促进了文化繁荣，增强了城市软实力，还成功推动了文化产业的快速发展。2022 年，全市实现文化增加值 2420 亿元，同比增长 4%。杭州市也是全国城乡差距最小的地区之一，2022 年的城市化率为 84%，比上年同期提高了 0.7 个百分点；城乡收入倍差从 1.77 缩小到 1.71，低于同期浙江省和全国的城乡收入倍差（分别为 1.90 和 2.45），全域城市建设表现突出。此外，杭州持续推进的"最多跑一次"改革、"智慧城市建设"也全面提升了教育、医疗等领域的公共服务水平和市域治理现代化水平，切实增强了人民群众的获得感、幸福感、安全感。2022 年，全市分别拥有普通高等学校、普通高中、职高和中等专业学校、初中、小学及幼儿园 40 所、98 所、39 所、305 所、507 所和 1073 所；初中毕业生升入各类高中比例和学前三年幼儿入园率分别为 99.8% 和 99.6%；有 28.6 万流动人口随迁子女在本市义务教育学校就读；公办义务教育学校覆盖率为 98.7%。年末职工基本养老保险参保人数、城镇职工基本医疗保险、失业保险、职工工伤保险的参保人数分别为 823.2 万人、783.0 万人、712.4 万人和 576.3 万人，分别同比增长 2.95%、2.96%、0.71% 和 2.27%；城乡居民养老保险基础养老金全市统一调整到每人每月 330 元，城乡低保同标，最低生活保障标准平均每人每月 1216 元，同比增长 10.34%，高于全省平均水平 12.28%。

最后，经济活力和全球联系的竞争压力加大，但仍能保持较强优势。2021 年，杭州市的经济活力和全球联系竞争力的全国排名虽然均比上年后退了 1 位，但在长三角地区的排名保持不变，分别排在第 3 和第 2，前者落后于上海和南京，后者仅次于上海，继续保持区域内的较强竞争优势。但区域内的竞争却在加剧，经济活力竞争力指数与南京（区域内排名第 2）的差距从上年的 0.007 扩大到了 0.011，而全球联系竞争力指数与南京（区域内排名第 3）的差距却从上年的 0.038 缩小到 0.024。虽然杭州市的经济活力竞争力在长三角地区屈居南京之后，但仍是排名全国第 9，指数也从上年的 0.728 小幅上升至 0.801，依旧是全国经济最活跃的地区，拥有完善灵活的机制体制优势和创业创新生态。2022 年，杭州市通过"最顶格+第一时间"落实国家和省稳经济政策和率先出台"杭十条""服务业四十条""抢先机、拼经济 30 条"等一系列举措助企纾困，经济活力加速释放；在册市场主体增至 167.8 万户，比上年增长 9.7%，新设企业数和增速均居全省首位。全年落地 1 亿元以上产业项目 396 个；其中，制造业项目 289 个，带动制造业投资、工业投资和固定资产投资分别增长 26.4%、21.1%和 6%；105 个省重点项目完成投资 1388.8 亿元，完成率达 142.4%。影响城市经济活力的核心要素——青年人才比例指数——更是表现优越，连续多年保持人才净流入和海外人才净流入均居全国首位；全市新引进和新增 35 岁以下大学生、（留杭）博士和高技能人才分别为 36.4 万人、2100 人和 5.02 万人，已连续 12 年入选"外国专家眼中最具吸引力的中国城市"。同样的，杭州市的全球联系竞争力虽然在 2021 年也从上年全国排名第 6 下滑至第 7，被天津超越，但在长三角区域内仍保持仅次于上海的优势，且指数有小幅上升，从 0.747 上升至 0.814，并没有对该竞争力区域优势造成本质影响。遍布全球的浙商以及多年推行的浙商"走出去""引进来"有机结合的发展战略，不仅使杭州市能有效利用国内国外两种资源、两个市场，为本地经济注入新活力，更与外界形成了切不断的联系。加之近年来杭州市一方面深度融入长三角一体化，积极承接上海产业创新资源溢出，谋划打造沪杭未来智造协同发展试验区；另一方面抓住"开放办会""开放办赛"等机遇，深入实施国际投资贸易、国际城市魅力、国际公共服务、国际传播能力等专项行动，健全海外社交平台矩阵和国际传播全媒体矩阵，全面提升了城市国际知名度和美誉度，多层次、宽领域、全方位、高质量的开放格局业已形成，与国内外的联系将会更加全面与频繁。

（三）城市能级稳中略升，对周边城市的辐射带动效应逐步凸显

1. 城市能级稳中略升，在长三角地区的集聚效应仍持续保持

如图 6 所示，长三角一体化后，虽然经历了全球经济的波动和新冠肺炎疫情的冲击，但杭州市仍保持较快的增长速度，城市能级稳中略升，展现出较强的发展韧性和创新活力。经济体量从 2018 年的 14306 亿元上升到了 2022 年的 18753 亿元，年均增长 7%，以占全省 15.93%的面积创造了全省

24.13%的 GDP。杭州市在长三角地区的 GDP 占比也基本保持稳定
（6.46%）；在四个中心城市中，杭州市 GDP 的平均增速仅次于合肥，快于
上海和南京；与区域内经济总量排名首位的城市（上海）间的差距有所收
窄，与次位的城市（苏州）间的差距基本保持不变，而与排名之后副中心
城市（南京）间的差距呈缓慢扩大趋势。

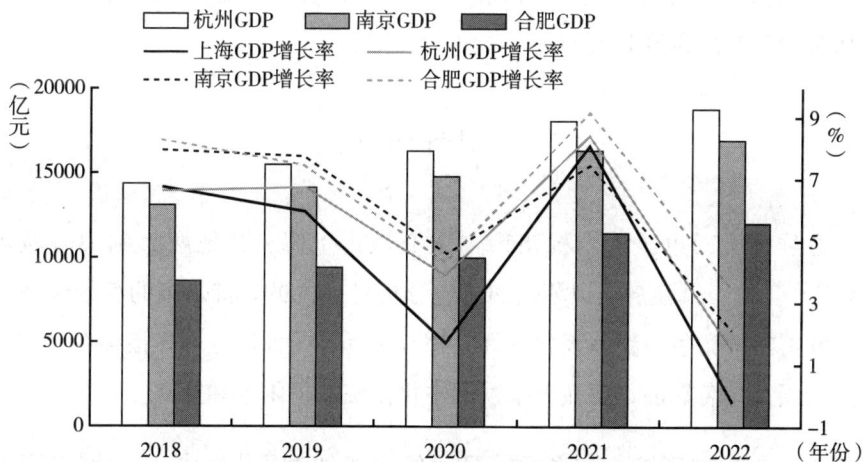

图6　2018~2022年长三角中心城市的经济情况

资料来源：长三角三省一市年鉴及统计公报。

2. 对周边区域的影响从集聚开始转向扩散，引领辐射效能逐渐释放

随着杭州市城市能级的不断提升和产业结构的持续转型升级，城市功能
开始从集聚走向扩散；通过向周边地区的产业梯度转移和人口有机疏散的顺
利进行，辐射带动作用明显增强，成功促进了要素资源与周边地区间的优化
布局和联动发展。杭州市占全省 GDP 的比重从 2018 年的 24.67%上升至
2020 年的 25.05%后，开始缓慢下降至 2022 年的 24.12%，在浙江省内的城
市功能开始从集聚走向扩散。杭州的产业结构也从 2018 年的 2.3∶33.8∶
63.9 调整为 2022 年的 1.8∶30.0∶68.2，带动和引领相邻的湖州、嘉兴、
绍兴、金华和衢州省内 5 市与全省的产业结构分别从 4.7∶46.8∶48.5、
2.3∶53.9∶43.8、3.6∶48.2∶48.2、2.9∶41.9∶55.2、5.5∶45.0∶49.5

和 3.5 ： 41.8 ： 54.7 升级为 4.2 ： 51.1 ： 44.7、2.1 ： 54.3 ： 43.6、3.3 ： 49.0 ： 47.7、3.3 ： 42.6 ： 54.1、4.7 ： 43.5 ： 51.8 和 3.0 ： 42.7 ： 54.3。上述产业结构的进一步优化为省内周边 5 个城市的竞争力提升夯实了基础，有力支撑了湖州、嘉兴和绍兴 3 市的城市综合经济竞争力和可持续竞争力从 2018 年的全国排名第 75、第 38、第 42 和第 58、第 47、第 48 分别上升至 2021 年的第 54、第 37、第 42 和第 57、第 36、第 44，衢州的综合经济竞争力从第 187 上升到第 124。

二　困难与挑战

通过对长三角区域内杭州市与中心城市上海、其他两大副中心城市（南京与合肥）及经济强市苏州的比较分析可见，虽然杭州市的综合经济竞争力和可持续竞争力整体表现良好，核心指标和绝大部分解释指标在区域内甚至全国都排名靠前，但在未来发展中仍面临以下困难和挑战。

（一）生态环境、交通便捷及居住成本依然是制约杭州市城市环境韧性、营商硬环境等竞争力提升的主要短板

在两大竞争力的 9 个二级指标和 54 个三级指标中，杭州市的城市环境韧性竞争力一直表现不佳。虽然为迎接亚运、优化营商环境，杭州加大了新时代美丽杭州的建设步伐，加快构建与优化城市交通网络，持续推进安全生产综合治理和自然灾害防范，城市环境韧性竞争力的全国排名从上年的第 76 上升至第 41，成为全国城市环境韧性竞争力提升最快的城市之一，但与其他解释指标相比，依然明显落后，在长三角区域内也不具竞争优势，仅排名第 13，与区内排名第 2、第 3 和第 9 的同类城市上海、苏州及南京相比，存在较大差距。同时，杭州市的营商硬环境虽然在长三角区域内目前排名靠前，但仍存在提升空间。

首先，受自然区位和历史因素影响，相较经济社会的快速发展，杭州市的道路建设相对落后，虽然近年来多条轨道交通、城市快速路投入建设，但

与城市扩张及人口流入速度相比,城市基础设施供应不足、分布不均现象依然存在。尤其是交通便捷度短板明显,即使杭州市加快交通基础设施的建设步伐,并通过数字赋能等多种手段优化城市规划和交通整治,交通拥堵指数仍年年攀升。2022 年,杭州市通勤高峰时期的交通拥堵指数为 1.73,同比上升 0.9%,全国排名第 4,比上年同期上升了 12 位,在长三角地区仅次于上海,实际通行速度仅为 30.33 公里/小时;单程平均通勤时间虽然比上年下降了 6.52%,但仍是全国排名第 7、区域内仅次于上海的城市,平均消耗 35.54 分钟;即使到了周末,交通拥堵现象也并未得到缓解,周末的拥堵指数和实际通行速度分别为 1.553 和 33.44 公里/小时,是全国周末交通最拥堵的城市之一。[①]

其次,居住成本的一路高涨也给杭州市的可持续发展带来了巨大压力。虽然杭州市相继通过实施与落实房地产平稳健康发展长效机制"一城一策"方案、建立健全多元住房保障体系等一系列房地产调控政策,2022 年新增公租房货币补贴保障家庭 4.7 万户,新开工保障性住房 137.3 万平方米,但仍被认为是全国买房难的十大城市之一。2022 年,在全国房地产市场低迷,100 个重点城市房价收入比平均下降 3.99%,居民购房压力稍有减轻的大环境下,杭州市的房价均价仍高达 41696 元,房价收入比不降反升(22.2),比上年提高了 1.0%,全国排名第 6 位,是长三角地区买房难度仅次于上海的城市。[②]

(二)外部环境的不确定明显增多,且未来相当长一段时间仍持续存在

首先,新冠肺炎疫情对世界经济社会的影响虽然逐渐减弱,但世界主要经济体都普遍面临 20 世纪 80 年代以来最严重的通货膨胀,出现近 15 年来最大规模的"全球加息潮",全球约有 90 个经济体主动或被动地加速收紧

---

① 百度地图:《2022 年度中国城市交通报告》,2023 年 3 月 2 日。
② 诸葛找房数据研究中心 2023 年 2 月 10 日公布。

货币条件。全球总需求的持续收缩势必影响全球货物贸易的增速，对我国的出口造成较大冲击；而且因本轮通胀的复杂性和顽固性，叠加地缘冲突等因素，上述冲击短期内难以消除。再加上之前受疫情影响，部分国家遭遇严重破坏的生产生活秩序短期内难以恢复，部分原材料价格上涨、中间产品短缺、交易成本增加导致供给约束持续增强的现象依然存在，对杭州市这样的经济外向度较高的地区极为不利。

其次，贸易摩擦加剧与国际经济社会形势变化等不确定因素仍然长期存在。以美国为首的发达经济体加强了对中国的经济遏制围堵，通过在贸易、半导体、能源技术、技术标准、人才培养等领域制定排他性政策，阻碍先进技术、资金、人才向国内流入，推动产业链转出中国，使中国的比较优势和竞争优势难以发挥，科技创新成本上升，不仅产业链提升被迟滞，而且产业链、供应链安全也会受到威胁，包括杭州市在内的国内城市的高质量发展和能级提升步伐将不得不放缓。

（三）国内有效需求持续不足，城市间的竞争进一步加剧

首先，随着国内政策环境的优化，中国经济面临的需求收缩、供给冲击等问题已有所改善，但市场预期偏弱、市场信心不振的问题仍然存在，对生产、经营、投资、消费等经济活动产生了明显的收缩效应，不仅造成消费潜力释放不足，更令企业投资意愿不强，稳投资难度仍未化解，尤其对中小企业、民营经济冲击较大，不仅严重影响其产值与利润的增速，民间投资增速也出现了下滑态势，甚至部分中小企业、民营企业面临亏损和倒闭，对类似杭州这样的民营经济占比较大的城市，影响尤为严重。

其次，2005年后，中国区域经济开始呈现"东部放缓，中部快速崛起，西部相对加快"的发展态势；高端要素虽然仍向东部集聚，但随着制造业从东部迁出、由中部承接与分化的趋势不断扩大，集聚速度与程度开始缓慢下降；地处东部地区的浙江省的经济增速也相对放缓，对周边地区的虹吸效应有所减弱。但城市间的竞争，尤其是头部城市间的竞争却在不断加剧。杭州市地处全国最具竞争力的长三角城市群，城市间的竞争也最为激烈，近年

来更同时面临两个副中心城市南京和合肥以及区域内苏州、无锡、宁波等经济强市的激烈竞争，如何扬长避短、赢得发展是杭州市和浙江省未来面临的重要课题。

三　政策与建议

综上所述，虽然杭州市在综合经济实力、科技创新、营商软环境、国际联系等方面不仅在长三角甚至在全国都颇具竞争力，但在当前复杂多变的国内外形势下，应该围绕"六个一流杭州"的建设目标，从以下三个方面入手全力提升杭州市的城市品质和城市竞争力，在高质量发展中加快推进共同富裕幸福杭州建设，在以"两个先行"打造"重要窗口"中展现头雁风采，为浙江省加快融入长三角，打造为长三角国际大都市群金南翼提供龙头引领，进而为中国式现代化建设提供城市范例。

（一）化解风险、稳定预期，提振市场信心

首先，建立各类风险防范与化解的长效机制。经济下行压力加剧背景下，金融风险将进一步复杂化、结构性矛盾也更为突出。因此，审慎做好重点领域的风险防范与化解，统好稳增长、调结构与防风险的平衡将是各大城市面临的共同课题。当前，尤其要积极处置与化解房地产相关风险，既要保障购房者权益，防止出现群体性事件；又要以市场化手段稳预期、稳房价、稳地价，稳定涉房信贷，促进房地产市场尽快恢复正常运行；同时，也要稳定房地产业相关信贷投放，防止流动性紧张进一步增加房企的脆弱性。

其次，激发微观主体活力，扭转市场预期。市场主体的活力源于有效市场与有为政府的合理分工和有效配合，必须进一步厘清政府与市场的边界，在市场竞争、生产要素使用、产权保护等方面，对各类企业一视同仁。同时还要进一步优化民营企业发展环境，依法维护民营企业的产权和企业家权益，促进民营经济发展壮大，支持帮助中小微企业发展，提振市场主体信心。加大助企纾困政策力度，进一步发挥减税降费和普惠型信贷对民营企

业、中小微企业的扶持作用。引导金融机构加大对实体经济的信贷支持力度，开展多渠道银企对接，切实解决市场主体的融资难题。加大力度保障就业岗位，稳定居民收入预期，加快释放消费潜力，带动内需增长。

（二）挖掘潜力、提升能力，培育壮大经济新动能

首先，围绕全国数字经济"第一城"的建设目标，以全面数字化改革为牵引，加快释放数字经济发展动能，推进产业升级和高质量发展。一方面，深入实施数字经济创新提质"一号发展工程"，全面落实"1248"计划，积极构建未来产业发展体系，加快推进视觉智能、云计算、大数据、高端软件、人工智能、网络通信、集成电路等具有国际竞争力的数字产业融合集群发展，提升数字经济的国际竞争力；另一方面，深入推进产业数字赋能，促进数字经济与制造业的高质量融合发展和传统产业、中小企业的数字化转型，通过数字赋能加快实现制造业产业基础再造和产业链提升。

其次，持续推进创新驱动发展战略，加快落实浙江省"315"科技创新体系建设工程，以深化科技体制改革和加大知识产权保护为牵引，加大科技投入、提升科技创新能力，加快创新链与产业链的有效对接，为综合经济竞争力的提升和城市高质量发展注入新活力。一方面，加大关键核心技术的研发力度，尤其要发挥企业的创新主体作用，培育一批具有国际竞争力的"专精特新"企业；另一方面，以建立全谱系人才雁阵为目标，加快打造全球人才蓄水池，创新人才培育引进机制，办好做实各项人才工程、人才大会及人才服务综合体、人才中心建设，让更多的人尤其是高学历青年人愿意集聚、落户杭州。

（三）补齐短板、改善服务，破解制约城市竞争力提升的堵点难点

首先，以建设"人民城市"为目标加快补齐生态环境、交通基础设施建设及居住成本等长期制约杭州市的城市韧性、营商硬环境及生活环境等城市竞争力提升的主要短板。一是以全国"无废城市"建设试点和碳达峰碳中和行动为抓手，加快推进环境基础设施建设、生态治理修复和绿色低碳转

型，提升生态承载力和灾害防御力。二是以办好亚运为抓手，在城市基础设施建设百日攻坚行动和城市环境品质提升行动基础上，依托城市大脑2.0和常态化数智化的"城市体检"，全方位推进城市交通规划和治理的智慧改善，进一步提升城市交通的安全与效率。三是坚持"房住不炒"，加快构建房地产长效机制，促进房地产市场平稳健康发展。加快建立多主体供给、多渠道保障、租购并举的住房制度，探索出台专项政策支持商业化住房租赁市场，尤其是长租公寓市场的发展，通过增加保障性租赁住房供给，有针对性地解决新市民的住房难问题。

其次，持续全面优化营商环境，为激发市场活力，推动实体经济的高质量发展降低门槛、打通堵点。一是加强法治建设，打造透明、公正、稳定、可预期的政策环境。建立以负面清单加规制为主体的投资管理体制，进一步落实法无禁止皆可为的原则，明确各类资本准入的领域、条件和规则，并且要保持相对稳定，给投资者以稳定的预期。即使政策需要调整，也应依法依规进行，加强部门间协调和与市场充分沟通，并给予充分的过渡期，尽量减少由政策变动给投资者带来的成本增加。现阶段，应尽快推出一批绿灯项目，以提振投资者信心。二是强化数字赋能，打造精准、智能、高效的政务环境。继续以政府数字化转型和政府职能重塑为抓手，在政策制定过程中，增强公众与企业参与性与有效性，推进相关政策制定的科学化、民主化和法治化，进一步提升营商环境治理的精准性；在政策实施过程中，进一步提升政务服务的便捷度、高效度和智能度。现阶段应加大惠企利民政策的宣传和落地力度，提升政策红利的精度和温度，增强市场主体获得感和幸福感。

B.13
推进长三角科技创新共同体建设研究[*]

储昭斌[**]

摘　要： 长三角科技创新共同体建设对推进全国乃至全世界科技发展都有极大的示范与带动意义。但长三角科技创新共同体的发展却存在行政壁垒、创新资源布局分散，以及合作组织机制不健全、合作利益分享机制不完善等诸多问题，其产生的根源是现代市场经济条件下地区发展差异与利益分配关系不一致，使得共同体内部形成一种"竞合"关系。省域之间科技创新共同体建设，要在"竞合"关系下进一步深化合作的共识、空间、利益和机制，做到对内深度推进长三角科技创新共同体间合作与竞争机制建设，对外进一步链接世界科技创新资源和拓展国际合作空间。就安徽而言，需要积极参与谋划互利合作发展新机制，锻造出更多自身新长板，扩大合作新领域，整合全球更多创新资源，营造合作创新新生态。

关键词： 科技创新　共同体建设　区域一体化　长三角

　　长三角地区是中国乃至世界经济最活跃的地区之一，也是中国经济的主引擎之一。党的二十大报告指出，"科技是第一生产力、人才是第一资源、创新是第一动力"，长三角科技创新共同体建设对推进全国乃至全世界科技

---

[*] 本研究系2022年安徽省社会科学院省领导圈定课题"推进长三角科技创新共同体建设研究"（SQKT22-01）的部分成果。

[**] 储昭斌，安徽省社会科学院城乡经济发展研究所产业经济研究室主任，副研究员。

发展意义重大。2022年9月，长三角三省一市科技厅（科委）共同制定的《三省一市共建长三角科技创新共同体行动方案（2022~2025年）》出台，旨在到2025年初步建成具有全球影响力的科技创新高地，但长三角科技创新共同体建设却存在着一些问题，分析问题的根源，可以更好探索出安徽深度推进共同体建设的现实路径。

一 长三角科技创新共同体建设成效及存在问题

随着长三角一体化水平的不断提升，长三角科技创新共同体建设也得到了快速发展，并取得了一定的成效，同时也使得一些发展中的问题进一步显现。

（一）建设成效

2021年，长三角科技创新共同体建设开局之年，科技部门凝聚更强合力，以"一体化"思维，建新章、立新制、谋新篇，推动区域科技创新政策有效衔接、科技资源高效共享、创新主体高效协同，具体表现在以下几个方面。

1. 一体化科技协同保障机制初步形成

科技部与三省一市建立"4+1"工作机制，2021年5月成立长三角科技创新共同体建设办公室，形成长三角科技创新共同体建设办公室和工作专班的组织架构，全面协同长三角三省一市科技创新合作。随后，科技部和国家统计局牵头，联合三省一市的科技厅（科委）与统计局，成立推进长三角一体化协同创新能力统计监测工作专班，并启动长三角科创"云平台"建设，全面对长三角三省一市的协同创新能力进行监测。

2. 一体化科技创新制度框架基本建立

三省一市落实国家规划任务要求，因地制宜出台配套实施方案。印发《浙江省推进长三角科技创新共同体建设专项行动方案》《安徽省推进长三角科技创新共同体建设实施方案》《安徽省推进长三角G60科创走廊建设实施方案》，三省一市联合研究编制《长三角科技创新共同体建设行动方案》。2021 年 11 月，三省一市人大协同推动大型科学仪器跨省市共享立法，出台《上海市促进大型科学仪器设施共享规定》。建立由科技部牵头、三省一市协同编制《长三角科技创新共同体联合攻关实施方案》《操作指引》等科技创新共同体联合攻关机制。

3. 一体化科技创新主引擎不断推进

继续建设上海张江、安徽合肥两大综合性国家科学中心和合肥国家量子科学实验室。将之江实验室、紫金山实验室、上海量子科学研究中心等纳入国家实验室基地建设序列。安徽空地一体量子精密测量实验设施和合肥先进光源被正式列入国家"十四五"重大科技基础设施规划。2021 年长三角国家技术创新中心成立，联合承接和实施一批国家重大创新任务，共同承担国家重点研发计划。2020 年长三角协同开展科技攻关 194 项，占三省一市获批国家立项总数的 80%；涉及中央专项经费 30 亿元，占比 89%。

4. 一体化科技创新资源共享与科技成果转化水平不断提升

深化长三角科技资源共建共用共享。长三角科技资源共享服务平台已集聚大型科学仪器 37912 台（套）、重大科学装置 23 个。在多地区联合举办交易会（博览会）。仅 2021 年就有 5 家国家科技成果转移转化示范区联盟签约，三省一市相互间技术合同输出 2.1 万余项，技术交易额 877 亿元，同比增长 37.9%；长三角 G60 科创走廊九城市共谋科技创新与产业合作，九城市科创板上市企业 87 家，超过全国的 1/5。长三角四地试点，发放科技创新券 238 张，券额 1.23 亿元，已兑或拟兑付金额超过 1000 万元。

（二）存在的问题

总体上看，虽然长三角科技创新共同体发展积累了一些经验，取得了较好的成效，但对推进长三角地区高质量一体化来说，还存在诸多问题，具体表现在以下几个方面。

1. 科技创新共同体发展水平受行政壁垒影响

近年来，长三角深入推进科技创新合作，但是行政壁垒造成的创新要素流动障碍依然存在。一是各省市财政支持的各类科技经费难以跨区使用。地方财政科研经费来源于本地税收，一般对本省区外的机构有一定的限制。二是社会保障服务一体化水平影响创新人才流动。长三角各省市间社保衔接度不一，加之各省市社保政策覆盖人员范围也有所不同，保险范围也存在不同，各省市间社会保障服务管理存在"壁垒"。三是技术信息的共享流通尚未完全实现。区域间"条块分割"现象仍然存在，在跨区域数据共享、项目资源流通、技术交易市场开放等方面还存在壁垒，技术信息流动尚有较大障碍。

2. 科技创新资源布局各自为政与竞争无序还普遍存在

长三角三省一市各有特色和优势，但作为一个有机整体仍缺乏整体协同，城市群创新功能定位尚不清晰，三省一市甚至是省内对创新资源的争夺时有发生。一是三省一市新兴产业布局存在一定程度上的雷同，从而存在一定程度上的对科技创新资源的争夺。二是创新服务平台的布局各自为政。围绕新兴产业发展，多个城市在大数据、机器人等领域布局研究院、制造业创新中心等创新服务平台，同质化现象严重。三是创新要素存在过度竞争，造成创新要素价格扭曲。长三角内部在人才、科技成果等资源方面形成同质化竞争，如在人才方面三省一市全都出台了各自吸引人才的政策与措施，长三角区域内人才争夺较为激烈。

3. 科技创新合作的组织机制尚未完全建立

当前三省一市各自承接了部分国家重大科技基础设施和国家重大科技专项的布局，并按照自身产业发展的要求，多途径布局了多个技术创新平台，这些平台涉及的多是一般性技术，但对一些投资巨大、回收周期长、技术要求高的前瞻或尖端技术，如芯片的制造和相关设备制造技术，由于各个省市均无法独立完成，现有政策无法形成合力。此外，针对长三角关键共性技术，如何确立、如何出资和如何组织联合科技攻关，以及研发资金如何进行管理，需要一整套组织和管理制度进行保障。

4. 科技合作创新成果转化后的利益分配机制亟须完善

由于三省一市都在追求本地发展的利益最大化，可能会出现阻止本地创新成果向外地转移转化。例如，上海在生物医药和电子信息方面有较多的技术积累，也培育了一些新兴产业企业，但是受制于空间和成本，无法迅速发展形成新兴产业集群，而考虑到税收，上海也无意协助企业寻找成本更低的区域进行规模化，容易错过产业发展的良机。因此，合作发展新兴产业的模式有待创新，亟须在分税制度上做探索，制定互利共赢的利益分配机制。

二 长三角科技创新共同体建设存在问题的深层根源 及共同体未来发展思路

上述问题的存在，不利于长三角科技创新共同体合作的深入推进，并同打造世界级科技创新中心的要求相去甚远。因此，需要分析这些问题存在的深层次根源，并探讨长三角科技创新共同体未来发展的思路。

（一）长三角科技创新共同体建设存在问题的根源分析

自长三角地区一体化发展提出到上升为国家战略的过程中，学界一直积极关注长三角科技创新共同体建设。学界不仅提出从目标定位、科技创新资源共享、健全科技创新协同机制、联合攻关与成果跨区域转化、协同参与国际科技合作等方面推动共同体建设，还看到了"不同省市间科技创新产业同质竞争激烈"，地方政府竞争与地方保护形成的"创新要素区域的流通不通畅"，"科技创新资源分布不均引起的创新能力不平衡问题"形成的"合作交流壁垒"等。随着理论研究的深入，我们看到由于"科技是第一生产力、人才是第一资源、创新是第一动力"，在长三角内部仍然存在着对现代先进科技资源与高端科技人才的争夺，在关键核心技术领域的竞争尤为激烈，这是现代市场经济形成的竞争关系，它对长三角科技创新共同体的深度合作产生了巨大影响。国家层面《长三角科技创新共同体建设发展规划》有效地推进了长三角科技创新共同体建设，尤其是从顶层设计的高度来有效推进长三角科技创新共同体建设，但各种问题的存在，深层次根源是现代市场经济条件下地区发展差异和利益分配上存在深层次的"竞争—合作"关系。因此，在这种复杂的"竞争—合作"下，深度推进长三角科技创新共同体建设，不仅要提升各省市各自科技创新发展能力与水平，还要提升长三角整体合作创新水平。

1. 在现代科技创新领域，三省一市间是一种复杂的"竞争—合作"关系

发展现代科技是推动当前经济社会发展的强劲动力，长三角三省一市均把科技强省（市）作为经济社会发展的首要目标之一，均想借助长三角科技创新共同体建设来提升各省市的创新能力与科技产业发展水平。因此，三省一市层面，在诸多关键核心技术领域三省一市均在同时发力，受重大产业利好因素的驱使，在科技资源与科技人才等领域存在着激烈的竞争。同时，三省一市又在《长三角科技创新共同体建设发展规划》的推动下，积极整合长三角科技创新资源，全面消除合作的障碍和壁垒，推进创新合作水平提升。因此，在现代社会主义市场经济下，省域之间的科技创新共同体中竞争与合作共存，这种关系会带来长三角科技创新共同体发展的多重阻碍。

2. 仅靠国家统筹和地方政府推进，难以全面协调现代社会主义市场经济引发的区域间竞争

市场经济活动受价值规律的支配，表现为市场的供求、价格、竞争等机制对社会资源配置起决定作用。价值规律通过价格杠杆和竞争机制，从而把资源配置到价值最大的环节中去，最终使得企业优胜劣汰。因此，国家层面的统筹和地方政府推进可以消除一些合作的制度壁垒，但不能从根本上消除由现代市场经济引发的区域竞争，从而造成一个省（市）挖其他省（市）的科技创新资源、先进产业、高端人才的现象会时有发生。另外，地方为了保住相应的科技创新要素，也会投入巨大的成本，竞争又推高了科技创新合作的门槛，增加了合作的难度。

3. 仅靠市场机制和资本力量，可能使科技创新共同体成为地方科技创新发展的"双刃剑"

这种科技创新共同体"双刃剑"表现为，一个省（市）可以利用创新共同体合作来获取更多创新资源与创新人才，从而完成更高端的科技创新；但科技创新共同体通过共享或自由流动，也有可能会让发达或先进地区虹吸欠发达或非先进地区的科技创新资源与科技创新人才，使得欠发达或非先进地区要集聚更好的科技创新资源与人才，会付出更大的成本，致使欠发达地区要实现现代科技创新能力提升会变得更加困难，从而造成科技创新共同体的推进提升会变得更加困难。

4. 需要在有为政府与有效市场之间达成有效衔接，促进长三角科技创新共同体更高水平的合作与创新

充分发挥市场在资源配置中的决定性作用，更好发挥政府作用。长三角三省一市科技创新发展存在着不均衡性，如何既要更好推进三省一市各自的科技创新发展，又要有效推进三省一市之间的平等深度合作，需要有适应现代科技发展的组织方式，以及建立合理的合作机制，使合作与竞争之间达到相互促进。当前，经济社会发展的机制决定着长三角科技创新共同体内部存在着多重复杂的"竞争—合作"（竞合）关系，深度推进长三角科技创新共同体建设，则需要全面分析这种"竞合"关系，在全面把握长三角科技创新领域"竞合"关系的基础上，推动长三角科技创新共同体在竞争中寻求更大的合作，并在不断的合作过程中全面提升相互竞争的水平，打造出"竞争—合作—更高水平竞争—更高水平合作"的良性科技创新共同体生态系统。

（二）未来长三角科技创新共同体建设的思路

一花独放不是春，百花齐放春满园。在现代市场经济条件下的复杂"竞争—合作"关系，需要在有为政府与有效市场之间达成有效衔接，通过充分发挥市场在资源配置中的决定性作用，更好发挥政府作用来构建高水平社会主义市场经济体制，深度推进长三角科技创新共同体内部合作与竞争机制建设，向外进一步链接创新资源和进一步拓展合作的空间，全面提升三省一市各自科技创新发展能力与水平。整体的提升，需要进一步在长三角科技创新共同体中增强科技创新合作共识，放大科技创新合作利益，扩大科技创新合作空间，完善科技创新合作机制，全面提升科技创新合作能级。

1. 进一步增强科技创新共同体的合作共识

长三角地区是中国乃至世界经济最活跃的地区之一，也是中国经济的主引擎之一，长三角区域的一体化发展在全国乃至全世界都有着极大的示范意义。高质量一体化发展的长三角可以更好地参与国际竞争，并成为支撑起中华民族伟大复兴的重要基石之一。长三角作为世界级发达经济体，其经济转型初步成功，经济发展强劲，外溢效应十分明显，长三角地区可以带动中西部地区的经济增长和发展转型，从而形成更好的示范与带动效应。从三省一市长远发展看，长三角科技创新共同体建设，可以实现"一荣俱荣、一损俱损"，科技创新合作是提升长三角整个区域国际竞争力的重要途径，合作使得发展的资源更多、发展的空间更大。因此，长三角科技创新共同体建设应进一步深化科技创新合作的共识。

2. 进一步扩大科技创新共同体的合作空间

一味放大竞争，就会挤压合作的空间。要聚焦扩大科技创新合作的空间，才符合共同体的更高利益。长三角科技创新共同体建设要对标国际一流创新型城市圈，围绕世界前沿科技发展方向，协同共建共享国际一流重大科技基础设施集群和创新平台体系，要集聚国际一流创新人才和创新团队，集中力量打造服务全域的战略科技力量，努力实现前瞻性基础研究、引领性原创成果重大突破，要在区域范围内深度整合资源，瞄准产业制高点，集中突破一批核心技术、关键技术，要聚焦以制造业和新兴产业为核心的实体经济，促进区域一体化协同创新，打造世界制造业的研发高地和新兴产业的策源地，努力把长三角建设成为具有全球影响力的科技创新高地，加快将长三角建设成为我国现代化强国的核心引擎，成为服务国家战略的世界级增长极。

3. 进一步放大科技创新共同体的合作利益

让长三角三省一市在科技创新合作中得到更好的发展，实现扩大合作互利共赢，在科技创新合作中做出示范。一是坚持"平等互利、优势互补、合作共赢"的原则来推进长三角科技创新共同体的全面深度互利合作。按照平等互利的原则要求让合作多方取得更多的利益，实现互利共赢，多方共赢才能做大做强。二是通过科技创新合作做大多边共同利益。在国内国际两个大市场中实现更多的科技创新合作，多方做大合作创新的利益空间，在互利的基础上全面实现共赢。三是用科技创新团队的合作推动团队成员创新能力提升。通过科技创新团队之间的合作，不断激发团队成员的学习动力和创造性能力，以提高团队的整体能力，为地方提升团队的科技创新水平。四是结合各自优势，通过分工合作，为国内国际重大项目的科技创新积累经验。通过探索出更好的科技创新合作模式和经验，可以有更多的合作空间，形成更大的合作利益。

4. 进一步完善科技创新共同体的合作机制

要让"政策的共识变成行动的共识""政府的共识成为市场的共识"，着力建立长效合作机制，建立健全一体化科技创新制度，全面推进科技创新各领域、各方面、各层次的深度科技创新合作。具体长效合作机制包括系统支持机制、利益分享机制、项目落地机制。不仅要建立起科技创新协同机制、科技创新资源共享机制、联合攻关机制、跨区域成果转化和科技创业孵化机制、协同参与国际科技合作机制，还要积极探索建立起科技创新共同体各方利益相关者的共同利益和目标，让实现目标的利益跟团队的个人利益一致，对具体相关的团队成员，要建立合理的薪酬体系、奖惩制度，让他们能够各尽其才、各得其利，对外部合作，建立合理的合作规则，包括管理规则、决策规则、利益分配规则等。

三　安徽推进长三角科技创新共同体
建设的路径建议

安徽推进长三角科技创新共同体建设，可以对标世界最发达经济体科技创新合作要求，积极参与长三角科技创新共同体合作的规则和利益分享机制制定，通过不断锻造出自身科技创新"长板"来增加合作的机会，积极瞄准国内国际科技发展的前沿，通过长三角区域的联合科技攻关来不断扩大长三角科技创新合作的新空间，全面整合全国与全球高端科技创新资源来全力打造全球合作创新新平台，并为长三角科技创新共同体高质量高水平发展营造出科技创新合作的新环境。

（一）参与谋划新机制：积极参与科技创新共同体合作机制建设

要推动长三角科技创新共同体建设再上新台阶，就必须从根本上改变当前低水平科技创新合作的运作机制，实现科技创新共同体更高质量一体化发展。按照竞争与合作联动的要求，全面谋划长三角科技创新共同体合作新机制。

1. 率先在消除各种创新要素流动障碍壁垒上进行制度与机制创新

着力破解跨行政区域科技创新协同的制度性和政策性障碍。面向沪苏浙全面开放各类科技研究费用的使用，解除跨区申报安徽省省级课题的限制；全面加强对接沪苏浙各类创新人才的服务，重点在社会保障服务领域，加强同长三角发达地区的对接，做好各类政策的衔接，消除一切影响高新技术人才流动的"壁垒"，加强管理服务，促进长三角人才等要素的流动；加强政府和市场数据的对接，加强技术信息的共享与流通，消除信息技术"条块分割"的壁垒，让信息技术在长三角地区实现数据共享、资源流通、技术交易市场放开，实现数据资源的互联与互通。

2. 积极参与谋划建立健全一体化的科技创新合作制度

一是积极参与谋划出一整套科技创新合作组织和管理制度。针对长三角关键共性技术，如何确立、如何出资和如何组织联合科技攻关，以及研发资金如何进行管理，三省一市一起积极谋划出一整套组织和管理制度。如参与制定《长三角科技创新共同体联合攻关计划实施办法》及操作细则，参与制定三省一市科技创新券通用通兑实施办法，加速推进长三角科技创新券全域通用。二是积极谋划由科技部牵头、三省一市科技部门参与，组成长三角一体化发展科技创新发展规划小组，着力推动长三角区域科技联合攻关与科技创新协调布局，注重在功能布局上加强协同与规划，推进构建规划区域科技创新（联合攻关）共同体建设，同时可借鉴欧盟科技合作发展经验，由第三方机构来制定科技创新（联合攻关）合作发展规划，对区域科技创新

（联合攻关）合作进行统一部署、统一行动。三是构建科技创新成果交易与转化机制。为加大对创新要素的投入，积极构建创新成果交易与转化机制，既能推进科技创新成果的价值实现，又为企业加大创新要素投入服务。为此，建议积极谋划成立"合肥科教交易所"，使之成为全国科学教育技术市场化交易的新支点。

3. 积极推进长三角科技创新共同体联合攻关计划

由三省一市共同出资设立联合科技攻关计划，联合实施重大科技创新攻关项目，面向更多的高校、科研院所以及企业开放申请，促进其协同开展前沿科学问题和核心关键技术原理研究，并形成示范作用。面向世界科技前沿、经济主战场和国家重大需求、建立长三角科技联合攻关计划，专门支持省（市）际科技合作，涵盖基础研究、前瞻性技术研发、共性关键技术研发、应用技术研发和科技成果转化、公共服务平台和新型研发机构建设等，从而形成从契约式联合转向平台式协同推进的现代科技创新合作体系。

（二）锻造自身新长板：以科技创新"长板"赢取更多合作空间

全面整合全省已有的科技创新资源，大力推进全省协同创新产业体系建设，提升科技创新成果的转化应用能力，锻造出更多科技创新"长板"。优势互补是合作的基础，用"长板"领域寻求合作，来深入推进长三角科技创新共同体建设，从而推动共同体合作走向深入。各省市锻造的科创"长板"越多，合作的基础就越扎实，合作的优势和空间就越大。

1. 运用系统集成的思路来锻造自身"长板"

关于如何锻造"长板"，就是运用系统集成思维、集合发展思路，整合安徽创新主体、创新要素、创新资源和创新团队，培育和提升科技创新发展的整体合力优势，锻造出安徽更多的科技创新"长板"，即通过整合构建各自协同创新产业体系（省域内部的科创共同体建设）来实现。具体就是运用系统集成发展的思路，依托地方财力撬动科技资本，全面整合省市内部的科创优势资源，多途径集聚高端人才，锻造出更多"长板"领域。以省域内部科技创新共同体建设来对接推进长三角科技创新共同体建设。

2. 围绕产业创新，培育更多的科技创新企业

一是吸纳科技资源为创新型企业赋能。围绕国家战略需求（如智慧康养产业）和安徽重点发展的10大产业，支持和鼓励有志创新的企业，通过多种方式吸纳科技资源，在提升产业链、延伸价值链、组合创新链上突破，深度融入双循环，把科技创新企业做多做大做强。二是打造特色创新产业基地。以科技创新企业为头部企业，以市场的逻辑和资本的力量招引更多的头部企业落户，吸引关联企业集聚，实施"强'链'扩'群'"发展计划，多层级打造安徽特色产业创新基地，提升安徽参与长三角产业协同创新发展的能力。三是构建特色创新产业联盟。依托安徽十大战略性新兴产业或前瞻性产业，构建多个特色产业联盟（或产业发展共同体），通过特色产业联盟，加强科技创新需求的发掘与对接。四是加强对创新型企业的金融支持。可通过对接地方银行和国家大银行或国家政策性银行，以银行内部业务板块优化的形式，推进各类银行加强对创新型企业及科技创新主体的金融支持。

3. 围绕创新人才，集成更多的科技创新与科创组织团队

一是孵化培育本土创新人才，组建更多创新团队。发掘存量，利用现有大学及科研院所和大企业的科研部门，结合市场对科技的创新需求，扶持发展出更多优质的科技创新团队。二是组织引进外地高端人才，培育更多创新团队。做大增量，依托现有基础，围绕产业链、创新链，打造人才链，成立更多的能源、人工智能、大健康、环境、生命科学等前沿综合交叉的科研院所，设立人才创新创业基金，实施高层次科技人才团队、留学回国人才创新创业扶持计划，在"双招双引"中加大引进人才力度，培育更多的科技创新团队。三是加强科技创新组织人才及团队的组建与培育。"让科创优势变为发展胜势，关键在于推动科技成果的转化应用"，充分发掘出懂得科技规律、了解科技转化路径的科技创新组织人才，可以考虑联合科大、工大和安大，组织建设一个"安徽科技发展商学院"，深度研究全球科技转化的经验与做法，专门培育科技转化的商业人才。四是完善人才评价机制，持续激发人才创新活力。优化人才发展环境，构建人才发现机制，探索更多合理方式评价科技创新人才，实施人才包容性政策。让人才回归科研与组织的本质，

重点要让人才专心攻克技术问题，让人才促进成果转化。深化人才领域的"放管服"改革，优化职称评定和聘用机制，推进实施更加灵活的人才奖励政策，打造区域高端人才共同体。

（三）扩大合作新领域：联合科技攻关投入更多科技发展新领域

党的二十大报告指出，加快实现高水平科技自立自强。以国家战略需求为导向，集聚力量进行原创性、引领性科技攻关。在高科技领域，长三角要在未来竞争中获得持续的竞争优势，需要更好地提升区域内科技研发能力，对区域内的科技、人才、教育与信息等创新资源进行有效的整合，在构建多层级的城市科技创新共同体基础上，要加强创新资源的联合，并从更高的层面对其内部的联合科技攻关进行突破，多方合作，重点攻关。具体要做好合理确定科技联合攻关的方向和重点领域选择。

1. 科学定位区域联合科技攻关发展方向

对参与重大科技项目协同攻关的各级创新主体开展进一步的遴选，建立项目攻关成员库，确定重大科技项目攻关方向和组织形式，设立相应的咨询机制，合理确定联合科技攻关的总方向，有效推进区域联合科技攻关的发展。一是寻求区域共性关键科技问题的重大突破。从关心个体企业的发展，到关心区域的共性问题，再到关心区域发展一体化重大战略目标。筛选"卡脖子"的产业关键共性技术，根据区域内技术的重要性进行排序并进行选择，来确定区域联合科技攻关的方向。二是寻求国家发展战略科技问题的重大突破。从原来的相互竞争，到积极寻求联合，再到国家科技战略问题的联合攻关。以国家重大科技发展战略为导向，对长三角目前科技创新发展的重大基础科学问题和长三角区域科技发展的重大、关键、前瞻性问题进行筛选，来确定区域联合科技攻关的方向。三是寻求世界前沿科学技术问题的重大突破。从关注单个项目的联合攻关，到区域内联合科技攻关与协同创新中心建设，再到关注联合科技攻关创新体系的建设。比肩世界科技前沿水平，瞄准世界战略性新兴产业发展轨迹，聚焦生物医药、新材料、氢燃料电池、人工智能、集成电路等重点领域，在区域内形成多个不同类别的联合攻关与协同创新中心，建设联合科技攻关创新体系，从而确定区域联合科技攻关的方向。

2. 合理进行长三角联合科技攻关重点的选择

按照长三角高质量一体化发展的要求，根据区域联合科技攻关发展的方向，通过开展联合科技攻关选题的预研究，协同筛选，确定长三角区域联合科技攻关的重点，按以下三个方面来发布长三角联合科技攻关的重点研究计划。一是推进区内的共性关键技术的联合攻关。聚焦长三角区域公共安全、节能减排、民生保障、生态治理等公共领域共性关键技术需求，联合开展具有典型示范意义的科技攻关项目；在量子通信、大飞机、大规模集成电路、食品药品安全、土壤环境综合治理等领域，联合实施长三角重大科技创新项目；在长三角区域遴选一批适合产业化发展的高科技项目，引入社会资本，创新投入机制，对重点项目进行持续投入与孵化。二是联合争取国家科技项目的科技攻关。三省一市政府牵头，推进长三角承接更多的国家重大科技成果示范专项，积极推动三省一市集中力量、联合支持一些重大科学研究和技术开发项目，积极争取科技部科技攻关的重大项目和重大平台支持，进一步推进长三角联合科技攻关，争取在较短的时间内有所突破，占据国家战略性新兴产业发展的高新技术前沿领域。同时，依托长三角重大科技基础设施集群、国家实验室、国家研究中心、国家重点实验室、交叉前沿研究平台、高校和科研院所等，共同承接脑科学、量子通信与量子计算机、深海空间站、航空发动机、先进核能、天地一体化、智能制造和机器人、环境科学等科技创新2030重大项目，或谋划国家在长三角地区安排重大科技攻关项目，合力争取国家重大科研任务落户长三角地区。三是联合开展重大科技问题研究。聚焦区域内经济和社会发展对基础研究和应用研究的共同需求，围绕新一代电子信息技术、高端装备制造、生命健康、新能源、新材料、资源环境等领域内世界共同关注的前沿科学和核心关键技术问题，鼓励和支持长三角各城市根据自身产业特色优势和未来发展布局，设立一批跨区域合作重大科技项目，集聚国内外人才智力，攻克一批对产业发展具有重大带动作用的核心技术，实现重大成果突破与转移转化。重点聚合长三角区域充分发挥区域优势，创建量子信息科学国家实验室和张江国家实验室，并推进国家和省级重点实验室、技术创新中心等科研平台建设，在及时跟踪世界科技创新最新前沿的同时，向国家开展针对重大、重点领域的联合申报、联合攻关。同时，坚持把发展高新技术产业与传统产业改造提升结合起来，整合三省一市的重点开发区，推进技术创新链和产业链的融合，引领世界领先技术在长三角区域落地生根。

（四）整合创新新资源：全力打造全球合作创新新平台

党的二十大报告强调，必须坚持科技是第一生产力、人才是第一资源、创新是第一动力，深入实施科教兴国战略、人才强国战略、创新驱动发展战略，开辟发展新领域新赛道，不断塑造发展新动能新优势。因此，面向长三角及全国、全球，整合科技创新资源，集成更多高质量的科技创新发展服务，打造科技创新平台。

1.常态化举办面向国际的青年科学家论坛

党的二十大报告强调"扩大国际科技交流合作，加强国际化科研环境建设，形成具有全球竞争力的开放创新生态"。建议依托中国科学技术大学或科大讯飞，设立专项基金，在合肥"滨湖科技创新湾"（包括合肥滨湖科学城）投入建设面向国际的青年科学家论坛会议中心，常态化召开各种科学家论坛会议。实施更加开放包容、互惠共享的国际科技合作战略，同全球顶尖科学家、国际科技组织一道，加强重大科学问题研究，加大共性科学技术破解，加深重点战略科学项目协作。全球"最强大脑"会聚一堂，碰撞思想、激扬智慧，以各领域最前沿的研究和理念，探讨长三角发展和人类命运共同的挑战，全面提升科技发展水平，同时使论坛成为最新科技成果的重要发布平台，成为科技服务经济的桥梁、带动产业发展的引擎、加快企业发展的助推器。

2.建设国际科技创新网络服务中心平台

当前，全球范围内新一轮科技革命和产业变革蓬勃兴起，新一代信息技术与实体经济加速融合，对科技信息和科技服务提出了更高的挑战，通过构建国际化的科技创新网络服务中心平台，提升现代科技的整合能力。一是提升现代科技资讯、展示、服务三大基本功能，积极拓展科创指数、科创热榜、科创地图、科创日历等特色功能，为各类科创主体提供专业、全面、及时、高效、便捷的服务。二是评奖和对接。面向全球征集新技术、新产品、新模式、新场景、新成果等科研成果，进行评奖和对接，积极转化。三是科技创新创业大赛。以科技创新创业大赛来推动更多的原创科技创新成果的展现，推进其孵化和落地。四是与长三角重点高校签署产教融合合作协议，在共建科研创新平台、推动科技创新和成果转化、促进产学研深度合作、进行文化交流互访等方面进行深度合作。五是为本省企业搭建更多科技合作的通道和平台。本省科技企业自动成为服务中心会员，积极做好科技创新资源的对接。六是打造永不落幕的"云展厅"。在云展厅，利用 VR、漫游、三维建模等数字化技术，搭建线上展馆，通过元宇宙、虚拟主持人、点位漫游、热点交互、语音讲解等多种新颖展示形式，与观众线上交流互动，为参展商搭建起面向全球的营销平台和展示窗口。七是推进科创金融试点。让金融来推进科技创新，提升科技创新能级。积极探索实践国内现代科创金融服务体系建设，联合银行开展科创金融服务业。

（五）营造合作新生态：营造出更好的科技创新合作发展环境

从自身创新氛围提升出发，实施创新驱动发展战略，倡导创新文化，创新服务思路，建立健全科技创新组织保障体系，优化创新创造生态，加大科技创新服务能力和工作落实力度，建立区域数据跟踪研究机制，在全省范围营造科技创新的良好氛围，为长三角科技创新共同体建设做出示范。

1. 倡导创新文化

通过构建一种勇于探索、鼓励创新、宽容失败的社会氛围和心理机制，为开展科技创新活动奠定良好的文化基础，为科技创新营造良好的社会生态环境。促使社会形成崇尚创新的价值观念，构建起尊重创新者、保护创新成果知识产权的规范。通过大力弘扬求真的科学精神，充分培育创新思维，进而为全社会的创新提供智力支撑。进一步完善知识产权保护制度，提高知识产权制度的保护水平，提高社会大众对知识产权的认知程度，研究制定科学合理的知识产权评价标准，使知识产权制度切实服务于我国的创新文化建设，进而为新常态下经济发展、产业结构调整、创新驱动等战略的顺利实施保驾护航。

2. 优化创新创造生态

重点加强创新创造服务能力建设。建议利用"5G+互联网+大数据"等现代技术，加强科技服务社会组织建设，加快构建以创新为导向，更有活力、更高效率、更加规范的科技创新管理体制，实施"最多跑一次"改革和"科技大脑"建设，针对科技创新事宜，实行"专事专办、专人负责、专项承诺"。

3. 建立健全科技创新组织保障体系

在省委省政府领导下，组织好长三角科技创新推进会议，定期召开长三角科技创新共同体建设工作专班季度会议。建立长三角干部交流机制，建立联合攻关、资源共享、成果转化、国际合作等若干推进小组，健全协同联动机制，协调解决有关问题。

4. 建立区域数据跟踪研究机制

加强科技创新前沿信息研究。创新技术要与时俱进，全面做好产业创新技术的前沿信息研究，建议针对安徽十大战略性新兴产业，对产业前沿进行系统研究，每年出版技术创新前沿研究报告，为全省的创新产业发展做好服务指引。发布长三角区域协同创新年度报告和协同创新指数，发挥长三角科技创新智库作用，实时把握区域协同新趋势、新领域、新机制。

B.14
长三角数字经济及产业
高质量发展研究

胡晓鹏　闫金*

摘　要： 党的十八大以来，我国深入实施网络强国战略、国家大数据战略，加快推进数字产业化和产业数字化，数字经济蓬勃发展。在党的二十大报告上，习近平总书记强调，要充分发挥海量数据和丰富应用场景优势，促进数字技术和实体经济深度融合，赋能传统产业转型升级，催生新产业新业态新模式，不断做强做优做大我国数字经济。当前，我国各省市数字经济发展成果突出，数字基础设施实现跨越式发展，相关产业创新能力加快提升，产业数字化转型持续深化，公共服务数字化深入推进。数据要素化与要素数据化是社会经济系统运行的资源配置基础，也是政府调控经济、促进社会公平的有效手段。长三角是区域经济一体化高质量发展的龙头标杆，正加速成为我国发展强劲活跃增长极。数字经济是长三角一体化发展的新引擎，2019年长三角地区数字经济规模占全国的30%以上，2020年长三角地区数字经济规模达到11万亿元，占全国的28.06%。总的来说，长三角地区作为全国数字经济发展的先行区，打造"数字长三角"成为长三角成员间的共同目标，也是区域更高质量一体化发展的实现路径。

---

* 胡晓鹏，上海社会科学院世界经济研究所副所长，研究员，博士生导师；闫金，上海社会科学院世界经济研究所2022级西方经济学专业硕士研究生。

关键词： 数字经济 数字化转型 区域一体化 长三角

党的十八大以来，我国深入实施网络强国战略、国家大数据战略，加快推进数字产业化和产业数字化，数字经济蓬勃发展。党的二十大报告强调，要充分发挥海量数据和丰富应用场景优势，促进数字技术和实体经济深度融合，赋能传统产业转型升级，催生新产业新业态新模式，不断做强做优做大我国数字经济。当前，我国各省市数字经济发展成果突出，数字基础设施实现跨越式发展，相关产业创新能力加快提升，产业数字化转型持续深化，公共服务数字化深入推进。数据要素化与要素数据化是社会经济系统运行的资源配置基础，也是政府调控经济、促进社会公平的有效手段。长三角是区域经济一体化高质量发展的龙头标杆，正加速成为我国发展强劲活跃增长极。数字经济是长三角一体化发展的新引擎，2019 年长三角地区的数字经济规模占到全国的 30% 以上，2020年长三角地区数字经济规模达到 11 万亿元，占全国的 28.06%。总的来说，长三角地区作为全国数字经济发展的先行区，打造"数字长三角"成为长三角成员间的共同目标，也是区域更高质量一体化发展的实现路径。

一 数字经济与数字产业的概念界定与关联维度

（一）概念界定：数字经济与数字产业

党的十九届四中全会第一次将数据确立为一种生产要素。《关于构建更加完善的要素市场化配置体制机制的意见》进一步对要素市场的发展提出了新的构想，并将数据正式纳入主要生产要素范畴，提出了其市场化配置的发展方向。数据成为新的生产要素有利于数据资源的开发利用，数据的价值得到了突出和保护。由此可见，数据要素是数字经济时代的核心生产要素，数字产业是数据要素发展的主要载体。同时，传统生产要素与数据要素的深度融合，将改变传统生产要素的配置方式，有利于释放这些要素更大的价值，激发创新活力。数据要素交易是促进数据要素市场化的主要途径，利用数据要素、数字技术提升要素流动性，有利于引导各类要素协同向先进生产力集聚，数据要素充分地流通才能更好地与其他传统生产要素结合，形成"乘数效应"，赋能传统产业数字化转型，驱动数字产业风起势来。数字产业是指以信息为加工对象，以数字技术为加工手段，以意识产品为成果，以介入全社会各领域为市场，对本身可能无明显利润但是可以提升其他产业利润的企业集合。因此，数字产业是数字经济最核心的实物载体。此外，数字经济是以数字化的知识和信息作为关键生产要素，以数字技术为核心驱动力量，以现代信息网络为重要载体，通过数字技术与实体经济深度融合，不断提高经济社会的数字化、网络化、智能化水平，加速重构经济发展与治理模式的新型经济形态。具体涉及四大部分：一是数字产业化，即信息通信产业，具体包括电子信息制造业、电信业、软件和信息技术服务业；二是产业数字化，即传统产业应用数字技术所带来的提升部分，包括但不限于工业互联网、智能制造、车联网、经济融合型新产业新模式新业态；三是数字化治理，包括但不限于多元治理，以"数字技术+治理"为典型特征的技管结合，以及数字化公共服务等；四是数据价值化，包括但不限于数据采集、数据标准、数据确权、数据标注、数据定价、数据交易、数据流转、数据保护等（见图1）。

（二）四个维度：数字产业的内容构成

从广义数字经济的视角出发，数字产业可以定义为通过数字技术驱动的一切经济活动，既包括数字化经济活动，也包括经济活动数字化，以及为加快经济数字化的广度和深度而开展的一系列管理、辅助和支撑的活动。因此，数字经济与数字产业具有高度一致性。具体可以划分为以下四大主体内容。

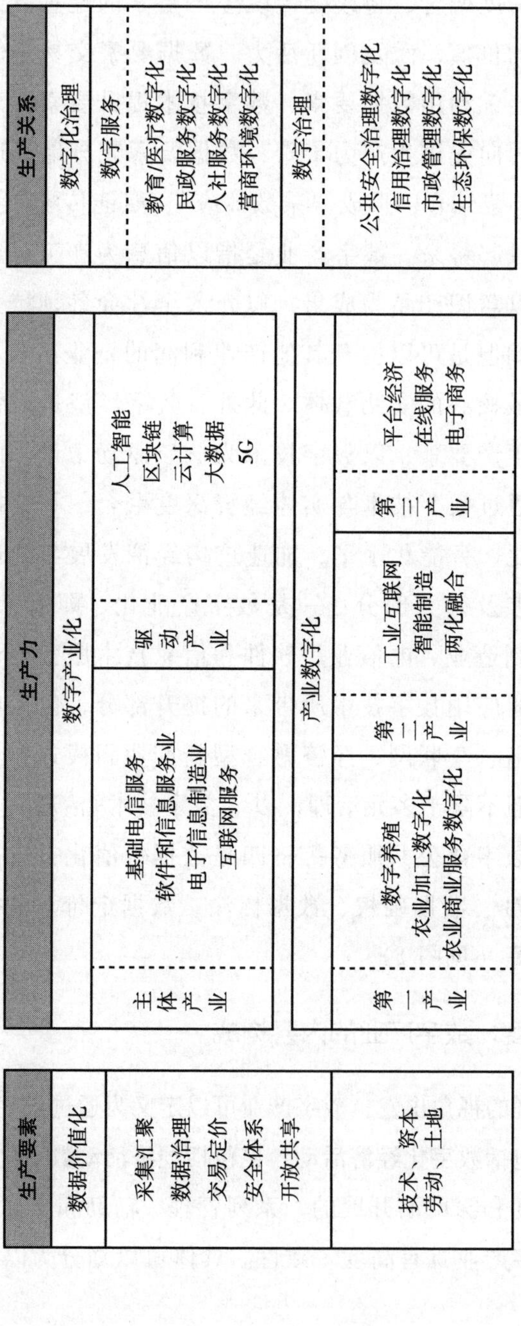

图1 数字经济“四化”框架

资料来源：《中国城市数字经济指数蓝皮书（2021）》。

一是数字产业化。放眼全球，新一轮科技革命和产业变革深入发展，互联网、大数据、云计算、人工智能、区块链等数字技术创新活跃，数据作为关键生产要素的价值日益凸显，逐渐渗透到经济发展的各领域全过程，数字化转型深入推进，新产业、新业态、新模式蓬勃发展，推动生产方式、生活方式发生深刻变化，数字经济成为重组全球要素资源、重塑全球经济结构、改变全球竞争格局的关键力量。世界主要国家都在加紧布局数字经济发展，制定战略规划、加大研发投入推动数字产业化，力图打造未来竞争新优势。因此，提升数字技术自主创新能力，提高数字化产品和服务供给质量，增强产业核心竞争力，加快锻造长板、补齐短板，构建自主可控产业生态，在部分领域形成全球领先优势势在必得。

二是产业数字化。产业数字化通过传统产业与数字技术的融合，推动传统产业实现利用数字技术提高生产效率，优化其发展仍依靠要素投入与规模扩张的生产方式。从未来发展来看，数字经济发展的重点在于"推动制造业、服务业、农业等产业数字化，利用互联网新技术对传统产业进行全方位、全链条的改造，提高全要素生产率，发挥数字技术对经济发展的放大、叠加、倍增作用"。传统产业加速向智能化、绿色化、融合化方向转型升级，全面推进农业数字化发展，提高服务业数字化水平，加速工业化数字转型，加快推动智慧农业、数字商务、工业互联网的发展，促进传统产业全方位、全链条转型升级，通过信息化和工业化融合不断走深向实，提高企业数字技术的应用水平。

三是数字化治理。数字化方式正有效打破时空阻隔，提高有限资源的普惠化水平，极大地方便群众生活，满足多样化个性化需要。数字经济发展正在让广大群众享受到看得见、摸得着的实惠。数字经济是数字时代国家综合实力的重要体现，是构建现代化经济体系的重要引擎，世界主要国家均高度重视发展数字经济，纷纷出台战略规划，采取各种举措打造竞争新优势，重塑数字时代的国际新格局。规范健康可持续是数字经济高质量发展的迫切要求。我国数字经济规模快速扩张，但发展不平衡、不充分、不规范的问题较为突出，迫切需要转变传统发展方式，加快补齐短板弱项，提高我国数字经济治理水平，走出一条高质量发展道路。

四是数字价值化。数据要素是数字经济的微观基础且具有战略性地位和创新引擎作用，是发展数字经济的软基础设施，对提高生产效率的乘数作用不断凸显，成为最具时代特征的生产要素。数据的爆发式增长、海量集聚蕴藏了巨大的价值，为智能化发展带来了新的机遇。协同推进技术、模式、业态和制度创新，切实用好数据要素，将为经济社会数字化发展带来强劲动力。要坚持以数字化发展为导向，充分发挥我国海量数据、广阔市场空间和丰富应用场景优势，充分释放数据要素价值，激活数据要素潜能，以数据流促进生产、分配、流通、消费各个环节高效贯通，推动数据技术产品、应用范式、商业模式和体制机制协同创新。

二 长三角数字经济（产业）的发展特色

（一）长三角整体状况

长三角作为我国电子信息产业发展的重要基地和创新高地，电子信息产业产值占全国的比重超过1/3，领先地位十分突出。长三角一体化支撑电子信息产业的崛起，尤其是上海、江苏、浙江、安徽之间的自然和要素资源结构的互补，强化了区域内部的竞争与合作机制，增强了长三角电子信息产业发展能力。上海依托技术、人才、资金等方面的优势，成为区域电子信息产业龙头。江苏、浙江、安徽倚靠长三角广阔腹地，形成了差异化竞争、优势互补的发展策略。为促进长三角数字经济协同发展，构建"区域大脑"，长三角发布了一系列政策来促进长三角数字经济发展。根据《中国数字经济发展白皮书（2020年）》国内主要城市群数字经济规模数据，长三角城市群与珠三角、京津冀、成渝等城市群的数字经济规模相比，名列前茅（见图2）。

另据《全国数字经济发展指数（2021）》统计，全国各地区数字经济发展指数中，江苏、浙江、上海领先地位十分突出，江苏排名第3（数字产

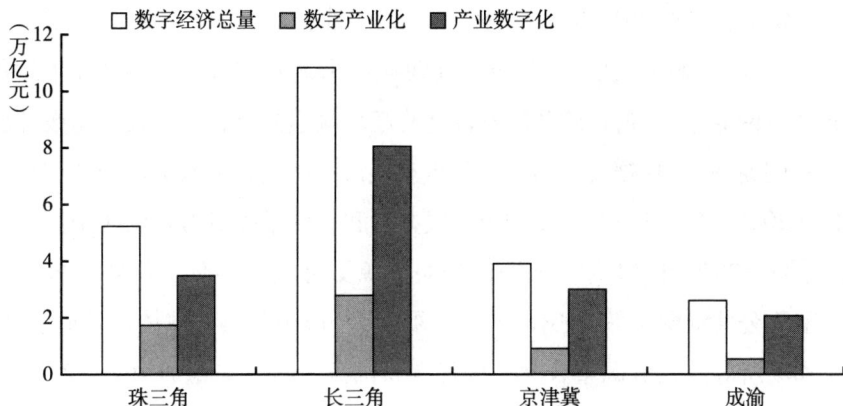

图2　2020年国内主要城市群数字经济规模对比

资料来源:《中国数字经济发展白皮书(2020年)》。

业化指数为99.9,产业数字化指数为75.1,数字化治理指数为24.5),浙江排名第4(数字产业化指数为86.3,产业数字化指数为78.4,数字化治理指数为25.2),上海排名第5(数字产业化指数为93.7,产业数字化指数为64,数字化治理指数为27.3),安徽排名第15(数字产业化指数为43.6,产业数字化指数为51.5,数字化治理指数为20.9)(见图3)。

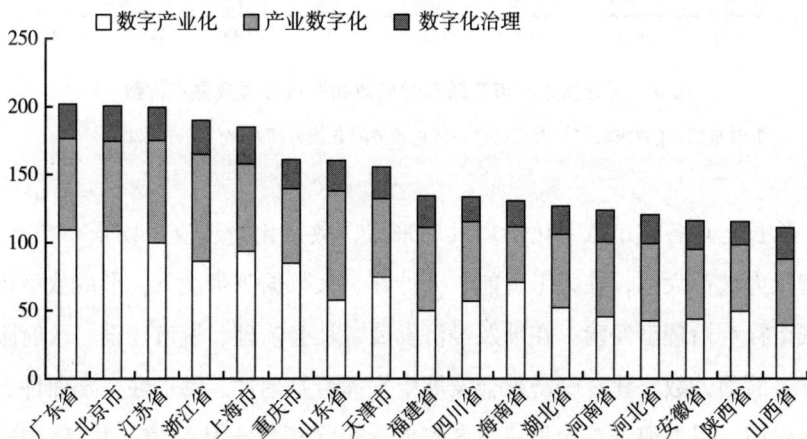

图3　2021年全国部分省市数字经济发展指数情况

资料来源:《全国数字经济发展指数(2021)》。

　　事实上，早在 2019 年，长三角地区共同推进"一库"（基础数据库）、"一章"（网上身份互认）、"一卡"（民生一卡通）建设，携手开通了政务服务"一网通办"，通过政务服务数据跨区域融通共享，实现长三角政务服务"一网通办"。根据《省级政府和重点城市一体化政务服务能力调查评估报告（2021）》，长三角主要城市在线办理和在线服务能力均位居全国前列（见图 4）。2020 年 12 月，上海市公共资源交易整合共享工作协调机制批复，上海公共资源交易中心作为"一网交易"改革的实施载体，发挥信息、专家和场所等数据资源整合共享的优势，国家考核排名稳居第一，2022 年实现交易额突破 1.3 万亿元。

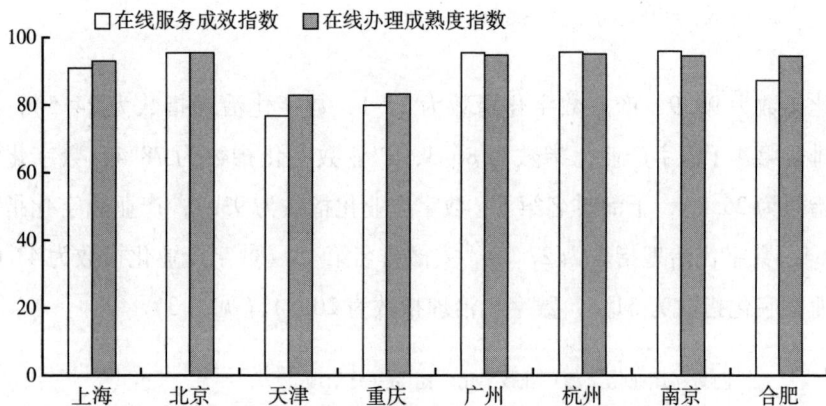

图 4　部分重点城市在线服务成效和在线办理成熟度指数

资料来源：《省级政府和重点城市一体化政务服务能力调查评估报告（2021）》。

　　从长三角各省市数字化治理发展来看，数字化治理应用场景非常丰富。各省发力城市大脑，在人工智能、云计算、大数据等带动下，形成数字化时代城市社会治理新经验。在涉及经济发展、社会治理、城市建设、政府服务的方方面面，数字化在经济社会发展中发挥着基础性、渗透性、全面性、引领性作用，以上海为首的长三角各省市逐步实现数据从采集、共享、开放、流通、应用等全流程管理，形成全社会推进数字化转型的强大合力，推动各个领域全场景、多角度、全链条的流程再造和规则重构（见表 1）。

表1　长三角地区政府数字化治理建设时间表

年份	上海	浙江	江苏	安徽
2012	《上海市电子政务管理办法》出台			
2013	《上海推进大数据研究与发展三年行动计划(2013～2015年)》出台	浙江省政务服务网正式上线		
2014		推行"四张清单一张网"改革		
2016	《上海市电子政务云建设工作方案》出台	率先提出"最多跑一次"改革		
2017			江苏政务服务网正式开通	安徽政务服务网正式开通
2018	上海政务"一网通办"推行"四张清单总门户正式上线	《浙江省深化"最多跑一次"改革推进政府数字化转型工作整体方案》出台	"不见面审批"标准化指引	
2019				"慧办事、慧审批、慧监管"智慧政务
2020				《安徽省"数字政府"建设规划(2020～2025年)》出台

资料来源：根据长三角三省一市政府公开资料整理。

（二）"一超多强"：长三角数字经济发展格局

长三角地区产业基础形成分工合理、优势互补、各具特色的协调发展格局。从整体上看，长三角地区形成"一超多强"的数字经济总体格局，数字产业活动空间网络布局初步构筑成型。

1. 上海：长三角数字经济的领头羊

上海是我国数字需求最为旺盛、数字基础设施最为完善的典型城市，具有数字经济体量巨大、创新要素富集、基础设施完备、数字业态丰富、数字需求旺盛、政策配套完善、数字经济带动作用明显等方面的特质，对于全国的数字经济发展具有领航作用。因此，上海是数字经济综合引领型城市，位列城市数字经济竞争力第一梯队。利用数字智能，推动城市治理科学化。结合超大城市人口多、流量大、功能密的特征，充分运用数字化方式探索超大城市治理新模式。通过数字技术赋能政府治理，推动超大城市的决策科学化。从现状来看，产业数字化已经成为驱动上海数字经济发展的主引擎，数字经济在地区经济中占据主导地位，占 GDP 的比重已超过 50%。在数字产业化方面，上海数字产业化增加值超过 1000 亿元，数字产业化规模遥遥领先于全国其他地区。上海通过大数据分析助力需求精准捕捉，形成双向良性互动。精准把握不同群体的实际需求，查找"未被解决的问题、未被满足的需求、未被重视的尊严"，统筹推进数字教育、数字医疗、数字社区、数字生态、数字安防等建设，建立目标明确、贴近需求的"数治"目标。在产业数字化方面，上海产业数字化增加值规模超过 1 万亿元，产业数字化占 GDP 比重超过 40%。通过数字技术，重组现有生产要素，催生产业的新模式、新需求。通过发展平台经济、共享经济，提升产业链竞争力。通过新型数字产业经济的发展，推动产业绿色化发展，如在信息通信、高端装备制造、生物医药、新能源新材料等产业迅速发展的基础上，将清洁能源的使用推向各行各业，推动能源结构的不断优化。以数字产业四个维度的构成内容为参照，上海具体发展特点归纳如表 2 所示。

表 2　上海数字经济与数字产业发展特点

四大维度	发展特点
数字产业化	电子信息制造业在上海五大高技术产业工业总产值构成中占据主导地位,占比超过 50%
	芯片企业的主要孵化地,投资金额和交易笔数均位列全国第一
	互联网业务累计收入稳居全国前三
	互联网和相关服务业有专利企业占比超全国水平 4 倍以上
	拥有软件著作权企业占比超全国水平 5 倍以上
	软件和信息技术服务业有专利企业数量远超全国平均水平

四大维度	发展特点
产业数字化	工业互联网相关企业数量位居全国第三
	推动包括集成电路、生物医药等重点领域的300多家企业进行创新工业互联网应用
	电商行业相关上市企业占比高于全国平均水平
	电子商务交易额和网络购物交易额平稳增长,一直处于全国领先地位
数字化治理	智慧城市相关企业数量位居全国第三
	"一网通办"在全国省级政府一体化政务服务能力评估中位列第一
	智慧城市无风险相关企业高于全国水平
	中国智慧城市落地应用指数体系中,上海市总得分位列第一
	政策支持、基础设施和服务水平与应用落地方面为中国智慧城市落地的标杆城市
数据价值化	建立上海数据交易所
	数据要素市场化配置发展领先,居于全国前列
	推出"元数据六要素"的数据规整方法,成为大数据流通领域行业认可的基础规范

资料来源:上海市统计局。

2. 浙江:数字经济的中坚创新者

浙江重点发展软件、通信产业,环杭州湾地区已成为国内重要的信息产业研发与生产基地,杭州市数字经济发展以数字产业化为特色,以打造"全国数字经济第一城"为目标,将数字经济视为一号工程,以数字产业化、产业数字化与城市数字化相融合("三化融合")为主要路径,最终实现"一城五地",即将杭州建设成为具有国际一流水平的全国数字经济理念和技术策源地、企业和人才集聚地、数字产业化发展引领地、产业数字化变革示范地和城市数字治理方案输出地。目前,浙江数字经济发展的动能不断增强,规模快速壮大,占 GDP 的比重逐年攀升,成为全省经济社会发展的一大亮点。2014~2020 年,数字经济核心产业增加值年均增长 15.6%,增速比 GDP 高 7.6 个百分点,数字经济核心产业增加值占 GDP 的比重从 2014 年的 7.1% 提高到 2020 年的 10.9%,7 年间提高了 3.8 个百分点,年均提高 0.5 个百分点。2021 年,全省数字经济增加值达 3.57 万亿元,数字经济核心产业增加值达 8348.3 亿元,居全国第四位,占 GDP 比重达 11.4%,较"十三五"初期实现翻番。尤其值得一提的是,2021 年数字经济核心制造业营业收入规模首次超过信息服务业，利润首次突破千亿元，同比分别增长 32.7% 和 21%；2022 年 1~11 月，规模以上工业中，数字经济核心产业制造业增加值比上年增长 12.1%，增速为全部规模以上工业（5.0%）的 2.4 倍。以数字产业四个维度的构成内容为参照，浙江数字产业的发展特点归纳如表 3 所示。

表 3　浙江数字经济与数字产业发展特点

四大维度	发展特点
数字产业化	全省规模以上电子信息制造业营业收入和软件业务收入稳居全国前五
	数字安防和网络通信、集成电路、高端软件、智能计算、智能光伏、数字内容 6 大千亿级数字产业集群在数字经济核心产业中主导地位明显
	全省建成开通 5G 基站率先实现县城、乡镇全覆盖和行政村基本覆盖
	城市大脑平台、视觉感知平台入选国家新一代人工智能开放创新平台
	数字生活新服务指数全年增速位居全国省(区)第一
	数字经济核心产业研发强度远超全国平均水平
	数字经济高新技术企业数量和数字经济领域有效发明专利居于全国前列
产业数字化	利用数字化新技术、新理念，全方位、全链条改造制造业、服务业、农业，产业数字化水平稳居全国第一
	制造业数字化转型步伐加快，已成功建起相当规模的未来工厂和智能工厂
	服务业数字化加速升级，网络零售额稳居全国第二
	县域数字农业农村发展总体水平稳居全国第一
	率先探索"产业大脑+未来工厂"融合发展新路径，打造了智造荟、关键核心技术攻关在线、对外贸易应用、金融综合服务应用等一批重大应用
	推进 30 个细分行业产业大脑建设，化工、电机、数控机床等 10 个行业大脑上线运行
数字化治理	"掌上办事""掌上办公""掌上治理"之省建设成效显著，"浙里办""浙政钉"成为标志性成果
	率先设立杭州互联网法院，率先制定平台经济监管 20 条
	实施"最多跑一次"改革，数字政府建设成果显著
数据价值化	一体化智能化公共数据平台建设成效显著，"中国开放数林指数"连续 2 年位居省域标杆第一
	数据要素市场化指数位居全国第二
	累计遴选省级大数据应用示范企业数量和入选工信部大数据产业发展试点示范项目数量均居全国前列
	建成的各类数据中心数量和规模都居全国前列

资料来源：浙江省统计局。

3. 江苏：数字经济的有力推动者

江苏省一直把微电子产业、现代通信产业、计算机及网络设备产品、新型电子元器件、信息安全产品和软件产业作为发展重点，取得了不俗的发展成就。2021 年发布的《江苏省信息通信业发展蓝皮书（2020 年）》显示，2020 年江苏数字经济规模超过 4.4 万亿元，占 GDP 比重超 43%，位居全国第二。具体到省内主要城市来看，2020 年南京市和苏州市数字经济指数得分分别为 80.6 分、78.8 分，达到数字经济新一线城市水平，数字经济规模分别为 7337 亿元、9827 亿元，分别位列全国第九、第五。另外，《2022 南京数字经济发展白皮书》显示，2021 年，江苏全省数字经济规模超过 5 万亿元，占全国的比重为 11.8%。江苏省数字经济发展指数从 2013 年的 1197.57 增长至 2021 年的 7520.98，8 年间增长了 5.28 倍，8 年间数字经济发展指数的均值为 3375.11，居全国前列。参照数字产业的四个维度，江苏省的发展特点归纳如表 4 所示。

表 4　江苏数字经济与数字产业发展特点

四大维度	发展特点
数字产业化	累计开通 5G 基站数量位居全国第二
	全省 IPv6 活跃连接数量位居全国前列
	物联网、人工智能、云计算等新兴产业规模和增速领跑全国
	创建 10 个国家级跨境电商综合试验区,培育国家级电子商务示范基地 12 家,位居全国第一
	电子信息制造业、软件和信息技术服务业、通信业营业收入位居全国前列
	信息技术领域高新技术企业数量和规模都位居全国前列
产业数字化	企业两化融合发展水平连续六年保持全国第一
	规模设施农业物联网技术推广应用面积占比超过 1/5
	农产品网络销售额超 800 亿元
数字化治理	全省政务服务"一张网"覆盖 65 个省级部门、13 个设区市、96 个县(市、区),超九成事项可实现网上办理
	建成"江苏智慧教育云平台"并实现与国家及 10 个设区市平台互联互通
	累计建成注册互联网医院 103 家,远程医疗服务县(区、市)全覆盖
	智慧校园及江苏版"三个课堂"覆盖率超过 3/4

四大维度	发展特点
数据价值化	全省电子信息技术领域工程技术研究中心数量超 400 家,居全国前列
	数据要素市场化配置发展领先,位居全国前五
	建成华东江苏大数据交易中心

资料来源:江苏省统计局。

4. 安徽: 数字经济的积极践行者

安徽省积极推进"数字江淮"建设,大力发展数字经济。将大力发展数字经济作为推动互联网、大数据、人工智能和实体经济深度融合的主引擎,高起点谋划、高标准要求、高质量推进,着力促进数字产业化、产业数字化,加快布局新型基础设施建设,努力做大做强数字经济。近几年,安徽省数字经济发展取得非凡成绩,数字经济规模已逾万亿元,连续 3 年增速超 10%。中国信通院《中国数字经济发展白皮书(2020 年)》显示,安徽省 2019 年数字经济增加值首次超过 1 万亿元,总量排名全国第 11;2020 年,安徽省数字经济规模达 11202 亿元,同比增长约 11%,增速排名全国第 9;2021 年,安徽省数字经济规模达 1.3 万亿元,占 GDP 的比重约为 30.6%,数字经济增速居全国第 10 位。参照数字产业的四个维度,安徽省的发展特点归纳如表 5 所示。

表 5 安徽数字经济与数字产业发展特点

四大维度	发展特点
数字产业化	优化集成电路产业与软件产业发展环境,形成从设计、制造、封装和测试到材料、装备、创新研发平台和人才培养等较完整产业链条
	软件和信息服务业产业规模稳健增长,全省营业收入突破 1000 亿元,位居全国前列
	电子信息制造业规上工业增加值年均增速超过 20%,营业收入总量规模跃居全国同行业前 10
	建成 5G 基站近 5 万个,建立"5G+工业互联网"场景应用项目库,实现 5G 技术在重点行业全覆盖应用
	新型显示产业实现"从沙子到整机"的全产业链布局,显示器件集群、集成电路产业集群被列入国家首批战略性新兴产业集群工程
	全省已累计建成 5G 基站 8.5 万个,规模总量上升至全国第 10 位

四大维度	发展特点
产业数字化	2017~2020年安徽省共认定了98个省级智能工厂、472个数字化车间
	推进基于互联网的制造业"双创",累计已有22家企业25个项目被工信部认定为制造业"双创"平台试点示范项目
	在疫情中为物资供应拉上"云链条",数字抗疫工作经验被工信部作为第一批地方案例加以宣传
数字化治理	推动数据资源共享公用,推进"皖企登云"提质扩面
	创新打造"区块链+电子证照"模式,推进全省网上办理和证书电子化
	实施铜陵"城市超脑"项目,加速建设新型智慧城市,为全国起到示范作用
数据价值化	建立起江淮大数据中心
	合肥市城市大脑数字底座已打通全市200余个信息系统,累计归集327亿余条数据,生产上线了近2000个服务能力

资料来源:安徽省经济和信息化厅。

三 长三角数字经济与数字产业发展目标与发展政策

(一)目标定位

"十四五"时期既是我国数字经济实现跨越式发展的重大战略机遇期,也是长三角"两步走"中实现"第一步"、取得实质性进展的关键时期。长三角充分借助数字经济发展释放红利,勇当科技和产业创新的开路先锋,加快打造改革开放新高地,率先形成新发展格局,确保长三角一体化战略目标如期实现。从长三角数字经济发展规划看,长三角数字经济占GDP比重预期值比"十四五"规划中全国水平更高,反映出长三角顺应新一代信息技术发展趋势,把数字经济作为区域经济增长新引擎来培育,推进数字产业化和产业数字化,加快数据价值化和数字化治理,打造数字化转型发展先行区。以长三角协同发展为立足点,统筹区域数字经济布局。按照"区域规划、省份布局、地市统筹、区县落实"原则,加强长三角数字经济顶层设计，坚持"协同联动、开放共享"机制，推动形成长三角数字经济协调发展新格局。

上海数字经济发展正在跑出加速度。上海"十四五"规划指出，在市域数字经济布局上，松江新城依托长三角 G60 科创走廊发展，南汇新城率先布局新型基础设施，建设智慧城市；在区域数字经济布局上，共建数字长三角，加快 5G 通信网等新型基础设施建设，协同开展综合应用示范。在数字化转型推进过程中，上海国资委明确提出，到 2025 年，80% 以上国有企业初步实现数字化转型，在数据运营、工业互联网、车联网等领域孵化培育 5~10 家具备独立运营能力的数字新主体，形成 10~20 家具备成熟数字业务的标杆性企业，打造 100 个具备复制推广潜力的标杆性场景。①

浙江打造数字经济合作共赢的开放发展格局。《浙江省数字经济发展"十四五"规划》指出，推进数字长三角建设，对接上海全球科创中心建设，打造长三角数字科技合作攻关网络；加快数字基础设施一体化布局，打造长三角国家级区域数据中心集群、工业互联网一体化发展示范区；探索跨区域数据流动，推动长三角政务服务"一网通办"和应用场景一体化创新。围绕环杭州湾建设具有全球影响力的数字产业集群，打造世界级数字湾区；支持杭州打造全国数字经济第一城、宁波创建国家数字经济示范应用城市；鼓励各地加快数字经济特色布局，形成"一湾引领、双城联动、全域协同"发展格局。

江苏积极推进数字开放合作工程。江苏《关于深入推进数字经济发展的意见》指出，在推进省内区域数字经济协调发展方面，优化全省数字经济生产力布局，打造虚拟产业集群，深化苏锡常、宁镇扬等一体化先行区数字经济高质量联动发展，以点带面引领构建新动能，主导经济社会发展新格局；在融入长三角一体化发展战略方面，加强数字经济重点领域合作，探索区域数字经济发展新模式，促进数据要素跨区域流通共享，深入

① 上海市国有资产监督管理委员会：《关于推进本市国资国企数字化转型的实施意见》，2021年9月27日。

开展大数据创新应用，打造长三角一体化数字经济产业生态，建设数字长三角。

安徽加强与沪苏浙在数字经济领域对标对接。《安徽省实施长江三角洲区域一体化发展规划纲要行动计划》指出，围绕工业互联网网络、平台、安全三大功能体系建设，深化协同合作，促进优势互补，共同创建长三角工业互联网一体化发展示范区，加快工业互联网基础设施体系建设。积极参与组建长三角工业互联网产业联盟，协同建设跨行业跨领域跨地区的长三角工业互联网平台体系，实施"皖企登云"计划，联合开展区域工业企业上云上平台、服务目录推荐、产融对接等，培育一批面向特定行业、特定场景的工业 App。积极参与组建长三角工业互联网产业联盟，协同建设跨行业跨领域跨地区的长三角工业互联网平台体系。长三角三省一市数字经济（贸易）发展规划如表 6 所示

表 6　三省一市数字经济（贸易）发展规划

地区	发展目标
上海	2021 年数字贸易进出口额达到 400 亿美元
	数字贸易出口额达到 260 亿美元
	数字贸易年均增速达到 15%
	打造 5 家估值超过百亿美元的数字贸易龙头企业
	实现规模以上数字贸易企业达到 500 家
	2035 年数字经济增加值占 GDP 比重大于 80%
浙江	2025 年全省数字贸易进出口总额达到 1000 亿美元
	数字贸易年均增速达到 15% 以上
	培育 10 家全球有影响力的数字贸易平台
	培育 100 家数字贸易重点企业
	培育 10~20 家数字贸易示范基地
	2025 年,数字经济核心产业增加值占 GDP 的比重为 15%
江苏	力争到 2025 年培育一批在重点领域影响力大、辐射面广的数字贸易平台
	建成 30 个数字贸易基地
	培育 10 家在细分行业居全国领先地位的数字贸易龙头企业
	培育 50 家以上年出口额超亿美元的数字贸易企业
	2025 年,数字经济核心产业增加值占 GDP 比重大于 10%

地区	发展目标
安徽	到 2024 年,全省建设种植业、畜牧业、渔业数字农业工厂 300 个,数字农业应用场景累计 1400 个
	到 2024 年,培育认定 1500 家以上大数据企业,软件和信息服务业主营业务收入达 2500 亿元
	面向区域产业特色,建设 10 个省级工业互联网创新服务载体
	到 2025 年,完成全市主要金融机构的数字化改造,累计培育不少于 100 个数字金融标杆项目
	2025 年数字经济总量占 GDP 比重达 50% 以上

资料来源:《浙江省数字贸易先行示范区建设方案》《上海市数字贸易发展行动方案（2019~2021 年）》《江苏省推进数字贸易加快发展的若干措施》《安徽省"数字政府"建设规划（2020~2025 年）》。

（二）发展政策

为了更好地实现长三角数字经济的发展目标,更好地服务国家高质量发展的要求,作为数字经济的领头军,长三角一开始就制定了比较完备的发展政策。其中,省级层面数字经济政策规划起步早,产业布局全,发展要求高,数字经济政策体系配套较为完备;地市层面数字经济规划突出地方特点,结合产业优势,强调细化可行,与省级层面规划形成互补（见表 7）。

表 7　长三角整体及三省一市政策归纳

地区	政策	备注
上海	《2000 年~2002 年上海市信息化实施计划》	提高城市综合竞争能力和集聚辐射能力,提高生产力水平和人民生活质量,加速上海国际化现代化进程
	《上海市国民经济和社会信息化"十一五"规划》	
	《上海市国民经济和社会信息化"十二五"规划》	
	《上海大数据发展实施意见》《上海市推进"互联网+"行动实施意见》	
	《上海市加快制造业与互联网融合创新发展实施意见》	

续表

地区	政策	备注
上海	《上海加快发展数字经济推动实体经济高质量发展的实施意见》	
	《推进上海经济数字化转型 赋能高质量发展行动方案(2021~2023年)》	到2023年,将上海打造成为世界级的创新型产业集聚区、数字经济与实体经济融合发展示范区、经济数字化转型生态建设引领区,成为数字经济国际创新合作典范之城
浙江	《数字浙江建设规划纲要(2003~2007年)》	旨在全面推进全省国民经济和社会信息化建设
	《浙江省"互联网+"行动计划》《浙江省促进大数据发展实施计划》	
	《浙江省数字经济五年倍增计划》	
	《浙江省数字经济发展"十四五"规划》	
江苏	《"十三五"战略性新兴产业发展规划》	
	《关于加快推进"互联网+"行动的实施意见》	
	《江苏省大数据发展行动计划》	
	《关于贯彻落实〈国家信息化发展战略纲要〉的实施意见》《"十三五"智慧江苏建设发展规划》	
	《智慧江苏建设三年行动计划(2018~2020年)》	
	《关于深入推进数字经济发展的意见》	
	《江苏省"十四五"数字经济发展规划》	
安徽	《安徽省"十二五"信息化发展规划》《安徽省"十三五"信息化发展规划》	
	《安徽省"十三五"软件和大数据产业发展规划》《支持数字经济发展若干政策》	
长三角地级市层面	《中国(上海)自由贸易试验区临港新片区数字经济"十四五"规划》	上海临港新片区
	《杭州市数字经济发展"十四五"规划》	杭州
	《杭州市人工智能产业发展"十四五"规划》	
	《南京市数字经济发展三年行动计划(2020~2022年)》	南京
	《数字宁波建设规划(2018~2022年)》	宁波
	《苏州市推进数字经济和数字化发展三年行动计划(2021~2023年)》	苏州
	《关于加快推进数字经济高质量发展的实施意见》	无锡
	《无锡市5G产业发展规划(2020~2025年)》	
	《合肥市数字经济发展规划(2020~2025年)》	合肥

续表

地区	政策	备注
区域一体化发展政策	《长江三角洲区域一体化发展规划纲要》	长三角 27 个城市
	《长三角科技创新共同体建设发展规划》	长三角 27 个城市
	《长三角 G60 科创走廊建设方案》	上海、苏州、杭州、湖州、嘉兴等
	《长三角生态绿色一体化发展示范区重大建设项目三年行动计划(2021~2023 年)》	上海、苏州、嘉兴等
	《长三角制造业协同发展规划》	长三角 27 个城市
	《长江三角洲城市群发展规划》	长三角 26 个城市
	《上海市贯彻〈长江三角洲区域一体化发展规划纲要〉实施方案》	上海、无锡、常州、苏州、南通、宁波、湖州、嘉兴等
	《南京都市圈发展规划》	南京、镇江、扬州、淮安等
	《杭州都市圈发展规划(2020~2035 年)》	杭州、湖州、嘉兴、绍兴等
	《长江三角洲城市群发展规划南通行动计划(2017~2018 年)》	南通
	《杭州市落实长三角区域一体化发展国家战略行动计划》	杭州
	《嘉兴市推进长三角一体化发展行动方案》	嘉兴

资料来源：根据公开资料整理。

四 长三角数字经济（产业）发展面临的困境

尽管长三角在发展过程中取得诸多成绩，但是仍需注意发展尚不充分，仍有不足。

一是关键核心技术攻关难。目前，长三角数字技术应用极为广泛，但在核心技术、基础研究方面短板突出，关键领域创新能力不足，高端芯片、基础软件系统、航空动力装置、核心发动机、数控制造、特种材料等核心产业，以及人工智能、集成电路、智能网联汽车等新兴产业面临"高端空心失位、低端重复建设"的窘境，"创新端""基础端"相对薄弱，还存在着"卡脖子"技术短板问题，产业科技创新的关键核心技术受制于人，产业转型中科技创新仍存在问题，技术难题严峻，研发投入不足。在现有的政策制度中，对于关键核心技术的"卡脖子"技术难题攻破制度并不完善，数字产业转型升级宏观顶层设计仍需进一步加强。从数字经济的研发与创新来看，上海市现在仍落后于兄弟城市。在一线城市中，上海市近五年专利信息数量排名第三，远低于北京市和深圳市。以 AI 企业数量分布为例，上海市落后于北京市和深圳市，北京市 AI 企业数占到了整体的 34.5%。上海市仍需要大力发展科技研发与创新，形成类似人工智能之于北京的特色科技创新领域。

二是数据价值化探索力度不够。数字产业链价值整体偏低，向全球价值链分工体系的上游发展有困难。长三角数字产业发展过程中，面临着新兴工业竞争的压力，在先进的制造业和高新技术产业等领域，与国外的科技城、高科技产业相比，仍存在很大的差距。在全球的价值链分工体系中，长三角在更多情况下以下游的生产者而非上游的供应者出现，多数产品及技术大多居全球产业链、价值链中低端位置，相比于国际产业，长三角的产业链条接轨不足、匹配不够、融通协调性不足。此外，各"链主"地位的引领性企业对产业链上下游的带动作用有限，数字要素的使用率和价值创造还有很大的提高空间。丰富数据交易业务和产品是挖掘数据价值的关键，目前数据资产的商品化、证券化方面有待进一步探索，通过开展数据资产质押融资、数据资产保险、数据资产担保、数据资产证券化等金融创新服务提升数字产业链整体价值。

三是区域协同发展合作力度不足。从全国地区分域角度看，数字产业和龙头数字企业主要集中在以长三角地区为主的发展水平较高的城市和地区，分布不均匀。据统计，我国 21 个国家自主创新示范区中，分布在东部的有10 个（长三角地区有 5 个，其中上海 1 个、江苏 1 个、浙江 2 个，安徽 1个），中部有 5 个，西部有 5 个，东北地区有 1 个。与中西部数字化产业发展差距大，带动作用不突出。从长三角地区分域角度看，数据资源区域共建共享仍需加强。长三角地区数据资源规模庞大，但价值潜力尚未充分释放，不同行业、不同地方、不同群体之间的数字鸿沟未能有效弥合，在某些环节甚至出现了进一步扩大的趋势。企业和个人获取公共数据的渠道不畅，政企数据共享权责边界模糊，严重影响企业和用户对数字经济相关产业发展的支持。而且数字经济企业间采用不同的业务框架和系统，使得数据联通、整合与共享不足，往往导致"数据孤岛"现象。

四是数字产业政策体系有效联动有待提升。数字产业营商环境是数字产业发展的核心"软环境"。从全球角度，长三角地区数字产业营商环境建设与国际先进营商环境水平有很大的差距，尤其是在全球价值链、产业链等方面服务水平亟须提升，纳税、跨境贸易、办理破产等指标排名比较靠后。产业营商环境自身建设不平衡、不协调，隐形壁垒、法治化短板突出。从地区角度，不同地区之间落实效果分化明显，一些地方在基础设施、公共事业等领域对非本地企业仍然存在歧视。部分地区的优惠政策精确度不高，产业政策奖励纳入兑现系统进度仍需加快，审批服务空间有待进一步提升等，都是在数字产业营商环境方面亟须解决的难题。

五是数据安全保障不足。当前长三角地区数字产业的数据信息安全保障不足，现有的隐私保护法规不健全、隐私保护技术不完善，在数据信息分析、处理、共享、应用的同时，存在个人隐私泄露的风险。同时，数字监管理念相对落后，部分数字技术的应用带来伦理问题和社会风险，例如人脸识别技术的违规使用可能侵犯公众隐私，关键领域的数据垄断威胁供应链安全。不同数据主体的责任边界模糊，容易出现权责交叉重叠或者管理真空地带的情况，大量的数据存储和流动造成安全防护难度大。缺乏标准化建设和统一监管，数据跨境流通、服务和交易就不可避免地会受到制度性空白的阻滞，而数据要素市场标准化建设和统一监管体系的缺位，使数字经济部门和市场主体在进行数据要素配置的过程中，难以有效兼顾数据安全。

六是数字经济与实体经济融合程度不足。2020年12月，首届中国供应链管理年会举办，"长三角产业链供应链大数据平台"项目启动，力求服务长三角实体经济、金融机构、双创企业和政府政策创新。但由于数据平台的建设有大量资金需求，实体物流行业具有基数大、投入产出周期长、仓储成本高等特点，现有物流企业的数字化运行水平仍然较低。数字经济发展的重点在产业数字化，是以平台为基础的数字技术与实体经济的融合发展。在"工业 4.0"的背景下，制造业可以转变为平台，而这需要传统企业与数字企业进行深度合作。

五　促进长三角数字经济（产业）发展的建议

（一）国外经验

我国高度重视数字贸易发展。商务部最新数据显示，2021 年，我国数字服务贸易 2.33 万亿元，同比增长 14.4%；其中数字服务出口 1.26 万亿元，同比增长 18%；2022 年上半年，我国数字服务贸易 1.2 万亿元，同比增长 9.8%；其中数字服务出口 6828 亿元，同比增长 13.1%。经过多年的发展，我国数字经济发展取得了较大的成就，2020 年数字经济增加值达到 5.4 万亿美元，规模稳居全球第二。

在我国数字经济发展过程中，数字基础设施建设、消费者互联网应用、技术研发、与实体经济深度融合发展、数字化治理等方面成效显著。但也要看到，相较于发达国家，我国数字经济差距仍然突出、发展任重道远。一般认为我国数字经济具有"大而不强"的特点。"大"主要体现在覆盖的用户、市场的规模和企业的数量；"不强"主要是指质量不高、技术优势不突出，关键领域的创新能力也不足。作为数字经济发展的领头军，长三角也面临着同样的困境。因此，我们可以借鉴国外的经验，以促进长三角数字经济更好地发展。

1. 经验一：政务数据开放[①]

政务数据的利用不仅能打破"数据孤岛"、整合资源、提升政府工作效率，还能为社会组织和民众所利用，有效地提高数据的再利用价值。世界各

---

① 中国信通院：《全球数字经贸规则年度观察报告（2022 年）》。

国通过完善国内数据政策法规、组建数据管理机构、编制目录清单、设置开放许可和鼓励开放应用等方式，积极开展政务数据开放共享与价值利用，推动政务数据开放共享从理论层面向实践层面纵深发展（见表8）。

表8 主要国家政务数据开放措施

措施	国家	实施方案与计划
以完善政策法规体系推动政务数据开放	美国	以《透明和开放政府备忘录》和《信息自由法案备忘录》为总纲，以《信息自由法案》为指导，以《开放政府数据法》《开放数据政策》等文件为具体管理办法，以《开放数据的元数据规范》为技术标准，并融入相关的考核评估体系及激励机制，形成数据开放全流程的管理体系
	英国	制定了《自由保护法》《公共部门信息再利用条例》《开放标准原则》等文件
	日本	发布了《推进官民数据利用基本法》《开放数据基本指南》《数据政府实施计划》
以专门的管理机构统筹政务数据开放	美国	建立联邦首席数据官委员会和联邦数据政策委员会，并设立了 Data.gov 行政督导委员会和项目管理办公室负责政务数据开放共享政策的落实
	英国	设立了统计局、经济社会研究委员会、政府数字服务局等管理机构，以及公共数据集团、数据战略委员会等执行机构
	德国	设立开放数据机构，建构起一整套"积极开放数据"的原则和流程
以目录清单为抓手逐步扩展开放数据集	美国	出台《开放政府数据法》，构建动态化清单管理制度
	英国	发布《政府数据准则》，根据"目录清单模式"标准规范了"目录清单""数据集""数据资源"等元数据
以创新应用为牵引深化数据开发利用	美国	采用签订合作协议、授予特许经营权、制定激励机制等方式，与企业形成伙伴式合作关系，实现与政务数据的双边共享和互利共赢
	日本	开展"数据开放100"计划

2. 经验二：活跃数据要素市场

各发达国家一直在不断努力建立全面完善的数据交易流通规则，但从整体来看，各国在数据交易方面立法较少，通常采取避免与现行法律冲突的保守做法，在现有法律体系下探索对大数据进行计价、赋值、交易的路径。通过不断加强相关立法、完善数据安全保护标准配套以及设置数据保护官制度等措施，搭建数据安全保护屏障（见表9）。

表9　主要国家或地区驱动数据要素市场活跃的措施

措施	国家或地区	实施内容
积极引导企业间数据流通交易	美国	联邦贸易委员会对数据经纪商提供的市场营销产品、风险消减服务、查询服务进行管理,为消费者建立了数据经纪人名单和消费者权利信息网站,针对数据经纪商发展情况提供管理建议
	欧洲	发布了《欧洲数据经济中的私营部门数据共享指南》,围绕技术机制、基础商业模型和支持数据共享的合法媒介对企业与企业的数据共享原则进行讨论
	日本	建立了工业物联网(IIoT)数据交易体制,规定了交易价格、数据标准、数据安全相关内容;2017年制定了《数据使用权限合同指引》,通过规范数据交易各方之间合同的形式来促进数据交易
数据价值释放和数据保护同步推进	韩国	发布《数据产业振兴和利用促进基本法》《个人信息保护法(修正案)》支持数据流通交易,同时通过引入权利、设置弹性化规则等方式进一步保障公民的数据权利
	美国	通过了《加州消费者隐私法》和数据经纪商监管专项法案,明确了数据交易者的角色,增加透明度、加大信息安全责任
	英国	发布《数据拯救生命:用数据重塑健康和社会关怀》强化数据在医疗领域的应用,同时帮助病人更安全访问及掌握自身健康及护理数据
	日本	在《个人信息保护法》中新设"匿名加工信息"制度,兼顾个人信息保护与开发利用、投资激励之间的平衡关系
	俄罗斯	颁布了 GOST34.10-2018《信息技术　加密数据安全　电子数字签名的签名与验证过程》、GOST34.12-2018《信息技术　加密数据安全　区块加密》等系列标准,提出了通过电子数字签名加密、区块加密、哈希函数等方式进行数据安全加密的技术要求
企业自由探索数据交易市场模式	美国	C2B 分销模式、B2B 集中销售模式
	日本	设立了"数据银行"交易模式

3. 经验三:制造业数字化转型①

当前,新一轮科技革命和产业变革在全球范围内蓬勃兴起,新一代信息技术与制造业的融合程度不断加深,制造业数字化转型成为各国增强竞争

----

① 中国信通院:《主要国家和地区推动制造业数字化转型的政策研究报告（2022 年）》。

力、培育新动能的重要抓手。新冠肺炎疫情的突然暴发极大地加速了这一进程，各国充分发挥政府导向作用，实施系列政策助力制造业数字化转型（见表10）。

表10　主要国家或地区制造业数字化转型措施

措施	国家或地区	措施内容
提升针对中小企业数字化转型的公共服务水平	美国	构建制造业创新网络，使得企业、高校、研究机构等的创新能力能够辐射中小企业，帮助中小企业跨越"死亡山谷"
	德国	国家工程院、佛朗恩霍夫协会、史太白技术转移中心等第三方非营利机构从工业4.0实施伊始就全面参与相关工作，形成了支持中小企业的技术和知识转移的整体网络
	新加坡	发布"制造业2030愿景"，通过投资基础设施、建立生态系统等，推动传统制造业向先进制造转型；设立中小企业数字技术中心，为中小企业数字化转型提供了"一站式"的服务，包括与科技咨询机构建立联系、提供免费的咨询诊断、推荐合适的技术提供商和顾问等
	西班牙	《数字西班牙2025议程》提供30亿欧元推进中小企业和个体工商户数字化转型
	欧盟	通过"数字欧洲计划"，投资近20亿欧元推动数字化转型
持续强化对数字化转型的支持政策	美国	为前沿技术的基础研发提供了十余年的财政资金支持，还通过各类政府项目为不同主体的应用技术研发和试验验证活动提供资金，通过专项贷款、国家基金等市场化运作方式支持创业创新，将提升学生、教师、退伍军人等人群的数字化技能嵌入历年国家预算、国防授权法案等文件中
	德国	募集大量资金支持"地平线2020"的技术研发项目，由政策性银行、国家引导基金等机构创新金融工具为企业创新创业提供资金支持，支持企业培养大量具备数字技能的人力资源
	日本	为技术研发投入了大量的财政资金，并通过举办制造业技能大赛等吸引更多人参与以发现优秀人才
	新西兰	发布《先进制造业产业转型计划草案》，将先进制造业列为产业转型计划优先考虑行业，确定推动增长和转型的六大优先事项等

（二）发展趋向

基于长三角各城市数字经济发展的情况，提出形成"互通互融、错位发展、共同富裕"的系统性城市数字经济健康发展体系。

1. 加强互通互融数字经济基座

建议相关城市协商建设思路，基于城市建设定位与比较优势，率先发展最能为自身提供经济社会效益的基础设施，增强在数字新基建方面的良性互动。

在信息基础设施建设方面，上海在 5G 基站建设数量及普及率、千兆网普及率、数据中心建设等方面位居全国前列。在 5G 建设与数据中心建设中需注意绿色化改造。杭州、南京处于新基建的扩张时期，在信息基础设施方面应当配合自身传统优势产业行业特点，同时在考虑"碳中和"与"碳达峰"约束的情况下有计划地推进建设。如对采用蓄能设备的 5G 基站建设，可给予进一步降低低谷时段用电价格或以此为采购标准。除上海、杭州、南京、苏州的其他长三角城市应充分权衡信息基础设施建设成本与收益，依据自身消费市场与生产市场特点进行研判、布局。

在融合基础设施建设方面，上海、南京、杭州、苏州在已发布的未来两到三年数字经济发展规划中，均以提高城市数字治理场景接入水平为主要任务。相关城市在具体执行中应以场景需求为导向，以服务人民生产生活的目的，进行更客制化的效能提升。同时应加强对相关行业企业利用融合性基础设施"不会用"、"不能用"和"不敢用"的痛点研究，实事求是地发展与利用融合基础设施。除上海、杭州、南京、苏州的其他长三角城市需以专办等形式，前往数字治理水平较高城市取经学习，提升融合基础设施利用水平。同时各城市之间，特别是在数字经济联系关系紧密的城市之间，应增强数据库共建与基本信息融通，破除城市之间的数字鸿沟，降低沟通成本，促进协同发展。

2. 构建错位发展数字经济格局

构建错位发展的数字经济格局，主要是为了发挥各个城市的比较优势，扬长避短，精耕细作，坚持因地制宜、循序渐进发展的原则。

上海由于具有领先的数字经济体量、活跃的数字创新要素、完备的新型基础设施、高能级的核心数字产业、丰富的数字融合应用、旺盛的数字经济需求与成熟的数字政策环境，具有数字经济快速发展的动力基础，在错位发展中应当发挥头雁效应，进一步在数字经济发展前沿开拓进取，侧重数字化转型的标准化和可持续发展方面的工作，发挥带动全国城市共进发展的作用。

杭州、南京、合肥往往由于产业基础、科研基础、区位基础的不同各具特色，因而需要在做好本土数字产业化升级或产业数字化赋能的基础上，进一步与上海形成都市圈规模效应。通过引进、承接配套上海数字技术、数字要素和数字人才等，为我国城市数字经济发展储备跃迁动能。在互动协同方面，苏州与上海的合作具有推广意义。两地于 2021 年 1 月 4 日同日发布数字经济发展方案。为对接上海建设国际数字之都规划，苏州发布《苏州市推进数字经济和数字化发展三年行动计划（2021~2023 年）》，提出建设全国数字化引领转型升级标杆城市，成为长三角数字城市标杆。在三年行动计划中，苏州市直接提出对接上海的工作内容主要集中于数字金融、电商产业与科技研发三方面。在长三角一体化发展国家战略的背景下，差异化定位有助于区域内有序发展。

除上海、杭州、南京、苏州、合肥的其他长三角城市数字创新要素相对匮乏，往往欠缺核心数字产业，在产业链中往往处于下游，但可依托自身区位特色及自然资源禀赋，主动融入、对接、配套周边数字经济发展比较充分的城市，可率先以数字化治理引领城市数字化转型，为经济数字化率先构建数据融通的底层架构，为我国数字经济均衡发展奠定基础。其中抚州错位发展打造算力中心是城市间协调发展的典范。算力的研发靠技术创新，算力的量产则需要大量机柜、服务器支撑。抚州市充分把握大数据产业的大规模布局对土地、劳动力成本等要素的需求，通过大力建设标准厂房"筑巢引凤"。对数据中心企业，抚州市特事特批，在抚州高新技术开发区最终形成了占地 700 多亩的数据产业园。

3. 实现共同富裕数字经济目的

通过数字经济实现共同富裕，是每个城市发展数字经济的最终落脚点，也是所有类型的城市均要实现的目的。实现共同富裕数字经济目的，各个城市要坚持以人民为中心的发展思想，在数字化转型中促进收入分配结构优化，既要保证蛋糕做得好，又要保证做得大，还要保证分得好。

各城市要探索数字经济对分配基础性制度优化，把"蛋糕做好"。在市场初次分配中，要进一步保护数据要素产权、数字技术知识产权，保障合法的初次分配致富。在政府再分配调节中，要综合运用数字技术建立数字化收入分配监测体系。在社会三次分配中，进一步推动"人工智能+公益""区块链+慈善"等新模式，为互联网时代公益生态增益赋能。

各城市要发展数字经济拓宽收入新渠道，把"蛋糕做大"。孕育数字化管理师、无人机驾驶员、农业经理人、数字技术工程师等更多新职业，同时推进数字时代内创业，为居民获得劳动收入和财产性收入提供新途径。要通过智能农业技术普及、智慧乡村建设、农村电商推广等手段，进一步巩固全面脱贫成果，助力乡村振兴，提高农民收入水平。

各城市要利用数字经济调节现有收入分配，把"蛋糕分好"。要通过数字化手段筛查，加大税收、社保、转移支付等调节力度并提高弱势群体识别精准度，扩大中等收入群体比重，增加低收入群体收入，合理调节高收入，取缔非法收入。要通过数字化场景引导，促进基本公共服务均等化，加大数字化社会工作投入，完善智慧养老和智慧医疗保障，健全数字化社会救助体系，以智慧住建提升住房供应和保障效能。

（三）对策建议

1. 从协同维度看，充分发挥长三角各地比较优势促进区域协同发展

抓住全国统一大市场建设和长三角一体化重大机遇期，加速长三角共建共治"区域大脑"。一是加强长三角城市群数字经济协同发展顶层设计。要科学规划长三角区域数字经济一体化发展规划，发挥长三角各城市的资源禀赋，制定区城协同发展政策，加速长三角建立"区域大脑"。二是推动长三角区域新型基础设施的互联互通。加强长三角区域的网络协同布局，统筹推进区域骨干网、城域网和接入网、区域级大规模云数据中心、长三角一体化大数辉中心、区域数据共建共享平合等的建设，为共建"区域大脑"提供

基础支撑。三是建立良好的"区域一体化"协作机制。积极打破"行政壁垒""信息孤岛"等制度性障碍，切实协调不同城市在涉及公共资源等相关领域的资源共享问题，强化各城市的治理数据的整合，探索建立数据资源共享制度，真正实现"区域大脑"共建共治及长三角地区的互融与共享。

2. 从产业维度看，积极促进长三角数字技术与实体经济深度融合

深入推进制造业企业数字化改造，坚定不移发展工业互联网，发展智能制造，加快数据驱动与工业行业知识相结合的智能化转型。一是大力发挥长三角城市数字经济核心产业优势，提升科技创新能力，应用先进数字技术和数据资源，集聚产业集群力量，大力带动长三角区域传统产业数字化转型升级。二是夯实以5G、工业互联网、大数据为代表的新型基础设施建设，打造数字经济产业集群，助推长三角各城市高质量发展。三是强化电子信息、高端装备、汽车等区域优势产业合作，推动传统产业智能化改造，打造全国先进制造业集聚区，形成若干世界级制造业集群。发挥上海、杭州、苏州产业数字化优势，以人工智能、工业互联网等产业为突破口，带领长三角城市重点领域协同发展。

3. 从科创维度看，加强关键核心技术攻关，激发长三角创新活力

牵住自主创新这个"牛鼻子"，提高数字技术基础研发能力，有针对性地开展高端芯片、操作系统、人工智能等关键核心技术研发，注重原始创新和生态培育。一是聚焦集成电路、工业软件、人工智能、工业互联网等核心关键技术，集中力量突破一批"卡脖子"技术，同时加强对新兴产业科技型中小企业的培育，提升企业自主创新能力。二是加大区域层面的统筹力度，加快建设长三角科创协同载体，加强长三角地区各类科研主体的交流合作，围绕国家和各自省市的重大需求，统筹布局数字经济领域重点实验室、工程中心及协同创新中心等基地平台，集聚创新资源形成合力。三是建立产学研用创新体系，打通政府、研究院所、高校及企业之间的"樊篱"，有效对接科技成果的供给方与需求方。

4. 从环境维度看，完善治理规则，培育数字经济健康发展生态

推动规范平台、数据、算法等制度规则陆续出台或落地，划清市场行为的违法边界，针对新业态变化快、创新多的特点，更好发挥行业公约、标准规范等对法律法规体系的有效补充作用。一是各城市要研究制定符合数字经济发展规律、适应地区数字经济发展特征的法律法规、标准规范、政策措施等，培育数字经济健康生态。二是长三角城市要积极推进政府公共数据开放共享，打通政府和公众间、政府各部门间、不同区域政府间的数据壁垒，消除"数据孤岛"、缩小"数字鸿沟"，构建数字生活、智慧城市和产业互联网等规范化数据开发利用应用场景，深入激发数据价值；同时要加快数据产权界定，建立数据定价机制，做好数据安全保护，为数据要素开放共享和高效流通解决实际瓶颈问题。三是长三角城市要加强网络安全人才培养，做好网络的"管""防""建""用"，在建设网络强国的过程中坚持安全可控和开放创新并重，从而为长三角地区数字经济发展夯实网络安全底座。

B.15
深度一体化背景下长三角
城镇化高质量发展研究

侯祥鹏*

摘　要： 长三角城镇化高质量发展水平不断提升，人民群众的获得感、幸福感、安全感持续增强，但也存在发展不平衡不充分问题，特别是县域城镇化、城市治理等方面存在短板弱项。在深度区域一体化下推动长三角城镇化高质量发展，需要完整、准确、全面贯彻新发展理念，以区域一体化统领城镇化高质量发展，以城镇化高质量发展助推区域一体化形成。通过制度创新、科技创新和城市建设创新深化城镇化创新发展；推进以县城为重要载体的城镇化建设，在统筹推进城镇化战略与乡村振兴战略中深化城镇化协调发展；加强生态领域合作，在逐步实现碳达峰碳中和中深化城镇化绿色发展；扩大高水平开放，在加快构建以国内大循环为主体、国内国际双循环相互促进的新发展格局中深化城镇化开放发展；坚持以人为核心，在扎实推进共同富裕，为群众创造更方便、更舒心、更美好的生活中深化城镇化共享发展。

关键词： 区域一体化　城镇化　高质量发展　长三角

党的二十大吹响了全面建成社会主义现代化强国、以中国式现代化全

---

* 侯祥鹏，博士，江苏省社会科学院经济研究所研究员，研究方向为区域经济、城镇化。

面推进中华民族伟大复兴的号角。城镇化是现代化的必由之路。习近平总书记多次谈到城镇化问题，将完善城镇化战略作为国家中长期经济社会发展战略若干重大问题之一。《国家新型城镇化规划（2014～2020年）》确定的目标任务已顺利完成，2020年10月党的十九届五中全会适时提出"完善新型城镇化战略"，2022年10月党的二十大报告继续强调"深入实施新型城镇化战略"。如此，我国城镇化被赋予了促进区域协调发展和提升人民群众生活品质、推进中国式现代化的历史使命，进入了新的发展阶段。长三角是我国社会主义现代化建设先行区，上海浦东新区打造社会主义现代化建设引领区，江苏以"两争一前列"引领"强富美高"新江苏建设，浙江高质量发展建设共同富裕示范区，安徽加快建设"强新优足富"现代化美好安徽。在完成了国家新型城镇化目标任务之后，长三角需要紧扣一体化和高质量两个关键词，形成深度一体化发展新局面，实现城镇化高质量发展，从而在全国范围内更好地实现以人为核心的新型城镇化，推进中国式现代化。

一　长三角城镇化高质量发展水平评估

2016年出台的《长江三角洲城市群发展规划》（发改规划〔2016〕1176号），除苏浙沪外，将安徽也一并纳入，长三角的范围从"两省一市"扩展到"三省一市"。截至2021年末，全国城镇化率为64.7%，江苏和浙江分别为73.9%和72.7%，均比全国高出八九个百分点，只有安徽为59.4%，低于全国平均水平。进入新时代以来，长三角持续深入推进新型城镇化建设，注重以人为本，向绿色、低碳、集约转型，城镇化高质量发展不断取得新成效。

（一）城镇化高质量发展评价指标体系构建

要理解和推进城镇化高质量发展，首先需要对高质量发展态势作出评

估。自高质量发展被提出以来，即成为学界关注的热点。很多学者研究讨论
了高质量发展的内涵、特征、要义等。[①] 如何评价高质量发展，学界有不同
认知。金碚认为，应该将创新、协调、绿色、开放、共享，以及效率、质
量、结构、安全、可持续等因素进行量化和指标化，作为高质量发展状况和
成就的显示性指标。[②] 吕薇认为，高质量发展的评价指标体系应该包括3类
指标：第一类是反映经济结构和效率，提高要素生产率的指标；第二类是体
现以人民为中心，提高生产质量和幸福感的指标；第三类是体现经济活力的
指标。[③]

本研究以新发展理念为指导，借鉴现有相关文献，[④] 从创新、协调、绿
色、开放、共享5个维度构建城镇化高质量发展评价指标体系。该评价指标
体系包括5个维度、3个层级、32个指标，以刻画长三角城镇化高质量发展
面貌（见表1）。

表1 城镇化高质量发展评价指标体系

一级指标	二级指标	三级指标	计算方法	指标属性
创新发展	创新投入	研发经费投入强度	研发经费支出/地区生产总值	正向指标
		科技投入强度	科技预算支出/财政预算总支出	正向指标
	人力资本	高校学生人数比重	普通高校在校学生数/总人口	正向指标
	创新产出	人均专利申请数	专利申请数量/总人口	正向指标
		人均专利授权数	专利授权数量/总人口	正向指标

① 金碚：《关于"高质量发展"的经济学研究》，《中国工业经济》2018年第4期；刘志彪：
《理解高质量发展：基本特征、支撑要素与当前重点问题》，《学术月刊》2018年第7期；
任保平：《新时代高质量发展的政治经济学理论逻辑及其现实性》，《人文杂志》2018年第
2期。

② 金碚：《关于"高质量发展"的经济学研究》，《中国工业经济》2018年第4期。

③ 吕薇：《探索体现高质量发展的评价指标体系》，《中国人大》2018年第11期。

④ 熊湘辉、徐璋勇：《中国新型城镇化水平及动力因素测度研究》，《数量经济技术经济研究》
2018年第2期；李梦欣、任保平：《新时代中国高质量发展的综合评价及其路径选择》，
《财经科学》2019年第5期；侯祥鹏：《中国城市群高质量发展测度与比较》，《现代经济
探讨》2021年第2期。

一级指标	二级指标	三级指标	计算方法	指标属性
协调发展	区域协调	经济发展不均衡程度	域内城市人均生产总值最高值/最低值	负向指标
		收入不平等程度	城镇居民人均可支配收入/农村居民人均可支配收入	负向指标
	产业协调	第一产业比较劳动生产率	第一产业增加值占比/第一产业就业人员占比	正向指标
		第二产业比较劳动生产率	第二产业增加值占比/第二产业就业人员占比	正向指标
		第三产业比较劳动生产率	第三产业增加值占比/第三产业就业人员占比	正向指标
	城乡协调	二元对比系数	(第一产业增加值占比/第一产业就业人员占比)/(第二、第三产业增加值占比/第二、第三产业就业人员占比)	正向指标
		二元反差指数	第一产业增加值占比-第一产业就业人员占比,取绝对值	负向指标
绿色发展	资源能源消耗	资源能源消耗强度	能源消耗总量/地区生产总值	负向指标
		工业废水排放强度	工业废水排放量/工业增加值	负向指标
	工业排放与治理	工业废气排放强度	工业二氧化硫排放量/工业增加值	负向指标
		工业烟(粉)尘排放强度	工业烟(粉)尘排放量/工业增加值	负向指标
		工业废物综合利用强度	工业固体废物综合利用率	正向指标
	生态环境	城市人均公园绿地面积	城市公园绿地面积/城市总人口	正向指标
		城市建成区绿化覆盖率	城市建成区绿化覆盖面积/城市建成区面积	正向指标
开放发展	对外贸易	外贸依存度	进出口总额/地区生产总值	正向指标
		外资依存度	实际利用外资总值/地区生产总值	正向指标
	要素流动	旅客周转量	旅客周转量总计/行政区划面积	正向指标
		货物周转量	货物周转量总计/行政区划面积	正向指标

续表

一级指标	二级指标	三级指标	计算方法	指标属性
共享发展	人民生活	人均公共图书馆藏量	公共图书馆藏量/总人口	正向指标
		人均医院床位数	医院床位数/总人口	正向指标
		人均医生数	执业（助理）医师数/总人口	正向指标
		教育经费投入力度	教育预算支出/财政预算总支出	正向指标
		失业率	城镇登记失业率	负向指标
	基础设施	城市人均道路面积	城市道路面积/城市总人口	正向指标
		城市人均公共交通车辆数	城市公共汽（电）车营运车辆数/城市总人口	正向指标
		互联网普及率	互联网接入户数/总人口	正向指标
		移动电话普及率	移动电话用户数/总人口	正向指标

资料来源：作者自制。

（二）评价方法选择与数据说明

综合评价的方法有多种。为了避免主观赋权的人为干扰，使评价结果更加客观和合理，本文采用熵权 TOPSIS 分析法。

熵权 TOPSIS 分析法是熵值法和 TOPSIS 法的组合。其基本思想是，基于原始评价矩阵，对数据进行标准化处理；然后根据熵值法确定指标权重；利用标准化后的数据，建立规范决策矩阵，再结合熵值法确定的权重，建立加权决策矩阵，找出有限方案中的正理想解和负理想解；再分别计算评价对象与正理想解、负理想解的欧氏距离，获得评价对象与理想解的相对贴近度，并以此作为评价排序的依据。

本文选取 2015～2021 年数据对长三角城镇化高质量发展情况进行综合评价。原始数据来源于《上海统计年鉴》《江苏统计年鉴》《浙江统计年鉴》《安徽统计年鉴》《中国统计年鉴》，个别缺失数据根据统计公报补充。首先采用标准差标准化法对数据进行标准化处理，一是同趋势化，使不同性质的数据对评价结果的作用方向相同；二是无量纲化，以保证数据的可比性。然后根据熵权 TOPSIS 分析法计算综合评价指数，即长三角城镇化高质量发展综合得分。值越大，表明城镇化高质量发展水平越高；值越小，表明城镇化高质量发展水平越低。

（三）长三角城镇化高质量发展水平测度

长三角三省一市城镇化高质量发展综合评价结果如表 2 所示。2015 年以来，长三角城镇化高质量发展水平逐步提升，上海的综合得分从 0.4641 提高到 0.6083，江苏的综合得分从 0.4541 提高到 0.6357，浙江的综合得分从 0.4740 提高到 0.6914，安徽的综合得分从 0.2917 提高到 0.5126。总体来看，浙江城镇化高质量发展综合水平最高，其次是江苏和上海，安徽最低，但安徽的提升幅度最大，2021 年得分比 2015 年提高了 75.8%。

表2　2015~2021 年长三角三省一市城镇化高质量发展综合水平

年份	上海	江苏	浙江	安徽
2015	0.4641	0.4541	0.4740	0.2917
2016	0.5061	0.4895	0.5384	0.3789
2017	0.5322	0.5285	0.5700	0.4256
2018	0.5445	0.5575	0.6127	0.5105
2019	0.5560	0.5834	0.6425	0.5051
2020	0.5784	0.6042	0.6744	0.5201
2021	0.6083	0.6357	0.6914	0.5126
平均	0.5414	0.5504	0.6005	0.4492

资料来源：作者计算。

各省市的分维度情况如图 1 所示，三省一市的城镇化高质量发展态势有所差异。上海的开放发展优势最为显著，绿色发展相对薄弱。江苏与浙江的 5 个维度都较为均衡，其中江苏的创新发展较为突出，浙江的共享发展较为突出，二者的相对短板都在开放发展维度。安徽的协调发展优势最为明显，相对不足之处是创新发展和开放发展。

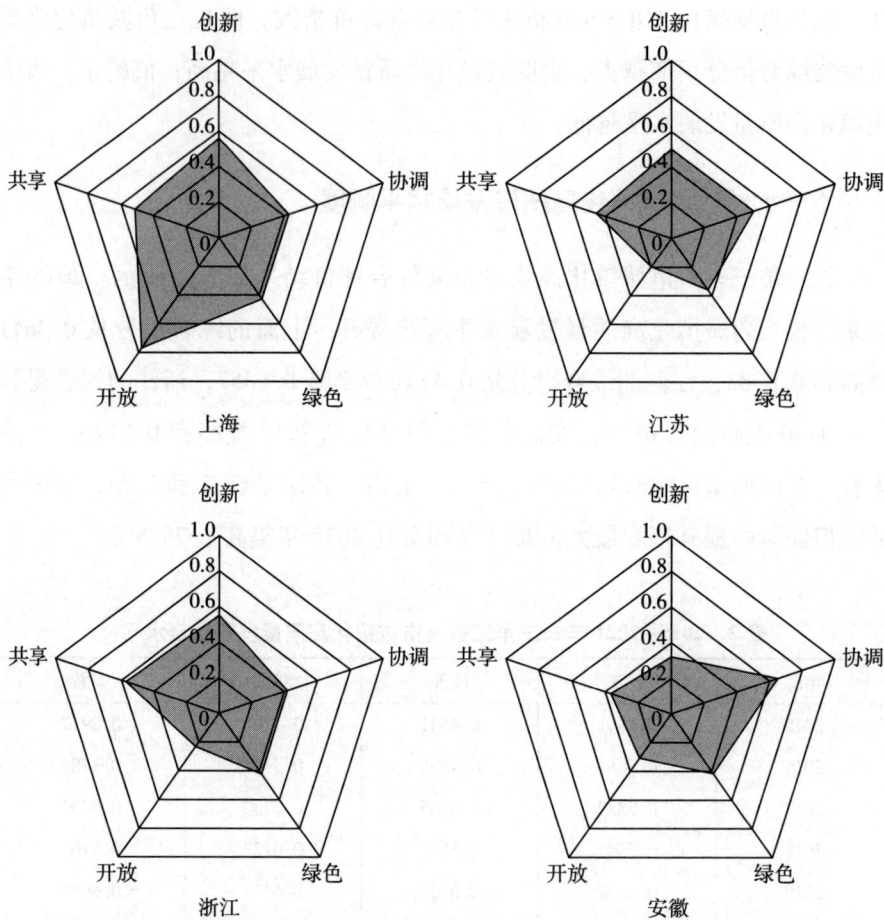

图1 2015~2021年长三角三省一市城镇化高质量发展分维度水平

资料来源：作者自制。

二 长三角城镇化高质量发展的成效与问题

（一）长三角城镇化高质量发展取得的成效

1. 城镇化水平和质量显著提升

2021年末，江苏常住人口城镇化率已达73.9%，浙江和安徽分别达到

72.7%和59.4%，除安徽城镇化率低于全国64.7%的水平外，其他两省一市的城镇化率均高于全国水平，但是安徽的城镇化率增速较快，2021年城镇化率比2015年提高了8.9个百分点，年均提高14.8个百分点，与全国的差距在不断缩小。截至2021年末，长三角城镇常住人口已达到1.7亿人，占全国城镇常住人口的18.9%。城镇化高质量发展水平不断提高，江苏、安徽两省完成国家新型城镇化试点省建设，宁波等市（镇）完成国家新型城镇化试点建设。区域之间、城乡之间发展协同性、整体性不断提升。"十三五"时期，江苏城乡居民收入倍差从2.29倍缩小至2.16倍，改善苏北地区农民住房20万户，在全国率先基本实现城乡供水一体化；浙江城乡居民收入稳居全国前列，城镇和农村居民收入分别跨上6万元、3万元台阶，基本公共服务均等化水平明显提高；安徽实现700万左右农业转移人口落户城镇。

2. 区域一体化合作体制机制不断完善

长三角一体化发展国家战略全面实施，2020年初三省一市先后出台《长江三角洲区域一体化发展规划纲要》实施方案，重点领域交流合作全面展开，协同推进机制不断完善。长三角生态绿色一体化发展政策率先实施，2019年10月25日国务院正式批复《长三角生态绿色一体化发展示范区总体方案》，同年11月1日长三角生态绿色一体化发展示范区揭牌，2021年5月13日《长三角生态绿色一体化发展示范区重大建设项目三年行动计划（2021~2023年）》正式发布，为一体化示范区近期重大建设项目明确了任务书和时间表。示范区设立3年来，地区生产总值年均增长7.4%，规模以上工业总产值年均增长10.9%；累计推出112项制度创新，其中30多项在全国复制推广；持续推进108个重点项目，总投资达5600亿元。2019年长三角"一网通办"正式开通，至2022年8月，已推出138项长三角跨省通办服务，累计全程网办超543.8万件；开通567个长三角"一网通办"线下窗口办理点，实现区域41个地级市全覆盖，构建区域政务服务线下"一张网"，服务逾19万次；实现37类高频电子证照共享互认，完成电子亮证1417万次。

3. 都市圈建设步伐加快

2019 年 2 月《国家发展改革委关于培育发展现代化都市圈的指导意见》出台，提出培育发展一批现代化都市圈。2021 年 2 月，国家发展改革委发布《关于同意南京都市圈发展规划的复函》。南京都市圈成为全国第一个获得国家批复发展规划的都市圈。2022 年 6 月 11 日，南京都市圈党政联席会在南京召开，这是南京都市圈发展规划印发实施后召开的第一次党政联席会议。会上，南京都市圈建设办公室正式挂牌成立；《南京市扬州市加强战略合作的框架协议》《共同编织南京都市圈多层次轨道交通体系规划框架协议》《南京都市圈产业"集群强链"行动方案》等一批合作协议项目签约。南京都市圈发展驶入快车道。此外，苏锡常都市圈、杭州都市圈、合肥都市圈、宁波都市圈也纷纷抱团发展，在加快一体化、融入长三角中争先进位，提升都市圈同城化水平。特别是 2022 年 9 月，上海市政府、江苏省政府和浙江省政府联合发布《上海大都市圈空间协同规划》。这是全国首个跨区域、协商性的国土空间规划，从深入落实长三角一体化发展国家战略的高度、基于区域层面构建开放协调的空间格局，旨在打造具有全球影响力的世界级城市群。

4. 民生保障持续改善

长三角三省一市大力实施民心工程、民生工程，加快区域内公共服务互联互通，确保基本民生底线兜住兜牢。积极采取措施稳岗扩就业，支持多渠道灵活就业。2022 年，江苏、浙江和安徽城镇新增就业分别为 132 万人、115.6 万人和 69 万人，合计超过全国的 1/4。"一老一小"服务保障得到加强。2022 年，上海已基本形成社区嵌入式养老设施网络，长期护理保险试点全面推行，各类托育机构达到 1277 个，58.9% 的幼儿园开设托班；江苏新增托位数 4 万个，完成适老化改造 3.6 万家，"15 分钟医保服务圈"覆盖 95% 以上的乡镇和街道；浙江新增婴幼儿托位 6.1 万个、公办幼儿园学位 5.1 万个，新增认知障碍照护专区床位 7154 张。老城区棚户区改造持续推进。2022 年，上海成片二级以下旧里改造全面收官，受益居民 40 多万户，配套建设了 18 个大型居住社区和 50 余万套保障性住房；江苏新开工改造城镇老旧小区 1578 个，惠及居民 56.2 万户，已累计改造老旧小区 1.2 万个，惠及居民超过 1300 万人；浙江开工改造城镇老旧小区 616 个，涉及楼栋 7773 栋，新建保障性租赁住房 30 余万套；安徽开始实施城镇老旧小区改造工程、城镇棚户区改造工程、城市危旧房及老旧厂房改造提升工程等"十大工程"，进一步完善城市功能，改善人居环境。在区域一体化发展背景下，长三角三省一市加强公共服务互联互通，是全国第一个门诊和住院费用都能跨省直接结算的试点地区，门诊费用跨省直接结算范围已覆盖长三角全部 41 个地级市，覆盖 5600 余家医疗机构；确定江苏省苏州市、南通市，浙江省嘉兴市、湖州市，安徽省芜湖市、池州市及上海各相关区作为开展区域养老一体化首批试点，共同探索建立养老共建对接合作机制。长三角人民群众享受到越来越多的"同城待遇"，获得感、幸福感、安全感持续增强。

5. 交通网络携手推进

2021 年 2 月《国家综合立体交通网规划纲要》印发，长三角被列为国家综合立体交通网主骨架四极之一，以上海、杭州、南京为中心联动合肥、宁波等城市形成长三角枢纽集群，上海、南京、杭州被列为国际性综合交通枢纽城市，上海被列为国际铁路枢纽和航空枢纽，上海港、连云港港、宁波舟山港被列为国际性综合枢纽海港。长三角铁路已成为中国"八纵八横"高铁网络沿海建设的重要基石，"轨道上的长三角"越织越密。截至 2022 年 11 月，长三角铁路营业里程超 1.3 万公里，其中高铁里程 6704 公里，从上海虹桥站出发前往长三角 16 个核心城市，最长距离仅 3 个小时便可到达。高速公路网规模达到 1.6 万公里，实现陆域县县通。2022 年 1 月，三省一市交通部门共同签署了《长三角跨省市交通基础设施快联快通建设实施合作协议（2022~2025）》，确定了未来 4 年即将实施的 20 项省际铁路、16 项省际高速公路、21 项省际普通公路、9 项省际航道项目清单，着力打造一体化、多层次的区域综合交通网络，全面提升长三角交通运输快联快通水平。

6. 新型城市建设成效凸显

绿色城市建设扎实推进。上海市在 2021 年省（自治区、直辖市）污染防治攻坚战成效考核排名全国第一。江苏拥有国家园林城市（县城）44个，率先实现了国家园林城市设区市全覆盖，全省拥有国家生态园林城市9个，数量全国第一，占全国总数（19个）的47%，在全国率先开展省级生态园林城市创建，共有16个省生态园林城市。浙江的余姚市、江山市、淳安县、武义县、常山县、建德市先后荣获联合国非营利性社会组织全球人居环境论坛理事会评选的"全球绿色城市"称号。长三角生态绿色一体化发展示范区"跨界联合河长制推进生态治理区域一体化"案例入选"中国改革2020年度50典型案例"，其经验在各省、自治区、直辖市复制推广。"无废城市"建设稳步开展。长三角三省一市城市生活垃圾处理率达100%，生活垃圾无害化处理率达100%。上海市的静安区等9区、江苏省的南京市等9市、浙江省的杭州市等11市、安徽省的合肥市等3市，入选国家"十四五"时期"无废城市"建设名单。城市更新持续推进，《上海市城市更新条例》、安徽《关于实施城市更新行动推动城市高质量发展的实施方案》、江苏《关于实施城市更新行动的指导意见》等相继出台。江苏的南京市、苏州市，浙江的宁波市，安徽的滁州市、铜陵市入选全国首批城市更新试点城市名单。

（二）长三角城镇化高质量发展存在的主要问题

1. 城镇化程度不平衡

上海、江苏、浙江常住人口城镇化率均高于全国平均水平，位居全国前列，而安徽尚低于全国平均水平。以2021年为例，全国常住人口城镇化率为64.7%，江苏、浙江两省的常住人口城镇化率分别为73.9%和72.7%，比全国分别高出9.2个和8.0个百分点，而安徽只有59.4%，比全国低5.3个百分点。且这种不平衡同样存在于一省之内。如表3所示，江苏省地级市中，常住人口城镇化率最高者南京市为86.9%，比最低者连云港市高出24.5个百分点；浙江省地级市中，最高者杭州市为83.6%，比最低者衢州市高出25.5个百分点；安徽省地级市中，最高者合肥市为84.0%，比最低者阜阳市高出41.3个百分点，可谓差异极大。

表3 2021年苏浙皖三省地级市常住人口城镇化率

单位：%

江苏省		浙江省		安徽省	
地级市	常住人口城镇化率	地级市	常住人口城镇化率	地级市	常住人口城镇化率
南京市	86.9	杭州市	83.6	合肥市	84.0
无锡市	82.9	宁波市	78.4	淮北市	64.8
徐州市	66.2	温州市	72.8	亳州市	43.2
常州市	77.6	嘉兴市	71.9	宿州市	45.0
苏州市	81.9	湖州市	66.0	蚌埠市	56.9
南通市	71.2	绍兴市	71.5	阜阳市	42.7
连云港市	62.4	金华市	68.7	淮南市	61.9
淮安市	66.2	衢州市	58.1	滁州市	62.9
盐城市	64.8	舟山市	72.2	六安市	49.5
扬州市	71.4	台州市	62.6	马鞍山市	72.4
镇江市	79.9	丽水市	62.5	芜湖市	73.0
泰州市	68.6			宣城市	61.8
宿迁市	63.2			铜陵市	66.3
				池州市	60.1
				安庆市	56.2
				黄山市	59.3

资料来源：《江苏统计年鉴2022》《浙江统计年鉴2022》《安徽统计年鉴2022》。

2. 县域城镇化仍是短板

苏浙皖三省现有152个县（市），2021年常住人口合计1.09亿人，占三省常住总人口的51.4%。县域城镇化高质量发展对于转移农业人口、推进城乡融合发展意义重大。但目前县域城镇化还存在很多短板，教育、住房、社保等基本公共服务尚未覆盖全部城镇常住人口，产业基础薄弱，财政能力有限，公共服务质量不高，城市建设滞后，在市政公用设施、公共服务设施、环境卫生设施、产业培育设施等方面存在弱项，特别是城市功能向农村地区覆盖不足，农村基础设施和公共服务设施短板突出。如表4所示，长三角部分乡镇地区燃气普及率、污水处理率尚在50%以下，人均公园绿地面积尚不足城市地区的1/5。

表4　2021年长三角三省一市市政公用设施水平

市政公用设施		上海	江苏	浙江	安徽
人均日生活用水量（升）	城市	211.51	226.15	212.21	190.23
	县城	—	163.04	220.34	139.51
	建制镇	125.28	104.11	116.92	101.08
	乡	105.75	92.81	120.92	92.67
供水普及率（%）	城市	100.00	100.00	100.00	99.81
	县城	—	100.00	100.00	97.82
	建制镇	91.34	98.75	91.30	85.59
	乡	100.00	99.19	87.02	91.55
燃气普及率（%）	城市	100.00	99.92	100.00	99.48
	县城	—	99.99	100.00	96.82
	建制镇	79.02	94.84	58.61	50.84
	乡	23.20	96.71	50.41	44.82
污水处理率（%）	城市	96.89	96.97	97.92	97.14
	县城	—	92.72	97.68	96.00
	建制镇	70.48	86.53	75.51	58.36
	乡	67.79	79.57	49.07	52.29
生活垃圾处理率（%）	城市	100.00	100.00	100.00	100.00
	县城	—	100.00	100.00	100.00
	建制镇	89.88	99.52	92.10	98.18
	乡	100.00	99.95	91.66	97.99
人均公园绿地面积（平方米）	城市	9.02	15.60	12.87	14.49
	县城	—	15.16	15.76	15.04
	建制镇	3.05	6.95	2.68	1.88
	乡	1.12	6.37	2.38	2.98
建成区绿化覆盖率（%）	城市	37.73	43.70	41.51	44.07
	县城	—	42.72	43.62	38.42
	建制镇	17.78	30.37	18.72	18.30
	乡	26.27	31.05	12.83	19.62

资料来源：《中国城乡建设统计年鉴2021》。

3.全域统一大市场尚未有效形成

目前长三角三省一市协同发展取得诸多进展，但主要体现在公共领域，而市场一体化、创新一体化、产业一体化等实施起来仍有很多难点，行政壁垒在一定程度上仍然存在，省界"断头路"现象尚未彻底消除，户籍制度限制了人才自由流动，行政区经济导致了产业同构，资源要素流动梗阻时有发生，区域统一大市场尚未有效形成。

4. 城市治理效能有待提升

"大城市病"尚未有效破解，大城市中心城区人口、功能和优质公共资源过度集中，房价高企、交通拥堵、环境污染、公共安全隐患等问题仍然存在。基层社会治理尚显薄弱，服务群众能力有限，群众参与社会治理渠道仍存在堵点。风险防范应对能力不强，尤其在规划建设、社区服务、社会参与、城际协调等方面存在不足，应急管理能力亟待提升。

三　深度一体化下推进长三角城镇化高质量发展的对策

高质量发展是全面建设社会主义现代化国家的首要任务。长三角城镇化亦需要通过高质量发展，为推进中国式现代化提供空间、动力和平台。一体化和高质量是推进长三角发展的两个关键词，当然也是长三角城镇化发展的两个关键词。目前，长三角区域一体化不断走深走实。根据中国经济信息社与中国城市规划设计研究院联合发布的《长三角一体化发展指数报告（2022）》，2021年长三角一体化发展指数为192.56点，同比增长6.49%，较上一年的2.80%显著扩大，创下近3年来最大增幅，指数水平已达到2012年的1.69倍，10年来的年均复合增长率达到6.03%。这意味着长三角区域一体化发展正在向更高质量、更广领域、更深层次迈进。在深度一体化条件下推进长三角城镇化高质量发展，需要完整、准确、全面贯彻新发展理念，扬优势补短板，消壁垒促融合，持续深入推进以人为核心的新型城镇化，以城镇化推进中国式现代化。

（一）深入贯彻落实长三角一体化发展国家战略，在推动区域一体化中同步推动城镇化高质量发展

2018 年 11 月 5 日，在首届中国国际进口博览会开幕式上，习近平主席发表主旨演讲时提出支持长三角区域一体化发展并上升为国家战略。自此，长三角一体化发展进入快车道。2019 年 12 月《长江三角洲区域一体化发展规划纲要》印发，其中对新型城镇化也作出了部署，要求到 2025 年，城乡区域协调发展格局基本形成，常住人口城镇化率达到 70%。其后，三省一市也相继出台了《长江三角洲区域一体化发展规划纲要》实施方案，明确了促进以人为核心的新型城镇化发展路线图、时间表。可见，新型城镇化高质量发展是融入一体化发展中的。因此，长三角要在落实顶层设计上下功夫，扎实推进实施方案落地见效，以一体化统领城镇化高质量发展，以城镇化高质量发展助推一体化。

（二）总结长三角一体化示范区可复制可推广经验，深化城镇化创新发展

长三角生态绿色一体化发展示范区设立 3 年来，在规划管理、生态环保、要素流动等领域，坚持制度创新和项目建设双轮驱动，推出一系列制度创新成果，持续推进一大批重点项目建设。要把示范区这些先行先试的成功做法总结提炼成可复制可推广经验，成熟一个在长三角全域复制推广一个。同时，充分发挥科技人才汇聚、产业链与供应链相对完备的优势，在更高水平、更广领域共同开展开放创新，打造具有全球影响力的长三角科技创新共同体。加快转变城市发展方式，改粗放发展为精细建设，加快建设绿色城市、"无废"城市、海绵城市、智慧城市，有序推进城市更新，打造高品质生活空间。通过制度创新、科技创新和城市建设创新深化城镇化创新发展。

（三）推进以县城为重要载体的城镇化建设，深化城镇化协调发展

加快补齐县域城镇化这一短板。以自愿为前提，促进农业人口转移到县

城，完善城镇基本公共服务提供机制，推进城镇基本公共服务全覆盖，保障农业转移人口享有就业、教育、社保、住房等领域基本公共服务，提升农业转移人口的技能素质，促进农业转移人口全面融入城市，增强农业转移人口的城市认同感和归属感。推进市政公用设施提档升级，健全市政交通、市政管网、防洪排涝设施；推进公共服务设施提标扩面，健全医疗卫生、养老托幼、文化体育、社会福利设施；推进环境基础设施提级扩能，建设垃圾、污水收集处理设施，依托山水林田湖草沙等自然基底打造蓝绿生态空间。在完善城市功能的同时，推进县乡村功能衔接互补，促进县城基础设施向农村延伸、公共服务向农村覆盖，努力实现城乡公共资源均衡配置，在统筹推进新型城镇化战略与乡村振兴战略中深化城镇化协调发展。

（四）加强生态领域合作，深化城镇化绿色发展

倡导绿色低碳生活方式，完善垃圾分类长效机制，完善省际交通互联互通，推进城际交通公交化运营，鼓励出行优先选择公共交通或者自行车、步行等绿色出行方式，在全社会推动形成节约适度、绿色低碳、文明健康的生活方式和消费模式。决不能重复"先污染后治理"的老路，要推动城市高端产业和产业高端化发展，淘汰高能耗高污染产业，实行统一的项目准入标准、企业登记标准、污染排放标准，大力发展绿色经济。以贯彻落实《长江保护法》为契机，实现跨界水域协同治理，统一环境标准、统一监测、统一执法，实现监测数据和管理平台共享共用，在全域推行河长制湖长制，建立健全跨域河湖长制协调机制，探索建立跨域生态保护补偿体制机制，形成"超标补偿、达标受偿"的生态保护补偿格局。秉持人与自然是命运共同体的理念，将绿色发展理念贯穿生产生活等一切活动中，倡行产业结构低碳化、能源结构低碳化、生活方式低碳化，在逐步实现碳达峰碳中和中深化城镇化绿色发展。

（五）扩大高水平开放，深化城镇化开放发展

提升融入全球化的能力与水平，对标国际高水平经贸规则，把握"一

带一路"倡议、RCEP、CAI、CPTPP、DEPA 等带来的发展机遇，坚持"引进来"与"走出去"并重、货物贸易与服务贸易并重，融入我国多边贸易投资开放新格局，加快建成虹桥国际开放枢纽，加快培育建设上海、南京、杭州等国际消费中心城市，形成面向全球的贸易、投融资、生产、服务网络。加强国际合作，缔结更多国际友好城市，扩容国际"朋友圈"，拓展和丰富对外交往的空间和交流合作渠道，将长三角与世界更紧密地链接在一起。在加快建设全国统一大市场进程中，推进长三角产权交易共同市场发展，推动域内交易信息系统互联互通，统一信息披露、交易规则、收费标准、交易监管、配套服务等，打破行政壁垒、区域壁垒，让要素资源在更大范围内顺畅流动，实现长三角区域资源要素一体化发展。在加快构建以国内大循环为主体、国内国际双循环相互促进的新发展格局中深化城镇化开放发展。

（六）坚持以人为核心，深化城镇化共享发展

城市发展离不开人，城镇化过程就是人的生产生活方式发生根本性转变的过程，为此必须提供良好的公共服务和治理体系，促进人的全面发展。以浙江高质量发展建设共同富裕示范区为契机，将其成功做法与经验在长三角全域复制推广，探索破解发展不平衡不充分问题，解决地区差距、城乡差距、收入差距问题，不断丰富人民群众的物质生活和精神生活。实现基本公共服务均等化，稳步提高保障标准和服务水平，切实解决人民群众在教育、就业、社保、医疗、养老、居住等方面的操心事、烦心事，实现长三角全域异地互认、互联互通。推进城市治理体系和治理能力现代化，将互联网、大数据、人工智能、区块链等现代科技更多应用于城市治理和公共服务，打造长三角智慧城市、数字孪生城市。统筹城市发展与安全，加强城市间应急、环保、气象、安全预警等信息系统对接和资源共享，创新社会突发事件应急管理合作机制、社会治安综合治理联动机制。扎实推进共同富裕，为群众创造更方便、更舒心、更美好的生活，在持续增强人民群众获得感、幸福感、安全感中深化城镇化共享发展。

参考文献

侯祥鹏：《中国城市群高质量发展测度与比较》，《现代经济探讨》2021 年第 2 期。

金碚：《关于"高质量发展"的经济学研究》，《中国工业经济》2018 年第 4 期。

李梦欣、任保平：《新时代中国高质量发展的综合评价及其路径选择》，《财经科学》2019 年第 5 期。

刘志彪：《理解高质量发展：基本特征、支撑要素与当前重点问题》，《学术月刊》2018 年第 7 期。

吕薇：《探索体现高质量发展的评价指标体系》，《中国人大》2018 年第 11 期。

任保平：《新时代高质量发展的政治经济学理论逻辑及其现实性》，《人文杂志》2018 年第 2 期。

熊湘辉、徐璋勇：《中国新型城镇化水平及动力因素测度研究》，《数量经济技术经济研究》2018 年第 2 期。

B.16
浙江省山区农村人居环境整治迭代升级研究

闻海燕*

摘　要：　加快农村人居环境整治提升，是宜居宜业和美乡村建设的重要基础，也是实施乡村振兴战略的重大任务。浙江农村人居环境整治取得了很大成绩，但在率先推进农业农村现代化建设和共同富裕的目标下，要建设高品质的和美乡村需要高质量全面推进农村人居环境整治迭代升级。与平原地区相比，浙江山区人居环境整治提升面临更多的制约因素，为此，要从农民实际需求出发，由自上而下的"建设人居"向自下而上的"经营人居"转变。强化、优化人居环境治理政策工具组合，激发村庄和农户的内生动力，激励市场主体参与人居环境的"治管护"，从而建立健全人居环境治理长效机制。

关键词：　山区农村　人居环境整治　浙江

　　党的二十大报告和 2023 年中央一号文件都提出要建设宜居宜业和美乡村。加快农村人居环境整治提升，改善农村人居环境，关系广大农民的健康和根本福祉，是宜居宜业和美乡村建设的重要基础，也是实施乡村振兴战略的重大任务。近年来，长三角地区以"绿水青山就是金山银山"科学理念为指导，各省（市）相继出台实施了"农村人居环境整治三年行动"，加快

---

　　* 闻海燕，浙江省社会科学院经济研究所副所长，研究员，研究方向为农业农村发展。

补齐高水平全面建成小康社会"三农"领域短板，不断推进农村人居环境整治，组团化打造美丽风景线，农村人居环境品质得到显著提升，村容村貌持续改善，农民群众获得感、幸福感显著提升。同时，美丽环境促进了美丽经济快速发展，长三角"包邮区"乡村一日游、两日游已成为城乡居民的重要选择，这些都为新发展阶段实现和美乡村建设奠定了良好基础。但也要清楚地认识到，由于城乡发展不平衡，与城市相比，长三角地区山区农村人居环境在品质上仍有很大差距；随着国民生态消费意识的增强，对乡村人居环境的品质、品位等都提出了更高要求，农村人居环境整治也由大规模整治进入提升阶段。同时，与平原地区相比，山区自然条件及基础设施、经济社会发展水平都有很大差距，人居环境整治提升的任务更艰巨，难度更大。在长三角地区率先推进农业农村现代化建设和共同富裕的目标下，要建设高品质的和美乡村需要高质量全面推进农村人居环境整治迭代升级，特别是山区农村人居环境整治提升，还需要破解一系列制约性问题。本研究以浙江为例，探究新阶段山区农村人居环境整治提升的制约因素及解决路径。

一 浙江农村人居环境整治历程及成效

进入 21 世纪以来，随着经济社会的发展，浙江农村人居环境整治经历了从起步到不断深化提升的过程，大致可划分为三个阶段。

第一阶段：全省实施"千村示范万村整治"工程（2003～2007 年）。2003 年时任浙江省委书记习近平同志亲自调研、亲自部署、亲自推动"千村示范、万村整治"工程。从 2003 年开始，在全省选择 1 万多个村经济实力和村班子战斗力较强的行政村，全面推进村内道路硬化、垃圾收集、卫生改厕、河沟清淤、村庄绿化，并带动城市基础设施建设、公共服务向农村延伸覆盖。到 2008 年五年间建成了 1181 个全面小康示范村和 10303 个环境整治村。

第二阶段：普遍推进阶段（2008～2010 年）。巩固提升第一阶段成果，在更大范围内开展农村环境综合整治，并把整治内容拓展到生活污水、畜禽粪便、化肥农药等面源污染整治和农房改造建设，形成了人居条件改善和生态环境同步建设的格局。2008~2010 年共对 17283 个村实施了村庄环境综合整治。

第三阶段：深化提升阶段（2011 年至今）。重点是以深化提升"千村示范、万村整治"工程建设为载体，着力推进农村生态人居体系、农村生态环境体系、农村生态经济体系和农村生态文化体系建设，把生态文明建设贯穿美丽乡村建设各个方面。推进"四美三宜二园"① 的美丽乡村建设，并启动历史文化村落保护利用工作，呈现出城乡关系、人与自然关系不断改善，历史文化传承与现代文明发展有机融合的良好态势，进一步打造美丽乡村"升级版"。到 2014 年底，全省已累计约 2.8 万个村完成了村庄整治建设；97% 的村配置了生活垃圾集中收集处理的基本设施，1901 个村开展了垃圾减量化资源化无害化处理试点；36.5% 的村实现生活污水有效治理，全省农村生活污水治理农户受益率达到 42%；农村卫生厕所普及率达到 94.8%，无害化卫生厕所普及率达到 86.5%。培育建设省级重点中心村 1200 个，启动保护历史文化村落 520 个。到 2017 年，所有建制村实现生活垃圾集中收集处理，新增开展生活垃圾减量化资源化处理试点村 6675 个，在建省级历史文化村落重点村、一般村 705 个，创建美丽乡村示范县 6 个、美丽乡村风景线 136 条、整乡整镇美丽乡村乡镇 142 个、美丽乡村精品村 795 个。

为落实中共中央办公厅、国务院办公厅印发的《农村人居环境整治三年行动方案》，2018 年 9 月，浙江省出台了《浙江省高水平推进农村人居环境提升三年行动方案》，聚焦生态宜居和大花园建设，坚持城乡统筹、"三生"（生产、生活、生态）融合、绿色发展、共建共享，高起点规划、高标准整治，着力解决城乡发展、环境卫生、风貌特色和管理体制机制等方面不平衡不充分问题，推动省域农村人居环境更优，在美丽宜居乡村建设中走在全国前列。据统计，2021 年浙江省具备条件 200 人以上自然村公路通达率

---

① "四美三宜二园"是指规划科学布局美、村容整洁环境美、创业增收生活美、乡风文明身心美，宜居宜业宜游的农民幸福生活家园、市民休闲旅游游乐园。

达到100%，农村公路优良中等路比例超92%；截至2021年底，浙江已累计建成美丽乡村先进县58个、示范县56个、示范乡镇610个，创建美丽乡村风景线665条、特色精品村1835个、新时代美丽乡村达标村15841个；浙江农村生活垃圾分类处理建制村覆盖率达96%，垃圾回收利用率达61%以上；农村生活污水处理设施行政村基本全覆盖，农村无害化卫生厕所普及率达99.5%，建有公共厕所的行政村比例达99.9%。农村生活污水治理位列全国"第一方阵"。累计建成A级景区村庄11531个，景区村覆盖率达56.5%。2022年，浙江新改建农村公路1884公里，基本实现山区乡镇和3A景区通三级路，农网供电可靠率达99.99%。饮用水达标人口覆盖率超95%，供水工程水质达标率超92%，在全国率先基本实现城乡同质饮水；扎实推进农村"三大革命"，基本实现农村无害化卫生厕所全覆盖，农村生活垃圾分类行政村覆盖面达96%。行政村4G和光纤全覆盖，重点乡镇5G全覆盖，实现四个品牌"快递进村"全覆盖。[①]

浙江省山区农村人居环境整治成效显著。仅以丽水市、衢州市、金华市为例，丽水市2021年建制村全部实现生活垃圾集中收集有效处理，生活垃圾无害化处理率为100%。全年污水排放量11670.23万立方米，比上年增长5.9%；污水处理量为11466.63万立方米，比上年增长6.2%；污水处理率为98.3%，比上年提高0.31个百分点。用水普及率为100%，燃气普及率为100%。其中，松阳县创成省级垃圾分类示范村9个、市级示范村7个，创成省级美丽示范乡镇7个、美丽乡村特色精品村19个，农村生活垃圾分类处理覆盖率达100%，农村公厕管护规范率达100%。[②]衢州市2021年建制村已全部实现生活垃圾集中收集有效处理。全年创建省级美丽乡村示范乡镇9个、特色精品村26个，省高标准农村生活垃圾分类示范村20个，省历史文化（传统）村落保护利用示范村3个。[③]金华市农村生活垃圾分类处理行政村覆盖率为100%，优秀村覆盖率为90%，垃圾回收利用率为60.67%，

① 浙江省农业农村厅。
② 《2021年丽水市国民经济和社会发展统计公报》。
③ 《2021年衢州市国民经济和社会发展统计公报》。

资源化利用率为 100%，无害化处理率为 100%。培育创建省级美丽乡村示范乡镇 11 个、美丽乡村风景线 7 条、特色精品村 42 个、农村生活垃圾示范村 20 个、历史文化保护利用示范村 2 个。①

二　浙江山区农村人居环境整治提升举措

浙江各山区县坚持"资源化、减量化、无害化"原则，重点围绕源头减量化、提升垃圾处理能力、培养村民垃圾分类习惯、创新健全长效管理机制几方面持续推动垃圾、厕所、污水、庭院"四大革命"及村庄风貌重塑，全域提升农村人居环境。因地制宜探索形成了符合当地特色的垃圾分类模式，如衢州市十美联创"举村模式"、第三方运维"全旺模式"、智能垃圾分类"新槽模式"。其主要做法有以下几个方面。

（一）高质量推进"垃圾革命"

一是加大投入保障力度。以"逐年增长，保障长效"为目标加强运维资金筹措。2015 年以来，台州市黄岩区按照 2000 人以上行政村每村补助 3.2 万元、500~2000 人行政村每村补助 2.9 万元、500 人以下行政村每村补助 2.3 万元的标准，区财政每年安排各乡镇街道村居保洁运行经费 1503 万元。2018 年制定了《黄岩区农村生活垃圾资源化处理站点设施运行维护管理办法（试行）》，根据受益范围和管理实效等因素，给予覆盖村每人每年日常运行管理经费 40~50 元。为保障资源化处理站的长效运维，2020 年将处理站运行补助经费单列，对处理量 3 吨/天、5 吨/天的设备每年每座分别安排最高 22 万元、25 万元运维经费。农村公厕基本上以乡镇或村为管护单位，日常保洁由村保洁员兼管，附属型公厕每年运维经费 2000 元，单独性公厕每年运维经费 3000 元，2021 年全区专门运维保障经费 200 万元。

---

① 《2021 年金华市国民经济和社会发展统计公报》。

二是加大基础设施建设力度。以"分片集中，覆盖全域"统筹配置硬件设施。2017年黄岩区在19个乡镇街道按照日处理量3吨、5吨两种规格，每个乡镇街道建设1~2座生活垃圾资源化处理站，一次性投入建设处理站23座，每个乡镇街道日处理能力3~10吨不等，基本满足了农村生活垃圾资源化处理所需的设施要求。2021年上半年，启动了45个分类任务处理村以及75个巩固提升村建设，2021年创建南城街道蔡家洋村、上郑乡圣堂村为省级高标准农村生活垃圾分类处理示范村，市级农村生活垃圾分类"三化"处理示范村5个，实施农村生活垃圾分类的行政村覆盖率达100%。

（二）稳步推进农村"厕所革命"

坚持"三分建设、七分管护"。衢州市衢江区制定出台了《衢江区农村公厕长效管理办法（试行）》，建立并落实衢江区农村公厕日常保洁和管理维护的"3个3"制度，即抓好3类主体、落实3项制度和建立3项标准，确保公共厕所建好、管好、用好。建立农村公厕所长责任制，将农村公厕标识标牌、设施维护、环境卫生、宣传教育等内容纳入对所长年度考核内容。衢江区农村厕所粪污处理及资源化利用被评为全国农村厕所粪污处理及资源化利用9个典型范例之一。台州市黄岩区结合新时代美丽乡村建设、星级公厕创建评定，开展农村公厕服务大提升行动，对农村公厕内部设施、外立面进行提升改造，突出地域特色、乡土特点，使农村公厕成为村庄的"美丽窗口"。2021年黄岩区创建省级星级农村公厕30个，其中省级示范性农村公厕2个。

衢州市衢江区与高德地图、百度地图、腾讯地图等导航公司合作，探索建设全区农村公厕电子导航一张图，逐步实现一键搜索、精准导航。

（三）持续推进污水治理

一是因地制宜，精准治污。在前期"五水共治"基础上，根据各地地形地貌特征、人口分布、产业需求等生产及生活特点，科学划定污水厂处理、集中设施处理、户用设备处理或管控治理范围和对象。如金华市实施全域精准治理。对城镇周边区域及有条件的地区，可优先采用纳厂处理方式；对远离城镇且人口相对较集中的区域，优先采用集中设施处理方式；对人口较少的边远山区因环境容量较大适当酌情采用户用设备处理或管控治理方式。随着经济的发展，农村用水主体呈现多元化特征，普通农户、经营性农户、农家乐景区、季节性工厂、工建单位构成了多元用水主体，排放的污水种类多、量大、水质水量多变，导致农村污水处理终端抗冲击能力差。为此，金华市浦江县施行"五位一体"管理模式和"站长制"监督模式，同时引入第三方运维团队，按照"半小时服务圈"要求，组建5个运维小组，并建立100平方米的水质检测化验室，开展5项出水水质指标自检工作，确保终端出水水质稳定达标。因地制宜，通过工艺创新、技术创新、数智赋能、融合打造湿地公园景观等系列举措，促进农村污水治理工作提质增效。

二是加大资金投入力度。浦江县2020~2021年已累计投入农村生活污水工作资金近1亿元，投入全县农村生活污水处理设施运维管理服务和处理设施能耗资金约1300万元。多渠道拓展农村污水处理资金来源，获得中央生态资金支持共2800万元，同时谋划EOD项目、专项债项目等吸收社会资金投入。

三是促进水资源循环利用。浦江县以仙华街道十里头村为试点，用好污水处理的"七字真经"，即集、纯、净、用、数、绿、美。在污水处理终端建造景观公园，进一步改善村庄环境。污水经终端深度处理达标后，用于农田、绿地灌溉等，实现了污水的回收利用，仅仙华街道十里头村、李宅村每年可节约用水4万吨。

（四）多途径推动"庭院革命"

创建"美丽庭院"是浙江提升农村人居环境的重要抓手之一。浙江山区从庭院建设小切口入手，不断创新美丽庭院建设，促进人居环境质量提升。建立镇、村、户"三级"联创机制，联合妇联开展"美丽庭院大比武"、"一米菜园"建设。通过加强宣传教育、典型示范引领、促进实践养成，产生了一批有特色有亮点的精致庭院，如农趣庭院、根艺花草庭院、鱼香庭院等。衢州市把美丽庭院建设与"一米菜园"建设相结合，与旧房整治拆后利用相结合，与休养、研学、亲子体验、农疗及科普相结合，使美丽庭院、"一米菜园"变成了"特色园""艺术园""科普园"。

（五）以积分兑换券、低保参与、拆后利用、垃圾合作社等手段，激发村民参与积极性

衢州市开化县在全省率先开办垃圾兑换超市，全县共开设垃圾兑换超市255家，已实现行政村全覆盖。在此基础上探索将房前屋后、田间、路边、茶园、景点等列入整治范围，并通过奖励兑换券、鼓励低保户参与绿植养护等工作、拆后利用等手段，多举措激发村民参与环境提升治理积极性。龙游县大街乡新槽村创建集集中监管投放、智能回收评价、积分排行兑换、分类宣传评比、爱心服务驿站等多种功能于一体的智能垃圾循环超市，促进垃圾分类更精细化、减量化、智能化。黄岩区试行建立积分激励机制，运用"互联网+"建立绿色积分账户，实现村民参与垃圾分类的规范化和信息化管理。如黄岩区澄江街道凤洋村运用 RFID（无线感应）系统和互联网信息技术推出"甜蜜积分"。积分制有效提升了垃圾分类效率，激发了村民参与积极性。为使垃圾分类更有组织化，温州瑞安市桐浦镇在全省率先成立垃圾分类合作社。合作社对垃圾分类进行按月考核，对垃圾分类的村民给予生活用品奖励。同时，合作社把用易腐垃圾产出的有机肥销售给种植业大户，成为合作社的主要收入来源。

（六）以"项目化"管理推进农村人居环境整治

农村人居环境整治项目化管理是把每个脏乱点当作项目进行整治，以项目制形式跟进环境治理，使脏乱点变成小花园、小公园、小果园、停车场等，从根本上治理农村环境。温州市瑞安市通过农用化、绿化、硬化和景观化等"项目化"微改造方式，整治提升农村人居环境。平阳坑镇出台了

《全域人居环境整治提升实施方案》，对农村人居环境乱点实行项目化整治，自 2022 年 4 月以来，全镇累计整改乱点达 740 处，其中陈年乱点 80 多处。陶山镇丰南村在废弃的后山小山坡建起一座长 20 多米的龙窑，旁边的山坡经过平整、绿化，变成了小公园，一条长达 200 多米的观光木栈道从小公园和龙窑旁边穿过，原来的环境乱点变成了远近闻名的网红打卡点，不仅具有观赏性，将来还会形成完整的瓯窑产业链，带动旅游产业发展。

（七）加强农房整治拆后利用，促进农村人居环境提升

针对长期闲置或被废弃、在极端天气下具有一定的安全隐患的"空倒房"，着力做好农房整治拆后利用工作，实现农村人居环境的进一步提升。诸暨市东白湖镇结合美丽城镇创建，合理利用拆除后整理出的空地，规划公共设施、打造景观小品。金华市金义新区曹宅镇春塘村将村内的七间危旧房拆除后，打造成了各具特色的公共景观扮靓村庄面貌。衢州市在全市推广应用房地信息系统，实现农民建房"掌上办"乡镇全覆盖。开展 120 个拆后利用示范村创建，农房拆后土地利用率达 75%。龙游县创新实施全域土地综合整治"35108"工程，将 15 个乡镇（街道）262 个行政村划分为 35 个板块，实行"板块—项目—网格"推进模式，创新出台《龙游县国土整治异地搬迁安置方案》，对拆除全部房屋及附属设施的异地搬迁安置住户加大动员搬迁力度，让符合条件的农户到文成小区、西湖沿家苑等 6 个小区集聚。同时创新"十法"破解乡村危旧房整治难题，对各类危旧房进行分类处置，共整治危旧房 1340 宗，"两江走廊"沿线村庄拆后土地复垦、复绿等拆后利用比例达到 90% 以上。

（八）把"整村整片推进"作为人居环境整治的重点

一户美不算美，全域美才是美。在开展人居环境整治提升中浙江省各地把"整村整片推进"作为人居环境整治的重点。

一是景村融合推进乡村风貌提升。磐安县按照"乡村肌理不改变、村庄风貌不破坏、建设规模不扩大、楼房层高不突破"的"四不原则"，注重

文明传承和文化延续，突出地方特色，提升村庄品位，初步形成了"一村一风韵、一镇一特色、全域一景区"的特色乡村风貌。花溪村以"景村融合"为目标开始了整村改造，农户纷纷办起了民宿、农家乐，累计发展民宿 58 家，村民人均增收 2 万元以上，花溪村入选 2021 年浙江省 3A 级景区村庄名单，并被列入省级未来乡村试点。

二是突出片区组团发展。以道路、河流风景线或产业基地、乡镇全域为建设单元，以精品村、特色村、中心村、历史文化村落为支点，开展片区化、组团式美丽乡村建设，打造了一批主题鲜明、功能丰富、别具韵味的风景线和精品示范乡镇、示范村。磐安县带动全县域创建美丽乡村示范带，如"养生药乡带""休闲茶乡带""浪漫花乡带"，累计培育省级美丽乡村示范乡镇 7 个、特色精品村 24 个。黄岩区坚持科学规划先行，推进"中华橘源"沿线美丽乡村精品村建设等。2021 年，黄岩区 81 个行政村被认定为第一批新时代美丽乡村，其中 26 个村为精品村。推进共同富裕新时代美丽乡村集成示范带建设、沙滩村未来乡村试点、省级乡村振兴高山罗曼东魁杨梅集成创新示范建设、柔川片区未来乡村改造提升建设。上郑乡、上垟乡获评省级美丽乡村示范乡镇，黄岩区"中华橘源"观光风景线获评浙江省美丽乡村风景线，宁溪镇牌门村、上郑乡圣堂村、头陀镇新界村、平田乡桐岭村、院桥镇见瑭村、新前街道三合村获评省级美丽乡村精品村。上郑乡上郑村、上垟乡上垟村 2 个村创建市级美丽乡村精品村，北洋镇小里桥村创建市级美丽乡村提升村，澄江街道创建市级美丽乡村示范乡镇。

三　山区人居环境整治提升面临的主要问题

从全省看，虽然浙江省乡村人居环境质量得到显著提升，但是，由于受经济发展水平影响，浙江省农村人居环境综合质量呈现"北高南低"趋势，浙北地区乡村人居环境质量普遍高于浙南地区，乡村人居环境综合评价得分高低与各地级市经济发展水平相吻合。① 因此，与平原地区相比，浙江山区人居环境整治提升面临更多的制约因素。

（一）现有基础设施水平很多未适应乡村未来发展要求

浙江省乡村人居环境质量走在全国前列，山区农村建成了美丽乡村，普遍拥有较完备的基础设施，但与"浙江气质、整体大美"的高标准要求还有不少距离。特别是山区乡村由于受自然地理条件及经济社会发展水平限制，基础设施的城乡差距较大。随着美丽经济加快发展，美丽乡村向共富乡村拓展，农村居民生活品质提升，对基础设施扩容提质的需求显著增加。水、电、路等传统基础设施有待提档升级，5G、新能源等"三农"新基建设施布局不足、覆盖面有待提升。如在旅游型为主的村庄，部分基础设施已不能满足发展的需要。其主要表现，一是供电设施不能满足需要。松阳县陈家铺村成为网红村后，现有电力基础设施已不能满足迅速发展起来的村庄民宿发展需要。二是停车场用地需求增大。三是清理粪污、配套公共排污管道等设施都已建成，但污水终端清洁化处理的技术水平较低，导致污水处理系统瘫痪的现象时有发生。安装污水处理设施面临资金成本高、土地指标缺乏的困境。

（二）城乡统一的基础设施建设标准或模式未充分适应山村实际

在前期的山区人居环境整治中，大多数采用城市基础设施建设标准，套用城市模式，未充分考虑到山区村特点，简单地把城市污水或垃圾处理模式照搬到山区，把城市绿化模式照搬到山区村，导致整治模式或标准不当、技术适宜性不足。如普遍推广的农村垃圾"户分类、村收集、镇转运、县处理"模式既增加了运营成本（特别是较偏远山区村庄因路途较远，转运成本很高），也没有考虑给城市带来的负面影响；简单地将城市污水管网处理方式照搬到农村，没考虑山区村庄的适应性；村庄绿化美化时仿照城市绿化

---

① 俞雅乖、李淑莹：《浙江省乡村人居环境综合评价及其空间分异》，《西部经济管理论坛》2019 年第 1 期。

模式，引种一些并不适合山区生长的花草树木品种，绿化成本较高。建立本地区的小型污水处理厂面临受地形限制大、对地方财政能力要求高、管护成本高及持续运行难度大等问题。

（三）资金投入不足与发放方式不当影响工程长久运营

为调动各级政府主动性，提高资金使用效率，人居环境整治资金多数是以项目制形式下达，采取省级资金+县乡财政配套。由于多数山区县乡财政困难不能予以及时配套，一般由村集体先行垫付资金。这种方式虽有利于促成工程尽快开工，但必然造成项目越多、村集体负债越多的恶性循环。同时，由于很多项目资金只有前期投入资金，没有预留后期的管护资金，也没有可参照的相关的依据和程序，不利于工程后期管护和长久运营。如乡村绿化工程项目结束后就要结算项目资金，而且项目预算一般均以项目投入量计算，无法预留后期养护管理资金，导致一些项目后期会由于资金缺乏疏于管理和养护，使绿化项目的生态和观赏价值大幅度降低。

（四）农村人居环境整治存在一定的碎片化

主要体现在主体及内容碎片化上。主体碎片化体现为各职能部门间权力分散，部门协调难度大。同时，政府与社会力量联动性不足，以政府主导为主，社会力量介入不足。由于缺乏整体性和系统性，在人居环境整治内容上出现碎片化特征，如多个项目、多路资金投入导致建设力量分散。

（五）农村人居环境管护长效机制尚需完善

浙江省农村已基本建立了生活垃圾收集处理、污水处理、厕所及村容村貌的管护机制，但是并未建立起有效的参与机制。在农村人居环境整治持续开展过程中，主要是"自上而下"的项目推动，作为真正主体的农民参与性不强，游离在主体之外，并没有真正体现其主体地位。同时，也未建立起有效的可持续运营机制。设施运营管护的长效机制是保障。农村人居环境提升基础设施完成之后，要使其发挥有效作用并实现长久运行，必须依据设施特点建立相应的运营管护机制。

此外，通过村庄规划，整合利用村庄闲置土地等内部挖潜方式来扩大村庄公共空间的实践还不足。虽然一些地区在人居环境整治"三大革命"之外增加了"庭院革命"，但内容还只限于农户庭院整洁范畴。

四 山区农村人居环境整治提升迭代升级的重点及对策建议

党的二十大报告指出，要"建设宜居宜业和美乡村"。提升环境基础设施建设水平，推进城乡人居环境整治。随着浙江省"三农"工作进入农业农村同步实现现代化先行和农民农村同步实现共同富裕先行的新阶段，对农村人居环境提出了更高要求，山区人居环境整治进入迭代升级新阶段。在现有基础上推进山区农村人居环境整治提升，要更加聚焦山区农村人居环境整治提升中的短板与弱项，切实改善和提升农村人居环境品质，建设宜居宜业宜游和美乡村，以满足城乡居民日益增长的美好生活需要。

依靠多年来财政资金和社会资本等持续投入，浙江山区乡村投资量较大的农村生活环境设施建设已经完成，在人居环境整治提升迭代升级的新阶段，更需要从农民实际需求出发，由自上而下的"建设人居"向自下而上的"经营人居"转变。强化、优化人居环境治理政策工具组合，激发村庄和农户的内生动力，激励市场主体参与人居环境的"治管护"，从而建立健全人居环境治理长效机制。重点应聚焦以下几个方面。

（一）加快从刚性治理向韧性治理转型，激发村庄和农户的内生动力

与刚性治理相比，韧性治理更加注重政府与社会的互动与合作、治理规则的有效性、治理手段和措施的灵活性，提倡根据农村环境问题的特殊性、阶段性及其表现形式，采取有针对性的解决方法，并注重构建环境治理的长

效机制。农村环境治理涉及政府、自治组织、市场、环保组织、村民等多个利益主体，不同主体在治理中扮演着不同角色并承担不同职能。实现农村环境的有效治理，有必要在坚持平等协商和利益与共原则基础上，构建一种多层次、网络化的治理结构，整合分散的社会力量和资源，发挥多元主体的协同效应，以集体行动的方式共同应对环境问题。

在农村人居环境提升基础设施完成之后，要使其发挥有效作用并实现长久运行，需探索创新投资运营机制和模式，通过政府购买服务等多种方式，推进农村垃圾污水治理市场化改革，鼓励村集体参与投标农村人居环境整治工程；广泛开展"文明村镇、美丽庭院"创建活动，推进移风易俗，治理乱埋乱葬，培养良好习惯，引导农民自我约束、自我管理、自我提高，主动改善人居环境。

（二）按经济发展类型及基础设施建设水平精准分类施策

总体上看，浙江山区乡村发展因受区位、经济社会发展程度及村庄治理水平等多重因素影响，呈现出多种发展类型，经济发展程度及基础设施建设水平也有很大差异。因此，在人居环境整治迭代升级过程中要按经济发展类型及基础设施建设水平精准分类施策。

对于经济发展较快、基础较好村，可在原有基础上进行"微改造、精提升"。旅游发展较快的村宜重点解决电力设施升级、停车场扩容及排污问题。对于大多数村来说，可在基础设施及村容村貌都较好的基础上通过从细处入手，把"小环境"打造好，通过"微小处"的整治进而提升整体品质。如丽水景宁县伏叶村通过"微改造、精提升"已成为一座集食、住、休闲聚会于一体的美丽花园乡村。

以农业产业为主的村应重点加快探索适合本地易腐垃圾特性的处理技术路线，着力解决好堆肥、沼液、沼渣等产品在农业、林业生产中应用的"梗阻"问题。可借鉴台州黄岩做法，通过建设封闭式集粪棚、农牧对接点储液池、户用三格式化粪池等方式解决农牧对接"最后一公里"问题，并建立一支畜禽养殖废弃物运输服务队伍，服务于异地消纳养殖场，促进废弃物资源化利用。

对大部分集镇所在村庄及边远村庄着力解决分类处理与分类硬件设施不配套的问题，加强农村再生资源分拣中心设施建设，补齐垃圾回收分拣能力不足的短板。一是加强村庄有机废弃物综合处置利用设施建设，推进就地利用处理。二是要进一步提升山区村居民生活垃圾源头分类质量。

对村庄空心化问题严重村，一概而论地强调基础设施完备、增加政府和社会资本投入可能造成资金和资源浪费。这些人口较少的村庄具有能够天然消纳生活污水和有机废弃物的土地、生态资源，宜结合生态系统设计利用好这些生态资源，辅助建立一些生态环保的村庄废水废弃物综合处置利用设施，就地处理农村生活污水和有机废弃物。

（三）聚焦建立高效资金投入机制，提高资金使用效率

发挥财政资金在农村人居环境整治中的引领和撬动作用，建立有利于社会资本、金融资本和村集体及农民等主体进入农村人居环境整治领域的政策体系和制度安排，形成可持续性长效投入保障。

一是建议省补资金继续增加对山区 26 县农村人居环境整治升级的投入。二是鼓励有条件的村庄将部分集体经济收益用于人居环境治理，探索将人居环境基础设施纳入绿色金融支持目录。三是整合设立农村人居环境整治专项资金，提高资金发放及使用效率，保障农村人居环境基础设施建设和运行资金。

（四）完善以农民为主体的参与机制

鼓励有条件的地方率先探索建立政府引导、农民付费与市场运作相结合的管护机制。可借鉴河南开封、商丘实施的"5 分钱工程"做法，按照每天收取 5 分钱，也就是每年 18 元的标准向农村居民收取卫生费，用于农村卫生运行中的保洁员工资等。这种做法既减轻了政府的财政压力，也符合准公共物品受益者付费的原则，从而初步形成了公共财政投入与村民适当缴费相结合的市场化保洁经费保障制度。

B.17
长三角能源供求协同的碳中和路径研究

周伟铎　周冯琦*

摘　要： 长三角地区是中国碳中和能源转型的关键区域之一。由于能源供需端条件不同，实现碳中和的路径在区域层面上是多样的。如何构建综合评价指标体系，评价区域碳中和路径，是亟待解决的问题。为填补这一空白，本研究利用低排放分析平台（LEAP），采用基准情景、能源强度降低、能源结构改革、供电技术创新和政策混合5个情景（64个子情景），对长三角地区供给侧和需求侧协调的碳中和路径进行了评价。模拟结果表明，第一，64个子情景中，有22个子情景可在2060年实现碳中和。第二，在能源强度降低情景中，能源强度每年降低6%，可在2060年前实现碳中和。第三，当平均年能源强度降低4%或以上时，政策组合情景可产生21个具有实现碳中和路径的子情景。此外，到2060年，终端部门的电气化水平至少应达到64.19%。第四，发电厂部门实现零碳排放可分为14个子情景，但年能源强度应至少降低4%。运用层次分析法，采用区域碳中和路径指数对22个子情景进行了评价，结果表明，能源强度降低、能源结构改革和电力技术创新的混合政策能够促进供给侧和需求侧的协调。本研究可为政策制定者制定有效政策实现碳中和提供参考。

关键词： 能源结构　碳中和　电气化　长三角

---

* 周伟铎，上海社会科学院生态与可持续发展研究所助理研究员；周冯琦，上海社会科学院生态与可持续发展研究所所长，研究员。

一　引言

中国在 2020 年第 75 届联合国大会一般性辩论中提出了碳达峰（2030 年之前）和碳中和（2060 年之前）目标（"双碳"目标），采取具体措施确保中国地方政府实现"双碳"目标是迫切的和必要的。长三角区域的三省一市占中国国土面积的 3.85%，容纳了 16.67% 的人口（2020 年），创造了中国 24.17% 的国内生产总值（2020 年），消耗了中国 17.98% 的能源（2019 年），排放了中国 18.05% 的温室气体（GHG）（2019 年）。① 《中国现代能源体系"十四五"规划》提出，"推进能源生产和消费方式绿色低碳改革"，在长三角建立"低碳能源转型先行区"。因此，长三角地方政府选择的碳中和路径将对中国"双碳"目标的进程产生深远影响。

在实现碳中和的路径上，能源供给端的清洁能源高比例普及和能源需求端的终端行业电气化率提高是两条基本路径。② 这一策略在长三角人口密集地区尤为重要，这也是本研究的案例。然而，与中国许多其他省份一样，对长三角来说，电气化和能源供应侧脱碳是困难和耗时的。

从能源需求角度看，长三角是中国能源消费的重点区域。2019 年，长三角终端用电量达到 1.43 万亿千瓦时，与印度相当，均高于日本或俄罗斯；煤炭消费 4.15 亿吨，高于美国煤炭消费总量；石油消费达到 1.54 亿吨，接近德国的消费水平。③ 2019 年，长江流域化石燃料消费相关二氧化碳

---

① CEADs，2021. *China CO$_2$ Inventory 1997-2019*（*IPCC Sectoral Emissions*）.

② Ebrahimi, S., Mac Kinnon, M. and Brouwer, J., 2018. "California End-use Electrification Impacts on Carbon Neutrality and Clean Air," *Applied Energy*, 213: 435-449; Li, J., Ho, M. S., Xie, C. and Stern, N., 2022. "China's Flexibility Challenge in Achieving Carbon Neutrality by 2060," *Renewable and Sustainable Energy Reviews*, 158: 112112.

③ BP, 2020. "Statistical Review of World Energy 2020," https://www.bp.com/content/dam/bp/business-sites/en/global/corporate/pdfs/energy-economics/statistical-review/bp-stats-review-2020-full-report.pdf（Accessed on 22 March 2022）.

（CO_2）排放量为 19.3 亿吨，高于俄罗斯的 15.4 亿吨。[1] 2019 年，电力占长三角最终能源消耗的 24.6%。终端能源需求以煤炭和石油产品为主，特别是在工业和运输部门。即使在居民和服务部门，电力在其最终能源消费中的占比也不到 70%。

从能源供应来看，长三角的主要能源依赖于外部输送。在长三角，2019年 79.68% 的原煤消费、98.22% 的原油消费、96.86% 的天然气消费和 16.35% 的电力消费需要从外部地区供应。[2] 然而，在 2019 年长三角 7.09 亿吨标煤的一次能源消费中，煤炭占 58.55%，核电占 5.02%，而可再生能源仅占 3.70%。[3] 此外，碳中和要求的可再生能源供应与可用的能源基础设施之间存在显著差距。2019 年长三角火电占比为 84.03%，核电占比为 7.71%，风电和太阳能合计占比为 5.53%。[4] 江苏省火电装机容量居全国第一位，燃煤机组发电量占全国 5166 亿千瓦时年发电量的 86.50%。[5] 浙江省是中国最大的核电基地，核电发电量占比仅为 17.76%。[6] 上海燃煤发电占比达到 97.01%，远高于全国平均水平（65%）。[7] 因此，如何推动长三角可再生能源的规模化发展，实现能源供给侧需求侧的协调是本研究要解决的关键问题。目前，地方层面的碳中和目标尚不明确，实现碳中和的路径多样。对能源消耗高、经济密度高、碳减排压力大的地区进行碳中和路径评估，是

[1] BP, 2020. "Statistical Review of World Energy 2020," https：//www.bp.com/content/dam/bp/business-sites/en/global/corporate/pdfs/energy-economics/statistical-review/bp-stats-review-2020-full-report.pdf（Accessed on 22 March 2022）.

[2] NBSC, 2021. *China Energy Statistic Yearbook（2020）*. China Statistical Press, Beijing（In Chinese）.

[3] NBSC, 2021. *China Energy Statistic Yearbook（2020）*. China Statistical Press, Beijing（In Chinese）.

[4] NBSC, 2021. *China Energy Statistic Yearbook（2020）*. China Statistical Press, Beijing（In Chinese）.

[5] NBSC, 2021. *China Energy Statistic Yearbook（2020）*. China Statistical Press, Beijing（In Chinese）.

[6] NBSC, 2021. *China Energy Statistic Yearbook（2020）*. China Statistical Press, Beijing（In Chinese）.

[7] Li, J., Ho, M.S., Xie, C. and Stern, N., 2022. "China's Flexibility Challenge in Achieving Carbon Neutrality by 2060," *Renewable and Sustainable Energy Reviews*, 158：112112.

现实的需求。通过对众多可能的行业脱碳路径的分析，评估结果将为加强能源供给侧和需求侧协调管理，夯实能源经济系统弹性发展基础提供有价值的参考。

二 理论与方法

本研究确定了 LEAP-YRD 模型框架，构建了模型的五个情景，设定了基本假设和参数，创建了碳中和路径评价指标。

（一）模型框架

下一代能源建模优化系统（Next Energy Modeling System for Optimization，NEMO）（SEI，2022）与斯德哥尔摩环境研究所（SEI）的 LEAP 平台一起应用，作为高性能、开源的能源系统优化工具，它是一个完整的能源系统最低成本优化工具，可以从命令行运行，也可以使用 LEAP 作为用户界面。[①] LEAP 和 NEMO 的结合带来了强大的优化功能，对产能扩张和电力发展规划、能源战略和深度脱碳研究非常有用。LEAP-NEMO 的模型结构由模型约束、外生变量、目标函数和内生变量组成。

1. 目标函数

模型的目标函数是使区域发电系统规划期间累计的系统总成本最小化。系统总成本可以包括投资成本（资本和利息）、固定和可变运营与维护（O&M）成本以及能源系统不同组成部分的燃料成本等变量。

$$Cost = \min\left\{\sum_{t=1}^{T}\left[\sum_{n=1}^{N}(cap_{n,t}+fom_{n,t}+vom_{n,t}+fuel_{n,t})/(1+i)^{t-1}\right]\right\}$$

$$= \min\left\{\sum_{t=1}^{T}\left[\sum_{n=1}^{N}\left(qcap_{n,t}\times icap_{n,t}\times i\times\frac{(1+i)^{l(n)}}{(1+i)^{l(n)}-1}+qcap_{n,t}\times\right.\right.\right. \tag{1}$$

$$\left.\left.\left. fomc_{n,t}+gelec_{n,t}\times vomc_{n,t}+gelec_{n,t}/EFFI_{n,t}\times fuelp_{m,t})/(1+i)^{t-1}\right]\right\}$$

---

① SEI. "NEMO Instruction," https：//sei-international.github.io/NemoMod.jl/stable/（Accessed on 22 Jan. 2022）.

附表 A1 和附表 A2 给出了指定参数的概述。

2.约束条件

NEMO 模型主要包含五个约束条件。各指标参数含义见附表 A1 和附表 A2。

第一，功率平衡。用电量与总发电量与净进口的平衡情况如下所示：

$$CELEC_t \leqslant \sum_{n=1}^{N} (gelec_{n,t} + import_{n,t}) \tag{2}$$

第二，最大可用性。一个工厂可能会因为维护、维修和天气条件而关闭。因此，发电技术的最大可用性就是一年内能发电的时间份额除以一年的总时间。在每一年里，发电技术不能产生超过其最大可用性乘以其容量的电力：

$$gelec_{n,t} \leqslant AMAX_n \times qcap_{n,t} \times 8760 \tag{3}$$

第三，总装机容量。考虑到资源禀赋、技术发展等限制总装机容量的因素，引入最大、最小总装机容量来限制总装机容量：

$$MinQCAP_{n,t} \leqslant qcap_{n,t} \leqslant MaxQCAP_{n,t} \tag{4}$$

第四，最小容量增加量。设置最小的容量增加量的原因是，对于某些类型的技术，如超超临界、IGCC、天然气联合循环（NGCC），机组的容量通常为 1000MW、60MW 或 30MW。因此，容量的增加不应少于一个机组。

$$qcapa_n \geqslant MinQCAPA_{n,t} \tag{5}$$

第五，排放限值。为了控制发电系统的温室气体排放，将各种技术的年度温室气体排放上限设定如下：

$$emis_t \leqslant emis_0 \times (1 - REMIS_t) \tag{6}$$

3.资源模块

资源模块包括能源部门和非能源部门。能源部门分为本土能源生产和进口能源。能源类型包括煤炭、天然气、石油、水电、核能、风能、太阳能、生物质能等一次能源，焦炭、汽油、柴油、燃料油等二次能源。非能源领域包括森林、湿地和草地三种类型。数据输入需要当地资源储备、较低的热值、燃料价格和排放因子（吸收因子），这些数据来自国家统计局以及国家发展和改革委员会。长三角地区按部门划分的能源消耗数据来自该地区三省一市的能源平衡表：

$$EE_{cs} = \sum_{i=1}^{3} S_i \times SF_i \tag{7}$$

非能源部门的碳汇 EE_{cs} 设定如下：$i=1$ 为森林，$i=2$ 为湿地，$i=3$ 为草地。SF_i 为非能源部门 i 的碳汇因子，S_i 为土地 i 的面积。

4. 能源供应

LEAP-YRD 的能源供应模块包括六个领域：发电、供暖、炼焦、天然气生产、洗煤和炼油。对于区域发电系统，很多技术都涉及装机容量，可用于新建电厂。电厂模块所涉及的外部变量包括发电效率、外部容量、最大可用性、成本（资本成本、可变运维成本、固定运维成本和燃料成本）、电厂寿命、电力系统备用容量等。

发电部门的总供能 Es_p 可表示为：

$$Es_p = \sum_p \frac{IC_p \times T_p \times H}{\eta_p} \tag{8}$$

其中，p 为电厂类型，IC_p 为电厂装机容量，T_p 为年均发电小时数，H 为理论热值，η_p 为电厂转换效率。

总供能 Es 可表示为：

$$Es = \sum_{j=1}^{6} Es_j \times EFF_j \tag{9}$$

其中，Es_j 为 j 个行业的一次能源供应，EFF_j 为发电、供热、炼焦、制气、洗煤和炼油等 j 个行业的转化效率。

5. 能源需求模块

LEAP-YRD 模型中的最终需求模块包括农业（Agr.），制造业（Man.），建筑业（Con.），交通和邮政（T. & M.），批发、零售、住宿和餐饮（W. R. A. C.），其他第三产业（O. T. I.）和家庭（Hou.）。本研究以经济增长、电力强度、发电效率和燃料份额等电力需求驱动因素为外生参数。[①] 根据国家发展和改革委员会[②]提供的省级电网典型负荷曲线，对长三角区域电网负荷曲线进行了整合。

能源需求公式表示为：

$$E_D = \sum_i \sum_j \sum_k \sum_l AL_{i,j,k,l} \times EI_{i,j,k,l} \tag{10}$$

其中，i 是部门，j 是子部门，k 是最终部门使用的技术，l 是燃料类型，AL 为活动水平，EI 为能量强度。

6. 碳排放和碳中和

本研究考察了能源燃烧相关的 CO_2 排放作为唯一的温室气体（GHG）。根据式（11）可计算出能源供给侧和能源需求侧的 CO_2 排放量。

$$EE_{ce} = \sum_j \sum_k \sum_l AL_{l,k,j} \times EI_{l,k,j} \times EF_{l,k,j} \tag{11}$$

其中 EE_{ce} 为 CO_2 总排放量，AL 为活动水平，EI 为能量密度，EF 为燃料类型 l、设备类型 k 和部门 j 的排放因子。

因此，LEAP-YRD 系统在第 t 年的净排放量设为：

$$NEE_{m,t} = EE_{ce,t} - EE_{cs,t} \tag{12}$$

当第 t 年无 CO_2 净排放时，实现碳中和目标。据此，碳中和条件由式（13）设定。

$$NEE_{m,t} = 0 \tag{13}$$

（二）LEAP-YRD 模型的情景构建

本项目拟基于具体假设，构建包含五个情景的 LEAP - YRD 模型。

---

① Karmellos, M., Kopidou, D., Diakoulaki, D., 2016. "A Decomposition Analysis of the Driving Factors of CO_2 Emissions from the Power Sector in the European Union Countries," *Energy*. 94: 680-692.

② 国家发改委：《各省级电网典型电力负荷曲线》，2021.

LEAP-YRD 模拟了能源效率、能源结构改革和发电技术创新等政策对碳中和路径的影响（见表1）。

表 1 LEAP-YRD 中的情景描述

情景	内容	政策含义	参数设计
基准情景（BAU）	所有与能源相关的规划参数和变量都遵循过去的趋势	基准政策，以供其他情景参考	$\alpha=0, \gamma=0, \delta=0$
能源强度下降情景（EID）	在农业、交通、工业、建筑、家庭等部门采用节能技术，降低每万元 GDP 的能源强度	需求侧管理的节能方面政策	$\alpha=0, \gamma\neq0, \delta=0$
能源结构优化情景（ESR）	终端部门逐步减少煤炭和煤炭产品、石油石油产品、天然气的使用，同时提高电气化率	需求侧管理的电气化政策	$\alpha=0, \delta\neq0, \gamma=0$
电源技术创新情景（PSTI）	作为清洁发电技术的海上风电、陆上风电、光伏等领域的投资和运维成本逐年下降，可供大规模应用	供给侧的电力技术创新政策	$\alpha\neq0, \delta=0, \gamma=0$
政策组合情景（PM）	节能政策、能源转型政策和电源技术创新政策同时使用	EID、ESR 或 PSTI 情景的政策组合	$\alpha\neq0, \delta\neq0$ or $\gamma\neq0, \delta\neq0$ or $\alpha\neq0, \gamma\neq0$

从供给端来看，供电技术的进步是一个重要的变量。在需求端，能源消耗强度和单位能耗 CO_2 排放强度是两个重要变量。本研究从能源系统角度，主要分析了不同电力技术进步、能耗强度和单位能耗 CO_2 强度下长三角碳中和路径的影响。其中，α 代表电力（风能和太阳能）投资和每千瓦时运维成本的年平均降幅，γ 代表能源强度的年平均降幅，δ 代表单位能耗 CO_2 强度的年平均降幅。本研究结合 Chen 等[1]、Xiao 等[2]、Mo 等[3]、Green 等[4]的

[1] Chen, H., Tang, B., Liao, H. and Wei, Y., 2016. "A Multi-period Power Generation Planning Model Incorporating the Non-carbon External Costs: A Case Study of China," *Applied Energy*, 183: 1333-1345.

[2] Xiao, J., Li, G., Xie, L., Wang, S. and Yu, L., 2021. "Decarbonizing China's Power Sector by 2030 with Consideration of Technological Progress and Cross-regional Power Transmission," *Energy Policy*, 150: 112150.

[3] Mo J., Duan H., Fan Y., Wang S., 2018. "China's Energy and Climate Targets in the Paris Agreement: Integrated Assessment and Policy Options," *Economic Research Journal*, 53 (09): 168-181.

[4] Green F., Stern N., 2017. "China's Changing Economy: Implications for Its Carbon Dioxide Emissions," *Climate Policy*, 17 (4): 423-442.

研究，将 α、δ 和 γ 分别设为 0~6%、0~6%、0~6%。由此，可推导出 64
个政策子情景（见表 2）。以下 64 个子情景基于 LEAP-YRD 的 NEMO 优化
框架，在能耗和 CO_2 减排方面寻找成本最小的解决方案。

表 2　LEAP-YRD 模型中子情景设置

情景	δ = 0				δ = 2%			
	γ = 0	γ = 2%	γ = 4%	γ = 6%	γ = 0	γ = 2%	γ = 4%	γ = 6%
α = 0	BAU	I_2	I_4	I_6	S_2	S_2I_2	S_2I_4	S_2I_6
α = 2%	A_2	A_2I_2	A_2I_4	A_2I_6	A_2S_2	$A_2S_2I_2$	$A_2S_2I_4$	$A_2S_2I_6$
α = 4%	A_4	A_4I_2	A_4I_4	A_4I_6	A_4S_2	$A_4S_2I_2$	$A_4S_2I_4$	$A_4S_2I_6$
α = 6%	A_6	A_6I_2	A_6I_4	A_6I_6	A_6S_2	$A_6S_2I_2$	$A_6S_2I_4$	$A_6S_2I_6$

情景	δ = 4%				δ = 6%			
	γ = 0	γ = 2%	γ = 4%	γ = 6%	γ = 0	γ = 2%	γ = 4%	γ = 6%
α = 0	S_4	S_4I_2	S_4I_4	S_4I_6	S_6	S_6I_2	S_6I_4	S_6I_6
α = 2%	A_2S_4	$A_2S_4I_2$	$A_2S_4I_4$	$A_2S_4I_6$	A_2S_6	$A_2S_6I_2$	$A_2S_6I_4$	$A_2S_6I_6$
α = 4%	A_4S_4	$A_4S_4I_2$	$A_4S_4I_4$	$A_4S_4I_6$	A_4S_6	$A_4S_6I_2$	$A_4S_6I_4$	$A_4S_6I_6$
α = 6%	A_6S_4	$A_6S_4I_2$	$A_6S_4I_4$	$A_6S_4I_6$	A_6S_6	$A_6S_6I_2$	$A_6S_6I_4$	$A_6S_6I_6$

（三）区域碳中和路径综合评价指标体系

区域碳中和路径综合评价指标体系（CAIRCNP）需要客观、系统、全
面、动态地反映中国区域碳中和发展能力，以促进区域层面碳中和目标的逐
步完成，促进长三角碳中和目标的整体协调和全面部署。本研究从目标可达
性（D1）、需求侧低碳化（D2）、供给侧绿色化（D3）和能源系统可靠性
（D4）四个维度构建了 CAIRCNP 指数。由于 CAIRCNP 的四个维度并不都是
本研究中常用的指标，需要专家的意见来确定每对指标的相对重要性。因
此，对长三角区域的评价采用了 AHP 法（见表 3）。

表3　CAIRCNP 指标系统

维度	衡量指标	含义	单位	属性	权重
目标可达性（D1）	实现碳中和的时间（M11）	能源和非能源部门实现净零排放的年份	年	–	0.45
	累积碳排放（M12）	情景期间每年 CO_2 净排放量的累积值	10 亿吨	–	0.09
需求侧低碳化（D2）	电气化率（M21）	用电量占终端部门总能耗的比例	%	+	0.03
	终端能耗强度（M22）	人均终端能源消费量	吨标煤/人	–	0.15
供给侧绿色化（D3）	脱碳水平（M31）	非化石能源占一次能源消耗的比例	%	+	0.03
	电力部门实现零排放的时间（M32）	电力部门的 CO_2 净排放量为零	年	–	0.15
能源系统可靠性（D4）	社会成本（M41）	能源供需侧总成本	万亿元	–	0.07
	能源安全（M42）	能源进口占一次能源总消耗之比	%	–	0.03

注："+"表示正向指标，指标值越高，对应指数表现越好；"–"表示负向指标，指标值越小，对应指数表现越好。

本研究在计算原则层和指标层的基础上，结合相应指标的权重和公式（14），采用层次分析法（AHP）计算碳中和路径的供给侧和需求侧协调综合得分。

$$S = \sum_{j=1}^{n} S_j \times W_j \quad (14)$$

其中，S 为指标体系中任意非基础指标的得分；n（$n>1$）为 S 的下级指标的个数，S_j 为下级指标 j 的得分（$1<j<n$）；W_j 是下级指标 j 的权重。

式（15）和式（16）用于对指标进行标准化，其中式（15）适用于正指标，式（16）适用于负指标（指标归因细节见表3）。

$$r_{i,j} = \frac{x_{i,j} - \text{Min}_j \{x_{i,j}\}}{\text{Max}_j \{x_{i,j}\} - \text{Min}_j \{x_{i,j}\}} \tag{15}$$

$$r_{i,j} = \frac{\text{Max}_j \{x_{i,j}\} - x_{i,j}}{\text{Max}_j \{x_{i,j}\} - \text{Min}_j \{x_{i,j}\}} \tag{16}$$

上式中，变量 $x_{i,j}$ 为指标 i 在第 j 年的原值，$r_{i,j}$ 为变量 $x_{i,j}$ 标准化后的值。$\text{Max}_j \{x_{i,j}\}$、$\text{Min}_j \{x_{i,j}\}$ 分别代表指标原值的最大值和最小值。

三 结果与讨论

基于具体假设，LEAP-YRD 模型定义了 5 种情景，其中包含 64 个子情景。相关子情景的主要运行结果如下。

（一）CO_2 排放总量和一次能源消费总量的模拟

2019 年，CO_2 净排放 17.8 亿吨，其中能源供给侧 CO_2 排放 9.95 亿吨，占净排放的 55.92%；能源需求侧 CO_2 排放 9.52 亿吨，占净排放的 53.48%；CO_2 碳汇 16857 万吨，占净排放的 9.47%。供给侧和需求侧都是 CO_2 排放的重要来源。

1. CO_2 总排放量的模拟

22 个子情景可在 2060 年之前实现碳中和。具体地说，在 BAU 情景下，需求侧和供给侧排放总量为 28.5 亿吨，CO_2 汇量为 2.07 亿吨，CO_2 净排放量为 26.5 亿吨。供给侧和需求侧的能源领域是长三角实现碳中和最关键的领域。在总排放量中，需求侧能源占比达到 66.25%，高于供给侧能源。在 EID 情景（I2、I4 和 I6 子情景）中，随着政策力度的加大，2060 年长三角地区 CO_2 排放总量将减少，分别减少 109 万吨、4.3843 亿吨和 1.7144 亿吨。终端部门 CO_2 排放量占总排放量的比例分别为 75.61%、80.83% 和 87.19%。在 PSTI 情景（A2、A4 和 A6 子情景）中，长三角地区 CO_2 总排放量不随政策强度的增加而变化。2060 年长三角 CO_2 总排放量为 24.2 亿吨，终端部门 CO_2 排放量占总排放量的 78.13%。在 ESR 情景（S2、S4 和 S6 子情景）中，随着政策力度的增强，长三角地区 CO_2 排放总量减少，分别为 16.7 亿吨、13.4 亿吨和 11.9 亿吨。能源供给侧碳排放占总碳排放的比重分别为50.46%、73.48% 和 87.47%。PM 情景下，有 21 个子情景可在 2060 年实现净排放为负。最小的净排放量为 -1.73 亿吨，分别对应 S6I6、A2S6I6、A4S6I6 和 A6S6I6 子情景。

综上所述，在 EID 和 PSTI 情景下，2060 年需求侧的 CO_2 排放量将高于供给侧。在 ESR 情景下，2060 年能源供给侧的 CO_2 排放量将高于需求侧的CO_2 排放量。在 EID 和 PM 情景下，长三角地区只有 22 个子情景实现了碳中和，且所有子情景都满足 $\gamma \geqslant 4$ 的要求。

2. 一次能源消费总量模拟

在 LEAP-YRD 模型的子情景中描绘了主要能源年消耗总量及其占每种能源的百分比。

在 BAU 情景下，2060 年一次能源消费总量将达到 8.28 亿 tce，较 2019年增长 16.55%。非化石能源占一次能源消费比重为 7.74%，煤炭占一次能源消费比重为 58.38%。PM 情景下，长三角一次能源消费总量和结构要素呈现不同形式。S6I6 子情景下，非化石能源占一次能源消费比重最高，为88.44%（2.94 亿 tce），核能占一次能源消费比重为 83.73%。相应的，在A6I6 子情景中，化石能源占一次能源消费比重最高，为 82.54%（1.69 亿tce），而煤炭占一次能源消费总量的 32.54%。

EID 情景下的一次能源消费总量显著低于 BAU 情景。I2、I4 和 I6 情景下的一次能源消费总量显著低于 BAU 情景子情景下，一次能源消费总量分别为 6.687 亿 tce、4.176 亿 tce 和 2.008 亿 tce，相应化石能源占一次能源消费总量的比重分别为 60.06%、63.78% 和 69.60%。在 ESR 情景下（S2、S4和 S6 子情景），2060 年的一次能源消费总量将较 BAU 情景有所增加。64 个子情景中，一次能源消费总量最大的是 S6 子情景，消耗 32.98 亿 tce。非化石能源在一次能源消费总量中的对应比例为 77.95%，其中核能占比最大（75.77%）。PSTI 情景下，2060 年 YRD 一次能源消费总量为 11.9 亿 tce，比BAU 情景增大 43.7%，对应化石能源占一次能源消费总量的比重为 54.26%。

综上所述，与 BAU 情景相比，ESR 和 PSTI 情景的一次能源消费总量将有所增加，而 EID 情景将减少。能源结构改革政策的应用或发电技术创新将单独提高一次能源消费总量。[1] 而 EID 情景下的能效措施将降低一次能源消费总量。[2]

（二）需求端的能源消耗和 CO_2 排放

LEAP-YRD 模型考虑了需求侧的 7 个终端部门（Agr.，Man.，Con.，T. & M.，W. R. A. C.，O. T. I. 和 Hou.）。本研究计算了 LEAP-YRD 模型中终端部门的能源需求和 CO_2 排放总量。

1. 需求端的能源消耗

在 64 个子情景下，长三角终端部门的总能耗有 4 条路径，分别对应于 I=0、I=2、I=4 和 I=6 子情景。2060 年终端部门能源消费总量分别为 132290 万 tce、57349 万 tce、24625 万 tce 和 10387 万 tce。当 I=0 时，终端部门的总能源消耗在情景期没有达到峰值。当 I=2 时，总能量终端部门的消费量将在 2029 年达到峰值，峰值为 73635 万 tce。如果 I=4，则终端部门能源消费总量将在 2020 年达到 65961 万吨峰值。当 I=6 时，在情景期内，终端部门的能源消费总量逐年下降。

2060 年各子情景的分部门终端能源消费结构相同。制造业部门、交通和邮电部门是终端能源消费总量最大的两个部门，分别占终端能源消费总量的 59.90% 和 18.50%。2060 年各子情景终端部门的电气化率因燃料不同而存在显著差异。其中，δ=0、δ=2、δ=4、δ=6 各子情景下的电气化率分别为 26.94%、64.19%、80.67% 和 87.84%。可以得出，随着能源结构改革政策的强化，电气化率在不断提高。[3]

[1] Li, J., Ho, M. S., Xie, C. and Stern, N., 2022. "China's Flexibility Challenge in Achieving Carbon Neutrality by 2060," *Renewable and Sustainable Energy Reviews*, 158: 112112.

[2] Wu, W., Zhang, T., Xie, X. and Huang, Z., 2021. "Regional Low Carbon Development Pathways for the Yangtze River Delta Region in China," *Energy Policy*, 151: 112172.

[3] Ebrahimi, S., Mac Kinnon, M. and Brouwer, J., 2018. "California End-use Electrification Impacts on Carbon Neutrality and Clean Air," *Applied eEnergy*, 213: 435–449.

2. 终端部门的 CO_2 排放

BAU 和 PSTI 情景下，2060 年长三角终端部门 CO_2 排放量为 19 亿吨。EID 情景下，随着政策力度的加大，2060 年长三角终端部门 CO_2 排放量呈下降趋势。I2、I4 和 I6 子情景的 CO_2 排放量分别为 8.2528 亿吨、3.5437 亿吨和 1.4948 亿吨。在 ESR 情景下，随着政策力度的加大，2060 年长三角区域终端部门的 CO_2 排放量将减少。S2、S4 和 S6 子情景的 CO_2 排放量分别为 8.2528 亿吨、3.5437 亿吨和 1.4948 亿吨。PM 情景下，S6I6、A2S6I6、A4S6I6、A6S6I6 子情景实现的终端部门 CO_2 排放量在所有子情景中最少，为 1183 万吨，各子情景的排放结构相同。其中制造业部门是最大的排放部门，占终端部门 CO_2 排放量的 61.28%。其次是交通和邮电部门，占终端部门 CO_2 排放量的 25.50%。

总之，在每个子情景中，制造业、交通和邮电这两个终端部门终端能源消耗和 CO_2 排放总量最大。能效政策可降低终端使用部门的总能源消耗和 CO_2 排放。[1] 能源结构改革政策减少 CO_2 排放，同时提高终端部门的电气化率。[2]

（三）供给侧的 CO_2 排放和能源生产

LEAP-YRD 模型将发电和供暖作为 CO_2 排放的两个供给侧部门。电力行业的技术创新是 LEAP-YRD 情景的供给侧政策的主要内容。

1. 电力部门的 CO_2 排放

在 BAU 情景下，长三角发电部门的 CO_2 排放量将从 2019 年的 7.273 亿吨增加到 2060 年的 7.9363 亿吨。EID 情景下，随着政策力度的加大，

---

[1] Wu, W., Zhang, T., Xie, X. and Huang, Z., 2021. "Regional Low Carbon Development Pathways for the Yangtze River Delta Region in China," *Energy Policy*, 151：112172.

[2] Ebrahimi, S., Mac Kinnon, M. and Brouwer, J., 2018. "California End-use Electrification Impacts on Carbon Neutrality and Clean Air," *Applied eEnergy*, 213：435-449；Li, J., Ho, M. S., Xie, C. and Stern, N., 2022. "China's Flexibility Challenge in Achieving Carbon Neutrality by 2060," *Renewable and Sustainable Energy Reviews*, 158：112112.

长三角发电部门 CO_2 排放量呈现下降趋势。其中，I2 和 I4 情景下，2060 年长三角地区电厂 CO_2 排放量将分别下降至 1.42 亿吨和 3126 万吨，I6 子情景下，2060 年长三角地区电厂 CO_2 排放量将实现净零排放。在 ESR 情景下，随着政策力度的增强，长三角地区电厂 CO_2 排放量将增加。S2、S4 和 S6 子情景下，2060 年长江三角洲电厂 CO_2 排放量分别为 6.7178 亿吨、8.13 亿吨和 8.7504 亿吨，其中天然气发电是主要 CO_2 排放源。PSTI 情景下，2060 年长三角电厂的 CO_2 排放量与 A2、A4 和 A6 子情景下的 35994 万吨相同，PM 情景下，2060 年长三角电厂的 CO_2 排放将呈现不同形式。在 A6S6、A4S6 和 A2S6 子情景下，CO_2 排放量达到 8.8901 亿吨，在子情景中最大。PM 情景下，长三角电厂部门实现零碳排放的路径有 14 条。最早实现零碳排放的时间是 2053 年，年平均能源强度至少降低 6%。

综上所述，在 BAU 情景下，电厂排放在情景期内仍将增加。在 ESR 和 PSTI 情景下，发电厂在 2060 年仍将不是净零排放。I6 的 EID 情景下，电厂可以实现零碳排放，实现零碳排放的时间为 2053 年。PM 情景下，电厂部门可实现零碳排放的子情景只有 14 个。

2. 装机容量和发电量

在 BAU 情景下，2060 年长三角的装机容量和发电量将较基准年略有增加，容量为 331.37GW，发电量为 1.25 万亿千瓦时。EID 情景下，2060 年长三角的装机容量和发电量将随着政策强度的增强而下降。其中，I2、I4 和 I6 子情景下 2060 年装机容量分别为 556.71GW、402.45GW 和 354.02GW。对应的发电量分别为 1.31 万亿千瓦时、0.56 万亿千瓦时和 0.24 万亿千瓦时。在 ESR 情景下，2060 年，随着政策力度的加大，长三角地区电厂容量和发电量将呈现快速增长趋势。其中，S2、S4、S6 子情景下，电站装机容量分别为 1722.67GW、2123.00GW、2297.17GW，对应发电量分别为 7.14 万亿千瓦时、8.97 万亿千瓦时和 9.77 万亿千瓦时。核电是最大的发电类型，对应的核电发电量分别为 4.75 万亿千瓦时、6.12 万亿千瓦时和 6.71 万亿千瓦时。在 PSTI 情景（A2、A4 和 A6 子情景）中，2060 年电厂装机容量和发电量不随政策强度的增加而变化。电厂装机容量

和发电量分别为 1401.66GW 和 3.00 万亿千瓦时。在 PM 情景下，不同的
子情景下长三角地区的发电厂呈现出多条路径。其中，在 A6S6、A4S6 和
A2S6 子情景下，长三角地区电厂装机容量最大（2809.75GW）。2060 年对
应发电量为 9.77 万亿千瓦时，核电为最大类型（6.11 万亿千瓦时）。在
A2I6 子情景中，长三角 2060 年装机容量为 391.89GW，是 PM 情景中最小
的装机容量，相应的总发电量为 0.24 万亿千瓦时。在 A2I6 子情景中，海
上风电是最大的类型。装机容量和发电量分别为 56.59GW 和 0.16 万亿千
瓦时。

综上所述，在 BAU 情景下，与基准年相比，2060 年长三角地区发电厂
的 CO_2 排放量、容量和发电量将会增加。在 EID 情景下，随着能源效率政
策力度的加大，2060 年长三角地区的 CO_2 排放量、发电能力和发电量将下
降。在 ESR 情景下，2060 年长三角地区发电厂的发电量、容量和 CO_2 排放
量将随着的终端使用部门的能源结构改革政策增强而增加。在 PSTI 情景中，
2060 年长三角发电厂的 CO_2 排放量、容量和发电量不随发电技术创新政策
强度的增强而变化。

（四）全面评估长三角实现碳中和的途径

本研究总结了 LEAP-YRD 模型中 22 条碳中和路径的 CAIRCNP 指标的
主要特征，并采用层次分析法对其进行评价（见表4）。

表4　层次分析法下各子情景指数排名及构成

单位：%

子情景	D1	D2	D3	D4	CAIRCNP	排名
A6S6I6	53	19	18	8	97	1
A4S6I6	53	19	15	7	94	2
A2S6I6	53	19	16	7	94	3
A4S4I6	48	18	12	7	86	4
A2S4I6	45	18	14	7	84	5
A6S4I6	43	18	15	8	84	6

子情景	D1	D2	D3	D4	CAIRCNP	排名
A6S2I6	37	17	13	8	74	7
S6I6	40	19	10	6	74	8
A4S2I6	33	17	12	7	69	9
A2S2I6	30	17	14	7	69	10
S4I6	22	18	3	7	49	11
A6I6	9	15	15	6	46	12
A4I6	9	15	15	6	46	13
A2I6	9	15	12	6	42	14
S2I6	13	17	2	7	40	15
I6	6	15	7	7	35	16
A6S6I4	8	3	3	4	18	17
A2S6I4	9	3	3	3	18	18
A4S6I4	9	3	3	3	18	19
A4S4I4	4	3	2	4	13	20
A2S4I4	4	3	2	4	13	21
A6S4I4	0	3	2	5	10	22

结果表明，不同指标的子情景分布有所不同。A2S6I6 的目标可达性（D1）随 2045 年碳中和时间（M11）和累计碳排放量（M12）的增加而最高。S6I6、A2S6I6、A4S6I6 和 A6S6I6 的需求侧低碳程度（D2）最高，电气化程度（M21）为 87.84%，最终能源强度（M22）为 0.46tce/人。A6S6I6 的供给侧绿色化（D3）最高，脱碳水平（M31）为 73.66%，电力部门零排放时间（M32）为 2053 年。A6S4I6 的能源系统可靠性（D4）最高，社会成本（M41）为 34.7 万亿元人民币，能源安全（M42）为 27.03%。

政策强度的边际增加导致该指数的边际改善。例如，A6S6I6 子情景是实现碳中和的最佳路径，其次是 A4S6I6 和 A2S6I6。与 A6S6I6、A4S6I6 和 A2S6I6 相比，S6I6 子情景排在后面，排名第 8。此外，A6S6I6、A6S4I6、A6S2I6 子情景的排名均高于 A6I6 子情景。与其他混合政策（γ=6%）子情景相比，I6 在单一政策下的排名得分最低。因此，可以得出结论，混合政策可以实现需求侧和供给侧在碳中和路径上的协调。①

四 结论与政策建议

（一）结论

采用 LEAP-YRD 模型模拟了长三角地区 2020~2060 年的 CO_2 路径，并采用层次分析法评估了 22 个碳中和子情景下的供给侧和需求侧协调，主要研究结果如下。

实现碳中和目标对长三角来说并非不可能。64 个子情景中有 22 个可以在 2060 年实现碳中和，但需要跨部门的合作努力。在 EID 情景中，一个每年能源强度降低 6% 的政策，可在 2060 年之前实现碳中和。在能源效率提高、终端使用能源结构改革和供电技术创新政策结合的 21 个子情景下，当平均年能源强度降低 4% 及以上时，可实现碳中和。

从需求端的低碳角度看，2020~2060 年长三角所有能源需求行业中，制造业是 CO_2 排放量最大的关键行业。为实现 2060 年碳中和，应联合实施能效提升政策和能源结构改革政策，到 2060 年终端部门电气化水平至少达到 64.19%。

从供给侧绿化角度看，EID 情景下，当年平均能源强度降至 6% 时，电厂部门可在 2053 年实现净零排放。当能效提高、终端使用能源结构改革和电源技术创新三大政策出台时，在 PM 情景下联合实施技术创新，在电厂领域实现净零排放的路径可达 14 条。但是，有必要确保年平均能源强度下降至少 4%，非化石能源占一次能源消费比重达到 44.34% 以上。在 YRD 中，有多种电力技术组合可以在 2060 年实现碳中和，其中以核能、太阳能和海

---

① Li, J., Ho, M. S., Xie, C. and Stern, N., 2022. "China's Flexibility Challenge in Achieving Carbon Neutrality by 2060," *Renewable and Sustainable Energy Reviews*, 158: 112112.

上风能为主。

应用 AHP 分析的结果表明，能源强度降低、能源结构改革和电力技术创新的混合政策能够促进供给侧和需求侧的协调。A6S6I6 子情景可实现能源供给侧和需求侧的高度协调，对应的碳中和时间为 2045 年。

（二）政策建议

一是到 2060 年实现碳中和需要加强当前的气候政策。现有的 2030 年气候目标需要进一步加强。应完善到 2060 年实现碳中和路径的具体指标，向投资者和利益相关者发出承诺实现碳中和的可信信号。二是加强需求侧管理，结合产业升级和能源结构调整，进一步提高能源利用效率，最大限度减少终端部门的能源需求。为实现碳中和目标，应大力、持续推广节能增效技术。三是大力推进电力系统电气化和深度脱碳。要通过不断提高工业、建筑、交通、居民等领域的电气化水平，快速降低化石能源消耗。同时，要不断推进以非化石能源为主体的能源供应结构改革。四是加强区域能源供需协调。三省一市要加强技术、资金、人力等关键要素的协同，共同开发海上风电、光伏等可再生能源和核电。

参考文献

国家发改委：《各省级电网典型电力负荷曲线》，2021。

国家统计局能源统计司编《中国能源统计年鉴（2020）》，中国统计出版社，2021。

CEADs, 2021. *China CO$_2$ Inventory 1997-2019（IPCC Sectoral Emissions）*.

Ebrahimi, S., Mac Kinnon, M. and Brouwer, J., 2018. "California End-use Electrification Impacts on Carbon Neutrality and Clean Air," *Applied Energy*, 213: 435-449.

Li, J., Ho, M. S., Xie, C. and Stern, N., 2022. "China's Flexibility Challenge in Achieving Carbon Neutrality by 2060," *Renewable and Sustainable Energy Reviews*, 158: 112112.

BP, 2020. "Statistical Review of World Energy 2020," https://www.bp.com/content/dam/bp/business-sites/en/global/corporate/pdfs/energy-economics/statistical-review/bp-stats-review-2020-full-report.pdf（Accessed on 22 March 2022）.

NBSC，2021. *China Energy Statistic Yearbook* （*2020*）. China Statistical Press，Beijing（In Chinese）.

SEI. "LEAP Help," https：//leap. sei. org/help/leap. htm#t＝Concepts%2FIntroduction. htm（accessed September 26，2021）.

SEI. "NEMO Instruction," https：//sei－international. github. io/NemoMod. jl/stable/（Accessed on 22 Jan. 2022）.

Karmellos，M.，Kopidou，D.，Diakoulaki，D.，2016. "A Decomposition Analysis of the Driving Factors of CO_2 Emissions from the Power Sector in the European Union Countries," *Energy*. 94：680–692.

Chen，H.，Tang，B.，Liao，H. and Wei，Y.，2016. "A Multi-period Power Generation Planning Model Incorporating the Non-carbon External Costs：A Case Study of China," *Applied Energy*，183：1333–1345.

Xiao，J.，Li，G.，Xie，L.，Wang，S. and Yu，L.，2021. "Decarbonizing China's Power Sector by 2030 with Consideration of Technological Progress and Cross-regional Power Transmission," *Energy Policy*，150：112150.

Mo J.，Duan H.，Fan Y.，Wang S.，2018. "China's Energy and Climate Targets in the Paris Agreement：Integrated Assessment and Policy Options," *Economic Research Journal*，53（09）：168–181.

Green F.，Stern N.，2017. "China's Changing Economy：Implications for Its Carbon Dioxide Emissions," *Climate Policy*，17（4）：423–442.

Wu，W.，Zhang，T.，Xie，X. and Huang，Z.，2021. "Regional Low Carbon Development Pathways for the Yangtze River Delta Region in China," *Energy Policy*，151：112172.

附表

A1　指标的物理含义

指标	物理含义	指标	物理含义
$Cost$	规划期内累计总系统成本	$L(n)$	n 型电厂预期使用寿命
$Cap_{n,t}$	T 年 n 型电厂建设的资本成本	$Fomc_{n,t}$	T 年 n 型电厂 1kW 建设的固定运维成本
$Fom_{n,t}$	T 年 n 型电厂固定运维成本	$Vomc_{n,t}$	T 年 n 型电厂 1kWh 建设的可变运维成本
$Vom_{n,t}$	T 年 n 型电厂可变运维成本	$Fuelp_{m,t}$	燃料 m 在 t 年的价格
$Fuel_{m,t}$	燃料 m 在 t 年的成本	$Emis_{j,t}$	T 年气体 j 的排放量

续表

指标	物理含义	指标	物理含义
$Qcap_{n,t}$	T 年 n 型电厂安装容量	$Qcapa_{n,t}$	T 年 n 型电厂容量增加量
i	贴现率	$Emis_{j,0}$	基准年气体 j 的排放量
$Gelec_{n,t}$	T 年 n 型电厂发电量	$Icap_{n,t}$	T 年 n 型电厂建设 1kW 的初始投资成本
$import_{n,t}$	T 年 n 型电厂的电力净调入	—	—

A2　参数的物理含义

参数	物理含义	参数	物理含义
$EFFI_{n,t}$	电厂 n 在 t 年的生产效率	$MinQCAP_{n,t}$	电厂 n 在 t 年的最小安装容量
$EF_{j,m,t}$	燃料 m 在 t 年的 j 气体的排放因子	$MaxQCAP_{n,t}$	电厂 n 在 t 年的最大安装容量
$CELEC_t$	T 年总电力消费	$MinQCAPA_{n,t}$	电厂 n 在 t 年的最小增加容量
$AMAX_n$	电厂 n 的最大可用容量	$REMIS_{j,t}$	J 气体排放在 t 年相比基准年的下降率

B.18
长三角金融发展对区域创新的
促进机制研究

千慧雄*

摘　要： 金融是现代经济的核心，尤其是周期长、风险大的现代复杂性技术创新更需要完备的金融体系进行支撑。从长三角的金融发展来看，金融市场深化、金融市场效率、金融市场竞争、金融结构优化以及普惠金融发展等各方面都有所推进，但长三角三省一市的金融发展不平衡，尤其是江苏的金融发展滞后于实体经济的发展。从长三角金融发展对区域促进作用的检验来看，金融市场深化、金融市场效率提升、金融市场竞争增强、金融结构优化以及普惠金融的发展对区域创新都有显著的促进作用；出口的增长对区域创新也有促进作用；国有及国有控股企业是区域创新的主力，私营企业、外资及港澳台资企业创新作用不显著。因此，未来长三角地区一方面要进一步推进金融发展，疏通金融对区域创新促进作用的传导渠道；另一方要调动私营、外资及港澳台资企业的创新积极性，形成创新的合力共同推动长三角地区的创新发展。

关键词： 金融市场　区域创新　长三角

---

* 千慧雄，博士，江苏省社会科学院经济研究所副研究员，研究方向为技术创新。

一　金融发展促进区域创新的理论机制

Levine 将金融对实体经济的功能分为五类：为潜在投资提供事前的信息并配置资本，提供融资后的投资管理和公司治理，为风险的交易、多样化以及管理提供便利，动员和集聚储蓄，为商品和服务的贸易提供便利。[1] 虽然各种金融系统都能够提供这五类功能性服务，但不同的金融系统在提供功能性服务的效率上有较大差别。金融发展就是指金融工具、金融市场和金融中介能够进一步缓解（虽然不能完全消除）信息问题、合同执行问题以及交易成本等问题，从而更好地提供上述五种金融功能。从金融发展对区域创新的影响机制来看，主要有以下几个方面。一是识别机制，金融发展可以使金融中介更好地识别高效生产技术，同时识别创新能力最高的企业家进行融资支持，从而提高技术创新成功的概率。[2] 二是信息生产机制，高效的金融市场，尤其是流动性强的证券市场，由于信息套利的存在，会促使金融中介以及其他市场参与者加强对企业信息的搜集和甄别，从而缓解创新企业和潜在投资者信息不对称导致的创新投资不足问题。[3] 三是创新风险的缓解机制，创新过程中存在的截面风险、跨期风险以及流动性风险都可以通过金融市场的发展来缓解。四是公司治理机制，金融发展可以提高对企业的监督功能，从而可以更好地保障投资者权益，提升投资者对技术创新的投资意愿。五是储蓄动员机制，金融市场发展良好的区域能够有效地动员居民储蓄，这样可以发挥资本的规模经济，以及克服投资的不可分性问题，从而提高资源的配置效率，促进技术创新。结合中国区域经济发展的实际情况，本研究拟从金融深化、金融效率提高、金融

---

① Levine, R., 2004. *Finance and Growth: Theory and Evidence*, NBER Working Papers 10766.

② Blackburn K., Hung V., 1998. "A Theory of Growth, Financial Development and Trade," *Economica*, 65 (257): 107–124.

③ Grossman, S.J., Stiglitz J.E., 1980. "On the Impossibility of Informationally Efficient Markets," *American Economic Review*, Vol. 70 (3): 393–408.

市场竞争增强、金融结构优化以及普惠金融发展五个方面来探讨金融发展促进区域创新的理论机制。

（一）金融深化对区域创新的促进机制

根据 Mckinnon[1] 和 Shaw[2] 的金融深化理论，金融深化可以从三个维度来测算。一是金融市场厚度的增加，主要是指金融资产规模的扩张，以及金融市场上金融中介、金融工具以及其他金融市场主体的增加。二是金融市场宽度的拓展，主要是指金融融资工具种类的增加，以及金融业态多样性的提高。三是金融市场自由度的提高，主要是政府对金融市场直接管制的减少。这三个方面的金融深化对区域创新的促进机制如下，第一，缓解创新者的融资约束。金融市场厚度的增加能够直接提高市场上可贷资金的数量，能够缓解创新者尤其是中小企业创新者融资难的问题；虽然金融市场上的融资工具有多个种类，但对于每个创新者而言，实际能够参与的金融细分市场是有限的，因而常常出现创新者需要的融资种类与能够获得的融资种类不匹配的问题，这样金融市场宽度的增加就能够提高融资工具的替代性，从而缓解创新者的融资约束；金融市场自由度的提高能够降低中小微企业的参与门槛，从而缓解微型创新者的融资约束。第二，融资成本降低机制。金融市场厚度增加能够直接改变金融市场上资金的供求关系，资金供给的增加能够降低融资成本；金融市场多样性的增加会提高金融工具间的替代弹性，另外也能够增加跨业竞争，这两者都会降低创新者的融资成本。第三，融资效率提高机制，金融深化带来的金融机构数量增加、融资工具多样化的提升、金融参与门槛的降低等能够提高金融市场的竞争度，提高资金供求双方的匹配度，促使金融体系运转效率的提升等，带来融资效率的提高。

---

[1] McKinnon, R. I., 1973. *Money and Capital in Economic Development*, Washington, DC: Brookings Institution.

[2] Shaw, E. S., 1973. *Financial Deepening in Economic Development*, New York: Oxford University Press.

（二）金融效率提高对区域创新的促进机制

金融效率从宏观上看是指金融业的投入产出效率，即金融业整体的从业人员使用自身资本为全社会提供金融服务的效率，大体上看投入要素是资本和劳动，产出为社会融资规模。从微观上看是金融机构效率，投入要素依然是劳动和资本，产出则为金融业增加值。金融效率的提高表现为金融机构企业效率的提高，以及金融市场体系运行机制效率的提高，金融效率的提高可以从以下三个方面促进区域创新。一是甄别机制。正如 King 和 Levine 所讲，金融中介效率的提高能够使他们更好地识别企业家的创新能力，选择创新成功率更好的创新者进行融资支持，从而提高区域创新的速度。① 二是动员储蓄机制。金融市场效率的提高能够提高储蓄者的实际收益，提高金融资产的流动性，同时降低其金融资产的风险，这一切都会提高居民储蓄水平，即动员更多的储蓄供包括企业 R&D 投资内的各类投资使用。三是配置效率的提升机制。配置效率提升机制对区域创新的促进作用与甄别机制是一个问题的两个方面，当金融机构能够更好地识别企业家的创新能力后，其资金的配置效率就会得到自然的提升，即将资金配置给更有效率的企业家从而促进区域创新。

（三）金融市场竞争增强对区域创新的促进机制

金融市场竞争的增强包括金融业同业竞争的增强和跨业竞争的增强两个方面，这两个方面竞争的增强可以通过以下三个机制促进区域创新。一是融资约束缓解机制。金融市场如同其他产品市场一样，当资金供给方市场竞争增强时，资金的供给曲线会向右方移动，从而增加市场资金的供给量，在资金需求方一定的情况下，区域创新者的融资约束将会得到一定程度的缓解。二是融资成本降低机制。当金融市场竞争增强时，在增加资金供给的同时，势必会带来资金成本的下降，相应的创新者的融资成本就会降低。三是人力

---

① King, R., Levine R., 1993. "Finance, Entrepreneurship, and Growth," *Journal of Monetary Economics*, 32: 513-542.

资本回流机制，随着金融业的发展壮大，金融业从业人员的收入水平相对高于实体经济从业人员，因此就存在着金融业与实体经济，尤其是创新部门争夺人力资本的问题，当金融业市场竞争增强时会降低金融部门的利润，从而相对降低金融业从业人员的实际收入水平，这样会引起金融部门的人力资本回流至实体经济，尤其是创新部门，间接地推动区域创新。

（四）金融结构优化对区域创新的促进机制

金融结构是一个比较宽泛的概念，是指构成金融总体的各个组成部分的构成结构，包括金融工具结构、金融机构结构、金融业态结构等。从金融结构与创新结构的关系来看，应从金融的风险结构来区分，从中国的实际情况来看，技术创新可分为研究与试验发展（R&D）、新产品开发、技术获取（技术引进和消化吸收）和技术改造，创新的风险程度以研究与试验发展最高，然后依次递减，技术改造风险最低，不同风险的创新活动进行融资时就要求提供融资的对方有相应的风险承担能力。因此，当金融结构与创新结构不相匹配时，势必会有一部分甚至是很大一部分创新活动无法得到其要求的融资，从而影响区域创新的发展。因此，金融结构的优化，这里主要是指与实体经济创新结构相匹配的优化，当金融的风险结构与创新的风险结构完全一致时，可称为最优的金融结构。金融结构的优化就是经济体中的实际金融结构向最优金融结构靠拢的过程，金融结构的优化能够为创新者提供更合适的融资支持，同时也有降低融资成本和融资约束的功能，从而促进区域创新。

（五）普惠金融发展对区域创新的促进机制

与其他经济资源相同，资本也是一种稀缺的经济资源，在中国经济运行过程中，中小微企业常常面临着"融资难和融资贵"的问题，又由于技术创新常常是周期长、风险大，这些面临融资困难的企业在进行技术创新时将会遇到更多阻碍。因此，普惠金融的推进，能够使中小微企业以可负担的成本获取更多的融资服务，直接缓解中小微企业创新过程中面临的融资约束，同时降低其融资成本，这将极大地促进区域创新的发展。

二 长三角金融发展概况

根据前面理论分析的过程，金融发展从金融深化、金融效率提高、金融市场竞争增强、金融结构优化和普惠金融发展五个维度进行描述。另外，根据国务院 2019 年批准的《长江三角洲区域一体化发展规划纲要》，长江三角洲地区包括上海市、江苏省、浙江省、安徽省，共 41 个城市。下面就从金融发展的这五个维度来研究长三角三省一市的区域金融发展状况。

（一）长三角金融深化过程

金融深化从指标测算上看，通常用居民储蓄存款年末余额占 GDP 的比重来衡量，由于中国某些年份居民储蓄存款的数据不可得，这里使用金融机构年末本外币各项存款余额占 GDP 的比重来测算，长三角 GDP 数据以及金融机构年末本外币各项存款余额数据来源于 Wind 数据库，这里可以得到2005~2020 年的数据，根据这些数据可以计算出长三角总体以及三省一市历年的金融深化程度，制成折线图可以反映长三角金融深化的进程，以及四个省级区域的比较（见图 1）。

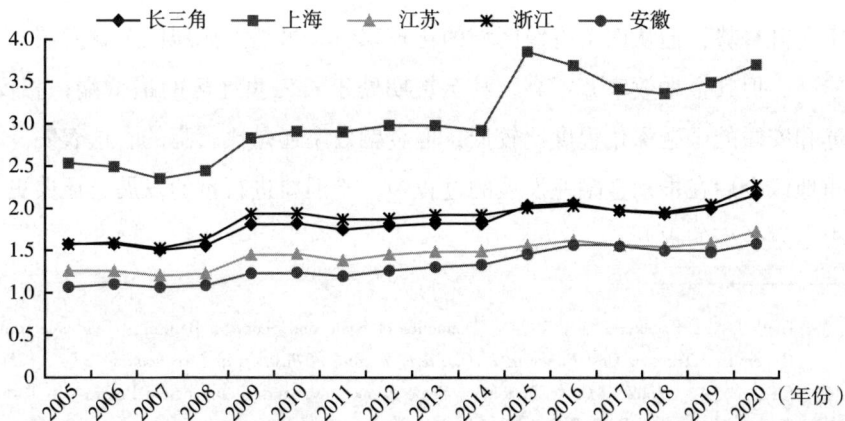

图 1　2005~2020 年长三角及三省一市金融深化进程

从图1可以看出，从 2005 年到 2020 年长三角总体以及四个省级区域的金融深化进程一直处于上升趋势，其中长三角总体金融深化水平从 2005 年的 1.57 上升至 2020 年的 2.17，上升了 38.22%。从四个省级区域的比较来看，上海作为全国的金融中心，其金融深化水平远远高于其他三个地区，而且上升的速度也最快，金融深化程度从 2005 年的 2.53 上升至 2020 年的 3.71。从金融深化的深度来看，其他三省从高到低的排序是浙江、江苏、安徽，而且江苏与安徽的金融深化程度比较接近，且都低于长三角的平均水平，与浙江的差距也比较大，这表明江苏的金融深化程度低于经济发展水平。

（二）长三角金融效率提升过程

金融效率通常用 DEA 方法进行测算，关于投入产出的确定，通常有三种方法，分别是生产法[1]、中介法[2]和对偶法[3]，通过对这三种方法的比较，以及长三角的数据可得性，这里投入方面取金融业劳动和资本，分别用金融业从业人员总数和金融业资本存量来表示；产出方面取地区社会融资规模和金融业增加值，然后用 DEA 的 Malmquist 指数方法测算长三角金融业的 TFP 指数，根据测度的效率指数，绘成图2的折线图，以方便观察长三角地区金融业效率的变化趋势以及四个省级区域的效率比较。

通过对图2的观察可以发现，2013 年以来长三角地区的金融效率一直处于上升趋势，但从四个省级区域的比较来看，虽然上海地区金融发展水平比较高，但其金融效率并不高，甚至长期处于长三角地区的最低端；相反，江苏和安徽的金融深化程度比较低，但金融效率还是比较高的。这表明，长三角地区今后在推动金融业发展的过程中，不但要进行量的发展，还要更加重视金融效率的提升。

---

[1] Clark J. A., Speaker P. J., 1994. "Economies of Scale and Scope in Banking: Evidence from a Generalized Translog Cost Function," *Quarterly Journal of Business and Economics*, 33: 3-25.

[2] Kasman, A., 2002. "Cost Efficiency, Scale Economies, and Technological Progress in Turkish Banking," *Central Bank Review*, 2 (1): 1-20.

[3] Berger A. N., Humphrey D. B., 1991. "The Dominance of Inefficiencies over Scale and Product Mix Economies in Banking," *Journal of Monetary Economics*, 28 (1): 117-148.

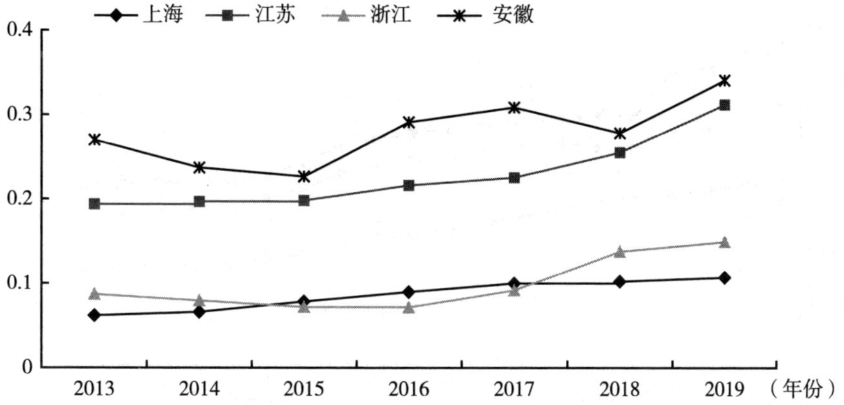

图2　2013~2019年长三角三省一市金融效率变化趋势

（三）长三角金融市场竞争演变

市场竞争通常用市场集中度来表示，常用的为赫芬达尔—赫希曼指数（HHI），简称赫希曼指数，计算时使用的指标通常为产品的市场份额，由于金融企业的门类众多，产品和服务比较复杂，用产品来衡量的HHI指数难以计算。为测算长三角金融业的市场竞争情况，这里仅仅测算银行业这一细分行业，由于银行业长期以来在我国一直处于金融业的主导地位，虽然近年来债券、股票等行业有所发展，但银行业依然处于绝对优势地位，因此研究银行业的市场竞争情况具有很大的代表性。具体测算方法如下：首先根据中国人民银行官方网站公布的银行分支机构设立信息，计算出每一地区各家银行的分支机构数，然后用各家银行分支机构的份额计算其HHI指数，将其作为银行业在各个地区市场集中度的代表。根据计算的HHI指数可以绘制图3的长三角银行业集中度变化趋势。

由于HHI指数是一个逆向指标，即HHI指数越小，市场竞争越强，因此从图3可以发现，2001年以来长三角地区银行业市场竞争总体上呈逐年提高趋势，这是多年来银行业市场化改革的成就，国有五大商业银行的市场份额逐年下降，股份制商业银行，尤其是各地城商行发展迅速。从四个省级

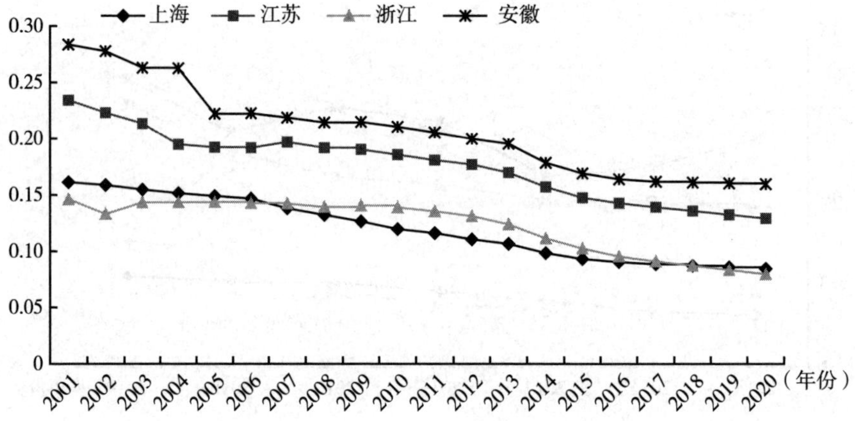

图 3　2001～2020 年长三角三省一市银行业市场集中度变化趋势

区域的比较来看，浙江和上海银行业竞争程度最高，安徽银行业市场竞争程度最低，与前述分析各地区金融深化的结果相吻合，即上海和浙江的金融业发展水平相对较高，江苏和安徽金融业发展水平相对较低。

（四）长三角金融结构优化

金融结构包括金融机构结构、融资结构、金融工具结构等，为分析金融结构与创新的关系，以及结合长三角金融数据的可得性，这里分析长三角区域的融资结构，根据中国人民银行公布的区域融资规模增量统计表可知，区域融资规模统计口径为人民币贷款、外币贷款、委托贷款、信托贷款、未贴现银行承兑汇票、企业债券、政府债券、非金融企业境内股票融资，共 8 类。为反映区域金融结构风险包容性的强度，这里用企业债券融资和股权融资占地区融资规模的比重来衡量，这一比重越高说明区域融资结构的风险包容性越强，则越能支持风险性高的技术创新活动。根据这一算法以及长三角的实际数据，绘制 2001～2020 年长三角三省一市金融结构演变趋势图（见图 4）。

图 4 中曲线变化趋势不太显著，这是由于 2007～2008 年以及 2014～2015 年这两个阶段是中国股市的牛市，企业股权融资和债券融资出现一个跳跃性上升，当把这两个阶段的数据平滑后就可以清楚地发现，2001～2020

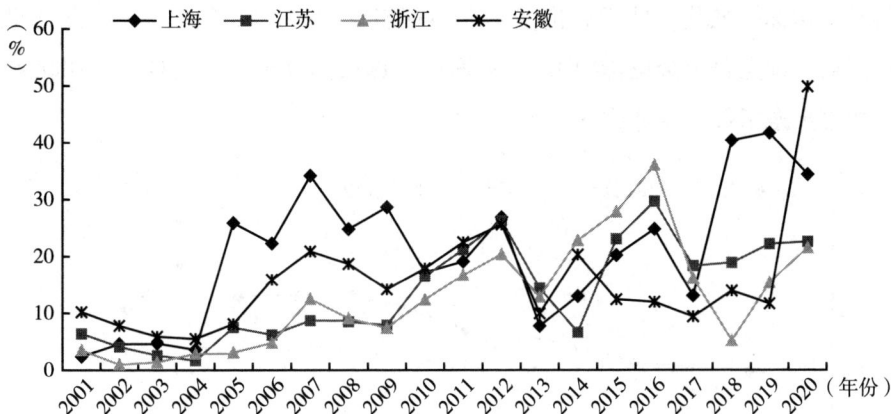

图 4　2001~2020 年长三角三省一市金融结构演变趋势

年长三角区域企业债券融资和股权融资比重呈显著的上升趋势，即长三角融资结构的风险包容性越来越强。从区域比较来看，上海的融资结构总体上要优于其他地区，其他三省在不同年份处于交错状态，区别不是太明显。

（五）长三角普惠金融的推进

关于普惠金融发展状况的测算，指标选取上借鉴范兆斌和张柳青的方法，从金融服务的地理渗透性、服务可得性和实际应用三个维度选取 6 个指标，分别是每平方公里金融机构数，用各省银行业金融机构营业网点数除以建成区面积；每平方公里金融业从业人员数，用各省金融业从业人员数除以建成区面积；每万人拥有的金融机构数量，用金融机构数量除以常住人口；每万人拥有的金融业从业人员数，用金融业从业人员数除以常住人口；存款占 GDP 比重，用金融机构年末存款余额除以 GDP；贷款占 GDP 比重，用区域贷款年末余额占 GDP 比重。[①] 具体测算方法上借鉴 Sarma[②] 的算法，首先

[①]　范兆斌、张柳青：《中国普惠金融发展对贸易边际及结构的影响》，《数量经济技术经济研究》2017 年第 9 期。

[②]　Sarma, M., 2008. *Index of Financial Inclusion*, Indian Council for Research on International Economic Relations New Delhi Working Papers.

将6个指标标准化,然后算出实际点与理想点 $O(0, 0, 0, \cdots 0)$ 的欧几里得距离,即是普惠金融指数 IFI。根据这一算法测算出长三角四个省级区域的普惠金融指数,绘成图5。

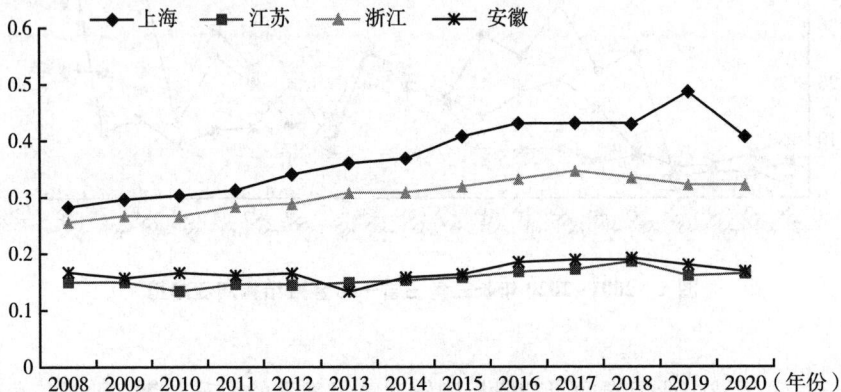

图5　2008~2020年长三角三省一市普惠金融发展趋势

从图5可见,2008~2020年,长三角普惠金融发展呈缓慢上升趋势。从四个区域的比较来看,上海和浙江两个地区的普惠金融水平要远远高于江苏和安徽,且从发展速度来看,江苏和安徽也要低于上海和浙江,因此江苏和安徽的普惠金融发展水平与上海和浙江的差距在不断拉大。

三　长三角金融发展促进区域创新的实证检验

(一)变量选取与数据来源

首先要确定的是长三角金融发展的5个指标。一是金融深化,从前面的长三角金融发展概况的数据分析来看,应选金融机构存款年末余额占 GDP 的比重来衡量,记作 Fin-D。二是金融效率,这里依然采用前述的 DEA 方法的 Malmquist 指数,投入变量为金融业从业人员和资本,产出变量为地区社会融资规模增量和金融业增加值,记作 Fin-E。三是市场竞争,这里用的是长三角银行业市场竞争的 HHI 指数，记作 Fin-C。四是金融结构优化，这里用区域社会融资规模增量中股权融资和企业债券融资占总融资增量的比重来衡量，记作 Fin-S。五是普惠金融，采用 Sarma[①] 测算出来的 IFI 指数，记作 Fin-I。下面是区域创新指标的选取，技术创新从前端看主要是人财物的投入，这里采用主流的 R&D 投资来衡量，从后端看是技术创新的产出，可以用区域专利授权数来衡量。另外，解释变量中还要控制住区域人均产出，用来控制经济发展水平和区域需求因素对技术创新的影响，记作 GDP-Per；为控制出口因素对区域创新的影响，这里用出口占 GDP 的比重来衡量，记作 Exp；最后为控制所有制结构的影响，这里用国有及国有控股企业、私营企业、外资及港澳台资企业主营业务收入占规模以上企业主营业务收入的比重来衡量，分别记作 Ratio-S、Ratio-P、Ratio-F。

关于数据来源，金融机构年末存款余额、区域社会融资规模增量数据来自 Wind 数据库，金融业从业人员、金融业增加值、金融业固定资产投资数据来自历年《中国金融年鉴》，银行分支机构设立信息来自中国人民银行官网，其他 GDP、人口、出口、R&D、专利、规模以上企业主营业务收入、国有及国有控股企业主营业务收入、私营企业主营业务收入、外资及港澳台资企业主营业务收入等数据来自中经网数据库。由于各个变量可以获取的数据长短不一，每个回归的数据长度不一样，在同一个回归中数据将截取到同一长度，且都更新至最新，整体来看是四个省级区域的面板数据。

（二）回归分析

根据理论分析以及长三角数据的可得性，下面将从五个维度检验长三角金融发展对区域创新的推动作用，这五个维度分别是金融深化、金融效率提升、金融市场竞争增强、金融结构优化和普惠金融发展，被解释变量为 R&D 投资，这里记作 Inno。由于 R&D 投资具有惯性，其滞后项也出现在解

---

① Sarma, M., 2008. *Index of Financial Inclusion*, Indian Council for Research on International Economic Relations New Delhi Working Papers.

释变量的位置，同时经过 Wooldridge 检验，模型具有较强的序列相关问题，这里用 GMM 方法进行回归，结果如表 1 所示。

表 1　长三角金融发展对区域创新的推动作用检验

解释变量	回归 1	回归 2	回归 3	回归 4	回归 5
L1. Inno	0.125 *** (0.012)	0.135 *** (0.015)	0.109 *** (0.025)	0.139 *** (0.078)	0.155 *** (0.005)
L2. Inno	−0.143 *** (0.004)	0.101 *** (0.008)	0.117 *** (0.008)	0.125 *** (0.047)	0.129 *** (0.007)
Fin-D	0.421 *** (0.032)				
Fin-E		0.533 ** (0.124)			
Fin-C			0.428 * (0.105)		
Fin-S				0.155 * (0.042)	
Fin-I					0.178 ** (0.081)
GDP-Per	0.367 ** (0.045)	0.127 * (0.032)	0.331 * (0.085)	0.129 * (0.041)	0.105 * (0.011)
Export	0.364 ** (0.075)	0.311 * (0.094)	0.105 (0.102)	0.122 * (0.028)	0.137 * (0.028)
Ratio-S	0.147 * (0.042)			0.115 * (0.017)	
Ratio-P		−0.104 * (0.040)			−0.112 * (0.023)
Ratio-F			0.097 (0.081)		
AR (2)	0.167	0.231	0.368	0.411	0.287
Sargan	0.488	0.244	0.221	0.255	0.324
样本量	64	28	80	80	52

注：*、**、*** 分别表示参数估计在 10%、5% 和 1% 水平上显著，小括号内为参数估计的标准误差；AR（2）检验和 Sargan 检验报告的是相应的 p 值。

从表 1 检验结果来看，五个维度的金融发展，即长三角金融深化、金融市场效率的提高、金融市场竞争的增强、金融结构的优化以及普惠金融的发展对区域创新有显著的促进作用。从其他变量来看，R&D 投资的滞后项高度显著，这表明创新是一项长期投资，因此风险也会较高，更需要风险包容性强的金融系统来支持。区域经济发展水平的提高有助于 R&D 投资的提升，一方面经济发展水平高的区域更有能力，也更加重 R&D 投资；另一方面区域需求因素对区域创新有积极的拉动作用。出口增长对区域创新有积极的推动作用，这是因为在出口过程中会产生学习效应、竞争效应等来促进出口企业的技术创新。从所有制结构的影响来看，国有及国有控股企业是长三角地区创新的主体，私营企业虽有创新意愿，但由于自身技术能力、资金和人才的匮乏，许多创新活动无法开展，外资及港澳台资企业主要是占据中国市场，创新的积极性也不高。

四　结论与政策建议

创新尤其是现代复杂性技术创新具有投资规模大、参与部门多、见效周期长、创新风险大的特征，因此更需要先进的金融体系进行功能性支持，筹集大规模稳定性的资金；进行截面风险、跨期风险以及流动性风险的管理和分散，甚至进行创新过程的监督和管理。长三角作为中国经济最发达和创新最活跃的地区之一，区域金融发展是否能够适应经济和创新的需要是一个重要的问题，本研究通过对长三角金融深化、金融市场效率提升、金融市场竞争增强、金融结构优化以及普惠金融的发展五个维度分析其金融发展的状况。另外，还获取长三角金融发展和区域创新的相关数据，构建金融深化等五个维度金融发展的指标，对长三角金融发展是否促进区域创新进行实证检验。

研究表明，第一，金融发展通过金融深化、金融市场效率提高、金融市场竞争增强、金融结构优化以及普惠金融五个维度推动区域创新。从理论分析来看，这五个维度的金融发展推动区域创新的传导机制主要有融资成本降低机制、融资约束缓解机制、融资效率提高机制、人力资本回流机制等。

第二，从长三角金融发展的实际情况来看，21世纪以来长三角金融业在金融深化、金融市场效率提高、金融市场竞争增强、金融结构优化以及普惠金融五个维度整体上都处于向前发展阶段；从三省一市比较来看，上海作为中国金融业最发达的地区，在五个维度总体上领先于其他三个地区，而江苏作为全国实体经济最发达的区域之一，金融发展远远落后于上海、浙江，甚至在某些方面与安徽不相上下，这表明江苏的金融发展滞后于实体经济。

第三，从长三角金融发展推动区域创新的实际经验检验结果来看，金融深化、金融市场效率提高、金融市场竞争增强、金融结构优化以及普惠金融五个维度的金融发展能够显著地推动区域创新，区域经济发展水平的提高也有助于创新的发展，出口能够通过学习效应、竞争效应推动区域创新，国有及国有控股企业是长三角区域创新的主导力量，私营企业和外资企业创新积极性较低。

基于这些研究和发现，为进一步推动长三角金融发展，更好地为长三角区域创新提供金融支持，提出以下建议。

第一，进一步深化金融体制改革，多维度推动金融发展。贯彻中央关于金融体制改革的精神，在长三角地区深化金融业市场化改革，提高投资者实际收益，从而增加金融市场厚度；适度降低金融业进入门槛，创新发展新的金融业态，从而提升金融市场同业竞争和跨业竞争；优化金融结构，使金融体系更具风险包容性，从而能够支撑高风险的创新活动；针对长三角民营企业尤其是中小微民营企业众多的特征，多渠道发展普惠金融，缓解中小企业的融资约束，并降低其融资成本，提升中小企业的创新积极性。

第二，疏通传导渠道，进一步发挥金融发展对区域创新的促进作用。进一步推进金融体系市场化改革，一方面减少对金融市场不必要的行政干预，使金融资源能够自由流动，降低扭曲，提高金融资源配置效率；另一方面也要堵住监管漏洞，使金融资源在合法合理的范围内使用，引导金融资源服务实体经济，而不是资金的空转，从而推高金融资产价格。

鉴于长三角中小企业众多的特征，要在尊重市场的条件下建立专门的金融帮扶体系，如征信体系的完善、担保体系的倾斜等，从而使中小企业能够获得相对充裕的金融资源。进一步消除人才流动障碍，尤其是跨部门人才流动，提高实体部门尤其是创新创业领域的相对收入，使人才能够向创新创业领域集聚。

第三，创造条件，调动各种所有制经济的积极性推动长三角区域创新发展。继续完善国有及国有控股企业治理和激励体系，在巩固国有企业创新主体地位的基础上，进一步合理地增加资源开展创新活动；相对提高私营企业的市场主体地位，使私营经济在融资获取、人才吸引以及其他公共资源使用上与国有企业享有同等条件；积极吸引外资及港澳台资企业研发中心向长三角转移，发挥其创新的引领作用，同时扩大知识外溢效应。

参考文献

Berger A. N. , Humphrey D. B. , 1991. "The Dominance of Inefficiencies over Scale and Product Mix Economies in Banking," *Journal of Monetary Economics*, 28 (1): 117-148.

Blackburn K. , Hung V. , 1998. "A Theory of Growth, Financial Development and Trade," *Economica*, 65 (257): 107-124.

Clark J. A. , Speaker P. J. , 1994. "Economies of Scale and Scope in Banking: Evidence from a Generalized Translog Cost Function," *Quarterly Journal of Business and Economics*, 33: 3-25.

Grossman, S. J. , Stiglitz J. E. , 1980. "On the Impossibility of Informationally Efficient Markets," *American Economic Review*, Vol. 70 (3): 393-408.

Kasman, A. , 2002. "Cost Efficiency, Scale Economies, and Technological Progress in Turkish Banking," *Central Bank Review*, 2 (1): 1-20.

King, R. , Levine R. , 1993. "Finance, Entrepreneurship, and Growth," *Journal of Monetary Economics*, 32: 513-542.

Levine, R. , 2004. *Finance and Growth: Theory and Evidence*, NBER Working Papers 10766.

McKinnon, R. I. , 1973. *Money and Capital in Economic Development*, Washington, DC: Brookings Institution.

Sarma, M. , 2008. *Index of Financial Inclusion*, Indian Council for Research on International

Economic Relations New Delhi Working Papers.

Shaw, E. S., 1973. *Financial Deepening in Economic Development*, New York: Oxford University Press.

范兆斌、张柳青:《中国普惠金融发展对贸易边际及结构的影响》,《数量经济技术经济研究》2017年第9期。

B.19
推进浙江数据要素市场化配置改革的路径研究

项 枫[*]

摘　要： 数据作为新型生产要素，是数字经济深化发展的核心引擎。浙江数据要素市场化配置改革，可以为浙江高质量发展共同富裕示范区，加快全球数字变革高地建设提供强大助力。本研究在简述数据要素的双重内涵及其市场化配置路径的基础上，阐明了推进数据要素市场化配置改革的意义，并对浙江数据要素市场化配置改革发展的现状进行了分析。指出当前浙江数据要素市场化配置改革中还存在数据资源化、标准化和商品化体系尚未建立，数据资产化的探索仍处在初级阶段，数据市场流通交易的生态体系尚未建立，数据要素市场治理能力亟待提升等瓶颈制约。最后提出推进浙江数据要素市场化配置改革的四大路径：加快数据资源化，推进数据资产化，培育流通交易服务生态以及提升市场治理能力。

关键词： 数据　数据要素　数字经济　浙江

　　数据作为新型生产要素，是数字经济深化发展的核心引擎。当前，我国数据要素市场处于高速发展阶段。据国家工信安全中心测算，2029 年我国数据要素市场规模将达到 545 亿元，"十三五"期间市场规模复合增速超过

---

* 项枫，浙江省社会科学院经济研究所副研究员。

30%；"十四五"期间，这一数字将突破 1749 亿元，整体上进入高速发展阶段。近年来，党中央、国务院高度重视数据要素及其市场化配置改革，陆续出台了多项关注数据要素的相关政策。2020 年 4 月 9 日，中共中央、国务院公布《关于构建更加完善的要素市场化配置体制机制的意见》，将数据与土地、劳动力、资本、技术并列，并明确提出"引导培育大数据交易市场，依法合规开展数据交易"。2022 年 12 月，中共中央、国务院发布《关于构建数据基础制度更好发挥数据要素作用的意见》（简称"数据二十条"），系统性布局了数据基础制度体系的"四梁八柱"，加速了数据流通交易和数据要素市场发展。

浙江省正是"数据二十条"被点名的试点地区。对于浙江而言，数字经济创新提质"一号发展工程"亟须向"新"进军，而激活数据新要素，正是浙江数字经济求"新"路径之一。因此，发挥浙江的市场优势，持续深入地探索浙江数据要素市场化配置改革实践，逐步走出数据开放共享、开发利用、流通交易的浙江路径，将助推浙江高质量发展共同富裕示范区和全球数字变革高地建设走在前列。

一 数据要素的内涵及市场化配置路径

（一）数据要素的内涵与特征

1. 数据与数据要素

数据是人类记录和描述日常活动的一种重要手段，一般情况下多处于沉淀状态。21 世纪以来，随着新一代信息技术的兴起与迭代，大数据承载的海量的信息被广泛识别，数据被赋予了新的内涵和身份。现在普遍意义上的数据指的是可被计算机和数字技术识别、处理与存储的数据。作为一种信息资源的全新载体，这些记录的符号已经经由计算机应用程序转化成电子化数据。数据与信息密不可分，数据是信息的载体和表现形式；信息是数据的内涵，对数据作出具有一定含义的解释。

因此，可将数据要素定义为利用数据进行生产经营活动所需的基本资源，是以电子化形式记录和保存的具备原始性、可机器读取、可供社会化再利用的数据集合。数据要素虽然是一种没有物的形态的虚拟商品，但因其具备稀缺性、可加工性、成本性和价值性等经济资源的属性，成为当代经济社会的重要资源。

2. 数据要素的特征

随着我国社会主义市场经济体制改革的全面展开，劳动、土地和资本等传统生产要素的市场机制已基本形成。不同于传统生产"硬要素"，技术、数据则可称为生产"软要素"。相比于技术难以科学地度量与量化处理，数据以"比特"单位来精确测度的特性决定了其具有要素化的"先天条件基础"，也有助于衡量数据作为生产要素对宏观经济产出的贡献。

数据要素在转化为生产力时，体现出具有赋能数字经济发展的一些特殊属性。一是灵活性和衍生性。数据的二进制代码组合，使得数据要素灵活多变，符合个性化、多样化的市场需求导向。同时无限次的加工也不会产生有形的磨损。二是具有非排他性和网络效应。数据要素可供多个主体同时循环使用，复制的边际成本接近于零，且其经济价值会随着使用量的增多而增多，具有很强的网络效应。三是融合性。其一是表现为与其他要素实现价值的融合。数据要素以信息的形式，附着在土地、劳动、资本和技术等传统要素之上，以优化要素组合的方式，提升全要素生产率，并获得融合、放大、叠加等价值倍增效应。其二是表现为在数字经济发展中应用场景的融合，如传统产业与数字产业的融合、传统技术与新一代信息技术的融合以及传统商业模式与新兴商业模式的融合等领域。

（二）数据要素市场

数据的价值在于流通，只有在流通与使用中数据才能获得增值。其表现是，首先，数据的使用对单个企业可以通过改善生产决策来增加利润，从而提升产业生产效率。如企业利用销售大数据管理生产实现"零库存"，利用产品售后反馈数据提升研发设计水平，利用生产数据的采集、挖掘、分析和反向控制优化生产流程，利用消费者个性化数据实现定制化生产等。其次，数据对市场运行效率的提升则高度依赖于规模、质量、多源融合和应用场景。因此，必须通过数据要素在市场上有序有效地流转，充分发挥市场在数据要素配置中的决定性作用，才能最大化地释放数据要素的价值。

从这个意义上讲，数据要素市场指的是一个动态的过程，将尚未完全由市场配置的数据要素转向由市场配置，形成以市场为根本的调配机制，最终实现数据流动的价值。

改革开放以来，伴随着收入分配制度改革的推进，我国要素市场改革一直是以按劳分配为主、多种分配方式并存的渐进改革思路进行的，并在这一过程中，根据不同经济发展阶段的特点，逐次将资本、技术、管理、知识和数据纳入按要素分配的序列之中。数据要素正成为当前最活跃的新生产要素，驱动着实体经济在生产主体、生产对象和生产方式上发生深刻变革。数据要素市场的发展，作为我国要素市场化改革的重要组成部分，因具有区别于其他生产要素的独特性，其市场化改革也有着独特的路径。

首先，不同于土地和劳动这两个有形生产要素，数据要素具有无形性且权属复杂。土地和劳动市场权属结构比较单一，比如在我国，城市的土地属于全民所有，农村和城市郊区的土地，除法律规定属于国家所有之外，则属于集体。数据要素的权属则比较复杂，涉及数据生产者、处理者、应用者等多种主体。这些特点都使得土地和劳动市场体系不适用于数据要素市场。

其次，不同于资本要素，数据要素的交易具有非标准性、非均质化、金融属性与技术属性并存的特点。以买方个性化需求为导向的数据交易，具有很高的非标准化和非均质化，且交易的标的主要是数据使用权的一次授予行为，基本不能转售或多次转移。在这样一个以非标准化产品占据主导的数据要素市场，不可避免地就存在大量区域性、行业性的交易。此外，因数据交易还涉及数据安全和可信流通技术等问题，数据市场除具有与资本一样的金融属性之外，还具有技术属性。以上两个方面的特点都决定了数据交易市场无法简单地套用证券市场的体系与监管手段。

最后，不同于技术要素，数据要素虽然在无形性、可复制性、非排他性上与知识产权有共通之处，但不具备知识产权的独创性、法定性、期限性等重要特征，也不像知识产权那样必然是智力劳动的成果。当前我国立法层面并未最终采纳知识产权模式对数据进行规制，而是将其与网络虚拟财产并列，单独规定。因而数据交易市场同样无法简单纳入知识产权交易框架，只可以参考借鉴知识产权市场的建设经验。

（三）数据要素市场化配置的双重内涵

数据要素市场化配置的过程中综合了生产和流通两个过程，因此具备"要素化"与"配置市场化"双重内涵。

数据作为一种生产要素，它的"要素化"，是指在利用数字技术对沉淀的原始数据进行加工，将其激活为可被计算机识别的 0、1 二进制符号，承载着海量信息嵌入生产活动，并转化为数据生产力的系列过程。它体现了数据从"沉淀数据—数据要素—信息—数据生产力"的一系列转化过程。

"要素化"之后，有效的流通才能最大限度释放数据要素的赋能效应。当前，大数据资源主要掌握在政府和大型互联网企业等不同利益主体手中。政府占有的公共数据，追求社会效益最大化，其配置方式以政府计划为主。企业所控制的互联网、物联网等汇集数据，追求经济效用最优，需要在全社会范围内流动，但由于缺乏市场配置的渠道和平台，这些企业数据多用于经营管理和内部产品创新，企业内部高度集中计划是其主要配置方式。随着数字经济的飞速发展，亟须打破数据流通的物理空间界限，以推动数据跨企业、跨部门、跨行业的流通。因此，"配置市场化"就是要充分发挥市场配置的决定性作用，推动同一利益主体内部以计划为主导的数据流通向不同利益主体间以市场为主导的配置方式转型，是数据要素配置效率趋向最优的重要实现形式。

可见，"要素化"是"配置市场化"的前提和基础，"配置市场化"是"要素化"的延续与实现。数据要素巨大潜能的发挥在于流通与共享，因此发挥市场配置的决定性作用，加快推进数据要素市场化配置，是数字经济发展与生产关系演进的客观要求。应遵循其本身蕴含的"要素化"与"配置市场化"双重路径展开数据要素的市场化配置。

二 推进数据要素市场化配置改革的意义与浙江现状

（一）推进数据要素市场化配置改革的意义

1. 抢占未来国际数字竞争制高点的战略需要

当前，随着数据在全球经济运转中的核心价值日益凸显，国际间抢夺数字经济制高点的竞争日趋激烈。一方面，主要国家和地区为了提高数据竞争力，纷纷从国家层面提出具体的数据发展战略，根据美国"工业互联网"、德国"工业4.0"计划的规划部署，数据要素将加速向制造业领域渗透，与新兴制造技术深度融合，在驱动生产组织变革的同时，推动市场发生重大转变；另一方面，数据要素治理能力正在成为改变国际话语权竞争格局，推动网络空间地缘政治格局加速重构的关键力量。世界主要国家和组织纷纷制定数据要素治理规则，培育自身数据要素资源优势，积极开展数字外交，力求占据全球数据治理主动权。例如，2022年4月美国在《促进使用公平数据》建议书中提出了建立分类数据管理机制、加强信息采集、完善数字基础设施、充分利用数据资源等措施；2022年2月欧盟发布了旨在强化数字主权的《数据法案》，在数据共享、数据互操作、国际数据传输等方面做出了约束性规定。因此，加快数据要素市场化配置改革，推进数据要素国家治理体系和治理能力现代化，充分释放数据红利和创新红利，将是抢占国际数字竞争制高点的战略需要。

2. 推动产业数字化转型和数字经济高质量发展的重要抓手

数据具有的高流动性、零边际成本和累积溢出效应等特点，使其对国民经济各部门具有广泛的辐射带动效应，这有助于通过提升全要素生产率来推动经济高质量发展。据统计，过去十几年里美国劳动生产率增长中数字化的贡献率超过40%。另据IDC统计，近5年来美、日、英三国企业服务器保有量分别为中国的2.18倍、2.13倍和2倍。从产业结构的角度看，我国一二三产业数字化渗透度分别为1.3%、3.6%和17.2%，产业数字化呈现结构偏软和"脱实向虚"的趋势特征。从制造系统来看，以数据为核心投入新型制造系统，则表现出了更高的灵活度，依托模块化和结构化的数据处理分析技术，通过对工序痛点的疏通和对供需关系的精准预测，突破了原来制约效率提升的桎梏和瓶颈，体现出了柔性生产体系、大规模定制对传统生产模式的取代，数据要素附加值的增加以及产能分散化发展的趋势。

可见，加快数据要素市场化配置改革，有助于推动数字经济与实体经济深度融合，实现产业的数字化转型升级，将数据要素资源转变为数字经济高质量发展动能。

3. 构建全国统一大市场的必由之路

加快建设统一大市场是党中央在新发展阶段提出的一项重大战略部署，有助于畅通国内经济循环、发挥超大规模市场优势。2022 年 4 月 10 日，《中共中央国务院关于加快建设全国统一大市场的意见》提出要加快培育统一的数据市场。当前我国数据资源条块分割严重，大量数据资源集中于政府部门和头部数字平台企业，尚未在市场充分自由流通。这一现象严重阻碍了数据价值释放，使我国拥有的海量数据和丰富应用场景优势难以充分发挥。

建设统一数据要素大市场有助于打破数据要素市场分割，从而破解数据要素流通难题；统一的数据基础制度则是通过消除交易标准不一致，来减少数据要素跨区域流通的制度摩擦，从而保障市场机制的充分发挥；统一的数据监管规则能有效打击数据平台的垄断行为，使得数据要素可以跨平台互通互用，而不是只在平台内部流通。

因此，立足国内国际双循环来统筹推进数据要素市场化配置改革，打通数据要素价值全链条，培育"统一、开放、法治、安全、高效"数据要素市场体系，是构建有效市场和有为政府更好结合的"全国统一大市场"的必由之路。

（二）浙江数据要素市场化配置改革的现状

近年来，浙江以实施数字经济"一号工程"、建设国家数字经济示范省为契机，积极推进大数据应用和产业发展，取得了积极成效，大数据企业和

平台经济蓬勃发展。赛迪研究院《中国大数据区域发展水平评估白皮书
（2021 年）》显示，浙江省大数据总体发展水平、产业规模指数全国第 4，
数据资源指数、行业应用指数全国第 1。不仅如此，浙江省在推动数据要素
市场化配置改革方面开展了许多前期探索和实践。

《浙江省数字经济发展白皮书（2022 年）》显示，当前浙江数据价值
红利正在加速释放。一体化智能化公共数据平台建设成效显著，截至 2021
年底，全省开放 1.96 万个数据集 59.1 亿条数据，"中国开放数林指数"连
续 2 年位居省域标杆第 1。数据要素市场化指数位居全国第 2；累计遴选省
级大数据应用示范企业 206 家，入选工信部大数据产业发展试点示范项目
39 个，均位居全国前列。数据安全政策和规则供给不断加强，基于数据采
集、标注、分析、存储等全过程的数据资源化进程不断深化。

1. 已初步构建数据要素市场化配置的法律法规保障

浙江已出台全国第一部以促进数字经济发展为主题的地方性法规——
《浙江省数字经济促进条例》。2022 年 3 月 1 日实施了《浙江省公共数据条
例》，旨在破解公共数据共享开放制度性瓶颈，明确县级及以上人民政府可
授权符合规定条件的法人或者非法人组织运营公共数据。授权运营单位对依
法加工形成的数据产品和服务，可以获取合理收益。这为浙江省全面激发数
据要素活力按下了加速键。它是全国第一部公共数据领域的地方性法规，也
是保障浙江省数字化改革的基础性法规。

2. 持续深化政府主导下的公共数据资源体系建设

一是建立健全公共数据有序开放的体制机制。浙江省政府先后成立省数
据管理中心、省大数据发展管理局，梳理并建立了省级政务信息资源目录体
系、共享交换体系，依托统一电子政务云平台，持续加强政府部门等公共数
据的归集和共享应用，已建成 33 条"数据高铁"，涉及人社、民政、公安
等 22 个省级部门，实现 11 个设区市全覆盖，共接入 678 类 269 亿条数据。
早在 2015 年，浙江省就建成启用了省级政府数据统一开放平台，引领带动
了其他公共管理组织、企业的数据开发利用。二是制定年度公共数据重点开
放清单。2021 年开放清单包含全省信用服务、医疗卫生、社保、就业、公共

安全等 21 个领域共 1400 余个数据集。三是有力推动全省数据开放应用创新。从需求侧推动数据开放，积极挖掘一批群众获得感强、社会效益明显、促进治理效能提升的优秀应用，形成了公共数据开放利用的良好氛围。四是设计开发数据开放域系统，实现公共数据使用范围和开放方式的突破。目前，省内 70 余家企业利用开放域系统融合了 230 类 180 万条公共数据和 400 类 500 万条社会数据，为公共数据、社会数据安全有序开放提供了技术支撑。

3. 加速推进产业数据价值化改革

在产业数据价值化改革的指引下，持续推进产业数据资源体系建设，先后编制印发《浙江省产业数据仓建设工作指南（试行）》《浙江省推进产业数据价值化改革试点方案》，搭建"省级产业数据仓、市级产业数据仓、行业数据仓、企业数据仓"四级架构，归集治理各类涉企公共数据，试点开展行业产业大脑数据归集，初步形成了从企业数据仓、行业数据仓到产业数据仓的产业数据资源体系，实现跨部门、跨区域、跨行业、跨系统的产业数据资源整合。自 2021 年 10 月上线试运行以来，已汇聚 246 个应用系统的信息资源目录 2167 条、数据项 31406 个，归集产业数据 13802 万条，累计数据共享调用达 360 万次；6 个行业产业大脑已开展行业数据仓试点工作，2 个行业产业大脑已试点开展企业云仓建设。

4. 多主体协同实现数据要素市场化生态的初步探索

浙江省鼓励社会力量创建数据资源服务公司，探索数据资产化管理和运营。已由阿里巴巴、浙报集团、杭钢等单位发起成立了浙江省数据管理有限公司、数字浙江技术运营有限公司，参与浙江省数据要素化和数字化治理有关工作，整合各类数据资源，接入、开发数据产品和服务，开展商业模式创新，在数据要素商业化运营、企业多元数据交易模式等方面开展实践探索。省政府办公厅批复成立浙江大数据交易中心有限公司，致力于打造全国性的第三方数据交易中心，已在乌镇挂牌运营，搭建了线上数据交易系统，在数据确权技术、数据评估定价机制、交易规则和管理办法等方面开展研究，形成了媒体流量数据服务平台及企业数据服务平台。

三 浙江数据要素市场化配置改革中的瓶颈制约

随着数据要素市场建设相关政策的出台和数据要素市场培育力度的加大，浙江的数据要素市场化格局已经初步形成，但与其数字经济产业发展相比，与全面实施数字经济"一号工程"、争创国家数字经济示范省的战略相比，数据要素市场化配置的建设相对滞后，仍面临着一系列瓶颈制约。

（一）数据资源化、标准化和商品化体系尚未建立

浙江虽已初步形成数据产业和应用体系，但由于数据的资源化、要素化还未完成，仍面临可用数据不足、数据质量不高、应用能力不强等问题，制约了数据交易市场的形成。

1. 可用数据不足

数据产品和服务的有效供给不足。分散在各部门、各主体间的数据因产权不清等问题难以形成充足有效的市场供给，因此造成了我国虽拥有全球数据总量的9.3%，居全球第2位的数据资源，但真正开放、共享和使用的数据量却很小的状况。有数据表明，我国开放数据集规模仅约为美国的11%，企业生产经营数据中来自政府的仅占7%。

2. 数据质量不高

数据在生产过程中，存在标准不一致、碎片化、分散化等问题，脏数据、假数据随处可见。如当前政务数据平台所归集的数据中，内容完整的比例仅占16%，近85%的数据完整性不高。同时，不同领域、不同设备等数据标准和接口不统一，数据整合互通和互操作性差。要使数据流在跨设备、跨系统、跨企业、跨区域、跨产业时能够互联互通，建立统一的标准体系是关键。然而一些重要标准制定进度较慢，跨行业应用标准制定推进困难，不利于数据采集、传输、交易、应用的整个流程标准化，导致数据难以满足规模化、产业化应用需求。

3. 数据应用不强

当前浙江的数据应用能力和意愿都处于低水平。一方面企业数据应用能力低，难以完成从采集到场景应用的数据产业全链条任务；另一方面由于数据可能牵涉国家安全、个人信息和商业秘密保护，企业不敢用，因而参与数据开发利用的意愿和积极性也较低。

（二）数据资产化的探索仍处在初级阶段

浙江的数据资产化的探索已经初步展开，但由于受到数据权属不明、定价和分配机制缺乏等的制约，数据资产化的步伐比较滞后。

1. 数据产权不明确，数据权属和产权登记制度缺位

开展数据的市场交易首先需要明晰的产权和完善的权属登记制度。但因其独特性和产权的复杂性，我国现有的法律法规未对数据产权给予明确规定，数据确权规则和登记制度均尚未建立。

2. 数据流通交易不足

市场化流通是提升数据要素配置效率的关键。当前浙江数据要素市场的建设和运行不畅还受到以下因素制约。首先，数据价格形成机制缺乏。由于数据价值随着交易主体和应用场景的变化而变化，交易过程容易出现信息不对称的问题，数据收益和成本估算机制难以形成。而大量零散的数据交易定价均针对应用场景，也使得数据定价模式缺乏统一的标准。其次，多层次数据市场体系尚未建立，导致数据市场交易主动性不足。

（三）数据市场流通交易的生态体系尚未建立

当前浙江的数据要素在市场流通过程中面临着"场内交易不足"和"场外交易无序"的难题，数据市场流通交易的生态体系尚未形成良性发展。一是数据要素交易仍存在入场壁垒。已有的数据交易平台年实际交易量较低，且运营机制不合理、激励不足，致使其市场定价机制难以发挥信息披露、供需调节的作用。这主要是因为交易场所往往集运动员和裁判员身份于一身，其"公益属性"和"市场属性"未能分割，导致目标导向出现严重

偏差。二是多主体参与的市场机制尚不健全。当前浙江数据要素市场流通交易的主体以企业为主，较为单一，个体参与数据要素市场的渠道较少。同时，专业化数据交易服务机构、产业联盟、行业协会等市场要件的数量和规模明显不足，这就造成数据要素市场的资源挖掘能力和供需关系匹配能力偏弱。

（四）数据要素市场治理能力亟待提升

当前浙江数据要素市场化配置的统筹协调、风险防控、监督管理等治理能力亟待提升。这一改革涉及大量跨部门统筹规划与组织协调工作，需要高权限的领导支持和强有力的协调机制支撑，并建立权威高效的工作协调、风险防控、监督管理机制，统筹领导数据要素市场化配置改革。

四 推进浙江数据要素市场化配置改革的路径

（一）数据资源化是数据要素市场化配置的前提

数据资源化主要包含了对原始数据进行加工，从而形成可采、可见、互通、可信的高质量数据以及在与具体业务融合时实现数据价值的过程。因此，数据资源化是数据要素市场化配置的前提。具体可从以下三个方面开展工作。

1.强化数据资源汇聚共享

一是完善公共数据授权运营的机制，提升数据运营效率。建议大数据部门会同行业主管部门制定授权运营管理办法，明确授权标准、条件和程序要求，加强授权运营的协调机制和监督管理工作，建立运营评估和退出机制。公共数据产品和服务供需双方可以通过数据交易服务平台开展交易撮合、合同签订、费用结算等业务，并通过平台进行交易备案。二是发展个人信息数据授权、企业数据授权，增强数据集聚能力。三是探索建立社会数据政府采购机制，打通政府部门、公共机构和企业等不同主体之间的数据壁垒。鼓励通过政府采购、对价交换、合作开发等方式，将企业、行业组织、社会服务机构依法收集、存储、开发的合法数据资源接入公共数据平台，推动公共数据与社会数据汇聚融合、开发利用，在条件成熟的地区试点建立社会数据集中采购机制。

2. 推动数据资源的标准化建设

一是开展数据标准的研制工作。包括规范各领域数据相关产品的描述方法、关键环节和使用过程中核心元数据的重要参数，建立包含数据基础术语、数据安全隐私、数据交换共享及数据行业应用等在内的数据资源标准化体系。二是推进数据采集处理的标准化工作。建立数据来源、数据采集主体和采集方式合法性的管理机制，推动不同场景下数据的标准化采集和兼容、互通，从而提升数据要素的生产供给能力。推动智慧城市、数字金融、数字医疗等领域开展数据采集标准化试点。积极参与国际标准制定。

3. 开展地区、行业数据应用试点示范

基于本地区、本行业数字经济发展特色，在全省范围内因地制宜开展改革探索。选择创业创新活力较强，数据产业基础较好的区域和行业创新数据开发利用模式，鼓励结合重点行业应用示范，梳理遴选重点企业数据应用标杆，加大地方和行业企业对接和推广力度，复制推广典型应用，为全省创新数据要素市场化配置体制机制积累经验、提供示范。

（二）数据资产化是数据要素市场化配置的核心

数据的资产化是通过界定数据权属、评估数据价值、确定数据价格、促进数据交易流通以实现数据价值的过程。这个环节是扩大数据要素价值的核心。数据资产化探索的展开可以推动数据要素价值进行场景拓展、企业拓展和产业拓展，以下三方面的工作可以推动数据资产化实现大步跨越。

1. 推进数据分级分类确权、授权工作

"数据二十条"没有明确界定数据的权属，而是在确立数据权利分离的理念下，建立了数据资源持有权、数据加工使用权、数据产品经营权分置的产权运行机制（数据产权"三权分置"）。因而下一步的工作重点应该厘清数据的控制边界和使用范围，分级分类推进数据授权，着力推进公共数据、企业数据、个人数据分类分级确权授权使用。

鉴于数据确权的困难，可考虑通过公共机构发放数据牌照或许可证来实现这一目标。先由相关部门划定发放数据牌照的范围，再结合数据信托与公共机构管理，通过发放分级牌照（或数据许可证）的方式来规范数据的共享与使用。这一做法在世界数据保护制度已有成功的例子。1973 年，瑞典《数据法》规定设立数据审查委员会（Data Inspection Board）负责立法的实施和个人数据的保护。这种制度安排既保护了用户数据的所有权，同时又促进了数据的分享和使用，有利于推动数据要素市场的培育。

2. 开展数据资产登记和评估试点

建设数据资产登记中心，基于区块链技术开展数据资产登记。鼓励金融、通信、互联网、能源、交通、城市运行服务等领域数据管理基础较好的企业，探索将数据资产纳入资产管理体系。支持第三方评估机构发展，依据相关标准对数据质量和价值进行评估。支持数据交易、数字资产评估、数字金融等行业的市场主体，探索建立准确衡量数据价值和正确评估数据价值的方法，研究开发数据资产评估模型和市场化数据定价机制，开展数据资产评估试点。建立以技术手段推动数据要素收益在不同主体间的价值分配。积极探索数据资产入表的路径。

3. 建立多层面数据要素交易体系

逐步规范统一平台交易规则，依法合规交易数据，简化数据市场准入机制和备案制度，降低数据领域新技术新业务和创新型企业的准入门槛。

（三）培育流通交易服务生态是数据要素市场化配置切入点

数据要素的流通交易是推动数据要素市场化配置的关键环节。打造一个开放创新的数据要素流通交易服务生态，将破解前述数据的有效供给不足、标准化和商品化不足等难题。相关工作可围绕促进数据要素安全、合规、高效的流通和交易需求，培育一批数据商和第三方专业服务机构，坚持以

"所商分离"为重点，构建"交易场所+数据商+第三方服务机构"协同创新的多元生态，从而建立起数据市场的全流程价值链，将数据变为可使用、可互操作的高附加值产品和服务。

1. 培育一批综合性、区域性、行业性数据商

应把培育数据商作为全面提升数据交易规模和质量的突破口，让专业的人做专业的事，鼓励数据商在交易场所授权和监管下，开展数据开发、数据发布、数据承销和数据创新等业务。可以考虑设计建立"数据保荐人"制度，为数据交易双方标准化的交易提供增值服务，提高数据交易的规模、质量和效率。在全省范围内建立覆盖数据治理、挖掘分析、模型研发、场景应用、安全溯源等全产业链的"数商"生态体系。分类来看，可在金融、通信、互联网消费等数据密集型行业大力培育具有资源优势的大型数据商；同时，在能够促进实体经济发展的新能源、智能制造等领域培育区域性、行业性数据商。

2. 着力培育第三方专业化服务机构

围绕数据交易全生命周期，构建全链条专业服务体系，鼓励第三方专业化服务机构开展数据集成、数据经纪、合规认证、安全审计、数据公证、数据保险、数据托管、资产评估、争议仲裁、风险评估、人才培训等市场服务，提升数据流通和交易全流程服务能力。

3. 引导和鼓励多市场主体、多种所有制共同参与数据要素市场竞争以壮大数据产业

以场景化需求为导向，创新和丰富流通交易服务模式，探索构建高效的标准化交易服务流程和专业的运营管理体系。夯实数据交易场所的平台功能。规范各类数据交易场所线上交易平台建设，形成统一标准，促进各类数据交易场所互联互通，为场内集中交易和场外分散交易提供低成本、高效率、可信赖的共性服务和保障环境。

（四）提升市场治理能力是数据要素市场化配置的保障

要完善数据要素市场治理体系，就必须加快推动数据要素市场治理能力

建设，提高对数据要素市场的统筹协调、风险防控和市场监管水平，充分发挥数据要素的市场化功能。

1. 加强统筹协调能力

充分发挥省委省政府以及各级数字化改革领导小组的统筹协调作用，指导督促各地各部门落实数据共享主体责任。结合本地区本部门实际，扎实推进数据要素市场化配置改革工作。数据标准、安全、监管等牵头部门要研究制定出台配套实施方案，建立工作清单，强化绩效评估，确保各项任务落实到位。形成省市一体化、全省"一盘棋"的数据要素市场化配置改革的强大合力，推动改革工作行稳致远。

2. 加强数据安全风险防控能力

建立数据分类分级保护制度。以公共数据分级开放目录为基础，加快制定分行业、分领域重要数据具体目录，对列入目录的数据统筹落实数据监管保护机制，保障重要数据有序规范流通。严格落实数据出境安全评估办法。完善数据交易安全技术标准。加强数据服务平台安全技术研发应用，构建云网数一体化协同安全保障体系，打造安全可信的数据流通框架。科学评估风险等级与成本效益，为不同风险级别的数据制定差异化的安全技术实施标准，营造高效安全的流通保障环境。健全数据流通安全评估认证。实现数据流通交易全程留痕、安全可控。支持有关部门、行业组织、教育和科研机构合作成立相关专业机构，建立健全数据安全事件预警和响应机制，依法开展数据安全检测评估、认证等服务活动。

3. 健全数据流通市场监管能力

一是完善公共数据开放应用监管机制。建立公共数据开放应用全生命周期的监管体系，增强数据溯源与追踪能力。探索制定容错免责机制。二是探索数据流通交易监管机制。建立省级有关部门联席会议机制，定期对省级大数据交易中心工作开展监管指导，保障公共数据和社会数据合规、安全流通。完善数据流通交易的监管机制和监管标准，明确数据运营主体相关法律责任。促进监管信息共享和业务协同。三是建立数据流通开发共治体系。畅通行业组织、第三方专业服务机构、媒体、利益相关主体和消费者等共同参与的社会监督渠道，强化监督评估。探索建设市场化、法治化、数字化的协同创新监管机制。

参考文献

孔艳芳、刘建旭、赵忠秀：《数据要素市场化配置研究：内涵解构、运行机理与实践路径》，《经济学家》2021 年第 11 期。

大数据战略研究中心：《北京市数字经济全产业链开放发展行动方案》，2022 年 5 月 31 日。

欧阳日辉：《我国多层次数据要素交易市场体系建设机制与路径》，《江西社会科学》2022 年第 3 期。

陶卓、黄卫东、闻超群：《数据要素市场化配置典型模式的经验启示与未来展望》，《经济体制改革》2021 年第 4 期。

于施洋、王建冬、郭巧敏：《我国构建数据新型要素市场体系面临的挑战与对策》，《电子政府》2020 年第 3 期。

广东省政务服务数据管理局：《广东省数据要素市场化配置改革理论研究报告》，2022 年 10 月。

浙江省人民政府：《浙江省数字经济发展白皮书（2022 年）》，2022 年 8 月。

赛迪研究院：《中国大数据区域发展水平评估白皮书（2021 年）》，2021 年 7 月。

B.20
基于软实力的全球城市社区应急
治理经验及对上海的启示

陶希东*

摘　要： 一座有竞争力的城市，既需要经济规模、科技实力、基础设施等
　　　　　"硬实力"，更需要精神、文化、品格、治理等"软实力"。而依
　　　　　靠政府、市场、社会放大系统力量，通过打造高效能的城市治理
　　　　　体系，实现城市的繁荣、安全、文明，是软实力的重要表现，尤
　　　　　其是在突发公共事件的治理中，富有韧性的社区治理能力，是城
　　　　　市治理软实力的重要根基和支撑。本文主要以应急治理为切入
　　　　　点，梳理总结了全球城市基层社区应急治理的典型经验，提出了
　　　　　上海积极借鉴国际经验，继续深化探索基层社区应急治理体系的
　　　　　思路建议：全面树立践行"全社区"大应急治理新理念，建立
　　　　　健全权责关系清晰的社区应急管理体制，建立健全社区应急管理
　　　　　的关键或重大运行机制，全面提升基层社区应急管理的数字化赋
　　　　　能实效。

关键词： 软实力　城市治理　基层社区　应急管理

＊ 陶希东，理学博士，上海社会科学院社会学研究所研究员，主要研究方向为社会治理、城市
治理、区域治理等。

一　基层社区应急治理：城市软实力的重要支撑

（一）软实力与城市发展

城市综合竞争力是一个包括硬实力和软实力的综合统一体，其中城市治理制度或治理能力是城市软实力的重要内容。自从美国哈佛大学肯尼迪政治学院院长约瑟夫·奈教授提出"软实力"概念以来，这一概念成了一个全球流行概念，成为国家、城市提升自身竞争力的重要考量维度。根据约瑟夫·奈的观点，领土、军备、武力、科技进步、经济发展、地域扩张、军事打击能力等属于有形的"硬实力"，而文化、价值观、影响力、道德准则、文化感召力等属于无形的"软实力"，一个富有竞争力的国家需要"硬实力"和"软实力"兼具。① 其中，软实力概念被延伸应用到城市当中以后，就产生了"城市软实力"的问题。目前学术界也对城市软实力进行了大量的研究，观点各异。② 一般而言，城市软实力是规则、制度、价值、理念、文化、法治等体现出的软要素、软环境、软投入、软产出，以及由此形成的吸引力、凝聚力、竞争力、影响力等。③ 我们在此需要强调的是，城市软实力是一个由价值观、生活方式、制度体系、文化品格、吸引力、魅力、凝聚力等无形资产组成的一个多要素体系，其中，城市治理体系和治理能力现代化，是城市软实力的一个核心内容和重要基础，唯有高效能治理，才会让城市形成增强硬实力的发展环境和独特的城市精神及生活品质。为此，2021年6月，中共上海市委发布的《关于厚植城市精神彰显城市品格全面提升上海城市软实力的意见》中，将"着力构建现代治理体系，展现城市软实

---

① 〔美〕约瑟夫·奈：《美国注定领导世界？——美国权力性质的变迁》，刘华译，中国人民大学出版社，2012，第10页。
② 张云伟、张亚军、崔园园、吕岚琪：《未来五年上海提升城市软实力的思路和对策》，《科学发展》2022年第4期。
③ 邓伟志：《"两点论"观照下"软实力"的新解、评估及其提升》，《国外社会科学前沿》2021年第9期。

力的善治效能"作为上海城市软实力"四梁八柱"的重要内容，这充分体现了打造城市软实力对城市治理提出了新的要求。

（二）应急治理能力也是软实力

面对高度不稳定、不确定性的风险社会，高度重视社区应急治理能力建设，打造安全韧性的现代新型社区，是城市软实力的治理根基和重要支撑。党的十八大以来，以习近平同志为核心的党中央统筹中华民族伟大复兴战略全局和世界百年未有之大变局，从战略高度相继提出了"国家治理体系和治理能力现代化""着力防范重大系统性风险""总体国家安全观""统筹发展和安全两件大事""全面提高超大城市治理能力和水平""人民城市""加强基层治理"等重大治国理政新理念、新战略、新要求，尤其把强化基层社区的应急治理问题摆上了更加重要的战略地位，旨在有效防范"黑天鹅"事件，提高社区韧性，夯实国家治理、城市治理的根基。为此，2021年4月中共中央、国务院发布的《关于加强基层治理体系和治理能力现代化建设的意见》明确指出，"增强乡镇（街道）应急管理能力"，切实推动基层社区平安建设。社区是城市跳动的心脏，是城市活力之源，也是各种风险危机的集聚地、承载地、易发地，建立健全社区应急管理体制机制、打造过硬的应急治理能力，是真正建设全球安全韧性城市的重要依托和根基，也是城市治理软实力的重要支撑。

二　全球城市社区应急治理的主要经验

世界大城市均进入风险高发状态，风险的复杂性、不确定性和扩散性也与日俱增，韧性系统建设逐渐成为抵御风险的重要战略。特大城市因高聚集性、流动性和全球依赖性而面临着更为复杂的风险挑战。进入21世纪以来，在纽约、伦敦、巴黎、东京以及我国上海、郑州、武汉、天津等超大城市，发生过恐怖袭击、社会骚乱、极端天气灾害、特大地震、重大流行病等一系列"黑天鹅"事件，这些事件会严重影响社区居民的正常生活，直接或间接造成多人伤亡和巨大的经济损失。如何有效防范重大风险或灾难，强化韧性城市建设，成为全球大城市的共同战略选择。社区作为最基础的城市治理单元，位于家庭和国家各级社会组织的交汇处，对于解决破坏人类安全的经济、社会或环境干扰至关重要，在特大城市应急管理和韧性城市建设框架中更具有重要的支撑功能和根基作用。人类社会总会面临各种急性和慢性风险挑战，将常态化治理和非常态应急治理有机结合，建立健全和完善社区应急治理体系，形成政府治理和社区治理的优势互补，是特大超大城市增强韧性的唯一路径。本文选择纽约、伦敦、巴黎、东京等顶尖全球城市，对其社区应急治理的办法举措等进行搜集、整理，总结一般性经验，以便提出有助于上海进一步完善针对多种突发重大公共事件的社区应急治理体系的思路和建议。总体而言，上述全球超大城市的社区应急治理经验，主要表现在以下几个方面。

（一）理念创新：注重社区化、在地化的城市韧性理念

理念是行动的先导。社区应急治理作为一种城市非常态治理的基层行动，其成功运转与整个城市政府及治理行动者对灾害风险防范的意识、思想和理念具有直接关系。无论是针对联邦制还是单一制国家结构，任何一座城市，作为国家的基础组成单元，其应急管理能力的建设始终受到国家应急规划部署、城市应急体系的影响，但在不同政党、不同体制、不同发展时期、不同财力背景下，不同级别的政府对城市或基层应急管理的履职态度、职责分工可能不尽一致，不同城市政府对社区应急管理工作的态度及工作策略，也会发生相应的变化。发达国家和城市应急管理体系的建设趋向表明，尽管中央或城市政府在灾难防范中有不可推卸的责任，但也表明，政府不可能对所有个体都能提供良好的服务和管理，更多时候尤其是当面临紧急灾难发生时，必须要依靠当地民众为主的社区力量。尤其是美国 2001 年"9·11"恐怖袭击和后来的飓风，让美国各界都意识到志愿者和社区建设的重要性，提出了"全社区"的应急管理新理念，即以基层社区为先导，充分发挥营利性和非营利性部门（如企业、宗教组织、残疾人组织等）的关键能力，

促进它们之间的参与及合作，建立社区志愿服务系统，推动完善社区应急协作体系。1995年日本阪神大地震后，人们越来越意识到社会群体，特别是社区响应能力对于救灾的重要性。[①] 阪神大地震的抗震救灾实践表明，政府单打独斗已不足以应对严峻的灾害风险形势，不能满足社区和公民救灾的需求，社区公众已成为政府抗震救灾的主要力量。严峻的灾害风险形势与政府防灾减灾能力、资源的局限客观上要求实现灾害风险管理模式的转型。20世纪90年代末以来，基于社区的灾害风险管理模式已经取代了自上而下的基于政府的灾害风险管理模式，成为一种普遍推行的灾害风险管理模式。[②]

综观全球城市的社区应急治理学术趋向和政策实践表明，治理行动者从全球和城市风险的变化特点出发，努力提高风险认知能力和水平，不断更新传统狭隘的应急治理观念，除了较多关注环境脆弱性、恢复、适应和紧急应对机制之间的紧密联系外，更多开始注重社区化、地方适应、社区韧性等新理念，尤其是韧性理念已经成为全球城市社区风险治理、危机管理、应急治理的普遍思想，它将应急治理的特定时间状态向"灾前准备"和"灾后恢复"两端延伸，要求社区在提高对突发事件应急处置的能力外，更要提高社区对各种灾害风险或重大突发事件的抵御力、适应力、恢复力，旨在让社区在风险灾难中能够维持正常功能，并在风险灾害应对中不断完善治理体系，从而不断增强社区对灾害或危机风险的适应力。

（二）规划先行：制定具有前瞻性的社区应急或韧性规划

面对各种不确定性风险挑战，提前制定完备的韧性规划、应急体系和应急预案，以规划为引领，最大限度地做好灾害来临之前的充分准备，是全球发达城市社区应急治理的重要经验之一。

例如，纽约历来比较重视社区规划在城市建设、管理中的功能和作用，

---

① 周永根、李瑞龙：《日本基于社区的灾害风险治理模式及其启示》，《城市发展研究》2017年第5期。

② 赵成根、尹海涛、顾林生：《国外大城市危机管理模式研究》，北京大学出版社，2007，第15页。

近年来随着各类不确定性风险的日益增多，尤其是在 2012 年遭受桑迪飓风的重创后，编制重在应对风险挑战、提高社区韧性的社区应急规划或社区韧性规划，成为政府完善社区应急管理体系建设中的一项重要工作。从现有的规划政策体系来看，纽约的社区应急或韧性规划策略，主要通过两种方式来呈现。一种是社区规划内容包含在全市城市总体规划中，如 2013 年 6 月 11 日时任纽约市长彭博发布了《一个更强大、更具韧性的纽约》，报告分为 5 个部分，其中专门一部分就是"社区重建和韧性规划"，针对全市五大行政区的社区风险类型，制定了有针对性的社区韧性规划方案；2019 年 4 月制定出台的《只有一个纽约｜纽约 2050 总规：建立强大而公正的纽约》，从活力社区的视角，提出了社区韧性的破解之道。另一种是单独制定专门的《社区应急规划》（Community Emergency Planning，2017），该规划基于既有的社区规划制度和程序，由纽约市应急管理局（NYC Emergency Management）和市长办公室社区伙伴中心牵头，通过自上而下和自下而上相结合的整体性举措，组织动员政府机构、民选官员、社区组织和各类纽约居民等多方力量联动参与，强调通过社区资源评估、社区网络建设、社会资本累积等方式，建立社区应急管理网络，增强社区在风险准备、风险反应、风险恢复和风险缓解等过程中的韧性。在实践中，编制这一规划的主体是由一支社区应急响应团队来承担完成的，包括社区委员会、地区议员、社区社会组织、专业的非营利组织（涉及住房权利、气候变化、残疾人权益、枪支暴力等）等。

（三）法治保障：依法保障社区应急治理的多主体职责权限

加大立法，强调依法治理，明确不同层次、不同属性的多元行动主体在紧急情况中的权责义务，确保各类主体有序高效地协同行动、共渡难关，是城市应对任何类型突发灾害事件的前提和基础。西方国际大都市完备的应急法律法规，为社区应急治理提供了强大的法治基础和保障。

为了各政府机构、地方当局和公共事业单位、商业机构、服务运营商等公私机构在紧急情况下更好履行为当地社区居民提供必要保护的职责，大伦敦市政府在 2004 年颁布了《民事紧急法案》。这是一部旨在依法强制各地方当局和相关机构在发生紧急事件时必须承担保护平民健康、帮助民众渡过危机的一项专门法律，为多个部门或机构在危机应对中依法做到尽职尽责、协同行动、保护民众健康，提供了强有力的法律强制力和约束力。该法案主要包括两个实质性内容：第一部分侧重于为当地危机响应者指明各自的角色和责任，为社区居民提供保护做出了明确的法律规定；第二部分则专注于紧急权力的使用，为当出现需要处理最严重紧急情况时，如何启动实施特别立法权提供了一个明确的法律框架。当发生重特大危机或紧急情况时，社区中的多部门、多机构、多行动者依法担责、协同配合，积极主动地保护社区民众，最大限度降低灾难对社区民众的伤害，是任何一个城市韧性的核心要义和直观体现，而这恰恰需要强有力的法律来做保障。英国的《民事紧急法案》，为伦敦在社区应急治理中有效组织动员多个危机响应者、利益行动者，高效协同应对危机、保护民众提供了坚实的法律依据和保障。[①]

2012 年，日本政府修改了《灾害对策基本法》中的"基本政策"，补充强调社区公众参与、社区公众与地方政府之间沟通的重要性，对社区（市、町、村）领导、公民的地位、职责、途径等作了全面详细的规定。自此，社区公众参与灾害风险应对的地位、职责、作用在国家法律中得到了进一步的体现和肯定。阪神大地震后，日本灾害风险管理模式逐渐由基于政府的灾害风险管理向基于社区的灾害风险管理模式转型，更加注重基层防灾减灾。

（四）组织保障：建立健全应对重大灾害的社区组织机构

日本各级政府都建立了跨部门、跨地区、跨领域的综合防灾减灾中心，协调政府各部门和动员社会力量，为开展科学减灾和加强重大灾害紧急救助能力提供组织保证。英国除了中央政策层面设立有专门负责全国社区事务的"地方政府与社区部"外，在其内阁办公室内设有"社区防灾论坛"和"社区应急方案模板"，为基层社区有效开展应急治理提供全方位的指导和帮

---

① 宋雄伟：《英国应急管理体系中的社区建设》，《学习时报》2012 年 9 月 24 日。

助。在城市层面，伦敦全市各个社区建有综合服务功能的社区服务中心，为当地居民提供社会福利、老年保健、儿童看护、娱乐休闲、职业培训等服务，其中，充当伦敦消防、应急管理、警察等部门的应急合作伙伴，充分发挥链接、平台作用，整合社区内外资源，为当地社区居民提供消防和应急方面的风险登记、学习培训等服务，是其一项重要的核心功能，也是应对紧急情况的重要阵地。当紧急情况发生，社区服务中心与红十字会、圣约翰救护车队以及业余无线电爱好者急救队等社会组织合作，发挥各自所长，全面快速地调查社区居民尤其是老年人等弱势群体的类型和数量，形成紧急时刻的数据库，全力维护紧急时刻的网络通信保持畅通等，协同应对紧急灾难。

日本东京，在基层社区町内会、自治会当中，设有灾害对策委员会和社区防灾会议，其中，灾害对策委员会负责调查本社区内可能存在灾害风险的地点以及告知居民有关避难的方法。一旦社区发生灾害，灾害对策委员会负责向居民发出避难通告、调查社区受灾情况、分发救援物资以及管理和运营避难场所等工作。社区防灾会议负责组织防灾减灾工作，协调社会团体、企业与居民等主体。为便于工作开展，町内会将 10~20 户居民分为一组，由居民轮流担任组长，负责防灾信息的传达与意见的收集。

（五）社会参与：加大力度培育以社区志愿者为主的应急社会力量

当灾难发生以后，政府以强大的社会动员能力，快速组织起社区民众，全面投身紧急事件应对过程中，发挥主动性，实施自救互救，政府机构、非营利组织和社区组织紧密合作、共同参与，以整合社区的需求、能力和资源，最大限度地降低灾难带给人民群众的生命健康与财产损失，既是城市应急治理能力的巨大考验，也是西方发达城市的重要经验之一。这方面，西方发达城市的社区志愿者建设给我们提供了值得借鉴的有益经验。比如，美国是一个志愿服务体系比较健全的国家，几乎每个美国人都做过志愿服务。针对流行病防范，美国卫生与公共服务部（HHS）有一支基于社区的医疗后备队，总共有 17.5 万人，主要由有医疗和公共卫生背景的专业人士组成，分布在全国 850 个社区单位之中，提供紧急医疗服务。同时，美国联邦应急管理局也有一支类似医疗后备队的社区应急小组（CERT），与各地政府、社区和组织合作，基于社区需求，在社区招募志愿者，在社区进行培训和联系，接受基本的灾难响应技能培训，例如消防安全、轻型搜救、团队组织和灾难医疗操作等。① 一旦发生紧急情况，就激活这些志愿团队就近救灾。此次整个COVID-19突发公共卫生事件中，志愿服务和捐赠款物一样，是美国城市社会抗疫的主要方式，非常普遍，在2020年4月底，纽约的医护志愿者报名人数达到8.2万人。② 又如，在纽约"9·11"事件中，当大楼倒塌后，就有大批志愿者赶到现场，在各个方面提供力所能及的协助，包括有大学生为救援人员提供饮水等，但后来，无关的志愿人员因应要求离开现场，有特殊技术的志愿者，如工程、拆除、医疗以及心理治疗等行业的人士，继续参与后续救援工作，甚至有一支灾难救援专家队专程从法国赶来救援。③

日本是一个以地震为主的多灾害国家，阪神大地震发生以后，日本社会提出了"自助·共助·公助"的防灾及应急理念，在灾难发生时率先动员组织社区居民和社会组织，第一时间实施自助、互助，成为提高社区应急能力的创新性举措。"自助"是指灾民依靠自己和家人的力量在灾害中保全自己。"共助"是指借助邻居、民间组织、志愿者团体等的力量，互相帮助从事救助和救援活动。"公助"是指国家和地方行政等公共机关的援助、救援活动。当地居民与本地企业、志愿者、专家与行政部门之间也开展充分的相互合作。1995年阪神大地震救援主体的调查结果显示，34.9%的人依靠自救获生，31.9%的人依靠家人获救，28.1%的人依靠朋友和邻居获救，依靠救援队获救的仅有1.7%。④《东京大都市应急指南》进一步指出，日本东部大地震灾区居民提供的自助和互助在灾难期间是一股伟大的善力量，附近的人互相帮助和最近的邻居互相帮助非常重要，并大力培育当地化的防灾民间

---

① 周小寒、王兴、刘润增：《美国社区应急管理经验对我国的启示》，《安全》2022年第6期。

② 钟晓华：《纽约的韧性社区规划实践及若干讨论》，《国际城市规划》2021年第6期。

③ 《美国抗疫：幸好还有世界上最强大的志愿者系统》，新浪网，https://news.sina.com.cn/w/2020-05-17/doc-iirczymk2024977.shtml。

④ 周永根、李瑞龙：《日本基于社区的灾害风险治理模式及其启示》，《城市发展研究》2017年第5期。

组织和志愿者团体，对具有一定能力的社区防灾民间组织，政府积极给予合法性认可，并支持开展收集防灾信息、防灾巡逻和检查、举行灾难演习、掌握灾难应对措施（公关、消防、救援、疏散指导、食品和水分配）、制订社区救灾计划等活动，努力提前做好准备并进行定期培训，使东京都和地方政府的备灾相关部门、志愿消防公司、公民救灾团队（志愿备灾组织）和其他参与当地备灾的社会团体加强相互合作，在灾害期间开展消防、救援、救济和疏散活动。

（六）应急文化：全面推动社区民众学习应急知识技能和演练

一座城市，为了成功应对紧急事件，培养广大能够掌握应急知识和急救技能的社会民众，是城市应急体系的重要组成部分，也是影响城市和社区韧性程度的核心要素。对此，西方发达城市普遍重视对社区居民急救知识和应急技能的学习培训，让更多人拥有自救互救的意识和能力，进而形成一种特有的城市应急社会文化。这一点在西方各大都市社区应急治理中都得到了体现，尤其是地震多发的日本东京表现得更加典型。一是组织开展"防灾民间组织领导人培训"和"东京灾害管理研讨会"，为各类备灾民间组织的领导人举办培训讲习班，同时派遣防灾专家举办研讨会，以提高当地社区的灾害管理能力。获得东京都认可的团体，与社区协会等进行合作，积极开展备灾培训演习以及在高层公寓组织互助系统等活动。二是举办社区妇女备灾研讨会和防灾协调员培训。为了提高社区应急能力，东京大都市政府积极开展社区女性防灾人员的培训，并举办社区应急研讨会，旨在扩大灾害和紧急情况下女性人力资源基础，加大培养在社区和工作场所灾害发生时能够发挥积极作用的妇女群体。三是自 2012 年以来，东京都对所有高中学生进行为期两天的备灾培训，从 2017 年开始，所有学校为有特殊需求的学生（残障）举办为期两天的备灾培训计划，目的是教育和培养人们形成灾难中的自助和互助意识，在保护好自己的基础上，促使人们能够为社区的备灾活动作出贡献，提高当地社区的整体防灾备灾和恢复重建能力。同时，在每所学校，建立由学生组成的备灾组织，负责对学校的备灾举措进行规划和建议，参与了解灾难期间的响应和心态，学习的形式是与当地社区和消防部门、警察局、自来水管理局、日本红十字会或国防部等外部机构进行合作，进行消防培训和急救培训等，以及在学校举行食品储备培训和过夜培训等，全方位提高学生和社区民众的防灾救灾能力。[①]

伦敦为了让更多社区民众获得应急备灾的知识技能，伦敦市政府不定期推出市民学院计划（Citizen Academy Program），这是一项公共教育的志愿者计划，它将培训伦敦市民在紧急情况下应采取何种措施，以及如何为社区安全做好准备。这项计划更重要的任务在于当遇到紧急情况时培训社区居民充分做到邻里之间相互照应、共渡难关。这为培育重塑社会应急文化、提高民众共同应急能力打下了坚实的基础。

（七）技术支撑：大力推动社区应急治理智能化建设

当今时代是一个以互联网、大数据、人工智能等为主的信息时代，充分发挥现代技术优势，利用数字化转型优势，为基层社区应急治理赋能增效，构筑更加智能化的社区防灾救灾体系，是西方大都市社区应急治理改革创新的重要方向。例如，日本东京采取多项措施为社区灾害监测预警预控提供有力支撑，包括构建防灾信息综合平台，居民通过互联网可随时了解区域潜在的灾害信息，快速找到避难空间和安全通道，掌握灾情发生时道路与桥梁损坏的情况。完善社区灾害监测与灾害预警系统，进行灾害风险评估排查，形成社区灾害风险地图；进行灾害情况监测，准确发布预警信息，受灾时迅速做出应急反应，指导受灾者疏散逃生。

三 上海创新社区应急韧性治理的启示性建议

上海是我国人口最多、经济最发达、国际化程度最高的全球超大城市之

---

① Cabinet Office. *Civil Contingencies Act 2004: a short guide* (*revised*), https://narueducationcentre. org. uk/wp-content/uploads/2012/12/CCA-short-guide. pdf.

一，随着全球气候变化、地缘政治格局演变、新一轮科技革命迭代升级等多种因素的影响，大上海这一独特的巨型复杂系统面临的多种风险挑战日渐加大，尤其是诸如极端天气、突发重大传染病等"黑天鹅"事件，对城市的韧性治理体系和治理能力提出了巨大挑战。社区是城市安全治理的基本空间单元，只有社区安全才会有真正的城市安全、社区韧性才会有城市韧性。近年来尤其是党的十八大以来，围绕国家推动基层治理体系和治理能力现代化的相关要求，上海市委市政府高度重视并积极推动社区应急治理体制的改革创新，取得了一定的进展，但根据2022年3月大上海保卫战的实践来看，上海社区层面的应急治理体系建设依然存在许多不足和短板，诸如应急管理体制不够健全统一、应急管理运行机制不够顺畅、应急社会动员组织能力有限、应急储备保障能力有限、数字化支撑手段不够管用等，[①] 导致基层社区出现了与上海超大城市治理能力水平不相适应的诸多治理困境。尽管这是在具有极强专业性特点的重大传染病战时状态中出现的现实问题，具有自身的一些特殊原因，但仍然说明我们的城市社区在应对重大外部冲击挑战时的准备还不够充分全面，社区的应急治理、韧性治理仍然任重道远。因此，我们认为，在全面学习借鉴西方发达城市社区应急治理相关经验的基础上，按照国家总体安全观要求，树立践行"韧性城市、韧性社区"新理念，更高质量统筹发展和安全的关系，把安全韧性置于经济社会发展、城市治理、社区治理的第一位置，不断完善现代社区应急管理体制机制，走出一条具有超大城市特点和规律的社区应急韧性治理新路，提高社区对各种内外部、慢急性冲击压力的抵御力、吸收力、适应力、恢复力、转型力，从而提高城市整体韧性水平，是上海更好履行国家职责、提升城市软实力、全面建设具有世界影响力的社会主义现代化国际大都市的根本基础和保障。对此，我们提出以下对策建议。

（一）全面树立践行"全社区"大应急治理新理念

在任何危机或灾害面前，社区管理者、各种组织、居民等多元主体关于

---

① 郭伟和：《新冠肺炎疫情中的社区治理：模式、优势与短板》，《社会治理》2020年第3期。

风险及其治理的科学认知和正确理念，是构筑现代社区应急治理体系、多元利益主体或行动者协同采取高效行动的前提和先导。尽管上海是全国人口综合素质相对较高的城市，但社区基层治理部门、社区居民等在对突发风险的认知力、主动性、担当性、参与性等方面，仍有很大需要改进提升的地方。在现实中，一般来说，大部分突发危机事件或外部冲击灾害，是面向城市所有社区的，如突发重大传染病、地震、暴雨、台风等，但也有个别风险更具有显著的空间差异性，如城市洪涝灾害（地势低洼社区可能更多）、重大火灾（设施老旧的社区可能多发易发）、重大危化品爆燃泄漏（分布有化工园区的社区更容易发生）等。但不论如何，当下上海的社区应急治理中，建议在市、区、街镇社区等多个层面，都要树立践行一种全新的"全社区"应急治理新理念，作为采取行动并打牢社区安全、社区韧性基石的理论指导和思想方法。这一新理念要求做到以下两点。一是在全市、全区层面，要求所有基层社区针对各种可预测或不可预测的风险灾害，围绕监测、预防、应对、救援、恢复等议题，统筹安排一切可用资源，进行全方位准备，尤其是要加大针对老旧社区、城郊结合部、大型居住社区、农村社区等更具脆弱性社区的资源倾斜和支持，努力提高全市所有社区应对紧急状态的整体能力水平，避免出现由治理不善导致一些社区居民陷入非正常"危险困境"。二是在社区层面，要树立"全社区"防灾理念。这是因为灾害涉及整个社区，只有通过优化所有可用资源，动员整个社区范围内的党政组织、企事业单位、社会组织、公民个人等行动者，利用和发挥每个利益相关者的优势，主动破解资源整合与互动合作的制度瓶颈，挖掘合作潜力，建立基本信任，让大家团结起来，激发应对灾害的主体性和能动性，一起采取有效的合作行动，才会在灾害发生时，提高对灾难的响应能力和行动力，不断提高社区的韧性水平。

（二）建立健全权责关系清晰的社区应急管理体制

西方国际大都市的经验表明，拥有一套纵向联动、职责清晰、覆盖社区的应急管理体制，并能够较好地解决多层级、多部门之间的协作关系，在社区层面形成系统化、整体性的应急治理格局，是确保社区有效应对重大危机灾害的重要制度保障。尽管上海在近年来根据国家有关规定，以原有的城市网络化管理实践为基础，对街镇社区层面的应急管理体制进行了一定的完善，借助城市运行中心、街道内部办公室、城市管理部门等，基本设置了形式多样、依托单位多样的应急管理机构（大多是增挂应急管理的牌子），可以说应急管理工作已经成为基层治理的一项重要工作。但从现有的管理体制来看，存在管理机构设置方式不统一、职责权限不明晰、资源调动能力不够、专职队伍缺乏等问题和不足，当发生重大灾害风险冲击时，难以发挥强有力的组织领导和协同作用，严重影响社区整体应对危机的能力。在2022年新冠肺炎疫情大上海保卫战期间，尽管广大基层组织和基层干部展开了夜以继日的奋战，挑起了千钧重担、顶住了空前压力、经受了极限挑战、破解了无数难题、付出了巨大艰辛，为抗击疫情作出了突出贡献，但也暴露了社区应急体制本身的一些突出问题和不足，如市级相关专业部门（卫健委）与街镇之间的关系不够协调、街镇与居委会之间也存在职责权限上的模糊、风险信息沟通不够畅通等，特别是一些居委会在防疫过程中采取的"自选动作"，在合法性上引发了社会的巨大争议。这表明，自上而下和自下而上相结合，从社区实际情况出发，尽快建立健全相对统一、职责清晰的社区应急管理体制，是当前上海打造安全韧性城市、实现基层治理现代化的当务之急。具体建议如下。

一是依法建立健全相对统一、职责清晰的社区应急行政管理体系。要根据《中共中央 国务院关于加强基层治理体系和治理能力现代化建设的意见》关于"健全基层应急管理组织体系"的精神要求，加大基层体制改革创新步伐，在全市层面做出顶层设计，在进一步梳理街镇社区现有应急管理机构的基础上，统一规定街镇社区应急管理机构的名称、职责、权限等，如成立跨部门、综合性的"社区应急治理委员会"，在街镇办公室序列当中新增"社区应急管理办公室"等专职机构，赋予全权负责社区应急管理事宜的综合权限，理顺该机构与区应急管理局、卫健委、街镇城运中心、综治中心等主体之间的纵横关系，配备专职工作人员，力争形成市、区、街镇横向联动、纵向到底的城市应急管理新体制，为全面提高社区的防范应急能力提供最根本的体制保障。

二是全面建立健全党建引领的社区应急指挥体系。当前，上海以特有的红色资源和城市精神，开辟形成了具有超大城市特点的城市基层党建新格局，但如何充分发挥党建的核心领导与整合作用，在应急管理中形成以党建为引领的高效、管用的社区应急领导指挥体系，理应成为上海社区应急治理创新需要解决的重要议题。一方面，要在全面加强各类基层党组织建设的基础上，在街镇、社区、小区、园区、商圈、综合楼宇等多维空间层面，将风险感知、风险防范、事故应急、恢复重建等议题，全面纳入各级各类区域化党建平台的常规治理日程上来，以期整合资源、凝聚共识、提高认识、共同行动，为打造安全韧性社区始终发挥坚强有力的"领导核心""主心骨"作用；另一方面，切实强化并落实以社区、小区为基础的"党员报到"制度，社区党组织对在地党员的数量、结构、类型等，做到"底数清、特长清"，努力培育一支社区应急救援中能够"召之即来、来之即用"的党员应急冲锋队和战斗队，让党旗在基层一线应急战场高高飘扬，将党建优势真正转变成社区应对突发紧急事件的高效能治理优势，这也是中国特色社会主义现代化国际大都市的本质特点及内在要求。

（三）建立健全社区应急管理的关键或重大运行机制

基层社区能否保持安全韧性，应急管理能力只是其中一个重要环节，关键在于社区多元行动者一起行动，平时和战时相结合，要按照风险识别预警、风险准备管控、风险灾害应对、灾后恢复重建、学习转型提升等连续、闭环的思路，创制施行一些事关重大的核心机制和制度，确保对重大不确定性风险危机的治理上做到保持警惕，做足平时，激活战时，快速沉着应对，最大限度降低自然和人为灾害给人民群众生命财产带来的损失和代价。我们认为，在上海社区应急治理机制建设方面，重点需要强化以下几个方面。

一是健全全民参与的社区应急规划机制。全面认识社区特点、动员整合全部可能利用的所有资源，由社区政府和民众共同参与，制定一份有针对性的社区应急规划方案，是任何时候有效应对重大不确定性风险灾害的首要前提。当前，上海在社区层面，针对应急管理并没有建立强有力的规划制度，缺乏权威性、管用有效的应急或韧性规划蓝图，这在一定程度上削弱了社区防灾减灾的能力和水平。建议全市应急管理机构统一部署，依托社区应急管理机构，协助指导所有街镇社区，借用专家团队力量，充分挖掘分析社区发生过的所有灾害类型数据，让社区更多居民充分参与发表意见看法，通过深度细致的调研，编制形成具有本社区特色的应急战略规划或社区韧性发展规划，制作社区主要风险地图，编制各种可能发生的不确定性风险危机的预案，在物资储备、民众培训、实践演练等方面做好充分准备，一旦发生灾难，快速动员组织居民自救互救，最大限度降低灾害带来的生命财产损失。同时，建立针对规划方案的适时动态更新机制，定期修订规划目标和行动方案，确保规划内容的有效、管用。

二是建立健全社区应急管理的社会参与机制。不管是可预见的灾害发生，还是不可预测的重大冲击危机，政府并不是唯一的治理主体，发挥社区最接近居民的先天优势，建立健全有效的社会参与机制，是未来切实增强社区韧性的必由之路。上海作为全国最发达的超大城市，也是社区社会力量发育最充分的地方，在包括应急管理在内的社区治理方面，初步形成了形式多样的社会参与习惯，走在全国前列，但2022年大上海保卫战的实际情况表明，在发生重大突发紧急事件时，仍然面临社会组织参与不够、社会动员能力欠缺、应急人手短缺的问题。这说明，大力培育能够履行应急治理的社区社会组织，建立健全一只包括党员在内的应急志愿者队伍，对增强社区应急治理体系和治理能力现代化具有十分重要的战略作用。为此，首先要依法规定所有党政机关、事业单位、国有企业党员队伍，在危机发生时，第一时间到社区报到，并与市、区下沉干部一起就地转化为应急志愿者，全面带动社区民众参与应急救援一线，社区党组织在对报到党员底数清晰的基础上，要根据党员的专业特长进行分类，统筹协调，统一调配使用，形成有序高效的参与格局，始终做到"让党旗在基层应急一线高高飘扬"。在此基础上，平时要大力培育能够有效参与应急工作的社区社会组织，构建一批社区应急治理的社会合作伙伴，重塑社区应急的社会互助互救体系。同时，充分依托大上海保卫战中出现的楼长、团长、队长、达人等社会力量，按程序扶持这些人设立各种志愿服务组织，带领更多的社区居民参与社区公共事务治理，鼓励开展常态化服务活动，不断培育更加成熟、更有力量的民间力量，在危机发生时，有序投入应急战斗，确保社区服务和必要功能的持续运转。

三是建立健全多层级多元化的社区应急物资储备机制。针对不同突发灾害类型，做好必要的应急物资储备，是提高社区应急能力的重要物质基础。为此，在加强市、区等应急物资储备体系建设的同时，将基层社区作为一个相对独立的应急储备单元，根据可能发生的灾害风险类型，紧密结合社区人口规模、结构及需求特点，动员社区企业、超市、医院等应急重点部门，联合开拓建设一批应急物资储备设施，开发形成明细的物资储备清单，储备好能够满足社区居民一定天数的必要生活物资、医疗用品等急救物资，提高社区应对危机的能力水平。实际上，这种储备工作根据不同的灾害类型可能具有不同的要求，如为防范重大突发公共卫生事件，社区可将自身辖区内的宾馆、体育场馆、学校、展览场所等空间纳入应急储备体系之中，以便在重大突发公共卫生事件发生时快速实现功能转换，以满足和解决患者集中隔离的紧急之需。当然，这方面最重要的是要强化家庭储备能力的建设，全市层面或社区政府统一制定完备清晰的家庭应急储备物资建议清单，引导社区居民家庭根据房屋类型、居住环境、地域特点，家庭成员的年龄、性别、类型，以及可能面临的主要灾害类型等实际情况，进行有针对性的扩充储备，做好应急工具和生活物资储备，确保灾害发生以后家庭能够维持3天左右的生活保障之需，为应急救援争取必要的时间。为了应对各种不可预测的灾害风险，上海要着力加强居民的应急技能培训，让居民熟悉社区应急设施布局，组织开展常态化应急演练，提高民众的应急自救互救能力，掌握必要的应急方法和逃生技巧，时刻做好最充分准备，力争让这一习惯成为上海国际大都市居民的基本能力和素质。

四是建立健全重大不确定风险的识别排查与预警机制。最高境界的安全韧性社区，是在充分做好所有灾害准备、沉着应对灾害发生、快速实现恢复重建的基础上，仍然跨前一步，时刻保持警惕，对风险灾害持有高度的敏感性，将风险隐患消除在萌芽中，防患于未然，防微杜渐，治未病治未乱。诸多事件表明，很多人为灾害的发生，都是小事故、小故障的无数次积累达到一定临界点以后的质变结果。据此，我们认为，上海社区应急治理中，除了注重家庭应急建设外，各专业职能部门要切实做到"眼睛向下、深入社区、深入服务或监管对象一线现场"，组织动员基层网格员、社区工作者、专业志愿者、专业社会组织、企业等多元力量，对社区所有涉及安全领域的风险类型，定期或不定期进行全方位、系统化的调查、排查、评估，第一时间发现风险点、隐患点，及时补上漏洞短板，把可能带来更大灾害的隐患消灭在萌芽中。

（四）全面提升基层社区应急管理的数字化赋能实效

在当今移动互联网、大数据、5G、区块链、人工智能、元宇宙等科技迭代升级和深度应用的数字时代，充分利用数字优势，让数据给所有治理主体赋能增效，是大势所趋，也是必然选择。充分依托市、区、街镇一网通管"三级平台、五级应用"架构，着力构筑自动感知、智能化、智慧化的灾害风险数字化管控体系，理应成为下一步上海社区应急管理建设的重点内容之一。但目前，上海社区应急的数字化治理虽然取得一定成效，但在快速发展的进程中，也面临各条线信息系统整合度有待提升、数据共享机制有待深化理顺、基层管理系统的精准度有待提升、专业数字化人才队伍缺乏等问题。为此，上海在未来的社区应急治理中，要更好发挥城市数字化转型新优势，突出以人为本、管用高效的原则，真正让数字技术为基层应急赋能增效，提高应急治理的智能化、智慧化水平，重点需要强化以下几点。

一是整合多条线的数字系统，搭建统一的社区应急数据平台。在全方位评估的基础上，对社区层面存在的多个条线数据系统进行必要的整合、融合与协同，打造以街镇城市运行管理中心为核心的跨部门统一基层应急数字化平台，同时不断推动其迭代升级和功能叠加，将其打造成社区应对各种慢性和急性冲击风险的数据中枢和指挥中心，联通市、区城运中心，形成上下联通、数据融通、跨部门协同的城市智慧应急体系。

二是大力开展社区风险数据的深度收集、分析与预判预警。一方面，选择基础较好的基层社区，探索实施区块链、元宇宙等最新科技在基层应急治理领域的深度应用，积累经验，最大限度提高应对各种突发危机的自动感知、自动预警，把风险危机消除在萌芽中，等经验成熟后，向全市其他社区进行复制推广；另一方面，要在统一的数据治理系统或平台上，叠加建设旨在切实能够为防范重大安全风险（城市生命线、建筑安全、电梯、消防、防汛防台、流行病等）提供决策依据的实有数据库，保持数据的适时动态更新，借助人工智能、算法等深度、精准分析各类潜在风险的演变态势，提高预判预警能力，为防范灾害、应急治理、恢复重建等提供强有力的数字化支撑。

三是引进和培训并重，全面提高基层应急队伍的数字化实战能力与水平。一方面，借助基层社区工作者招录考试通道，注重引进既懂社区治理、应急治理，又懂数字化、信息化技术的现代复合型应急治理人才，逐步解决社区应急治理中专业人才尤其是数字化人才缺乏的问题，为推动城市数字化转型夯实基层人才基础；另一方面，对从事社区应急治理的原有人才队伍，适时开展数字化赋能增效的专项培训，为推动应急数据整合、数据开发、技术应用等开展科学决策、高效行动赋能，全面提高基层治理团队对现代数字技术在应急治理应用中的驾驭能力、开拓能力和创新能力。

B.21
共同富裕下长三角高质量一体化
发展路径研究

林 斐[*]

摘 要: 党的二十大确立实现全体人民共同富裕的中国式现代化的重要目标，对区域高质量一体化发展提出实现全面富裕、共建富裕与共享富裕的要求。本研究以共同富裕目标为导向，考量长三角区域、城市与城乡之间差距，从发展平衡性、协同性与包容性三个层面，探讨近年来长三角高质量一体化发展的主要成效及存在的问题，提出实现共同富裕的重要目标，长三角高质量一体化发展重点在平衡、共建、共享三个方向上，构筑共建共享型平衡发展的共同富裕路径，即完善区域一体化协同机制，加强城市群（圈）城市间合作，加强省际毗邻地区合作，构建区域统一大市场，数字技术赋能共享发展，提高公共服务均等化、普惠化，建设共同富裕示范区等。

关键词: 高质量一体化 共同富裕 长三角

一 共同富裕是区域高质量一体化发展的新要求

共同富裕具有鲜明的时代特色。习近平总书记指出，"共同富裕是社会

[*] 林斐，安徽省社会科学院经济研究所研究员，主要研究方向为区域经济、发展战略与规划、区域政策等。

主义的本质要求，是中国式现代化的重要特征"①。党的十八大以后，在以习近平同志为核心的党中央领导下，经过全党和全国人民的共同努力，2020年如期实现了全面建成小康社会第一个百年奋斗目标。党的二十大提出共同富裕是中国式现代化的重要目标，作为第二个百年奋斗目标，确立到2035年建成富强民主文明和谐美丽的社会主义现代化强国，这是我国进入发展新阶段的新要求。按照世界银行2020年的标准，人均国民总收入4046~12535美元为中等偏上收入国家，12535美元以上为高收入国家。预计到2035年我国人均GDP达到中等发达国家水平，从目前的1.27万美元增加至2.5万美元以上，上升到高收入国家，进入富裕社会。

高质量发展是实现共同富裕的重要路径。党的十九大报告指出，中国特色社会主义新时代我国社会主要矛盾已经转化为人民日益增长的美好生活需要和不平衡不充分的发展之间的矛盾。共同富裕是以满足人民日益增长的美好生活需求为根本目的，以化解发展不平衡不充分问题为重要抓手。党的二十大提出，发展是党执政兴国的第一要务，高质量发展是全面建设社会主义现代化国家的首要任务。习近平总书记指出"坚持以人民为中心的发展思想，在高质量发展中促进共同富裕"，明确了新发展阶段实现共同富裕的重要路径。

共同富裕是长三角高质量一体化的长期愿景和落脚点。长三角是我国经济发达地区，经历40多年经济中高速增长，已具有实现共同富裕的良好基础条件，在迈向共同富裕道路上取得了实质性进展。2022年长三角经济总量为29万亿元，占全国的24%，大抵德国或日本的经济体量，2022年德国为4.02万亿美元，日本为4.23万亿美元。长三角人均GDP为1.8万美元，高于全国平均水平，达到中等发达国家水平，在推动共同富裕实践方面走在了全国前列。面向未来，长三角紧扣"一体化"与"高质量"两个关键词，承担高质量共同富裕示范区的重要使命，不断推动长三角高质量一体化发展取得新进展、新成效，为实现全体人民共同富裕的中国式现代化起到重要的

---

① 习近平：《扎实推动共同富裕》，《求是》2021年第20期。

示范作用，践行实现共同富裕的三个基本要求。

第一，高质量一体化发展要实现全面富裕。共同富裕的目标是建立在全面富裕之上，是多维度的综合考量。在经济总量日趋扩大的基础上，实现全体人均收入水平不断提高，并达到富有水平，充分展示中国式现代化的终极目标。在共同富裕领域覆盖面上，实现经济繁荣昌盛、人的全面发展和社会全面进步，经济、政治、社会、生态、文化、生活等各领域和谐共生，生活富裕富足、精神自信自强、环境宜居宜业、社会和谐和睦、公共服务普及普惠、经济社会与生态文明平衡发展；在共同富裕区域覆盖面上，不断缩小区域发展差距，帮扶欠发达地区与发展困难的地区，构建大中小城市与小城镇协调发展关系；在共同富裕城乡覆盖面上，推动城乡融合发展，消除城乡分割对立的关系，让城乡居民收入差距缩小至合理的区间内；在共同富裕人口覆盖面上，不仅消除绝对贫困，而且减少相对贫困，是全体人民都富裕，不是少数人的富裕，也不是整齐划一的平均主义，全体人民群众达到富裕水平，实现全面富裕。

第二，高质量一体化发展要实现共建富裕。实现共同富裕是一个长期财富积累的过程，不会一蹴而就，也不能"一刀切"地发展，一体化不是一样化，共同富裕也不是平均主义。要在保持财富稳定增长的前提下，不断提高劳动生产率，共同做大蛋糕，要通过全社会全体人民齐心合力共同建设，人人参与，人人尽力，共同努力辛勤劳动，勤劳致富，共同进入富裕社会。20世纪90年代邓小平曾提出"让一部分人先富起来，先富带后富，最终实现共同富裕"。沿海地区率先对外开放，并通过产业转移与劳动力流动，带动内陆地区共同发展，从而奠定了共同富裕的基础条件，切实履行共建富裕的理念，虽然各地发展次序有先有后、发展水平有高有低，但是通过共建发展，消除区域发展的两极分化，不断缩小区域发展的差距，构建区域协同发展促进共同富裕的新格局。

第三，高质量一体化发展要实现共享富裕。共同富裕是共建美好家园，实现共享美好生活。习近平总书记提出"必须多谋民生之利、多解民生之忧，在发展中补齐民生短板、促进社会公平正义，在幼有所育、学有所教、劳有所得、病有所医、老有所养、住有所居、弱有所扶上不断取得新进展，深入开展脱贫攻坚，保障全体人民在共建共享发展中有更多获得感，不断促进人的全面发展、全体人民共同富裕"①。共同富裕是在全社会富裕基础上实现全民共享，通过财政转移支付、收入分配调节等措施，让所有地区分享发展成果，全体人民在共同劳动共同建设的基础上共享现代化发展的成果、共享改革开放发展的成果。

上述三个要求体现以共建带动共享、共建共享促进全面富裕的主要路径。长三角的共同富裕，应通过高质量一体化发展，为全国率先走出一条相对平衡发展共同富裕的新路子，在全国打造出实现共同富裕的样板。

二 共同富裕是考量长三角高质量一体化发展的重要目标

长三角一体化发展促进共同富裕实现，从区域、城市与城乡收入差距考量检验长三角高质量一体化发展的主要绩效。从区域层面上，是否达到社会共同富裕的发展水平，考察地区经济发展水平是否趋于收敛，省际 GDP 和人均 GDP 是否趋同；从城市层面上，城市经济发展水平差距是在不断扩大，还是有所缩小，大中小城市发展是否同步增长，差距是否控制在合理水平内；从城乡层面上，城乡居民人均可支配收入是否趋于收敛，是否实现共同增长，收入差距是否控制在合理区间内等。

第一，区域经济发展差距逐步缩小，但人均差距仍然较大。

2018 年 11 月长三角一体化发展上升为国家战略，2018 年以来长三角GDP 不断攀升，从 2018 年的 21.15 万亿元上升至 2022 年的 29.03 万亿元，占全国的比重从 23.4%上升至 23.98%，提高了 0.6 个百分点，对全国经济贡献有所提高。江苏在全国排第 2 位，仅次于广东，浙江第 4 位，两省担当经济大省重任，常年发挥稳定。安徽加入长三角后，经济表现突出，五年内GDP 连跨 2 个万亿元台阶，2022 年为 4.5 万亿元，从 2002 年全国居第 14

---

① 习近平：《扎实推动共同富裕》，《求是》2021 年第 20 期。

位上升至 2022 年的第 10 位，上升了 4 个位次，人均 GDP 从第 23 位上升至第 13 位，上升了 10 个位次，实现了从"总量居中、人均靠后"向"总量靠前、人均居中"的历史性突破，经济增速在长三角居前。尽管近三年受到疫情和外贸形势影响，但总体上长三角三省一市经济发展水平呈现出一定程度的收敛趋势。

衡量区域实力不仅要看经济总量，还要看人均指标。2022 年长三角人均 GDP 为 12.24 万元，是全国人均 GDP 的 1.43 倍，其中上海人均 GDP 为 179370 元，相当于 2.66 万美元，在长三角稳居第 1 位、全国第 2 位，龙头地位无可撼动。江苏省人均 GDP 为 144468 元，超过人均 2 万美元的发达国家水准线，达到中等发达国家水平，与我国台湾地区相当。浙江省人均 GDP 为 118830 元，在长三角位居第 3。安徽省人均 GDP 为 73687 元，突破 1 万美元，在长三角垫底，仅为上海的 41%、江苏的 51%、浙江的 62%，人均 GDP 落差明显（见表 1）。

表 1　2018~2022 年长三角三省一市 GDP 与人均 GDP 变化

		单位	2018 年	2019 年	2020 年	2021 年	2022 年
GDP	上海	亿元	36011.82	37987.55	38963.30	43214.85	44652.8
	江苏	亿元	93207.55	98656.82	102807.7	116364.2	122875.6
	浙江	亿元	58002.84	62462	64689.06	73515.76	77715
	安徽	亿元	34010.91	36845.49	38061.51	42959.18	45045
	长三角	万亿元	21.15	23.7	24.5	27.6	29
	长三角占全国比重	%	23.4	23.9	24.14	24.02	23.98
人均 GDP	上海	元	145794	153093	156582	173593	179370
	江苏	元	115930	116650	121333	137039	144468
	浙江	元	93230	98770	100738	113032	118830
	安徽	元	56063	60561	62411	70321	73687
	长三角	元	102754.3	107268.5	110266	123496.3	129088.8

2014 年长三角扩容后内部经济发展差距进一步扩大，虽然安徽这几年发展加快，缩小了与苏浙沪经济总量的差距，提升了长三角区域整体协同程

度与均衡发展程度，但是长三角人均 GDP 差距显著高于 GDP 的差距（见图
1、图 2），是发展不平衡不充分问题的重要表现之一。

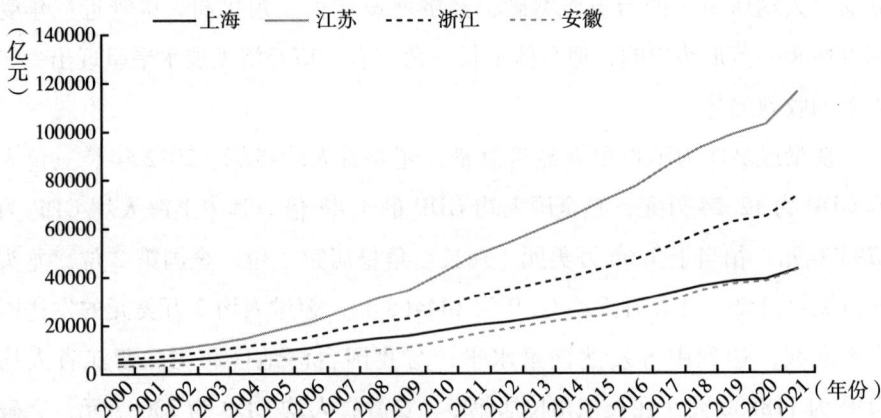

图 1   2000~2021 年长三角三省一市 GDP

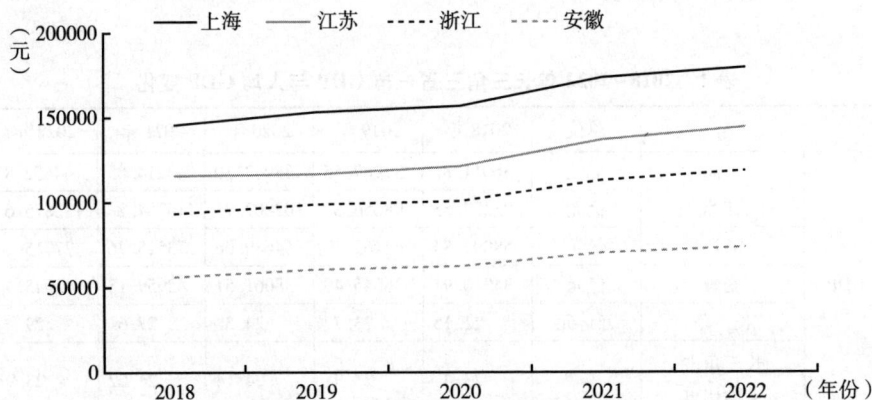

图 2   2018~2022 年长三角三省一市人均 GDP

第二，大城市持续扩张增长，但城市发展分化趋势显著。

长三角共 41 个城市，经济发展有两个重要特征。一是大城市表现更为
突出。2022 年长三角所有设区市的经济体量均达到了千亿元以上，城市经
济增速总体跑赢大盘，进入万亿俱乐部城市数量增至上海、苏州、杭州、南
京、宁波、无锡、合肥、南通 8 个。稳居长三角城市前两位的分别是上海

（44653 亿元）和苏州（23958 亿元），突破 2 万亿元，对比全国（不含港澳台）GDP 超过 2 万亿元的城市仅有 7 个，长三角占了两席。超大城市变得更大，上海 GDP 接近杭州、南京、合肥三大省会城市的总和。人均 GDP 无锡、苏州、南京、上海、常州跻身全国城市排名前十，其中无锡人均 19.86 万元，居长三角第 1 位，接近中等发达国家门槛。上海、杭州、南京、苏州、合肥、宁波、无锡 7 个大城市集聚了长三角 36% 的人口和 51% 的 GDP，占长三角人口增量的 60% 和 GDP 增量的 53%。主要表现在，一方面，大城市经济密度持续提高。《长三角一体化发展指数报告（2022）》显示，长三角供应链数量占全国 40%，是全国供应链中枢，其中上海、南京、苏州 3 市集聚了长三角将近 1/3 的供应链。另一方面，大城市人口密度也进一步提高。人口向大城市集聚不断加剧，2010~2022 年杭州、苏州、合肥、上海、宁波、金华、南京、无锡 8 个城市人口共增长了 1518 万人，占长三角所有城市人口增长总量的 63%。可见，经济增长与人口增长正向促进，经济发展越快，对人口吸纳力越强，人口集聚越多，经济发展越快。二是城市群内城市表现更为亮眼。长三角城市群规划圈定的 26 个城市作为中心区，中心区的 GDP 从 2014 年的 12.67 万亿元增至 2022 年的 24.1 万亿元，占全国的比重从 18.5% 上升至 20%，6 年间提升了 1.5 个百分点，对全国经济的贡献度进一步提高。都市圈内中心城市经济发展水平高于外围地区的城市，中心区与非中心区之比从 2014 年的 5∶1 下降至 2022 年 4.92∶1，两者差距虽有一定程度的收敛，但中心区占据更为显著的优势，2022 年中心区占长三角 GDP 的比重为 83%，占全国的比重为 20%。中心区的人均 GDP 为 13.85 万元，非中心区的人均 GDP 为 10.63 万元，差距为 3.22 万元。在发达的沪苏浙地区，经济发展均衡性较好，上海向苏浙地区的经济辐射带动，使两省一市发展形成良性互动。安徽城市经济发展处在集聚阶段，中心城市扩散尚未形成趋势，省域内城市发展差距拉大，除了省会合肥 GDP 进入长三角 TOP20 城市之列，人均 GDP 居长三角第 14 位，安徽其他地级市经济实力均不突出，16 个地市中有 11 个不及全国平均水平，在长三角排位靠后。作为安徽省域副中心的芜湖市，与省会合肥的经济总量差距达 7500 多亿元，头部城市与第二位城市发展差距拉大，与江苏省镇江、淮安处于同一层级。黄山、铜陵、池州等市经济总量在长三角垫底。2022年长三角有9个城市低于全国平均增速，其中安徽省铜陵、安庆、淮南、淮北与蚌埠占了5个。可见，安徽省域内城市发展分化明显。

总的来看，长三角相对全国其他地区包括城市群而言，也是经济社会发展水平相对均衡、内部差距最小的地区之一。苏浙沪发展水平相当均衡，城市之间落差较小，考虑了安徽，总量与人均指标的区域差距也在缩小。按《长江三角洲区域一体化发展规划规划》（以下简称《规划》）要求，到2025年长三角城市群中心区人均GDP与全域人均GDP差距缩小到1.2∶1，2022年这一比例为1.34∶1，离目标值还有一段距离。城市发展极化趋势短期内很难扭转，中心区与外围区发展差距仍十分明显。

第三，城乡发展协调性提升，但内部差距拉大。

城乡居民人均可支配收入比是衡量地区城乡发展的重要指标。长三角城乡居民人均收入领先于全国平均水平，居民人均可支配收入比均值由2010年的2.56下降至2022年的2.11，其中上海为2.12，浙江为1.9，江苏为2.11，安徽为2.3，居民人均可支配收入比最高的与最低的差值趋向收敛，由2010年0.67下降至2022年0.40，下降幅度较大。浙江城乡发展均衡性表现最优，进步最快的是安徽。从城市看，上海居民人均可支配收入为79610元，排名全国第一，是长三角最高的。苏州人均可支配收入为7.08万元，超过杭州，居全国第5位。从城镇居民人均可支配收入看，长三角26个城市中有20个城市超过全国平均水平，长三角与全国平均水平从2010年的1.28倍上升至2022年的1.32倍。长三角排名前10的城市，江苏省有3个，浙江省有6个，安徽没有一个进入前10。江苏省为60302万元，在全国领先，浙江为49862万元，与江苏省相差了1.04万元。安徽省为45133元，近年来增速较快，差距也在缩小。从农村居民人均可支配收入看，长三角与全国平均水平从2010年的1.67倍降到2022年的1.56倍。2022年，上海在长三角26个城市中排名第9位。浙江领先优势非常大，嘉兴、舟山、绍兴、宁波、杭州、湖州6市在长三角排名前6，城乡发展协调程度高。安徽低于全国平均水平（20133 元），如滁州与安庆市分别仅为 18630 元、18130 元。安徽由于前期基数较低，农村居民人均可支配收入增速稍微快一些，进步较快。

按《规划》要求，到 2025 年长三角中心区城乡居民人均可支配收入比控制在 2.2：1 内，到 2022 年中心区多数城市已提前达到预期目标。长三角城乡居民人均可支配收入差距较大的宣城、滁州、安庆、铜陵等市，超过 2.2：1。总体上，城镇居民人均可支配收入提高，与农村居民人均可支配收入比缩小。

第四，公共服务均等化水平提升，但各地水平差距大。

公共服务均等化水平与经济发展水平相一致。在长三角各地财政和个人消费支出增长的情况下，公共服务的地区差距逐年缩小。一般公共预算支出人均水平最高的是上海，从 2010 年的 1.42 万元增长到 2021 年的 2.24 万元，最低的是安徽，从 2010 年的 0.43 万元增加到 2021 年的 1.24 万元，最高与最低省市的差值由 3.3 下降至 1.81。长三角居民人均消费支出由 2010 年的 13686 元上升至 2021 年的 34727.25 元。城乡居民人均消费支出比由 2010 年的 2.33 下降至 2021 年的 1.72，最高的与最低的差值由 0.87 下降至 0.45（见表 2）。上海市公共服务均等化水平是长三角最高的，江苏省均质分布，安徽分布稍集中，浙江极化较为突出。从公共教育资源看，三省一市普通小学生师比均值由 2010 年的 17.40 下降至 2020 年的 16.39，初中生师比均值由 13.99 下降至 12.06，普通高中生师比均值由 14.28 下降至 11.13。从公共医疗资源看，长三角每千人口卫生技术人员数均值由 2010 年的 4.86 上升至 2020 年的 7.93，万人医院床位数均值由 27.52 上升至 52.20。中心城区或新区公共服务配置水平高，边缘城区县公共服务配置水平低。[①] 总体上，住房、医疗、教育、社保等民生领域的公共服务水平长三角内部差异较大，不同等级城市公共服务资源差距大，公共服务水平较高的上海，基

---

① 郭素玲、陈雯：《一体化背景下长三角城市公共服务的空间差异研究》，《上海城市规划》2020 年第 4 期。

本公共服务部分领域仍有短板，存在明显的城乡差距。城市内部不同类型的县区因经济发展水平、公共资源获取能力的不同，形成公共服务空间分异。资源浪费与不足同时存在，带来公共服务供给和获取之间的矛盾。人口空间集聚态势更为明显，进而导致区域内产业、经济发展与社会总体福利水平的差距，进一步加剧公共资源分布空间极化，与人口和经济发展水平不匹配。

表2 2021年长三角三省一市城乡居民人均可支配收入与人均消费支出

单位：万元

	全体居民		城镇常住居民		农村常住居民	
	人均可支配收入	人均消费支出	人均可支配收入	人均消费支出	人均可支配收入	人均消费支出
上海	79610	48879	84034	51295	37565	27205
江苏	60302	31451	71268	36558	28486	21130
浙江	49862	36668	60178	42194	19575	25415
安徽	32745	21911	45133	26495	31338.75	17163
长三角均值	55629.75	34727.25	65153.25	39135.5	39729	22728.25
全国	35128	24100	47412	30307	39729	15916

资料来源：国家统计局。

按《规划》要求，到2025年人均公共财政支出达到2.1万元，2022年上海已经提前达到，安徽（1.24万元）还不及，江苏1.86万元（2021）、浙江1.84万元（2022）介于两者之间。在公共服务投入上提高人均公共财政支出同样存在差别，欠发达地区县公共服务投入受地方财政收入的影响。

三 长三角高质量一体化发展是
实现共同富裕的重要保障

长三角一体化发展的前提下，区域、城市与城乡发展水平差距进一步收敛，并控制在合理的区间内，高质量一体化发展的重点从平衡、共建、共享三个方向上，提升发展的平衡性、协调性、包容性，构筑共建共享型平衡发展新格局，为实现共同富裕提供坚实保障。

第一，提高发展的平衡性。围绕共同富裕的重要目标，保障经济社会可持续发展，同时解决地区之间经济社会生态发展的平衡问题，着力提高区域发展的平衡性。

一是处理好经济发展转型与城镇化进程的统一关系。三省一市处在工业化与城镇化发展的不同阶段，从低端向中高端产业结构转型升级、从中高速增长转向高质量发展、从粗放式发展转向集约式发展。长三角经历 40 多年的经济持续增长，成为工业门类较齐全的世界制造基地，发达地区已完成工业化，服务经济占主导，贡献大。一些发展中地区仍处在工业化中期阶段，工业占主导，农业占比仍然偏高，服务业发展不足。长三角整体转型发展任务并没有全部完成。同时，长三角城镇化率超过 70%，进入城镇化后期阶段，2022 年上海市城镇化率达 89.3%，然而另一些地区城镇化率仅为 40% 多，如安徽阜阳市人口超过 900 万人，城镇化率仅有 41%，远低于全国 65% 的平均水平，人口城镇化仍需要进一步加快。这也是长三角内部结构不统一、内部发展差距较大的原因所在。

二是处理好经济发展和资源生态环境保护关系。长三角进入工业化与城镇化后半程，维持经济发展与生态环境保护之间平衡关系尤为重要，针对三省一市共同面临的系统性、区域性、跨界突出的生态环境问题，加强生态空间共保，推动环境协同治理。国家生态文明示范区、生态城市、森林城市、环保模范城市集中建设，"千村示范、万村整治""五水共治"形成了长三角生态文明建设的浓厚氛围、有效协同保护机制和典型模式。2012 年新安江流域生态保护和补偿合作试点，至今已过十年，取得显著成效，试点经验得到复制推广。2021 年在沪苏浙交界处设立长三角生态绿色一体化示范区。长三角实施国土空间规划，划定生态功能区限制开发区，严格执行环境容量和污染减排标准，制约高耗能、高污染产业的跨地区转移，对承接产业转移地区是个考验，长三角需要共同探索走出一条绿色低碳高质量发展新路。

三是处理好先发地区和后发地区的共建关系。长三角市场主体占全国总量的1/5，是我国市场主体活跃、市场经济发达的区域之一。在市场机制作用下，资源要素禀赋优势重构，分工合作形成集聚规模效应，大城市占据集聚优势，对周边地区中小城市虹吸效应明显，进一步凸显先发地区的优势，后发地区由于要素持续流失，人口吸纳力弱，产业集聚力不够，发展后劲不足。针对上述问题，长三角要加强省内对接合作共建，实施省域内平衡发展策略。如江苏省苏南帮扶苏北、安徽支持皖北地区合作共建园区，而且推进跨省结对合作发展。2021年国家发改委出台《沪苏浙城市结对合作帮扶皖北城市实施方案》，上海3个区、江苏3个市、浙江2个市定点帮扶安徽8市。另外，2022年5月长三角生态绿色一体化发展示范区通过"示范区共同富裕实施方案"，打破省市行政边界，探索长三角共建发展的新路径。

第二，提高发展的协同性。围绕共同富裕的重要目标，建立区域、城市、城乡协同发展的联系，防止重点区域、城市、城乡发展差距持续扩大，着力提高发展的协同性。

一是大中小城市之间加强协同发展。充分发挥中心城市的辐射带动作用，推出长三角城市群和都市圈规划，实施城市功能布局的一体化。2016年出台《长三角城市群发展规划》，重新理顺特大城市、大城市、中小城市、乡镇之间的协作关系，形成不同定位的城市分工体系。2021年国家发改委出台《南京都市圈发展规划》，成为跨省行政区城市合作发展的突破口，创新性提出"融圈"同城化发展合作新思路。

二是加强城市间产业与功能分工协同。长三角产业分工不断深化，提高各地专业化水平，但是不能完全消除产业同构化趋向，新一轮高新技术产业的竞争，一时难以杜绝拼政策抢资源、同质竞争现象，反映产业一体化的难度加大，产业分工合作需要进一步加强。相比而言，近年来，长三角功能合作得到加强，围绕长三角港口群、机场群、上海虹桥枢纽建设取得成效。科技创新合作如建设G60科创走廊，推动9个中心城市创新功能相互赋能，共建科技中心和科技园等，城市间功能合作得到有效强化。

三是加强城乡协同发展。发达长三角正在消融城乡二元结构，但并没有完全实现城乡融合发展目标，浙江城乡发展融合程度在全国领先，县域经济发达，打造山海协作升级版，进一步缩小城乡发展差距。安徽农村人口大量持续迁往长三角发达地区及大城市，"空心村"增多，缺少产业支撑，县域经济不发达，区域中心城市优势不突出，城乡差距仍然较大。总之，长三角区域高质量城乡协同融合发展有待提升。

第三，提高发展包容性。围绕共同富裕的重要目标，把增进人民福祉、促进人的全面发展作为发展的出发点和落脚点，惠及所有的地区，与全体人民分享经济发展成果以及所产生的增长效益和财富，着力提高发展包容性。

一是促进各地参与共享一体化利益好处。让资源要素在长三角区域内自由流动和优化配置，并不能自动实现地区共同发展，以及缩小发展差距，对于自身条件与区位偏远的地区，难以摆脱"资源诅咒"，陷入发展路径依赖恶性循环；对生态功能区，由于资源环境保护的要求，产业引进门槛抬高，这些地区虽然参与一体化，但能从中分享一体化的成果不足，显然制度重新设计安排必不可少。

二是提升城乡公共服务均等化水平。长三角教育、医疗卫生、养老等公共服务投入不断增加，保障了基本民生需求，兜牢了社会基本民生底线，但受各地经济发展水平影响，各地公共服务水平差距明显，无法在短时期内完全消除城乡差距。一体化共享效应集中在城市，公共服务水平也会越来越高，若要防范化解区域发展差距持续扩大风险，局部不平衡的问题亟待解决。

三是消除参与分享发展成果的障碍。在不打破行政体制的前提下，长三角一体化制度创新探索取得进展。目前，长三角地区已实现住院费用异地结算，方便江苏、浙江、安徽居民到上海看病。城际铁路、轨道交通、高速路网建设与断头路打通，交通卡异地使用，出行更加方便。跨区域劳动力流动频繁，安徽2022年跨省流出1145万人，75%的流入发达的沪苏浙地区，市民化的人数和比例也在提高，但与本地居民享受教育、医疗服务有差异，多样化的需求还无法得到完全满足。长三角三省一市还有许多方面的标准不一致，除去交通、医保卡异地结算，还有人才的认同政策等，都属于高质量一体化的重要内容，还需要打通关节和屏障，让更多的群众享受一体化发展的成果。

四 推进共同富裕的长三角高质量一体化路径

长三角一体化发展既有利于各地经济发展水平提高，也有利于地区、城市和城乡发展差距收敛，要清醒地认识到，发展不平衡问题不会自然而然解决，扎实推进共同富裕，关键在于加强高质量一体化发展的路径设计与制度安排。

（一）完善一体化跨省市区域协同机制

长三角一体化实践不断完善多层级政府主导的协商机制，推广开放性的协商制度，推进多领域的合作。根据区域发展高质量标准的规定建立生态补偿制度，针对资源矿产、水域、山区县域列为的生态功能区，提高生态补偿的标准，坚持生态红线、环保底线和能耗上线，在环境容量许可内转移高耗能产业的同时，输出绿色技术。成立长三角共同基金，帮助后发地区解决发展不可持续的问题，促进生态资源转化为经济价值，践行绿水青山就是金山银山的发展路径。针对偏远的地区，不仅帮助其改善交通基础设施，还要帮助这些地区融入大的经济循环。支持发达地区在欠发达地区发展"飞地经济"，探索新的经济核算、税收分配分成制度，突破现有行政体制的约束，促进地区之间的合作在成本共担、利益共享的基础上达成互利互惠，受帮扶的地方不能"躺平"，帮扶方要有共享意愿，而不仅仅是来自行政指令。充分发挥一体化合作红利，搭建跨区域合作共建平台，扶持一批跨行政区的"飞地园区"、离岸创新中心、人才中心等，赋予合作平台优势，携手共谋发展大计。

（二）加强都市圈城市紧密合作

以城市群为重点，放大城市群带动效应，提高城市群一体化和都市圈同城化水平，提升中心城市影响力和能级，发挥集聚和辐射效应。深化城市群战略对接，强化城市群发展的联动效应。以城市群区域合作和大都市区紧密合作为引领，推动长三角区域内供应链、产业链的衔接融合，实现产业供求对接，大中小企业链接、上中下游产业配套，优化产业链供应链布局，加强非中心区的城市与中心区的城市产业联系，形成产业链、供应链和价值链的闭环。中小城市根据自身优势，主动接受大城市辐射，融入都市圈发展，明确城市功能和产业发展方向，加强规划、产业、公共服务等领域的全方位对接，全面提升基础设施水平，缩小各城市间的空间距离。加速城市间智能化物流配送中心和数字化供应链服务体系建设，提高都市圈整体产业支撑能力和综合服务能力。发挥一体化的边界效应，拓展城市群或都市圈边界，让更多的城市加入"伙伴圈""朋友圈"。推进以人为核心的县域城镇化建设，强化县城综合承载力的补短板、强弱项，丰富文化活动，深化人地挂钩、人钱挂钩机制，推动城乡一体化融合发展。

（三）构建区域统一大市场

建设长三角统一市场，既有利于长三角地区经济总量增长，也有利于促进不同地区间的均衡发展，促使各自为政的生产和经济模式转化统一，推进政策协同，减少内卷，避免重复建设，降低制度交易成本，促进公平竞争，共同打造长三角一流营商环境，优化产业链跨区域布局，维护产业链供应链韧性，让要素在更大范围畅通流动，促进地方经济发展提质增效，发挥超大规模市场优势，放大规模效应和范围效应。推动人才、资金、技术等要素跨区域双向流动，提高区域融合发展程度。协同提升交通基础设施互联互通水平，畅通城市之间、城乡之间的配送网络，降低跨区域流通成本，持续提升流通效率。发挥自贸试验区制度创新引领作用，加快构建区域性市场统一规则，提高政策协同度，逐步推行产业政策、市场准入、监督管理的标准统一。

（四）加强省际和毗邻地区合作

将合作共建产业园区作为重要抓手，深化跨省市城市和城区结对合作，发挥各地区动态比较优势，有序推动产业跨区域转移和跨区域产业深度对接，促进产业集群发展。建立优势互补、高质量发展的区域经济布局。推广中新苏滁现代产业园、中新嘉善现代产业园、沪苏大丰产业联动集聚区、上海漕河泾新兴技术开发区海宁分区等省际合作园区的成功经验，以及上海临港、苏州工业园区合作开发管理模式，提升跨省共建合作园区开发建设和管理水平，及时跟进长三角8个城市（区）结对合作共建的进展，推进发达地区向欠发达地区进行资金、技术、人才、物资、教育、医疗等方面的对口支援，促使跨省市对口支援制度日趋完善。

（五）推进公共服务均等化普惠化

公共服务正在成为城市的核心功能，面向民生需求补短板，力求做到民生需求应保尽保和均等享有。加快推动长三角公共服务供给以及硬件与软件迭代升级，实现基本公共服务便利共享全域覆盖。推动跨区域药品目录、诊疗项目、医疗服务设施目录的统一。鼓励开展跨省域教育、养老、医疗卫生合作先行先试，跨省市高校联合办学、合作办学。促进中心城市优质公共服务资源的跨区域共享，逐步实现公共服务制度对接、水平趋衡、便利普惠与政策协同等。现阶段重点推动省际毗邻区域的便利共享更加必要，省内以县域为基本单元推进城乡融合发展，加强县城教育、医疗、养老等公共服务供给，中心城市的优质公共资源向农村地区延伸，推动医共体院区合作共建。组建教共体，推行大学区招生和办学管理模式，打造普惠型规范化的教育中心，推行义务教育教师交流制度与轮岗制度，让城乡共享优质教育资源。

（六）新技术赋能共建共享

新技术不断改变着传统的时空界限，借助数字技术的广泛应用，整合资源，打破地理限制，更新迭代区域优势，聚焦数字经济、智能经济等，缩小区域数字鸿沟，提高地区间数字基数设施建设水平，在教育、医疗、养老等领域建立多层级、网络化的信息互通平台，在更大范围内进行统筹规划、合理布局，各地政府间利用互联网信息技术提升，共享城市高品质教育医疗资源，利用5G互联网，实现在线教育、远程医疗、网上诊疗、线上手术指导。促进教育、医疗卫生等公共资源均衡布局，让各地群众享有均等化服务机会。广大农村地区充分利用数字化基础设施，通过电商平台、社交网络、在线平台，带动乡村旅游、餐饮及民宿等产业发展和特色农产品销售，通过共享数字经济红利，一起迈向共同富裕新征程。

（七）建设共同富裕示范区

共同富裕的突破点是城乡融合。长三角推进高质量发展共同富裕示范区建设。率先在省域内开展，参照浙江高质量发展建设共同富裕示范区的模式，借鉴江苏打造省域内建设共同富裕的现代化社会的样板做法，推动长三角区域内开展共同富裕城市试点，以开放姿态加强经验交流和学习，复制推广一体化合作治理试点经验。以共同富裕为目标，构筑跨省市的一体化发展的推动共同富裕的政策框架，建立长三角城乡融合发展监测评估体系，构建省际和省域内城乡发展差距考核指标。关注跨区域流动的劳动者收入变动，进一步提高劳动者的收入，提升新市民的归属感和幸福感。

参考文献

陈杰：《长三角高质量一体化的目标是共同富裕》，《经济参考报》2019年6月12日。

李军鹏：《共同富裕：概念辨析、百年探索与现代化目标》，《改革》2021年第10期。

黄繁华、李浩：《推进长三角一体化对城乡收入差距的影响》，《苏州大学学报》（哲学社会科学版）2021年第5期。

董雪兵：《以更平衡更充分的区域协调发展推动共同富裕》，《国家治理》2021年第30期。

郭素玲、陈雯：《一体化背景下长三角城市公共服务的空间差异研究》，《上海城市规划》2020年第4期。

B.22
长三角文旅融合与一体化发展研究

孙运宏*

摘　要： 长三角地区文旅资源丰富，打造文旅深度融合一体化发展的新格局，是长三角高质量发展的客观要求。长三角区域文旅资源优势突出，文旅产品创新发展成效显著，文旅市场高度发达活跃，文旅融合与一体化发展机制初步建立。长三角文旅融合与一体化发展在利益协调机制、市场主体培育、地方特色文化呈现、数字化场景应用、整体品牌建设等方面存在短板。要进一步完善制度化的利益协调机制，推进市场主体的创新合作，依托地域特点打造特色产业，借助数字技术培育新业态，加强长三角文旅品牌建设和人才培养。

关键词： 文旅融合　区域合作　一体化发展　长三角

　　党的二十大报告强调："坚持以文塑旅、以旅彰文，推进文化和旅游深度融合发展。"这为新发展阶段推进文旅融合高质量发展指明了方向，是文旅融合发展实践的根本遵循和行动指南。当前，文旅融合已成为影响文旅产业和区域发展的重要因素，文旅融合的新产品、新场景、新业态为消费市场注入了新活力。长三角作为我国经济发展最活跃、开放程度最高、创新能力最强的地区之一，文旅资源丰富。打造文旅深度融合一体化发展的新格局，是长三角文化和旅游转型发展的客观需要，也是繁荣发展文化事业和文化产

---

* 孙运宏，博士，江苏省社会科学院办公室副主任，研究方向为社会治理与社会政策。

业的关键举措，更是推进中国式现代化长三角场景落实落地的必然要求。立足新发展阶段，瞄准新发展需求，推动长三角文化和旅游在更深层次、更广范围、更高水平上实现深度融合，必须以全新的理念打造融合发展新模式、拓展融合发展新空间、激发融合发展新活力、构建融合发展新机制。

一 长三角文旅融合与一体化发展的时代背景

（一）长三角一体化发展上升为国家战略

长三角地区地缘毗邻、文脉相通，为一体化发展提供了深厚的人文社会基础。随着改革开放的深入推进，区域间产业的分工协作、优势互补为一体化发展提供了坚实的经济合作基础。长三角一体化发展战略发轫于1982年"以上海为中心建立长三角经济圈"设想的提出，此后于1992年建立了长江三角洲协作办（委）主任联席会议，该联席会议于1996年被长江三角洲城市经济协调会替代。2003年8月在南京市举办的长江三角洲城市市长峰会上，16个城市共同签署《以承办"世博会"为契机，加快长江三角洲城市联动发展的意见》，首次提出"长三角人"的概念。在长三角区域内城市积极探索一体化发展的基础上，国家层面相继出台政策引领长三角一体化发展，如《关于进一步推进长江三角洲地区改革开放与经济社会发展的指导意见》（2008年）、《长江三角洲地区区域规划》（2010年）、《长江三角洲城市群发展规划》（2016年），这些利好政策有力助推了长三角一体化发展。2018年11月，习近平主席在首届中国国际进口博览会开幕式上明确提出，支持长江三角洲区域一体化发展并上升为国家战略。2019年12月，《长江三角洲区域一体化发展规划纲要》出台，明确了推动长三角一体化发展战略的相关政策举措，长三角一体化发展进入快车道。

（二）文化和旅游协同融合发展成为行业发展新风口

文化和旅游是有着天然联系的有机整体，旅游产业是文化资源创造性转化和创新性发展的重要载体，文化资源是旅游产业高质量发展的重要支撑。之前由于我国文化资源和旅游产业分属不同的政府机构，文化部主要担负文化资源的保护和传承，国家旅游局则主要侧重于旅游资源的开发和旅游产业发展，这导致文化和旅游的融合发展难以实现。比如，旅游景区一般归国家旅游局管辖，但是景区内的主题实景舞台剧则归文化部管理。2018 年 9 月，《文化和旅游部职能配置、内设机构和人员编制规定》的出台，标志着原文化部和原国家旅游局职责整合的完成，这也拉开了我国文旅融合发展的序幕。从文化资源保护传承的角度看，文化和旅游部的组建将统筹推进文化资源的保护性开发，留住文化资源的根脉让历史文化资源焕发生机。从产业发展的角度来看，文化和旅游部的组建打破了文化部门和旅游部门之间长期存在的壁垒，能够"握指成拳"更好地发力，有力推动文化产业和旅游产业协同融合发展。从维护文化旅游市场秩序的角度看，文化和旅游部的组建进一步完善了文化旅游市场的监管，能够更好地落实相关政策法规，打造良好的文化旅游市场秩序。

（三）长三角文旅融合是区域一体化发展的应有之义

《长江三角洲区域一体化发展规划纲要》中明确提出，推动文化旅游合作发展，共筑文化发展高地，共建世界知名旅游目的地。在长三角一体化发展上升为国家战略、文旅融合发展成为行业发展新风口的双重背景下，长三角文旅融合是长三角一体化发展的应有之义，不仅为长三角文旅发展带来了新的契机，同时也提出了更高的要求。产业融合是文化和旅游融合发展的重心，依托长三角高度的市场化推进要素资源优化配置，延长传统产业链条，形成新的产业发展形态，在产业融合过程中创造出全新的产业价值，通过文旅产业特色化发展实现产业链再造和价值链提升。同时，在国内国际双循环相互促进的新发展格局下，社会大众的文化、旅游等消费潜力将进一步释放，多样化、品质化、个性化的文旅消费需求将驱动长三角文旅融合与一体化发展，只有打造出独具特色魅力的优质文化发展高地，才能赢得市场青睐。

二 长三角文旅融合与一体化发展的现实基础

（一）长三角区域文旅资源优势突出

区域资源禀赋优势是推动文旅深度融合高质量发展的重要支撑。长三角地区集聚了众多自然与人文景观，自然风光资源类型繁多，历史文化名城分布广泛，文化底蕴深厚，这为长三角地区推进文旅事业一体化的高质量发展奠定了坚实的资源基础。截至2023年1月底，长三角地区共有世界文化遗产7处①（占全国总量的16.7%），包括江苏的明清皇家陵寝、苏州古典园林，浙江的良渚古城遗址、杭州西湖文化景观，安徽的黄山（文化和自然混合遗产）和皖南古村落——西递、宏村，以及与长三角一体化涵盖区域大体重叠的大运河文化带。国家5A级旅游景区61个（占全国总量的19.2%），其中上海4个，江苏25个，浙江20个，安徽12个。国家级旅游度假区17个（占全国总量的28.3%），其中上海2个，江苏6个，浙江8个，安徽1个。此外，长三角还拥有一大批森林公园、湿地公园、水利风景区、历史文化名镇（名村）、特色小镇等高品质文旅资源。凭借高度集聚的文旅资源，长三角各地积极作为，探索打造了一批高质量的文旅融合重大项目，如"长江国际旅游黄金带""环太湖旅游目的地""江南水乡古镇生态文化旅游圈"等文旅融合发展项目的影响力初显。

（二）长三角区域文旅产品创新发展成效显著

长三角区域文旅产品丰富，文旅融合创新能力突出。文旅产业融合发展，不仅仅是文化产业与旅游产业的发展融为有机整体，还涉及与农业、工业、体育、科技、康养等业态的融合共生，这已经成为我国文旅融合创新发展的风向标。农业农村部公布的2022年60个全国休闲农业重点县（市、

---

① 根据文化和旅游部公布的信息汇总所得。

区）中，长三角地区占 9 处，分别是上海崇明区，江苏溧阳市、盐城市盐都区、仪征市，浙江德清县、开化县、缙云县，安徽潜山市、绩溪县。上海市江南造船工业旅游基地、苏河水岸工业旅游基地，江苏省洋河酒厂文化旅游区、南钢工业文化旅游区，浙江省农夫山泉工业旅游区、温州矾矿工业旅游区，安徽省古井酒文化博览园、"铜官山 1978"文创园，这些长三角地区的国家工业旅游示范基地，将生产工艺、工业遗存转化为文旅资源，推动旅游业和工业融合发展，集智慧呈现、科普研学、遗址景观于一体，文旅产品主题鲜明，具有较强的独创性、吸引力，充分展现了长三角地区现代工业制造水平和科技创新能力。此外，长三角地区还以区域特色文旅产品为基础，协同推进长三角文化旅游一体化发展。比如，长三角文化和旅游部门共同推出的 2022 长三角区域民俗、疗（休）养、老年、购物 4 类专项旅游产品，通过梳理细分区域文旅资源，聚焦游客日益细分化、个性化、专业化的市场需求，有机整合了长三角区域传统优质资源，充分展示了长三角的优质文化旅游资源和地域文化特色。

（三）长三角区域文旅市场高度发达活跃

长三角作为经济发达地区，是国内居民旅游消费最旺盛的地区之一，以疫情前的 2019 年相关统计数据为例，长三角接待中外游客数量占全国的近45%，旅游总收入占全国旅游总收入的近 60%。虽然疫情对文旅消费市场带来巨大冲击，但是相关统计数据显示，长三角地区仍是我国旅游消费的重要地区。2022 年第四季度旅行社国内旅游接待人次排名前十位的地区由高到低依次为浙江、江苏、湖北、安徽、广东、云南、湖南、上海、福建、海南（见图 1）。

长三角地区文旅企业数量多、创新能力强，竞争优势明显。《2021 年度全国星级饭店统计调查报告》显示，2021 年度，全国五星级饭店总数为 799家，其中上海 64 家，浙江 82 家，江苏 75 家，安徽 23 家，长三角地区五星级饭店数量占全国总数的 30.5%。中国旅游研究院和中国旅游协会发布的"2021 中国旅游集团 20 强及提名"名单中，长三角地区有 14 家，不仅有锦

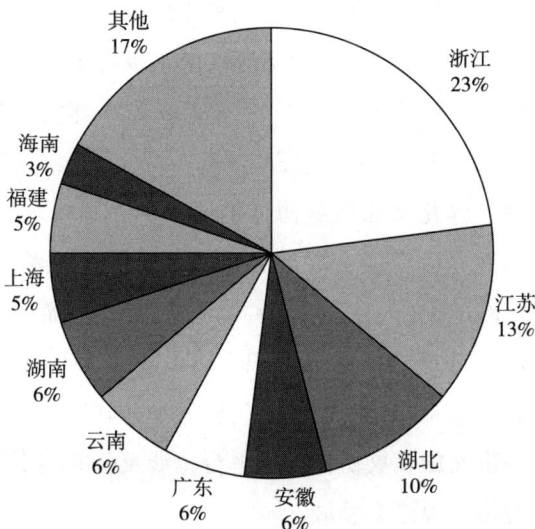

图1　2022年第四季度国内旅游接待人次排名前十位的地区

资料来源：文化和旅游部《2022年第四季度全国旅行社统计调查报告》。

江、华住、开元等传统优质酒店管理企业，也有携程、同程、景域驴妈妈和复星旅游文化集团等文旅新业态的代表。长三角地区文旅企业竞争力强，逐步构建起了智慧化、多元化、多层次的文旅市场发展新格局。特别是长三角互联网企业瞄准文旅产业，依托数字内容生产的先天行业优势，不断创新文旅发展的新场景、新模式，以科技+文化创意+旅游服务为核心的文旅产业发展迅速。

（四）长三角区域文旅融合与一体化发展机制初步建立

随着长三角一体化发展上升为国家战略，长三角各地文旅部门不断加强合作，探索出台文旅融合与一体化发展的政策，打造区域一体化文旅发展的交流合作平台，建立相关工作机制，长三角区域文旅一体化发展加速推进。

一是聚焦推动长三角文旅融合与一体化发展，长三角各地政府加强协调合作，不断创新区域文旅合作的政策，出台一系列指导性文件。如《长三角区域旅游一体化发展杭州方案》《推进长三角区域旅游一体化发展2018

年行动计划》《共同推进长三角地区文化和旅游高质量发展战略合作框架协议》《长三角生态绿色一体化发展示范区江南水乡古镇生态文化旅游圈建设三年（2021~2023）行动计划》《长三角区域人才开发一体化合作协议》《长三角文旅一体化合作发展扬州宣言》等。

二是打造区域一体化文旅发展协作沟通平台。2018 年，长三角三省一市的旅游协会推动建立旅游协会联席会议机制，围绕旅游事务协调共商机制、跨区域旅游线路的推广、打造旅游共同体、建立旅游信息共享平台、共享和联合培养旅游人才等方面达成共识。2019 年 5 月，长三角文化和旅游联盟正式成立，沪苏浙皖文化和旅游部门轮值举办联席会议。此后，长三角地区陆续建立了一批文旅发展协作沟通平台，涉及公共图书馆、红色文化旅游、交响乐、旅游推广等诸多领域。

三是不断完善长三角文旅一体化发展公共服务水平。积极推动区域文旅行业一体化规范发展，长三角地区联合研制区域文旅发展一体化标准，并建立文旅行业服务标准统一研究、立项、发布、实施的一体化合作制度。同时，长三角区域旅游服务管理不断接轨，《苏浙沪旅游手册》《苏浙沪旅游交通图》有效服务游客出行需求，在导游证跨省互认、旅行社跨城市开办分支机构等方面取得了诸多突破性进展，长三角地区实现交通出行、旅游观光、文化体验等方面的"无缝隙"接轨和"同城待遇"成为可能。

三　长三角文旅融合与一体化发展存在的短板

长三角文旅融合与一体化发展取得了一系列显著的成绩，但是与高质量发展的要求相比、与人民群众文旅消费的需求相比还存在一些短板弱项。

（一）文旅融合与一体化发展的利益协调机制有待进一步完善

长三角文旅融合与一体化发展的主要目标是通过跨行政区域的资源要素自由流动和整合，打造区域文旅核心竞争力，实现区域经济利益最大化。当前，长三角三省一市进行的协作仍是一种自发松散的政府之间的合作，尚未形成有效的利益共同体，制度化长期合作的基础不稳固。加之长三角地区内部发展的不平衡不充分，有些地区面临着在利益分配时的话语权不足，亟待建立兼顾各方、统筹全局的利益分配与利益协调机制。同时，部分领域的协同合作还停留在表面，在文旅人才交流、信息技术共享和文旅市场推介等方面合作的深度和广度还不够。

（二）文旅融合与一体化发展的市场主体活力有待进一步激发

文旅融合发展最关键的是实现产业的有机融合，从而形成区域高度发达的文旅市场，这一过程离不开充分发挥市场主体活力，推动文旅因素的优化组合。但从当前长三角文旅融合发展实际来看，更多的还是政府层面推动开展的文旅融合与一体化交流合作，如长三角文旅部门之间建立的联席会议制度、政府间签署的一体化合作协议等，企业参与文旅融合与一体化发展还存在不足，文旅一体化发展的市场活力未能得到充分发挥，在涉及生产要素与产业资源重组等核心利益问题时，由于企业、中介组织在合作平台的介入不充分，多元主体的合作推进举步维艰。

（三）文旅融合与一体化发展的地方特色呈现有待进一步深挖

长三角地区各地在打造文旅项目时，对各自区域文旅消费需求的把握和本地特色文化的挖掘还不全面，大多偏重于江南水乡、小桥流水这一典型区域文化意象。从浙江桐乡乌镇到江苏昆山周庄水乡，从上海青浦朱家角到安徽泾县查济，文旅项目同质化比较明显，游客容易出现审美疲劳，没有形成有效的错位特色呈现，在一定程度上影响了区域文旅产业整体竞争力打造。同时，长三角各地在文旅产品定位上不清晰，如仅太湖风景区就有无锡、苏州、湖州3个城市冠名太湖风景区，对区域本土特质的挖掘不足，导致同质竞争和重复建设在所难免。

（四）文旅融合与一体化发展的数字化应用有待进一步提升

随着数字经济的迅猛发展，文旅企业也希望通过数字化转型来寻求新的发展契机。尤其是新冠肺炎疫情发生以来，人民群众消费行为的变化，让文旅企业加速意识到数字化转型的重要性。当前，新技术在长三角文旅融合与一体化发展场景的应用还不充分，技术与场景应用仍然存在着信息不对称的情况，甚至还存在只重视技术应用而忽视文旅产品核心竞争力的误区。同时，数字化转型成本收益难以平衡。数字化转型是一项长期的、持续不断的工作，因前期基础薄弱，进行数字化转型时需要投入更多的资金与人力，文旅企业大部分利润较薄，如何在数字化转型周期内平衡成本与收益，兼顾好当下与长期的效益是一个难点。

（五）文旅融合与一体化发展的整体品牌建设有待进一步增强

长三角文旅融合与一体化发展中，各地都打造了自己的文旅品牌、宣传口号，不管是"诗画浙江"，还是"水韵江苏"，抑或是"美好安徽　迎客天下"，都是各地各自独立使用的文旅品牌，缺乏针对长三角整体区域文旅资源开发、品牌建设和产业要素空间配置的统筹谋划。由于长三角文旅联合宣传的统筹机制不够健全，联合营销推广活动没有形成一体化合力，区域一体化文旅融合发展品牌的塑造无从谈起，区域文旅融合的一体化效果大打折扣。

四　长三角文旅融合与一体化发展总体思路与实现路径

（一）总体思路

深入贯彻落实长三角区域高质量一体化发展的战略要求，坚持政府主导、企业主体、平等协作、智慧创新的原则，通过城市群之间资源要素的优化配置，将文旅元素融合并嵌入区域产业链中，形成区域之间文旅资源和消费市场的互补，完善利益分配与协调机制，共同制定区域文旅发展战略，进一步彰显江南地域文化特色，推进文化遗存的传承活化与利用，充分发挥区域数字化发展优势，实现文旅产业智慧化发展，打造高质量的区域一体化文旅体验空间和场所，建设具有国际竞争力和影响力的文旅融合与一体化发展示范区。

（二）实现路径

1. 完善制度化的长三角文旅融合与一体化发展利益协调机制

推动长三角文旅融合与一体化发展需要三省一市政府的协同参与，以现有的各类区域文旅合作联盟为纽带，完善制度化合作交流机制。一方面，深入贯彻落实国家《长江三角洲区域一体化发展规划纲要》，结合长三角各地的文旅行业发展规划，聚焦长三角文旅一体化发展的重点难点，联合共同编制"长三角文旅一体化发展规划"，推动长三角文旅行业标准共同制定、文旅精品线路共同设计、文旅市场环境共同治理、文旅服务标准共同建设、文旅品牌形象共同打造、文旅发展业态共同创新，高质量推进长三角文旅一体化发展。另一方面，提升长三角文旅融合发展的协作配合。上海作为长三角地区的超大型经济发达城市，现代产业体系完备，文旅融合发展水平高，在长三角地区处于示范带动的地位。应从顶层设计上大力发挥上海的溢出效应和示范效应，依托长三角区域合作办公室，搭建文旅融合合作平台，突出上海在区域文旅融合机构协作、区域文旅产品开发、区域文旅服务标准制定等方面的龙头作用。[1] 探索由上海牵头成立长三角文旅一体化建设办公室，每年定期举行联席会议，根据长三角文旅行业发展实践确定年度会议主题，主要由长三角的文化和旅游、发展改革、市场监管等相关职能部门参会，协同破解区域文旅一体化发展中的难点问题。此外，为进一步优化文旅要素资源配置，探索面向长三角文旅企业成立区域文旅创新发展基金，推动长三角文旅产业提档升级。

2. 推进市场主体在长三角文旅融合与一体化发展中的创新合作

新冠肺炎疫情发生以来，我国文旅业发展受到重大冲击，承受巨大压

---

[1] 于秋阳等：《长三角城市群文旅融合：耦合协调、时空演进与发展路径研究》，《华东师范大学学报》（哲学社会科学版）2022年第2期。

力。文化和旅游部门围绕帮扶文旅企业纾困解难，出台了一系列政策措施助力渡难关、保就业、稳增长。文旅发展离不开政策的支持和引领。推进长三角文旅融合与一体化发展，要进一步完善支持政策，发展壮大文旅市场主体，在推动落实已经出台的相关纾困政策的基础上，将政策重点转移到鼓励培育在国际国内市场有竞争力的现代文旅企业，进一步加大金融、财税的支持力度，推动长三角地区的文旅企业通过优化重组、上市融资、品牌输出等多种渠道走向大型文旅企业集团，实现传统文旅业态的创新发展。要注重激发市场主体的创新活力，不断增强与世界旅游组织、世界旅游业理事会、联合国教科文组织世界遗产委员会等国际化文旅组织的交流合作，建立一批国际化、多元化、专业化的文旅交流合作平台，学习借鉴现代化的文旅服务模式，推进长三角地区与跨国文旅企业的深度合作，打造"文旅+"和"+文旅"产业融合发展的创新开放新格局，进一步激发文旅市场活力，积极培育文旅发展新业态，促进长三角文旅市场的恢复与振兴。同时，要根据文旅消费市场发展的新形势，着力培育一批"专精特新"文旅服务中小企业，满足人民群众多元化、个性化、差异化的文旅消费需求。

3. 依托地域特点打造长三角文旅融合与一体化发展的特色产业

长三角地区文旅产业发展具备广阔的市场、完善的设施、优质的产品，进一步推动长三角文旅融合与一体化发展的重点任务是特色文旅产业的培育。一方面，要深挖长三角江南文化地域特色，推进文化资源的传承活化与利用。长三角区域的文化遗存非常深远和丰富，如浙江从河姆渡文化到良渚文化，延绵几千年，南宋休闲文化、浙东事功文化、阳明心学文化等不仅历史传承源远流长，而且极具当代活力；安徽的桐城文化和徽派建筑文化，江苏的园林文化和淮扬文化，上海的海派文化，都底蕴深厚，风貌独特，彪炳史册并代代传承，这是非常珍贵的文化遗产，不仅具有历史意义，而且具有当代价值。① 这些文化遗存需要进一步深入发掘，在保护传承基础上推进创造性转化、创新性发展，将其打造为文旅融合产业，活化为丰富多样、深度

---

① 潘立勇：《文旅融合及长三角一体化发展刍议》，《江苏行政学院学报》2020 年第 5 期。

体验的文旅融合产品和项目，这不仅有助于提升文旅融合产品的精神意蕴，也将推动长三角区域文旅融合产业的精品化发展。另一方面，要聚焦长三角区域发展特点，打造符合区域文旅消费需求的特色文旅产业。比如，上海作为人口规模巨大的现代化城市，对乡村田园休闲旅游的需求旺盛，通过长三角乡村特色休闲旅游的一体化营造，打造具有江南特色和现代化水平的乡村文旅休闲体验空间。

4. 借助数字技术培育长三角文旅融合与一体化发展的新业态

在工业化、城市化叠加信息化、数字化、智能化深度发展的背景下，数字文旅的消费数量增长和规模呈不断扩大的趋势。这对引领我国文旅产业发展提质增效、促进消费升级，加快形成我国经济"双循环"新格局，产生了积极而深远的影响。2022年五一假期期间，共有2.5亿人次在抖音直播间跟着导游打卡景点；飞猪旅行网的线上"云游博物馆"系列直播观看量超千万人次。以"短视频+直播"为代表的"内容+"泛产业跨界融合，推动了跨产业协同，线上线下共创消费新增量。因此，可选择在数字文旅消费较为领先的长三角地区建立数字文旅产业一体化示范区，出台促进文旅科技融合的专项战略规划和指导性意见，研究建立文旅企业数字化实施标准，为文旅企业数字化转型提供支持。通过区域内政府部门和行业组织的协调联动，推动文化和旅游资源、旅游设施和设备等生产要素的数字化，拓展管理与服务的智慧化应用，重点加强文旅科技创新领域技术、数据的整合与共享。探索以长三角重点企业为扶持对象，建立文旅企业数字化转型样板，对如何平衡效益、如何形成可落地的方案进行归纳性总结，培育数字文化助力文旅新消费的示范样本。

5. 加强长三角文旅融合与一体化发展的品牌建设和人才培养

品牌建设是长三角文旅融合与一体化发展的重要内容，要以打造具有标识度的区域文旅品牌为重点，提升长三角文旅融合发展品牌的美誉度和影响力。塑造长三角文旅融合发展品牌，彰显江南文化、促进文旅融合。长三角坐拥多处世界文化遗产，通过文旅资源系统整合、线路设计串联、产品和服务整体优化，具备形成"长三角江南水乡世界遗产游"主题文旅项目的基础,使其成为长三角具有标识度的区域文旅品牌。充分发挥长三角旅游推广联盟的平台作用,联合开展长三角文旅主题推广活动,积极依托国际展会、节事、论坛等宣传渠道,创新运用新兴媒体宣传手段,构建覆盖全媒体、多渠道的长三角文旅品牌推广网络。此外,文旅人才是长三角文旅融合与一体化发展的核心竞争力,要注重打造文旅管理高素质人才队伍。探索制订"长三角文旅人才发展计划",创新文旅人才支持政策,鼓励企事业单位柔性引才,打破区域性人才交流合作的壁垒,实行人才共享、项目用工。推动长三角文旅智库人才建设,吸纳一批创新型文旅人才。加强校企合作、政企校合作,推进新文科建设背景下的文旅管理专业仿真实验教学创新,培养一批具有发展潜力的文旅产业新生力量。

B.23
加快一体化协同创新推进中小企业高质量发展研究

——以浙江为例

聂献忠[*]

摘　要： 中小企业是浙江谋划实现创新强省的基础所在，是建设具有全球影响力创新高地的重要支撑。浙江肩负"共同富裕"示范区建设，实现"两个先行"目标，大力打造具有全球影响力的创新高地，更是离不开广大的中小企业。引领浙江中小企业迈向高质量，不仅要在要素与资金上加大扶持力度，在环境与服务上提升效率，更要建立完善综合有效的市场化机制、有效的手段与路径来引领企业向创新转型。推进中小企业创新成长，要紧跟"头部企业"产业链，构建上下游协同创新大循环，要进一步优化完善协同创新机制，完善协同创新平台，整合完善协同创新政策，大力推进产业链一体化创新。

关键词： 中小企业　协同创新　一体化　浙江

中小企业是浙江谋划实现创新强省的基础所在，是建设具有全球影响力创新高地的重要支撑。《长江三角洲区域一体化发展规划纲要》提出长三角各地区要共同推动制造业高质量发展，全面提升制造业发展水平，按照集群

---

* 聂献忠，理学博士，浙江省社会科学院经济研究所研究员，研究方向为区域经济学。

化发展方向，打造全国先进制造业集聚区。在长三角制造业高质量发展与长三角一体化高质量发展进程中，浙江作为中小企业强省，在长三角打造先进制造业集聚区格局中理应发挥显著的示范地位和作用。近年来，浙江省委省政府提出浙江要聚焦"新时代全面展示中国特色社会主义制度优越性的重要窗口"的新目标新定位，高水平推进创新型省份建设，高度重视推进中小企业创新与高质量发展。浙江作为民营经济大省和中小企业强省，中小微企业占九成以上，肩负"共同富裕"示范区建设，实现"两个先行"目标，就要大力打造具有全球影响力的创新高地，更是离不开广大的中小企业。

一　浙江高度重视扶持中小企业高质量发展

中小企业是区域经济发展的重要主体，更是促进市场经济长期保持活力的重要源泉。从欧美发达国家发展实践来看，中小企业在解决就业、促进创新与推动地区经济增长等方面发挥着重要作用，被称为市场经济的"心脏"和促进经济增长及创造就业机会的"发动机"。美国、德国与日本等发达国家都纷纷通过建立专门的管理服务机构、制定中小企业相关法律法规、采取金融税收政策优惠等一系列措施来促进本国中小企业快速发展。欧美发达国家认为，与国有企业特别是具有控制地位的龙头大企业相比，大力发展中小企业规模与质量能在一定程度上消除不完全竞争，促进创新和带动区域经济发展，也有助于平衡协调消费者利益，因此这些国家纷纷通过制定完善法律法规明确中小企业的基础地位，将中小企业的发展政策作为国家经济发展战略的重要内容之一。欧盟《小企业宪章》中指出，中小企业是欧盟经济的核心力量，是具有活力和竞争力的经济主体。美国于1953年出台的《小企业法》提出，国家安全和经济繁荣离不开中小企业实际和潜在能力的有效发挥。美国从中小企业发展历经的初创期、发展期、成熟期等不同阶段出发，制定出台与各阶段活动相关的法律法规，如《小企业经济政策法》《小企业投资奖励法》《机会均等法》《小企业技术创新开发法》《扩大小企业商品出口法》等。日本于1963年出台的《中小企业基本法》和《中小企业宪章》中也认为，中小企业不仅是创造新产业和就业机会，促进市场竞争和搞活区域经济的主体，更是本国经济增长的牵引力和社会发展中的主角。此外，还相继颁布 50 多部与中小企业相关的专门法律，如《中小企业指导法》《中小企业金融公库法》《中小企业现代化资金助成法》《防止中小企业破产倒闭法》等。可见，国外中小企业的快速稳定发展离不开国家完善的市场机制，更离不开以政府为主体的中小企业服务体系的建立。从我国发展实践看，改革开放以来中小企业也一直是国民经济和社会发展的重要力量。2002 年国家出台《中小企业促进法》，2011 年出台《"十二五"中小企业成长规划》，推进转型升级，促进中小企业持续健康发展。从国家到地方，各地非常重视关注如何推进中小企业稳步发展，特别是在百年未有之大变局这一新环境新形势下，如何进一步促进中小企业实现创新发展和实现高质量发展，是保持区域经济持续协调稳定与高质量发展的重要基础，也是关系民生福祉和社会稳定的重大战略任务。长三角地区各省市都高度重视中小企业的创新与发展。江苏 2008 年发布扶持中小企业发展十条举措，各级政府建立扶持中小企业发展专项资金，2011 年发布《中小企业"十二五"发展规划》。浙江作为民营经济大省，改革开放以来一直高度重视推进中小企业发展，通过制定完善政策激励与培育机制，多措并举助推中小企业健康持续发展。

近年来，浙江通过出台《浙江省民营企业发展促进条例》等一系列法规政策，持续引导支持中小企业专业化、精细化、特色化、创新型发展。2006 年浙江出台《浙江省促进中小企业发展条例》改善中小企业经营环境，维护中小企业合法权益，引导中小企业科学发展。2020 年，出台全国省级层面首部促进民营企业法治的创制性法规《浙江省民营企业发展促进条例》，构建公平竞争法治环境。2022 年 7 月修订出台《浙江省促进中小企业发展条例（修订草案）》提出，支持创业创新和市场开拓，提高中小企业竞争力；加大财政和融资支持，纾解中小企业融资困难；关注服务优化和诉求回应，提升中小企业获得感；强化保障举措，增强中小企业抗风险能力，着力创新探索发挥中小企业在高质量发展建设共同富裕示范区中重要作用的制度设计。民企条例重在促进和保障公平竞争的法治环境，中小企业条例重在推动改善和优化助小扶微的政策环境，两部条例有序衔接、互为补充，共同构建具有鲜明浙江辨识度的促进中小企业与民营企业高质量发展的地方法规体系。2022年，浙江进一步出台《大力培育促进"专精特新"中小企业高质量发展的若干意见》，提出到2025年，将累计培育省级"专精特新"中小企业1万家以上、国家级专精特新"小巨人"企业1000家等。在专项政策扶持上，围绕"专精特新"企业培育，先后出台《关于推进中小微企业"专精特新"发展的实施意见》《关于开展"雏鹰行动"培育隐形冠军企业的实施意见》《大力培育促进"专精特新"中小企业高质量发展的若干意见》等文件，对中小企业发展中创新、金融、财政、品牌、电商、资源要素等给予持续引导和支持，为浙江打造全球先进制造业基地和实现高质量发展，全面建设共同富裕示范区提供了坚实支撑。2023年又修订出台《浙江省促进中小微企业发展条例》，推动建立保障民营企业公开公平公正参与市场竞争的法治环境。总体来看，近年来在一系列持续政策推动与强力支持下，浙江中小企业发展质量与水平不断提升，在浙江打造现代产业体系与发展特色新经济中具有不可或缺的重要地位与作用。

首先看围绕大中型龙头企业的产业链逐步完善成型。中小企业作为浙江实现共同富裕的重要基础和实现全面创新发展的金名片，在各级政府部门精准有效政策组合拳推动下，产业链逐步完善，整体产业体系与竞争力也逐步提升。特别是近年来，浙江一批竞争优势明显的中小企业紧紧围绕省内外龙头企业，包括大众与吉利等汽车产业链，格力、美的与老板、方太等家电产业链，苹果、华为等手机产业链，特斯拉、比亚迪与隆基新能源产业链，阿里与海康、大华高新技术产业链，正泰、德力西等电气产业链等众多行业"头部企业"，专注于配套产品与技术研发，注重上下游协同创新循环，正成为其产业链上不可替代的优秀核心供应商配套企业，部分中小企业已成为产业链上的细分领域领军冠军企业。龙头企业配套国产化水平与效率的提升又有力地促进不同产业安全与产业竞争力的稳步提高。

其次看单项冠军企业与"专精特新"企业队伍逐步壮大。单向冠军企业的培育和提升，有利于突破关键领域短板，有助于培育具有全球竞争力的世界一流企业，也有利于在全球范围内整合资源，占据全球产业链主导地位，提升制造业国际竞争力。"专精特新"中小企业，尤其是国家级专精特新"小巨人"企业，是新发展阶段中小企业高质量发展的典型主力军。自2016年工信部开展第一批制造业单项冠军认定以来，浙江省累计入选单项冠军示范企业总数居全国第一，宁波入选中小企业数量更是居于国内城市首位。引导更多中小企业走上"专精特新"之路，是浙江加快建设全球先进制造业基地的重要抓手，也有利于培育更活跃更有创造力的市场主体，壮大共同富裕根基。当前，浙江中小企业数量位居全国前三，培育"专精特新"基础良好。宁波作为全国制造业单项冠军最多的城市，近年来聚焦"专精优特"，深耕细分领域的制造业单项冠军，以科技创新助推制造业高质量发展。浙江各地加大政策扶持力度发挥单项冠军硬核优势，为其他城市中小其企业高质量发展提供了宝贵经验。

最后看中小企业园区规划建设也逐步得以提升。近年来，浙江省级有关部门和各地从中小企业园入手，把中小企业园建设和"低散乱"整治提升作为促进中小企业高质量发展、传统产业转型升级的重要抓手，推动中小企业转型升级。围绕小微企业园建设提升，出台《关于加快小微企业园高质量发展的实施意见》《关于进一步加强小微企业园建设和管理的指导意见》，推动小微企业园建设提升从破题到见效。坚持园区建设特色化、入园企业高端化、运营管理规范化、政策扶持精准化，正努力把中小企业园打造成企业创业创新的重要平台、中小企业集聚发展的重要阵地。特别是浙江省近年来一直率先积极推动高水准"亩均效益"评价，高效率推进要素市场化配置，高标准推动产业创新升级，高效能推广"提高亩均效益十法"：腾笼换鸟法、机器换人法、空间换地法、电商换市法、品牌增值法、兼并提效法、管理增效法、循环利用法、设计赋值法、新品迭代法。2019年又开始针对小微企业园积极开展绩效评价，从亩均税收、亩均产出、企业培育、高端要素集聚等方面开始对小微企业园开展绩效评价。通过开展中小企业园建设提升暨"低散乱"整治，形成布局合理、服务优质、各具特色、全国领先的中小企业园高质量发展新格局。

从财政扶持看逐步引入第三方实验室平台设施，包括提供信息化服务、技术检测、技术中试等服务。推进中小企业高质量发展，需要更精准的要素保障和政策扶持。嘉善积极引入国内外知名的第三方园区管理企业。大舜服装辅料创业园由政府主导开发，引入第三方专业机构运营，以纺织服装、服饰为主导产业，主导产业集聚度超80%，达产后预计亩均税收超20万元。在土地供给上，每年安排不少于15%的新增工业用地指标，土地出让价格按土地评估价的80%予以挂牌，免收建设项目用地开竣工履约保证金；在金融供给上，通过财政资金的贴息，引导和鼓励各类金融机构为小微企业园量身定制融资方案，满足其合理资金需求；在财税支持上，对小微企业园建设项目给予一定的财政补助，对建设过程中涉及的行政规费和租金收益产生的税费予以适当减免，对创建省级"三星级"、"四星级"和"五星级"的小微企业园，按照财政体制分别给予100万元、300万元和500万元的奖励。

二 浙江推进中小企业高质量发展面临创新力约束

随着中小企业产品质量与水平不断向高层次迈进，面临的新竞争环境压力和产业链新要求也不断增强，中小企业高质量发展面临着新困境新难题，尤其是技术创新要素机制等短板制约中小企业创新能力提升仍是关键问题。

中小企业产业链地位有待进一步提升。当前浙江部分中小企业还处于全球产业链与价值链的中低端，特别是在高速发展阶段极具传统竞争优势的浙西浙南等地区传统的机械、电子等传统行业领域，仍有部分传统产能尚未出清，仍面临产业层次难以拔高、产品线分布比较杂乱、高端要素资源制约突出、技术升级面临压力等问题。有些中小企业随着传统人力成本优势不再，新的技术与品牌竞争优势尚未全面形成，或已经形成尚未得到资本市场和现代产业体系认可，优势产品难以做大规模，难以在产业链上形成优势利润。部分中小企业面临地方大平台大项目支撑不足，高质量投资有待增强，有些企业自主创新能力不强，产业效率较国际先进水平有较大差距。或产业链的安全和韧性不够，产业基础能力与竞争能力亟待提升，这些都是推进中小企业高质量发展面临的新挑战。

新兴产业领域单项冠军中小企业规模也有待进一步提升，改变当前传统行业居多的局面。浙江自 2016 年起借鉴德国经验，开展年度隐形冠军认定培育工作，制定完善认定标准，建立隐形冠军企业培育库。截至 2022 年底，在工信部和工业经济联合会联合评选的七批次制造业单项冠军示范企业目录中，浙江累计入选 149 家，居全国首位。但与广东、江苏等省份相比，浙江大多数单项冠军企业来自纺织服装、化学化纤、机械装备、电气、汽车零部件等传统制造行业，生物医药、新材料、新能源、信息技术等战略新兴行业的单项冠军还较少，类似于舜宇光学、江丰电子、福斯特等战略新兴行业的世界级单项冠军企业队伍还不够强，尤其是产业空间规模巨大的新能源新材料、半导体集成电路和生物科技三大行业领域布局还不够，急需相关政府部门在资金与政策等方面加大力气培育和扶持。

单项冠军企业在全球市场的品牌和技术领导地位有待进一步提升。浙江制造业单项冠军企业国内市场竞争力较强，但受制于规模与资金实力以及新兴领域产业起步较晚，国际竞争力还不高，离世界一流水平尚有相当大的差距。一是品牌价值与影响力还不强。与德国、日本等国有悠久历史的单项冠军相比，浙江单项冠军企业属于比较年轻的市场领导者，企业的品牌影响力还不强，全球市场竞争能力还偏弱。二是关键核心技术有待进一步攻克，核心技术优势还未能有效形成。近年来这些单项冠军企业通过持续的精益制造和技术创新提升了技术水平，但在关键材料、零部件、装备、芯片等方面还存在短板，制约了企业核心能力的提升，这些都有待于产业链上下游协同创新进程的推进与产业整体创新力的提高。

单项冠军中小企业产业关联度融合度有待进一步提升。近年来浙江龙头企业逐步从以传统领域为主的局面，逐步形成向高新技术型与新能源新材料领域并重的局面，以往在汽车、家电、电子与半导体等领域的传统优势聚集带动了一大批中小企业，随着传统产业体系规模与地位的下滑，很难再带动各地经济乃至全省经济高速发展。因此急需加快引进培育新经济领域龙头企业，通过高新技术与新能源新材料等新兴领域的广泛布局，从而形成新的强大产业带动力，助推形成现代产业集群。特别是近年来浙江众多制造业单项冠军、隐形冠军企业聚焦主业发展，不断提升自身核心技术竞争力并形成较为明显的主业优势，相当部分中小企业主要围绕特斯拉、华为、隆基、格力等省外头部企业形成配套，有些中小企业主动到龙头企业附近设厂配套。但从实践效果看，这些单项冠军往往专注于配套，忽视了独特性优势建立造成替代性风险。有些引进龙头企业定位于加工组装，技术研发队伍与研发体系没有跟进，造成与地方企业的分工协作深度还不高，引领带动中小企业转型升级和创新发展的作用尚未释放，还需强化单项冠军与地方产业集群的深度合作和共同成长。

中小企业创新能力与协同创新水平有待进一步提升。中小企业技术创新是影响经济增长的重要因素，而影响中小企业技术创新的主要障碍是技术人才与资金约束。推进中小企业高质量发展亟须加强产业链上下游一体化协同创新。从美国硅谷几十年的成功发展经验看，其关键就在于多方主体合力从而逐渐形成产学研的创新循环。这种创新循环体现在人、知识和技术、资金等创新要素在大学和产业界间的双向流动，从而增强各个环节的持续创新能力。因此，提升产业链竞争力，尤其是中下游中小企业创新力，更需要互动协同的创新循环机制，形成产业链上的创新内外部循环。目前，部分中小企业因与大平台大项目关联不高、支撑不足，或因自主创新能力不强，产业效率较国内外先进水平有较大差距，产业链提升互动性不够，产业协调能力亟待提升，产业协同创新合作亟待增强。

中小企业评估评价体系有待进一步改革优化。根据《浙江省人民政府关于深化"亩均论英雄"改革的指导意见》，2018年12月研究制定《浙江省小微企业园绩效评价试行办法》，2019年开始对小微企业园开展绩效评价。小微企业园绩效评价参考指标包括亩均税收、亩均产出、企业培育、高端要素集聚等内容，但因为各地产业结构不同，评价体系针对性还不够强、精准度还不够高等不同难题尤其明显。在实际操作上，政策推进与执行面临差别化政策的细化落地，系列跟进配套政策也还不够完善具体。在倒逼退出过程中往往也因主动退出意愿不强，缺乏行之有效的淘汰退出办法与奖惩机制。此外，中小企业园还存在运营和管理差距，关键还在于创新平台与服务的不足，也急需在创新链配套的资金链要素链服务链等方面加快完善。在中小企业园建设提升方面，还缺乏高效完善的系统评价机制，关键是创新型评价指标与体系的不足。

破除这些短板和创新约束，引领浙江制造业特别是众多中小制造业企业迈向高质量，不仅要在要素与资金上加大扶持力度、在环境与服务上提升效率，更要建立完善综合有效的市场化机制、有效的手段与路径来引领企业向创新转型。

三　聚焦围绕产业链上下游推进中小企业一体化协同创新

浙江要实现"单向冠军大省"成为"单项冠军强省"，关键在于能否形成规模优势向核心竞争力优势转变。推进中小企业创新成长，要紧跟"头部企业"产业链，构建上下游协同创新大循环，培育中小企业成为所在行业或细分领域的"领军企业"。推进中小企业创新大循环，要构建以创新、品牌、专利为核心的创新型"亩创评价机制"。当前应对未来重要先导产业开展中长期专项研究，以资本与市场化手段扶持组建研究院或实验室。推进企业园区标准化与一体化运营管理，规划布局若干中小企业创新走廊。大力推动科技大军下基层，推动"百千万"工程，推动大中小创新融合对接行动、中小企业专项服务与创新帮扶工程。

首先是要紧跟"头部企业"同步创新，以创新外循环带动内循环，培育浙江特色优势产业链。要紧紧围绕依托"头部企业"产业链，构建创新大循环，成为"一流配套企业"尤其是细分领域的"领军企业"。创新循环特点不仅在于创新的协同与一体，技术创新人才要素人员共享等各类形式的创新互动非常重要。"头部企业"的每一次创新都离不开中小企业的局部创新与细微创新，对于苹果、华为和特斯拉等制造业更是如此。同时，中小企业对标国际龙头企业（特别是中下游 TO B 或 TO C）尤其是各行业"头部企业"，有助于保持内部创新的先进性和有效性，能紧跟"头部企业"的创新需求带动自身的创新进步，以外部动力或压力带动企业或细分行业的内部创新。目前，浙江一大批供应商企业如田中精机、三星新材、新坐标、博创科技都是细分领域领军企业，坚持内部创新并时刻与"头部企业"保持有效的一体化协同创新，是实现中小企业成长为"冠军企业"的重要路径，也是实现创新跟进和补自身创新短板的核心内容（见表1）。

表1 "头部制造业企业"产业链在浙的部分中小企业

行业	头部代表企业	品牌与技术领先的中小型部分供应商
汽车制造	大众、上汽、吉利等	横河模具、雷迪克、美力科技、中马传动、万通智控、新坐标、长盛轴承、浙江世宝、兆丰机电、浙江仙通
家电	格力、美的、海尔、老板电器等	迪贝电气、集智机电、横河模具、宁波精达、华光新材、百达精工、三星新材、春光科技、星帅尔、宏昌科技
电气	博世、正泰、德力西	集智机电、华瑞股份、百达精工、天龙电子、锋龙电气
光伏与储能	隆基、晶澳、阳光电源等	天通日进、三变科技、和顺科技、弘讯科技、福莱蒽特、嘉兴太和新能源、大东南股份、意华股份、公元太阳能、宁波激阳、海兴电力、鑫富节能材料、道明光学
新能源汽车	特斯拉、比亚迪、蔚来等	双飞轴承、长盛轴承、兴瑞科技、华瑞电器股份、美力科技、正裕工业、宏达高科、铁流离合器股份、正强股份
新能源电池	宁德时代、特斯拉、比亚迪等	帕瓦新能源、通力科技、金鹰瑞翔新材料、华正新材、宁波精达、慈星股份、衢州杉杉新材料、盛美锂电、禾川科技
通信通讯	华为、苹果	东晶电子、田中精机、中威电子、东尼电子、万马科技、纵横通信、长阳科技、浙铁大风、博创科技、德马科技
安防	海康威视、大华股份	大立科技、中威电子、金盾股份、东晶电子
半导体	中芯国际、长电科技	江丰电子、长川科技、中巨芯科技
显示屏	京东方、TCL 华星光电	江丰电子、盛洋科技、激智科技、长阳科技

其次是要积极培育更多浙江"头部企业"，构建一体化产业链，引导众多中小企业成为产业链上的"领军企业"。从长期目标来说，紧跟"头部企业"产业链，不能满足于成为一流配套企业，而更重要的是不断培育特色

优势产业链，并通过创新循环协同创新，使得更多的中小企业成为浙江产业链上的行业"领军企业"。事实表明，苹果一旦对供应商进行调整，其产业链上的富士康、欧菲光、蓝思科技等配套大企业就面临周期性的调整。可见，浙江众多中小企业如果没有独一无二的配套优势，受苹果需求的变动或者供应链转移影响甚大。因此，培育浙江"头部企业"及其产业链尤为重要，特别是对于一些核心优势突出的中小企业，如专注家电的公牛电器、正泰电器以及新和成、通策医疗等，在创新成长过程中，通过上下游扩张与逐步一体化，进而最终直接 To B 或 To C，建立形成以自己为核心的产业链体系。在一些行业空间巨大如新兴消费制造、新能源与光伏、基因生物、专科医疗等领域，对标"头部企业"完全可以逐步建立形成自身产业链，成为所在领域的"头部企业"，并集聚众多中小企业成为产业链配套企业。未来，浙江急需进一步培育高新技术领域和新能源新材料领域的头部企业，当前海康威视与大华股份已经成为安防视频监控领域的头部领先企业，带动一批产业链供应商转型升级，新能源新材料领域也有一部分细分领域的头部企业涌现，但从产业布局与行业地位看，江苏与安徽新能源领域布局更大更快。因此，浙江应加快政策与资金扶持，特别是在终端应用领域，急需重点扶持东方日升、超威与天能龙头企业，加快赶超，推进迈向国际化进程，从而带动浙江全省新经济领域产业升级与布局，推进现代产业体系加快形成与完善。在国内外排名首位的浙江省主要"头部企业"如表2所示。

表2 在国内外排名首位的浙江省主要"头部企业"

行业	传统领域"头部企业"	高新技术与新经济领域"头部企业"	新能源新材料领域"头部企业"
企业(行业)	公牛电器(电工)、正泰电器(低压电器)、新和成(维生素)、万向集团(零部件)、舜宇光学(光学)、中国巨石(玻纤)、吉利控股(汽车)、三花智控(制冷器件)、苏泊尔(炊具)、杭氧股份(空分设备)、桐昆集团(涤纶长丝)、龙盛集团(染料助剂)	阿里巴巴(互联网)、蚂蚁金服(金融科技)、海康威视(安防)、阿里云(云计算)、均胜电子(汽车电子与安全系统)	福斯特(光伏胶膜)、超威与天能(电池)、晶盛机电(光伏晶体设备)、横店东磁(永磁材料)、华友钴业(钴材料)、合盛硅业(工业硅)

引导中小企业与行内企业、上下游头部企业建立创新循环，需要完善法治对知识产权、技术专利与品牌增强保护约束机制。因此，大力推进"头部企业"引领带动产业链上中小企业协同创新和创新循环，需要积极完善相关法治，积极完善奖惩约束机制。加强对中小企业的知识产权保护是推进先进制造业基地建设和推进高效创新循环的重要核心力量。构建完善的协同创新机制和市场化机制，特别是依托科技园、工业园和中小微企业园等不同产业园区拥有的各类研发机构、中介服务系统、平台系统和数据系统的积极融合，对于提升产业链整体创新水平，实现产业内创新循环，提升增强产业链价值至关重要。

四 推进浙江中小企业协同创新与高质量发展的对策举措

推进中小企业创新发展和高质量发展，要进一步优化完善协同创新机制，完善协同创新平台，整合完善协同创新政策，大力推进产业链一体化创新。

在协同创新机制上，一是积极建立政府、企业、高等院校、科研机构、投资机构、中介机构六位一体的协同创新机制，推进自主创新大循环。通过加快不同主体合作与协同创新，提高自主创新能力和效率。建立协同创新机制，特别是要支持大学校区及其产业园区、科技园区的创新发展，促进知识创新源头建设，同时支持科技企业向大学科技园区集聚，实现"双向并进"。在园区通过搭建知识创新高端平台，打造城区经济发展的新增长极，从而推进"传统工业园区"向"知识创新园区"的历史性转型。二是建立大企业与中小微企业的对接关系，鼓励大企业设立协同创新部门，保障协同创新开展，畅通合作机制，建立高效协同创新渠道。建立创新协同机制，形成以浙江优势领域包括互联网、安防、快递、新能源汽车、电气电器、服装纺织等众多头部企业为主导、广大中小微企业广泛参与的创新循环机制。创新外循环旨在提升行业竞争力，更好地从产业链安全的角度解决核心技术的

"卡脖子"问题。三是积极推动大中小微企业技术人员交流机制，特别是在县市区和各行业全面开展实施全省中小微企业"服务行动计划"，形成中小微企业与上下游及配套服务机构对接交流机制。

在协同创新载体上，大力推进产业创新大平台共建。加快协同创新，提高产业链自主创新能力与效率，首先，要瞄准世界科技前沿和产业制高点，共建多层次产业创新大平台。要充分发挥创新资源集聚优势，协同推动原始创新、技术创新和产业创新，合力打造协同创新共同体，形成具有影响力的科技创新和制造业研发高地。浙江要打造自主创新示范省，还要加强跨区域合作，联合共建国家级科技成果孵化基地和创新产业化基地。加强清华浙江研究院、北航杭州研究院等各类创新平台建设，共同办好各类创新论坛、创新挑战赛，打造高水平创新品牌。其次，要积极推动政府、企业、高等院校、科研机构、投资机构、中介机构协同创新，推进大学校区、科技园区、公共社区"三区融合、联动发展"，财政扶持逐步引入第三方实验室平台设施，包括提供信息化服务、技术检测、技术中试等服务。此外，还要积极以龙头大企业为依托，吸纳中下游中小企业，扩建一批省级重点行业实验室和试验基地。支持创新发展，还要加快出台专项扶持政策，壮大"头部企业"产业链，推行"头长制、链长制"，依托"头部企业"及其上下游设备装备和材料零部件企业，推进打造万亿级规模强大产业。

在协同创新政策支撑上，要加大政策支持力度，研究制定全面创新改革试验方案，形成推动协同创新的强大合力支撑。要在要素环境保障方面尽快建立一体化人才保障服务标准，全面实行人才评价标准互认制度，推进创新人才在协同创新产业体系内的柔性流动，并加强中小企业知识产权联合保护。同时，积极支持地方探索建立区域创新收益共享机制，鼓励设立产业投资、创业投资、股权投资、科技创新、科技成果转化引导基金。在政府层面上，做好基础环境系统，完善企业发展外部硬件与环境。在环境层面上，做强生态服务系统，构建完善的创新应用评价与创新服务生态体系。此外，还要建立引导中小企业"强质"机制。淡化中小企业年度规模排名，形成以创新、利润或效益为核心的质量排名机制。建立高质量的评价机制，推进知识产权保护机制。另外，积极推进园区标准化规划设计与管理，开发专利券对获得专利创新型中小企业实施专项资助。开发人才券、融资券、租赁券等配套互用，鼓励支持中小企业与上下游企业创新循环激励，扩大创新券支付创新人才激励等更多用途。

在协同创新空间上，加快创新产业园建设成为创新动力源、各类创新要素集聚中心和产业化基地，特别是积极引导支持"中小企业园"加快向"创新型园区"转型。全面提升吸纳和配置国内外一流创新资源的能力，充分发挥企业创新主体作用，推动各类中小企业普遍建立研发机构。大力推进中小企业园向创新产业园提升，提升中小企业创新协同效率，实现中小企业创新成长，要聚焦中小企业园建设提升工程，创新型园区的建设是重要抓手。要凝聚合力构建"创新型产业园区"，并形成行业内国内外领先的园区高端产业现代化要素支撑、园区现代化治理体系支撑、创新型评价体系与市场化机制三大支撑。中小企业园建设作为浙江高质量发展组合拳的重要内容，紧紧围绕打造升级版中小企业园、构建中小企业健康发展生态系统的定位，加强部门协同和省、市、县（市、区）三级联动，创新工作举措，凝聚各方力量，全面推进和深化中小企业园建设，提升运营管理和公共服务能力，加强企业入园和培育服务，探索形成中小企业高质量发展园区建设的浙江经验。

在协同创新路径上，推进大数据手段加快以数字化构建全球先进制造业基地的系统化市场化机制，推进广大中小企业通过数字化改革与引领迈向高端产业现代化。当前，以信息经济为代表的新兴产业正成为各地发展经济新动能的重要抓手，而浙江已在互联网行业等信息经济领域极具领先优势。未来，大数据技术将是重要生产力要素，是推进中小企业创新方向与创新进程的重要依据，也是推进各类中小企业实现新技术、新产业、新业态的重要战略性资源和重要核心要素。为此，浙江中小企业急需发挥本省信息经济与数字经济优势，积极推进中小企业创新系统、操作系统和数据系统的融合。政府层面上要通过充分挖掘利用大数据价值，加快推进基于大数据的产业链延伸布局包括互联网、物联网和人工智能等，努力在体制机制、政策环境等方面加大支持力度，提升经济增长新动能。同时要加快推进大数据与传统产业中小企业融合转型。在传统产业领域浙江中小企业分布广竞争优势明显，加快大数据与产业融合聚合，特别是与医药、建材、机械、电子、服装等产业融合能产生巨大的化学反应。而且，在数量与领域分布上极具优势的浙江中小企业数据价值来源广泛、价值巨大，能创造更多新消费体验、新商业模式和更大的新消费价值，从而有效提升中小企业创新价值。

B.24
长三角青年发展现状与青年
政策协同研究

程福财　张锡明*

摘　要： 青年是经济社会发展的重要力量。中共中央、国务院 2017 年 4 月印
发的《中长期青年发展规划（2016~2025 年）》强调，要努力打造
"青年人人都能成才、人人皆可出彩"的社会。党的二十大报告进一
步明确指出，"全党要把青年工作作为战略性工作来抓"。当前，长
三角地区经济社会发展面临一系列新的形势与任务，青年人群的发
展状况，对区域经济社会发展与中国式现代化建设的推进具有重要
影响。系统推进青年政策体系建设、打造青年友好型的发展环境，
已经成为长三角三省一市积极应对人口结构变化与经济社会发展挑
战的重要共识与行动。本研究系统分析长三角区域 14~35 岁青年群
体的人口结构、发展状况，在对相关青年政策进行梳理分析的基础
上提出推动青年政策协同发展的对策：明确长三角青年工作协同机
制与政策思路；打造更有吸引力更富弹性的青年人才跨地区培养与
使用政策；优化完善支持青年就业创业的住房与社会保障政策；支
持青年平衡就业与家庭的政策协同，积极协助青年面对婚恋、生育；
推进长三角青年发展状况的追踪研究与动态分析。

关键词： 青年　青年发展　青年政策　长三角

---

* 程福财，博士，上海社会科学院国际合作处处长、社会学所研究员，研究方向为儿童福利、
社会政策与社会组织等；张锡明，上海市儿童发展研究中心研究助理。

一 长三角青年人口群体的基本状况

从现有的数据看，长三角地区青年人口的总数呈现下降趋势，但良好的受教育水平与人口的净流入让区域内青年人口红利保持了总体的平稳。

（一）地区青年人口总数及其占总人口比例均呈下降趋势

从 1990 年以来的历次人口普查数据看，从 1990 年到 2000 年、2010 年与 2020 年的 30 年间，长三角地区三省一市 14~35 岁青年人口的绝对数量呈现总体下降的趋势（见图 1）。其中，江苏 2020 年青年人口总数为2121.57 万人，2010 年则为 2458.79 万人，减少 337.22 万人；上海 2020 年青年人口总数为 717.15 万人，2010 年则高达 844.08 万人，减少 126.93 万人；安徽 2020 年青年人口总数为 1519.23 万人，2010 年则为 1728.45 万人，减少 209.22 万人。情况稍微不同的是浙江，其 2020 年的青年人口总数（1747.92 万）比 2010 年的数据（1746.9 万）略增长 1.02 万人。

对比 2010 年"六普"与 2020 年"七普"青年人口数据可见，十年间，三省一市青年人口总数共计减少 672.35 万人。与此相应，青年人口占总人口的比例也呈现明显的走低趋势。2020 年上海市、江苏省、浙江省、安徽省的 15~34 岁青年人口占总人口之比分别仅为 28.83%、25.03%、27.07%、24.89%（见图 1）。从长三角少儿人口占比看，在未来较长的一段时间内，长三角地区将要面临少儿数量下降的局面，三省一市劳动人口未来面临进一步下降的压力。其中，浙江和安徽的未来青年人口增加压力相对更大，2021年两省少儿人口占总人口的比重分别只有 14.17% 和 15.44%。[1] 青年人口数量与比率的持续萎缩，可能会对未来经济社会的稳健发展造成负面影响，值得关注。

---

[1] 国家统计局分省年度数据库——人口抽样调查数据。

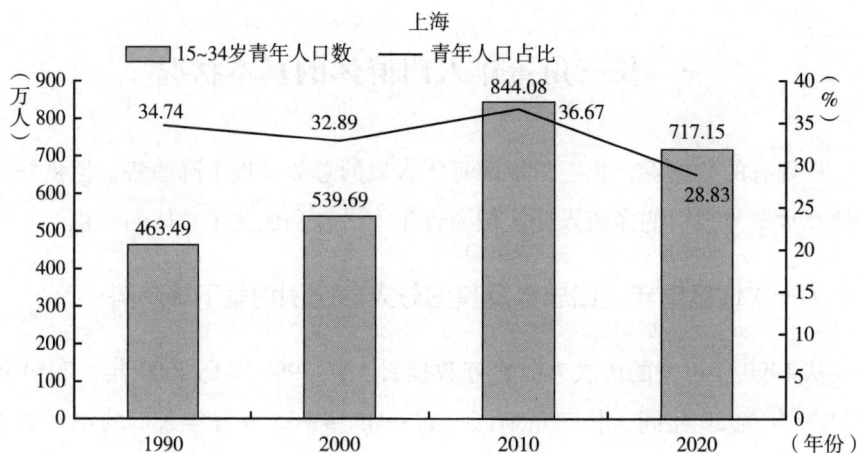

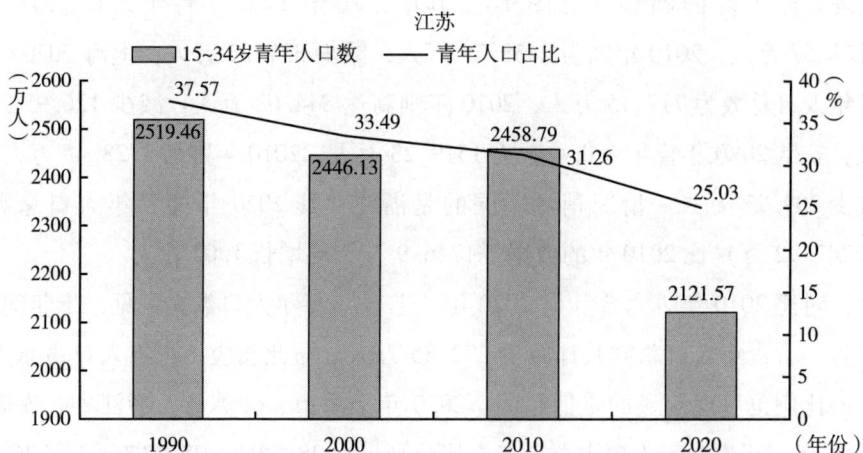

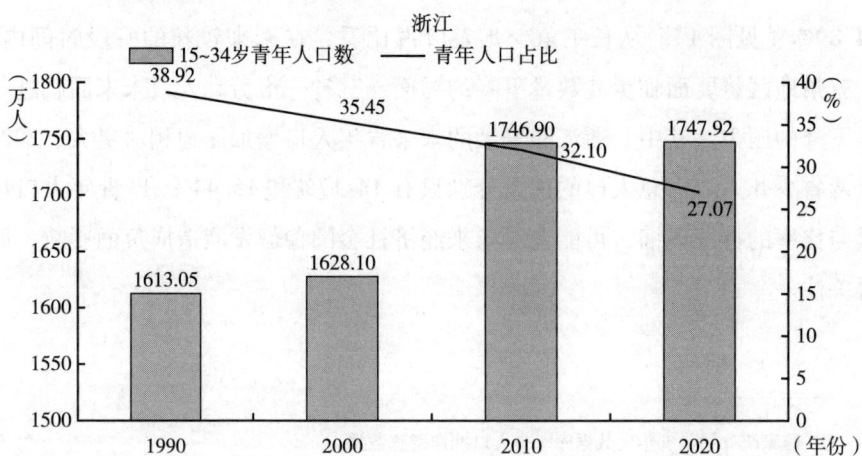

安徽

□ 15~34岁青年人口数 —— 青年人口占比

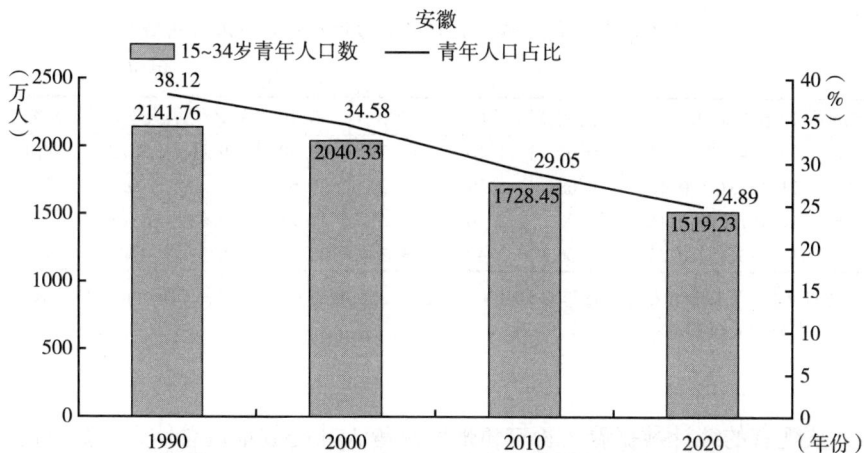

图1　长三角地区三省一市青年人口结构变迁

资料来源：《中国1990年人口普查资料》《中国2000年人口普查资料》《中国2010年人口普查资料》《中国人口普查年鉴2020》。

（二）青年受教育情况整体优异，青年人口质量整体较高

长三角地区各省市青年受教育状况整体较好，但区内不同省市间存在差异。"七普"数据显示，2020年上海市、江苏省、浙江省、安徽省15~34岁青年拥有大学及以上教育程度的比例分别为60.19%、46.57%、40.02%、35.87%。总体上，上海青年受教育水平最高，其接受过研究生教育的青年人口比例更是地区内其他省市的数倍（见表1）。值得注意的是，长三角地区青年教育状况仍有较大改善空间，一部分年轻人的受教育状况较差。2020年"七普"数据表明，三省一市15~34岁青年中文化程度仅为初中的比例明显较高，如上海为19.36%，江苏为25.3%，浙江为29.25%，安徽为33.24%。更有一部分年轻人的受教育程度为小学及以下（上海市、江苏省、浙江省、安徽省的此比例分别为1.25%、2.45%、3.52%、2.71%）。在青年人口总数下降、人口出生率下降的大背景下，青年教育问题更加值得关注。

表1　2020年长三角三省一市15~34岁青年教育程度分布情况

单位：人，%

地区	青年数量	未上过学	学前教育	小学	初中	高中	大学专科	大学本科	研究生
上海	7171467	0.11	0.04	1.10	19.36	19.20	19.80	31.95	8.44
江苏	21215731	0.18	0.08	2.19	25.30	25.68	23.43	20.73	2.41
浙江	17479196	0.16	0.06	3.30	29.25	27.21	19.88	18.16	1.97
安徽	15192314	0.25	0.06	2.40	33.24	28.18	18.72	15.57	1.58

资料来源：《上海市人口普查年鉴2020》《江苏省人口普查年鉴2020》《浙江省人口普查年鉴2020》《安徽省人口普查年鉴2020》。

从现有的统计数据看，长三角地区高等人才的数量占总体人口数量的比重相对较高，但在区域内部的分布存在较大差异。"七普"数据显示，我国人均受教育水平显著提升，每10万人中拥有大学文化程度（大专及以上学历，下同）的人数由2010年的8930人上升为2020年的15467人，大学文化程度人口占比15.47%。而具体到各省市情况，上海作为人才高地的特点尤为显著，其大学文化程度人口占比33.87%。江苏大学文化程度人口占比18.66%，浙江省、安徽省大学文化程度人口占比分别为16.99%、13.28%。[①] 长三角区域各省市高等教育人才分布存在较大差异，但就历年的普通高等教育毕（结）业生数变动趋势来看，除上海有小幅下降外，苏浙皖三省受过高等教育的人口数整体都呈上升趋势（见图2）。

（三）长三角地区青年人口主要流向城市群，但不同城市的青年吸引力存在差异

由于具有相对出色的经济活力和大量就业机会，长三角地区吸引了大量青年劳动力、青年人才来创新创业、就业安居。从2020年劳动人口在全国空间布局来看，长三角劳动人口占全国劳动力的比重达到16.7%，是我国最大的流动人口集聚地。从对长三角地区人口流动情况的分析可见，上海、

---

① 石冰冰：《31省份人口学历盘点：京津沪人口受教育程度高》，澎湃网，https：//m.thepaper.cn/baijiahao_ 12703636。

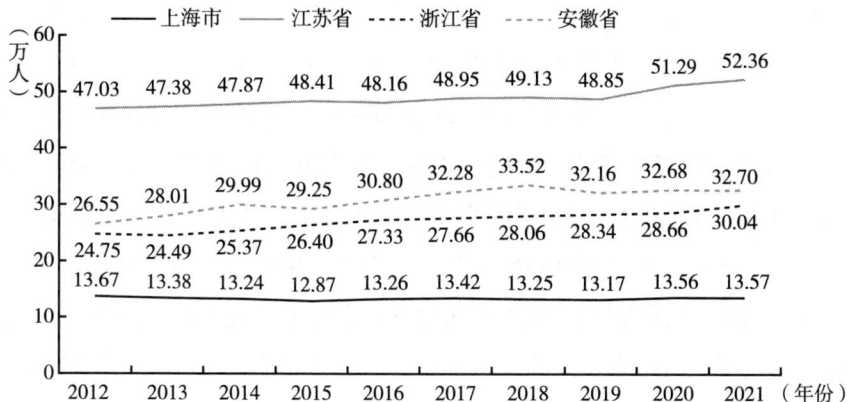

图2 长三角三省一市普通高等教育毕（结）业生数变动趋势

资料来源：国家统计局分省年度数据库。

浙江和江苏三地对外来人口仍保持较强吸引力，人口净移入显著。从图3可以看出，上海和浙江的常住人口和户籍人口之比分别高达1.69、1.28，江苏也达到1.08。但这一比值安徽则小于1，仅有0.86，显示该省人口的流出总数高于流入数。

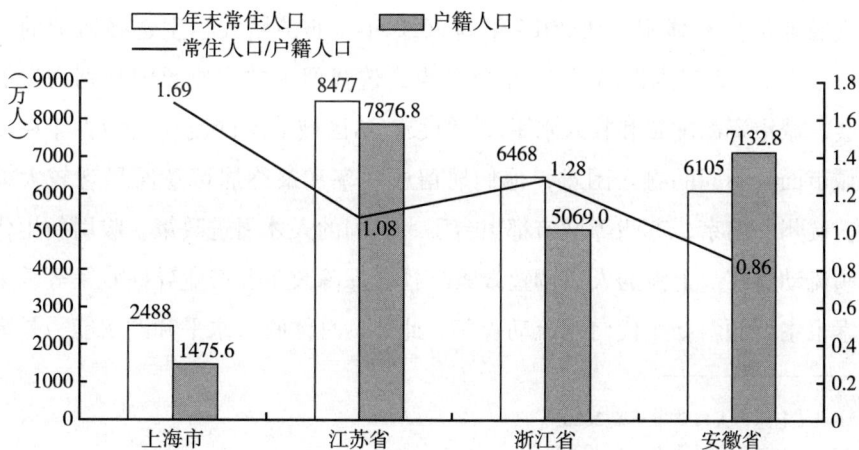

图3 2020年长三角三省一市常住人口与户籍人口比例情况

资料来源：户籍人口数据来自中经数据分省年度数据库，年末常住人口数据来自国家统计局分省年度数据库。

长三角地区外来人口中，有相当一部分为 15~34 岁青年劳动人口。以上海为例，2020 年，上海流动青年人口总数为 470.59 万，占所有外来人口的 44.91%。其中，20~24 岁、25~29 岁与 30~34 岁年龄人口分别为 107.33 万、160.29 万和 171.45 万。[①] 进一步的分析发现，区域内的人口流动以跨省流动为主，并且以长三角内部省市间流动为主。从人口流动方向看，上海、南京、杭州、合肥等核心城市是人口流入的集聚地，其中上海一直是人口净流入城市，安徽则是最大人口输出省。上海外来流入人口的前三大来源省份是安徽省、河南省和江苏省，占比分别为 20.87%、15.35% 和 14.04%，来自其他省份的外来青年占比均低于 5%。[②] 显然，在前三位的流出地中，长三角地区内部占有两席，说明区域内人口要素的流动进一步加强，区域一体化趋势更加明显。

需要注意的是，长三角区域流动人口省市间分布并不均匀，其人力资本存量存在明显的区域间差距。在大部分年龄段上，苏浙皖三省流动人口的人均受教育年限明显低于上海市流动人口，上海对高技能型人才具有明显的"虹吸效应"。[③] 出现这些差异，可能与区域内不同地区对青年的接纳程度存在差异有关。国家统计局上海调查总队发布的《2020 年上海大学生就业情况（就业篇）》显示，从 2015 年到 2020 年，非沪籍大学生选择留沪的比重持续上升，5 年内提高了 10 个百分点，选择留沪的主要原因分别为发展机会、城市资源配置和收入水平。[④] 但长三角区域的不同流动类型青年在流入城市面临不同的融入困难，他们居留成功率和最终居留意愿呈现较大差异。杭州、南京、苏州等城市都出台了一系列的人才引进政策，吸引新生代白领流动青年。上海的人口调控政策、社会保障政策和产业导向政策等政策因素也主要倾斜新生代白领流动青年。此外，总体收入水平和购房能力是影

① 《上海市人口普查年鉴 2020》。

② 《上海市人口普查年鉴 2020》。

③ 周正柱、周娟：《长三角区域劳动力市场一体化发展的问题分析与建议》，《财政科学》2022 年第 2 期。

④ 石冰冰：《31 省份人口学历盘点：京津沪人口受教育程度高》，澎湃网，https://m.thepaper.cn/baijiahao_ 12703636。

响流动青年居留大城市意愿的主要核心考虑因素，存在收入风险和购房困难的白领和蓝领青年都倾向于向其他新一线和二线城市流动。[①]

二 长三角青年的就业、婚恋与住房

受全球经济发展放缓等因素的影响，长三角青年在就业创业、婚姻家庭等方面面临不少新的情况和问题。

（一）劳动力市场竞争激烈，青年就业存在明显压力

根据国家统计局公布的数据，2023 年第一季度，我国城镇 16~24 岁青年调查失业率为 18.3%，较 2022 年第四季度升高 1.1 个百分点。和全国青年就业形势一致，长三角地区青年就业形势也较为严峻。2020 年新冠肺炎疫情发生后，高校毕业生就业工作成为社会高度关注的公共议题。2023 年 5 月，上海市教委主任在媒体公开表示，"高校毕业生就业遇到了前所未有的重大挑战"。他呼吁大学毕业生对就业岗位和薪酬要有合理务实的期待，并以更积极的态度面对就业。从现实的情况看，因为劳动力市场竞争的加剧，"考编"进入政府和事业单位的年轻人数量持续攀升。中公教育数据显示，2022 年上海事业单位招聘的报名总人数为 43472 人，平均报录比近 11∶1，同比增长 2%。2022 下半年安徽事业单位联考平均竞争比为 19.5∶1，2021 年的竞争比为 12.6∶1；2022 年江苏省属事业单位统考最高竞争比为 302∶1，显著高于 2021 年的 289∶1；2022 年浙江省事业单位考试平均竞争比例也高达 250∶1。[②] 对体制内就业机会的集体追求，是劳动力市场就业机会相对缺乏的反映。此外，长三角区域内青年人才结构和就业市场需求不匹配问题突

---

① 冯承才：《新生代流动青年城市居留意愿及其影响因素——基于对上海市新生代流动青年的考察》，《青年研究》2022 年第 5 期；冯承才、时怡雯：《乡村青少年混混的城市生存逻辑研究》，《青年研究》2021 年第 5 期。

② 何海清、张广利：《青年考编现象中的职业想象与内卷实践研究》，《中国青年研究》2022年第 12 期；张志安、龚沈希：《中国青年发展十大热点观察报告（2022）》，《青年探索》2022 年第 6 期。

出，劳动力市场"招工难"与"就业难"问题并存。一方面，三省一市目前都面临技能人才用工短缺问题，技能人才的求人倍率持续大于1.5，高级技能人才求人倍率甚至大于2；另一方面，长三角地区高校毕业生人数逐年攀升，但就业率出现下滑态势。

值得关注的是，新就业形态的兴起为青年带来了较多就业机会。上海市总工会的抽样调查显示，在沪网约工群体35岁以下占比73.47%。但研究发现，网约工从业人员面临缺乏充分劳动稳定性、社会劳动保障以及容易受到劳动侵害等问题。①

（二）青年结婚生育的意愿减弱，生育率下降

近十年来，长三角区域内上海、江苏、浙江和安徽的万人结婚登记数量均在逐年降低，同时未婚比例和离婚比例在逐年上升。相比之下，上海市的结婚登记比率最低，未婚率和离婚率最高；安徽省的整体结婚登记比率最高，但下降幅度最大；江苏省未婚率、离婚率相对较低。2020年，上海、江苏、浙江、安徽三省一市15~34岁青年未婚比例分别为76.96%、47.95%、51.07%、50.02%；青年初婚年龄较晚，2020年上海市、江苏省、浙江省、安徽省初婚年龄分别集中在25岁、23岁、24岁、22岁。进一步分析发现，青年初育年龄在推后，24岁之前生育的女性青年越来越少，30岁以后生育的女性青年越来越多。青年的不婚、晚婚育和低婚育趋势将使得本地区少子化、老龄化社会发展态势愈发显著。从图4可以看出，上海市、江苏省、浙江省、安徽省的总抚养比呈现逐年上升趋势，特别是老年人口抚养比增加幅度日益加大；安徽省和江苏省的总抚养比相对较高，分别达51.7%和46.5%；上海市和江苏省总抚养比上升速度最快。

① 李营辉：《被算法裹挟的"裸奔人"：新就业形态下网约工群体劳动权益调查》，《中国青年研究》2022年第7期；沈锦浩：《双重不确定性与外卖骑手的情感劳动——基于上海市的田野调查》，《青年研究》2022年第2期。

上海

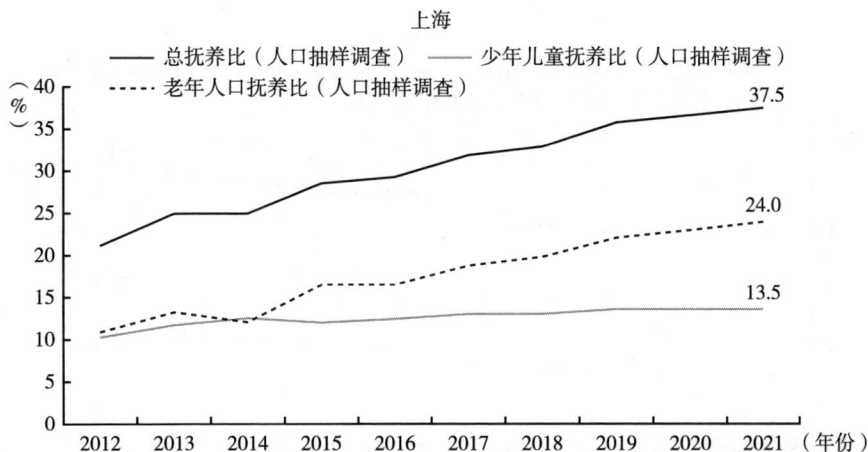

江苏

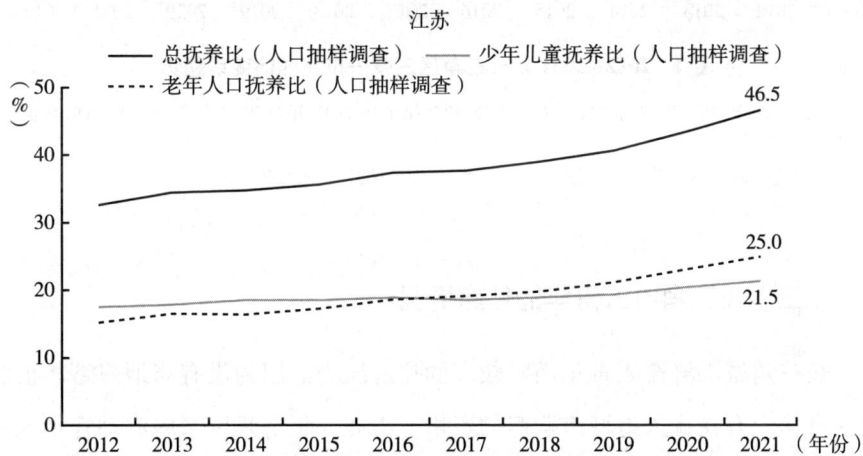

浙江

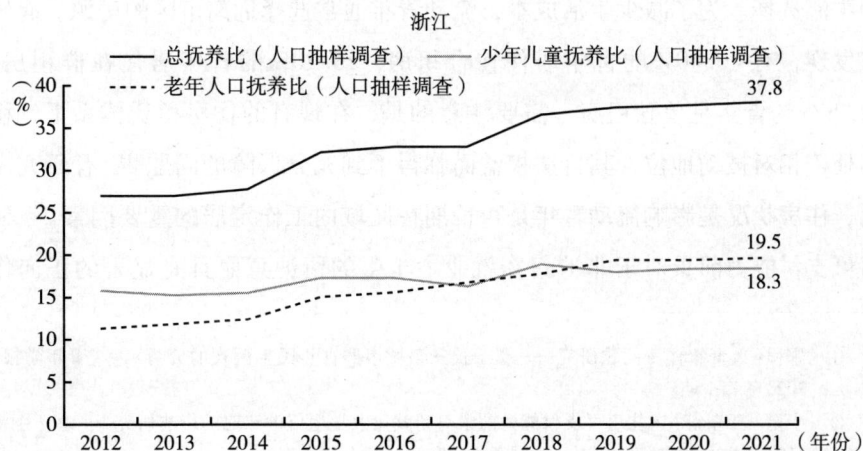

安徽

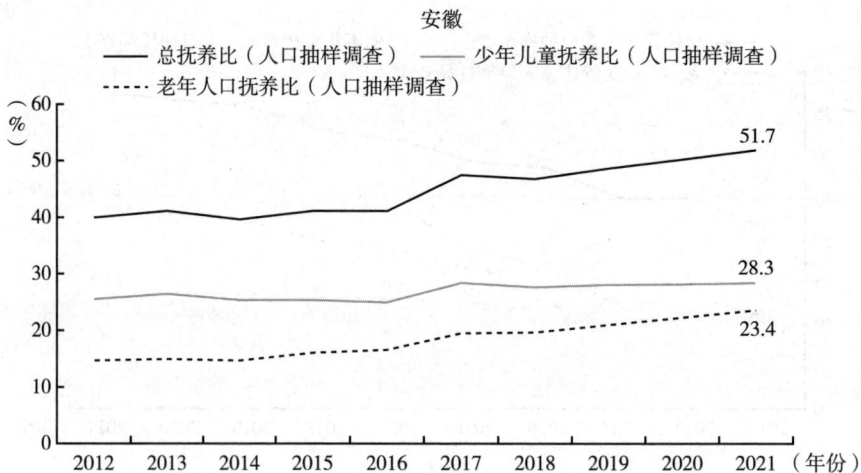

—— 总抚养比（人口抽样调查）　　　—— 少年儿童抚养比（人口抽样调查）

----- 老年人口抚养比（人口抽样调查）

图4　2012~2021年长三角区三省一市抚养比变动趋势

注：由于2020年数据缺失，表中2020年数据值用2019年与2021年的相应数据值均值代替。

资料来源：国家统计局分省年度数据库——人口抽样调查数据。

（三）长三角流入青年的住房情况

长三角城市群流入青年面对较大的住房压力。因为没有当地户籍，很多流入青年没有在流入地城市购房的资格。因此，租房是区域内流动青年现实的主流选择。为了减少生活成本，流动青年通常选择远离市区的房源。有研究发现，有46.40%的青年居住在合租房，10.20%的青年居住在群租房，42.20%的青年是单独租房。需要注意的是，在现有的住房租赁体系下，租客处于相对被动地位，其合法权益面临得不到充分保障的问题。[1] 有研究表明，住房状况是影响流动青年是否长期在区域内工作定居的重要因素。[2] 住房可支付能力前景对于非沪籍新就业大学生的留沪意愿具有显著的正向作

---

[1]　宋程：《青年住房问题研究——基于长三角城市群青年民生调查的分析》，《青年学报》2020年第1期。

[2]　牛星、于莹等：《住房可支付能力前景对新就业大学生留沪意愿的影响研究——基于上海1104份样本的实证分析》，《中国青年研究》2022年第1期。

用。新就业大学生的住房可支付能力前景值越高，越倾向于留沪。上海的发展不仅需要塔尖人才，更需要各个层次的年轻人才。他们是保持上海城市活力的重要力量，是推动上海创新驱动、转型发展的关键力量。

三 长三角地区青年发展政策的成效与问题

基于对青年人群及其之于经济社会发展重要性的共同认知，长三角地区三省一市均将青年发展议题纳入公共政策和服务议程，着力打造有利于青年发展的公共政策体系。

（一）青年发展政策得到系统强化，青年友好社会建设取得积极成效

当前，长三角地区促进青年发展的政策已逐渐成形。青年政策开始从较为单一的福利政策走向全方位服务的综合性政策，从主要吸引高科技人才走向对全体青年发展的服务。2018 年 6 月，安徽省印发《安徽省中长期青年发展规划（2018~2025 年）》，提出到 2025 年全省青年发展政策体系和工作机制要更加完善。2019 年 6 月，江苏省印发《江苏省中长期青年发展规划（2019~2025 年）》，提出要不断完善富有江苏特色的先进的青年发展政策体系，致力于构建系统的青年发展政策体系。该文件还提出了青年身心健康提升工程、青少年交流合作促进工程、困境青少年关爱工程等 12 个重点项目，着力推进青年友好型社会环境建设。2019 年 8 月，浙江省印发《浙江省中长期青年发展规划（2017~2025 年）》，提出到 2025 年建成青年发展型省份并完善浙江青年发展政策体系与工作机制，确保浙江青年发展相关指标在全国处于领先位置。2021 年 6 月，上海制定专项《上海市青少年发展"十四五"规划》，从价值观念、身心健康、创新创业、人才水平、青年参与、成长环境等六个维度提出了一系列促进青年发展的政策。这一系列规划，为长三角青年发展开创了良好的政策框架体系与友好型社会环境。在青年教育、就业、住房等方面，各地因地制宜制定实施一系列新的青年政策，并强化了政策的协同

推进与实施，试图切实协助年轻人更好地成家立业并顺利过渡到成年。不过，从实践的情况看，这些政策规划的落地还需要有更系统的资源与服务配套。

（二）长三角地区教育一体化协同发展的规划与机制得到逐步健全

教育是推动区域经济社会发展的关键性要素，也是青年自身发展的关键。为推动教育一体化发展，充分发挥其作用，长三角已连续召开十几届长三角教育一体化发展会议，探讨推动教育发展面临的形势、问题与路径，协调教育一体化发展的行动。在 2020 年 11 月召开的第十二届长三角教育一体化发展会议上，三省一市共同制订了《新一轮长三角地区教育一体化发展三年行动计划》，明确将在提升高等教育协同创新服务发展能力、推进基础教育优质发展、加快职业教育协同平台建设、推进各类教育人才交流合作、加快长三角教育现代化建设、健全长三角教育协同发展体制机制等方面加强项目推进，通过资源共享、跨区域协同等方式，为一体化发展注入"教育动能"。实践中，长三角区域积极建设和共享线上教育资源，积极提升优质教育的可及性。2021 年 11 月上海市教委发布《上海市教育数字化转型实施方案（2021~2023）》。同年，浙江省、江苏省、安徽省均制订了省内教育信息化计划和规划。2023 年 2 月，"江苏省名师空中课堂"成功接入"我的南京"App。这一举措将数字教育和地方公共服务平台相融合，深化了数字教育场景的应用，加快了数字教育应用向基层的延伸。三省一市均注重推进家庭教育指导，以系统的服务协助青年更好履行亲职。自 2018 年起，由上海市教育科学研究院牵头，联合长三角地区教育部门和研究机构，围绕家校共育的热点难点问题，每年举办家校合作论坛，致力于通过对话和交流，活跃家校合作氛围，提升家校合作能力，传播家校合作经验。需要注意的是，长三角各城市教育服务偏向于应试教育和中小学教育的环境中，家庭教育、成人教育和终身教育还有很大的市场服务开发空间，长三角地区终身教育资源共享协作也有进一步融通合作的空间。[①]

[①] 廖琪、张敏等：《促进青年发展的城市政策环境评价》，《中国青年研究》2022 年第 5 期。

（三）多措并举稳定青年就业大盘，积极优化青年创业政策环境

长三角各省市积极汇集资源、线上拓展就业渠道，努力促进青年就业。为疏解青年就业困境，长三角各省市积极拓宽就业信息渠道，积极落实政府各部门就业促进责任，积极拓宽就业岗位，还有针对性地出台社保补贴、培训补贴、学费代偿、考研加分等系列政策，鼓励毕业生到中小微企业和基层就业，并取得一定的就业促进效果。2020 年 7 月印发的《上海市人民代表大会常务委员会关于进一步做好当前促进就业工作的决定》明确提出了市、区政府及乡镇、街道在稳定和扩大就业方面的责任，强调区政府承担所辖行政区域内稳定和扩大就业的第一责任，要求相关政府部门按照各自职责共同做好相关工作。江苏、浙江分别下发《关于开展 2022 年离校未就业高校毕业生服务攻坚行动》和《关于进一步做好高校毕业生等青年就业创业工作的通知》，多渠道开发就业岗位，为高校毕业生就业创造条件。此外，三省一市注重为青年创业创造良好的环境，各省市积极制定实施促进高校毕业生创业的政策。如上海市 11 部门 2022 年联合下发《关于做好 2022 年上海市高校毕业生就业创业工作的通知》，鼓励高校毕业生自主创业。毕业年度内高校毕业生从事个体经营的，自办理个体工商户登记当月起，在 3 年内按每户每年 1.44 万元的限额依次扣减相关税费。在浙江长兴，为了鼓励选择灵活就业的高校毕业生创新创业，当地政府也出台了一系列办公地点免租金、创业补贴、贷款贴息等扶持政策。① 但研究发现，部分地区存在重创业轻就业、重硬环境轻软环境的问题。

长三角地区还积极做好新兴职业的规范和引导，促进就业青年的职业发展和劳动保护。各类新兴职业群体已引起政府高度关注，其所面临的职业发展困境也日益受到相关部门的重视。2017 年以来，上海总工会依托政府主管部门、地区工会、行业协会等持续推动建立网约送餐、医疗照护、物流货运、家政服务等行业工会，广泛吸纳相关行业从业人员入会。但尝试建立的

---

① 《上海给高校毕业生送"大礼包"，最难就业季长三角很拼》，《新民晚报》2022 年 5 月 23 日。

新业态工会仍面临泛行业协会因自身力量不足而通常缺位、平台企业顾虑企业责任抵触或拒绝以资方身份体现在工会关系中等困境。①

（四）青年住房保障政策取得进展，但青年住房困难问题在一定范围内依然存在

稳定的住房是青年发展的重要保障，也是年轻人走向独立的基本需要。一段时间以来，房价高企，青年住房成本大幅提高，不少年轻人无力通过自己的努力购置住房。因此，住房保障逐渐成为长三角青年公共政策的重要组成部分。2022 年浙江省嘉兴市制定发布《嘉兴市进一步完善房地产市场平稳健康发展的实施意见》，明确优先满足在嘉兴工作或创业的新市民和青年人的刚性和改善性住房需求，对已签订劳动合同或办理营业执照，且在长三角地区（包括上海市、江苏省、安徽省、浙江省）缴纳社保的，享受本市户籍居民家庭购房政策。《上海市住房发展"十四五"规划》中提出，要聚焦新市民、青年人等住房困难群体的租赁需求，新增建设筹措 47 万套（间）以上的保障性租赁住房。实际上，从 2014 年起，廉租房与公共租赁住房并轨运行，从政策层面解决了"夹心层"青年的住房问题。但是，能够真正享受到保障性住房福利和待遇的青年仍相对有限。大部分青年不选择公共租赁房的原因，是因为申请公租房门槛高、程序复杂，需要同时满足多个条件。户籍和居住年限的限制，成为许多非本地市民青年和刚就业青年申请公租房的"门槛"。

（五）打造支持家庭育儿的政策体系，协助青年做好家庭与工作的平衡

养儿育女是青年面临的重要生涯任务。由于家庭结构与功能的持续改变和孩童养育成本的持续攀升，青年育儿压力不断加大，民众生育意愿减弱，

---

① 金世育：《上海新业态行业工会建设：实践、困境与路径创新》，《工会理论研究（上海工会管理职业学院学报）》2021 年第 5 期；沈锦浩：《双重不确定性与外卖骑手的情感劳动——基于上海市的田野调查》，《青年研究》2022 年第 2 期。

人口出生率探低。为更好地推动人口再生产，协助青年更好地养育孩童，长三角三省一市均已从产假等方面积极出台鼓励生育政策，如针对"三孩"政策，四地均制定了相应的福利保障政策。长三角三省一市积极制定各类支持政策减轻家庭生育、养育、教育负担。其中，上海市特别提出，鼓励用人单位采取有利于照顾婴幼儿的灵活休假和弹性工作措施，支持家庭生育、养育。此外，建立健全普惠托育服务体系，鼓励和引导社会力量举办托育机构，将母婴设施建设纳入公共服务设施建设规划，均已成为长三角三省一市的重要选择。比如，浙江省规定县、市、区的人民政府可以对提供托育服务的用人单位给予补助，同时，县、市、区的人民政府可以根据当地实际，对三周岁以下的婴幼儿家庭给予育儿津贴、托育费用补助。安徽省2022年生育津贴新规规定，对于生育二胎的家庭，每月都会给予500元的补助；生育三胎的家庭，每月会给予1000元的补助，连续补助三年。从现实情况看，长三角地区要更加积极关注女性青年生育和工作的平衡。当代青年女性是生育和家庭照料的主要承担者，生育为青年女性带来巨大的"机会成本"。积极保障女性与儿童的合法权益、推出生育和家庭友好型政策已成为公共政策发展目标之一。[①] 2021年以来，为平衡家庭夫妻双方的养育责任，长三角四地最新的人口计生条例中，特别增加了护理假及育儿假，让父亲更多参与到育儿过程之中。

（六）长三角青年人才政策积极但竞争激烈

青年人才是城市与区域发展的关键资源。近年来，"人口红利"减少问题引发关注，各地纷纷开展"抢人大战"。2020年，苏浙沪联合出台《长三角生态绿色一体化发展示范区专业技术人才资格和继续教育学时互认暂行办法》，在全国率先实施针对专业技术人员的职业资格、职称认定多领域的一体化人才培养模式。目前，长三角地区青年人才吸引政策整体效果较好，是引才育才的高地。上海、杭州人才净流入占比一直稳居核心一二线城市前三

---

① 朴现玉：《青年婚育态度与生育政策的国际比较》，《青年探索》2022年第4期。

位，苏州、南京人才吸引力排名同样靠前。分城市看，上海、杭州人才净流入量最大，人才净流入占比分别达到 2.1% 和 1.6%，分别高出第三位 0.7个和 0.2 个百分点。① 同时，研究发现，长三角青年人才政策还存在一些突出问题。比如，区域内各省市青年人才政策存在同质化竞争问题突出，三省一市在科技人才引育对象、引育方式和体制机制改革方面均存在较高政策趋同性。它们都强调要打造"双高"和"双创"人才格局，都尝试建立以奖励和薪酬待遇为主的人才激励机制、以柔性流动为主的人才流动机制、以资金补贴和人才安居为主的人才保障机制等。② 此外，青年人才仍然面临跨地区、跨体制、跨行业的流动阻碍。例如，与户籍制度挂钩的购房政策直接阻碍了劳动力流动，同样与户籍制度直接挂钩的就业、子女入学、社会保障等政策也将流动青年排斥在外。长三角区域要素市场中，劳动力市场化改革滞后于商品、资本市场，且劳动力市场的分割问题依然存在，这不利于长三角一体化发展，不利于城市群的青年人才区域内的流动和优化配置。

四 推动长三角青年政策协同发展的对策建议

当前，长三角各省市已经初步形成青年发展政策体系和工作机制，推动了区域内青年发展。随着长三角一体化的推进，交通一体化、医疗服务一体化、数字经济一体化等将吸引更多的青年汇集于此。推动区域内协同发展的青年政策体系的发展，更好地协助他们安居乐业，对长三角一体化发展具有重要而迫切的现实意义。

（一）明确长三角青年工作协同机制与政策思路

青年是推动长三角一体化发展的重要力量，推动青年发展是区域一体化

① 克而瑞地产研究院：《京沪加快人才落户，对其他人口引流城市市场影响研究》，《中国房地产》2022 年第 29 期。
② 白云朴、李果：《长三角区域一体化进程中科技人才政策趋同与竞争》，《中国人力资源开发》2022 年第 6 期。

发展的重要目标。从长三角青年人群的结构、特点及其发展面临的问题看，有必要将青年发展纳入区域一体化发展的总体议程之中。可探索建立长三角青年工作联席会议机制，三省一市定期研究讨论区域内青年发展与青年工作相关议题，协同制定区域共识性和差异性两相结合的青年发展政策，制定兼具对外吸引、对内分流常驻的青年发展政策与规划，合力将长三角打造成为青年发展友好的特色区域。要充分整合长三角都市圈的政策资源，联通共享域内青年发展服务，形成群聚联动发展优势。针对区域内青年人口结构变化、教育、就业、住房等方面存在的问题，要结合长三角发展特点，逐渐形成区域内共享的创业就业、医疗保障、教育保障等的包容性社会保障制度，辐射整个长三角区域的青年发展，引导区域内青年的合理流动。

（二）打造更有吸引力更富弹性的青年人才跨地区培养与使用政策

长三角可继续发挥区位优势，进一步做好各类青年人才的居留保障，做好青年人才的合作培养和使用，在为青年提供发展机会的同时做好"人口提质"。要探索放宽落户限制，降低购房门槛，降低青年人才在城市的居留生活成本。要进一步整合长三角各省市教育培训资源，推动教育资源的跨区域共享，培育产教融合职业教育，推进智慧教育共建共享，为青年人才持续发展与终身教育提供服务。针对技能型人才短缺，政府要加大教育投入力度，创新一体化的人才培养和资质互认，完善高技能人才引进政策，培养中高端人才。深化职业教育合作，健全区域终身教育体系，给予产学研合作更大的关注，通过户籍、医疗或者教育优势等激励手段吸引优秀人才。[①] 要协同区域资源，根据省市发展特点同中有异地形成特色人才优势，并制定畅通区域内青年人才柔性流动机制，促进青年人才的区域共享。要通过产业链、创新链和人才链的深度融合与良性互动，破除影响青年人才合理布局与协调发展的制度樊篱，从整体上实现长三角地区人才优势。要统筹长三角城市群

---

① 邓贞、宋薇萍：《上海财经大学党委书记许涛：打造区域教育协作典范　为新发展格局提供人才和智力支撑》，《上海证券报》2022 年 12 月 8 日。

劳动力市场协同发展，使劳动力要素跨地域自由流动，实现区域内城市间深度合作。聚焦打造长三角科技人才一体化市场体系，着力打破行政壁垒，推动人才要素在更大范围畅通流动，探索建立不迁户口、不变身份、不转关系、双向选择、能出能进的人才柔性流动机制。力图实现人随项目走、人随产业走，推进区域间人力资本共享与协同发展，建立完善以"跨域、互认、共享"为特点的人才管理机制。[①]

（三）优化完善支持青年就业创业的住房与社会保障政策

为促进青年发展的城市政策环境优化，建议强化以青年民生为重点的城市社会保险、教育健康养老服务、住房支持等青年社会保障体系的建设。目前，长三角不少城市的社会保障与户籍或居住证挂钩。而对于占城市常住人口主要比例的大多数流动人口特别是青年流动人口来说，居住证积分制度的满足和户籍的获取相对困难，流动青年往往处于城市社会保障之外。要根据长三角地区各城市人口情况和不同类型青年的就业和经济情况，将青年人的住房保障机制建设与各类人才政策结合起来。要进一步完善居住证制度，根据经济社会发展情况动态调整准入门槛，推动流动青年市民化。结合住房需求和城市发展规划，适当划拨保障租赁住宅供地，适度降低公租房申请"门槛"，让更多流动青年享受到基本公共服务。要逐步实现区域内城市住房保障资格的互通机制。建立长三角地区住房一体化网络，相互开放公共租赁房、共有产权房的入住资格。只有让青年在城市中能享受完善的社会保障、有序公平的落户居留促进政策，增强他们的归属感、获得感，才能"留得住"青年。[②] 此外，新兴就业在长三角兴起，值得公共政策高度关注。针对新兴就业青年群体就业灵活但不稳定、缺乏社会保障和发展前景等问

---

① 史梦昱、沈坤荣：《人才引进政策的经济增长及空间外溢效应——基于长三角城市群的研究》，《经济问题探索》2022年第1期。

② 牛星、于莹等：《住房可付能力前景对新就业大学生留沪意愿的影响研究——基于上海1104份样本的实证分析》，《中国青年研究》2022年第1期；宋程：《青年住房问题研究——基于长三角城市群青年民生调查的分析》，《青年学报》2020年第1期。

题，要从政策层面予以更多引导和规范，尽快建立更具包容性的社会保障制度，建立覆盖灵活就业、弹性用工的新型社会保险制度，把新兴就业纳入正规就业管理和保护范畴。积极探索这些新职业群体的行业工会、同业协会或从业者联盟的建立，促进劳动者群体在维护劳动者权益、建立公平雇佣关系、推动行业自律等方面实现联合行动，以维护广大新业态从业人员的合法权益。建立新兴就业的监管机制，加快制定规范灵活就业法律法规，对平台算法进行督察监管，提高新兴就业群体的待遇，促进就业青年的职业培训和发展。①

（四）支持青年平衡就业与家庭的政策协同，积极协助青年面对婚恋、生育

长三角青年发展政策需要注重建立青年婚育友好和生育支持性政策环境，更加重视和支持青年就业与家庭的平衡。现实的婚育的经济压力、照料压力和工作与家庭的平衡，是阻碍青年进入婚育阶段的关键，也是进一步创建生育友好型社会的重点政策方向。要制定婚育友好的家庭生育支持政策，进一步为青年在婚育方面减压。为解决已婚青年"不敢生""养不起"的问题，政策建设方面需要从完善普惠配套政策支持育龄青年"敢生能养"、建立生育友好型社会等方面努力。要在政策法规层面为家庭提供儿童从出生到成年的养育保障，形成系统的家庭生育支持政策。当前，长三角地区家庭支持政策和服务基础仍较为薄弱，儿童托育照料市场发育仍待完善。要建立和完善托育服务体系，鼓励托育机构和服务的发展，完善促进该行业发展的技术标准与制度规范，对儿童照顾服务市场进行监管和引导。②要以青年女性权益保护为核心，促进生育责任的性别平衡。在女性群体面临老年人和子女照料以及工作家庭平衡三重挑战的今天，在应对人口老龄化与低生育率的问题上应更加积极。要促进父亲在育儿过程中的参与率，推动家

---

① 何明洁、向南霓：《个体化视角下的兴趣爱好与数字劳动》，《青年研究》2022年第1期；孙洁：《快递配送青年权益保障现状、瓶颈与对策建议》，《中国青年研究》2022年第1期。
② 朴现玉：《青年婚育态度与生育政策的国际比较》，《青年探索》2022年第4期。

庭和社会共担"育儿成本",建设利于性别平等发展的职场环境与和谐稳定的家庭关系。①

（五）推进长三角青年发展状况的追踪研究与动态分析

习近平总书记在党的二十大报告中提出,全党要把青年工作作为战略性工作来抓。青年发展状况对长三角一体化发展具有至关重要的影响。在推进区域协调发展的过程中,要更加关注青年的教育、就业创业、住房、医疗保障、婚恋育儿等问题,为年轻人的经济社会参与和自我实现创造更好的条件。从目前的情况看,长三角地区对青年发展及青年工作发展的统筹协调还不够,对地区青年的总体结构及其变动情况的掌握有待加强,相关政策出台的证据基础与科学评价有待强化。要强化对区域青年、青年工作的研究,提升相关政策制定与变革的科学化水平与有效性。建议建立长三角青年发展数据库,全面跟踪、分析区域内14~35岁青年人口的发展变化情况,全面汇集青年教育、就业创业、婚恋育儿、住房与社会保障、社会心态等数据资料,加强对相关问题的动态研究,将青年问题放置到长三角一体化发展的中心议题中予以系统研究。

参考文献

白云朴、李果:《长三角区域一体化进程中科技人才政策趋同与竞争》,《中国人力资源开发》2022年第6期。

邓贞、宋薇萍:《上海财经大学党委书记许涛:打造区域教育协作典范 为新发展格局提供人才和智力支撑》,《上海证券报》2022年12月8日。

冯承才:《新生代流动青年城市居留意愿及其影响因素——基于对上海市新生代流动青年的考察》,《青年研究》2022年第5期。

冯承才、时怡雯:《乡村青少年混混的城市生存逻辑研究》,《青年研究》2021年第

---

① 朴现玉:《青年婚育态度与生育政策的国际比较》,《青年探索》2022年第4期;贾志科、高洋:《国外生育支持政策的分析与反思》,《青年探索》2023年第1期。

5 期。

何海清、张广利：《青年考编现象中的职业想象与内卷实践研究》，《中国青年研究》2022 年第 12 期。

何明洁、向南霓：《个体化视角下的兴趣爱好与数字劳动》，《青年研究》2022 年第 1 期。

贾志科、高洋：《国外生育支持政策的分析与反思》，《青年探索》2023 年第 1 期。

金世育：《上海新业态行业工会建设：实践、困境与路径创新》，《工会理论研究（上海工会管理职业学院学报）》2021 年第 5 期。

克而瑞地产研究院：《京沪加快人才落户，对其他人口引流城市市场影响研究》，《中国房地产》2022 年第 29 期。

李营辉：《被算法裹挟的"裸奔人"：新就业形态下网约工群体劳动权益调查》，《中国青年研究》2022 年第 7 期。

廖琪、张敏等：《促进青年发展的城市政策环境评价》，《中国青年研究》2022 年第 5 期。

牛星、于莹等：《住房可支付能力前景对新就业大学生留沪意愿的影响研究——基于上海 1104 份样本的实证分析》，《中国青年研究》2022 年第 1 期。

《为鼓励生育　长三角做了哪些努力》，澎湃网，https：//www. thepaper. cn/newsDetail_ forward_ 19558201。

朴现玉：《青年婚育态度与生育政策的国际比较》，《青年探索》2022 年第 4 期。

沈锦浩：《双重不确定性与外卖骑手的情感劳动——基于上海市的田野调查》，《青年研究》2022 年第 2 期。

石冰冰：《31 省份人口学历盘点：京津沪人口受教育程度高》，澎湃网，https：//m. thepaper. cn/baijiahao_ 12703636。

史梦昱、沈坤荣：《人才引进政策的经济增长及空间外溢效应——基于长三角城市群的研究》，《经济问题探索》2022 年第 1 期。

宋程：《青年住房问题研究——基于长三角城市群青年民生调查的分析》，《青年学报》2020 年第 1 期。

孙洁：《快递配送青年权益保障现状、瓶颈与对策建议》，《中国青年研究》2022 年第 1 期。

《上海给高校毕业生送"大礼包"，最难就业季长三角很拼》，《新民晚报》2022 年 5 月 23 日。

张志安、龚沈希：《中国青年发展十大热点观察报告（2022）》，《青年探索》2022 年第 6 期。

B.25
长三角营商法治环境一体化高质量
发展的对策与建议

徐 静*

摘　要： 长三角区域一体化建设，有利于区域经济高质量发展，加快转变
发展方式，带动长江流域乃至全国经济高质量发展。营商环境是
影响地区经济发展的关键因素之一，法治是最好的营商环境，营
商法治环境一体化发展是长三角高质量发展的重要内容。长三角
三省一市营商法治环境一体化发展在协同立法、联合执法、司法
协作等方面取得了长足的进步，针对三省一市法治发展不均衡，
营商法治环境水平参差不齐，协同立法、联合执法以及司法协作
机制不成熟的现状，提出长三角营商法治环境一体化高质量发展
的建议与对策：加强顶层设计，搭建长三角区域营商环境协调机
制的组织运行机构；强化长三角区域营商环境协同立法，创新营
商环境法制供给方式；完善长三角区域联合执法协调机制，创新
执法方式，强化长三角执法监督，提高执法人员素质；深化长三
角跨区域司法协作，建立跨区域的司法协作监督机构；整合资
源，大力发展电子政务，搭建覆盖长三角全区域法治信息共享平
台，供市场主体、执法人员、司法人员等多元主体使用。

关键词： 营商法治环境　一体化发展　长三角

---

* 徐静，博士，江苏省社会科学院法学研究所副研究员，研究方向为民商法、公私法交叉问题。

长三角区域规划于 2010 年 5 月 24 日由国务院正式批准实施，2018 年 11 月 5 日，习近平主席在首届中国国际进口博览会上宣布，支持长江三角洲区域一体化发展并上升为国家战略。长三角区域包括上海市、江苏省、浙江省、安徽省三省一市，是全国发展基础最好、制度环境最优、经济最活跃、开放程度较高、整体竞争力最强的地区之一，与京津冀、粤港澳大湾区同为我国重点打造的一体化发展城市群。企业与人才是贸易竞争中的关键性因素，长三角区域能否在世界经济合作与竞争并存的主流态势中吸引并留住人才与企业，有赖于该区域的营商基础设施保障及营商制度与法治对营商环境的支撑力度。长三角区域历来呈现出智力资源丰富、营商环境较为优良等特点，一体化建设能够提升区域发展量能，有利于加快转变发展方式，不断提升发展水平，带动长江流域乃至全国经济高质量发展。"法治是最好的营商环境"，在国际营商环境竞争激烈的大环境下，优化长三角区域营商法治环境是推进区域整体化建设与发展的关键环节，是区域经济高质量发展的重要保障。

一 长三角营商法治环境一体化发展现状分析

城市营商环境是城市开展区域和国际交流与合作、参与区域和国际竞争的重要背景环境，优良的营商环境，尤其是国际化、法治化的营商环境，是一个城市经济软实力的重要体现。多个机构的调查研究资料显示，长三角区域城市群营商环境处于全国先进水平，上海营商环境处于领头羊地位，浙江、江苏紧跟其后，安徽在努力追赶中。在法治营商环境指数方面，上海、杭州、南京各城市法治化指标在全国都属前列水平，但在区域合作，整体化的营商法治环境方面可能存在"表面光鲜，内在迷失"的现象，一体化的营商法治环境建设处于摸索阶段，在一体化立法、执法、司法以及守法各方面既有亮点也有短板。

（一）长三角营商环境协同立法概况

长三角营商法治环境建设的法律依据主要分为两种。一是中央层面的法律规范和规范性文件，包括《优化营商环境条例》《中华人民共和国民法典》，以及 2019 年 12 月 1 日中共中央、国务院正式印发的《长江三角洲区域一体化发展规划纲要》、2022 年 11 月制定并颁布的《长三角国际一流营商环境建设三年行动方案》（以后简称《方案》）。特别值得一提的是《方案》，该《方案》是专门针对长三角区域的营商环境而制定，是具有明确指引性的国家层面的规范性文件，《方案》包括指导思想、基本原则、主要目标、工作举措和组织保障等方面，具有很强的针对性、指导性和可操作性，对加强长三角地区营商环境建设短板弱项、打造国际一流营商环境、推动区域一体化发展具有重要意义。其围绕进一步优化法治建设，提出了加强和创新监管、严格规范执法行为、保护市场主体合法权益三条措施，有助于良法善治，打造优良的长三角营商法治环境。二是地方立法及规范性文件。我国是单一制国家，实行"一元两级多层次"的立法体制，地方立法权有严格的权限限制，且地方法规和规章的效力仅及于本行政区域内。跨区域立法，与现有的立法体制有内在的紧张关系。随着长三角经济社会的一体化发展，跨区域协同立法的需求不断呈现，尤其是在水体资源保护、生态环境保护方面对协同立法的需求最为迫切。因应这种需求，2021 年 1 月，中共中央印发《法治中国建设规划（2020~2025 年）》，提出了建立健全区域协同立法工作机制，加强全国人大常委会对跨区域地方立法的统一指导，这为区域协同立法明确了发展方向。2022 年 3 月第十三届全国人民代表大会第五次会议对《中华人民共和国地方各级人民代表大会和地方各级人民政府组织法》进行了第六次修正，明确省、自治区、直辖市以及设区的市、自治州的人民代表大会根据区域协调发展的需要，可以开展协同立法，但并未对协同立法的事项和具体方式进行规定，长三角协同立法目前处于实践探索中。长三角协同立法最具代表性的实例是《上海市大气污染防治条例》，其中专章设定"长三角区域大气污染防治协作"，江苏、浙江、安徽三省的大气污染防治地方立法，均分别设置相应的专章，长三角协同立法真正从纸面迈向实践，也成为全国首个成功实施的区域立法工作协同项目，长三角区域协同立法主要实例如表 1 所示。

表 1 长三角区域协同立法主要实例

法规名称	通过时间	主要内容、适用范围及意义
上海市大气污染防治条例	2014 年 10 月通过	上海市率先在第六章专章规定长三角区域大气污染防治协作,实现"零"的突破
浙江省大气污染防治条例	2016 年 5 月修订通过	浙江省首次参与协同立法项目,第四章规定区域大气污染联合防治
江苏省大气污染防治条例	2015 年 2 月通过	江苏首次参与协同立法项目,第五章规定区域大气污染联合防治
安徽省大气污染防治条例	2015 年 3 月实施	安徽省区域立法协作的首个立法项目,第三章规定区域和城市大气污染防治
关于支持和保障长三角地区更高质量一体化发展的决定	2018 年 11 月长三角三省一市人大常委会同步通过	在关键条款和内容上保持一致,均明确支持和保障长三角地区一体化发展,在规划对接、法治协同、市场统一、生态保护、共建共享等方面作出详细规定
关于促进和保障长三角生态绿色一体化发展示范区建设若干问题的决定	2020 年 9 月,上海市,江苏省、浙江省人大常委会分别通过	规定打破行政边界,从区域项目协同走向区域一体化制度创新,实现绿色经济、高品质生活、可持续发展的有机统一
关于促进和保障长江流域禁捕工作若干问题的决定	2021 年 2~3 月,长三角三省一市人大常委会分别通过各自的《决定》	构建了协同非法捕捞闭环监管长效机制,明确联动开展长江保护法和长江禁捕执法检查
上海市航道条例	2019 年 9 月通过	规定上海市及各交通部门应当与长三角省市交通部门建立沟通协调机制,加强航道规划、建设、养护、保护协作,构建长三角区域信息共享的航道管理体系
上海市促进虹桥国际中央商务区发展条例	2022 年 10 月通过	推动公共服务共享,对设立服务长三角一体化发展的投资基金等作出规定

(二)长三角区域联合执法向纵深推进

市场环境是营商环境最直接的载体。长三角已经初步建立起自由、平等、规则有序的市场竞争秩序,是全国市场开放程度和执法透明度较高的区域之一,吸引着众多的外资和民间资本。统一的市场秩序需要联合执法来维护,自 2019 年签署《长三角地区市场体系一体化建设合作备忘录》和《长三角地区市场监管联动执法实施办法》以来，三省一市市场监管部门建立了线索移送、执法协作、执法联动、执法互认、信息通报等多项高效的工作机制，对联动执法作出制度性安排，并在执法实践过程中取得了显著成效。在 2020 年 11 月召开的第二届长三角地区市场监管执法协作会议上三省一市市场监管部门首次发布了长三角地区市场监管联动执法十大典型案例，其中包含"宁波、扬州联动查处假冒 3M 口罩案""沪苏浙皖联动查处 BOSCH 蓄电池商标侵权系列案""上海、南京联动查处生产经营不合格大白兔奶糖案"等案件。2022 年 8 月 31 日，长三角第一支跨区域实体化运行的联合执法队——上海市金山区和浙江平湖市联合行政执法队正式成立；同时，沪苏浙三地城管部门联合制定发布《长三角城市管理综合行政执法毗邻区域共同遵守"首违不罚"清单的指导意见》，这是全国城管执法部门首份跨区域"首违不罚"统一清单。沪苏浙皖市场监管和城市管理部门致力于推动长三角执法一体化，共同营造准入畅通、开放有序、竞争充分、秩序规范的市场体系。但一些地方仍然存在忽视平等原则，差别对待不同市场主体的现象；市场主体的合法权益时有被侵犯的情况，企业的知识产权保护仍然有待加强。资源要素在市场上自由流通仍然存在障碍，区域协同发展的统一市场环境仍未完全形成，跨境贸易仍然存在制度壁垒。

（三）长三角区域司法协同取得长足进步

长三角一体化发展国家战略得以实现离不开强有力的司法服务和保障体系。2018 年长三角一体化发展上升为国家战略以后，沪苏浙皖四地统一思想，健全政法系统区域合作协调发展机制，初步形成了一体推进平安建设、法治建设的工作格局。三省一市检察院签署《建立长三角区域生态环境保护司法协作机制的意见》，建立日常工作联络、信息资源共享、案件办理协作、研讨交流协作、新闻宣传协作等五项工作机制；2019 年 11 月，四地检察机关在苏州签署《沪苏浙皖检察机关关于依法服务保障长三角区域民营企业健康发展的意见》，对区域法律适用标准、司法办案方式及跨省协作作了针对性和操作性强的规定；2019 年，四地高院在苏州市共同签署《关于长三角地区人民法院联合发布典型案例推进法律适用统一的实施办法》，推动建设跨区域执法司法适用标准等；四地高院先后围绕诉讼服务、环境资源、知识产权司法保护、执行一体化等签署整体性、指导性框架协议若干份。区域司法系统建立了典型案例发布制度，2020年联合发布首批长三角法院典型案例24个。2020年9月，四地法院在安徽金寨签署《长三角地区法院一站式多元解纷和诉讼服务体系建设司法协作框架协议》，共同构建多元解纷资源共享机制，强化涉诉信访处置合作机制，建立矛盾纠纷联动调解机制和联合调解组织，共同排查化解各类跨区域矛盾风险隐患；深化跨区域案件"当场立、自助立、网上立、就近立"改革；在司法执法协同方面，重点推动跨区域立案、司法执行、执法监督联动，跨区域生态环境执法司法保护、行政复议、合法性审核、知识产权司法保护联动，积极与长三角一体化高质量发展的司法执法需求相适应。

（四）长三角区域市场主体守法水平逐步提升

法治信仰和遵法观念是营商环境法治化的重要指标内容之一。各类企业是商事活动的主导者，是市场的决定性因素，只有企业合法经营、规范内部治理才能实现永续经营和发展，企业守法是营造优良营商法治环境的关键所在。从整体上看，长三角市场主体守法水平在全国名列前茅，大多数市场主体能在法治框架内规范经营活动，劳动者、消费者的合法权益能在较大程度内获得尊重和保护。但长三角地区企业数量多且良莠不齐，少数公司法治意识不强、合规治理能力不够，在追求自身利益的同时可能损害他人利益，罔顾社会责任，甚至存在逾越法律底线的现象。长三角区域部分中小企业自主管理机制不健全、权责不明晰，抑或是企业经营者、管理者的法律意识淡薄，导致企业风险防控能力较弱，可能危及企业的发展与壮大。少数大企业存在滥用法治盲点、规避监管"打擦边球"等现象，浙江蚂蚁科技集团股份有限公司和上海饿了么外卖平台即为与反不正当竞争法、反垄断法、电子商务法等规定背道而驰的最好例证。

二 长三角区域营商法治环境的困境与成因分析

长三角营商法治环境的一体化高质量发展关键点在"一体化"和"高质量"六个字上,"一体化"意味着统一、步调一致,"高质量"意味着效益、优良以及持续快速与国际营商法治环境对标接轨。尽管长三角区域营商法治环境一体化取得了初步的实效,但法治协商合作机制的深度和持续性以及效能都有待提高,营商环境的协同立法、联合执法以及司法保障及协作、营商法治文化建设都存在较大优化和进步的空间。

第一,受限于长三角区域法治水平的不均衡,营商环境法治化程度亦参差不齐。长三角三省一市区际间法治化程度差异较大,不同地区经济发展水平、法治观念、历史传统等差异较大,导致营商环境在市场化、法治化水平上存在不均衡性。例如,上海与其他三省相比较处于领先地位,苏南与苏北、浙东与浙西、皖南与皖北的法治发展水平具有明显差异性,建立一体化的营商法治环境仍然存在现实障碍,就整个长三角区域而言,建立一体化的营商法治环境存在广泛的壁垒。市场的一体化必然要求营商法治环境的整体和谐,和谐的法治保障才能促进区域市场一体化。长三角营商法治环境一体化建设不能仅是三省一市等不同地区法治的简单叠加,而应是一个融合的过程。区域内的营商法律规范不一定要绝对相同,而是相互补充、相互协调,至少相互间不能冲突,否则,将阻碍各经济要素在区域内自由流动,影响长三角市场一体化的进程。营商法治环境发展的不均衡是区域营商法治环境一体化高质量发展遭遇瓶颈最根本的原因。

第二,长三角营商环境协同立法机制仍有待完善。良法是善治的前提。长三角缺乏真正意义上的跨区域营商环境立法,协同立法专注地方特色,忽视区域一体化发展。区域内协调立法主体权限存在位阶差异,各个主体的立法权限互不隶属,各自所管辖的范围不同,地方性法规和规章所规定的立法事项也有区别,目前的协同立法模式是先征求各领域专家意见,然后草拟立法文本,再各地分别进行地方立法;或者各地共同参与特定立法项目的规划、立项、起草、审议工作，政府立法项目的合作以政府间协议、行政磋商等方式进行，在协作的基础上分别推进立法程序。[①] 这种形式的协同立法体现的区域联合程度较低，各地独立性较为明显，难以满足长三角区域一体化营商环境发展的需要。[②] 各地在优化营商环境地方立法上更多关注的是地方实践，结合地方特色，有针对性地对各地自身问题立法，且立法进度和实施效果也有差异。例如，浙江 2020 年 1 月出台《浙江省民营企业发展促进条例》代替营商环境条例，上海 2020 年 4 月出台《上海市优化营商环境条例》，江苏省 2020 年 11 月出台并于 2021 年 1 月生效《江苏省优化营商环境条例》，《安徽省优化营商环境条例》则被列为 2022 年省人大立法工作计划里的调研论证项目。区域协同订立的工作方案和各类决定不具备法律效力，执行力不佳。各协同主体协作程度不高，联系较为松散，进而影响执法的效力。协同立法主体之间权责不够清晰，权责分配缺少上位法的明确规定，长三角营商环境立法事项烦琐复杂，权责不明容易造成责任的推诿。目前长三角协作立法范围较为狭窄，多为生态环境方面的立法，针对知识产权保护、税收、市场执法、司法区域协作等与营商环境密切相关的协同立法较少。法律的生命在于执行。世界银行于 2022 年 12 月发布宜商环境评价项目概念文件（BEE Concept Note），我国被纳入第二批次测评，BEE 改变过去营商环境（DB）指标的视角，不仅关注法律规范的文本信息，还关注法律规范的实际执行情况。营商环境协同立法的目的在于用法治手段保障长三角区域市场一体化高质量发展，无论协同立法多少，不能让法规束之高阁，更为重要的是使其落地有声。因此，无论是从长三角区域经济一体化高质量发展的内部需求，还是对标世界银行宜商环境指标的外在驱动，应加强督促协同立法贯彻执行。

第三，长三角营商环境联动执法协调机制仍需完善。一般通过联席会议

---

① 章许睿：《长三角区域一体化语境下法治协作路径构建：现状、问题与对策》，《中共南京市委党校学报》2022 年第 2 期。

② 章许睿：《长三角区域一体化语境下法治协作路径构建：现状、问题与对策》，《中共南京市委党校学报》2022 年第 2 期。

制度来促进区域执法协调，但联合执法常态化的信息沟通机制缺失。执法信息顺畅是实现跨区域一体化执法的前提，信息不通畅会阻碍联合执法的效果。营商环境的执法可能涉及多部门和地区利益，且联合执法一般涉及本地执法主体和外地执法人员，一旦案件的分工与协作、执行进展等信息不能及时在跨区域的各部门间顺畅沟通，势必会影响联合执法的时效性，不利于打击各类跨区域的经济违法犯罪活动，影响长三角营商环境的提升。另外，在执法过程中可能存在一定程度的地方保护主义色彩。因此，构建执法信息资源共通共享平台，有助于在长三角区域执法部门之间快速、透明沟通，打破地方保护主义，实现跨区域执法联动的高效率。

第四，长三角司法合作协调机制顺畅度有待提高。长三角跨区域经济流动频繁，营商环境建设和纠纷解决的司法服务保障应更加优化和提升。营商环境立法协同机制的不健全，影响了营商环境司法的统一协调性。长三角三省一市在立法及司法实践中，基于本地经济和文化发展水平的考量，在法制标准和执法程序方面不可避免地会存在一定的差异性，而这种差异性很大程度上掣肘了跨域司法协作的开展。司法裁判需要参考地方立法和规章中订立的各种标准，地方立法的不统一可能造成司法裁判的难度以及影响司法执行。另外，上海、浙江、江苏三地法院通过"一网通办"和"移动微法院"实现跨域立案，但在实践中，"跨域立案"也暴露出一些问题，如技术上兼容性不够、标准上有待统一、宣传力度不够等，如同跨区域行政执法一样，司法裁判中的"主客场"问题仍或多或少地存在。

三　优化长三角营商法治环境一体化发展的对策与建议

长三角经济一体化高质量发展是该区域未来的发展方向和目标，经济一体化呼唤法治一体化，高质量经济发展需要高质量的营商法治环境，市场经济就是法治经济，法治的确定性、可预见性是市场主体权益的保护屏障，没有健全的法制，市场经济难以良性发展。为了达到《长三角国际一流营商环境建设三年行动方案》中 2025 年使长三角区域市场化、法治化、国际化的一流营商环境率先建成，营商环境国际竞争力跃居世界前列的目标，针对长三角区域营商法治环境的"一体化"和"高质量"发展遭遇的困境，综合粤港澳大湾区、京津冀一体化的发展经验，提出以下对策与建议。

（一）加强顶层设计，搭建长三角区域营商环境协调机制的组织运行机构

抽调三省一市专业人员，成立优化长三角区域法治建设协调机构。过去长三角三省一市有类似的常设机构，但大都只有发言权，没有真正的协调管理权，建立真正有管理权的协调机构，对接营商环境立法、执法、司法等环节各省市的专门机构，赋予该机构管理监督权，是长三角营商法治环境一体化发展的关键所在。营商法治建设协调机构主要针对长三角区域对标世界银行确定的宜商环境指标要素（BEE），由专业人员对接负责协调，不同部门由各省市相关部门专业人士负责，该机构超越地方保护主义，基于一体化发展的大视角，在三省一市中间起协调、沟通链接及监督作用。

（二）强化长三角区域营商环境协同立法，创新营商环境法制供给方式

充足的法律规范供给，是形成一体化高质量营商法治环境的基础条件。当下，长三角区域法制供给存在乱象，有的规范缺失，有的规范法律地位不清晰，有的规范效力不够，有的规范沦为"一纸空文"。因此，强化当下长三角区域营商环境规范，要从以下三个层面展开。

首先，建议制定"长三角区域营商环境一体化发展促进法"（以后简称"促进法"）。目前长三角区域建设国家层面的依据主要是《长江三角洲区域一体化发展规划纲要》（以后简称《纲要》）、《长三角国际一流营商环境建设三年行动方案》（以下简称《方案》）、《优化营商环境条例》、《中华人民共和国民法典》，前二者属于国家层面的政策行动纲领，并不是真正意义上的法律规范，后两者虽然是国家法律，对长三角区域具有普适作用，

却并非针对长三角区域特性，无法满足长三角一体化发展的全部需求。将长三角一体化发展的国家意志及相关国家政策法治化，将《纲要》和《方案》中的战略规划转变为法律法规，使之具有可操作性，并对以下问题进行明确：确定长三角地方政府协调机构的设立及其相关职责；针对长三角区域各种协同的现状，明确各方可以采取的具有法律约束力的合作形式，包括签订政府间协议，并规定通过对政府间协议批准的方式赋予其法律效力等。制定"促进法"是形成统一市场的内在要求，这既符合国务院要加快建设高效规范、公平竞争、充分开放的全国统一大市场的要求，也符合对标国际，构建营商环境的协同效应，打造国内一流、国际先进的营商环境的内涵。"促进法"从法规层面保障长三角区域营商环境整体优化以及区域一体化进程的持续高效推进，三省一市的优化营商环境条例对标"促进法"和世界银行确定的宜商环境指标要素（BEE），研讨并修正跨区域的要素自由流通、政务服务、共享市场服务等方面的规定，开展立法协商，商讨区域内知识产权保护、生态绿色一体化等营商环境议题，推动建立统一的市场准入和监管规则，为长三角区域整体营商环境的进一步提升提供法治保障。

其次，赋予三省一市政府间的协议法律效力。长三角三省一市政府间签订了许多框架协议及政府部门之间签订了协议或工作方案，此类政策性规范并非我国正式的法律渊源，不具有强制执行力，难以作为司法机关裁决纠纷的法律依据。建议全国人大常委会通过审查批准的方式赋予长三角区域合作中已有的政府间的协议以法律效力，省级地方政府通过授权立法的形式使政府间订立的协同工作方案或协议方案获得法律效力，作为长三角区域法治建设的正式法律渊源，并对相关协议的内容进行修正，减少倡议性、框架性、方向性甚至是与现行法律法规矛盾的规定，增加实质性、具体性、操作性强的规定。

最后，加强三省一市共同立法规划并分别立法。国家层面立法和政府间的合作协议通常只能作出宏观的一般性规定，而各省市根据自身实际情况分别立法才能细化和落实原则性规则，但分别立法最大的劣势在于可能出现仅考虑自身个性而忽视区域共性，为了解决这个问题，应加强三省一市立法规划协作，之后在立法规划的框架下，分别围绕一体化区域营商环境的具体问题进行立法，建议先由四地的立法部门共同制定立法规划，对营商法治环境一体化建设中需要协作的领域进行立法规划，并进行立法分工。这是一个能兼顾共性和个性，发挥各自优势，三省一市优势互补的好办法。三省一市在制定营商环境领域的地方立法时先制定共同立法规划，加强政策协同，在企业登记、土地管理、环境保护、投融资、财税分享、人力资源、公共服务等政策领域建立立法或者政策协调机制，并最终形成立法规划，从而指导各自的营商环境地方立法。以税收政策为例，长三角区域内税收政策呈现多样化，各地方政府可以自主制定相应的税收优惠政策，税收优惠政策的泛滥可能形成恶性竞争，破坏区域公平竞争的市场秩序，长三角区域内地方颁布了大量的税收优惠政策，但这些税收优惠政策无论在内容、减免方式或者在优惠力度上都存在较大的不同，有必要进行政策的协调统一。

（三）完善长三角区域联合执法协调机制，创新执法方式，强化长三角执法监督，提高执法人员素质

首先，充分利用法治协调机构平台，加强执法协调与沟通，减少执法冲突。在区域立法逐步完善的基础上，明确执法主体权限和责任，统一执法标准，破除由地域差异导致的执法壁垒，比如知识产权执法裁罚标准不统一、税收执法标准不统一，都给长三角联合执法带来了执法难度与障碍。

其次，加大联合执法监管力度。唯有加大执法监督力度，才能创造一个良性、统一、公平有序的市场，激发长三角企业活力，市场主体才会在统一市场预期自己的行为，遵守规则，才不会劣币驱逐良币，真正维护经营者合法利益和市场营商秩序。执法检查是执法监督的一种形式，有利于监督各部门的执法，应创新执法监督机制，将其运用到市场执法、税收执法以及知识产权执法等各个方面，才能确保执法更加符合法定程序，在长三角区域构建统一且公平的市场秩序。

最后，培养高素质的专业执法干部，长三角区域执法人员素质良莠不

齐，营商环境执法涉及面广，跨区域执法可能涉及复杂的程序与案情研判，需要高素质的执法人员，各地区组织执法干部对区域营商环境的法律规范、政策、执法标准和执法程序进行交流、培训是优化长三角营商法治环境的必然之举。

（四）深化长三角跨区域司法协作，建立跨区域的司法协作监督机构

司法保护是市场主体维护自身权益的最有效的和最后的屏障与手段。2023年长三角一体化将向纵深发展，深化区域司法协作刻不容缓。通过加强司法协作，长三角区域各级法院不断提升司法服务保障能力水平，为推动区域市场营商环境更加公平有序、开放环境更加互利共赢、司法环境更加公正高效作出积极贡献。在长三角区域立法不断健全、协调统一的基础上，在"跨区域立案"的基础上，需要统一立案标准，充分利用官方微信公众号、官方微博等互联网平台，加大对相关政策法规的宣传力度，帮助无法有效利用网络技术的纠纷主体解决立案难题。在协调机构中成立司法协作监督部门，推进司法协作的开展。协作监督机构由各协作法院推选代表组成，负责司法协作各项事务的日常沟通与监督工作。若遇到协作法院所属部门对协作事项不协助、不配合或态度消极的情形，有关法院可以向协调机构反映并追责。完善跨域诉讼服务机制、诉调一体对接机制，建立集集体诉讼、立案登记、诉调对接、跨区域执行等多项功能于一体的综合服务平台，整合解纷资源，在区域内逐步实现诉调结合的多元纠纷解决机制。

（五）整合资源，大力发展电子政务，搭建覆盖长三角全区域法治信息共享平台，供市场主体、执法人员、司法人员等多元主体使用

传统的信息传导手段容易导致信息失真、信息时效性差等问题，利用现代计算机、大数据、互联网等技术手段，搭建法治信息共享平台，能最大限度给长三角区域多元主体提供法治信息，包含区域立法、执法、司法以及各种政府政策信息、程序标准等。法治信息共享平台可以减少长三角区域法治

协作中的信息沟通成本，节约人力成本，畅通衔接机制，整合各类法治信息资源，尤其是市场、土地、人才、立法、执法、司法、知识产权保护等各种营商环境相关信息。例如，长三角区域的各级法院信息共享，法官能够轻松依托网络向区域内其他法院发起协作请求，势必比当前依靠传统线下协作的方法更可靠、更高效。

B.26
浙江省全域全品类农产品区域
公用品牌建设研究

金 立 袁顺波*

摘 要： 农产品区域公用品牌是长三角区域农业经济体系中的优质资源，也是区域综合竞争力的标志，其发展能有效解决农产品品牌发展小、散、弱等问题，对推动区域农业高质量发展具有重要的现实意义。浙江省打造全域全品类区域公用品牌的探索实践一直走在全国前列，但总体而言，品牌影响力不够大、农产品同质化程度较高、产销对接不畅、监管不够有力等问题仍然存在。对标"两个先行"的奋斗目标，建议借鉴国外及兄弟省市的好做法，进一步强化政府主导作用和企业主营角色，提升产品品质，优化运营管理，加强营销推广，加大企业培育力度以及塑强品牌文化内涵。

关键词： 区域公用品牌 农产品 品牌建设

强国必先强农，农强方能国强。党的二十大报告提出，"加快建设农业强国，扎实推动乡村产业、人才、文化、生态、组织振兴"①。2023年中央一号文件再次强调，要立足国情农情，体现中国特色，建设供给保障强、科技装备强、经营体系强、产业韧性强、竞争能力强的农业强国。可见，全面推进乡村振兴，坚持农业农村优先发展，加快建设农业强国，是党中央着眼

---

* 金立，浙江省社会科学院发展战略和公共政策研究院助理研究员；袁顺波，浙江省社会科学院发展战略和公共政策研究院。

① 《党的二十大文件汇编》，党建读物出版社，2022，第23~24页。

全面建成社会主义现代化强国作出的战略部署。

随着农业供给侧结构性改革不断深入，我国农业产业发展趋势向好，逐步形成了"组织化、品牌化、数字化""三化互动"局面。从国家层面看，农业农村部专门发布《农业品牌打造实施方案（2022~2025年）》，提出到2025年，重点培育300个精品农产品区域公用品牌，带动1000个核心企业品牌、3000个优质农产品品牌。中共中央、国务院《关于做好2023年全面推进乡村振兴重点工作的意见》也指出，要开展农业品种培优、品质提升、品牌打造和标准化生产提升行动。相关文件的制定出台为农产品区域公用品牌的发展提供了良好契机。

在此背景下，作为质量兴农、品牌强农的体现，农产品区域公用品牌建设已成为各级地方政府农业主管部门、行业协会的重点工作，备受关注。农产品区域公用品牌是指在某一具有特定自然生态环境、历史人文因素的行政或地理区域内，以品牌共建、共享为理念，以地方政府为核心，由相关组织所有、若干农业生产经营者共同使用的，使区域产品与区域形象协同发展的农产品品牌。① 区域公用品牌的建立通常依托区域内独特的自然资源、农产品资源或产业资源优势，呈现出鲜明的区域化特征。作为地区农业产业发展的重要平台，它肩负保障农产品供给、带动农民增收、促进农企增产、助力乡村发展的使命，是提升区域农产品竞争力和附加值，促进农业现代化转型，优化特定区域形象的强大引擎。从各地品牌建设的实践成果来看，发挥区域公用品牌的引领示范作用，带动全产业链和区域经济发展，已经成为值得推广的成功经验。

长三角区域自然气候、地理位置优越，开发历史悠久，经济处于优势，可以说是我国居民消费潜力增长最快、经济发展最具活力的地区之一。得益于一体化发展带来的集群效应，加之近年来区域各地各级政府对农产品品牌建设高度重视，大量的农产品区域公用品牌层出不穷。

① 周绪元、王梁等：《沂蒙特色农产品区域公用品牌构建模式与提升策略探讨》，《江西农业学报》2016年第9期。

一 浙江省农业品牌建设驶入"快车道"，但仍需"改革攻坚"

浙江与长三角地缘相近、文脉相通、市场相通，整体农业产业与长三角消费市场更是紧密联系、无缝对接。作为长三角一体化发展的重要参与者、积极推动者，浙江主动跳出农业抓农业，大力调整产业结构和区域布局，不断延伸农业产业链，开发农产品的品牌、加工、包装、保鲜和储藏等后续效益。2021年6月18日，《浙江省农业农村现代化"十四五"规划》提出要顺应农业未来发展趋势，加快农业品种培优、品质提升、品牌打造，推动农业精致精细精品发展。尤其要做强做优农业品牌，完善"区域品牌+企业品牌+农产品品牌"等品牌体系，打造一批地域特色突出、产品特性鲜明的区域公用品牌，扩大"丽水山耕""三衢味""台九鲜"等品牌效应，实现设区市区域公用品牌全覆盖。

在"八八战略"指引及浙江省各级政府的高度重视下，省内各地依托区域特色农业资源，不断创新体制机制，调整农产品产业结构，推动农产品地理标志产业驶入发展"快车道"，并成功培育了一系列兼具影响力和知名度的农产品区域公用品牌。目前，除湖州外，其余10个地级市均已推出覆盖全区域、全品类、全产业链的区域公用品牌，苍南、宁海、余杭等县（市、区）也积极打造县域层级的农产品区域公用品牌，"丽水山耕""禹上田园"等"浙字号"品牌在长三角已拥有一定的市场竞争力和社会影响力，"三衢味"更成为亚运会、亚残运会官方山珍供应商，"浙农"大品牌持续做强唱响（见表1）。

表1 浙江省全域全品类区域公用品牌（部分）基本情况

品牌	地域	创建年份	品牌	地域	创建年份
丽水山耕	丽水市	2014	醉忆杭鲜	杭州市	2021
嘉田四季	嘉兴市	2018	天下湖品	湖州市	2022
三衢味	衢州市	2019	苍农一品	苍南县	2017
瓯越鲜风	温州市	2019	宁海珍鲜	宁海县	2018

品牌	地域	创建年份	品牌	地域	创建年份
台九鲜	台州市	2019	禹上田园	余杭区	2018
金农好好	金华市	2019	慈农优选	慈溪市	2018
会稽山珍、鉴湖河鲜	绍兴市	2019	钱江源	开化县	2019
舟叁鲜	舟山市	2020	千岛农品	淳安县	2021
阿拉宁波	宁波市	2021	嵊情家味	嵊州市	2023

从"质量兴农"到"品牌兴农",从"品牌扶贫"到"品牌强农",浙江农产品以全域全品类区域公用品牌创建为抓手,不断撬动绿色发展新支点,带动规模经营主体"水涨船高",开辟乡村振兴新蓝海,擘画"两个先行"新蓝图。比如,"丽水山耕"坚持走标准化、品牌化、电商化、金融化"生态精品"发展路线,品牌增值溢价效应显著。截至2022年12月底,"丽水山耕"农产品平均溢价率已达30%,并连续三年蝉联中国区域农业形象品牌排行榜榜首。又如,"瓯越鲜风"通过智慧中央厨房打造"现代预制菜"与"未来社区农贸邻里"融合创新样板,为温州预制菜产业发展开辟"新航道",开创农业多元化上行发展新局面。再如,全产业、全门类、全品种的苍南县域公用品牌"苍农一品",采用"电商平台+产业基地+物流配送+直营网点"的创新模式,搭建县绿农汇O2O电商垂直供应平台,实现农产品供应快捷化、购买便利化。截至目前,品牌平均溢价率约为15%,并入围2022年全国区域农业形象品牌影响力指数百强榜单。

与此同时,笔者在赴丽水、衢州、台州等地实地调研后发现,从浙江省的农业产业发展现状看,全域全品类区域公用品牌建设在生产加工、品牌推广、市场运作、品牌监管等方面尚存在一些亟待解决的问题。对标新征程上奋力推进"两个先行"的发展目标,有待进一步强化政府主导作用和企业主营角色,提升产品品质,优化运营管理,加强营销推广,加大企业培育力度以及塑强品牌文化内涵。

（一）部分品牌影响力不够大，消费者认知度较低

一方面，"有品类无品牌"，造成品牌特色不够突出。受制于品牌创建时间、品牌定位、宣传力度等因素，现阶段浙江省部分市域、县域的全品类区域公用品牌影响力有限，有大平台、大布置，但尚未起大作用。虽然全域全品类区域公用品牌致力于尽可能多地涵盖区域内各类农产品，但基于消费者角度，真正能够指导消费行为的全域全品类区域公用品牌很少。如"舟叁鲜"不仅包括三疣梭子蟹、带鱼等舟山当地优质特产，也将桑葚、火龙果等果品纳入其中，没有明确的品类指向，消费者大多随机消费，忠诚度不高。

另一方面，终端消费者层面的日常宣传营销较弱。不少品牌通过营销网点搭建、参加推介会等方式进行宣传推广，取得了一定成效，但在传播媒介、渠道、内容、形式等方面均有所欠缺，致使公众认知度较低，品牌增值缓慢。营销技术和手段相对落后，对新媒体的掌握、新电商的运用有所不足，更导致品牌效应实现不易，难以为农产品生产经营者带来长期利益。例如，经品牌认知和购买意愿调查研究，发现与单产品区域公用品牌"仙居杨梅""三门青蟹"等相比，"台九鲜"的消费者认可度还比较低，全域全渠道销售体系尚未完全构建，品牌创造价值的潜力尚未完全激发。

（二）农产品精加工程度低，同质化程度高

一是品牌科技含量低。受制于技术水平、科技投入和研发能力等因素，加之缺少精加工、系列加工等二次增值的技术手段，当前区域农产品存在生产效率低、加工转化率低、品牌附加值低、科技含量低等问题，难以在激烈的市场竞争中形成突出优势，极少有代表性产品能进入高端消费市场。如"丽水山耕"直接出口的农产品主要以初级加工品为主，产品附加值低，利润普遍不高，处于外贸产业链条的底端，品牌的资源价值开发利用能力严重不足。

二是品牌混杂程度高。由于区域农产品特殊的自然及地理环境，以及不

同农户及企业间在生产技术、资源获取、经营理念等方面的差异，农产品标准化程度不够，产品质量参差不齐，高价值品牌少。如杭州市淳安县出现"品牌丛生"、品牌混杂的现象，根源在于品牌宏观规划不明确以及指导意见不一致。

三是品牌同质化程度高。由于各品牌几乎把该区域所有农产品品类都纳入其中，近几年浙江省内新推出的全域全品类品牌之间出现了高度的品牌同质化、口号同质化、产品同质化等现象，系统调研、深度挖掘本地特色文脉进行品牌文化赋能明显不足，普通消费者对不同品牌中的相同品类农产品难有实际感知差别，品牌溢价能力亟待提升。

（三）品牌协同发展能力不强，集群化程度低

一是部分品牌协同发展能力不强。全域全品类区域公用品牌大多以母子品牌的方式进行运作，以公用品牌为母品牌，加盟企业品牌等小单品品牌为子品牌。公用母体要想健康成长，品牌协同发展的组织机制是关键。虽然多数大全域品牌的策划、定位、口号、包装都表现出色，但下面的小单品品牌由于经营主体数量多、规模小、实力弱，基本没有能力单独打品牌、闯市场，与大全域品牌难以协同发展、形成合力。[1] 很多时候消费者只闻大全域之名，不知道、不认可、不满意小单品的品质或价格。同时，"覆盖全域、涵盖全品"的理念推高了品牌管理风险，一旦旗下某个子品牌或企业经营出现问题，会给母品牌带来直接影响，并有可能对其他子品牌产生不良影响。

二是区域内缺少农业产业龙头企业带动。以分散经营的小农户和小型企业为主体的传统农业发展模式已无法满足现代化的市场需求，更难以确保农产品的质量。而事实上，全域全品类区域公用品牌的发展需要龙头企业整合多方资源，以合力约束小农户较为松散、不规范的生产经营行为，如丽水、

---

[1] 宫丽云、李玉萍：《农产品区域品牌长效发展研究——以丽水山耕为例》，《农业经济》2020 年第 3 期。

衢州等地茶叶企业普遍存在规模小、标准化程度低以及产业化建设程度低等问题。加之当地"自产、自制、自销"观念的影响，市场缺乏统一秩序，产业集约化程度低，分散生产导致茶叶质量良莠不齐、少数优质产品难以有效集中等都在一定程度上阻碍了农产品集群化发展。

（四）品牌监管不够有力，政策扶持力度不足

一是机制建设相对滞后。各地对申报、推广全域全品类区域公用品牌，打造地方特色产业，提升地方形象高度重视，但当下对品牌的授权、生产、管理等方面的建设相对滞后，相应的监督制度、授权与退出机制还不健全；或者虽有相关的规章制度，但在实际中质量标准体系、质量监督制度仍不完善，品牌管理部门与执法部门脱节，导致出现了品牌"泛用"与未授权生产经营单位"滥用"等问题难以有效制止。比如，"钱江源"品牌尚未建立统一完善的建设纲要、评价指南、管理要求、追溯管理等标准内容。[1]

二是品牌质量监管后期存在不规范、不严格漏洞。缺乏严格有效的农产品标准和质量控制体系，加之行政打假成本较高，导致"柠檬市场"效应时有发生。有研究指出，在缺乏强有力的全产业链管制措施的情况下，不可避免地会产生"搭便车"行为的仿冒品牌或者明显低于同一区域品牌质量的农产品现象，加之农产品供求双方品牌信息不对称，会造成消费者购买到假冒伪劣产品，从而导致区域品牌形象及信誉出现危机，即出现"劣币驱逐良币"的市场现象。[2]

三是品牌扶持力度不足。省内多地对品牌建设、获得授权企业和发展示范基地给予了资金等方面的政策支持，但扶持力度尚不足以很好支撑品牌发展，无论是从市场信息的提供上，还是从政府对先进种植和养殖技术的宣传推广、技术支持上，以及协调管理、人力资源均衡配置上看，均存在服务不到位、政策资金扶持力度不足等问题。

① 郑成飞、金婷、钱涛：《"钱江源"区域公用品牌建设对策浅析》，《浙江农业科学》2022年第4期。
② 郑秋锦、许安心、田建春：《农产品区域品牌战略研究》，《科技和产业》2007年第11期。

二 国内外农产品区域公用品牌建设的好做法

（一）加强全域营销推广，激发品牌生命力

对于全域全品类区域公用品牌来说，积极拓宽农产品销售渠道，打造流量池是关键。开好"品牌发布会、品牌推介会、品牌展销会"，并围绕特有的品牌进行节日营销，能切实提升农产品品牌知名度、影响力和生命力。比如，重庆市全域全品类区域公用品牌"巴味渝珍"借助现代营销新模式，织密电商配套链接网络，既全力打造数字农业电商直播产业园，优化整合各大网络平台、线上旗舰店、自营店资源进行直播带货，又在超市、社区、学校、旅游点开立实体店，并举办"巴味渝珍"杯重庆好食材特色美食大赛。通过激发线上线下营销潜能扩大了产品销售规模，使品牌知名度、好感度获得极大提升。又如，江西省吉安市"井冈山"全域全品类农产品区域公用品牌按照"北上、南下、东扩、西进"的思路，每年参加江西农博会、广东展销会、上海展销会、中国国际农交会、全国优质农产品展销周等展销活动；同时，借助"互联网+"、物联网等视频内容推广、平台直播等方式打造线上线下宣传矩阵，并与国内多家知名电商平台对接合作，全方位传播品牌理念和价值观，品牌竞争力强势拉升。

（二）强链补链延链发展，提升品牌效益

做好协会建设和品牌创建有机结合的"大文章"，实现协调主动、协会互动、多边联动。组建成立专业化联盟或农业行业协会，采用公司化市场运作模式进行分工协作，有机统筹产业链上的种植、加工、销售全流程。一方面，政府在协会中发挥着为广大农民提供税收优惠、法律援助及贷款支持的功能，以此帮助协会解决实际困难；另一方面，协会可代表本组织成员（如农民、进出口商、加工商等）向政府表达诉求，维护其合法权益。以美国华盛顿苹果为例，为了发挥地方优势，增强区域凝聚力，美国华盛顿州成

立苹果协会,进行宣传、推广、教育和市场发展。在上游,协会负责指导果农种植,保证苹果高品质生产;在下游,协会则负责管理果业,促进产业发展。日本构建的三级农协新型组织模式也值得借鉴。[①] 该模式由基层农协、县级农协和全国农协构成,各级各类农协在涉农活动中既有职能分工又相互补充,过程中产生了极强的政治动员力和政策参与力。大多数重要农产品要依靠协会进行加工、运输和贮藏,且农户所需绝大部分的生产生活资料、农业资金也要靠农协的信用事业来提供。日本农协还贯彻实施政府的行政指导和农业政策,帮助政府降低决策执行的行政成本,促进各方互利共赢。

(三)放大数字赋能优势,走高阶化品牌发展之路

智慧农业、数字农业的发展让科技环境日益成为农产品区域公用品牌建设过程中必不可少的竞争力量。开展种植端、交易端、监测端的农业重大应用技术联合攻关、协同创新,探索包括物联网技术、溯源追溯体系等新的数字化应用,为农产品区域公用品牌建设提供技术支撑,进而塑造竞争新优势,扩大市场占有率,促进农业由增产导向向提质导向转变。比如,山东寿光凭借冬暖式蔬菜大棚的使用,种植多种反季节蔬菜,保证市场供应不受季节影响,补足淡季蔬菜市场的供给空缺。同时,通过技术创新和选育良种等方式有效提升了蔬菜品质,蔬菜品种变得更加齐全。又如,新疆石河子弗雷葡萄标准园发挥技术创新作用,开发了先进种子培育技术,并在生产过程中引进新的排水模式和温度感应系统,得以实现"西域明珠"品牌与其他葡萄品牌的差异化发展。

(四)做大做强农业龙头企业,引领产业集群发展

以做大做强农业综合性龙头企业为基础,发展多业态、连锁化、集团化经营模式,能有力带动农产品产业链的有效延伸和日趋完善,最终促进农产

---

① 侯宏伟、温铁军:《日本农协理性:合作属性与垄断属性的相辅相成》,《世界农业》2019年第7期。

品区域公用品牌做优做精。在国内外市场享有盛誉的河南"信阳毛尖"的品牌建设路径就具有代表性。"信阳毛尖"农产品区域公用品牌，通过打造品牌龙头企业信阳文新毛尖集团，集中整合了信阳茶叶资源，让茶叶小生产和大市场有效衔接，促进了茶农、茶企及茶产业的共赢发展。"公司+基地+合作社+农户"的发展模式实现了茶叶生产基地、市场营销、名牌战略协调发展的品牌化和产业集群化发展道路，引领了其他茶叶企业和茶农的跨越式发展。新西兰奇异果构建了主体运营公司进行规范运营、集中管理，将产业链和销售链全过程要素高效整合衔接，并从前、中、后段统筹协调专业化分工，形成了"栽培管理规范化、果实生产商品化、全流程品控标准化"的规模产业集群，缔造了奇异果的"国家名片"传奇。

（五）全面强化法律保护，营造良好营商环境

农产品的创建和发展不仅需要良好的政策环境，更需要完善的法律法规为其提供品牌服务、安全监管、质量追溯和利益保护"四位一体"机制，从而提高创建主体的积极性。法国建立了相对完善的法律法规体系，对地域产品进行全面严格的原产地保护。具体来说，其立法原产地保护模式分为三个层次：第一个层次是国家法律，第二个层次是主管部门发布的法规，第三个层次是由政府授权的行业或者协会发布的相关实施细则与操作规范。三个层次的立法规定几乎涵盖了法国葡萄种植、采摘、酿造、运输、窖藏、销售全流程。同时，为了更好地维护农产品区域品牌的质量信誉和国际竞争力，法国香槟委、干邑办和原产地保护办专设法律部，诉诸法律进行打假维权，高效稳定市场秩序。

三 加强品牌建设的对策与建议

长三角一体化为农业发展带来新变局，在此背景下浙江省应抓住发展新机遇，积极对接长三角消费市场，通过与长三角合作共建、协同创新，为加快区域农业"一体化"升级提供新路径。具体来说，推动浙江全域全品类

农产品区域公用品牌建设，激活生态农产品价值转化，要积极学习国内国际先进经验，坚持"产加销"贯通、"农文旅"一体，促进农产品生产标准化、营销市场化、产品品牌化、运营体系化；要以优势主导农业产业为基础，靠打响品牌将资源优势转化为产业优势和市场优势，推进农业发展深度融入长三角；要因地制宜发展特色品牌，提高浙江农产品的核心竞争力与综合实力，从而实现区域优质农产品互联互通。

（一）优化运营管理机制，拓展品牌营销渠道

一是不断强化品牌差异化建设，提高品牌辨识度。对于现代农业企业而言，品牌运营机制是一个整体性、系统性概念，包括产品生产体系、品质保障体系、物流配送体系以及品牌营销沟通体系。因此，要保持品牌竞争优势，需要全面革新农业企业的生产、营销、物流及服务体系，始终保持全区域全品类全产业链生态精品农产品的高端定位，梳理产业现状，明确区域公用品牌各自的主导产业，做到有主有次、有先有后，打造区域公用品牌下的特色大单品，形成辨识度高的品牌标签。

二是搭建品牌运营的新媒体矩阵。创新"店商+电商+服务商"三商一体的供销合作模式，吸引专属农产品流量。建议借鉴"天赋河套"拓宽线上线下一体化销售渠道的做法，完善运营推广方案。可由省级政府层面牵头主办，专业的互联网营销公司承办浙江全域全品类区域公用品牌农产品电商及视频直播大赛、社交电商大会、云展会等活动，鼓励企业利用互联网创新品牌传播体系，拓宽营销渠道，孵化专业的品牌营销主体，塑强"互联网+"区域公用品牌。

三是积极探索"农业+"延伸。除农产品外，建议在体验农业、乡村民宿等领域同步推进，扩大品牌影响力，以特色农产品带动农文旅深度融合发展，以乡村旅游进一步提升农业附加值。可借鉴江苏省"东台大粮仓"公用品牌建设的经验，加快健全粮食产业链，拓展品牌农业属性，精心建设食品加工区、农业产业园、乡村旅游点等，并积极引进精深加工项目，做强擦亮"大粮仓"金字招牌。

（二）打造优质农产品，擦亮品牌底色

一是持续强化科技赋能。首先，加大区域农产品优势品种培育，充分利用现代化农业生产技术，推进农产品产地初加工和精深加工，并在现有品种基础上进行改良创新培育新的农产品品种。其次，加大区域公用品牌建设的基础投入，建议设立专项农业特色产业发展基金，鼓励农业企业加大研发投入和技术创新力度。再次，提高区域公用品牌的科技含量，建设一批智慧农场、智慧牧场、智慧渔场，走高阶化品牌发展之路，使品牌展现科技规范，提升旗下农产品的信誉。最后，加快仓储保鲜冷链物流体系和基础设施建设改造升级，增强产地贮藏保鲜和商品化处理能力，推进鲜活农产品低温处理和产后减损，切实提高品牌链运作效率。

二是建立健全数字化管理机制。在准入准出方面，严格明确准入条件，以快速检测与定量检测相结合，把好品牌准入关；强化农产品"从田间到餐桌"的全程管控，把好品牌准出关。在质量监督方面，建立农产品生产、加工、销售以及市场运营的全过程一站式数字化平台，以系统化、平台化机制管理产销数据、商标授权许可、产地证明标识申领发放和流向管控，实现对品牌下各农产品生产经营环节的全程监管。在溯源管理方面，可参考衢州"三衢味"的数字追溯系统，打造产地、主体、标准、消费"四项追溯"，实现生产数据透明、产品数据安全可追溯，以数字化手段防止假冒伪劣产品损坏品牌价值。在生产经营方面，湖州"两山农品汇"按照网络平台标准建立起标准化数字化清洁养殖体系，对鲈鱼养殖基地的池水、塘泥等作出严格规定，值得借鉴。

三是完善标准建设。遵循"精品优质"原则，不断推进农产品生产、加工以及运输全过程的标准化管理，制定良种选育、化肥农药使用、生产加工技术、产品包装、产品储运等所有流程的标准，推行与国际接轨的农产品生产技术标准。同时，建立合格证市场准入制度，根据产业特色及布局，研究制定、推广应用分类分款的食用农产品合格证标识，获得相应资格认证方能授权品牌使用。建议借鉴"金农好好"公用品牌，按照主体有资质、资

质有认定、产品有商标、品质有认证、标识有追溯、安全有保障的"6有"标准制定授权使用的准入门槛，严格规定使用许可、申报程序等内容。

（三）发挥政府主导作用，凝聚品牌建设合力

一是明确主体权责，强化政府主导作用。基于区域品牌具有明显的公共性，政府为其培育、建设背书。建议将全域全品类区域公用品牌建设纳入省内各地级市人民政府重点工作和年度综合考核内容，由有关省级政府部门联合成立浙江省全域全品类区域公用品牌建设工作领导小组，出台考核办法，负责对全省各地的品牌建设进行业务指导、统筹协调、督查考核，强化跟踪调度、督查检查和效果评价；完善顶层设计，制定中长期战略规划，探索构建品牌长效发展机制，进行统一苗种培育、统一标准种植、统一技术指导、统一包装销售等支持机制；探索"母子品牌"融合路径，提升品牌正外部效应。建议参考覆盖黄山市全区域、全品类、全产业链的农产品区域公用品牌"田园徽州"的举措，制定清晰的品牌战略规划，强化"母子品牌"的有机联动、协同发展，形成传播合力，从而提升品牌整体价值。

二是整合多方力量，形成"政府主导+企业主营+社会参与"三轮驱动的区域品牌系统运作体系。农发公司、协会、农合联三者合力，实现全产业链的完整聚合，避免"公共墓地"悲剧上演。要发挥政府在统一统筹规划、建设管理等方面的龙头作用，明确区域公用品牌管理、准入与淘汰机制，对发展势头良好的子品牌进行扶持，对损害区域公用品牌价值的机构和行为进行处罚；发挥企业在战略落地、产品规划、渠道构建、品牌分层等方面的主体作用。尤其是作为关键企业，应为政府发声，替政府代言，落实政府政策，打通产业链各环节，生产优质农产品，在市场的具体行为中建立品牌声望。同时，要整合科研机构、金融机构等社会各方资源，发挥社会力量在科技支撑、融资贷款以及舆论宣传等方面的重要作用，形成区域产业生态圈。

（四）加大农业企业培育力度，形成规模效应

一是要加大对新型农业经营主体的扶持力度。建议浙江各级政府为全域

全品类区域公用品牌发展制定出台税收优惠、人才培养及引进、金融支持、科研引领等系列扶持和激励政策，降低新型农业经营主体的贷款成本；同时，在农业保险"提标、扩面、增品"上持续发力，探索开发满足各类农企需求的保险产品品种与理赔服务，促进政策性保险扩容、提速、全覆盖，提高新型农企风险防护抵御能力；整合农业资源和生产要素，引导和推动企业以区域公用品牌为纽带，推进多业态、连锁化、集团化经营，壮大企业规模；支持有条件的企业申报 QS、3C、ISO14000 等质量安全、卫生安全和生产管理方面的权威认证。

二是要以龙头企业为引擎，充分发挥龙头企业对区域农业的辐射带动作用，引种苗、出技术、跑市场，形成企业同农户共生共赢的利益机制。积极整合当地的农业资源和生产要素，带动农业产业链延伸、价值链提升。建议借鉴"青岛农品"加强新型经营主体培育的做法，加强区域统筹规划，制订区域公用品牌领军企业计划、骨干企业成长计划，扶持最具有特色和实力的农业企业为龙头企业；加强中小企业培育，通过土地流转、整体承包等方式推动在龙头企业引领下的区域农产品规模化生产和经营，解决农产品小生产与大市场的矛盾；鼓励和支持农产品精深加工企业发展，打造标准化、规模化、专业化生产端，提高初级农产品附加值，延长产业链条，助推品牌可持续发展。

（五）借势文化场景应用，实现品牌文化价值

一是推动农文旅有机结合。对照《浙江省文旅深度融合工程实施方案（2023~2027 年）》中实施文旅产业拓展行动相关要求，培育文旅产业新业态，发展"文旅+农业"，推进农文旅融合；深度挖掘区域品牌背后蕴含的历史底蕴、本地文脉与特色禀赋，打造优秀品牌。可参考上海市全域全品类区域公用品牌"金山味道"背后搭建的"商旅文体农"品牌生态圈，除了"金山味道"美食消费活动之外，金山区打造"旅游+消费"特色路线，开展"金山如画"文旅消费活动并串联金山全域旅游资源，以"消费+"平台助力"金山味道""潮"玩出圈，勾起文化记忆，助力品牌推介。浙江应整

合地方文化精髓，借助文化场景将作为文化营销的素材进行提炼、升华；坚持运用文化宣传，用生动的"好故事"表达、塑造农产品区域品牌的品牌理念与品牌宣言①，增强品牌与消费者的情感链接，从而使农业价值真正被消费者感知，激发其对该品牌产品的深层购买欲望。

二是多维度挖掘品牌文化功能。例如，江苏省淮安市"淮味千年"甄选标志性优质农产品，通过提炼深层次的文脉故事，赋予品牌更加可感、具体、多元的文化内涵。建议浙江在对品牌精准定位的基础上，精选少量拳头生态农产品，以"标准化产品+故事"为突破口，打造"爆款"单品；依托专业运营团队，从历史文化（包括民族文化、历史渊源、风俗民情、节庆典故等）、产地文化（地缘属性、地形地势、土壤作物、气候气象、山海资源等）、产品文化（产品故事、结构造型、外观色泽等）与创意文化（文创产品、艺术理念、文化服务等）等多角度、全方位深耕细挖其文化价值与底蕴，从而实现全域全品类农产品区域公用品牌价值溢价增值，走出一条品牌强省的现代农业高质量发展路子，努力成为长三角"菜篮子""米袋子"。

① 杨丽雯、娄馨月等：《文化价值在农产品区域公用品牌建设中的应用误区及改进策略》，《湖北农业科学》2022年第17期。

B.27
在更高水平上践行新发展理念
展现安徽新作为的路径研究

程惠英　吴华明　臧世俊*

摘　要： 贯彻新发展理念是新时代我国发展壮大的必由之路。安徽已实现由"总量居中、人均靠后"向"总量靠前、人均居中"的跨越，跨上了以前可望而不可即的台阶。新形势下，全面、准确理解和把握新发展理念，剖析基于新发展理念视角下安徽高质量发展中的挑战，提出增强创新"首位度"、注重协调"融合度"、倡导绿色"标志度"、厚植开放"关联度"、推进共享"普惠度"，在加快建设"创新安徽、共进安徽、美丽安徽、开放安徽、幸福安徽"上展现新作为的五大路径。

关键词： 新发展理念　高质量发展　安徽

习近平总书记指出："贯彻新发展理念是新时代我国发展壮大的必由之路。"在我国进入新发展阶段、构建新发展格局的关键时期，党中央提出了"创新、协调、绿色、开放、共享"的新发展理念，这不仅是我国政治、经济、文化、社会和生态文明"五位一体"总体布局的战略指引，也是新时代引领我国高质量发展，实现社会主义现代化的科学指南和根本遵循。全面、准确理解和把握新发展理念，剖析基于新发展理念视角下安徽高质量发

---

* 程惠英，安徽省社会科学院经济研究所所长，副研究员；吴华明，安徽省社会科学院经济研究所助理研究员；臧世俊，安徽省社会科学院经济研究所研究员。

展中的挑战，探究其实践路径和对策建议，在加快建设"创新安徽、共进安徽、美丽安徽、开放安徽、幸福安徽"上展现新作为意义重大。

一 安徽践行新发展理念成效显著

（一）经济发展水平稳步提升

安徽幅员辽阔，人口众多，是长三角区域和长江经济带的重要构成部分，处于中国经济发展的战略要冲，在经济发展大格局中具有独特的地位和作用。2021年，安徽经济总量已突破4万亿元，人均生产总值突破1万美元，实现由"总量居中、人均靠后"向"总量靠前、人均居中"的跨越，跨上了以前可望而不可即的台阶，实现了"传统农业大省"向"新兴工业大省"的转变。安徽工业规模位列全国前10，制造业、数字经济增加值均超1万亿元。"芯屏汽合、集终生智"等战略性新兴产业成为安徽产业标签，全球10%的笔记本电脑、20%的液晶显示屏在安徽生产，全国每3台冰箱、4台洗衣机、5台空调中就有1台是安徽制造；"铜墙铁壁"等传统产业脱胎换骨，铜陵有色集团和海螺水泥2019年双双首次进入世界500强。粮食产量达817.52亿斤，占全国增量的5.1%，居全国第4位，为全国粮食丰收作出了贡献。

（二）创新发展迈上新台阶

1.区域创新能力显著增强

《中国区域创新能力评价报告（2021）》显示，安徽区域创新能力全国排名第8，区域创新能力评价连续10年位居全国第一方阵，科技创新对经济社会发展的支撑和引领作用日益增强。到2021年底，安徽拥有4个国家大科学装置、12个国家重点实验室、171个省重点实验室、省级以上工程技术研究中心521个、科技企业孵化器186家。全省科技企业孵化器、众创空间、在孵企业数量增多，企业技术创新主体地位进一步提升。

2. 科技创新投入产出效益显著提升

全社会研发经费投入强度（R&D/GDP）从 2012 年的 1.64% 提高到 2021 年的 2.28%，每万人口发明专利拥有量增长近 15 倍，8 项制造业揭榜公关项目打破国外垄断。2020 年，安徽 R&D 支出 883.2 亿元，占当年全国 R&D 支出的 3.6% 左右，全国排第 11 位。安徽基础应用研究占比高达 15.78%，在长三角三省一市中仅次于上海（19.76%），高于江苏（9.12%）、浙江（9%）；在科技创新产出方面，合肥、芜湖两市发明专利申请授权数占全省的比重达 49.53%。

（三）协调发展稳步提升

1. 城市乡村协同发展

一是城市化进程稳步推进。常住人口城镇化率由 2012 年的 46.3% 提高到 2021 年的 59.4%，800 多万农业转移人口成为新市民。二是居民收入快速增长。安徽城镇居民人均可支配收入从 2015 年的 26936 元增长到 2020 年的 39442 元，增加 12506 元，五年累计增长 46.4%，年均增长 7.9%，增速快于全国平均水平，居全国第 4 位。从 2012 年到 2021 年，居民人均可支配收入年均增速比全国高 0.8 个百分点，农民收入增长 1.6 倍，城乡居民倍差降至 2.34。

2. 乡村面貌更加亮丽

党的十八大以来，安徽围绕乡村振兴，持续推进美好乡村建设，农村人居环境整治三年行动收官。全省累计完成自然村改厕 250.1 万户，全省卫生厕所普及率达 86%；建设美丽乡村中心村 8290 个，认定省级示范村 1600 个、重点示范村 540 个；农村生活垃圾无害化处理率达到 75%，农村畅通路建成 7.2 万公里。农村人居环境显著改善，基础设施建设不断加强，公共服务水平稳步提升。其中，合肥市、巢湖市被评为全国开展农村人居环境整治成效显著的 20 个县（市、区）之一。

（四）开放格局逐渐完善

1. 对外贸易总量稳步增长

党的十八大以来，安徽通过大力实施外贸发展提升行动，深化与"一带一路"共建国家经贸合作,外贸主体不断壮大,外资外贸提质增效。2021年,外贸总量突破1000亿美元,同比增长36.1%,外贸实绩企业达到10208家。全省实际利用外资193亿美元,同比增长5.4%,新设外资企业475家,同比增长20.9%。安徽发挥中欧班列"合新欧"物流通道作用,打造安徽开放型经济新亮点。合肥中欧班列自2014年开行以来,累计发运已突破2200列,海铁联运发送超15万个标箱,实现进出口贸易额超百亿美元,高科技含量的"安徽产""合肥造"也乘着班列走出国门。①

2. 对外投资规模不断扩大

安徽利用自身优势,不断加快对外投资,海螺水泥、奇瑞集团、安徽省投资集团、安徽省能源集团等企业在食品、轻工业、水泥、汽车等领域不断"走出去",扩大与"一带一路"共建国家的合作领域。2021年,全省实际对外投资15.18亿美元,同比增长5.6%,高于全国2.4个百分点,居中部第2位、全国第11位。截至2021年底,全省对外投资累计91.5亿美元,占全国的0.43%,覆盖全球108个国家和地区。

3. 开放平台能级不断提升

党的十八大以来,安徽开放平台能级不断提升,自贸试验区、开发区、综保区、跨境电商综试区等开放带动作用明显增强。安徽自贸试验区已形成60多项制度创新成果,新增市场主体1.6万家,集成电路、新能源汽车等一批引领性项目签约落地。安徽以重大经贸活动为载体打造高能级开放展会,成功举办世界制造业大会、首届中国(安徽)科交会、"天下徽商"圆桌会、世界显示产业大会、国际新材料产业大会等,国际化展会平台和市场化展会机制初步形成。

(五)绿色生态环境持续改善

1. 绿色制造成效明显,绿色制造体系建设"渐入佳境"

党的十八大以来,碳排放强度降低21.3%,单位GDP能耗降低31%,

---

① 《中欧班列:"安徽制造"陆路"带货王"累计发运超2200列》,百家号,https://baijiahao. baidu. com/s? id=1730944728600994224&wfr=spider&for=pc。

煤炭消费占能源消费比重下降 14 个百分点。"十三五"期间，全省单位工业增加值能耗五年累计下降 20.05%，高于全国同期 4 个百分点。累计创建国家级绿色工厂 107 家、绿色设计产品 305 种、绿色园区 11 个、绿色供应链管理示范企业 11 家、工业产品绿色设计示范企业 13 家，位居全国前列。

2. 环境质量改善成效显著，生态安全屏障更加牢固

大气环境与水环境质量大幅改善，大气环境质量年均值首次稳定达到空气质量二级标准；全省 106 个国考断面中优良水质占比 84%，全省 231 个城市黑臭水体全部完成治理。

3. 生态文明示范创建硕果丰富，安徽样板闪耀全国

"十三五"期间，安徽省有 1 个市、14 个县（市、区）获评国家生态文明建设示范市县，5 个县区获评"绿水青山就是金山银山"实践创新基地。安徽省重点打造"三河一湖一园一区"生态文明示范区，全面营造水清岸绿产业优的美丽长江（安徽）经济带，已经在国内形成一批具有代表性的高质量安徽样板生态示范集群。2020 年安徽林长制改革的经验获得了国家层面的肯定和推广。

（六）共享发展惠及全民

1. 脱贫任务全面完成

"十三五"以来，全省各地认真贯彻精准扶贫精准脱贫方略，深入实施脱贫攻坚"十大工程"，创新扶贫模式，于"十三五"末圆满完成脱贫攻坚目标任务，484 万建档立卡贫困人口全部脱贫，3000 个贫困村全部出列，31 个贫困县全部摘帽，绝对贫困和区域性整体贫困问题得到了历史性解决。

2. 就业质量显著提高

"十三五"以来，安徽突出以创业带动就业，就业政策迭代升级，大力支持就业形态创新、就业空间拓展。城镇新增就业 342.9 万人。同时，就业结构持续优化，第三产业就业比重不断上升，已成为吸纳就业最多的产业。

3. 社会保障更加公平

"十三五"期间，安徽着力构建覆盖全民、城乡统筹、权责明晰、保障

适度、可持续的多层次社会保障体系。基本医疗保险、基本养老保险实现全面覆盖，城乡居民大病保险和基本医疗保险实现有机统一，全省贫困人口享受基本医保、大病保险、医疗救助等综合医保报销待遇共计440.66万人次，累计报销住院费用277.96亿元，贫困人口就医负担全面减轻。农村低保平均保障标准从2015年的每年3261元提高到2020年的每年7670元。

4. 公共服务更加完善

"十三五"以来，安徽注重完善基本公共教育服务体系，各级财政累计投入资金632.45亿元。以智慧学校建设为抓手，持续扩展优质教育资源的覆盖面，32个贫困县（市、区）2090所小规模学校（教学点）全部完成智慧学校布点建设;① 农村留守儿童关爱保护体系基本建成，随迁子女就学升学障碍全面消除。医疗卫生服务体系逐步完善，服务能力显著增强。省、市、县、乡四级远程医疗服务体系逐步建立；城乡基本建成"15分钟就医圈"，县域内就诊率达到83%以上，日常就诊次均费用低于全国平均水平;② 疾病防治能力不断增强，疾病预防控制体系、重大疫情救治体系建设全面推进。全省108所中心卫生院达到二级综合医院水平，常住人口在8万人以上的乡镇卫生院全部达到了二级医院水准。

二 基于新发展理念视角推进高质量发展的挑战审视

（一）创新发展面临的挑战

1. 创新投入不平衡，创新能力有待提高

2020年，安徽R&D强度为2.3%，低于全国的2.4%，排在全国第10位。2012~2020年，安徽每年R&D支出和R&D强度都远落后于苏浙沪。在获得风

---

① 《人民至上，向往着你的向往》，百家号，https://baijiahao.baidu.com/s? id=1703587656080656981&wfr=spider&for=pc。

② 《安徽"15分钟就医圈"基本形成　主要健康指标优于全国平均水平》，百家号，https://baijiahao.baidu.com/s? id=1685027603163487728&wfr=spider&for=pc。

险投资金额上，2012~2020 年，安徽每年获得的风险投资金额还远落后于苏浙沪，有待进一步提升；2020 年安徽获得风险投资金额 149.6 亿元，占全国的 0.9%，排在全国第 14 位。从区域来看，合肥市 R&D 经费占全省的比重达 40.02%，芜湖、马鞍山、滁州三市之和仅占全省比重的 15.92%，研发地区投入不平衡，资源过于集中，制约了除合肥以外城市的科技发展。另外，在创新管理及创新成果应用方面，安徽尚未建立创新型企业的创新管理、创新成果、创新绩效的执行体系，导致创新型企业创新绩效不高，成长性不足。

2. 关键核心技术缺失，威胁产业链与供应链安全

安徽正处于工业化后期阶段，智能制造发展态势较好，但传统工业基础薄弱，产业发展中所需的核心技术、关键零部件、工艺装备的研究开发和配套能力较弱，拥有自主知识产权、自主品牌、高附加值、具有竞争力的产品相对较少，产品核心技术和关键基础部件主要依靠进口，相关软、硬件设施更是严重受制于国外企业，制约着安徽产业的进一步发展。如合肥京东方整体设备国产化覆盖率约为 40%，玻璃基板、偏光片等核心原材料国产化配套比例不足 10%；长鑫存储整体设备国产化覆盖率约为 5%，光刻机、光刻胶等全部依赖进口。

3. 高层次科技人才匮乏，激励机制不健全

安徽具有全球影响力的顶尖人才还较为缺乏，国际一流的科技领军人才和创新团队、高水平工程技术人才和高技能人才相对较少。以合肥为例，随着合肥综合性国家科学中心建设全面开展，资产、机构、人才等方面体量越来越大，产出的知识产权越来越多，管理任务越来越重，亟须组建懂科技、懂管理、懂市场、懂政策的专业团队进行服务。同时，对基础骨干研发人员缺乏激励机制和政策支持，导致科研人员缺乏安全感、归属感，难以留住优秀人才。2021 年安徽博士后工作专项经费仅 3371 万元，同沪苏浙深都存在较大差距（上海、浙江均超 1 亿元，江苏超 7800 万元，深圳超 5 亿元）。

（二）协调发展面临的挑战

1. 城乡发展不够协调

2020 年，安徽人均 GDP 为 6.3 万元，全国排第 13 位；尽管 2012 ~

2020 年安徽人均 GDP 在稳定增长，但离全国人均 GDP 水平还有一段距离，也远低于苏浙沪。安徽省农村人均收入只有城镇的一半多一些，在长三角人均消费支出是最低的，和全国平均水平差不多；而安徽省无论是第一产业从业人员比重还是农村人口比重虽然在逐步下降，但是在长三角都是最高的，也高于全国平均水平；2020 年，安徽的农村人口占比 41.6%，在全国排第 8 位。

2. 县域发展不够充分

安徽县域经济仍有很大的发展空间和潜力。在赛迪 2021 年全国县域经济百强榜上，安徽仅有 3 个县上榜，而江苏有 25 个县上榜，浙江有 18 个县上榜，安徽上榜数量不及江苏省的零头。2021 年，江苏有"千亿县"17个，浙江有 9 个，安徽仅有 1 个，肥西县成为全省 59 个县（市）中首个"千亿县"，达到 1018.7 亿元，在全国百强县中位列第 57。与全国的经济强区、强县比较，仍然存在较大差距。

镇域经济是提高县域发展水平的核心力量。与发达省份相比，安徽镇域经济偏弱，且发展不平衡。2021 年全国千强镇评选中，安徽共有 46 个镇上榜，远低于浙江的 233 个、江苏的 266 个，千强镇主要分布于皖南、皖中地区，皖北地区有 10 个镇上榜，占比只有 1/5 强。①

（三）绿色发展面临的挑战

1. 资源约束与经济发展的矛盾加剧

一是安徽人均资源总量偏低。从资源总量看，安徽耕地面积、水资源总量占全国的比例都低于人口占全国的比例，人均耕地面积、水资源拥有量低，特别是水资源总量虽居全国第 11 位，但人均水资源拥有量只有全国平均水平的 67.4%。人均资源总量偏低带来了生态承载能力脆弱、经济发展环境约束趋紧等问题，开发与保护之间的矛盾不断出现。

---

① 《中国中小城市发展报告》编辑委员会、国信中小城市指数研究院主编《中国中小城市发展报告（2020~2021）》，社会科学文献出版社，2021，第 66~80 页。

二是资源利用率不高。安徽在经济社会领域的一些主要资源利用效率低于全国平均水平，特别是对新兴科技资源和要素的利用效率更低。如移动电话普及率比全国平均水平低 24.69 个百分点。总体上，安徽经济发展带来的生态保护压力依然较大，环境风险偏高，对绿色发展和生态文明建设提出了严峻的挑战。

2. 绿色发展的机制体制还没有理顺

一是行政管理体制不健全。安徽虽然建立了多级生态环保监督管理体系，但监管过程中多头管理、职能交叉、相互扯皮的问题非常明显，管理碎片化现象严重，管理效率低下；生态文明建设的管理机制不健全、监督机制不完善，还没有建立生态环境的公益诉讼制度，缺乏生态文明建设的社会参与途径和监督机制。

二是生态补偿和环保投入机制不完善。环保投入仍然是以财政投入为主，生态补偿机制有待进一步细化，可执行度较差；社会资本参与生态环境建设的激励和引导机制还没有有效建立，社会力量参与程度不高。

（四）开放发展面临的挑战

1. 对外开放水平有待提高

在货物进出口方面，2021 年，安徽进出口总额占全国的 1.8%，远低于上海（10.4%）、江苏（13.3%）、浙江（10.6%）；在经济外向度方面，2021 年，安徽外贸依存度为 16.1%，低于全国平均水平 18.1 个百分点，不仅低于沿海省份，更远低于长三角其他省份。在开放平台方面，层次和规格不高。由于经济发展、开放程度等因素的限制，与苏浙沪地区相比安徽开放平台数量相对较少，层级较低，影响力较弱。开放平台还存在产业配套不健全、产业结构不优等短板，新旧动能转换的任务十分迫切。在制度创新方面，安徽自贸试验区起步较晚，还没有形成自己的特色品牌和制度优势，在打造高水平制度型开放发展上存在较大差距。

2. 营商环境有待进一步优化

改革开放的部分政策措施仍未落实，实现优质资源有序流动，市场主体创新创业，尚需破除更多体制、机制障碍。特别是对标长三角发达城市，体制僵化、机制落后的短板非常明显，在营商环境上等高对接的要求十分迫切。

（五）共享发展面临的挑战

1.收入差距仍然比较显著

2021年安徽省人均可支配收入为30904元，没有达到全国平均水平，而且是长三角唯一低于全国平均水平的省份，是同期上海市人均可支配收入的39.6%、浙江省人均可支配收入的53.7%、江苏省人均可支配收入的65.1%，差距显著。安徽城乡居民收入差距虽然在总体上呈现逐渐缩小的趋势，但其速度低于全国平均水平。2021年，安徽城乡居民收入比为2.34，大于上海的2.14、江苏的2.16、浙江的1.94，在长三角三省一市中仍然是城乡收入差距最大的省份。

2.公共服务提供不充分

一是公共基础设施仍不完善。安徽县域的公共基础设施虽然已经有了较大提升，但仍有不足，中等发展水平以下的县（市）网络信息未全面覆盖、养老服务设施不完备等问题严重制约了县域经济高质量发展。

二是公共服务产品提供不充分。医疗卫生方面，各县（市）医疗机构较少，诊疗器械不足、诊治方式单一、高级人才缺乏。教育方面，县域优质教育资源仍然短缺，城乡教师队伍结构及师资差距较大。养老服务方面，各县（市）养老服务发展不平衡，模式及功能较单一，健康管理力度不够。

三 在更高水平上践行新发展理念展现安徽新作为的路径选择

在新的发展起点上，要利用好国家重大战略叠加和自身发展势能增强的历史交汇期，把国家所需、安徽所能、群众所盼、未来所向更好地统筹起来，在加快建设"创新安徽、共进安徽、美丽安徽、开放安徽、幸福安徽"上展现新作为。

（一）增强创新"首位度"，在加快建设经济强的"创新安徽"上展现新作为

1. 培育创新企业，打造现代产业体系

产业是经济发展的支撑，加快构建以高技术产业为主体的现代产业体系，既是企业迈向高质量发展的基础，也是增强竞争力的关键环节。一是打造现代产业地标。紧紧围绕优势产业、先导产业、潜力产业和未来产业，加快打造产业地标。聚焦产业集群发展。重点围绕市场需求，加大高新技术产业产品开发研发力度，以优质产品打开并挤进高端产品市场，逐步占据全球价值链的高端环节。以优势产业集群的"链"主企业为龙头，引导本土"专精特优"中小企业为集群的"链"主企业提供产业配套，实现规模效益、档次、水平上的新突破。积极引进国内外行业龙头企业，进行重点培育，不断提高企业的技术研发、系统集成、核心制造、市场开拓和融资能力。支持企业牵头建立重点实验室、工程研究中心、企业技术中心，鼓励企业开展合作，联合公关。二是聚焦培育高新技术企业。建立健全"科技型中小企业—市级高企—国家级高企—科技小巨人"全周期梯级培育体系。全额补贴高新技术企业在申报过程中涉及的专利申请费、审计费、检测费、查新费、咨询费等成本费用，使企业申报无后顾之忧。建立专项奖励资金，对成功认定或复审的企业予以奖励，提高企业积极性。

2. 强化内生动力，构建创新生态体系

创新是推动经济发展的第一动力。安徽要提升发展质量，必须突破制约产业优化升级的关键核心技术，用好科技创新这把关键"钥匙"，打造产业创新创业技术与服务生态系统，促进产业由价值链低端向高端跃升。一是打造战略科技力量。围绕高新技术产业，强化重大项目顶层设计，选择龙头企业和核心技术，培育实施一批技术含量高、发展潜力大、提升带动作用强的重大项目，争取在国家科技重大专项计划、国家科技支撑计划等科技项目上实现突破。二是加强科技成果转化高地建设。围绕国家重点实验室建设，加强生命科学、人工智能、量子科学、未来网络等领域的战略布局，争取在信

息技术、新材料、新能源、生命科学等领域突破一批"卡脖子"领域核心技术。

3. 创新引培机制，强化人才支撑体系

安徽的高质量发展需要大量的人才支持。一是积极引进国际高水平人才和团队。发挥国家实验室及大科学装置建设的核心带动效应，引进若干以首席科学家为核心的具有国际竞争力的大科研团队。围绕"十大"产业发展需求，引进拥有核心知识产权、具有国际一流水平、技术成果成熟并具有产品转化能力的科技创新团队，力争以团队引进促进项目转化，带动产业发展。二是健全人才激励机制。从资金、税收、奖励等方面引导企业重视创新人才队伍培养，落实高新技术人才职称评定、薪酬发放、股权、分红、安居落户等激励机制，赋予首席科学家、实验室主任、创新团队负责人更大的人财物和技术路线决定权。三是创新人才培养方式。鼓励院校与企业加强沟通与交流，结合产业升级计划为企业提供"订单式"人才委培，结合"芯屏器合""铜墙铁壁""融会观通""大智移云"产业需求，培养高素质、实用型、国际型的人才，尤其需要培养与高新技术产业相适应的高级工程师和技能型员工。

（二）注重协调"融合度"，在加快建设格局新的"共进安徽"上展现新作为

1. 构建城乡融合发展格局

实现乡村振兴和新型城镇化的协调发展。以新型城镇化带动农村发展，在发挥城市示范带动作用的同时重视农村地区的发展主动性，重新审视乡村价值，找准乡村发展定位，积极开发农业多种功能，加快调整农村产业结构，促进农业转型升级，提高农业生产能力。加快中小城市发展，在推动农业转移人口就地城镇化的同时促进农业转移人口平等享受市民权利，实现城乡居民在政治权利、社会地位、生活方式上的趋同。着眼于城乡产业融合需要推动城乡产业合理布局，切实推进一体化建设，实现乡村振兴和新型城镇化的协调发展。

2. 推动县域发展，构建城乡融合重要载体

县域强则省域强。推动高质量发展、促进区域协调发展，要求我们必须遵循城乡融合发展建设规律，把县域作为城乡融合发展的重要切入点，协调推进乡村振兴和新型城镇化。依托县域资源禀赋，突出县城和中心镇的节点纽带作用，以特色小镇、田园综合体、特色产业、中药材种植与深加工等为切入点，紧密结合乡村振兴战略，积极鼓励支持非公民营经济项目，打造一批工业强县、农业大县、文旅名县、生态优县，构建功能鲜明、经济繁荣、设施配套、治理有效、普惠共享的县域发展格局，促进县域经济发展。

（三）倡导绿色"标志度"，在加快建设环境优的"美丽安徽"上展现新作为

1. 推动产业绿色转型，提升产业发展层次和经济综合竞争力

践行绿色发展理念的根本在于推动产业结构的调整和产业层次的提升。一是要坚持产业生态化导向，以构建绿色产业体系为目标，突出循环经济、低碳经济、数字经济的战略地位，推进产业生态化。统筹好发展和减排的关系，立足安徽省情和发展阶段特征，确定主要领域、重点行业的碳达峰目标和优先顺序，分类制定能源化工、有色冶金、钢铁水泥等重点产业的碳达峰时间路线图、施工方法图。要大力推进传统产业的升级改造，严控高耗能行业新增产能，充分发挥资源再利用技术、清洁生产技术、生态恢复技术、新能源技术在产业升级中的关键作用，降低产业的能耗和排放，提高产品质量，提升产业层次，引导形成节约能源资源和生态环境友好的产业结构。要加大农业绿色循环工程的推进力度，发展农业清洁生产技术，减少化肥、农药使用，控制农业面源污染、土壤污染。推进实施农作物秸秆、畜禽粪等废弃物再资源化、再利用项目，提升其专业化、标准化水平，延伸产业链，提升价值链，推动农业经济由低质低效向高质高效发展。二是要坚持生态产业化导向，增强经济实力和区域竞争力。安徽省自然资源丰富，皖南、大别山等地环境优美，特色产品众多，要引导农产品生产者进行有机生产，打造生态品牌，从而实现生态产品市场价值的最大化。

2. 精准打好污染防治攻坚战，有效改善环境质量

在污染治理上实施精准治污策略。要从行业、地区环境污染的实际状况出发，精准发力，杜绝"不作为"和"一刀切"。精准治污需要建立科学有效的环境监控体系，确保对全域污染状况的精准掌控，建立主要污染源清单，严格实行排污许可制，从源头上减少污染。精准治污需要充分发挥激励机制的导向作用，奖惩并举，多方合力打好大气、水、土壤污染防治攻坚战。

3. 创新生态文明建设体制机制，为绿色发展提供制度保障

大力推动生态文明建设的机制体制创新。在耕地保护、水资源管理上深化探索更加有效的管理制度；在能源总量消费控制、资源环境源头管控上探索开发全过程监管、瞬时反应的机制和方法；在资源有偿使用、生态补偿、多元化投入等方面探索市场化改革，与时俱进践行绿色发展理念。建立健全生态产品价值实现机制，让保护修复生态环境获得合理回报，让破坏生态环境付出相应代价。建构以政府为主导、以企业为主体、社会组织和公众共同参与的环境治理体系。

（四）厚植开放"关联度"，在加快建设活力足的"开放安徽"上展现新作为

1. 聚焦产业转型升级，提高开放型经济的供给质量

大力推广"互联网+"产业转型升级模式。从数字化、智能化、服务化出发，大力培育新一代信息技术产业、高端制造业、生物医药和节能环保产业等高新技术产业，促进现代服务业发展，着力发展科技服务、信息服务、教育服务、金融服务、商务和旅游服务等重点产业，加快形成以战略性新兴产业为先导、以先进制造业为主导、以现代服务业为支撑的现代产业体系。加快省属企业海外投资项目和境外合作园区建设，带动更多的企业走出国门，赴境外大展宏图。充分利用综合保税区、出口加工区等平台优势和沿江港口优势，拓展优势产业、品牌产品的国际市场份额，全面提升安徽省产业、产品、城市的国际竞争力和影响力。通过产业升级，变"安徽制造"

为"安徽智造",提升产品的附加值和国际市场竞争力,发挥产业转型升级对开放型经济强大的支撑作用。

2. 坚持创新驱动战略,优化开放型经济的贸易结构

提高资本国际化程度,支持企业"走出去"嵌入全球创新链。大力鼓励本土优势企业从开展跨国并购、研发支持、知识产权国际申请注册、信息服务等环节入手拓展国际市场,通过建立国际营销网络、境外研发中心等方式深度参与跨国公司全球价值链合作,充分利用国际技术、资本、人才等创新资源,开发产业共性、关键或前瞻性技术,形成技术交流与合作的有效平台,共同创造和分享合作成果。

扩大服务贸易创新发展。安徽应大力发展服务贸易,根据各地的发展优势和基础条件,实现各具特色、协同发展的服务贸易创新发展格局。比如,合肥高新技术开发区应发挥服务产品附加值高、资源消耗少、绿色环保的优势,重点发展软件与信息技术、研发与知识产权、跨境电商等服务贸易,扩大服务出口。全面对接 RCEP 等国际经贸规则,用好降税、区域原产地累积规则,做大做强与 RCEP 成员国在"十大产业"中的商贸合作,扩大优势产品出口和有竞争力产品进口。探索服务贸易创新发展试点,鼓励运用云计算、大数据、物联网、移动互联网等新一代信息技术推进服务贸易数字化。积极采用跨境电商等新型贸易方式,拓展出口市场,尤其是新兴市场和"一带一路"共建国家市场。

3. 加快载体平台建设,提升开放型经济的能级水平

安徽应以国际水准为标杆,高质量建设中国(安徽)自由贸易试验区,构筑更高层次的协同开放平台;不断提升"安徽世界制造业大会""中国国际徽商大会"等品牌展会的水平与规格,围绕创新驱动和产业发展筹划"世界集成电路大会"等新型展会、长三角轮值展会,全面提升安徽会展业的层次和能级,打造一批具有国际影响力和开放推动力的展会品牌;重点打造合肥、芜湖等国家级高新技术开发区,注重特色发展以突破同构化障碍,不断提升高新技术开发区的综合竞争力,力争在相关领域成为开放型经济的领跑者。推进海关特殊监管区域提质升级、做大做强。加强中国(安徽)

自由贸易试验区建设，推进全国统一复制推广事项落地，借鉴沪苏浙自贸区的成功经验，找准投资贸易便利化、金融创新、事中事后监管等方面的安徽路径，全面提升开放型经济的水平与质量。

4.积极强化制度供给，构建开放型经济的营商环境

一是合力打造一体化的市场准入环境。按照国际高标准市场规则体系的要求，深入实施"放管服"改革，全面实施全国统一的市场准入负面清单制度，大力推行政务服务"一网、一门、一次"改革，全面落实长三角政务服务"一网通办"，提升政务服务效能，打造公平、公正、透明、可预期的投资发展环境。二是创新制度设计，进一步出台支持省内企业参与国际竞争的扶持政策，发挥"窗口"效应。重点扶持具有竞争优势和潜在竞争优势的产业，大力提升安徽高端装备制造、人工智能、新能源、新一代信息技术、生物、新材料、节能环保等产业规模和竞争力；积极对接世界500强和中国500强战略投资者，吸引更多大项目、大企业和上下游配套产业入驻。三是加强服务型政府建设。深入推进"互联网+政务"服务，依托"皖事通办"平台，构建全方位、多样化政务应用体系，及时便捷提供全覆盖、精准化、个性化、智慧化服务，有效满足市场主体的网上办事需求，提升政府治理数字化水平。

（五）推进共享"普惠度"，在加快建设百姓富的"幸福安徽"上展现新作为

1.推动实现更高质量的充分就业

一是要深入推进"大众创业、万众创新"，提升创新创业带动就业能力的提升，积极挖掘新技术、新业态带来的就业潜力，鼓励和创新就业方式和就业形态。二是要加强重点群体就业保障，促进高校毕业生、下岗失业人员、农民工、退役军人等重点群体就业创业。省级层面强化就业优先政策，大规模开展职业技能培训，加快建立统一开放、竞争有序的人力资源市场体系，促进人力资源社会性流动，探索建立公共就业服务机构与市场化人力资源服务机构的合作机制。建立全省重点企业用工调度机制，开展岗位推送、

人岗匹配和在线招聘等工作，向企业精准推荐符合条件的劳动力。强化就业动态监测和失业预防，运用大数据强化关联信息分析，完善监测机制，精准研判各种风险应对预案。

2. 持续提升公共服务水平

共享发展就是从普惠上增加城乡全体居民的幸福感和获得感，因此，要从进一步发展公平性基础教育、普惠性医疗卫生、系统性社会救助等方面，努力实现全省基本公共服务均等化、基础设施便利程度均衡化、居民生活保障水平大体相当的目标。全面补齐短板，促进基本公共服务均衡发展。围绕"幼有所育、学有所教、劳有所得、病有所医、老有所保、住有所居、弱有所扶、优军服务有保障、文体服务有保障"目标，不断完善基本公共服务标准体系。在基础教育方面，加大农村教育的财政投入力度，切实解决农村留守儿童、农民工子女以及城市困难群体的就近入学问题；将教学资源重点向农村地区、薄弱学校倾斜，确保城乡学校义务教育资源配置水平均等化，积极推进"互联网+教育"，加强乡村教师信息化能力培训，推进数字乡村校园建设。在普惠性医疗方面，加快优质医疗资源扩容下沉和均衡布局，优化医疗资源配置，让群众在家门口便能享受到大医院的优质医疗技术服务。在基础设施建设方面，加大农村供水、燃气、污水处理等基础设施建设，补齐城乡通信、物流等基础设施短板，建立城乡全覆盖的基础设施网络。加大农村地区现代流通、信息网络、服务消费等设施建设和改造力度，有效降低农村流通成本。

3. 持续提升社会保障水平

一要建制度。持续完善城乡一体化的最低生活保障制度和基本养老服务制度，逐步缩小职工与居民、城市与农村的保障待遇差距。二要增服务。推动政府由直接提供者向服务购买者、监管者转变，重点围绕养老院运营管理、生活服务、健康服务、社会工作服务、安全管理五个方面，全面开展养老院服务质量大提升工程；推进居家、社区、机构养老服务协调发展，重点发展护理型、嵌入式、综合性养老服务，推进医养康养衔接，构建长期照护服务体系。针对当前社会逐步进入老龄化的现实，进一步完善"互联网+"

服务模式，提升高龄津贴信息管理、养老服务地图、家庭照护床位、适老化改造等系统功能，促进养老事业和养老产业协同高质量发展。三是强供给。在公共服务供给方面，抓住公共服务的"最大公约数"，围绕教育、医疗、养老等逐步构建城乡一体化公共服务体系，统筹协调城乡公共服务资源，提高资源共享水平，尤其要推进以县域为单元的公共服务体系建设，强化以县城为中心向周边农村地区覆盖优质公共服务资源的配置能力。

4. 建设美丽乡村，重现乡村活力

一是要科学推进乡村规划建设，实施乡村再造工程，进一步改善乡村基础设施，建立健全长效运营管护机制，提升乡村的社会服务能力和综合治理水平。二是深入实施农村人居环境"三大革命"和"三大行动"，抓好农村环境卫生整治和精神文明建设，按照"一村一品、一村一景、一村一文化"模式，持续推动农村居民移风易俗，养成良好的生活习惯，重现乡村的生机与活力。三是要推动乡村振兴与脱贫攻坚有效衔接。在巩固好脱贫攻坚胜利成果的同时，继续聚焦当前的新"三农"问题，注重贫困人口内生动力的激发，造血功能的增强，以创新驱动乡村发展，实现传统生产方式的更新、生活方式的传承，通过差异化发展的路径，促进乡村文明的继承与发展。

参考文献

《中国中小城市发展报告》编辑委员会、国信中小城市指数研究院主编《中国中小城市发展报告（2020~2021）》，社会科学文献出版社，2021。

许秋莲：《安徽这十年：GDP 连跨 3 个万亿元大台阶　从农业大省迈向新兴产业聚集地》，《21 世纪经济报道》2022 年 7 月 21 日。

刘义臣、沈伟康、刘立军：《科技金融与先进制造业创新发展的动态耦合协调度研究》，《经济问题》2021 年第 2 期。

茶洪旺、明崧磊：《缩小城乡居民收入差距的国际经验比较与启示》，《中州学刊》2012 年第 6 期。

索向东：《新发展理念引领生态优先绿色发展》，《唯实》2022 年第 6 期。

苏景州、李宗明：《城乡融合高质量发展：内涵、依据与完善路径》，《福建技术师范学院学报》2022年第3期。

唐建兵：《皖北"四化"统筹发展模式的构建路径研究》，《湖北工程学院学报》2020年第2期。

姚雪、吴义达：《安徽县域经济高质量发展问题研究》，《安徽行政学院学报》2021年第6期。

张爱权：《创新驱动：山西资源型经济转型发展的内生动力》，《中共山西省委党校学报》2017年第4期。

倪大兵：《安徽外商投资发展存在的问题及对策研究》，《安徽行政学院学报》2017年第4期。

韩文秀：《建设更高水平开放型经济新体制》，《宏观经济管理》2019年第12期。

戴翔：《高质量开放型经济：特征、要素及路径》，《天津社会科学》2019年第1期。

程惠英：《推动创新发展的四个着力点》，《安徽日报》2017年8月28日。

赵勤：《以"六个龙江"建设推动全面振兴全方位振兴》，《奋斗》2022年第10期。

吕德文、雒珊：《促进农民农村共同富裕的政策体系及其实现路径》，《中州学刊》2022年第1期。

庄惠明、王斐兰等：《新中国成立70周年福建开放型经济的回顾和战略转型》，《福建商学院学报》2019年第5期。

叶光林：《河南省推动绿色发展问题研究》，《中共郑州市委党校学报》2020年第2期。

社会科学文献出版社

皮 书

智库成果出版与传播平台

❖ 皮书定义 ❖

皮书是对中国与世界发展状况和热点问题进行年度监测，以专业的角度、专家的视野和实证研究方法，针对某一领域或区域现状与发展态势展开分析和预测，具备前沿性、原创性、实证性、连续性、时效性等特点的公开出版物，由一系列权威研究报告组成。

❖ 皮书作者 ❖

皮书系列报告作者以国内外一流研究机构、知名高校等重点智库的研究人员为主，多为相关领域一流专家学者，他们的观点代表了当下学界对中国与世界的现实和未来最高水平的解读与分析。截至 2022 年底，皮书研创机构逾千家，报告作者累计超过 10 万人。

❖ 皮书荣誉 ❖

皮书作为中国社会科学院基础理论研究与应用对策研究融合发展的代表性成果，不仅是哲学社会科学工作者服务中国特色社会主义现代化建设的重要成果，更是助力中国特色新型智库建设、构建中国特色哲学社会科学"三大体系"的重要平台。皮书系列先后被列入"十二五""十三五""十四五"时期国家重点出版物出版专项规划项目；2013~2023 年，重点皮书列入中国社会科学院国家哲学社会科学创新工程项目。

皮书网

（网址：www.pishu.cn）

发布皮书研创资讯，传播皮书精彩内容
引领皮书出版潮流，打造皮书服务平台

栏目设置

◆**关于皮书**
何谓皮书、皮书分类、皮书大事记、
皮书荣誉、皮书出版第一人、皮书编辑部

◆**最新资讯**
通知公告、新闻动态、媒体聚焦、
网站专题、视频直播、下载专区

◆**皮书研创**
皮书规范、皮书选题、皮书出版、
皮书研究、研创团队

◆**皮书评奖评价**
指标体系、皮书评价、皮书评奖

◆**皮书研究院理事会**
理事会章程、理事单位、个人理事、高级
研究员、理事会秘书处、入会指南

所获荣誉

◆2008 年、2011 年、2014 年，皮书网均
在全国新闻出版业网站荣誉评选中获得
"最具商业价值网站"称号；
◆2012 年，获得"出版业网站百强"称号。

网库合一

2014年，皮书网与皮书数据库端口合
一，实现资源共享，搭建智库成果融合创
新平台。

皮书网　　"皮书说"　　皮书微博
　　　　　微信公众号

S 基本子库
SUB DATABASE

中国社会发展数据库（下设 12 个专题子库）

　　紧扣人口、政治、外交、法律、教育、医疗卫生、资源环境等 12 个社会发展领域的前沿和热点，全面整合专业著作、智库报告、学术资讯、调研数据等类型资源，帮助用户追踪中国社会发展动态、研究社会发展战略与政策、了解社会热点问题、分析社会发展趋势。

中国经济发展数据库（下设 12 专题子库）

　　内容涵盖宏观经济、产业经济、工业经济、农业经济、财政金融、房地产经济、城市经济、商业贸易等 12 个重点经济领域，为把握经济运行态势、洞察经济发展规律、研判经济发展趋势、进行经济调控决策提供参考和依据。

中国行业发展数据库（下设 17 个专题子库）

　　以中国国民经济行业分类为依据，覆盖金融业、旅游业、交通运输业、能源矿产业、制造业等 100 多个行业，跟踪分析国民经济相关行业市场运行状况和政策导向，汇集行业发展前沿资讯，为投资、从业及各种经济决策提供理论支撑和实践指导。

中国区域发展数据库（下设 4 个专题子库）

　　对中国特定区域内的经济、社会、文化等领域现状与发展情况进行深度分析和预测，涉及省级行政区、城市群、城市、农村等不同维度，研究层级至县及县以下行政区，为学者研究地方经济社会宏观态势、经验模式、发展案例提供支撑，为地方政府决策提供参考。

中国文化传媒数据库（下设 18 个专题子库）

　　内容覆盖文化产业、新闻传播、电影娱乐、文学艺术、群众文化、图书情报等 18 个重点研究领域，聚焦文化传媒领域发展前沿、热点话题、行业实践，服务用户的教学科研、文化投资、企业规划等需要。

世界经济与国际关系数据库（下设 6 个专题子库）

　　整合世界经济、国际政治、世界文化与科技、全球性问题、国际组织与国际法、区域研究 6 大领域研究成果，对世界经济形势、国际形势进行连续性深度分析，对年度热点问题进行专题解读，为研判全球发展趋势提供事实和数据支持。

法律声明

"皮书系列"（含蓝皮书、绿皮书、黄皮书）之品牌由社会科学文献出版社最早使用并持续至今，现已被中国图书行业所熟知。"皮书系列"的相关商标已在国家商标管理部门商标局注册，包括但不限于LOGO（▧）、皮书、Pishu、经济蓝皮书、社会蓝皮书等。"皮书系列"图书的注册商标专用权及封面设计、版式设计的著作权均为社会科学文献出版社所有。未经社会科学文献出版社书面授权许可，任何使用与"皮书系列"图书注册商标、封面设计、版式设计相同或者近似的文字、图形或其组合的行为均系侵权行为。

经作者授权，本书的专有出版权及信息网络传播权等为社会科学文献出版社享有。未经社会科学文献出版社书面授权许可，任何就本书内容的复制、发行或以数字形式进行网络传播的行为均系侵权行为。

社会科学文献出版社将通过法律途径追究上述侵权行为的法律责任，维护自身合法权益。

欢迎社会各界人士对侵犯社会科学文献出版社上述权利的侵权行为进行举报。电话：010-59367121，电子邮箱：fawubu@ssap.cn。

社会科学文献出版社